D1666817

Helmut Schmidt und der SDS

.

Studien der Helmut und Loki Schmidt-Stiftung
Band 2

Herausgegeben von Eckardt Opitz, Barbara Vogel, Nikolaus Werz

Uwe Rohwedder

Helmut Schmidt und der SDS

Die Anfänge des Sozialistischen Deutschen
Studentenbundes nach dem Zweiten Weltkrieg

EDITION TEMMEN

Die Deutsche Bibliothek verzeichnet diese Publikation in der
Deutschen Nationalbibliografie; detaillierte bibliografische Daten
sind im Internet unter http://dnb.ddb.de abrufbar.

Umschlagbild:
SDS-Gruppenfoto; Ort und Entstehungszeit der Aufnahme waren
nicht mehr exakt zu ermitteln. Vorne rechts Helmut Schmidt,
in der Bildmitte (mit Zigarette) Loki Schmidt

1. Auflage 2007

© EDITION TEMMEN
Hohenlohestr. 21
28209 Bremen
Tel. 0421-34843-0
Fax 0421-348094
info@edition-temmen.de
www.edition-temmen.de

Gesamtherstellung: EDITION TEMMEN
ISBN 978-3-86108-880-6

Inhalt

Vorwort *Barbara Vogel* 7

1. Einleitung 11

2. Die Entstehung des SDS bis zum Hamburger
   Gründungskongress 16
   Lokale Anfänge in der Halblegalität 16
   Der SDS als »Durchgangsstation« zur Partei? 18

3. Wie einer Sozialdemokrat wird 23
   Familiäre und schulische Prägungen 23
   Kriegserfahrung und Gefangenschaft 25
   Von der Entlassung bis zum Eintritt in den SDS 28

4. Schmidts erstes Jahr im Hamburger SDS 31
   Die Hamburger SDS-Gruppe 31
   Selbsthilfe und Selbsterziehung 34
   »Cliquenbildung«, Flügel und Altersunterschiede 37
   Der »linke Offiziersbund« 39

5. Helmut Schmidt als Bundesvorsitzender 1947/48 42
   Die Auseinandersetzungen um den Ausschluss
   kommunistischer Mitglieder 42
   Programmatische Klärung: Die Eschweger Tagung 50
   Dic wirtschaftliche Not der Studenten und die
   Wiedererrichtung der Friedrich-Ebert-Stiftung als »SDS-Förderwerk« 54
   Hochschulpolitik im SDS 56
   Heraus aus der Isolation: Die internationale Konferenz von Barsbüttel 59
   Schmidts Bilanz auf der Delegiertenkonferenz 1948 63

6. Der SDS »nach Schmidt« 67
   Entmachtung der Hamburger im Bund 67
   Zeitweiliger Niedergang der Hamburger Gruppe 69
   Schmidts späteres Verhältnis zum SDS 72

7.   Zusammenfassung 75

8.   Quellen und Literatur...78
     Unveröffentlichte Quellen 78
     Interviews 78
     Literatur... 78

9.   Anhang..81
     Anlässlich der Neuwahl (1947) 81
     Eine Chance für Europa (1948) 85
     Vernachlässigung der Hochschulpolitik? (1948) 87
     Die Sozialdemokratie im heutigen Gesellschaftsaufbau (1948)............... 92
     Richtlinien des Sozialistischen Deutschen Studentenbundes (1948)....... 97
     Biographische Notizen 98
     Bilddokumente 103

     Personenregister 106

Vorwort

In einem Brief vom Sommer 1949, den Toni Cassirer, die Witwe des von der Hamburger Universität im Frühjahr 1933 vertriebenen Philosophen Ernst Cassirer, aus New York an einen Redakteur der *Hamburger Akademischen Rundschau* richtete, finden sich Worte, die einen Eindruck vermitteln von der bedrückenden Stimmung im Nachkriegsdeutschland und von der riesigen Aufgabe, vor der ›die noch einmal Davongekommenen‹ – um an den Titel des damaligen Erfolgsstücks Thornton Wilders anzuknüpfen – standen. Ernst Cassirer, hieß es in dem Brief, habe in den langen Emigrationsjahren

»unsagbar gelitten[...]unter der Vorstellung, was die Nationalsozialistische Bewegung aus *Deutschland* gemacht hat. Und das ist allein der Punkt, an dem eine Heilung eintreten kann. Man muss fühlen lernen (und das geht vor allem die Jugend an), was mit der alten Kultur geschehen ist und wie furchtbar man mit dem geistigen Gut des Landes gewirtschaftet hat. Es wird sehr lange dauern, ehe diese Einsicht sich Platz schaffen wird, aber jeder, der auch nur einen Schritt in dieser Richtung tut, hat eine heilige Pflicht erfüllt.«[1]

Dieses Briefzitat, das weder etwas mit dem *SDS* noch mit Helmut Schmidt zu tun hat, wohl aber eine Zeitdiagnose mit weitem Gültigkeitsanspruch stellt, lässt sich als eine Handlungsmaxime des Kriegsheimkehrers und frisch immatrikulierten Studenten der Volkswirtschaft an der Hamburger Universität Helmut Schmidt lesen. Das wird bei der Lektüre von Uwe Rohwedders Abhandlung deutlich.

Toni Cassirer würdigte in ihrem Brief indirekt die Anstrengungen der kleinen Gruppe von Studenten und Dozenten, die mit der *Akademischen Rundschau* an der Hamburger Universität einen solchen Neuanfang anzustoßen versuchte. Für den langen Atem, der nach Toni Cassirer dafür nötig sein würde, fehlten dem 1946 gegründeten publizistischen Unternehmen übrigens bald die materiellen Voraussetzungen, denn die Resonanz im studentischen und akademischen Publikum blieb begrenzt. Gleichwohl schuf die *Akademische Rundschau* wie andere von ähnlicher Absicht getragene Aktivitäten wichtige Bausteine für das demokratische Gemeinwesen der späteren Bundesrepublik. Verschiedenen Orts gründeten sich bald nach dem Zusammenbruch des nationalsozialistischen Deutschlands Gruppierungen, die entgegen der verbreiteten Gleichgültigkeit in allen Bevölkerungsteilen nach Möglichkeiten und Ansätzen zur Zukunftsgestaltung suchten. Aus Uwe Rohwedders Abhandlung lernen wir, dass der sechsundzwanzigjährige Helmut Schmidt einer von denen war, die *Einsicht* in den irreversiblen Verlust an geistiger und moralischer Substanz gewonnen hatten und sie mit der Absicht zur Gestaltung des zukünftigen gesellschaftlichen und politischen Lebens

---

1 Toni Cassirer an Hans-Joachim Lang, 20. 8. 1949, in: Hamburger Akademische Rundschau, Begleitband, hg. v. Angela Bottin, Berlin, Hamburg 1991, S. 127.

in Deutschland verbanden. Für Schmidt, einen Vertreter der jungen Generation, an die Toni Cassirer appelliert hatte, stand in seiner Auseinandersetzung mit dem Gewesenen die Zukunftsdimension deutlich im Vordergrund. Uwe Rohwedder zeigt, dass Helmut Schmidts Engagement im *Sozialistischen Deutschen Studentenbund* vor diesem Hintergrund zu sehen ist: Bewusstheit über die verlorene »alte Kultur«, um den Weg zu einem neuen Deutschland zu finden.

Der *SDS*, dessen Programmatik und Aktionen Helmut Schmidt während seiner kurzen Studentenzeit mitbestimmte, und die intellektuelle Studentenzeitschrift *Hamburger Akademische Rundschau* wirkten zwar beide in Hamburg, aber auf verschiedenen Ebenen des damaligen akademischen bzw. studentischen Lebens; sie zu vergleichen wäre deshalb gewiss exzentrisch. Dennoch bestätigt ihre Gegenüberstellung eindringlich die desolate Ausgangssituation dieser Nachkriegsjahre. Der Aufbruch, von engagierten, zur Einmischung entschlossenen und fähigen Einzelnen betrieben, tritt umso deutlicher hervor. Denn es sind immer wieder dieselben Themen, die hier wie dort im Zentrum von Überlegungen und Erwartungen stehen. Ausdrücklich erwähnt wird der SDS-Vorsitzende Helmut Schmidt in der *Hamburger Akademischen Rundschau* nur einmal: anlässlich eines ausführlichen Berichts über eine Diskussionsveranstaltung im überfüllten Hörsaal des pathologischen Instituts zum »Paragraphen 218«, die von der Hamburger Gruppe des *SDS* veranstaltet wurde.[2] In dem *Rundschau*-Artikel wird eine spontane Reaktion des *SDS*-Vorsitzenden wörtlich wiedergegeben. Als Schmidt in seiner Rede dafür warb, die Entscheidung über die Zulässigkeit von Schwangerschaftsabbrüchen nicht nur den Fachleuten, also Ärzten, Juristen und Pastoren, zu überlassen, und dabei von einem Zwischenruf unterbrochen wurde »Wer denn?«, antwortete er prompt »Sie alle, die hier sitzen!«. Dem Berichterstatter der HAR imponierte diese Haltung offensichtlich.

Uwe Rohwedder beschreibt die Anfänge des *SDS* in Hamburg sowie in der britischen und amerikanischen Zone und die führende Rolle, die Helmut Schmidt dabei einnahm, vor dem Hintergrund der Nachkriegssituation. Damit wählt er einen in der bisherigen Geschichtsschreibung vernachlässigten Zugang. Denn bislang ist der *SDS* meistens unter dem Blickwinkel seiner Bedeutung in der Studentenbewegung der sechziger Jahre betrachtet worden. Die Aussagen zur Frühzeit des *SDS* bleiben dann meistens bei der Feststellung stehen, dass er in seinen Anfängen »ganz anders« war. Und da er an seiner harschen Opposition gegen die »verkrusteten« Strukturen der Bundesrepublik der fünfziger und sechziger Jahre gemessen wurde, fiel das Urteil über die Anfänge des *SDS* ziemlich negativ aus: Er sei »parteifromm« gewesen und habe seinen Mitgliedern vornehmlich zur besseren Karriereplanung gedient. In den sechziger Jahren konnte man sich unter dem kritischen Diktum einer Parteifrömmigkeit vielleicht etwas vorstellen, aber was heißt in den Jahren nach 1945, als Parteien gerade erst wieder entstanden und Organisation und Mitgliederstrukturen sich gerade erst neu bildeten, »parteifromm«? Karriereorientierung wird insbesondere dem *SDS*-Vorsitzenden Helmut Schmidt unterstellt, ohne einzubeziehen, dass viele derjenigen, die sich auch jenseits des *SDS* in diesen frühen Jahren irgendwo engagierten, damit den Grundstein für eine berufli-

---

2   HAR, 2. Jg. 1947/48, Doppelheft ½. In: Hamburger Akademische Rundschau. Nachdruck des II. Jahrganges (1947/48), Berlin, Hamburg, 1991, S. 54.

che oder politische Karriere legten, dass sie überall in verantwortliche Positionen aufrückten und das Profil der späteren Bundesrepublik prägten.

Uwe Rohwedder konzentriert sich auf den schwierigen Neuanfang des politischen Lebens nach der Katastrophe des »Dritten Reiches« und wendet sich den Bedingungen und Handlungsmöglichkeiten der Menschen zu, die sich im *SDS* sammelten, die damit ein Bekenntnis ablegten und etwas tun wollten. Sichtweisen erschienen noch nicht vorgegeben, Diskussionsthemen waren fast immer mit Kontroversen verbunden. Das Themenspektrum war oft, aber nicht nur durch die studentische Lebensperspektive vorgegeben, aber immer waren es die aktuellen, brisanten Themen der damaligen Zeit, die im *SDS* debattiert wurden: Hochschulreform, Hochschulzugangsberechtigung und die soziale Lage der Studierenden, Zusammenarbeit mit internationalen Studentenorganisationen. Ein besonders für die SPD und den *SDS* brisantes Thema folgte aus der Zwangsvereinigung von SPD und KPD in der sowjetischen Besatzungszone: der Streit um den Ausschluss kommunistischer Studierender.

Uwe Rohwedder zeichnet mit dem *SDS*-Vorsitzenden einen in der Öffentlichkeit eher unbekannten Helmut Schmidt. Denn Helmut Schmidt gehörte später zu den robusten Kritikern der Studentenbewegung im Allgemeinen und zu den Gegnern des *SDS* im Besonderen. Das Bild des Politikers, der für eine radikale Distanzierung von studentischer Politik und Selbstorganisierung überhaupt zu stehen scheint, muss zumindest ergänzt werden, wenn wir erfahren, in wie engagierter Weise Helmut Schmidt als Student mit und für Studenten Politik gemacht hat.

Barbara Vogel

1. Einleitung

Mit dem Sozialistischen Deutschen Studentenbund (SDS) verbinden nicht wenige heute hauptsächlich, wenn nicht ausschließlich die Studentenunruhen der späten sechziger Jahre und deren medienwirksame Protagonisten wie zum Beispiel Rudi Dutschke. Der frühere Bundeskanzler Helmut Schmidt galt und gilt hingegen vielen – nicht zuletzt denen, die sich in der geistigen Nachfolge jener Achtundsechziger-Bewegung sehen – eher als nüchterner Realpolitiker, und das nicht erst seit seiner spektakulären Auseinandersetzung mit der Friedensbewegung zu Beginn der achtziger Jahre. Anders als beispielsweise Willy Brandt hatte Schmidt den studentischen Protesten von Anfang an reserviert gegenübergestanden und sie mit den Jahren zunehmend negativ beurteilt, sie etwa als »weit ausgreifende jugendliche Massenpsychose« bezeichnet.[3] Und schon Ende der fünfziger Jahre, als der Konflikt zwischen der SPD und ihrem damaligen Studentenverband erstmals eskalierte und in dem berüchtigten Unvereinbarkeitsbeschluss von 1961 gipfelte, hatte Schmidt im Parteivorstand von Anfang an zu den Verfechtern eines »harten Schnitts« gehört.[4]

Die Tatsache, dass Schmidt einst selbst zu den Mitbegründern und ersten Bundesvorsitzenden des SDS gehört hatte, ruft daher nicht selten ungläubiges Erstaunen hervor. In der Tat ist hierüber wenig bekannt, obwohl doch über Leben und Wirken des fünften Bundeskanzlers schon mindestens soviel geschrieben und publiziert worden ist wie über den SDS selbst. Die meisten Schmidt-Biographien[5] behandeln indes seine Studienzeit in aller Regel äußerst stiefmütterlich und erwähnen sein SDS-Engagement – wenn überhaupt – allenfalls beiläufig als »kurzes Gastspiel«, bei dem der spätere Politiker zwar »schon auf sich aufmerksam macht«[6],

---

3   DIE ZEIT vom 14.12.2001.
4   Siehe dazu Kapitel 6.
5   Die erste Biographie über Helmut Schmidt als »kommenden Mann« erschien bereits vor seinem Einzug ins Kanzleramt, die letzten drei anlässlich seines 85. Geburtstages im Jahr 2003. Jonathan Carr: Helmut Schmidt, Düsseldorf 1985; Helmut Wolfgang Kahn: Helmut Schmidt. Fallstudie über einen Populären, Hamburg 1973; Sibylle Krause-Burger: Helmut Schmidt. Aus der Nähe gesehen, Düsseldorf 1980; Mainhardt Graf von Nayhauss: Helmut Schmidt. Mensch und Macher, Bergisch Gladbach 1988; Martin Rupps: Helmut Schmidt. Eine politische Biographie, Stuttgart 2002; Michael Schwelien: Helmut Schmidt. Ein Leben für den Frieden, Hamburg 2003; Hartmut Soell: Helmut Schmidt 1918–1969. Vernunft und Leidenschaft, München 2003; Harald Steffahn: Helmut Schmidt. Mit Selbstzeugnissen und Bilddokumenten, Reinbek 1990; Klaus Stephan: Gelernte Demokraten. Helmut Schmidt und Franz Josef Strauß, Reinbek 1988. Mit Teilaspekten von Schmidts politischem Wirken befassen sich darüber hinaus Barbara Heep: Helmut Schmidt und Amerika. Eine schwierige Partnerschaft, Univ.-Diss. Köln 1989; Martin Rupps: Helmut Schmidt. Politikverständnis und geistige Grundlagen, Bonn 1997 sowie Astrid Zipfel: Helmut Schmidt und die Medien. Eine Untersuchung zur politischen Öffentlichkeitsarbeit, Univ.-Diss. Mainz 2004.
6   Rupps, Politische Biographie S. 73; Carr und Schwelien erwähnen zudem die daher rührenden Freundschaften etwa zu Willi Berkhan.

das aber wegen seiner relativ kurzen Dauer im Rahmen der beeindruckenden politischen Lebensgeschichte als vergleichsweise unbedeutend gilt. Und auch in Schmidts eigenen autobiographischen Schriften finden sich zu jener Lebensphase nur einige wenige verstreute Bemerkungen, denen zufolge er in »dem zu jener Zeit ziemlich parteifrommen und jedenfalls gesetzestreuen SDS« zu debattieren gelernt und vor allem Freunde gefunden habe. Einige »jener Freundschaften haben über das ganze Leben gehalten, so die Verbindung mit Willi Berkhan, der einer der ganz wenigen Älteren war, die sich schon vor 1933 einige positive politische Vorstellungen hatten erwerben können.«[7]

Mehr über Schmidts »erste politische Gehversuche« erfährt man lediglich in der umfänglichen Biographie von Hartmut Soell; allerdings behandelt das gleichnamige, knapp 65-seitige Kapitel sämtliche politischen Aktivitäten Schmidts im Zeitraum von 1945 bis zu seinem Einzug in den Bundestag 1953, ohne dabei immer deutlich zwischen den verschiedenen sozialdemokratischen Zirkeln, in denen er sich damals bewegte, zu unterscheiden. Im Mittelpunkt stehen neben frühen politischen Äußerungen in Form von Vorträgen oder Zeitungsartikeln vor allem seine Begegnungen mit der damaligen Parteiprominenz wie zum Beispiel Schumacher, Ollenhauer, Brauer oder Wehner. Auf diese Weise erfährt man letztlich mehr über die damalige Sozialdemokratie und deren Spitzenpersonal als über Schmidts unmittelbares Wirken im SDS. Zudem bestätigt diese Art der Darstellung ungewollt das ohnehin verbreitete Vorurteil, der frühe SDS sei lediglich ein Sprungbrett für angepasste Parteikarrieristen gewesen.

Auch über den SDS selbst gibt es mittlerweile eine ganze Reihe von Monographien, Sammelbänden und Aufsätzen. Diese konzentrieren sich jedoch dem eingangs erwähnten Klischee folgend zumeist auf die Entwicklung des Verbandes seit den späten fünfziger Jahren und seine Metamorphose vom »parteikonformen Studentenverband zum Repräsentanten der Neuen Linken«.[8] Die Nachkriegszeit wird dagegen eher pflichtschuldigst und rudimentär abgehandelt.[9] Vor allem aber kennzeichnet diese Texte, die ganz überwiegend von Protagonisten oder zumindest Angehörigen der »Achtundsechziger«-Generation verfasst wurden, zumeist ein tiefsitzendes Unverständnis oder gar Unbehagen gegenüber jener »Frontsoldatengeneration«, das beispielsweise in den Arbeiten Tilman Fichters deutlich zu spüren ist. Selbst die bisher umfassendste und um Ausgewogenheit bemühte SDS-Verbandsgeschichte von Willy Albrecht, der der Nachkriegszeit immerhin rund 100 Seiten widmet, betrachtet diese – wie er

7   Helmut Schmidt: Weggefährten. Erinnerungen und Reflexionen, Berlin 1996, S. 402. Zu Berkhan siehe auch die biographischen Notizen im Anhang.

8   Vgl. den Untertitel der bisher umfassendsten Arbeit von Willy Albrecht: Der Sozialistische Deutsche Studentenbund (SDS). Vom parteikonformen Studentenverband zum Repräsentanten der Neuen Linken, Bonn 1994. Siehe dort S. 13 ff. auch die Hinweise auf einige neuere Spezialstudien, die sich sämtlich auf die spätere Entwicklung des SDS konzentrieren.

9   Dies gilt vor allem für die nach wie vor einflussreiche Kleine Geschichte des SDS. Der Sozialistische Deutsche Studentenbund von 1946 bis zur Selbstauflösung von Tilman Fichter und Siegward Lönnendonker, Berlin 1977. Vgl. auch deren überarbeitete Neuauflage unter dem Titel Macht und Ohnmacht der Studenten. Kleine Geschichte des SDS, Hamburg 1998, sowie vor allem Tilman Fichters Dissertation: SDS und SPD. Parteilichkeit jenseits der Partei, Opladen 1988.

in der Einleitung selber einräumt – gewissermaßen immer durch die Brille des SDS der fünfziger und sechziger Jahre, das heißt ihn interessieren vor allem solche Themen, die ihm im Licht der späteren Entwicklung bedeutsam erscheinen.

Spricht man indes mit Zeitzeugen von damals, dann spielen die politischen Streitfragen jener Jahre eine auffallend nachrangige Rolle. Hervorgehoben wird stattdessen unisono, dass der SDS für die aus dem Krieg Heimkehrenden in erster Linie »Bildungserlebnis« und »Heimat« gewesen sei.[10] Das gesellige und allgemeinbildende Element des Gruppenlebens – gemeinsame Theaterbesuche, Diskussionen über ›angesagte‹ Schriftsteller und vor allem die häufigen Wochenend- und Ferienausflüge – waren für die meisten Beteiligten offenbar mindestens ebenso wichtig, wenn nicht sogar wichtiger als politische Aktionen oder gar abgehobene Theoriedebatten. Ein Blick in die Quellen belegt, dass dies auch schon damals so gesehen wurde und nicht etwa ein Ergebnis nachträglicher Verklärung ist. Es liegt auf der Hand, dass eine solche Prioritätensetzung aus der Sicht späterer SDS-Generationen befremdlich wirken musste, der Nachkriegs-SDS daher von diesen häufig als theorielos oder gar unpolitisch empfunden und auf das Schlagwort vom »parteifrommen Karrieresprungbrett« reduziert wurde, wofür sich Helmut Schmidt wiederum als Paradebeispiel geradezu anzubieten schien.

Ein zentrales Anliegen dieser Studie ist demnach, neben den großen politischen Linien der Verbandsentwicklung, wo der vorhandenen Literatur kaum wesentlich Neues hinzuzufügen ist, die damalige Generation selbst so ›unverstellt‹ und vorurteilsfrei wie möglich in den Blick zu nehmen. Was waren das eigentlich für Leute, die damals im SDS aktiv wurden, woher kamen sie, was hatten sie in den Jahren zuvor erlebt, was hatte sie zum Eintritt in den SDS bewogen und welche Erwartungen und Ziele verbanden sie vor diesem Erfahrungshintergrund mit ihrem Engagement? Und war Helmut Schmidt mit seiner sozialen Herkunft und Wehrmachtsvergangenheit – was ihn ja nicht nur für manchen Achtundsechziger, sondern auch für traditionelle Sozialdemokraten suspekt machte[11] – eher eine Ausnahme oder vielmehr typischer Repräsentant einer neuen Mitgliederschicht, die nach 1945 vermehrt zur Sozialdemokratie stieß?

In einer solchen Perspektive gewinnt die Betrachtung des vermeintlich »parteifrommen« Nachkriegs-SDS zugleich eine neue Bedeutung. Er ist dann nicht mehr nur eine mehr oder minder bedeutsame Durchgangsstation im politischen Leben Schmidts und anderer Zeitgenossen. Vielmehr hat er zum einen eine wichtige Funktion bei der allmählichen »Re-Zivilisierung« und Demokratisierung der einstigen »HJ-« bzw. »Kriegsjugendgeneration« erfüllt[12],

---

10 Siehe unten Kapitel 4.

11 Man denke nur an das häufig kolportierte Diktum Herbert Wehners von den »jungen Herren«, die »ihren Sozialismus im Offizierscasino gelernt« hätten; hier zit. nach Fichter/Lönnendonker, Macht und Ohnmacht der Studenten, S. 37.

12 Vgl. hierzu Sibylle Hübner-Funk: Loyalität und Verblendung. Hitlers Garanten der Zukunft als Träger der zweiten deutschen Demokratie, Potsdam 1998, die darin zugleich auf die Problematik solch plakativer Generationenbezeichnungen hinweist (S. 49, Fn. 79): Denn der Begriff »HJ-Generation« suggeriere, »dass die HJ als Jugendorganisation des NS-Staats die maßgebliche Sozialisationsinstanz dieser Jahrgänge gewesen sei. Jungvolk und HJ stellten zwar – neben Schule und Militär – eine neue, staatliche Erziehungsinstanz besonderer Art dar, doch konnte sie ihre spezifischen Funktion der »Mobilisierung« der Jugend (...) nur im Kontext des Gesamtsystems staatlicher Dienstverpflichtungen der Jugend erfüllen. Angesichts dessen greift die Bezeichnung »HJ-Generation« zu kurz; da die ge-

was sicherlich auch auf andere Jugendorganisationen jener Zeit zutrifft und von den Alliierten im Rahmen ihrer Umerziehungs- und Demokratisierungspolitik von Anfang an durchaus mitintendiert war. Zum anderen aber stellt der SDS womöglich eine bislang unterschätzte Instanz im Prozess der sozialen und programmatischen Öffnung der Nachkriegs-SPD von der einstigen Milieu- zur Volkspartei dar, in dem das Godesberger Programm von 1959 bekanntlich nur den sichtbaren Endpunkt markiert.[13] Möglicherweise konnte der SDS sogar gerade wegen seines damaligen Charakters als »linker Offiziersbund« (Fichter) der Partei überhaupt erst jene neuen Mitgliederschichten erschließen, die sich ansonsten in der traditionellen Facharbeiter-SPD wohl eher fremd gefühlt hätten.

Ausgehend von dieser Fragestellung wird im Folgenden zunächst die Entstehung des SDS bis zum Hamburger Gründungskongress im September 1946 skizziert, wobei insbesondere der Frage nachgegangen wird, in welcher Rolle die führenden Vertreter der Sozialdemokratie, vor allem Schumacher und Ollenhauer, den neuen Studentenbund im Verhältnis zur Partei einerseits sowie zur akademischen Öffentlichkeit andererseits sahen. Daran anknüpfend erfolgt sodann ein kurzer Rückblick auf den persönlichen Werdegang Helmut Schmidts und seinen Weg zur Sozialdemokratie, da er zum einen auf dem Gründungskongress offenbar erstmals im Rahmen des SDS in Erscheinung trat und zum andern *pars pro toto* für die angesprochenen neuen Mitgliederschichten stand.

Nachdem auf diese Weise sowohl der institutionelle Rahmen als auch die persönliche Vorgeschichte Helmut Schmidts dargelegt worden sind, widmen sich die weiteren Ausführungen zunächst seinen ersten Schritten innerhalb der Hamburger Gruppe, bevor schließlich auf Schmidts Amtszeit als Bundesvorsitzender für die britische Zone im Jahr 1947/48 eingegangen wird. Hierbei werden vorzugsweise solche Themen behandelt, in denen Schmidts persönliches Wirken – vor dem Hintergrund seiner zuvor beschriebenen Erfahrungen und Prägungen – besonders deutlich erkennbar wird. Abschließend wird ein Ausblick auf die Entwicklung des SDS nach Schmidts Ausscheiden aus dem Bundesvorstand gegeben, wobei vor allem der vorübergehende Niedergang der Hamburger Gruppe und das spätere Verhältnis Schmidts zum SDS thematisiert werden.

---

nannten Jahrgänge seit 1939 zum Kriegseinsatz an allen Fronten (...) kamen, trifft der zweite Terminus »Kriegsjugend« fast besser ihre besonders prekäre Sozialisationsgeschichte.« Andererseits gebe es aber auch jüngere »Kriegsjugendjahrgänge« (1934-1945), die von den erwähnten Organisationen und Diensten kaum noch erfasst wurden. Als Übergangskohorten nennt Hübner-Funk zudem die »Flakhelfer«- (1928-29) und »Volkssturm-Jahrgänge« (1930-32), die sich aufgrund des Grades ihrer individuellen Involviertheit ebenfalls bereits von den älteren Kriegsjugend-Jahrgängen (1918-1927) unterschieden (ebd. S. 45). Den Versuch, die deutsche Nachkriegsgeschichte insgesamt als Prozess der »Rezivilisierung« zu fassen, unternahm unlängst Konrad Jarausch: Die Umkehr. Deutsche Wandlungen 1945 - 1995, München 2004.

13 Vgl. Julia Angster: Konsenskapitalismus und Sozialdemokratie. Die Westernisierung von SPD und DGB, München 2003; vgl. ferner Heinrich Potthoff/Susanne Miller: Kleine Geschichte der SPD. 1848-2002, Bonn 2002, S. 176 f.

Die Darstellung stützt sich zum einen auf die bereits erwähnte Biographie von Hartmut Soell sowie die einschlägigen autobiographischen Schriften Schmidts.[14] Daneben wurden hauptsächlich die beiden SDS-Verbandsgeschichten von Willy Albrecht und Tilman Fichter sowie eine bisher unveröffentlichte Examensarbeit von Christel Oldenburg über die Entstehung und Entwicklung der Hamburger SDS-Gruppe herangezogen.[15] Da die drei letzteren nur eingeschränkt oder gar nicht auf Helmut Schmidts Wirken im SDS eingehen, wurden zusätzlich die persönlichen Unterlagen Helmut Schmidts im Archiv der sozialen Demokratie in Bonn sowie die ebenfalls dort lagernden Aktenbestände des SDS-Bundesverbands, soweit sie sich auf die ersten Nachkriegsjahre beziehen, ausgewertet.[16] Vor allem aber konnten für diese Studie – im Unterschied zu den zuletzt genannten – erstmals auch mehrere Zeitzeugen aus dem damaligen engeren Umfeld Helmut Schmidts befragt werden. In Anbetracht der Tatsache, dass viele der einstigen Weggefährten bereits verstorben sind, erscheint es dem Verfasser als großes Glück, dass ihm mit Helga Timm, Ernst Heinsen, Hans-Erich Schult und Walter Tormin gleich vier Interviewpartner bereitwillig zur Verfügung standen, die nicht nur die Entwicklung des SDS in Hamburg von Anfang an aktiv mitgestaltet haben, sondern zum Teil während Schmidts Amtszeit als Bundesvorsitzender besonders eng mit ihm zusammengearbeitet haben. Zudem lieferten diese Gespräche wertvolle Eindrücke vom menschlichen Miteinander in der Hamburger Gruppe – ein Aspekt, der sich naturgemäß kaum in schriftlichen Überlieferungen niederschlägt, ohne den die vorliegende Darstellung jedoch zweifellos unvollständig geblieben wäre.

---

14 Neben den bereits erwähnten Weggefährten (Fn.5) vor allem Kindheit und Jugend unter Hitler, Berlin 1992, Die Kriegsgeneration. Mein Weg zur Sozialdemokratie, in: Die Neue Gesellschaft, Nr. 6/ 1968, S. 479–483 sowie Zur Person. Interview mit Günter Gaus (ZDF vom 8. Februar 1966), abgedruckt in Helmut Schmidt: Beiträge, Stuttgart 1967, S. 621–647.

15 Christel Oldenburg: Der Sozialistische Deutsche Studentenbund in Hamburg 1946-1961, Hamburg 1991.

16 Im Folgenden zitiert mit dem Kürzel HS (Bestand Helmut Schmidt) bzw. SDS und der jeweiligen Bandnummer. Siehe auch das ausführliche Quellenverzeichnis am Ende des Textes.

2. Die Entstehung des SDS bis zum Hamburger Gründungskongress

Lokale Anfänge in der Halblegalität

Der Sozialistische Deutsche Studentenbund wurde als überregionale Organisation offiziell im September 1946 gegründet. Schon zuvor hatten sich, kaum dass die zum Teil schwer zerstörten Universitäten ihren Lehrbetrieb wieder aufgenommen hatten, vielerorts sozialistische oder sozialdemokratische Gruppen zusammengefunden, so auch in Hamburg um den ehemaligen Wehrmachtsdeserteur und späteren ersten Bundesvorsitzenden Heinz-Joachim Heydorn.[17] Wegen der anfänglichen Vorbehalte der westlichen Besatzungsbehörden agierten diese Gruppen zunächst vielfach noch im informellen, halblegalen Rahmen. Auch unterschieden sich die Vorgaben in den einzelnen Besatzungszonen anfangs erheblich. So war in der US-Zone zwar schon seit Ende 1945 die Bildung studentischer Arbeitsgemeinschaften unter dem Dach der zugelassenen politischen Parteien erlaubt worden – jedoch ausdrücklich außerhalb der Hochschulen. Innerhalb derselben wurden – ähnlich wie auch in der französischen Zone – lange Zeit nur strikt überparteiliche Vereinigungen, fachwissenschaftliche, gesellige oder musisch-kulturelle Zirkel geduldet.[18] Im Unterschied dazu hatte die britische Militärregierung im Sommer 1946 die ersten sozialistischen Studentengruppen in Hamburg und Münster offiziell lizenziert, zugleich aber auf einer weitgehenden organisatorischen und finanziellen Unabhängigkeit dieser Gruppen bestanden. Nach einer entsprechenden Richtlinie, die in ihrer Ausführlichkeit die diesbezüglichen Befürchtungen der Besatzungsmacht deutlich zum Ausdruck brachte, durften die zugelassenen Parteien politische Studentengruppen an den Hochschulen nur unter der Voraussetzung fördern, dass deren Führung »vollständig den studentischen Mitgliedern überlassen« blieb. Ferner wurde bestimmt, dass die Gruppen keine militärischen oder halbmilitärischen Ziele verfolgen und keinerlei »besonderen Uniformen oder Parteiabzeichen« tragen durften. Auch war den Gruppen ausdrücklich verboten, »akademische Angelegenheiten oder die Führung des Universitätslebens durch Demonstrationen zu beeinflussen«, stattdessen sollten sie ihre Vorschläge über einen eigens zu bildenden »Hauptausschuss für politische Betätigung« an die gewählte Studentenvertretung sowie die Hochschul- und Militärbehörden richten. Dieser Hauptausschuss sollte sich aus dem Vorsitzenden der Studentenvertretung sowie je einem Mitglied jeder politischen Gruppe zusammensetzen und für die »Zuteilung von Versammlungsräumen, die Einladung politischer Führer sowie die Genehmigung aller Bekanntmachungen, Anschläge, Flugblätter

---

17 Biographische Notizen im Anhang. Zur SDS-Gründungsgeschichte im Einzelnen vgl. ferner Albrecht S. 32 ff. und Fichter S. 43 ff.
18 Vgl. Protokoll der »Reichsvorstandssitzung« vom 23./24.10.1947 in Düsseldorf (in: HS 5001).

etc.« zuständig sein. Wörtlich hieß es weiter: »Der Exekutivausschuss jeder Gruppe ist der Studentenvertretung und der Hochschulbehörde für die Führung der Gruppe und deren Einhaltung der Ordnung in der Hochschule verantwortlich. (...) Die Hochschulbehörde und die Studentenvertretung sind für die Einhaltung von Ruhe und Ordnung innerhalb der Hochschule verantwortlich und bürgen dafür, dass die (vorgenannten) Bedingungen eingehalten werden.« Als besonders hinderlich empfanden die zu diesem Zeitpunkt bereits bestehenden Gruppen zudem die Vorschrift, dass sie weder öffentliche Gelder noch finanzielle Unterstützung von Parteien oder Gewerkschaften erhalten durften.[19]

Trotz dieser einschränkenden Bedingungen hatte sich aber bereits Anfang Mai 1946 auf Initiative der Frankfurter Gruppe ein erster Landesverband sozialistischer Studentengruppen für das neugebildete »Groß-Hessen« gebildet.[20] Kurze Zeit später wandte sich der Vorstand der Hamburger Gruppe an den damals in Hannover ansässigen SPD-Parteivorstand mit dem Vorschlag, eine »interzonale« Delegiertentagung einzuberufen. Da zu diesem Zeitpunkt in der sowjetischen Besatzungszone die Zwangsvereinigung von KPD und SPD zur SED bereits vollzogen war und sich die SPD daraufhin auf ihrem Hannoveraner Parteitag Anfang Mai als rein »westdeutsche« Organisation – wenngleich mit gesamtdeutschem Anspruch – neu konstituiert hatte, ist anzunehmen, dass die Hamburger Initiatoren bereits stillschweigend davon ausgingen, dass auch ihre Tagung sich faktisch auf die drei Westzonen und Berlin beschränken würde. Dementsprechend wurde der in Hannover gerade neugewählte Parteivorsitzende Kurt Schumacher demonstrativ eingeladen, bei dieser Gelegenheit »zur ganzen akademischen Jugend zu sprechen« und Antworten zu geben auf die Fragen, »die uns als junger Generation wichtig erscheinen«. Außerdem erhoffte man sich, dass die Partei »Stellung zu den schwierigen Hochschulfragen und dem Problem der Erziehung nehmen würde«.[21]

Nachdem Schumachers Büro dieses Ansinnen zunächst mit der Begründung abgelehnt hatte, der Vorsitzende sei »mit grundsätzlichen politischen Aufgaben so überlastet«, dass man ihn von derartigen »ressortmäßig zu erledigenden Arbeiten« möglichst freihalten wolle,[22] folgte bald darauf ein längeres Schreiben des stellvertretenden Parteivorsitzenden Erich Ollenhauer, der seinerseits von der Münsteraner Gruppe in ähnlicher Absicht angesprochen worden war. Nach einigem Hin und Her einigte man sich auf einen Termin in der ersten Septemberwoche sowie – nachdem Ollenhauer zunächst Göttingen favorisiert hatte – auf Hamburg als Tagungsort, da dort »die größten Erfahrungen und besten Verbindungen« vorlägen und außerdem auch die nötigen Tagungsräume und Unterkünfte leichter zu besorgen seien.[23] Die offizielle Einla-

---

19 Ein Exemplar der Richtlinie vom 12. September 1946 sowie der diesbezügliche Briefwechsel einzelner SDS-Gruppen mit dem Bundessekretariat findet sich in: SDS 1 und 2. Die Richtlinie wurde auch in der Göttinger Universitäts-Zeitung vom 1. November 1945 abgedruckt; vgl. Fichter S. 41.

20 Albrecht S. 33.

21 Hans-Werner Kempa (Vorstand der Hamburger »Arbeitsgemeinschaft sozialistischer Studenten«) an Schumacher vom 11. Juni 1946, in: SDS 1. Nach Walter Tormin: Die Geschichte der SPD in Hamburg 1945 bis 1950, Hamburg 1995, S. 140, soll sich die Hamburger Gruppe indes bereits am 15. April 1946 – also noch vor der SED-Gründung und dem Hannoveraner SPD-Parteitag – mit einem solchen Vorschlag an Schumacher gewandt haben.

22 Schumachers Büroleiter Kriedemann an Kempa vom 11. Juni 1946, in SDS 1.

23 Ollenhauer an Kempa vom 8. Juli 1946 und Kempa an Ollenhauer vom 10. Juli 1946, ebd.

dung erfolgte schließlich im Juli 1946 durch ein von Ollenhauer unterzeichnetes Rundschreiben des Parteivorstandes an sämtliche SPD-Bezirksvorstände, in dem diese gebeten wurden, in ihrem Bereich bereits bestehende Hochschulgruppen zur Teilnahme aufzufordern. Wo noch keine solche Gruppe bestand, sollten einzelne sozialdemokratische Studenten ermuntert werden, mit der Hamburger Gruppe, die die Organisation vor Ort übernommen hatte, Kontakt aufzunehmen.[24] Inzwischen hatte auch Schumacher sein Kommen zugesagt.

Der SDS als »Durchgangsstation« zur Partei?

An dem Gründungskongress, der schließlich vom 3. bis 6. September 1946 in Hamburg tagte, nahmen mehr als 90 Delegierte, Verbindungsleute und Beobachter aus 20 Hochschulorten der drei Westzonen und Berlin teil; fast die Hälfte der Teilnehmer kam freilich aus Hamburg, Niedersachsen und Schleswig-Holstein. Gut vertreten waren außerdem die Hochschulen aus Nordrhein-Westfalen und Hessen. Aus den süddeutschen Ländern waren dagegen nur sieben Delegierte erschienen, und die SPD-Betriebsgruppe an der Berliner Universität hatte vier »Beobachter« entsandt.[25]

Eröffnet wurde der Kongress von dem Hamburger Hans-Erich Schult, der die Gäste im Namen des Vorbereitungskomitees begrüßte. In seiner Ansprache stellte er den zu gründenden Studentenbund ausdrücklich nicht in die Tradition der Sozialistischen Studentenschaft der Weimarer Republik, von der man seinen Worten zufolge »kaum mehr als die organisatorische Form« übernehmen könne. Stattdessen rief Schult die versammelten Delegierten in pathetischen Worten dazu auf, den neuen Studentenbund zum »Vortrupp« einer klassen- und parteiübergreifenden Jugendbewegung zu machen, wie er sie in der Burschenschaftsbewegung des 19. Jahrhunderts und in der freideutschen Jugendbewegung vor dem ersten Weltkrieg erblickte. Ein solcher neuerlicher Aufbruch der gesamten Jugend sei nötig, um aus der »äußeren Befreiung« vom Nationalsozialismus eine »innere Freiheit« werden zu lassen.[26] Abgesehen von den hochgesteckten Erwartungen an den künftigen Verband ist an Schults Rede vor allem die darin anklingende Distanzierung von der eigenen sozialdemokratischen Vorgängerorganisation bemerkenswert. Schon in den Vorbereitungen war schnell klar geworden, dass sich der SDS explizit als Neugründung und nicht als bloße Fortsetzung der alten Organisation verstand. Für diese Entscheidung, die sich letztlich auch im neuen Namen niederschlug, war anscheinend nicht allein die zeitliche Zäsur von zwölf Nazijahren, die jede personelle Kontinuität von vornherein unmöglich machte, ausschlaggebend. Offenbar erschien jener Verband, der zwar in seinen besten Jahren rund 5.000 Mitglieder zählte, an den Hochschulen aber mehr oder weniger isoliert geblieben war, der nüchternen Kriegsgeneration auch nicht mehr so recht als leuchtendes Vorbild.[27]

---

24 Zit. nach Albrecht S. 35 f.
25 Vgl. die Übersichten bei Albrecht S. 477 ff. sowie verschiedene handschriftliche und hektographierte Teilnehmerlisten in: SDS 3201.01.
26 Zit. nach Albrecht S. 37.
27 Zur Entwicklung der Sozialistischen Studentenschaft vgl. Franz Walter: Sozialistische Akademiker- und Intellektuellenorganisationen in der Weimarer Republik, Bonn 1990.

Einer der Hauptstreitpunkte des Gründungskongresses war denn auch das Verhältnis des neuen Verbandes zur Sozialdemokratischen Partei. Bereits im Vorfeld war es hierüber zu Meinungsverschiedenheiten zwischen den beiden Initiativgruppen aus Hamburg und Münster gekommen, und nun drohte der Streit den Kongress sogar mehrmals zu sprengen.[28] Während sich die Münsteraner, aber auch mehrere andere Gruppen, leidenschaftlich zum Prinzip der Überparteilichkeit bekannten und meinten, dass ein erfolgreiches Wirken an ihren Universitäten nur möglich sei, wenn in den Gruppen neben Sozialdemokraten und Parteilosen auch Kommunisten und christliche Sozialisten mitarbeiteten, traten vor allem die Gruppen aus Hamburg, Frankfurt und Berlin für eine engere Bindung an die SPD ein und forderten die Aufnahme eines entsprechenden Passus' in die Bundessatzung. Für die Berliner Delegierten war ein solches eindeutiges Bekenntnis zur SPD nach der in der sowjetischen Besatzungszone gewaltsam durchgesetzten Zwangsvereinigung mit der KPD ohnehin eine Grundvoraussetzung, von der sie auch ihre künftige Mitarbeit im Bund abhängig machten. Auch die Hamburger hatten bereits einschlägige Erfahrungen mit den dortigen Kommunisten gesammelt, die vorübergehend versucht hatten, an der Universität eine von ihnen dominierte studentische Einheitsorganisation nach FDJ-Vorbild zu installieren.[29] Vor diesem zeithistorischen Hintergrund wirkt die in den Diskussionen des Gründungskongresses immer wieder auftauchende Furcht vor kommunistischen Unterwanderungsversuchen nur allzu verständlich.[30]

In die sehr emotional und zuweilen auch hitzig geführte Debatte griff schließlich der stellvertretende Parteivorsitzende Ollenhauer vermittelnd ein, indem er zwar ein klares Bekenntnis zum »demokratischen und freiheitlichen Sozialismus« befürwortete, sich aber zugleich für eine größtmögliche Autonomie des Verbandes aussprach. Schon in seinem Einladungsschreiben für den Kongress hatte er ausdrücklich darauf hingewiesen, dass es sich bei dem zu gründenden Studentenverband nicht um eine neue Parteigliederung handele. Der Parteivorstand stelle den Studenten lediglich seinen Apparat zur Verfügung.[31] Daran anknüpfend erklärte Ollenhauer nun in seinem Redebeitrag, der neue Studentenbund solle »alle diejenigen vereinigen, die sich aus ehrlicher Überzeugung zum demokratischen und freiheitlichen Sozialismus bekennen«. Die formale Unabhängigkeit des Verbandes von der SPD bedeute auf der anderen Seite aber auch keine Tarnung, da ja allgemein bekannt sei, dass die sozialistischen Studenten im Wesentlichen auf dem Boden der SPD stünden. »Aber der direkte Weg zu einer Partei ist für junge Menschen schwer. Es soll ihnen erleichtert werden, sich mit Gleichgesinnten zusammenzufinden. Ist der Studentenbund zwar unabhängig, aber vom richtigen Geist erfüllt, werden sie später den Weg in die Partei finden.«[32]

---

28 Albrecht S. 38, Protokoll des Gründungskongresses (SDS 3101.01).

29 Vgl. Hans-Erich Schult: Student und Politik, Typoskript vom 17. April 1946 (in: »Archiv des SDS«: Gruppen / Hamburg).

30 Albrecht S. 39. Die Debatte war mit dem Gründungskongress auch keineswegs abgeschlossen, sondern tauchte ein Jahr später in abgewandelter Form auf der Delegiertenkonferenz in Bielefeld wieder auf (siehe unten Kapitel 5).

31 Albrecht S. 35 f.

32 Zit. nach Albrecht S. 38.

Ähnlich äußerte sich auch der Parteivorsitzende Schumacher, dessen Auftritt am zweiten Tag zugleich den öffentlichkeitswirksamen Höhepunkt des Kongresses bildete. Obwohl es in dieser Frage offenbar kurz zuvor noch zu Diskussionen innerhalb des Parteivorstands gekommen war,[33] befürwortete nun auch Schumacher die organisatorische Unabhängigkeit des SDS von der SPD, da manche Mitglieder seiner Meinung nach »noch nicht reif für die Partei« seien. Jedoch sollten die »großen Ideen, von denen die Partei getragen ist, die Grundlage abgeben, um einzutreten in den Kampf«. Die »politische Bindung«, das heißt der Eintritt in die Partei, ergebe sich dann später »ganz von allein«. Zugleich verband er dies jedoch mit der Mahnung, sich nicht im eigenen Verein einzuigeln. »Der Genosse Intelligenz, der nur in seiner eigenen Sparte sein gewichtiges Wort über die Zeit und über die Theorien der Vergangenheit spricht, hat keinen Wert für uns, sondern nur der bluterfüllte, lebendige Mensch, der das, was er in seinem Zirkel und mit seinen Bildungsmöglichkeiten sich erarbeitet, in die breiten Massen hinausträgt.«[34]

Wohl in dem Wissen, dass sein akademisch gebildetes Publikum zumindest in Teilen den traditionellen Klassenkampfparolen der Sozialdemokratie eher skeptisch gegenüberstand, machte Schumacher seinen jugendlichen Zuhörern auch deutlich, dass der Marxismus »für uns Sozialdemokraten kein Dogma und kein Katechismus von Lehrsätzen« sei, sondern »die Methode der großangelegten ökonomischen Analyse«. Als solche sei er nach wie vor aktuell, müsse freilich durch andere Ideale komplettiert werden, und Schumacher gestand seinen Zuhörern ausdrücklich zu, dass man aus ganz verschiedenen Motiven Sozialist werden könne.[35]

Wie vielfältig diese Motive bei den versammelten Delegierten tatsächlich waren, hatte sich wenige Stunden vor dem Auftritt Schumachers gezeigt, als der Kongress über den vom Hamburger Vorbereitungskomitee eingebrachten Entwurf für ein »ideologisches Programm« beraten hatte. Während einige Delegierte darin ein Bekenntnis zur »revolutionären Tat« verlangten und die in ihren Augen zu passive Haltung der SPD-Führung am Ende der Weimarer Republik scharf kritisierten, sprachen sich andere ausdrücklich für eine Abkehr vom orthodoxen Marxismus aus und befürworteten die Öffnung der traditionell antiklerikalen SPD für religiöse Überzeugungen. Angesichts dieser Bandbreite von Auffassungen sprach sich ein Delegierter sogar dafür aus, auf die Verabschiedung eines ideologischen Programms zu diesem Zeitpunkt ganz zu verzichten, konnte sich damit allerdings nicht durchsetzen. Stattdessen wurde die Vorlage von einem Redaktionsausschuss mit dem Entwurf eines »politischen Programms« zu relativ allgemein gehaltenen »Richtlinien« zusammengefasst, die schließlich vom Plenum einstimmig angenommen wurden und deren Eingangssätze wörtlich lauteten: »Wir sozialistischen Studenten treten dafür ein, dass durch soziale Gerechtigkeit die freie

---

33 Laut Hans-Erich Schult waren insbesondere Schatzmeister Alfred Nau und der Kulturreferent des Parteivorstands, Arno Hennig, gegen die Unabhängigkeit des SDS, und auch Schumacher sei anfangs zumindest schwankend gewesen. Das Argument der Hamburger, dass die junge Generation nach den Erfahrungen der NS-Diktatur »parteiverdrossen« sei, habe ihn aber letztlich überzeugt.
34 Zit. nach Albrecht S. 42.
35 Zit. nach: »Student und Politik«, Hamburg 1946 (vom Parteivorstand hrsg. Broschüre der Schumacher-Rede), S. 9. Vgl. auch Albrecht S. 41 f. und Fichter S. 52 ff.

Entfaltung der Persönlichkeit ermöglicht wird. Wir erwarten die Verwirklichung unseres Ideals nur von der Tat überzeugter Sozialisten. Auf diese Tat kommt es an, mag sie aus religiösen, ethischen oder ökonomischen Motiven entspringen.«[36]

Die hier an erster Stelle genannte religiöse Motivation spielte auf dem Gründungskongress im Vergleich zu den Folgejahren noch eine bemerkenswert einflussreiche Rolle. So hielt unter anderem der religiöse Sozialist Emil Fuchs, der bereits in der Weimarer Republik zu den führenden Repräsentanten dieser politischen Strömung gehört hatte, vor den Delegierten eine längere Grundsatzrede. Am letzten Tag des Kongresses wurde zudem ein eigenes Fachreferat »Christentum und Sozialismus« unter Leitung des Münsteraner Delegierten Siegfried Ecke gebildet, das sich in Anknüpfung an die Worte von Emil Fuchs für eine aktive Verständigung zwischen beiden Bewegungen einsetzen wollte. Ebenfalls sehr einflussreich war damals im SDS der vom Neukantianismus Leonard Nelsons geprägte »ethische Sozialismus«. Nelson hatte in den zwanziger Jahren den »Internationalen Sozialistischen Kampfbund« (ISK) gegründet, der nach 1933 sowohl im Widerstand als auch im sozialdemokratischen Exil eine bedeutende Rolle spielte und aus dem zahlreiche prominente Politiker der Nachkriegs-SPD hervorgingen.[37] Nelsons ethischer Sozialismus wurde auf dem SDS-Kongress zwar nicht ausdrücklich thematisiert; er war jedoch gleich durch mehrere führende SDSler vertreten, unter anderem den Göttinger Tagungspräsidenten Rainer Fuchs, der später auf der Eschweger Tagung ein Grundsatzreferat zu diesem Thema hielt, sowie den Hamburger Heinz-Joachim Heydorn, der ursprünglich zwar aus dem kirchlichen Widerstand stammte, nach dem Krieg aber in Hamburg Anschluss an einen Kreis ehemaliger ISK-Mitglieder um Helmut Kalbitzer gefunden hatte und Nelsons Ideen auch im SDS propagierte.[38]

Neben den allgemeinen Richtlinien wurde vom Gründungskongress auch ein »kulturpolitisches Programm« verabschiedet, in dem die hochschulpolitischen Forderungen – unterteilt in »Fernziele« und »Sofortmaßnahmen« – zusammengefasst waren. Zu letzteren zählten unter anderem die Vereinheitlichung der Examensbedingungen sowie finanzielle Hilfen für notleidende Studenten. In diesem Zusammenhang erging auch ein einstimmiger Appell an die SPD, die Friedrich-Ebert-Stiftung, die bereits von 1925 bis 1933 bestanden hatte, um Arbeiterkindern eine akademische Bildung zu ermöglichen, wieder zu errichten.[39] An der Spitze des Programms stand indes die Forderung nach einer grundlegenden Reform und Öffnung der Hochschulen ohne Rücksicht auf die soziale Herkunft des Einzelnen: Jede Ausbildung müsse kostenlos sein, die öffentliche Hand solle daher nicht nur die Finanzierung aller Schulen und Hochschulen übernehmen, sondern den Studenten auch den notwendigen Lebensunterhalt sichern.[40]

---

36 »Richtlinien des Sozialistischen Deutschen Studentenbundes«, zit. bei Albrecht S. 40.
37 Vgl. Sabine Lemke-Müller: Ethik des Widerstands. Der Kampf des Internationalen Sozialistischen Kampfbundes (ISK) gegen den Nationalsozialismus. Quellen und Texte zum Widerstand aus der Arbeiterbewegung 1933–1945, Bonn 1996, sowie dies.: Ethischer Sozialismus und soziale Demokratie. Der politische Weg Willi Eichlers vom ISK zur SPD. Bonn 1988.
38 Später gab Heydorn auch eine Studienreihe mit Nelsons Schriften heraus; vgl. Albrecht S. 40 f und S. 49.
39 Siehe auch Kapitel 5.
40 Zit. nach Albrecht S. 42 f.

Am letzten Sitzungstag wählte der Kongress unter dem Präsidium von Emil Gross[41] schließlich den ersten Vorstand des neuen Verbandes. Gleichberechtigte Bundesvorsitzende wurden Heinz-Joachim Heydorn aus Hamburg für die britische Zone und Alfred Hooge aus Frankfurt für die US-Zone.[42] Außerdem wurden mehrere Landesgruppen gebildet, deren Vorsitzende zugleich dem erweiterten Bundesvorstand angehörten, und Hamburg als vorläufiger Sitz des Bundessekretariats bestimmt.

---

41 Gross (1904–1967) war vor 1933 letzter Vorsitzender der Sozialistischen Studentenschaft Berlins und Mitglied des Hauptvorstandes der SSt gewesen. 1933 nach Amsterdam emigriert, wurde er dort 1941 verhaftet und verbrachte 2 1/4 Jahre im Zuchthaus. Nach 1945 war er Zeitungsverleger in Bielefeld und unter anderem 1946–60 Mitglied des SPD-Parteivorstands, vgl. Albrecht S. 43.
42 Vgl. biographische Notizen im Anhang.

3. Wie einer Sozialdemokrat wird

Unter den Teilnehmern und Gästen des Hamburger Gründungskongresses befand sich auch der damals 27 Jahre alte Student der Volkswirtschaft Helmut Schmidt.[43] Wie viele seiner männlichen Kommilitonen trug der ehemalige Oberleutnant der Reserve noch seinen »ollen, umgefärbten Militärmantel«, beeindruckte indes in den Diskussionen und Gesprächen am Rande durch die »Prägnanz und Klarheit seiner Redebeiträge« und sein »dominierendes Auftreten«.[44] Obwohl zu diesem Zeitpunkt längst SPD-Mitglied und in verschiedenen Parteizirkeln aktiv, war er offenbar erst einige Wochen vor dem Kongress auf die seit längerem bestehende Studentengruppe aufmerksam geworden.[45] Zumindest hatte er dort bislang keine nennenswerte Rolle gespielt, auch wenn er später gelegentlich von sich behauptete, er habe mit Freunden »schon 1945 eine Gruppe sozialistischer Studenten gegründet«.[46] Für seine damaligen Mitstreiter tauchte der redegewandte und selbstbewusste Schmidt jedoch eher »urplötzlich« und »wie aus dem Nichts« auf und avancierte – nicht zuletzt wegen seiner rhetorischen Fähigkeiten und weil er »erwachsener« als die meisten anderen wirkte – bald zur unumstrittenen Führungsfigur in der Gruppe.[47]

Familiäre und schulische Prägungen

Im Unterschied zu den meisten Gründungsmitgliedern des Hamburger SDS, die mehrheitlich aus sozialdemokratisch geprägten Elternhäusern stammten, hatte der am 23. Dezember 1918 im Hamburger Stadtteil Barmbek geborene Helmut Schmidt nach eigenem Bekunden eine vergleichsweise »unpolitische Jugend« erlebt.[48] Sein Vater hatte sich aus ärmlichen Verhältnissen kommend »durch Intelligenz und eisernen Fleiß« zum Studienrat und Leiter einer Handelsschule emporgearbeitet und war der Meinung, Politik sei nichts für Kinder. Darum blieben auch seine diesbezüglichen Ansichten für den Sohn lange im Dunkeln. Erst »sehr

---

43 Zwar taucht Schmidts Name nicht in den Delegiertenlisten auf (vgl. die handschriftlichen und hektographierten Listen in SDS 3101.01 sowie die Zusammenstellung bei Albrecht S. 477); seine Anwesenheit wird aber sowohl durch seine eigenen Kalendereinträge vom 3. und 4. September 1946 (vgl. Soell S. 185) als auch von den befragten Zeitzeugen übereinstimmend bestätigt.
44 Interview Walter Tormin.
45 Soell S. 181 f. sowie Interview Hans-Erich Schult.
46 So z. B. im erwähnten Fernsehinterview mit Günter Gaus 1966 (Zur Person S. 627), ähnlich in Weggefährten S. 402. Dem widersprechen aber übereinstimmend die Aussagen von Schult, Tormin und Timm.
47 Interviews Helga Timm und Ernst Heinsen. Siehe Kapitel 4.
48 Vgl. Soell S. 47 ff. sowie Kindheit, S. 188 ff.

viel später« habe er herausgefunden, »dass mein Vater wohl in Friedrich Naumann, Gustav Stresemann oder dem Hamburger Bürgermeister Carl Petersen Führungspersonen erblickte, die seinem politischen Denken gemäß waren«.[49] Auf jeden Fall hätten seine Eltern niemals die Nazis gewählt, auch nach 1933 nicht.[50] Als der heranwachsende Helmut wie viele seiner Mitschüler damals in eine Gruppe der Bündischen Jugend eintreten wollte, schlug der Vater ihm diesen Wunsch ab. Um welche der zahllosen Gruppierungen es sich dabei handelte, ist leider nicht bekannt. Schmidts späterer Darstellung zufolge hätten sie als Heranwachsende ohnehin »keine großen Unterschiede« zwischen den verschiedenen Bünden gesehen; das »gemeinsame Agens« sei vielmehr das Gemeinschaftserlebnis »auf Fahrt« und die »Romantik des Lagerfeuers« gewesen – ein Element, das später auch das Gruppenleben im Hamburger SDS maßgeblich prägen sollte.[51] Bei der Anfang 1934 erfolgten Eingliederung seines Schülerrudervereins wurde Schmidt dann jedoch Mitglied in der Hitlerjugend und dort – da er schon vorher Vorsitzender gewesen war – kurzzeitig sogar Kameradschaftsführer; nach eigenem Bekunden war er sogar »stolz darauf«. Wegen seiner »großen Klappe« wurde er aber schon bald wieder abgesetzt.[52]

Schmidts offenbar schon damals etwas »vorlautes« Wesen war zu einem Teil vielleicht Temperament, zum andern aber sicherlich auch eine Folge des Umstands, dass er auf Betreiben seines Vaters seit 1929 die damals sehr moderne, reformpädagogisch inspirierte Lichtwark-Schule besuchte. Diese erst Anfang der zwanziger Jahre gegründete »Musterschule« war nach dem früheren Leiter der Hamburger Kunsthalle benannt, der sich bereits um die Jahrhundertwende dafür eingesetzt hatte, breite Schichten des Volkes mit Kunst und Kultur vertraut zu machen. In diesem Sinne wollte die Schule das »Nützlichkeitsdenken« der herkömmlichen Realschule ebenso überwinden wie den »einseitigen Intellektualismus« des Gymnasiums. Vor allem die musischen Fächer wurden »ganz groß geschrieben. Dabei ging es weniger um Theorie als darum, selbst zu singen und zu musizieren, Theater zu spielen und zu malen oder zu zeichnen.« Sein Interesse für Musik und bildende Kunst, insbesondere seine Liebe zur modernen Malerei, habe hier ihren »entscheidenden Anstoß« erfahren, schrieb Schmidt später. Als »wahrscheinlich wichtigste Mitgift der Lichtwark-Schule« bezeichnete er indessen die »Selbständigkeit, zu der sie erzog. Wir lernten, was damals an deutschen Schulen sicher nicht die Regel war: kritisch und selbständig zu denken.« Diesem Zweck dienten neben den sogenannten Jahresarbeiten, die jeder Schüler schreiben musste, auch die für damalige Verhältnisse unerhört freie Streitkultur in der Schule, »der Unterricht glich oft Diskutierrunden«. Auch wurden neue Formen demokratischen Engagements – Schülerzeitung, Schülermitsprache, Beteiligung der Eltern an der Direktorenwahl – praktiziert. Als »revolutionär« galt die Lichtwark-Schule nicht zuletzt deshalb, weil sie Mädchen und Jungen gemeinsam unterrichtete, was seinerzeit zumindest im höheren Schulwesen noch eine Seltenheit war. Auf diese Weise lernte Helmut Schmidt auch seine spätere Ehefrau Hannelore Glaser, ge-

---

49 Kriegsgeneration S. 479.
50 Ebd.
51 Kindheit S. 203.
52 Kriegsgeneration S. 480 sowie Jürgen Leinemann: Höhenrausch. Die wirklichkeitsleere Welt der Politiker, München 2004, S. 137.

nannt Loki (geb. 1919), bereits als Mitschülerin kennen. Für ihren »undeutschen Kultur-bolschewismus«, aber auch wegen ihrer überwiegend links eingestellten Lehrerschaft wurde die Schule von den Nazis als »roter Saustall« jahrelang erbittert bekämpft und später – nach Schmidts Abitur im Frühjahr 1937 – ganz geschlossen.[53]

Alle diese schulischen und familiären Einflüsse »imprägnierten« ihn nach eigener Ansicht von vornherein auch gegen die Verführungen der nationalsozialistischen Ideologie. Die Nazi-Ausstellung »Entartete Kunst«, in der er viele seiner Lieblingsmaler diffamiert sah, schockierte ihn nachhaltig; und noch während des Krieges unterhielt Schmidt freundschaftliche Kontakte zu dissidenten Künstlerkreisen, von denen einige, wie er allerdings erst später erfuhr, auch mit dem Widerstand des 20. Juli 1944 in Verbindung gestanden hatten. Auf diese Weise hatte er frühzeitig – auf jeden Fall dann im Weltkrieg, dessen schlimmes Ende er vorausahnte[54] – eine innere Distanz zum Nationalsozialismus entwickelt, ohne jedoch eine konkrete Alternative vor Augen zu haben: »In der Nazizeit (...) war ich mir zwar meiner Ablehnung des Regimes bewusst, aber ich wusste nicht, *wofür* ich hätte eintreten sollen, was ich mir an Stelle des Dritten Reiches und der Nazis hätte wünschen sollen. Ich hatte keine Vorstellung von einem demokratisch verfassten Staat, erst recht hatte ich keine Ahnung davon, wie man ihn zustande bringen könnte. Ich erkannte zwar kritisch die Tatsache sozialer Ungerechtigkeit, aber ich hatte keinerlei Vorstellungen davon, wie und mit welchen Mitteln man ihr hätte abhelfen können.«[55]

Kriegserfahrung und Gefangenschaft

Und so empfand er auch seinen Dienst als Soldat – Schmidt wurde im Herbst 1937 zum Wehrdienst eingezogen und verbrachte so bis zum Kriegsende fast acht Jahre beim Militär – in erster Linie als zwiespältigen Zustand: »Tagsüber haben wir gekämpft, teils weil wir das für unsere Pflicht hielten, teils um unser eigenes Leben zu bewahren, teils um nicht in Kriegsgefangenschaft zu fallen; aber des Nachts wünschten wir uns sehnlichst das Ende des Krieges und der Nazidiktatur herbei – schizophren!«[56] Dieser jahrelange innere Konflikt zwischen Widerwillen einerseits und Pflichtgefühl andererseits habe seine Generation, für die »die Schule nahtlos in den Militärdienst, der Militärdienst in das Gefangenenlager und das Gefangenenlager in die Stunde Null« überging,[57] besonders hart betroffen: »Kaum jemand aus den Ge-

53   Helmut Schmidt: Zum Denken erzogen, in: Dorothee Stöbener (Hrsg.): Meine Lehrjahre, Berlin 2002, S. 223–226. Vgl. auch Kindheit S. 196 ff. sowie Soell S. 66 ff. Zur Lichtwark-Schule allgemein Joachim Wendt: Die Lichtwarkschule in Hamburg (1921–1937). Eine Stätte der Reform des höheren Schulwesens, Hamburg 2000.

54   »Wir haben uns den Zusammenbruch sogar noch schlimmer vorgestellt, als er gekommen ist«, Zur Person S. 627.

55   Weggefährten S. 401.

56   Helmut Schmidt: Die nüchterne Leidenschaft zur praktischen Vernunft. Rede vor dem Deutschen Bundestag am 10. September 1986, zit. nach Fichter S. 14.

57   Carr S. 24.

nerationen vor oder nach uns kann sich unsere damalige Lage richtig vorstellen. Wer nur fünf Jahre älter war, der hatte immerhin vor 1933 noch genug Demokratie miterlebt, um geistige Anknüpfungspunkte oder Vergleichsmöglichkeiten zu besitzen.«[58] Aus diesem Grund empfand er auch später noch Brandt oder Erler bereits »als einer anderen Generation zugehörig«. Sie waren in der Weimarer Republik zwar auch noch nicht volljährig gewesen, »aber immerhin doch in dem Alter, in dem man bewusst miterlebte, auch Partei nahm, sich engagierte für diese Demokratie«, während er selbst, der beim Machtantritt der Nationalsozialisten gerade vierzehn Jahre alt geworden war, »einfach zu jung war«.[59] Wer dagegen fünf oder zehn Jahre jünger war als Schmidt, hatte seiner Meinung nach jenen Gewissenskonflikt, unter dem seine Generation tagtäglich gelitten habe, gar nicht mehr im gleichen Maße miterlebt, sondern »stand erst bei Kriegsende an der Schwelle des Erwachsenseins und erlebte gleichzeitig (...) den Eintritt in die große geistige Freiheit, die sich nach 1945 in Deutschland auftat«.[60]

Für Helmut Schmidt begann diese neue Zeit im April 1945, als er nach dem Zusammenbruch der Ardennenoffensive in englische Kriegsgefangenschaft geriet. Den wenigen Monaten im Kriegsgefangenenlager – schon im August 1945 wurde er wieder entlassen – kam nach Schmidts eigener Darstellung dennoch eine Schlüsselrolle im Prozess seiner politischen Bewusstseinsbildung zu. Denn hier im Lager schlug die bisherige »bloße Verneinung der nationalsozialistischen Gewaltherrschaft« um in »große Wissbegierde« und »endlose Debatten, zum erstenmal im Leben frei und ohne Furcht, über Gott und die Welt, über Ideen und Ideologien, über Recht und Gerechtigkeit«. Dabei entwickelte Schmidt auch seine »ersten positiven politischen Vorstellungen unter dem Einfluss älterer Kameraden« und wurde – wie er später oft betonte – »noch im Gefangenenlager Sozialdemokrat«.[61] Besonderen Anteil hatte daran offenbar sein damaliger Zeltnachbar Hans Bohnenkamp, ein »Oberstleutnant der Reserve mit Ritterkreuz und Eichenlaub« und außerdem ein bekennender religiöser Sozialist, der mit ihm und anderen im Lager eine politische Vortragsreihe organisierte und dabei – so Schmidt wörtlich – sein erster Lehrer wurde. »Er war ein guter Pädagoge und ein liebenswerter Mann. Von ihm lernte ich, was eine Demokratie, was ein Rechtsstaat ist, was persönliche Freiheit und soziale Solidarität bedeuten. Er hat den Grund gelegt zu meiner Erziehung zum Sozialdemokraten.«[62] Dabei habe der Begriff der Kameradschaft in den gemeinsamen Diskussionen eine zentrale Rolle gespielt. Auch wenn es, wie Schmidt später einmal in einem Interview sagte, heute »für manche Ohren gar nicht sehr angenehm« klinge, hielt er diese im Krieg erlebte Kameradschaft dennoch für einen positiven Wert, den er – »bei vielen schlimmen Dingen, die man auch mitgebracht hat aus dem Krieg« – glaubte bewahren zu müssen. Unter dem Einfluss Bohnenkamps sei ihm klar geworden, dass diesem Erlebnis der Kameradschaft die »gleiche sittliche Grundhaltung« zugrunde liege »wie dem Solidaritäts-

---

58 Kriegsgeneration S. 481.
59 Zur Person S. 642 f.
60 Kriegsgeneration S. 481. In dem zitierten Interview mit Günter Gaus hat Helmut Schmidt diese spezifische Erfahrung seiner Altersgruppe auch als »doppelten Generationenbruch« bezeichnet.
61 Zitate aus Kriegsgeneration S. 481 f., Zur Person sowie Weggefährten S. 401.
62 Weggefährten S. 401.

prinzip der Sozialisten«, das durch die Nazis dann aber schamlos missbraucht worden sei. »Deswegen kam für mich eine andere Wahl überhaupt nicht in Betracht, als ich wieder zu Hause war.«[63] »Wenn das möglich gewesen wäre, wäre ich wahrscheinlich im Kriegsgefangenenlager schon in die SPD eingetreten.«[64]

Nun mag man darüber streiten, ob die Berufung auf jene Schützengrabensolidarität allein ausreicht, um Schmidts Hinwendung zur Sozialdemokratie plausibel zu machen. Denn nach dieser Logik hätten ja alle Soldaten nach dem Krieg Sozialdemokraten werden müssen. Stattdessen entschieden sich Altersgenossen wie Franz-Joseph Strauß (Jahrgang 1915), Walter Scheel (1919) oder Richard von Weizsäcker (1920), die alle im Krieg Offiziere gewesen waren und vermutlich ähnliche Erfahrungen gemacht hatten wie Helmut Schmidt, anschließend selbstverständlich auch für andere Parteien. Im Unterschied zum adeligen Diplomatenspross von Weizsäcker stammten Scheel und Strauß übrigens aus ähnlich kleinbürgerlichen Verhältnissen wie Schmidt und erfuhren ihre Offizierskarriere daher als einen nicht unerheblichen sozialen Statusgewinn, den sie freilich subjektiv primär als Ergebnis ihrer persönlichen »Leistung« auffassten. Diese – durch die egalisierende NS-Politik und die Kriegsfolgen gleichermaßen vorbereitete – Mentalität des »Aufstiegs durch Leistung« war insofern kennzeichnend und wesentlich verbindender nicht nur für jene Politikergeneration, sondern für die Gesellschaft der frühen Bundesrepublik überhaupt.[65]

Vor diesem Hintergrund scheint die von Schmidt berichtete Episode eher ein Beleg dafür zu sein, wie sehr die Entscheidung für diese oder jene politische Richtung seinerzeit auch von Zufälligkeiten wie zum Beispiel persönlichen Bekanntschaften abhing. Denn religiöse Sozialisten wie jenen Oberstleutnant Bohnenkamp gab es ja nicht nur in der SPD, sondern genauso in der früheren Zentrumspartei sowie – zumindest in den Anfangsjahren – auch in CDU und CSU. Sozialisierungsforderungen fanden angesichts der allgemeinen Notlage bis weit in bürgerliche Kreise Zustimmung, und Bemühungen, Sozialismus und Christentum ideologisch und praktisch miteinander zu verbinden, blieben zumindest in den ersten Nachkriegsjahren keineswegs auf den SDS beschränkt.[66] Von Strauß, der nach dem Krieg auf ähnliche Weise und aus vergleichbaren Motiven in die Politik geraten war wie Schmidt und sich dabei ebenso »instinktiv« für die gerade gegründete CSU entschieden hatte, ist der bezeichnende Satz überliefert, der Unterschied zwischen christlicher und sozialistischer Politik sei damals auf vielen Gebieten so groß gewesen »wie der zwischen drei Mark und drei Mark fünfzig«.[67] Insofern erscheint der Gedanke keineswegs abwegig, dass Helmut Schmidt, wäre er nicht im schon vor 1933 sozialdemokratisch regierten Hamburg, sondern beispielsweise im katholischen Rheinland oder in Bayern aufgewachsen, sich mit der gleichen Begründung

---

63 Zur Person S. 623 f. und Kriegsgeneration S. 482.
64 Zit. nach Rupps S. 66.
65 Biographische Angaben aus Munzinger Online und Torsten Oppelland (Hrsg.), Deutsche Politiker 1949–1969, 2 Bde. Darmstadt 1999. Vgl. auch Leinemann S. 135–146 sowie Klaus Stephan: Gelernte Demokraten. Helmut Schmidt und Franz Josef Strauß, Reinbek 1988, S. 11 f.
66 Als Beispiel sei hier nur verwiesen auf den damals sehr einflussreichen Linkskatholizismus (»Frankfurter Hefte«) oder die von verschiedenen Seiten propagierte Idee von Europa als einer »Dritten Kraft« zwischen amerikanischem Kapitalismus und sowjetischem Kommunismus; vgl. Michel Grunewald / Hans Manfred Bock (Hrsg.): Der Europadiskurs in den deutschen Zeitschriften 1945–1955, Bern 2001.
67 Leinemann S. 138.

durchaus auch in einer anderen Partei hätte engagieren können. Schmidt selbst bekannte später gegenüber Günter Gaus freimütig, dass seine Vorbehalte gegenüber den Unionsparteien erst mit der Zeit gewachsen seien.[68]

Weitaus plausibler – und der konkreten politischen Richtungsentscheidung gewissermaßen vorausgehend – erscheint daher zunächst eine andere Grundentscheidung, die Schmidt offenbar aufgrund der im Gefangenenlager gewonnenen Einsichten für sich traf. Hatte er sich früher – unter dem Eindruck der erzwungenen Trennung von seiner Frau Loki, mit der er seit 1942 verheiratet war, aber auch als Abwehrreaktion gegen die jahrelange physische, psychische und moralische Überforderung durch das NS-Regime – wie viele andere »bisweilen gewünscht, abseits von allzu aufgeregtem Getriebe ein friedliches, unbehelligtes ›einfaches Leben‹ führen zu können«[69], so wurde ihm nun klar, dass die »Wirklichkeit des Lebens« nach dem Kriege einen solchen Absentismus gar nicht zuließ. Stattdessen verlangte sie »geradezu zwingend nach geistiger und politischer Klärung; sie rief nach Beteiligung und Engagement«.[70] Als er »aus der Gefangenschaft nach Hause kam und sah, was alles an entsetzlichen Dingen da war und was ja änderbar war, man konnte ja etwas dagegen tun, da fand ich mich wie viele Altersgenossen herausgefordert, daran mitzuwirken.« An der Universität und insbesondere in der SDS-Gruppe traf er dann auf andere heimgekehrte Soldaten, »die alle dasselbe Gefühl hatten: Hier muss man irgend etwas tun, das kann man nicht einfach so sich selber überlassen, das Chaos.«[71]

Von der Entlassung bis zum Eintritt in den SDS

In den ersten Monaten nach Schmidts frühzeitiger Entlassung im August 1945 finden sich zunächst jedoch keine Hinweise auf eine Fortsetzung seines »sich im Gefangenenlager abzeichnenden politischen Engagements«.[72] Stattdessen nahm der Kampf um die nackte Existenz Schmidts Zeit und Kraft fast vollständig in Anspruch. Da weite Teile Hamburgs, vor allem die östlichen Stadtteile zwischen Barmbek und Horn, wo seine Frau und er aufgewachsen waren, seit den verheerenden Luftangriffen im Sommer 1943 »praktisch ausradiert« waren[73], musste zunächst eine neue Bleibe gefunden und notdürftig eingerichtet werden.

---

68 Zur Person S. 623 f. Ähnlich äußerte sich auch Ernst Heinsen im Interview, der in diesem Zusammenhang auch Roman Herzog als »verhindertes« SPD-Mitglied erwähnte.

69 Kriegsgeneration S. 481 in Anspielung auf den Titel eines damals populären Romans von Ernst Wiechert (1939).

70 Kriegsgeneration S. 481.

71 Zur Person S. 627.

72 Soell S. 181.

73 Ralf Lange, Hamburg – Wiederaufbau und Neuplanung 1943–1963, Königstein 1994, S. 65. In ganz Hamburg waren bei Kriegsende fast 50% der Wohnungen total zerstört und nur gut 20% unbeschädigt geblieben. Rund 230.000 Menschen hausten zum Teil jahrelang in ehemaligen Luftschutzbunkern, sog. Nissenhüttenlagern (britische Armeebaracken aus Wellblech, allein hierin fast 40.000), winterfest gemachten Schrebergartenlauben und ähnlichen Behelfsunterkünften; Wohnungsmangel und Wohnraumbewirtschaftung bestimmten über Jahre hinweg den Alltag der Stadt (ebd. und S. 116).

Zur täglichen Lauferei nach Lebensmitteln und Heizmaterial kam bald noch die Sorge um seine Frau. Sie durfte wegen ihrer früheren BDM-Mitgliedschaft zunächst nicht im erlernten Lehrerberuf arbeiten und ging daher zeitweilig putzen; und dann musste sie wegen ihrer durch Unterernährung und Entkräftung angegriffenen Gesundheit auch noch mehrere Wochen lang das Bett hüten.[74]

Zudem musste Schmidt eine Entscheidung über sein künftiges Studium treffen; schließlich war er »inzwischen fast 27 Jahre alt, verheiratet, aber ohne die geringste Berufsausbildung.«[75] Vor dem Krieg hatte er ursprünglich Architekt und Stadtplaner werden wollen, und noch im Gefangenenlager hatte er zum Zeitvertreib ein »Zwei-Zimmer-Kleinstadthäuschen« entworfen und »säuberlich ins Reine« gezeichnet.[76] Doch obwohl Deutschland jetzt in Trümmern lag und »für die nächsten Jahrzehnte Architekten und Städteplaner dringend benötigt« wurden, kam der alte Berufswunsch für ihn »aus einem sehr simplen ökonomischen Grund« nicht mehr in Betracht. Denn schon ein Studium an der nächstgelegenen Technischen Hochschule in Hannover oder Braunschweig – von den Vorkriegszielen München oder Wien ganz zu schweigen – hätte zum einen eine große finanzielle Belastung und zum andern die neuerliche Trennung von seiner Frau bedeutet. »Also kam nur noch ein möglichst schnell zu absolvierendes Brotstudium in Frage.«[77] Er entschied sich für Volkswirtschaft, scheint dieses Studium aber in den ersten Monaten nicht sonderlich intensiv betrieben zu haben. Vielleicht hoffte er insgeheim, dass Hamburg in absehbarer Zeit doch noch eine Technische Hochschule gründen würde, wie Schulsenator Landahl bei der Wiedereröffnung der Universität im November 1945 angedeutet hatte.[78] Zudem war es in den zum Teil schwer beschädigten und unbeheizten Universitätsgebäuden im Winter zumeist »schrecklich kalt«, so dass Schmidt die nötige Literatur lieber zu Hause las. Auch später hat er – zumindest nach Meinung seines langjährigen Freundes Willi Berkhan – »nicht allzu viele Vorlesungen besucht, sondern sich die Skripten der anderen genommen, abgeschrieben oder auch nicht (...) und ist damit großartig (...) durch die Prüfung gekommen.«[79] Zu seinen Professoren gehörte unter anderen der junge Karl Schiller, damals »eine gerade aufsteigende Größe am akademischen Himmel«[80], nach Schmidts Examen dann sein erster Chef in der Hamburger Wirtschaftsbehörde und viele Jahre später Ministerkollege unter Willy Brandt.

---

74 Soell S. 170 f.

75 Nachfolgende Zitate aus: Weggefährten S. 88 f. (»Der Jugendtraum, ein Architekt zu werden«).

76 Soell S. 170.

77 Später hat Schmidt »bisweilen mit einer gewissen Wehmut« an seine »jugendlichen Pläne zurückgedacht« (Weggefährten S. 89) und empfand wohl auch ein wenig Neid auf jene, die 1945 noch jünger und daher freier in ihrer Berufswahl gewesen waren als er. Vgl. auch: Eigentlich wollte ich Städtebauer werden. Helmut Schmidt im Gespräch mit Ulrich Wickert, Stuttgart 2001. Vor dem Hintergrund dieses erzwungenen und nie ganz verschmerzten Verzichts wird auch Schmidts späteres Unverständnis für die »faulen Studenten« verständlich, die – im wachsenden Wohlstand groß geworden – das Studium nicht mehr nur als möglichst schnell zu durchlaufende Berufsvorbereitung verstehen wollten. Vgl. Rupps S. 71, 92 f. sowie Soell S. 632 ff.

78 Soell S. 171.

79 Willi Berkhan in: Ein Mann namens Schmidt. Der Altbundeskanzler wird 75; Ein Filmporträt von Joachim Wagner (Norddeutscher Rundfunk 1993).

80 Steffahn S. 58. Schiller (1911–1994) war seit 1947 Professor in Hamburg und ab 1948 Senator für Wirtschaft und Verkehr.

Den entscheidenden Anstoß für sein politisches Tätigwerden erfuhr Schmidt offenbar durch einen Besuch bei seinem einstigen Mentor Hans Bohnenkamp Mitte April 1946, denn bald darauf füllte er ein Aufnahmeformular für die SPD aus und entfaltete dort alsbald vielfältige Aktivitäten. So wurde er bereits nach kurzer Zeit Vorsitzender der Jungsozialisten in seinem damaligen Wohnbezirk Hamburg-Neugraben und engagierte sich außerdem in der »Sozialistischen Arbeitsgemeinschaft«, einer Art parteiinternem Schulungszirkel.[81] Bei einer dieser Gelegenheiten traf Schmidt in den folgenden Wochen vermutlich auf Hans-Erich Schult, den er noch aus der gemeinsamen Grundschulzeit kannte. Beider Väter hatten Ende der zwanziger Jahre auch beruflich miteinander zu tun gehabt, als Schmidt senior bereits Schulleiter und Johannes Schult der für Gewerbeschulen zuständige Schulrat gewesen war.[82] Schult senior galt zudem als führender Kopf der Hamburger Arbeiterbildungsszene und war auch nach dem Krieg ein gern gesehener Redner in zahlreichen Partei- und Gewerkschaftsversammlungen. Als er Anfang Juli 1946 an der Universität vor einer gerade gegründeten »Arbeitsgemeinschaft Sozialistischer Studenten« einen Vortrag über »Materialistische Geschichtsauffassung« hielt, nahm Helmut Schmidt allem Anschein nach das erste Mal an einem Treffen dieser Gruppe teil.[83]

---

81 Soell S. 181 ff., zur SAG ferner Tormin, Geschichte der SPD in Hamburg, S. 57 ff. und 134 f.

82 Interview Hans-Erich Schult. Schult widersprach damit der Darstellung bei Hartmut Soell (S. 181), Schmidt habe ihn bei einem Treffen mit ehemaligen Kameraden aus seiner Bremer Grundwehrdiensteinheit getroffen. Schult zufolge hätten beide niemals zusammen »gedient«, sondern sich erst nach dem Krieg »im Seminar von Schiller« wiedergetroffen.

83 Soell S. 182 unter Berufung auf Schmidts Taschenkalendereintrag vom 3. Juli 1946 sowie Interview Tormin.

4. Schmidts erstes Jahr im Hamburger SDS

Die Hamburger SDS-Gruppe

Zu diesem Zeitpunkt hatte die Gruppe ihr informelles Anfangsstadium bereits hinter sich gelassen und stand – als eine der ersten Gruppen überhaupt – kurz vor ihrer offiziellen Lizenzierung durch die britischen Besatzungsbehörden.[84] Anfang April hatte sich der bereits seit Herbst 1945 bestehende lockere Gesprächskreis offiziell als »Arbeitsgemeinschaft Sozialistischer Studenten« konstituiert und war bald darauf erstmals mit einer Diskussionsveranstaltung an die Öffentlichkeit getreten.[85] In den ersten Vorstand waren Heydorn, Schult junior und Hans-Werner Kempa gewählt worden; zum engeren Gründerkreis gehörten unter anderem Jack Meitmann, der Sohn des damaligen Hamburger SPD-Vorsitzenden Karl Meitmann, ferner Oswald Paulig, in den siebziger Jahren selbst Landesvorsitzender in Hamburg, der spätere Wehrbeauftragte Willi Berkhan, die künftige Bundestagsabgeordnete und Parlamentarische Geschäftsführerin der SPD-Fraktion, Helga Timm, sowie der erste SDS-Bundessekretär und spätere Verfassungsrichter Wolfgang Zeidler.[86] Die meisten von ihnen stammten aus sozialdemokratischen Elternhäusern und waren daher nach dem Krieg mehr oder weniger »automatisch« oder »zwangsläufig« zum SDS gekommen;[87] viele waren auch bereits Mitglied in der SPD. Einige ältere wie Berkhan oder Schult waren vor 1933 schon als Schüler in der Sozialistischen Arbeiterjugend aktiv gewesen. Andere wie Heydorn und seine spätere Frau Irmgard Hose waren während der Nazizeit aus dem kirchlichen Widerstand (Bekennende Kirche) oder über Exilgruppen wie »Neu Beginnen« oder den »Internationalen Sozialistischen Kampfbund« (ISK) zur Sozialdemokratie gestoßen. Von Anfang an besaß die Gruppe aber auch eine große Anziehungskraft auf junge Studentinnen und Studenten, die nicht auf solche Vorerfahrungen zurückgreifen konnten und die – aus Neugier oder einem

---

84 Diese erfolgte Anfang August, so ein Schreiben Kempas an die Gruppe Münster vom 13.8.1946. Die Gruppe in Münster war bereits 16.7.46 zugelassen worden (beide Angaben zit. nach Albrecht S. 32).

85 Als offizielles Gründungsdatum gilt der 10. April 1946 (vgl. Rundbrief der Gruppe Hamburg, Sommersemester 1947, in: HS 5006). Am 20. April kündigte das SPD-nahe »Hamburger Echo« erstmals eine öffentliche Veranstaltung der Gruppe mit Schult als Redner an. Zuvor, am 15. April 1946, war die Gruppe bereits mit dem brieflichen Vorschlag einer »interzonalen« Tagung an Schumacher herangetreten (beide Angaben aus Tormin, Geschichte der SPD in Hamburg, S. 140).

86 Siehe die biographischen Notizen im Anhang. Auf den Teilnehmerlisten des Gründungskongresses (SDS 3201.01) finden sich außerdem die Namen von Irmgard Hose, Hans-Werner Kempa, Konrad Pavel, Joachim Schickel, Lotte Schultze, Margret Ross, Ingeborg Maschmann und Liesgret Gätje.

87 Interviews Hans-Erich Schult und Helga Timm.

zeitbedingt besonders ausgeprägten Bedürfnis nach Orientierung und Bindung – kurzerhand von Kommilitonen oder Freunden zu den Treffen »mitgenommen« wurden.[88] Das soziale Spektrum reichte bei den jungen Männern in der Gruppe vom Arbeiter- und unteren Angestelltenmilieu (Paulig, Berkhan) bis hin zu ehemaligen Berufsoffizieren (Zylman, Schmelz), während die Studentinnen – von Helga Timm als Tochter eines selbständigen Handwerksmeisters abgesehen – vornehmlich aus jenen Teilen des Bürgertums stammten, »in denen eine akademische Ausbildung auch der Töchter zunehmend akzeptiert wurde«.[89] Zudem waren die Frauen in der Regel deutlich jünger als ihre männlichen Genossen, die ja zumeist mehrere Jahre Soldat gewesen waren und deshalb nicht hatten studieren können. Der Frauenanteil im SDS entsprach mit einem Viertel in etwa dem Anteil der Studentinnen an der Hamburger Gesamtstudentenschaft, war damit jedoch deutlich höher als in anderen Vereinigungen. Nach Meinung von Helga Timm war die Gruppe für viele »auch deshalb interessant, weil wir so viele Mädchen hatten«.[90]

Allen gemeinsam war das Gefühl, »eine Stunde Null hinter uns und einen Anfang vor uns« zu haben, sie waren daher »begierig, diesen Anfang auszufüllen«. Da sie alle durch den Krieg um einen mehr oder weniger großen Teil ihrer Jugend gebracht worden waren, wollten sie diese jetzt so gut wie möglich nachholen, und fühlten sich dabei nicht selten »wie die Pfadfinder«. Auf den wöchentlichen Treffen – »wir haben uns richtig auf die Mittwochabende gefreut« – wurde nicht nur über Politik geredet, sondern über »Gott und die Welt«, Religion, Kunst, Musik (Jazz!) und Literatur. Sie stritten leidenschaftlich über die Schriftsteller, die sie jahrelang nicht lesen konnten oder durften, gingen gemeinsam ins Theater, und so oft sie es sich zeitlich und finanziell leisten konnten, unternahmen sie Ausflüge in die nähere und weitere Umgebung, wanderten gemeinsam durchs Alte Land und den Sachsenwald oder fuhren nach Sylt, um »richtig Ferien« zu machen »mit Baden und was so dazugehört«.[91] Wenn später gelegentlich Gäste aus anderen SDS-Gruppen an solchen Unternehmungen teilnahmen, waren sie nicht selten erstaunt über den engen Zusammenhalt und die herzliche Atmosphäre in der Hamburger Gruppe, die sich etwa im damals unter Studierenden noch keineswegs selbstverständlichen »Du« äußerte oder auch darin, dass bei den Hamburgern »gern und begeistert gesungen« wurde, was man andernorts wohl eher »mitleidig lächelnd ablehnen würde«.[92] Der SDS war für die damalige Generation also nicht bloß ein Ort für politische Debatten, sondern zunächst und vor allem ein umfassendes »Bildungserlebnis« und auch ein Stück »Heimat«.[93] Allerdings scheint dieses

---

88 Interview Walter Tormin, der von seinem Schulfreund Oswald Paulig »mitgenommen« wurde. Ähnlich auch Helmuth Kern, der mit einem Freund systematisch alle bereits bestehenden Gruppen »abgeklappert« habe: »Schließlich landeten wir beim SDS«. Zit. nach Helmuth Kern. Ein Leben für den Hafen, Hamburg 2005, S. 17.

89 Soell S. 184.

90 Interview Helga Timm; für die Zusammensetzung der Hamburger Gesamtstudentenschaft vgl. Uta Krukowska: Demokratische Initiative und reaktionärer Geist in der Hamburger Studentenschaft 1945–1949, unveröffentlichte Magisterarbeit Hamburg 1987.

91 Zitate aus dem erwähnten Filmporträt »Ein Mann namens Schmidt« und den Interviews.

92 So die Kielerin Hedwig Ehlers über ihre Eindrücke von einer Wochenendtagung der Hamburger Gruppe im ersten Rundbrief des SDS-Bundessekretariats vom August 1947, in: HS 5002, S. 5 f.

93 Ernst Heinsen in: Ein Mann namens Schmidt. Wie sehr dieses Bedürfnis nicht nur unter Studenten verbreitet war, belegt ein Beispiel aus der sozialdemokratischen Jugendorganisation »Die Falken«.

»ungeheure Gemeinschaftsgefühl« weitgehend auf die erste unmittelbare Nachkriegsgeneration beschränkt gewesen zu sein, der es in den Folgejahren nur teilweise gelang, auch die »jüngeren Semester« in die Gruppe zu integrieren. Stattdessen zogen sich die »Alten« später mehr und mehr in ihren »inneren Kreis« zurück, so dass die Gruppe zunehmend unter Nachwuchsmangel litt und schließlich – soviel sei hier vorweg genommen – im Sommersemester 1949 zeitweise sogar ganz zum Erliegen kam.[94]

Als Helmut Schmidt in dieser Runde im Sommer 1946 erstmals das Wort ergriff, stand er sogleich im Mittelpunkt. Er beeindruckte seine Zuhörer von Anfang an durch seine »Übersicht« und seinen »enormen analytischen Verstand«, mit dem er »die Dinge auf den Punkt« brachte und selbst komplizierte Zusammenhänge in kurze, prägnante Sätze zu fassen vermochte. In gewisser Weise kam er damit dem Bedürfnis vieler Jüngerer nach Neuorientierung und Führung entgegen: »Wenn Helmut etwas sagt oder schreibt, dann hat man etwas, woran man sich halten kann. Man muss nicht mit ihm übereinstimmen, aber man weiß, woran man ist.« Aufgrund seines Alters und wohl auch dank seiner Führungserfahrung als Truppenkommandeur wirkte er »erwachsener als wir anderen« und gab »uns das Gefühl, von ihm unendlich viel lernen zu können«.[95] Und ganz im Gegensatz zum bisherigen »Primus« Heydorn, der als Sinologe und Philosoph zuweilen etwas »über den Dingen zu schweben« schien, war Schmidt von Anfang an ein Mann fürs Praktische, energisch und zupackend. Dabei half ihm auch sein »brillantes Organisationstalent« und seine Fähigkeit, Aufgaben auf andere zu delegieren. Er verstand es, Leute für Aufgaben zu motivieren, die sie sich selbst kaum zutrauten. »Er sagte einem dann: du kannst das und du machst das!« erinnerte sich später sein enger Freund Willi Berkhan und ergänzte lachend: »Die Mehrzahl von ›ich arbeite‹ hieß bei ihm ›lass andere arbeiten‹«. Und Ernst Heinsen – 1947/48 Bundessekretär »unter« Schmidt – meinte gleichermaßen ironisch: »Er hat damals an mir und Helga Timm sein Talent ausprobiert, andere für sich arbeiten zu lassen.«[96]

Zwar konnte Schmidt zuweilen auch schroff und arrogant wirken; vor allem zeigte er schon damals wenig Neigung zu ausufernden Theoriedebatten. Wenn aus seiner Sicht »zuviel gesabbelt« wurde, ohne dass etwas Greifbares dabei herauskam, wurde er schnell ungeduldig und konnte andere »ganz schön fertig machen«.[97] Im persönlichen Umgang war Schmidt jedoch äußerst solidarisch und hilfsbereit, »erkundigte sich immer, wie es uns ging« und »konnte erkennen, wenn es jemandem schlecht ging«. Obwohl er selbst oft wenig genug zur Verfügung hatte, sprang er immer wieder anderen mit kleinen Geldbeträgen bei.[98]

Deren Hamburger Chef klagte damals (1946) auf einer Sitzung des SPD-Landesvorstands, dass »die Jugend bei Tanz, Spiel und Wandern glücklich sei und keine große Neigung zu politischen Vorträgen habe«; zit. bei Tormin, Geschichte der SPD in Hamburg, S. 140.

94   Siehe dazu Kapitel 6.

95   »Ein Mann namens Schmidt«, Interviews Walter Tormin und Helga Timm sowie Helmuth Kern, Ein Leben für den Hafen, S. 17.

96   »Ein Mann namens Schmidt« sowie Interview Ernst Heinsen.

97   Ebd. Siehe auch Kapitel 5 zur Eschweger Tagung 1948.

98   Ebd.

Selbsthilfe und Selbsterziehung

Diese für Schmidt typische Mischung aus Hilfsbereitschaft und Pragmatismus – geboren aus seiner Vorliebe für schnelle, praktische Problemlösungen – zeigte sich auch wenige Monate später, als er sich im Sommersemester 1947 mit Helga Timm den Vorsitz der Gruppe teilte.[99] Gemeinsam initiierten beide die Gründung eines Fördererkreises, der sich aus sozialdemokratischen Absolventen und Dozenten sowie Vertretern von Gewerkschaften, Genossenschaften und anderen nahestehenden Institutionen zusammensetzte. Mithilfe der von diesem Kreis zusammengetragenen Spendenmittel konnte die Gruppe bereits im Sommer desselben Jahres nicht nur die Fahrtkosten zur Bielefelder Delegiertenkonferenz bestreiten, sondern sogar ein eigenes Sommerlager auf Sylt ausrichten. Ab Herbst 1947 brachte der Kreis sogar einen kleinen Stipendienfonds zustande, aus dem »einer gewissen Anzahl unserer in katastrophalen Verhältnissen steckenden Mitglieder eine sehr fühlbare finanzielle Hilfe von dieser privaten Seite gewährt« werden konnte.[100] Mit der Verwaltung dieses Stipendienfonds waren der Dozent Heinz-Dietrich Ortlieb[101] sowie Helga Timm betraut; Schmidt hatte Timm mit der Begründung vorgeschlagen, dass sie selbst als Tochter eines selbständigen Handwerksmeisters ohnehin nicht für ein Stipendium in Frage käme und daher von allen als hinreichend »neutral« akzeptiert werden könne.[102] Darüber hinaus half dieser Fördererkreis den Hamburger SDSlern aber auch auf vielfältige ideelle Weise, etwa bei der Kontaktaufnahme mit deutschen und alliierten Behörden, der Vermittlung von Verdienstmöglichkeiten oder der Beschaffung von Tagungsräumen. So stellte zum Beispiel der damalige Generalsekretär des Zonenbeirates der britischen Zone, Gerhard Weisser, der Gruppe nicht nur seinen noblen Sitzungssaal an der Hamburger Esplanade, sondern gelegentlich auch schon mal sein Wohnhaus für ein Fest zur Verfügung.[103] Weisser, dessen Sohn Konrad ebenfalls zum »inneren Zirkel« der Hamburger SDS-Gruppe gehörte, war bereits vor 1933 sozialdemokratischer Kommunalpolitiker gewesen und hatte 1945 kurzzeitig als Minister für Wirtschaft und Finanzen des damals noch bestehenden Landes Braunschweig amtiert, bevor er 1946 zum Generalsekretär des Zonenbeirates – einer Art Vorparlament für die britische Zone – gewählt

---

99 Zum Vorstand gehörten außerdem Herbert Holländer als Geschäftsführer sowie Konrad Weisser als Kassierer, vgl. Gruppenrundbrief vom Sommersemester 1947, der neben den Genannten noch die Anschriften von Willi Berkhan, Franz Holländer, Peter Satow, Oswald Paulig und Walter Tormin enthält (in: HS 5006).

100 Helmut Schmidt: Anlässlich der Neuwahl. Zur Situation unserer Gruppe zu Beginn des Wintersemesters, Gruppen-Rundbrief Oktober 1947, S. 2-5. Ein erstes Treffen mit den potentiellen Förderern hatte Schmidt bereits auf der Bielefelder Delegiertenkonferenz im August 1947 erwähnt; vgl. Protokoll, SDS 3201.01, S. 10.

101 Ortlieb (1910-2001), SPD-Mitglied seit 1931, war Privatdozent und ab 1948 Professor für Volkswirtschaftslehre an der Universität Hamburg, wechselte 1949 an die neu gegründete Akademie für Gemeinwirtschaft, deren Leitung er über mehrere Jahre innehatte. Von 1964 bis zur Emeritierung 1978 Direktor des Hamburgischen Weltwirtschaftsarchivs HWWA (Internationales Biographisches Archiv 46/2001).

102 Interview Helga Timm. Die Vergabe der ersten Stipendien konnte schließlich auf einer Sitzung des Fördererkreises Anfang November beschlossen werden, wie aus einem von ihr unterzeichneten »Rundschreiben Nr. 4« vom 13.11.1947 (in: HS 5006) hervorgeht.

103 Interview Helga Timm.

wurde. Er galt damals als einer der profiliertesten Vertreter des »freiheitlichen Sozialismus«, hielt häufig Vorträge auf SDS-Veranstaltungen und wurde auf diese Weise so etwas wie ein spiritus rector der Hamburger Gruppe. Später wurde er als ordentlicher Professor für Sozialpolitik und Genossenschaftswesen an die Universität Köln berufen, wo er bis zu seiner Emeritierung 1966 lehrte. Außerdem war Weisser von 1953 bis 1970 Vorsitzender der Friedrich-Ebert-Stiftung und in zahlreichen Parteifunktionen tätig.[104] Neben sozialdemokratischen Praktikern wie Weisser beeinflussten auch einzelne Professoren und jüngere Dozenten der Universität die Diskussionen im Hamburger SDS, so zum Beispiel der bereits erwähnte Heinz-Dietrich Ortlieb und dessen akademischer Lehrer Eduard Heimann, der 1933 in die USA emigriert war und dort an der renommierten New School of Social Research lehrte. Ab 1948 kehrte er für einige Gastsemester nach Hamburg zurück und hinterließ bei Schmidt und anderen einen bleibenden Eindruck.[105] Ähnliches gilt auch für die alliierten Begegnungsstätten wie zum Beispiel »Die Brücke«, deren Veranstaltungen von einigen SDSlern regelmäßig besucht wurden.[106] Schmidt selbst nahm damals mehrfach an einem privaten Gesprächskreis des Chefs der britischen Militärregierung in Hamburg, Henry Vaughan Berry, teil.[107]

Wie aus einem im Sommersemester 1947 erstmals »An unsere Freunde und Mitglieder« verteilten Rundbrief hervorgeht, hatte die Gruppe zu dieser Zeit mit über 100 Mitgliedern den »engeren, persönlich gefassten Rahmen« längst überschritten und war somit die mit Abstand größte Studentenvereinigung an der Universität.[108] Sie benötigte daher »neue, festere Organisationsformen«; zudem drängte Schmidt die Gruppe nachdrücklich, sich stärker als bisher praktisch-politischen Themen zuzuwenden. Zu diesem Zweck war auf mehreren Wochenendtagungen ein ambitioniertes Arbeitsprogramm erarbeitet worden, das neben regelmäßigen Zusammenkünften der ganzen Gruppe - »zu denen in einzelnen Fällen Gäste eingeführt werden können« - mehrere Arbeitsgemeinschaften vorsah, die sich mit den Themen Hochschulpolitik, Lehrerbildung, Wirtschaftspolitik sowie Verfassung und Wahlrecht beschäftigen sollten. Als dritte Arbeitsform gab es schließlich öffentlichkeitswirksame »Gästeabende«, welche zumeist mit externen Referenten bestritten wurden. Bei den internen Gruppenabenden wurden beispielsweise Ergebnisse aus den besagten Arbeitsgruppen präsentiert und diskutiert, oder aber wechselnde Referenten aus der Gruppe selbst sprachen über ein Thema ihrer Wahl. Bei diesen Gelegenheiten ist Helmut Schmidt oft als Redner in Erscheinung ge-

---

104 Internationales Biographisches Archiv 28/1972 sowie Interview Walter Tormin.

105 Kindheit S. 235 f.

106 Zu diesem Thema gibt es bislang offenbar nur eine unveröffentlichte Magisterarbeit von Miriam Phieler: Die Brücke. Aufbau und Arbeit der British Information Centres in den westlichen Besatzungszonen Deutschlands 1946-1959, Hamburg 1996; zu den regelmäßigen Besuchern der Hamburger »Brücke« gehörten unter anderem Hans-Erich Schult und seine Frau Magda; vgl. Interview.

107 Soell S. 202. Berry (1891-1979) war von Haus aus Verwaltungs- und Finanzfachmann und hatte bereits nach dem 1. Weltkrieg für die Alliierte Rheinlandkommission in Deutschland gearbeitet. Nach dem 2. Weltkrieg war er zunächst für die britische Militärverwaltung in Westfalen tätig und anschließend von 1946 bis 1949 Gouverneur in Hamburg (Internationales Biographisches Archiv 14/1956).

108 Die übrigen Gruppierungen, darunter eine liberale und eine kommunistische Parteigruppe, mehrere überparteiliche Arbeitsgemeinschaften sowie einige »getarnte« Studentenverbindungen, hatten seinerzeit zwischen 15 und 35 Mitgliedern, vgl. Krukowska S. 123 ff.

treten, selbst dann noch, als er nach Abschluss seines Studiums bereits in der Hamburger Wirtschaftsbehörde berufstätig war. Fast sprichwörtlich wurde seine Standardbemerkung zu Beginn jedes Vortrags, dass er keine Zeit zur Ausarbeitung eines richtigen Referats gehabt und sich nur eben in der Bahn einige Notizen gemacht habe.[109] Einige seiner Vorträge hat Schmidt jedoch später in ausgearbeiteter Form im Gruppenrundbrief veröffentlicht.[110]

Die Liste der behandelten Themen war, wie bereits angedeutet, denkbar breit gestreut und reichte von studentischen Angelegenheiten wie der Zulassung zum Studium über politische Tagesfragen aller Art – Schulpolitik, Sozialisierung, Reform des Beamtenrechts, Schwangerschaftsabbruch – bis hin zu allgemeineren Problemen des Völkerrechts, zu Militarismus und Soldatentum oder zur »Geschichte und Aufgabe der sozialistischen Bewegung«. Großen Stellenwert im Gruppenleben genossen nach wie vor gesellige Unternehmungen und kulturelle Veranstaltungen wie zum Beispiel ein gemeinsamer Theaterbesuch in dem damals überaus populären Zeitstück des amerikanischen Autors Thornton Wilder »Wir sind noch einmal davongekommen« (1944) mit anschließender Diskussion.

Das hier zum Ausdruck kommende Selbst- und Aufgabenverständnis des damaligen SDS wurde in dem erwähnten Rundbrief so formuliert: »Wir wollen uns im Gespräch um die Klärung unserer politischen Vorstellungen bemühen und selbständige Urteile gewinnen. Wir wollen anknüpfen an die Gedanken des demokratischen Sozialismus, diese fortbilden und sie in der akademischen Öffentlichkeit diskutieren. Wir legen hierbei Wert auf die Erhaltung der parteipolitischen Unabhängigkeit unserer Gruppe, die etwaige Mitgliedschaft in der Sozialdemokratischen Partei gibt für Aufnahme und Arbeit in der Gruppe keinen Ausschlag.«[111] In Anlehnung an die oben zitierten Worte Schumachers und Ollenhauers auf dem Gründungskongress sah Schmidt dabei den SDS in erster Linie als »Mittel der Erziehung, nicht Mittel der Politik«, dessen Aufgabe es sei, »politisch klar denkende, entschlussfähige Persönlichkeiten« heranzubilden.[112]

Diesen Erziehungsgedanken vertrat Schmidt auch später als Bundesvorsitzender immer wieder mit Vehemenz, wobei er auch von anderen führenden SDS-Funktionären unterstützt wurde. So meinte etwa sein späterer Ko-Vorsitzender, der Frankfurter Karl Wittrock, es sei »nicht unsere Absicht, die Universität zu politisieren«, was offenbar auch als Absage an die »politische Universität« der NS-Zeit gemeint war. Stattdessen wolle man »den Studenten politisieren«, das heißt ihn aus der verbreiteten Lethargie und Abwehrhaltung gegen alles Politische herausreißen. In diesem Kampf arbeite man eng mit den Studentengruppen der anderen demokratischen Parteien zusammen. Der damalige Bundessekretär Zeidler ging sogar noch einen Schritt weiter und forderte, der SDS müsse gerade auch »für die politisch noch nicht festgelegten Studenten« offen sein. Selbst »wenn diese Leute sich nachher für CDU

109 Interview Walter Tormin.
110 Vgl. Anhang.
111 Rundbrief Sommersemester 1947, ebd. Vgl. auch diverse handschriftliche Redeentwürfe und -notizen Schmidts in: HS 5006.
112 Zit. aus dem Protokoll der »Reichsvorstandssitzung« vom Oktober 1947, S. 15 (HS 5001); vgl. auch Rundbrief Oktober 1947: »Die Hauptaufgabe des Bundes wie seiner Gruppen muss in unserer Selbsterziehung gesehen werden.«

oder FDP entscheiden, war unsere Arbeit nicht vergebens, wenn sie nämlich bei uns zu anständigen und aufrechten Demokraten erzogen wurden«. Solche Ansichten waren freilich im Verband nicht unumstritten; vor allem »linke« Genossen wie der Kölner Hans-Ludwig Frey oder der Göttinger Peter von Oertzen wünschten sich ein deutlicheres Profil und wollten das Schwergewicht der Arbeit lieber auf die »Klärung und Erarbeitung sozialistischen Gedankenguts« legen. Demgegenüber wollten Schmidt und andere »die selbstgenügsame Isolierung und Furcht vor der Auseinandersetzung mit Andersdenkenden überwunden sehen.« Wichtig sei nicht, »Recht zu behalten, sondern etwas dazuzulernen.«[113]

»Cliquenbildung«, Flügel und Altersunterschiede

Meinungsverschiedenheiten und »Flügelkämpfe« gab es freilich nicht nur zwischen den verschiedenen Gruppen im Bundesverband, sondern auch innerhalb der Hamburger Gruppe selbst. Allerdings blieben hier diese Differenzen dank der oben erwähnten Herzlichkeit lange Zeit ungefährlich für den Zusammenhalt der Gruppe. Zur Beilegung auftretender Spannungen hatte man beizeiten die sogenannte »Zausestunde« zur Institution erhoben, bei der von Zeit zu Zeit »alle Beschwerden, Klagen und Ressentiments« auf den Tisch kamen, »wobei natürlich besonders der Vorstand kritisiert« wurde und es außerdem darauf ankam, auch »wirklich nichts unausgesprochen zu lassen«.[114] Gelegentlich trug bei den zahlreichen Fahrten auch mal ein gemeinsames Bad in der kalten Nordsee zur Abkühlung der erhitzten Gemüter bei. Nur so war es möglich, dass beispielsweise Berkhan und Schmidt, die damals in der Gruppe als die »ungekrönten Könige« des linken bzw. rechten Flügels galten, zugleich die besten Freunde waren. Zudem gab es in der Gruppe wichtige Integrationsfiguren wie etwa Oswald Paulig, der zwar nie ein offizielles Vorstandsamt übernahm, aber über alle Flügelgrenzen hinaus beliebt war und daher oftmals im Hintergrund ausgleichend wirkte. Und so nahm man den »Flügelkampf« in der Regel auch eher ironisch-sportlich, so etwa wenn anlässlich eines Kostümfestes Walter Tormin und Ernst Heinsen – jeder mit einem dürren Hühnerflügel am Jackett drapiert – als »linker« und »rechter« Flügel auftraten.[115] Nach Schmidts Auffassung, die er zu Beginn des Wintersemesters 1947 auch im Rundbrief darlegte, war eine einheitliche politische Linie in der Gruppe nicht nur aufgrund der unterschiedlichen Lebensläufe und Erfahrungshintergründe nahezu unmöglich; sie war im Sinne des angesprochenen Erziehungsgedankens auch gar nicht erforderlich, solange alle Beteiligten sich nur von dem »Willen zum Aussprechen und Anhören, zur Duldung und zum gegenseitigen Abwägen der gegensätzlichen politischen Urteile« leiten ließen. Innerhalb dieses Rahmens stünde ihre gemeinsame Arbeit gleichsam unter dem Motto »We agree to differ«.[116]

---

113 Alle Zitate aus dem Protokoll der erwähnten Vorstandssitzung im Oktober 1947 (Fn. 110).
114 Walter Tormin im Bundes-Rundbrief August 1947, S. 6.
115 Interviews Ernst Heinsen und Hans-Erich Schult.
116 Helmut Schmidt: Anlässlich der Neuwahl. Die Situation unserer Gruppe zu Beginn des Wintersemesters, in: Gruppen-Rundbrief Oktober 1947, S. 2 ff.

Es gab aber auch andere, die auf die zunehmende innere Differenzierung der rasch anwachsenden Gruppe mit Verärgerung reagierten. So beklagte beispielsweise Gründungsmitglied Peter Satow Anfang 1948 ebenfalls im Gruppenrundbrief, dass das ursprüngliche »Zusammengehörigkeitsgefühl der ganzen Gruppe« verloren gegangen sei »zugunsten persönlicher Freundschaften innerhalb der einzelnen Lager«, zwischen denen »zweifellos eine innere Fremdheit« bestehe. Zwar räumte er ein, dass das Gemeinschaftsgefühl bei 120 Mitgliedern nicht mehr so lebendig sein könne wie in einer kleinen Gruppe von zehn oder zwanzig Leuten; gleichwohl sei die beklagte Fremdheit weniger auf die große Mitgliederzahl zurückzuführen als vielmehr auf die »Verschiedenheit der geistigen Haltung und der politischen Grundeinstellung«. Ohne Schmidt namentlich zu nennen, allerdings mit deutlichem Bezug zu dessen Beitrag im vorherigen Rundbrief, richtete Satow scharfe Kritik gegen jene »Mitglieder, die dem SDS aus rein pragmatischen Zweckmäßigkeitserwägungen beigetreten sind« oder »auf Grund aktueller politischer oder ökonomischer Einsicht heute auf unserer Seite stehen«. Diese könne er, der sich selbst ausdrücklich dem »sogenannten linken Flügel« zurechnete, »nicht als Sozialisten oder Gleichgesinnte im Kampf für den Sozialismus ansehen«.[117]

Nun mag diese Einzelmeinung in der Form überspitzt und auch nicht repräsentativ sein – Satow galt als Einzelgänger, der zudem einem stark gefühlsbetonten Sozialismusverständnis anhing –, so deutete sie aber dennoch auf eine nicht zu leugnende Entfremdung zumindest eines Teils der Gruppe hin. Immerhin hatte Schmidt in dem zuvor zitierten Bericht, auf den sich Satow bezog, seinerseits »Ansätze zur Cliquenbildung« erwähnt, die es »in aller Offenheit« auszuräumen gelte. In seiner Erwiderung auf den Satow-Artikel verwahrte sich Schmidt zwar gegen das ihm unterstellte Image des »eiskalt berechnenden Konjunkturritters« und warnte zugleich davor, dass durch die öffentliche Desavouierung des amtierenden Bundesvorsitzenden auch das Ansehen der Gruppe insgesamt Schaden nehmen könne, während man doch gleichzeitig die Studenten ständig zu mehr politischer Aktivität auffordere. Allerdings räumte er erneut ein, dass »der gute Peter« »vielleicht manches richtig empfunden, manches aber bestimmt falsch ausgedrückt« habe.[118]

Eine andere Lagerbildung beschrieb später in seinen Lebenserinnerungen Ralf Dahrendorf, der von 1947 bis 1952 in Hamburg studierte und sich als Sohn eines früheren SPD-Reichstagsabgeordneten für einige Monate auch dem SDS angeschlossen hatte. Ihm zufolge habe es »mit dem Hamburger SDS eine besondere Bewandtnis« gehabt, weil sich in ihm faktisch zwei Gruppen gegenübergestanden hätten: Einerseits »wir Junge(n), allesamt tastende Idealisten, die eine noch unbekannte bessere Welt suchten, und dann die zehn Jahre älteren, die wir ›die Offiziere‹ nannten. Sie waren tatsächlich zumeist Oberleutnants gewesen, und sie blieben auch Offiziere. Hans Schmelz war einer von ihnen, 1962 Autor des (...) Spiegel-Artikels, der zur republikschütternden Affäre führen sollte, (...) Willi Berkhahn, der spätere Wehrbeauftragte (... und) dann vor allem Helmut Schmidt.« Diese hätten mit ihrem erfahrungsgesättigten Realitätssinn oftmals wenig Zeit verloren, den »jungen Phantasten« ihre hochfliegenden Ideen auszutreiben. »Wir hassten (ihre) Argumente, schon weil wir ihnen nichts

117 Peter Satow: Gedanken zur Situation unserer Gruppe, in: Gruppen-Rundbrief Januar 1948, S. 2 f.
118 Brief Schmidts an den amtierenden Gruppenvorstand (»Liebe Lotte, lieber Willi, lieber Walter!«) vom 5.2.1948, in: HS 5003.

Rechtes entgegenzusetzen hatten. Die ›Offiziere‹ vertraten das Realitätsprinzip, und davon wollten wir jedenfalls noch nichts wissen. Wir wollten die Welt verändern, gleichgültig ob das ging oder nicht.«[119]

Nach Aussage von Helga Timm, die Dahrendorf damals auch aus dem Altphilologischen Seminar näher kannte, hat dieser den SDS tatsächlich bereits nach kurzer Zeit wieder verlassen, was einerseits sicherlich auf seine anders gelagerten Interessen zurückzuführen war, andererseits aber durchaus auch als Indiz für die bereits erwähnte nachlassende Attraktivität der Gruppe gewertet werden kann. Denn sowohl Timm als auch andere aktive Mitglieder jener Zeit geben heute bereitwillig zu, sich damals »zuwenig um die Jüngeren gekümmert« und eine rechtzeitige und kontinuierliche Nachwuchspflege vernachlässigt zu haben. »Wir waren uns selbst genug.«[120]

Eine vergleichbare Diskussion über etwaige Spannungen zwischen Frauen und Männern gab es damals - zumindest in der Hamburger Gruppe - allem Anschein nach kaum. Dies mag vielleicht damit zu erklären sein, dass die Frauen wie erwähnt ohnehin zumeist deutlich jünger waren als ihre männlichen Kommilitonen, so dass der geschilderte »Generationenkonflikt« möglicherweise alles andere überlagerte. Helga Timm zufolge fühlten sich die »Mädchen« jedenfalls von Anfang an »völlig gleichberechtigt, etwas anderes wäre bei Helmut Schmidt auch schlecht angekommen«.[121] Wie erwähnt, hatte Timm selbst mit Schmidt zusammen den Vorsitz der Gruppe innegehabt, und auch in den nachfolgenden Semestern gehörte mit Lotte Schulze, Thea Schönfelder und Gesa Wagner immer jeweils eine Studentin dem Vorstand an.[122] Dass diese Problematik in anderen SDS-Gruppen zum Teil aber auch anders wahrgenommen wurde, verdeutlicht eine Zuschrift einer Marburger SDSlerin an das Bundessekretariat von Anfang Oktober 1946, in der sie ausdrücklich darum bat, »bei der Anrede Genosse (...) die Genossinnen nicht unter den Tisch fallen zu lassen«.[123]

Der »linke Offiziersbund«

Neben dem für die damalige Studentenschaft typischen Alters- und Erfahrungsunterschied, von dessen Folgen an späterer Stelle noch die Rede sein wird, deuten Dahrendorfs Worte aber noch auf eine andere »kulturelle« Konfliktlinie hin. Denn an der von Dahrendorf kritisierten »Welt der Offiziere« stießen sich ja offenkundig nicht nur diejenigen, die wie er aufgrund ihrer Jugend - Dahrendorf war bei Kriegsende gerade 16 Jahre alt gewesen - nicht mehr aktiv am Krieg teilgenommen hatten, sondern durchaus auch Ältere wie der oben zitierte Peter Satow. Dieser zählte zwar noch zu den »gedienten« Jahrgängen, war aber nach

119 Ralf Dahrendorf: Über Grenzen. Lebenserinnerungen, München 2002, S. 116 ff. Vgl. auch die biographische Notiz im Anhang.
120 Interviews Helga Timm und Walter Tormin.
121 Interview Helga Timm; ähnlich äußerte sich auch Magda Schult.
122 Vgl. die Vorstandslisten bei Oldenburg S. 199.
123 Hilde Klostermann (SDS-Landesgruppe Hessen) an das Bundessekretariat (Oktober 1946), in: SDS 2.

Meinung anderer Gruppenmitglieder dennoch von seiner ganzen Persönlichkeit her geradezu ein »Gegentyp« zu jenen schneidigen »Offizierstypen« wie Berkhan, Schmelz oder Schmidt. »So einer hatte es schwer in der Gruppe«, räumte Walter Tormin rückblickend ein.[124]

Dieser Konflikt betraf keineswegs nur die Hamburger Gruppe, sondern spielte auch auf der zweiten SDS-Delegiertenkonferenz im August 1947 in Bielefeld eine gewichtige Rolle.[125] Er entzündete sich in den Beratungen über einen Antrag, ehemalige aktive Offiziere »grundsätzlich nicht zum Studium zuzulassen, solange noch andere Studienbewerber aufgrund des numerus clausus nicht studieren können«. Zur Begründung hieß es im Text weiter, dass sie »ursprünglich nicht die Absicht zum Studieren gehabt, sondern ihre Lebensaufgabe im Herrendasein im preußischen Obrigkeitsstaat gesehen haben«.[126] Obwohl dieser letzte Teilsatz offensichtlich nur auf ehemalige Berufsoffiziere gemünzt war, wandte sich Schmidt, der als Reserveoffizier davon eigentlich nicht unmittelbar betroffen war[127], dennoch in scharfer Form gegen diese pauschale Formulierung und gegen die weitergehende Forderung, auch die bereits zum Studium zugelassenen Offiziere erneut zu prüfen, weil er darin eine Diffamierung eines ganzen Berufsstandes sah. Ähnlich wie Schmidt wies auch der einstige Deserteur Heydorn darauf hin, dass man nicht eine bestimmte Berufsgruppe allein für alles Gewesene verantwortlich machen dürfe, weil es »verhinderte Militaristen« auch in anderen Berufen gegeben habe. In die emotionale und durch gelegentliche persönliche Angriffe zugespitzte Debatte griff schließlich der britische Gastdelegierte Donald Chesworth mäßigend ein, indem er die Deutschen davor warnte, über dieser Frage die Spaltung des Bundes zu riskieren und damit die Aufbauarbeit eines ganzen Jahres zu gefährden. Nach dieser Intervention wurde die Vorlage am Ende – wenn auch mit 25 zu 21 Stimmen bei 2 Enthaltungen denkbar knapp – abgelehnt.[128]

Die Debatte in Bielefeld zeigte einmal mehr, dass es in dieser Frage nicht nur um einen Generationenkonflikt der älteren Kriegsteilnehmer gegen die jüngeren Nachkriegssemester ging. Letztere waren nämlich unter den Delegierten noch kaum vorhanden, wie aus einer Befragung hervorgeht, die ein Beobachter der amerikanischen Militärregierung damals vorgenommen hatte. Danach hatten von 45 befragten männlichen Delegierten 40 noch aktiv am Krieg teilgenommen, davon waren acht zuletzt Gefreite, sieben Obergefreite, elf Unteroffiziere, zehn Leutnants, ein Oberleutnant, zwei Hauptleute und ein Major. Von den 14 Offizieren gaben sechs an, Reserveoffizier gewesen zu sein, so dass die übrigen acht vermutlich

---

124 Interview Walter Tormin.

125 Die Konferenz sollte ursprünglich in Frankfurt stattfinden, musste aber »infolge [nicht näher bezeichneter, U.R.] unvorhergesehener Umstände (...) in letzter Minute« verlegt werden. Vgl. entsprechendes Rundschreiben Zeidlers vom 28.7.47 in: SDS 3107.01. An ihr nahmen neben dem amtierenden Bundesvorsitzenden Heydorn und Bundessekretär Zeidler zehn weitere Delegierte aus Hamburg teil, darunter Helmut Schmidt als Gruppenvorsitzender. Vgl. Teilnehmerliste in: SDS 3201.01 sowie Albrecht S. 477.

126 Zit. nach Albrecht S. 109.

127 Die ihm angebotene Berufsoffizierslaufbahn hatte Schmidt frühzeitig abgelehnt, sein späterer Aufstieg zum Reserveoffizier beruhte – neben seiner offenkundigen persönlichen Eignung – vor allem auf dem nach Kriegsausbruch drastisch steigenden Bedarf an Truppenoffizieren. Vgl. Soell S. 98.

128 Vgl. Albrecht S. 109 f.

Berufsoffiziere waren.[129] Das heißt, die in der Debatte zutage tretende Aversion gegen »die Offiziere« beschränkte sich nicht auf einige erklärte Antimilitaristen oder jüngere Jahrgänge ohne eigene Kriegserfahrung, sondern schloss selbstverständlich auch frühere »einfache« Soldaten ein, die zumindest in Bielefeld offenbar das Gros der Delegierten stellten und vermutlich im Krieg höchst unterschiedliche Erfahrungen mit ihren jeweiligen Vorgesetzten gemacht hatten.[130] Es kam also, wie die Hamburger Delegierte Irmgard Hose in ihrem Bericht über die Delegiertenkonferenz feststellte, hier wie auch in anderen Streitfragen darauf an, »in allen diesen Fällen individuell zu entscheiden und sich vor jeder Verallgemeinerung zu hüten«.[131]

Eine solch differenzierte Herangehensweise trug wohl auch wesentlich dazu bei, dass es innerhalb der Hamburger Gruppe – von den oben zitierten Einzelmeinungen abgesehen – offenbar kaum zu schwerwiegenden Differenzen in dieser Frage kam. Nicht zu unterschätzen war auch der Umstand, dass Ex-Offiziere wie insbesondere Berkhan oder Schmidt von den meisten Jüngeren als positive Vorbilder wahrgenommen wurden und so dem verbreiteten Militaristen-Klischee entgegenwirkten.[132] Dank dieses aufgeschlossenen Klimas konnten selbst ausgeprägte »Sonderlinge« wie der frühere Berufsoffizier Hans Schmelz, der angeblich »immer mit Ernst Jünger unter dem Arm herumlief«, in die Gruppe integriert werden.[133] Doch obwohl die Offiziere auch in der Hamburger Gruppe zahlenmäßig immer in der Minderheit waren, hatten sie aufgrund ihres Alters- und Erfahrungsvorsprungs einen bestimmenden Einfluss.[134] Daher rührte wohl letztlich auch der Ruf vom »linken Offiziersbund«, der insbesondere dem Hamburger SDS noch bis weit in die fünfziger Jahre hinein anhing, als die meisten Ex-Offiziere längst ihr Studium beendet hatten und aus der aktiven Arbeit ausgeschieden waren.[135]

---

129 Zahlen von Harold Hurwitz zit. nach Fichter S. 67. Laut Albrecht S. 477 ff. nahmen an der Bielefelder Konferenz insgesamt 83 Delegierte teil; ein kleiner Teil von ihnen hatte sich geweigert, an der Befragung teilzunehmen, die übrigen waren aus ungeklärten Gründen nicht erfasst worden.

130 So auch Ernst Heinsen im Interview.

131 Irmgard Hose: Bericht über die Tagung des SDS in Bielefeld, in: Gruppen-Rundbrief Oktober 1947, S. 1 (HS 5006).

132 Interview Ernst Heinsen.

133 Interview Helga Timm.

134 Interview Walter Tormin und o. g. Dahrendorf-Zitat; der Anteil der ehemaligen Offiziere an der Hamburger Studentenschaft betrug übrigens rund 30 Prozent, vgl. Krukowska, S. 1.

135 So berichtet z. B. Peter Schulz, er sei zu Beginn seines Studiums 1950 von älteren SPD-Funktionären gewarnt worden, als »Ungedienter« werde er einen schweren Stand beim SDS haben, weil dieser angeblich nur aus Offizieren bestehe. Vgl. auch den bezeichnenden Aufsatz von Tilman Fichter: Vom linken Offiziersbund zur Revolte. Vier SDS-Generationen, in: Jürgen Seifert u. a. (Hrsg.): Soziale oder sozialistische Demokratie? Beiträge zur Geschichte der Linken in der Bundesrepublik, Marburg 1989, S. 11–20.

5. Helmut Schmidt als Bundesvorsitzender 1947/48

Trotz der aus seiner Sicht leidigen Debatte über den erwähnten Offiziersantrag hatte sich Schmidt in Bielefeld – wenn auch »schweren Herzens«[136] – als Nachfolger Heydorns zum Bundesvorsitzenden für die britische Zone wählen lassen. Mit 42 zu 8 Stimmen setzte er sich deutlich gegen den Kölner Hans-Ludwig Frey durch, der sich laut Protokoll allerdings nur hatte aufstellen lassen, um überhaupt eine echte Wahl zu ermöglichen.[137] Zu Schmidts Kollegen für die US-Zone wurde der Frankfurter Karl Wittrock gewählt, der später ebenfalls lange Jahre für die SPD im Bundestag saß und schließlich Präsident des Bundesrechnungshofes wurde.[138] Schmidt und Wittrock bildeten in den folgenden Monaten ein gut funktionierendes Führungsduo, das den Verband mit Übersicht und fester Hand auch durch heikle Situationen steuerte. Dies galt vor allem für das in Bielefeld erneut heftig diskutierte Verhältnis des SDS zur Sozialdemokratischen Partei und die damit verbundene Frage, ob in den Gruppen auch weiterhin Kommunisten mitarbeiten durften.

Die Auseinandersetzungen um den Ausschluss kommunistischer Mitglieder

Beide Punkte hatten wie erwähnt bereits auf dem Gründungskongress zu einer leidenschaftlichen Kontroverse geführt, die am Ende nur durch einen Kompromiss beigelegt werden konnte. Die unterlegene Minderheit hatte sich damit jedoch nicht abfinden wollen und beim Parteivorstand in Hannover interveniert, woraufhin es auf einer gemeinsamen Sitzung der Vorstände von SPD und SDS am 5. Januar 1947, bei der es eigentlich um Hochschulfragen gehen sollte[139], zu einer erneuten Aussprache in dieser Sache kam. Obwohl Schumacher und Ollenhauer auf dem Gründungskongress noch die Unabhängigkeit des Verbandes ausdrücklich bestätigt und die Aufnahme eines formalen Bekenntnisses zur SPD in die Satzung für unnötig gehalten hatten, hatte sich die Meinung im Parteivorstand – nicht zuletzt unter dem Eindruck der zunehmenden Verfolgung vieler Sozialdemokraten in der SBZ – in der Zwischenzeit offenbar grundlegend geändert. Der SDS-Vorstand musste sich nunmehr verpflichten, auf der nächsten Delegiertenkonferenz eine Satzungsergänzung einzubringen, wonach

---

136 So eine Kalendernotiz Schmidts, vgl. Soell S. 189.
137 Protokoll der Delegiertenkonferenz, SDS 3201.01, S. 21.
138 Siehe die biographische Notiz im Anhang.
139 In Vorbereitung des bevorstehenden 2. Studententages der britischen Zone; vgl. Albrecht S. 59.

künftig kein SDS-Mitglied mehr einer anderen Partei als der SPD angehören dürfe. Entsprechende Regelungen sollten auch in die örtlichen Satzungen aufgenommen werden. Im Gegenzug für dieses Entgegenkommen sagte die SPD-Führung dem Studentenbund zu, die Ortsvereine künftig zu einer besseren Zusammenarbeit mit den jeweiligen SDS-Gruppen anzuhalten und SDS-Funktionäre mit Parteibuch zum Funktionärskörper der SPD zu rechnen. Außerdem sollte gemeinsam mit Gewerkschaften, Genossenschaften sowie »interessierten Privatleuten« so schnell wie möglich eine Institution zur »finanziellen Sicherung des Studiums sozialistischer Studenten« – die spätere Friedrich-Ebert-Stiftung – geschaffen werden.[140]

Die Forderung der Parteiführung wurde in den folgenden Wochen und Monaten im Verband ausgiebig diskutiert. Insbesondere die nordrhein-westfälischen Gruppen lehnten sie rundweg ab und zeigten sich allenfalls bereit, eine vom Bundessekretär Zeidler vorgeschlagene Kompromisslösung zu akzeptieren, wonach die Aufnahme neuer Gruppenmitglieder von der Zustimmung der Gruppenmehrheit abhängig gemacht werden sollte.[141] Wahrscheinlich hoffte man, auf diese Weise den konfliktträchtigen Ausschluss alter Mitglieder vermeiden zu können und dennoch der befürchteten Unterwanderung durch Anhänger anderer Parteien – gemeint war sowieso nur die KPD – einen wirksamen Riegel vorzuschieben. Doch der Parteivorstand ließ sich darauf nicht ein und bestand trotz aller Warnungen vor »unerfreulichen« Auseinandersetzungen bis hin zur drohenden Spaltung des Bundes auf seiner ursprünglichen Linie. Es sei doch »für mündige Menschen« schlicht unmöglich, »gleichzeitig zwei Parteien anzugehören: Studentenbund der Sozialdemokraten (wenn auch nicht de jure, so doch de facto) und der Partei einer gegnerischen Kraft«. Auch könne der SPD nicht zugemutet werden, einen Studentenverband »organisatorisch, finanziell und publizistisch« zu unterstützen, in dem sich gegnerische Kräfte »nicht nur organisieren, sondern sogar die Majorität an sich reißen könnten«.[142]

Wegen der unnachgiebigen Haltung des Parteivorstands musste die Angelegenheit also auf der Delegiertenkonferenz in Bielefeld erneut beraten werden.[143] Dabei traten vor allem die Berliner Vertreter[144] erneut für den Vorschlag des Parteivorstands ein, die Mitgliedschaft im SDS generell auf SPD-Mitglieder und Parteilose zu beschränken. Doch wie schon ein Jahr zuvor in Hamburg konnten sie sich damit auch diesmal nicht durchsetzen. Schließlich einigte man sich nach längerer und zum Teil erregter Diskussion am Ende mit 30 gegen 12 Stimmen bei 9 Enthaltungen auf die Feststellung: »Der SDS ist der Ansicht, dass eine Mitgliedschaft und ein Bekenntnis zur KPD/SED nicht mit dem demokratischen und freiheitlichen Sozialismus zu vereinbaren ist.«[145] Das hieß, dass andere Parteimitgliedschaften auch

---

140 Albrecht S. 60. Zur Gründung der FES siehe Kapitel 5.

141 Albrecht S. 61.

142 So der Kulturreferent im Parteivorstand, Arno Hennig, am 18.6.47 an den Göttinger Gruppenvorsitzenden Peter von Oertzen, zit. nach Albrecht S. 62.

143 DK-Protokoll S. 14, »allgemeine Bundesfragen« sowie gedruckter Rundbrief des Bundessekretariats über die Bielefelder Konferenz, HS 5002, S. 4 f.

144 Die zu diesem Zeitpunkt noch Gaststatus hatten und dem Bund erst im März 1948 offiziell beitraten.

145 Rundbrief des Bundessekretariats über die Bielefelder Delegiertenkonferenz, HS 5002, S. 3.

weiterhin prinzipiell möglich sein sollten, aber eben mit dieser einen ausdrücklichen Ausnahme. Zur weiteren Präzisierung der Frage, wann ein solches »Bekenntnis zur KPD/SED« denn vorliege, wurde ein Ausschuss eingesetzt, dessen Definitionsvorschlag vom Plenum bei nur zwei Gegenstimmen angenommen wurde. Demnach lag ein solches Bekenntnis immer dann vor, »wenn ein Mitglied die Unterschrift unter ein Aktionsprogramm oder eine ähnliche Erklärung dieser Partei leistet oder sich aktiv für sie einsetzt«. Zwar legte der SDS auch weiterhin Wert auf die Feststellung, »keine Organisation irgendeiner politischen Partei« zu sein. Zugleich bekundete er seine Überzeugung, »dass sich derzeit keine deutsche Partei außer der SPD zu dem von uns vertretenen freiheitlichen demokratischen Sozialismus bekennt«. In der Zukunft solle jede Delegiertenkonferenz aufs Neue darüber entscheiden, »welche Parteien in ihrer politischen Praxis und in ihrem Programm einen freiheitlichen demokratischen Sozialismus vertreten«.[146] Auf Vorschlag des Ausschusses wurde ferner bei nur einer Gegenstimme festgelegt, dass die Landesbeiräte »auf der Basis dieser beschlossenen Auslegung unserer Richtlinien die Lage in ihren Landesgruppen« überprüfen und gegebenenfalls die »erforderlichen Maßnahmen« treffen sollten.[147] Abschließend wurden alle diese Bestimmungen – Grundsatz, Auslegung und Verfahren – der Satzung als Anhang angefügt.[148]

Der Konflikt war damit keineswegs endgültig beigelegt; stattdessen sollte er den neu gewählten Bundesvorstand noch bis ins Frühjahr 1948 hinein intensiv beschäftigen. Denn vor allem die nordrhein-westfälischen Gruppen weigerten sich auch weiterhin beharrlich, die »Bielefelder Beschlüsse« für sich als verbindlich anzuerkennen, geschweige denn sie in ihren Reihen umzusetzen.[149] Denn zum einen gab es an den dortigen Universitäten anders als etwa in Hamburg vielfach keine eigenen KPD-Studentengruppen, so dass die ohnehin wenigen Kommunisten häufig einfach in den SDS-Gruppen mitarbeiteten. Zum andern stellten die Kommunisten in den Gruppen zwar jeweils nur eine zahlenmäßige Minderheit, allerdings befürchtete der Landesverband, bei einem allzu harten Vorgehen gegen diese auch eine größere Zahl parteipolitisch ungebundener Mitglieder zu verlieren.[150] Auf einer Landesbeiratssitzung im Oktober 1947 wurde daher beschlossen, dass die grundsätzliche »parteipolitische Unabhängigkeit« ihrer Gruppen durch die Bielefelder Beschlüsse »nicht berührt« sei und der Landesbeirat daher »nicht nur die Ausführung dieses Beschlusses, sondern auch die darin zum Ausdruck kommende Beschränkung der Mitgliedschaft« ablehne.[151]

---

146 Ebd.
147 Ebd.
148 Vgl. Albrecht S. 63. Laut einer im zitierten Rundbrief (S. 8) verbreiteten Stellungnahme des Bundesvorstands stellte der Bielefelder Beschluss keine Satzungsänderung im eigentlichen Sinne, sondern eine sogenannte »authentische Interpretation« derselben dar. Er sei aber gleichwohl bindend für alle Gruppen.
149 In den anderen Landesgruppen war die Umsetzung offenbar weitgehend »reibungslos« verlaufen; zum Teil hatte sich das Problem oft auch gar nicht gestellt, weil es keine KP-Mitglieder auszuschließen gab. Vgl. Protokoll der »Reichsvorstandssitzung« Oktober 1947, a. a. O., S. 1 f.
150 So hatten etwa in Köln mindestens 15 von insgesamt 42 Mitgliedern ihren Austritt angedroht für den Fall, dass die 6 KP-Anhänger ausgeschlossen würden. Vgl. Protokoll der »Reichsvorstandssitzung« S. 1 f.
151 Ebd. (referiert durch den Landesvorsitzenden Frey).

Auf einer »Reichsvorstandssitzung«, die unmittelbar im Anschluss daran ebenfalls in Düsseldorf stattfand, kam es dann wie erwartet zu einem heftigen Schlagabtausch über diesen Beschluss des Landesverbandes.[152] Während vor allem der niedersächsische Landesvorsitzende von Oertzen anfangs noch versuchte, die Position der NRW-Gruppen zu unterstützen, bestanden die beiden Bundesvorsitzenden auf einer sofortigen Durchsetzung der Bielefelder Beschlüsse. Bundessekretär Zeidler wies darauf hin, dass der Parteivorstand bereits erheblichen Druck auf den Verband ausübe. Ollenhauer habe ihm unmissverständlich gesagt, es komme »nicht darauf an, ob einzelne Gruppen ausgeschlossen werden«, es müsse aber endlich »reiner Tisch gemacht werden«.[153] Für den Fall, dass eine verbandsinterne Lösung nicht gefunden würde, befürchtete die Verbandsspitze offenbar, dass der Parteivorstand die Angelegenheit selbst in die Hand nehmen könnte. Wie sich später herausstellte, hatte Schumacher tatsächlich unter anderem an den Vorsitzenden des SPD-Bezirks Oberrhein, Willi Eichler, geschrieben und ihn aufgefordert, alles zu unternehmen, um die Tolerierung von Kommunisten in der Kölner Gruppe zu beenden.[154] Für den Fall, dass die »Reinigung« nicht »schnellstens vollzogen« würde, soll er intern sogar bereits entsprechende Unvereinbarkeitsbeschlüsse gegen den SDS-Gesamtverband oder einzelne Gruppen angedroht haben.[155]

Helmut Schmidt selbst hatte in diesem Konflikt zunächst für eine »Kompromisslösung« plädiert, die eine pragmatische »Zusammenarbeit mit links und rechts« auch in der Zukunft nicht völlig ausschloss. Allerdings sei entschlossenes Eingreifen und eine klare Stellungnahme notwendig, sobald die »Gefahr der Infiltration« vorliege.[156] Er hatte für den Kommunismus sowjetischer Prägung noch nie Sympathie empfunden, erst recht nicht, seitdem auch in Hamburger Parteiversammlungen die ersten Erfahrungsberichte darüber kursierten, mit welchen Mitteln die KPD in der sowjetischen Besatzungszone die Vereinigung mit der SPD vorantrieb. Einen tiefen Eindruck hinterließen bei ihm vor allem die Berichte von Herbert Wehner oder auch von Ralf Dahrendorfs Vater Gustav, der ursprünglich zu den Befürwortern der Vereinigung zählte, sich aber unter dem Eindruck wachsender, zum Teil am eigenen Leibe erfahrener Verfolgung in der SBZ zu einem scharfen Gegner gewandelt hatte.[157] So notierte Schmidt zum Beispiel im Herbst 1946 seine Genugtuung darüber, dass die SED bei den ersten und letzten Gesamtberliner Wahlen »durchgefallen« war. Trotz dieser grundsätzlichen Vorbehalte kannte er jedoch keine »Berührungsängste« im Umgang mit den kommunistischen Studenten an der Hamburger Universität, mit denen er noch im Sommersemester 1947 eine gemeinsame Diskussionsveranstaltung organisierte.[158]

---

152 An der Sitzung nahmen neben den beiden Vorsitzenden Schmidt und Wittrock der Bundessekretär Zeidler sowie die Landesvorsitzenden von Oertzen (Niedersachsen), Frey (NRW), Schröder (Hessen), Keller (Württemberg-Baden), Pfitzner (Bayern) sowie Loewe (Französische Zone) teil. Vgl. Protokoll der »Reichsvorstandssitzung« a. a. O.

153 So offenbar Ollenhauer am Rande des Nürnberger Parteitages an die SDS-Spitze, vgl. Protokoll der »Reichsvorstandssitzung« S. 3.

154 Albrecht S. 65.

155 Interview Ernst Heinsen.

156 Protokoll der Bielefelder Delegiertenkonferenz, a. a. O., S. 14 f.

157 Soell S. 178; vgl. auch Dahrendorf, Über Grenzen.

158 Soell S. 186f; vgl. auch die Ankündigung im Gruppen-Rundbrief vom Sommersemester 1947, S. 4.

In der erwähnten »Reichsvorstandssitzung« bewegte sich Schmidts Argumentation ebenfalls ständig zwischen den beiden Polen »Verständnis« und »Härte«. So gestand er denjenigen, die sich gegen ein Zerreißen ihrer bisher harmonischen Gruppen wehrten, einerseits zu, dass es selbstverständlich »viele anständige Menschen in der KP« gebe, die man auch als »Brüder« ansehen könne. Aber es gebe eben in der KP auch »Befehle, die befolgt werden müssen. Dann nützt Euch Eurer Vertrauen nichts.«[159] Als »sanfte« Lösung des Problems schlug er vor, die Kommunisten bei der Gründung eigener Gruppen zu unterstützen; notfalls müsse man aber auch rein sozialdemokratische Parallelgruppen »aufziehen«. Wichtig war ihm vor allem die »Aufrechterhaltung der Einheit des Bundes«, weshalb er auch einen allzu demonstrativen »Bruch« mit der gesamten Landesgruppe vermeiden wollte. Daher sollten seiner Meinung nach für den Fall, dass einzelne Gruppen von sich aus wegen der Bielefelder Beschlüsse aus dem Bund ausscheiden wollten, doch zumindest die übrigen, die damit weniger Schwierigkeiten hatten, dabei bleiben können.[160] Um den drohenden »Bruch« in letzter Minute doch noch zu verhindern und ein »für die Gesamtheit günstiges Ergebnis« zu erreichen, schlug Schmidt schließlich vor, die Sache befristet aufzuschieben. Der Bundesvorstand sei zwar nur »Exekutivorgan der Delegiertenversammlung«, besitze aber durchaus einen gewissen zeitlichen Spielraum bei der Umsetzung. Zum Ende des Wintersemesters sei jedoch eine »klare Entscheidung« nötig.[161] Auf Vorschlag Wittrocks beschloss daher der Bundesvorstand am Ende einstimmig – das heißt mit der Stimme des NRW-Landesvorsitzenden Frey – eine Erklärung, wonach er den Beschluss des Landesverbands Nordrhein-Westfalen »zur Kenntnis« nahm und den jeweils unterschiedlichen Verhältnissen in den Ländern und Zonen »vollstes Verständnis entgegen« brachte. Der Bundesvorstand sei aber »nicht der Ansicht, dass der Beschluss der Bielefelder Delegiertenversammlung über die Auslegung des Begriffs ›freiheitlicher demokratischer Sozialismus‹ eine Festlegung des Bundes im parteipolitisch-organisatorischen Sinn bedeutet. Er ersucht die Landesgruppe Nordrhein-Westfalen, am Ende des Semesters den von ihr gefassten Beschluss neu zu prüfen. Oberstes Ziel muss dabei sein, die Einheit des SDS zu erhalten.«[162]

Die so gewonnene Zeit nutzte Schmidt, um in Begleitung von Helga Timm und Ernst Heinsen, der im November von Zeidler den Posten des Bundessekretärs übernommen hatte, erneut die einzelnen Gruppen zu bereisen und vor Ort für die Annahme des Bielefelder Beschlusses zu werben. Da die Parteiführung weiter Druck machte und immer noch ihr direktes Eingreifen zu befürchten stand, fuhren Schmidt und Heinsen schließlich Anfang Dezember sogar nach Hannover, um Schumacher im persönlichen Gespräch davon zu überzeugen, »dass wir das alleine schaffen würden« und dass ein direktes Eingreifen der Partei zudem »das Standing des SDS an den Universitäten schwer schädigen würde«.[163] Die dreistündige Unterredung mit dem zu diesem

---

159 Protokoll der »Reichsvorstandssitzung« S. 3 f. Vgl. auch Schmidts handschriftliche »Kölner und Bonner Redenotizen« in: HS 5001.

160 Er spielte damit auf die unterschiedliche Situation in einzelnen Gruppen an; vgl. die Berichte im Protokoll der »Reichsvorstandssitzung« S. 1 f.

161 Der Vorschlag von Oertzens, die Entscheidung bis zur nächsten Delegiertenkonferenz im Sommer zu vertagen, wurde dagegen abgelehnt. Protokoll der »Reichsvorstandssitzung« S. 3 f.

162 Ebd.

163 Interview Ernst Heinsen; laut Soell S. 186 fand der Besuch am 2. Dezember 1947 statt.

Zeitpunkt bereits schwerkranken Parteivorsitzenden hinterließ bei seinen jungen Besuchern einen tiefen Eindruck. Denn Schumacher unterbrach sie schon nach kurzer Zeit mit der Bemerkung »Ich habe euch verstanden« und begann dann »ein längeres Gespräch mit uns, eigentlich eine lange Befragung; er wollte wissen, was wir beiden jungen Leute dachten, was die Studenten allgemein dachten – über die HJ, die Waffen-SS, über ihre Haltung zu Hitler, zu den Besatzungsmächten, wie wir den Krieg überstanden hätten, was wir an der SPD gut und schlecht fänden und so fort – eine lange Reihe von sehr präzise gestellten Fragen. Auch wir haben Fragen an Schumacher gerichtet, seine Antworten kamen blitzschnell und waren druckreif formuliert.« Dabei schaute er die meiste Zeit »an uns vorbei starr aus dem Fenster«, imponierte seinen jugendlichen Gästen aber zugleich durch seine »beeindruckende geistige Beweglichkeit«. Auf der Rückfahrt nach Hamburg im unbeheizten und unbeleuchteten Zug »waren Heinsen und ich uns einig: ein faszinierender, großartiger Mann.«[164] Diese Anekdote ist auch deshalb bemerkenswert, weil sie illustriert, welch »große Faszination (...) der durch Kriegsverletzung, Gestapo-Folter und KZ-Haft schwer gezeichnete erste Nachkriegsvorsitzende der SPD (...) auf die ehemaligen Offiziere und Soldaten damals ausgeübt hat. Dieser militante, aktivistische Sozialdemokrat und ehemalige Frontoffizier aus dem Ersten Weltkrieg dachte und redete in einer Sprache, die der Kriegsheimkehrer verstand.«[165] Und auch wenn Schmidt insbesondere Schumachers außen- und europapolitischen Vorstellungen zunehmend skeptisch gegenüberstand und sich später eher an dessen innerparteilichen Gegenspielern wie Max Brauer oder Ernst Reuter orientierte,[166] so konnte er sich doch seiner unmittelbaren persönlichen Wirkung kaum entziehen. Wie er später einmal sagte, schätzte er an Schumacher vor allem seine hohe »moralische Glaubwürdigkeit«, die sich für ihn (Schmidt) daraus ergab, dass jener nach dem Ersten Weltkrieg »aus ähnlichen Gründen (...) Sozialdemokrat geworden (war) wie ich nach dem Zweiten. Der Impetus kam aus der Einsicht in die Notwendigkeit der sozialen Gerechtigkeit.«[167]

Abgesehen von diesen persönlichen Eindrücken hatten Schmidt und Heinsen in der Hauptsache ihr Ziel, ein Eingreifen der Partei zu verhindern, erreicht. Ohnedies hatte sich der nordrhein-westfälische Landesverband unter dem Eindruck der vielfältigen Überzeugungsbemühungen in einer erweiterten Landesbeiratssitzung am 20. Dezember 1947 dazu durchgerungen, den Ausschluss von KPD/SED-Mitgliedern künftig »in Erwägung zu ziehen«, um die »Einheit des Bundes« nicht zu gefährden. Allerdings sollten die Gruppen alles versuchen, um durch die Ausschlussaktion nicht andere »wertvolle Sozialisten« zum Austritt zu provozieren. Erleichtert wurde die weitere Bereinigung der Angelegenheit Anfang Februar 1948 durch die Wahl eines neuen Landesvorsitzenden, Heinz Peters, der sich Schmidt gegenüber als »reichstreu« bezeichnete und ihm eine baldige Lösung der »Kommunistenfrage« in Aussicht stellte.[168] Auf der folgenden Bundesvorstandssitzung am 11. und 12. März 1948 in

---

164 Weggefährten S. 404 sowie Interview Ernst Heinsen.
165 Fichter S. 81, der darin ein wesentliches Erklärungsmoment dafür sieht, dass sich so mancher studentischer Kriegsheimkehrer damals »links und nicht rechts engagierte«. Ähnlich auch Ernst Heinsen im Interview: Schumachers Auftritt und sein bellender Ton habe ihn an das geflügelte Wort erinnert, wonach der »Idealtyp des sozialdemokratischen Funktionärs« ein preußischer Unteroffizier sei.
166 Weggefährten S. 404 f.
167 Zit. nach Steffahn S. 46.
168 Zit. nach Albrecht S. 65.

München konnte er denn auch erfolgreich Vollzug melden. Bis auf eine Ausnahme lagen nun alle NRW-Gruppen auf der Linie des Bundesvorstands; lediglich Münster verweigerte weiterhin den Ausschluss der Kommunisten aus der dortigen Gruppe.

Verschärfend kam aus Schmidts Sicht hinzu, dass die Münsteraner mehrfach Einladungen zu kommunistischen Veranstaltungen angenommen und Delegierte dorthin entsandt hatten.[169] Unter Hinweis auf sein Gespräch mit Schumacher, der jeder Zusammenarbeit mit Kommunisten abermals eine klare Absage erteilt hatte, forderte Schmidt daraufhin, die Gruppe Münster, falls eine »positive Klärung« nicht möglich sei, aus dem Verband auszuschließen und statt dessen die Neugründung einer »freiheitlichen« Gruppe zu unterstützen.[170] Zwar äußerte daraufhin auch der neue NRW-Landesvorsitzende Peters Bedenken, dass ein derartiges Vorgehen den Austritt weiterer Gruppen provozieren könnte. Da aber die seinerzeit in Düsseldorf beschlossene Gnadenfrist inzwischen abgelaufen war, beschloss der Bundesvorstand schließlich einstimmig, also mit Peters' Stimme, der nächsten Delegiertenkonferenz den Ausschluss der Gruppe Münster vorzuschlagen. Bis dahin wollte man jeden Kontakt mit der bisherigen Gruppe abbrechen und stattdessen gegebenenfalls mit einer neugegründeten in Verbindung treten.[171]

Das nüchterne Schreiben, mit dem Bundessekretär Heinsen diesen Beschluss dem Vorsitzenden der Münsteraner Gruppe, Heribert Lohmann[172], mitteilte, löste bei diesem zunächst große Verbitterung aus. Offenbar hatte Schmidt ihm noch kurz zuvor versichert, vorerst keine administrativen Maßnahmen gegen die Gruppe zu ergreifen. In seiner Stellungnahme warf Lohmann Schmidt daher vor, »mit seiner harten brutalen Hand« eine gewachsene Gruppe zu »zerreißen«, nur weil ihr »zwei ganz kleine Rädchen der kommunistischen Weltmaschinerie« angehörten. Als ein zweites Schreiben Lohmanns wenige Wochen später indes konzilianter ausfiel – zwar weigerte Lohmann sich weiterhin, aus der bestehenden Gruppe auszutreten und an der Gründung einer neuen mitzuwirken, erklärte sich aber bereit, weiterhin für die Durchsetzung des Bielefelder Beschlusses zu werben –, konnte auch Schmidt seinerseits auf Lohmann zugehen. In seinem freundschaftlich gehaltenen Antwortschreiben erklärte er, dass der Münchner Beschluss noch keinen sofortigen Ausschluss der Gruppe bedeute, zu dem der Vorstand im Übrigen auch gar nicht berechtigt sei, sondern lediglich eine Absichtserklärung darstelle, einen solchen Antrag auf der nächsten Delegiertenkonferenz zu stellen, und auch dies nur für den Fall, dass sich die Lage in Münster bis dahin nicht verändert haben sollte.[173]

Zu dem angekündigten Ausschlussantrag musste es dann allerdings gar nicht mehr kommen, da die Münsteraner nach längeren internen Kämpfen am Ende doch auf die Linie des Bundes einschwenkten. Zwar konnte Lohmann sich zunächst nicht durchsetzen und trat

---

169 Protokoll der Bundesvorstandssitzung am 11. und 12. März 1948 in München, in: HS 5001, S. 4.

170 Ebd., S. 4.

171 Ebd., S. 11 f.

172 Schreibweise nach Albrecht S. 65 f., der sich auf verschiedene Quellen unter anderem der Gruppe Münster stützt. Im Protokoll der Delegiertenkonferenz von Eddigehausen (SDS 3201.01) wird in diesem Zusammenhang hingegen mehrfach der Name »Lohmeier« genannt - möglicherweise ein Tippfehler?

173 Briefwechsel zit. nach Albrecht S. 65 f.

daraufhin vom Gruppenvorsitz zurück. Jedoch wurde bald darauf ein neuer Gruppenvorstand gewählt, der nun auch nicht vor der letzten Konsequenz zurückschreckte, die Lohmann noch abgelehnt hatte. Ende Juni 1948 meldete der neue Vorsitzende Karl-Heinz Meier nach Hamburg, dass es ihm endlich gelungen sei, »durch den kompromisslosen Ausschluss aller andersdenkenden Elemente den Bund endgültig zu bereinigen«.[174] Wie er einen Monat später auf der dritten Delegiertenkonferenz in Eddigehausen bei Göttingen ergänzte, seien seit Mitte Mai alle 18 Kommunisten und Sympathisanten ausgeschlossen worden. Inzwischen habe sich die Gruppe aber von dem Aderlass wieder erholt, während die ausgeschlossenen bereits ihre eigene kommunistische Gruppe aufgemacht hätten.[175]

Der »Lohn« für diesen fast ein Jahr andauernden quälenden Selbstreinigungsprozess bestand in dem nun endlich – immerhin fast zwei Jahre nach dem Gründungskongress – vollzogenen Beitritt der Berliner Landesgruppe, den dessen Vorsitzender Otto Stolz noch auf der Münchner Bundesvorstandssitzung erklärte. Die Berliner hatten aufgrund ihrer besonderen Situation in der Viersektorenstadt im Verband anfangs nur einen Beobachterstatus innegehabt und – nicht zuletzt wegen ihrer leidvollen Erfahrungen mit dem kommunistischen Hegemoniestreben in der SBZ[176] – sowohl in Hamburg als auch in Bielefeld nachdrücklich auf eine klare Abgrenzung gegenüber KPD und SED und ein ebenso eindeutiges Bekenntnis zur SPD gedrängt. Wegen der aus ihrer Sicht wankelmütigen Haltung vieler westdeutscher Gruppen in dieser Frage hatten die Berliner nach Bielefeld zeitweilig sogar den völligen Abbruch der Beziehungen zum SDS erwogen. Allerdings konnten die Meinungsverschiedenheiten im Laufe des Jahres allmählich abgebaut werden, so dass der rund 300 Mitglieder starke Landesverband sich nun auch formell dem SDS anschließen und Stolz den ihm bereits von der Bielefelder Delegiertenkonferenz eingeräumten Posten als gleichberechtigter 3. Bundesvorsitzender antreten konnte.[177]

Zur Ausräumung der Berliner Zweifel hatten - neben der letztlich doch in ihrem Sinne erfolgten Klärung der »Kommunistenfrage« – zwei weitere Ereignisse ganz wesentlich beigetragen. Zum einen hatte der Frankfurter Bundesvorsitzende Karl Wittrock Mitte Januar 1948 der Berliner Hochschulgruppe einen Besuch abgestattet und dabei auch an einer Sitzung des Studentenrates der Berliner Universität teilgenommen.[178] Tief bewegt berichtete er Helmut Schmidt anschließend von seinen Eindrücken: »Während bei uns im Westen eine Bindung an eine Partei beinahe kompromittierend wirkt, da die Mehrheit der Bevölkerung noch (...) glaubt, dass Politik den Charakter verdirbt«, sei die Einstellung der meisten Berliner in

---

174 Sekretariats-Rundbrief August 1948, HS 5002, S. 10.

175 Protokoll der Delegiertenkonferenz 1948 in Eddigehausen, in: SDS 3201.01, S. 14 f. In Meiers Bericht heißt es weiter, nach Lohmanns (dort: »Lohmeiers«) Rücktritt hätten die Kommunisten sogar kurzzeitig die Macht ergriffen und sich die Gruppenakten angeeignet, deren Herausgabe der neue Vorstand erst auf gerichtlichem Wege erzwingen musste.

176 Stolz gehörte zu jenen vier Studentenratsmitgliedern, deren Relegation durch die Ost-Berliner Volksbildungsverwaltung im April 1948 den unmittelbaren Anlass für die im Herbst desselben Jahres erfolgte Gründung der »Freien Universität« im Westteil der Stadt gab; vgl. auch die biographische Notiz im Anhang.

177 Protokoll der Bundesvorstandssitzung März 1948 in München, S. 10 f. Vgl. auch Albrecht 90 f.

178 Gemeint ist die im Ostsektor gelegene frühere Friedrich-Wilhelms-Universität, die in den ersten Nachkriegsjahren nur »Berliner Universität« oder wegen ihrer Lage an der Straße »Unter den Linden« zu-

dieser Frage eine ganz andere. Schließlich werde ihnen täglich »klar vor Augen geführt, dass es bei den politischen Entscheidungen unserer Zeit um Sein oder Nichtsein, um Freiheit oder Sklaverei, um Recht oder Willkür – mit einem Worte: um die fundamentalsten Grundsätze unseres Seins geht«. Diese Erkenntnis führe nicht nur zu einer größeren Bedeutung der politischen Parteien innerhalb der Studentenschaft, weshalb »eine politische Studentengruppe in Berlin niemals auf die eindeutig erkennbare Bindung an ihre Partei verzichten« könne. Zugleich nehme auch die Berliner Öffentlichkeit in »hervorragendem Maße (...) an den Vorgängen innerhalb der Studentenschaft Anteil (...), weil die Auseinandersetzungen unlösbar mit dem politischen Ringen verbunden sind, in dessen Zeichen Berlin heute steht.« Im Verlauf der Gespräche sei es gelungen, die gegenseitigen Missverständnisse auszuräumen; wichtiger als alle organisatorischen Unterschiede sei das gemeinsame »Gefühl der Solidarität« und »völligen Zusammengehörigkeit«.[179] Diese Übereinstimmung sollte sich schon wenige Wochen später bewähren, als Stolz und andere durch die SED-dominierte Volksbildungsverwaltung von der Universität relegiert wurden, woraufhin der SDS-Bundesvorstand nicht nur umgehend eine Solidaritätsadresse an die Berliner Studenten veröffentlichte, sondern sich auch darum bemühte, politisch verfolgten Kommilitonen Studienplätze in der Bundesrepublik zu vermitteln.[180] Zum anderen hatten sich die Berliner bereits im Februar anlässlich der sogenannten »Eschweger Tagung« davon überzeugen können, dass ihre Befürchtungen vor einer kommunistischen Unterwanderung der westdeutschen SDS-Gruppen inzwischen weitgehend gegenstandslos geworden waren.

Programmatische Klärung: Die Eschweger Tagung

Die Tagung in Eschwege sollte die »ideologisch-politischen« Positionen des Verbandes nach innen festigen und fortentwickeln; sie bildete somit in gewisser Weise das »Gegenstück« zu dem geschilderten Abgrenzungsprozess nach außen.[181] Der Auftrag hierzu war ebenfalls von der Bielefelder Delegiertenkonferenz ausgegangen, zu der die Marburger Gruppe bereits einen Neuentwurf für die in Hamburg verabschiedeten »Richtlinien« vorgelegt hatte. Wegen der zeitraubenden Abgrenzungsdebatte kam es in Bielefeld aber nicht mehr zu einer inhaltlichen Aussprache, stattdessen wurde lediglich ein Beschluss gefasst, der die Notwendigkeit unterstrich, »die ideologische Fundierung des SDS, die in den bisherigen Richtlinien und Resolutionen zur Bundessatzung niedergelegt ist, zu erweitern und neu zu formulieren«. Dies könne aber »nur durch eine allgemeine Diskussion geschehen, die sich über einen längeren Zeitraum«, das heißt »bis zur nächsten Delegiertenversammlung« erstrecken müsse. Als Grund-

weilen auch »Linden-Universität« genannt wurde. Ihren heutigen Namen Humboldt-Universität erhielt sie erst 1949, d. h. nach Gründung der Freien Universität im Westteil der Stadt.

179 Vgl. Brief Wittrocks an das Hamburger Sekretariat vom 21.1.48 (in: SDS 13), auszugsweise auch abgedruckt im Sekretariats-Rundbrief vom Januar 1948, S. 7 f. (in: HS 5002).

180 Offener Brief des Bundesvorstands »An die Rektoren der dt. Universitäten« vom 26.4.48 (in: SDS 10).

181 An der Tagung nahmen außer zwei Berliner Vertretern 22 Delegierte aus acht westdeutschen Gruppen teil: sieben Marburger, je drei Teilnehmer aus Frankfurt und Hamburg (Schmidt, Heinsen, Timm) sowie je ein Vertreter aus Göttingen, Düsseldorf, Köln, Erlangen und Würzburg. Vgl. Albrecht S. 125 f.

lage hierfür sollten die noch geltenden Richtlinien sowie der Marburger Änderungsantrag dienen. Die Marburger wurden zudem mit der Federführung und Koordinierung des Diskussionsprozesses betraut, während die übrigen Gruppen Korrespondenten benennen sollten, die sich dann »im Laufe des Winters« zu einer Tagung versammeln und eine Vorlage für die nächste Delegiertenkonferenz ausarbeiten sollten.[182]

Hauptziel dieser Tagung, die vom 31. Januar bis 6. Februar 1948 im hessischen Eschwege stattfand, war laut Einladung des Marburger Organisationskomitees die Konkretisierung des Begriffs »freiheitlich-demokratischer Sozialismus«, der ja nicht nur in den bisherigen Satzungen und Richtlinien verwendet wurde, sondern nicht zuletzt eine wesentliche Legitimationsgrundlage für den Bielefelder Abgrenzungsbeschluss bildete. Zu diesem Zweck waren für den ersten Teil der Tagung mehrere zum Teil namhafte Referenten eingeladen worden, die über die damals in der Sozialdemokratie vertretenen Hauptrichtungen des »freiheitlichen« Sozialismus – den »wissenschaftlichen« (marxistischen), den ethischen und den christlichen Sozialismus – sprachen. Im zweiten Teil der Tagung sollte dann nach den Vorstellungen der Organisatoren ursprünglich in internen Diskussionsrunden zunächst das »ideologische Fundament« für ein neues SDS-Grundsatzprogramm erarbeitet werden, während für die Ausarbeitung der konkreten Forderungen eine weitere Konferenz im Frühjahr 1948 vorgesehen war.[183]

Diese Zielsetzung und der damit verbundene Zeitplan waren nun überhaupt nicht nach dem Geschmack Helmut Schmidts, der wie erwähnt schon damals kein Freund weitschweifiger Theoriedebatten war. Seine Zurückhaltung gegenüber »ideologischen« Fragen und »utopischen« Fernzielen hat Schmidt später des öfteren damit begründet, dass die desillusionierte Kriegsgeneration aufgrund ihrer Erfahrungen im Dritten Reich ein generelles Misstrauen gegenüber »großen Worten« und »hochgestochenen« Phrasen empfunden habe.[184] Es sei jedoch »falsch, aus der Abwesenheit solcher Art von Rede auf die Abwesenheit von Ideen und Vorbildern zu schließen. Auch der nüchtern zweckmäßige Umgang mit den täglichen Problemen der Politik ist allein noch keineswegs ein Anzeichen für mangelnden Tiefgang. Je weniger politische Aufgaben ideologisch angepackt werden, um so besser.«[185] Auf den ersten Blick scheint dies auch der Wahrnehmung des zehn Jahre jüngeren Ralf Dahrendorf zu entsprechen, wenn er den bereits angesprochenen Gegensatz zwischen »jungen, tastenden Idealisten« und realitätsversessenen Offizieren in erster Linie als Generationenkonflikt beschrieb. Es erscheint jedoch fraglich, ob der nicht nur in Eschwege zutage tretende Dualismus zwischen »Ideologen« einerseits und »Pragmatikern« andererseits allein eine Altersfrage war.

---

182 Sekretariats-Rundbrief zur Bielefelder Delegiertenkonferenz S. 5 f. sowie Protokoll der »Reichsvorstandssitzung« im Oktober 1947 in Düsseldorf (a. a. O.).

183 Als Referenten waren ursprünglich auch Eugen Kogon und Georg Lukács vorgesehen, was beim Parteivorstand zunächst für einige Irritationen sorgte. Nachdem die beiden aber ohnehin absagten, übernahm der Kulturreferent beim Parteivorstand, Arno Hennig, das Einführungsreferat über den »freiheitlichen Sozialismus«, während der Göttinger SDSler Rainer Fuchs über den »ethischen Sozialismus« und der Weseler Oberstudiendirektor und SPD-Funktionär Dr. Paul Berger über den »wissenschaftlichen Sozialismus« sprachen. Vgl. Albrecht 125 ff.

184 Kriegsgeneration S. 483 sowie Zur Person S. 628 f.

185 So Helmut Schmidt 1966, zit. nach Soell S. 589.

Schließlich gab es damals im SDS auch Ältere wie zum Beispiel Heydorn oder Hooge, die theoretischen - damals sagte man noch »ideologischen« - Diskussionen gegenüber durchaus aufgeschlossen waren, so wie es auf der anderen Seite selbstverständlich auch »junge Pragmatiker« gab. Es liegt daher eher der Schluss nahe, dass persönliche Dispositionen und auch unterschiedliche Erfahrungen während des Krieges und in der Nachkriegszeit letztlich eine entscheidendere Rolle spielten als die bloße Zugehörigkeit zu einem bestimmten Altersjahrgang.

Für den leidenschaftlichen Realisten Schmidt jedenfalls bedeutete jede ideologische Festlegung eine potentielle Gefahr sowohl für den inneren Zusammenhalt des Bundes als auch für seine Attraktivität nach außen.[186] Gerade weil er sich selbst keiner der »Denkschulen« der traditionellen Arbeiterbewegung zugehörig fühlte, sondern vielmehr einen neuen und gegenüber den alten Traditionen entsprechend unbefangenen Typus verkörperte, wollte er die prinzipielle Offenheit des SDS für Leute wie ihn auch in Zukunft erhalten. Dogmatische Spitzfindigkeiten konnten da aus seiner Sicht nur hinderlich wirken, stattdessen plädierte er dafür, die »gemeinsame Ideologie aus gemeinsamer praktischer Arbeit an den übereinstimmenden Zielen entstehen (zu) lassen«.[187]

Ganz in diesem Sinne nutzte Schmidt daher in Eschwege die erste sich bietende Gelegenheit, um - sekundiert von seinen Hamburger Begleitern Helga Timm und Ernst Heinsen - das ursprüngliche Tagungskonzept kurzerhand über den Haufen zu stoßen. Die angestrebte »ideologische Fundierung« lehnte er rundweg ab; Ziel der Tagung war es seiner Meinung nach lediglich, Vorschläge für neue Richtlinien zusammenzustellen, die keine »vagen Begriffe«, sondern »konkrete Vorstellungen« enthalten müssten.[188] Obwohl die Marburger ihr Konzept noch mit dem Argument zu retten suchten, dass eine solche »ideologische Klärung« für jede praktische Arbeit, insbesondere für die Auseinandersetzung mit politischen Gegnern unerlässlich sei, einigte man sich nach längerer Diskussion darauf, die Versammlung in zwei Arbeitsgruppen zu teilen, um in den verbleibenden zwei Tagen in getrennten Sitzungen über den »ideologischen« und den »praktischen« Teil der neuen Richtlinien zu beraten.[189] Wie zu erwarten, kam bei diesem Verfahren ein ziemlich unausgewogener Entwurf heraus, dessen anfangs noch so heftig umkämpfter »grundsätzlicher« Teil am Ende besonders unverbindlich ausfiel und der vier Monate später von der Delegiertenkonferenz auch noch bis auf einige wenige allgemeine Formulierungen zusammengestrichen wurde.[190] Gegenüber den noch vom Gründungskongress beschlossenen Richtlinien fiel allenfalls eine leichte Neugewichtung der drei Hauptmotivationsquellen für ein Engagement in der sozialistischen Bewegung auf: Hatte 1946 noch das religiöse Element an erster Stelle gestanden, gefolgt von »ethischen oder ökonomischen Motiven«, so lau-

---

186 So soll er schon damals den Begriff der Weltanschauung wiederholt als »deutsche Erfindung« und »Infektionskrankheit der psychologischen Masse« bezeichnet haben, Soell S. 192 f. Vgl. auch seinen im Anhang abgedruckten Vortrag über »Die Sozialdemokratie im heutigen Gesellschaftsaufbau«.
187 Zit. nach Soell S. 195, ähnlich auch Albrecht S. 69.
188 Aus dem Tagungsprotokoll zit. nach Albrecht S. 128.
189 Albrecht S. 128, vgl. auch Wittrocks Bericht über die Tagung im Sekretariats-Rundbrief vom März 1948 (HS 5002).
190 Protokoll der Delegiertenkonferenz in Eddigehausen, S. 26-29.

tete die entsprechende Passage nun: »Wer diesen [zuvor genannten, U.R.] Zielen nachstrebt, gehört zu uns, ungeachtet seiner wissenschaftlichen, ethischen oder religiösen Antriebskräfte.«[191]

In seinem per Rundbrief veröffentlichten Bericht über die Eschweger Tagung hob Schmidts Ko-Vorsitzender Wittrock daher vor allem die Tatsache hervor, dass in dem Programmentwurf »in erster Linie Forderungen an uns selbst, nicht so sehr an andere« gerichtet würden, mithin die Erziehungsaufgabe des SDS erneut als vorrangig unterstrichen worden sei.[192] Wörtlich hieß es in dem neuen Programm unter der Überschrift »Aufgaben und Arbeit des SDS«, man wolle sich durch »gründliche Beschäftigung mit den soziologischen, ökonomischen und geistigen Zusammenhängen« zu »politisch denkenden Menschen erziehen, die sich ihrer persönlichen Mitverantwortung für das Ganze bewusst sind. Selbstkritik und Überwindung von persönlichem Ehrgeiz sollen zur Solidarität in unseren Gruppen führen. Wir sind zum Gedankenaustausch mit jedermann bereit. In gegenseitiger Achtung wollen wir die Auseinandersetzung mit politisch Andersdenkenden führen. Die sachliche Kenntnis des gegnerischen Standpunktes sehen wir als notwendige Voraussetzung hierfür an.«[193]

Schmidt, dessen Handschrift sich auch in diesen Formulierungen deutlich niederschlug, war dementsprechend mit dem Ergebnis der Tagung auch überaus zufrieden; in seinem Rechenschaftsbericht vor der Delegiertenkonferenz Ende Juli 1948 in Eddigehausen unterstrich er insbesondere »die in Eschwege erarbeitete Überzeugung, dass die individuelle Motivation, der persönliche Erkenntnisweg des Einzelnen und die ideologischen Verschiedenheiten in der gegenwärtigen Phase der Entwicklung in keiner Weise die gemeinsame aktive Arbeit für den Sozialismus beeinträchtigen können«.[194] Darüber hinaus betrachtete er das Ergebnis der Tagung offenbar auch als persönlichen Erfolg. Gegenüber Heinsen zeigte sich Schmidt auf der Heimreise von Eschwege erfreut darüber, dass sie gemeinsam die »Ideologen auf den Teppich geholt« und den Verband »auf den richtigen Kurs gebracht« hätten, so dass sie sich nun beruhigt von ihren Ämtern zurückziehen könnten.[195] Die Entwicklung der folgenden Monate sollte freilich noch zeigen, dass Zweifel an der Nachhaltigkeit dieses Erfolges durchaus angebracht waren.

---

191 Richtlinien des Sozialistischen Deutschen Studentenbundes in der von der 3. Delegiertenkonferenz 1948 beschlossenen Fassung, Anlage 20 zum DK-Protokoll, SDS 3201.01 (siehe Anhang). Vgl. auch Albrecht S. 129, der im Übrigen kritisch anmerkt, dass trotz dieser relativen Aufwertung des »wissenschaftlichen« Sozialismus der Name Marx im gesamten Text nicht genannt wird.

192 Sekretariats-Rundbrief März 1948, HS 5002, S. 2.

193 Richtlinien des Sozialistischen Deutschen Studentenbundes, a. a. O., S. 2.

194 Vgl. Anlage 3 zum Protokoll der Delegiertenkonferenz (SDS 3201.01) sowie Schmidts Entwurf in HS 5001.

195 Interview Ernst Heinsen.

Die wirtschaftliche Not der Studenten und die Wiedererrichtung der Friedrich-Ebert-Stiftung als »SDS-Förderwerk«

Schmidts Genugtuung hatte wohl auch damit zu tun, dass die in Eschwege erarbeiteten neuen Richtlinien aus seiner Sicht die Hinwendung des Verbandes zu den praktischen Problemen dokumentierten. Dabei dachte er unter anderem an die »katastrophale wirtschaftliche Situation der überwiegenden Zahl unserer Mitglieder«. Zur Linderung dieser Notlage hatte Schmidt ja schon als Gruppenvorsitzender in Hamburg die Bildung eines Fördererkreises vorangetrieben. Und auch die damalige Bundesführung unter Heydorn hatte unmittelbar nach dem Gründungskongress, der seinerseits einen Appell zur Wiederbelebung der früheren Friedrich-Ebert-Stiftung verabschiedet hatte, entsprechende Gespräche mit dem Parteivorstand aufgenommen. Ein erstes Angebot von Seiten der Parteiführung erfolgte dann in der bereits erwähnten gemeinsamen Vorstandssitzung im Januar 1947, in der es in der Hauptsache um den Ausschluss der kommunistischen Mitglieder aus dem SDS ging. Dort sagte sie – gewissermaßen als Gegenleistung hierfür – dem SDS-Vorstand zu, gemeinsam mit Gewerkschaften, Genossenschaften und interessierten Privatleuten alle notwendigen Schritte »zur Sicherung des Studiums sozialistischer Studenten« zu unternehmen.[196] In den darauffolgenden Monaten wurde das Projekt in bilateralen Verhandlungen zwischen Zeidler und dem damaligen SPD-Schatzmeister Alfred Nau sowie unter Beteiligung der AWO-Vorsitzenden Lotte Lemke weiter vorangetrieben, so dass bereits ab November desselben Jahres die ersten zehn Stipendien verteilt werden konnten. Für diese Stipendien, die als Übergangslösung bis zur endgültigen Etablierung der Friedrich-Ebert-Stiftung angesehen wurden, stellte der Parteivorstand eine Summe von 10.000 RM zur Verfügung. Laut einer zwischen Zeidler und Nau getroffenen Vereinbarung sollten die Stipendien vor allem »an solche Genossen vergeben werden, die aktiv für die sozialistische Bewegung arbeiten und daher neben dem Studium keine Zeit zur Arbeit und zum Gelderwerb haben.« Die einzelnen Bewerbungen mussten daher jeweils durch das Bundessekretariat befürwortet werden.[197]

Auf diese Weise kam auch Helmut Schmidt, der sich bis dahin mit kleineren Vortragshonoraren, Zeitungsartikeln und ähnlichen Gelegenheitsarbeiten etwas hinzuverdient hatte,[198] ab Mai 1948 in den Genuss eines solchen Stipendiums. In dem obligatorischen Empfehlungsschreiben attestierte Bundessekretär Ernst Heinsen seinem Freund und »Vorgesetzten«, sich seit mehreren Jahren »unter Zurückstellung seiner persönlichen Belange und seines Studiums unermüdlich der Sozialistischen Bewegung zur Verfügung gestellt« zu haben. Aufgrund dieser und einer weiteren Empfehlung des Hamburger SPD-Landesvorstands konnte Schatzmeister Nau dem »werten Genossen Schmidt« Anfang Mai mitteilen, dass »wir uns entschlossen (haben), Ihnen bis auf Widerruf monatlich ab Mai 1948 je RM 150,– zu bewilligen«.[199] Zwar mussten

---

196 Albrecht S. 111.

197 Vgl. den diesbezüglichen Schriftwechsel zwischen Zeidler und Nau, den Bericht von W.[olfgang Zeidler] an Karl Wittrock vom 3.10.47 über die erfolgreiche »gestrige Besprechung mit Ollenhauer, Nau, Hennig und der Vorsitzenden der Awo, Lotte Lemke«, bei der besagte zehn Stipendien als Sofortmaßnahme vereinbart worden waren, sowie das Bestätigungsschreiben von Nau an Zeidler vom 10.10.1948 (alle in: SDS 13).

198 Vgl. Soell S. 214 f.

199 Befürwortungsschreiben Ernst Heinsens vom 5.4.1948 und Bewilligungsbescheid Naus vom 5.5.1948 (beide in: SDS 36).

schon bald darauf im Zuge der Währungsreform sämtliche Zahlungen vorübergehend eingestellt werden, sie konnten jedoch einige Zeit später, wenngleich nunmehr in halber Höhe, d.h. 75 DM, fortgesetzt werden.[200] Insgesamt kamen auf Grund dieser Vereinbarung in den ersten Jahren rund 30 SDS-Funktionäre in den Genuss eines FES-Stipendiums.

Die angesprochene Einführung der D-Mark in den drei Westzonen und Westberlin am 20. Juni 1948, die heute gemeinhin als Beginn des westdeutschen Wirtschaftswunders gilt, war für die Mehrheit der Zeitgenossen zunächst jedoch mit einer empfindlichen Abwertung laufender Einkommen und kleinerer Sparguthaben verbunden. Dies traf natürlich auch viele Studenten hart, besonders jene, »die bisher aus eigenen Ersparnissen oder denen ihrer Eltern oder durch den Verkauf ihrer Wertgegenstände und ihrer Zigarettenration das Studium finanziert« hatten oder sich die erforderlichen Mittel durch eigene Erwerbsarbeit beschaffen mussten. Da dies vor allem die unteren Bevölkerungsschichten betraf, die an der Hochschule ohnehin unterrepräsentiert waren, andererseits aber einen Großteil der SDS-Mitgliedschaft ausmachten, wandten sich das Bundessekretariat sowie einzelne Landesverbände Anfang Juli an die Kultusminister und SPD-Fraktionen der einzelnen Länder, um auf die Not der Betroffenen aufmerksam zu machen und entsprechende Hilfsmaßnahmen einzufordern.[201] So erging an die Minister und Abgeordneten der dringende Appell, die »in einigen Ländern bereits durchgeführte bzw. geplante Hörgeldfreiheit überall und sofort« einzuführen, um so »wenigstens eine große Sorge von den Studenten zu nehmen«.[202] Darüber hinaus wurden Parteigliederungen und nahestehende Organisationen (Gewerkschaften, Genossenschaften, Arbeiterwohlfahrt) gebeten, notleidende Studenten mit Geldspenden oder der Vermittlung von Arbeitsplätzen zu unterstützen.[203] Ohne schnelle Hilfe müssten viele Betroffene ihr Studium aufgeben oder zumindest für längere Zeit unterbrechen; zum Teil wurde sogar vor einer drohenden politischen Radikalisierung von Teilen der Studentenschaft gewarnt.[204]

Die Bewältigung der Währungsreformfolgen war daher auch ein Hauptthema auf der dritten Delegiertenkonferenz des SDS im Juli 1948, die dazu eigens einen Ausschuss unter Leitung des Göttinger Delegierten Horst Ehmke – später Kanzleramtsminister unter Willy Brandt – einsetzte. Dieser Ausschuss erarbeitete auf der Basis der bisherigen Aufrufe einen längeren Katalog von Hilfsmaßnahmen, der vom Plenum ohne Gegenstimme bei drei Enthaltungen angenommen wurde. Darin wurde auch die bereits vom Hamburger Gründungskongress 1946 aufgestellte prinzipielle Forderung nach einer allgemeinen Gebühren- und Hörgeldfreiheit wiederholt, mit Rücksicht auf die »angespannte Finanzlage« der öffent-

200 Ankündigung von Nau an Heinsen vom 25.3.48 (SDS 13) sowie die entsprechende Mitteilung der neuen Bundessekretärin an alle FES-Stipendiaten und -Bewerber vom 29.6.48 (SDS 10). Vgl. ergänzend dazu den »Bericht des Sekretariats« zur DK 1948 (SDS 3201.01).
201 Rundschreiben des Bundessekretariats vom 3.7.48 »An die SPD-Fraktionen der Landtage« (SDS 10), dieses und ähnliche Briefe an die Kultusministerkonferenz und andere Stellen sind auch abgedruckt im Sekretariats-Rundbrief vom August 1948, S. 9 f.
202 Ebd.
203 Dieser Bitte schloss sich auch der Parteivorstand an, vgl. Albrecht S. 73.
204 So der NRW-Landesvorsitzende Heinz Peters in einem Appell an den Parteivorstand, vgl. Albrecht S. 73.

lichen Hände allerdings als kurzfristige Mindestforderung auf die »unteren Einkommens-
klassen« beschränkt.[205] In der Plenardebatte über die Ausschussvorlage zeigte sich Helmut
Schmidt ausdrücklich erfreut darüber, dass die »prinzipielle Forderung nach Hörgeldfreiheit
als Bundesmeinung« erneut bestätigt worden war.[206]

Hochschulpolitik im SDS

Nach dem Gründungskongress hatten Überlegungen zu einer grundlegenden Hochschulreform hingegen im SDS – zumindest auf Bundesebene – lange Zeit nur einen vergleichsweise
geringen Stellenwert.[207] Zu einer breiteren Debatte über dieses Thema kam es eigentlich erst
wieder seit Anfang 1948. Seinerzeit hatte die britische Militärregierung gerade einen
»Studienausschuss« aus britischen und deutschen Experten eingesetzt, der Vorschläge für
die Reform der Hochschulen in ihrer Besatzungszone erarbeiten sollte. Das von diesem
Ausschuss einige Monate später vorgelegte »Blaue Gutachten« hatte zwar beträchtlichen
Einfluss auf die Hochschulreformdiskussionen der nächsten zehn, fünfzehn Jahre; in der
Praxis blieb es aber weitgehend folgenlos, zumal die Briten kurz zuvor die entscheidenden
bildungspolitischen Kompetenzen an die in ihrer Mehrheit weniger reformfreudigen deutschen Kultusverwaltungen abgegeben hatten.[208] Dies war jedoch anfangs noch nicht abzuse-
hen, und so ruhten auf der Arbeit des Studienausschusses große Hoffnungen. Helmut Schmidt
hatte daher frühzeitig Kontakt zu dessen Vorsitzenden, Henry Everling, aufgenommen und
ihn um ein Treffen gebeten, um ihm die Vorstellungen des SDS darlegen zu können. Everling,
führender Genossenschafter und SPD-Mitglied, zeigte sich in seiner Antwort an einer solchen Zusammenarbeit interessiert und fügte Schmidt »vertraulich« einen Fragebogen bei,
den der Studienausschuss zuvor bereits an alle Hochschulen und andere Körperschaften
versandt hatte. Da »eine Beantwortung dieser Fragen« nach Ansicht der Hamburger SDS-
Führung ein »extra Memorandum unnötig« machte, wurde dieser Fragebogen kurzerhand
an alle Gruppen der britischen Zone sowie an ausgewählte Vertreter der übrigen Zonen verteilt. Aus den gesammelten Stellungnahmen sollte anschließend ein Arbeitskreis der Hamburger Gruppe versuchen, eine »Bundesmeinung« zu ermitteln, die schließlich Everling und
damit dem Studienausschuss übergeben werden sollte.[209]

---

205 »Antrag des Ausschusses für Fragen der Währungsreform«, Anlage 22 zum Protokoll der Delegiertenkonferenz, a. a. O.
206 Protokoll der Delegiertenkonferenz S. 31.
207 Helmut Schmidt: Vernachlässigung der Hochschulpolitik?, in: Rundbrief der Gruppe Hamburg, Au-
gust/September 1948, HS 5006, S. 6 ff. Vgl. den Nachdruck im Anhang.
208 Zur Arbeit des Studienausschusses und dem von ihm vorgelegten »Blauen Gutachten« vgl. Rolf Neuhaus (Hrsg.): Dokumente zur Hochschulreform, Wiesbaden 1959, sowie David Phillips: Pragmatismus und Idealismus. Das ›Blaue Gutachten‹ und die britische Hochschulpolitik in Deutschland 1948,
Köln 1995.
209 Schmidt an Everling vom 22.4.48 sowie Antwort Everling an Schmidt vom 28.4.48; dazu Brief von
Heinsen an Wittrock, Hooge, Schröder (Marburg), Schröter (München) und Stolz (Berlin) vom 5.5.48,
mit dem erwähnter Fragebogen weitergeleitet wurde (SDS 3302), und Interview Ernst Heinsen. Hen-

Zusätzlichen Zündstoff erhielt die Diskussion durch eine hochschulpolitische Denkschrift, welche die Münchner SDS-Gruppe ebenfalls um die Jahreswende 1947/48 veröffentlicht hatte, die jedoch im Bundesverband mehrheitlich auf Kritik stieß.[210] Missfallen erregte dabei nicht nur das Vorgehen der Münchner, die mit ihrem Papier an die Öffentlichkeit gegangen waren, ohne es zuvor im Verband zur Diskussion gestellt zu haben.[211] Inhaltlich wurde vor allem moniert, dass das Papier – offenbar noch als Reaktion auf den ausufernden Staatsdirigismus im Dritten Reich – eine sehr weitgehende Autonomie der Hochschulen als Voraussetzung jeglicher innerer Erneuerung befürwortete.[212] Dagegen waren die meisten anderen, darunter auch Helmut Schmidt, der Auffassung, dass zwar die Freiheit von Forschung und Lehre unangetastet bleiben müsse, dass aber eine zu weitgehende Autonomie auch zu einer erneuten Abkapselung der Hochschulen von der Gesellschaft führen könne und daher eine potentielle Gefahr für die demokratische Erneuerung des Landes darstelle.[213]

In diesem Sinne hatte man sich bereits auf der erwähnten Eschweger Tagung bei der Abfassung des »praktischen Teils« der neuen Richtlinien auf eine Kompromissformel verständigt. Danach erkannte der SDS zwar »die Notwendigkeit einer Selbstverwaltung der Hochschule an. Bei der Berufung der Lehrkräfte und in der Verwaltung muss jedoch der Einfluss staatlich-parlamentarischer Organe gewahrt werden.«[214] Auf der Delegiertenkonferenz Ende Juli wurde man schon wesentlich deutlicher. Im Bericht eines von der Konferenz eingesetzten Ausschusses für Hochschulreform hieß es, dass bei »dem noch an unseren Universitäten herrschenden Geist« die notwendige Umgestaltung nicht von diesen allein zu erwarten sei. Stattdessen müsse der Staat die »Voraussetzungen für eine neue Entwicklung durch gesetzgeberische Tätigkeit schaffen«. Dies betraf nach Ansicht der Delegierten vor allem die »Zusammensetzung und Haltung des Lehrkörpers«, die als »Voraussetzung für jede Reform der Hochschule« herausgestellt wurde. Zum einen sollten »Hochschullehrer, die die Grundsätze der Menschenrechte, der Volkssouveränität und der Achtung vor der Freiheit des anderen angreifen oder gefährden«, zur Verantwortung gezogen werden können. Zum andern forderte der Bericht die verstärkte Einbeziehung von »Persönlichkeiten mit besonderer Erfahrung

---

ry Everling (1873–1960) hatte bereits vor 1933 führende Funktionen in der deutschen Genossenschaftsbewegung innegehabt und war seit 1945 erneut Vorstandsvorsitzender der Großeinkaufsgesellschaft deutscher Konsumgenossenschaften (GEG) in Hamburg (Internationales Biographisches Archiv 31/1960).

210 Auszüge aus dem Memorandum und eine erste Erwiderung im Rundbrief der Gruppe Hamburg vom Januar 1948, S. 4 ff., weitere Kritiken im Rundbrief des Sekretariats vom März 1948; vgl. auch Albrecht S. 113 f.

211 Z. B. Karl Wittrock im Sekretariats-Rundbrief vom März 1948. Ebenso beschloss der Bundesvorstand Mitte März eine Empfehlung an alle Hochschul- und Landesgruppen, künftige Empfehlungen, soweit sie über den örtlichen bzw. regionalen Rahmen hinausgingen, mit dem Bundesvorstand abzustimmen. Vgl. gedrucktes Kurzprotokoll im Sekretariats-Rundbrief Juni 1948, a. a. O.

212 Albrecht S. 113.

213 So z. B. Ernst Heinsen im Sekretariats-Rundbrief vom März 1948. Ähnlich auch Schmidt in: Vernachlässigung der Hochschulpolitik, a. a. O.

214 Zit. nach Albrecht S. 113. Vgl. auch den Eschweger Richtlinien-Entwurf im gedruckten »Rundschreiben« des Sekretariats vom März 1948 (HS 5002) sowie die endgültige Fassung in: Anlage 20 zum Protokoll der Delegiertenkonferenz 1948, a. a. O.

im praktischen Leben« in die Hochschullehre, um die »geistige Abkapselung vom Leben der Allgemeinheit zu überwinden«.[215]

Auch die Forderung, jedem Begabten unabhängig von seiner sozialen und wirtschaftlichen Lage ein Studium zu ermöglichen, fand sich in diesem Bericht als »Ziel jeder Hochschulreform« wieder. Grundbedingung hierfür sei allerdings eine grundlegende Schulreform. Da die gegenwärtige Zusammensetzung der Studentenschaft »zu Bildungsdünkel und zur Vorherrschaft nationalistischer und antidemokratischer Strömungen« führe, wurde darüber hinaus aber als »dringende Gegenwartsaufgabe« die Einrichtung von Förderkursen für bereits im Beruf stehende Begabte gefordert. Die Absolventen dieser Kurse sollten anschließend »in geschlossenen Gruppen« in die Hochschule aufgenommen werden, »da sie als einzelne den Geist der Studentenschaft nicht ändern können«. Ein konkreter Plan für ein solches »Arbeiterstudium« – benannt nach seinem Hauptautor Hans Ritscher – war in den Jahren zuvor bereits in der Hamburger Gruppe ausgearbeitet worden, scheiterte jedoch in seiner ursprünglichen Form am hinhaltenden Widerstand der dortigen Schulbehörde. Einige seiner Grundgedanken dürften indes seinerzeit in die Gründung der Hamburger Akademie für Gemeinwirtschaft, der späteren Hochschule für Wirtschaft und Politik, eingeflossen sein.[216]

Bemerkenswert war der Ausschussbericht in einem weiteren Punkt, in dem es bereits hieß, das Studium müsse »als eine für die Gemeinschaft nutzbringende Tätigkeit anerkannt (...) und daher aus Mitteln der Gemeinschaft finanziert werden«. Langfristiges Ziel müsse es sein, »jedem Studierenden für die Dauer seines Studiums einen ›Studienlohn‹ zu sichern, der die Lebenshaltungs- und Studienkosten deckt«.[217] Entgegen der landläufigen Annahme handelt es sich hierbei also keineswegs um eine Erfindung späterer SDS-Generationen. Im Unterschied dazu waren die Vorstellungen in Sachen Mitbestimmung damals noch vergleichsweise bescheiden: Zwar befürwortete man eine Vertretung der Nichtordinarien, Lektoren und Lehrbeauftragten im Senat und in den Fakultäten, um die bisherige »Alleinherrschaft der Ordinarien«, die man für die »Erstarrung und Abkapselung der Universität« verantwortlich machte, zu beenden. Nach Schmidts Ansicht ging es dabei jedoch lediglich darum, die »beharrenden Kräfte, welche bisher weithin das Feld beherrschen, auf die Rolle eines Gegengewichtes gegenüber den vorantreibenden Kräften« zu beschränken.[218] Die Forderung nach einer Beteiligung studentischer Vertreter an der akademischen Selbstverwaltung, die die hochschulpolitischen Debatten späterer Jahre beherrschen sollte, sucht man in dem erwähnten Bericht jedoch vergebens. Die Gründe für diese Bescheidenheit ließen sich anhand der Quellen und Zeitzeugeninterviews nicht mehr eindeutig ermitteln; offenbar erschien jedoch eine solche Forderung selbst den sozialistischen Studenten seinerzeit »außerhalb jeder Vorstellungskraft«[219], zumal man sich, wie bereits erwähnt, die notwendigen Reformimpulse ohnehin nicht aus der Universität heraus, sondern eher von Seiten des Staates erhoffte.

---

215 Bericht des Ausschusses für Hochschulreform, Anlage 24 zum Protokoll der Delegiertenkonferenz 1948, SDS 3302, S. 1.
216 Interview Walter Tormin.
217 Bericht des Ausschusses, a. a. O., S. 2.
218 Vernachlässigung der Hochschulpolitik, a. a. O.; siehe Anhang.
219 Interview Walter Tormin.

Heraus aus der Isolation: Die internationale Konferenz von Barsbüttel

Den größten Triumph in seiner einjährigen Amtszeit als Bundesvorsitzender konnte Helmut Schmidt indes auf »außenpolitischem« Gebiet verzeichnen. Das internationale Studententreffen, das auf Einladung des SDS vom 8. bis 16. April 1948 im Jugendhof Barsbüttel östlich von Hamburg stattfand, war nicht nur die »Krönung« der beharrlichen Bemühungen des Verbandes, wieder Anschluss an die internationale Bewegung zu finden. Sie war zugleich auch ein persönlicher Erfolg Schmidts, der nicht nur großen Anteil am Zustandekommen der Tagung hatte, sondern diese nach Meinung vieler Teilnehmer auch durch sein Auftreten in Barsbüttel »dominierte«.[220]

Bereits unter seinem Vorgänger Heydorn hatte sich die SDS-Spitze intensiv darum bemüht, Verbindungen zu verschiedenen ausländischen Organisationen aufzunehmen, um endlich »herauszutreten aus der Isolierung, die uns seit 1933 auferlegt ist, unser Blickfeld zu erweitern (...) und selbst zu hören, was draußen vorgeht«.[221] Persönliche Kontakte aus der Vorkriegszeit nutzend hatte Heydorn selbst mehrere Reisen nach England und in die Niederlande unternommen[222]; im Sommer 1947 war eine siebenköpfige SDS-Delegation unter Leitung des damaligen Bundessekretärs Zeidler auf Einladung Otto Friedländers[223] für mehrere Wochen nach Schweden gefahren; und im August 1947 hatte schließlich eine Delegation der ein Jahr zuvor gegründeten »International Union of Socialist Youth« (IUSY) Deutschland besucht, um sich vor Ort über die Lage der deutschen Genossen zu informieren.[224] Zu seiner Bielefelder Delegiertenkonferenz konnte der SDS daher als Ausdruck der beginnenden Zusammenarbeit bereits eine Reihe ausländischer Gäste begrüßen.[225] Auf Antrag Helmut Schmidts wurde dort einstimmig eine Entschließung verabschiedet, in der SDS »seinen Willen zur Solidarität mit ausländischen und internationalen Organisationen sozialistischer Studenten« bekundete und den neuen Bundesvorstand beauftragte, »unter Zurückstellung aller politischen Forderungen jede sich von außen bietende Hand zu ergreifen, um wieder dienendes Glied der internationalen Gemeinschaft zu werden«. Zur Begründung sagte Schmidt, die Deutschen dürften wegen ihrer Vergangenheit nicht selbst die Initiative ergreifen, sondern müssten warten, »bis uns das Ausland die Hände wieder entgegenstreckt«.[226] Außer-

---

220 Soell S. 205.

221 Helga Timm im Rundbrief der Hamburger Gruppe, Juni 1948 (HS 5006).

222 Sekretariats-Rundbrief zur Bielefelder Delegiertenkonferenz, a. a. O., S. 1.

223 Friedländer (1897–1954) stammte aus einer konservativen jüdischen Berliner Familie und war vor dem Krieg unter anderem Spitzenfunktionär der Sozialistischen Jugendinternationale gewesen. 1933 emigrierte er zunächst nach Prag und später über Oslo nach Stockholm. Dort blieb er auch nach 1945 bis zu seinem Tode, weil eine langjährige schwere Krankheit seine dauerhafte Rückkehr nach Deutschland verhinderte, setzte sich aber von dort aus intensiv für die deutsche Sozialdemokratie ein. Vgl. Albrecht S. 146 f.

224 Ernst Heinsen: Unsere internationalen Beziehungen, in: Sekretariats-Rundbrief Januar 1948, S. 2. Vgl. auch Albrecht S. 143 f.

225 Vier Vertreter des niederländischen Studentenverbands »Politeia«, unter anderem dessen Generalsekretär Max van der Stoel, je zwei Vertreter der britischen NALSO – darunter der Vorsitzende Donald Chesworth – und des österreichischen VSStÖ sowie der Sekretär des dänischen »Frit Forum«, Erhard Jacobsen. Protokoll der Bielefelder Delegiertenkonferenz, zit. nach Albrecht S. 145.

226 Ebd.

dem wurde in Bielefeld eine ständige Auslandskommission unter Leitung von Helga Timm eingesetzt, deren »wichtigstes Ziel die Ingangsetzung eines Studentenaustausches mit dem Ausland« sein sollte, um nicht nur einer kleinen Funktionärsschicht, sondern möglichst vielen Genossen die Chance einer solchen Horizonterweiterung zu geben.[227]

Es stellte sich jedoch bald heraus, dass es für Deutsche damals noch sehr viel schwieriger war, ins Ausland zu reisen, als umgekehrt für Ausländer, nach Deutschland zu kommen. So hatten schon bei der erwähnten Schwedenreise einige SDSler wegen Visaproblemen nicht mitfahren können, und auch an einem Anfang Dezember in der Nähe von Amsterdam durchgeführten »International leader course« konnte lediglich Helga Timm – als erste Deutsche nach dem Krieg überhaupt – teilnehmen, weil zwei andere Delegierte ihre Pässe nicht rechtzeitig bekommen hatten.[228] Um dennoch einem breiteren Kreis von Mitgliedern einen unmittelbaren Erfahrungsaustausch mit ausländischen Genossen zu ermöglichen, entwickelte der Bundesvorstand daraufhin die Idee, im folgenden Frühjahr ein eigenes internationales Studententreffen in Deutschland auf die Beine zu stellen.[229] Die Bereitschaft der anderen Organisationen, für eine solche Konferenz nach Deutschland zu kommen, hatte Timm offenbar bereits auf dem besagten Treffen in den Niederlanden ausgelotet.[230]

Trotz aller ermutigenden Zeichen bedeutete eine solche Einladung zu diesem Zeitpunkt für die SDS-Spitze ein gewisses »Wagnis«, nicht nur wegen der immer noch enormen Reise- und Versorgungsschwierigkeiten, sondern vor allem wegen der drei Jahre nach Kriegsende nach wie vor verbreiteten antideutschen Vorbehalte in den Nachbarländern. »Wir konnten daher durchaus nicht gewiss sein, dass unsere Einladungen nicht hier auf ablehnende Befremdung, dort auf zögernde Zurückhaltung stoßen würden.« Umso glücklicher war daher das Hamburger Vorbereitungskomitee um Helmut Schmidt, Ernst Heinsen und Helga Timm, als sich schließlich herausstellte, dass »statt der erwarteten dreißig Genossen über fünfzig kommen würden«.[231] Allein der britische Partnerverband – die National Association of Labour Student Organisations (NALSO) – hatte eine 18-köpfige Delegation nach Barsbüttel entsandt, und mit ihr reisten zur besonderen Überraschung der Hamburger SDS-Spitze noch einmal zehn weitere Studenten aus sechs überseeischen Ländern an: je zwei aus Kanada und den Vereinigten Staaten, zwei Asiaten aus Indien und Ceylon, drei Kenianer sowie ein Vertreter aus Uganda.[232] Außerdem waren Finnland, Schweden, Norwegen, Dänemark, Belgien und die Niederlande vertreten, und für die letzten Tage konnten »zur großen Freude aller Teilnehmer auch noch fünf tschechische sozialdemokratische Jugendführer« begrüßt wer-

---

227 Sekretariats-Rundbrief zur Bielefelder Delegiertenkonferenz S. 4 f.
228 Sekretariats-Rundbrief Januar 1948 S. 2. Im selben Rundbrief sind auch zwei Berichte über die Schwedenreise sowie Timms »Bericht über die erste internationale Führeraussprache der sozialistischen Jugend« abgedruckt.
229 Ebd., S. 7.
230 Interviews Helga Timm und Ernst Heinsen.
231 Zitate aus einem mschr. Bericht Helmut Schmidts vom 19.5.48, in: HS 5004; siehe dort auch Schmidts Begrüßungsansprache und ein weiteres Vortrags-Manuskript zur »Political situation in Germany« (beide teilweise mschr. ausformuliert, teilweise nur handschriftliche Disposition; vgl. dazu auch Soell 203 ff.).
232 Aus der Teilnehmerliste zit. bei Albrecht S. 147, vgl. auch Helga Timm: Aussprache junger Sozialisten aus aller Welt, in: Rundbrief der Gruppe Hamburg, Juni 1948, S. 4.

den, die ihr Land erst kurz zuvor nach dem kommunistischen Putsch hatten verlassen müssen und den Teilnehmern des Treffens über ihre diesbezüglichen Erfahrungen berichten konnten.[233] Besonders beeindruckt zeigten sich die deutschen Teilnehmer offenbar von der Anwesenheit der Nichteuropäer, weil sie die sonst übliche deutsche bzw. europäische Selbstbezogenheit vieler politischer Debatten durchbrach und für viele Teilnehmer gänzlich neue Sichtweisen etwa auf die Probleme der Kolonialvölker eröffnete. Daraus ergab sich Schmidt zufolge allerdings wiederum das Problem, diese »starken Impulse, die von dieser Zusammenarbeit ausgehen, in die Gesamtmitgliedschaft zu vermitteln«.[234]

In seiner Begrüßungsrede machte Schmidt noch einmal deutlich, dass die deutschen Organisatoren die Vorbehalte, auf die ihre Einladung im Ausland zum Teil gestoßen war[235], gut verstehen könnten. »Wir wissen, dass es in euren Ländern viele Menschen gibt, die schwer unter den Verbrechen und all dem Elend gelitten haben und heute noch leiden, die Hitlers Kriege über die ganze Welt gebracht haben (...).« Umso dankbarer seien sie daher all jenen, die trotz solcher Bedenken »in sozialistischer Solidarität« gekommen waren, um die Sorgen der deutschen Studenten anzuhören und ihnen mit ihrem Rat zu helfen.[236] Das Tagungsmotto lautete dementsprechend »Wir jungen deutschen Sozialisten fragen unsere Genossen im Ausland und hören ihre Meinung«.[237] Zur Einführung gab Schmidt den Gästen am zweiten Tag einen Überblick über die politische Entwicklung im Nachkriegsdeutschland und ging dabei insbesondere auf die Situation der Mitglieder des eigenen Verbandes ein. Viele von ihnen seien aus dem Krieg gekommen und hätten sich erst danach überhaupt mit dem Sozialismus befassen können; angesichts der vielen Unklarheiten über die eigene Zukunft setzten sie große Hoffnungen auf die internationale Zusammenarbeit und hier insbesondere auf den Europagedanken.

Um die Zukunft Europas kreisten dann auch hauptsächlich die Diskussionen der folgenden Tage. Eine wichtige Rolle spielte dabei die damals sehr populäre Vorstellung von Europa als »Dritter Kraft«, welche in gleichermaßen »scharfe(r) Abgrenzung sowohl gegenüber dem Kapitalismus Amerikas als auch dem Totalitarismus Russlands« den aufziehenden Ost-West-Konflikt »neutralisieren« oder doch zumindest mildern sollte.[238] Großen Einfluss auf solche Vorstellungen hatten damals Denker wie Richard Löwenthal, dessen 1947 noch unter dem Pseudonym Paul Sering veröffentlichtes Buch »Jenseits des Kapitalismus« für Schmidt und seine Altersgenossen damals gleichsam »unsere Bibel« (Timm) war. Schmidt selbst bezeichnete das Buch später in seinen Erinnerungen als lange über ihnen schwebende »Leuchtkugel«, dabei »die geistigen und gesellschaftlichen Strukturen beleuchtend und die Wesens-

---

233 Ebd.

234 Schmidts Rechenschaftsbericht vor der Delegiertenkonferenz 1948 (Anlage 3 zum DK-Protokoll), S. 3.

235 So waren zu seinem Bedauern zum Beispiel keine Franzosen in Barsbüttel dabei.

236 Zit. nach Soell S. 203, vgl. Schmidts teils maschinenschriftliches, teils handschriftliches Redemanuskript in HS 5004.

237 Vgl. Schmidt-Bericht über »Barsbüttel« S. 2.

238 Helga Timm im Rundbrief der Gruppe Hamburg, Juni 1948, a. a. O. Vgl. auch den im Anhang dokumentierten Vortrag Schmidts »Eine Chance für Europa« (ebenfalls aus dem Juni-Rundbrief 1948).

elemente und Konturen der im Wiederaufbau befindlichen Sozialdemokratie sichtbar machend«. Es habe die kommunistische Ideologie und Praxis, »die uns von anderen angepriesen wurde« ebenso entblößt wie jenen »Plankapitalismus, den wir unter Hitler erlebt hatten« und stattdessen englische, skandinavische und amerikanische Erfahrungen vor ihnen ausgebreitet. »In meiner Erinnerung war es in den ersten Nachkriegsjahren für mich das bei weitem wichtigste Buch (jedenfalls außerhalb der Belletristik).«[239]

Das offizielle Tagungsprogramm in Barsbüttel war von den Organisatoren absichtlich »nicht forciert, sondern vielmehr zeitlich leger und beschränkt« gehalten worden, um »trotz der großen Teilnehmerzahl« den »intimen, persönlichen Rahmen« der Veranstaltung zu erhalten. Auf diese Weise blieb viel Raum für persönliche Gespräche, die sich »mithilfe unvorstellbarer Zigarettenvorräte« meist bis spät in die Nacht hinzogen und nicht selten zu später Stunde noch in einem großen, von den Teilnehmern selbst zubereiteten Imbiss endeten, für den die ausländischen Gäste »ganze Koffer voll« Lebensmittel mitgebracht hatten. »Diese Einzelgespräche waren« für Schmidt rückblickend »sicher das wertvollste für uns; aus ihnen resultieren die vielen Freundschaftsbündnisse, die in Barsbüttel geschlossen wurden« und die - so ergänzt Helga Timm heute - oft ein Leben lang hielten.[240]

Beim Abschied flossen daher reichlich Tränen, denn »mancher fühlte, dass hier eines der schönsten Erlebnisse der letzten Jahre zu Ende ging«. Helmut Schmidt resümierte rückblickend, das wichtigste Ergebnis der Tagung liege zweifellos in dem gewachsenen Vertrauen in die gegenseitige Verlässlichkeit sowie in der von den ausländischen Gästen praktizierten »unconditional comradeship« - eine Formel, mit der er nochmals auf die kaum drei Jahre zurückliegende bedingungslose Kapitulation Deutschlands anspielte. Selbst für denjenigen, »der nach dem Kriege schon geraume Zeit mit ausländischen Sozialisten in Berührung gewesen war« und »die weithin vorhandene Bereitschaft ausländischer Genossen kannte, uns zu helfen«, sei es überraschend gewesen zu erleben, »wie schnell und wie selbstverständlich sich zwischen diesen siebzig jungen Menschen aus fünfzehn (...) Ländern ein enger menschlicher Kontakt herstellte und mit welcher Passion einer des anderen Standpunkt zu erfahren suchte«.[241] Als »zukunftsweisendes Symbol« vermerkte abschließend Helga Timm in ihrem Bericht, dass der Abschiedsschmerz und der trostlose Anblick der Ruinenlandschaften auf der Heimfahrt »durch die helle Frühlingssonne und unser fröhliches gemeinsames Singen übertönt« wurden.[242]

Der große Erfolg von Barsbüttel beseitigte in der Folge auch die letzten Hemmnisse, die einer Aufnahme des SDS in die IUSY bisher noch entgegengestanden hatten. Der Beitritt

---

239 Weggefährten S. 125 f. Löwenthal (1908–1991) war in seiner Jugend aktiver Kommunist gewesen, später aber wegen seiner Kritik an der »Sozialfaschismus«-These aus der KPD ausgeschlossen worden. Im britischen Exil wandelte er sich unter dem Einfluss der »Fabian Society« zum Sozialdemokraten und entschiedenen Gegner des sowjetischen Kommunismus. Später lehrte er als Professor am Otto-Suhr-Institut der Freien Universität Berlin und galt bis zu seinem Tode als streitbarer Querdenker innerhalb der SPD.
240 Schmidt-Bericht (HS 5004) sowie Timm-Interview.
241 Ebd.
242 Helga Timm im Juni-Rundbrief der Hamburger Gruppe.

der Deutschen war bereits bei dem erwähnten Amsterdamer Treffen im Dezember diskutiert und in den folgenden Monaten durch umfangreiche Schriftwechsel vorbereitet worden.[243] Anfang Mai – also kurz nach Barsbüttel – trafen Schmidt und Heinsen am Rande eines »Falken«-Kongresses in Herne erneut mit IUSY-Generalsekretär Per Haekkerup und Studentensekretär Gudmund Harlem, die beide schon in Barsbüttel dabei gewesen waren, sowie mit dem Präsidenten der Organisation, Bob Molenaar – nach Schmidts Worten »übrigens ein furchtbar lieber, zugleich sehr kluger Kerl« – zusammen.[244] In diesen Gesprächen wurden die Weichen für die formelle Aufnahme der drei deutschen Organisationen – das heißt des SDS, der Jusos und der Falken – gestellt, die 1946 noch am Widerstand vor allem der osteuropäischen Länder gescheitert war. Inzwischen hatte jedoch die Entwicklung der politischen Großwetterlage – vor allem der Putsch in der Tschechoslowakei und das faktische Ausscheiden der Osteuropäer aus der Arbeit der IUSY – dazu geführt, dass eine »weitere Rücksichtnahme auf die osteuropäischen Organisationen nicht mehr nötig« schien.[245] Die offizielle Aufnahme erfolgte schließlich Anfang August 1948 – also bereits nach der SDS-Delegiertenkonferenz, auf der Schmidt sein Amt als Bundesvorsitzender abgab – auf dem zweiten IUSY-Kongress im belgischen Löwen. Im Unterschied zu allen anderen Organisationen, die einstimmig aufgenommen wurden, erhielten dabei die drei deutschen Verbände jeweils eine Gegenstimme – und zwar die des israelischen Jugendverbandes.[246] Dieser Umstand unterstrich einmal mehr die Wichtigkeit von Schmidts wiederholter Mahnung, dass die Anbahnung internationaler Beziehungen von den Deutschen ein besonders »hohes Maß an Takt und Einfühlungsvermögen« erforderte.[247]

Schmidts Bilanz auf der Delegiertenkonferenz 1948

Vor der bereits mehrfach erwähnten dritten Delegiertenkonferenz, die Ende Juli 1948 in Eddigehausen bei Göttingen stattfand, konnte Schmidt daher insgesamt eine ausgesprochen positive Bilanz seiner einjährigen Amtszeit als Bundesvorsitzender ziehen: Die zum Teil heftigen Auseinandersetzungen um das »Kommunistenproblem« hatten dank der einmütigen und entschlossenen Haltung des Bundesvorstands den Bund nicht gespalten, wie anfangs von vielen befürchtet worden war. Stattdessen stand er vor allem durch den Beitritt des star-

---

243 Memorandum von Präsident Molenaar vom 31.3.48 zur Lage und weiteren Arbeit der IUSY (teilweise abgedruckt im Sekretariats-Rundbrief vom August 1948), Schreiben Molenaars vom April 1948 zur Vorbereitung des IUSY-Kongresses und der Aufnahme Deutschlands (beide in HS 5005); weitere bei Albrecht 148.
244 Vgl. den ausführlichen Bericht Helmut Schmidts an Karl Wittrock und Otto Stolz vom 15. Mai 1948 (in: SDS 13). Haekkerup (1915–1979) war später unter anderem von 1962–1968 dänischer Außenminister und anschließend Delegationsleiter bei der UNO in New York. Gudmund Harlem war 1955–61 Sozialminister und 1961–1965 Verteidigungsminister Norwegens.
245 Bericht über die Auslandsarbeit des SDS zur Delegiertenkonferenz 1948, zit. bei Albrecht S. 148.
246 Albrecht S. 149 f.
247 Zuletzt im Rechenschaftsbericht Schmidts zur Delegiertenkonferenz 1948, Anlage 3 zum Protokoll.

ken Berliner Landesverbandes nunmehr deutlich gestärkt und auch innerlich geschlossener da als je zuvor. Zugleich habe, so Schmidt weiter, zu keinem Zeitpunkt die Gefahr einer politischen Abhängigkeit von der Mutterpartei bestanden, trotz der weitgehenden ideellen und finanziellen Unterstützung seitens des Parteivorstandes und der lokalen Gliederungen.[248]

»Außerordentlich ermutigend und für die politische Entwicklung des Bundes richtung-gebend« nannte Schmidt die in Eschwege erarbeiteten neuen Richtlinien des Verbandes und die darin zum Ausdruck kommende ideologische Offenheit und Hinwendung zu den prak-tischen Problemen etwa der sozialen Lage der Studentenschaft und der Hochschulreform – beides Themen, mit denen sich die Delegiertenkonferenz im weiteren Verlauf hauptsächlich befasste. Überhaupt sei durch die vielen gemeinsamen Tagungen und Ferienlager der überre-gionale Zusammenhalt und das gegenseitige Verständnis der einzelnen Gruppen wesentlich verbessert worden. Die »Krönung« des zurückliegenden Jahres liege indes zweifellos in der internationalen Anerkennung des SDS, die dank der Barsbütteler Tagung große Fortschritte gemacht habe und in der bevorstehenden Aufnahme in die IUSY zum Ausdruck kommen werde.

Nicht vorangekommen war lediglich die geplante Herausgabe einer Bundeszeitschrift, die man einstweilen durch regelmäßige Rundbriefe zu kompensieren suchte. Auf die äuße-ren Schwierigkeiten und internen Querelen, an denen das Projekt immer wieder gescheitert war, soll hier nicht näher eingegangen werden, da Schmidt daran offenbar keinen nennens-werten Anteil hatte.[249] Unmittelbar betroffen war er allerdings von den Konflikten um die personelle Besetzung des Bundessekretariats, welche die letzten Monate seiner Amtszeit überschattet hatten In den ersten beiden Verbandsjahren hatten die Bundessekretäre Zeidler und Heinsen diese Funktion neben ihrem Studium ehrenamtlich wahrgenommen, wenn auch in aufopferungsvoller Weise und unterstützt von einer Reihe weiterer engagierter Mitarbei-ter aus der Hamburger Gruppe. Im April 1948 war schließlich mit der Göttingerin Waltraud Mösch erstmals eine hauptamtliche Bundessekretärin eingestellt worden, die jedoch den Anforderungen des Amtes anscheinend nicht gewachsen und vom Bundesvorstand noch vor der Delegiertenkonferenz im Juli wieder entlassen worden war. Bereits Mitte Mai, also nur wenige Wochen nach ihrem Amtsantritt, hatte Schmidt in einem Brief an seine Vor-standskollegen Wittrock und Stolz geklagt, er sei mit der neuen Bundessekretärin »gar nicht zufrieden – weder arbeitet sie selbständig noch kann man sich darauf verlassen, dass bespro-chene Dinge zuverlässig erledigt werden.« Am »wütendsten« sei darüber ihr Vorgänger Ernst Heinsen, weil sein »bis dahin gut funktionierender Laden« nunmehr zu »verschlammen« drohte.[250] Da Mösch zu diesem Zeitpunkt schwanger war, tat sich Schmidt jedoch zunächst schwer mit dem Gedanken, sie gleich »nach der Probezeit wieder fortzuschicken«, zumal sie auch »persönlichen Kummer« und »allerlei hässliche Schwierigkeiten mit ihrer Übersiede-lung« gehabt habe. Zudem hoffte er, dass ihre unbefriedigende Arbeitsleistung zumindest

---

248 Ebd., S. 2.
249 Vgl. hierzu Albrecht S. 85 ff.
250 Schmidt an Wittrock und Stolz am 15.5.48, S. 4. Heinsen selbst hatte seine Befürchtungen bereits zwei Wochen zuvor gegenüber Wittrock angedeutet: »Ich glaube es geht schief mit ihr ... man muss ihr alles 1000mal sagen ... Armer SDS!«, Heinsen an Wittrock am 24.4.48 (beide in SDS 13).

teilweise auf die Schwangerschaft zurückzuführen sei und sie nach ihrer Niederkunft besser arbeiten würde. Nachdem jedoch auch von Seiten mehrerer Gruppen- und Landesvorsitzender wiederholt Kritik an der Arbeit der neuen Bundessekretärin laut wurde, entschloss sich der Bundesvorstand schließlich noch vor Beginn der Delegiertenkonferenz in Eddigehausen dazu, ihr zum Ende des Sommersemesters zu kündigen und ihr zumindest solange das Gehalt weiter zu zahlen. Schmidt zufolge sollte mit dieser Entscheidung dem neuen Vorstand die »Bahn frei gemacht« werden sowohl in personeller Hinsicht als auch »bezüglich (einer möglichen) Verlegung des Sekretariats«.[251] Auf der anschließenden Delegiertenkonferenz nahm er die scheidende Bundessekretärin trotz seiner eigenen Unzufriedenheit vor allzu harscher Kritik in Schutz, indem er darauf hinwies, dass man das Problem »auch von der menschlichen Seite« her sehen müsse. Mösch sei aufgrund ihrer Schwangerschaft in »sehr schwieriger Lage« und habe es »schwerer als die Männer, von denen die Kritik ausgeht«. Zudem habe sie sich »nicht so schnell einarbeiten« können, da sie »vorher eine ganz anders geartete Beschäftigung hatte« und »ohne jegliche organisatorische Erfahrung« gewesen sei. Schmidt sprach ihr daher »trotz der Einschränkung von ganzem Herzen seinen Dank« aus, da sie sich seiner Meinung nach »gewiss Mühe gegeben« habe.[252]

Nach außen hin sollte die Kündigung übrigens mit der angespannten Finanzlage des Verbandes begründet werden, was den Verdacht nahe legt, die SDS-Spitze habe die nach der Währungsreform erleichterten Kündigungsmöglichkeiten für Arbeitgeber dazu benutzt, um Mösch loszuwerden. Bemerkenswert ist ferner, dass Möschs »besondere Situation« (d. h. ihre Schwangerschaft) damals offensichtlich noch nicht als absolutes Kündigungshindernis angesehen wurde, sondern lediglich eine »großzügige« Weiterzahlung ihres Gehalts für einige Monate sicherte. Die Betroffene selbst hat sich in der Folgezeit zwar mehrfach bei Schmidts Nachfolger im Amt des Bundesvorsitzenden, John van Nes Ziegler, über ihre Behandlung beschwert. Dabei spielte allerdings ihre Rolle als Frau erstaunlicherweise überhaupt keine Rolle; statt dessen gab sie an, allein aufgrund ideologischer Differenzen von den Hamburgern angefeindet worden zu sein, was letztere freilich abstritten. Und auch der neue Bundesvorstand zeigte später wenig Neigung, die Zusammenarbeit mit Mösch fortzusetzen.[253]

In seinem Rechenschaftsbericht an die Delegiertenkonferenz überging Schmidt diese für ihn offensichtlich unangenehme Angelegenheit allerdings weitgehend. Stattdessen wies er ausblickend auf zwei Gefahren »für die Kontinuität der politischen Arbeit sowohl der einzelnen Gruppen als auch des ganzen Bundes« hin: Zum einen beklagte er aus Sicht des Bundesvorstandes den »allzu häufige(n) und irreguläre(n) Wechsel von Landesvertretern und Gruppenvorständen«.[254] Dieses Monitum erscheint insofern bemerkenswert, als er ein Jahr zuvor in

---

251 Protokoll der Vorstandssitzung vom 22./23.7.48 in Eddigehausen, a. a. O.

252 Protokoll der Delegiertenkonferenz 1948, S. 6 f. Dennoch sei die Entscheidung in der Vorstandssitzung unmittelbar vor der Delegiertenkonferenz 4:1 bei einer Stimmenthaltung für die Kündigung zum 15.10.48 »bei voller Auszahlung des Gehalts bis zu diesem Termin« ausgefallen. »Damit hat der alte Vorstand das Fazit gezogen, das er ziehen musste, und überlässt nun dem neuen Vorstand das schwierige Problem der Neubesetzung und Umorganisation.« (ebd.).

253 Vgl. Albrecht S. 77 f.

254 Rechenschaftsbericht, a. a. O., S. 1.

Bielefeld als »einfacher Gruppenvorsitzender« den regelmäßigen Wechsel in den Vorstands-ämtern noch als probates Erziehungsmittel gelobt hatte, wodurch möglichst jeder einmal die Gelegenheit erhalten solle, Erfahrungen in der Vorbereitung und Leitung von Versamm-lungen und dergleichen zu sammeln.[255] Zum andern warnte er vor dem drohenden »Ausster-ben mancher Gruppen infolge des Abgangs der älteren Semester, die die Arbeit bisher tra-gen«.[256] Obwohl sich Schmidt angesichts der zurückliegenden Entwicklung zu einem »ge-mäßigten Optimismus« veranlasst sah, sollte das angeschnittene Problem selbst für große Gruppen wie in Hamburg alsbald akut werden.

255 Vgl. Protokoll der Bielefelder Delegiertenkonferenz, S. 10.
256 Anlage 3 zum Protokoll der Delegiertenkonferenz 1948, S. 3.

6. Der SDS »nach Schmidt«

Entmachtung der Hamburger im Bund

In den ersten beiden Jahren hatte die Hamburger Gruppe den SDS-Bundesverband relativ unumstritten dominiert. Dies lag nicht allein an den besonderen Führungsqualitäten der beiden Bundesvorsitzenden Heydorn und Schmidt, sondern auch an der Tatsache, dass beide sich auf ein gut eingespieltes Sekretariat stützen konnten, in dem nicht nur die beiden Bundessekretäre Zeidler und Heinsen, sondern darüber hinaus eine ganze Reihe engagierter, qualifizierter und loyaler Mitglieder der Hamburger Gruppe zumindest zeitweilig mitarbeiteten.[257] Und während Alfred Hooge im ersten Jahr noch versucht hatte, durch die Einrichtung eines »Nebensekretariats« in Frankfurt die befürchtete Hamburger Übermacht einzudämmen, erteilte sein Nachfolger Karl Wittrock solchem »Denken in Besatzungszonen« von Anfang an eine klare Absage. Es komme in der täglichen Arbeit »nicht darauf an, die Gruppen in den einzelnen Zonen in einer besonders gearteten Weise ›führen‹« zu wollen, stattdessen seien die »Meinungen zweier in verschiedenen Teilen Deutschlands ansässigen Vorsitzenden im beständigen Gespräch zu koordinieren«. Solange diese »ständige Fühlungnahme zwischen den beiden verantwortlichen Vorsitzenden« gesichert war, fügte sich Wittrock pragmatisch in die Hamburger Führungsrolle.[258]

Doch gegen die vermeintliche »Erblichkeit« des Hamburger Bundesvorsitzes und Sekretariatssitzes regte sich mit der Zeit auch Widerstand im Verband. Schon die kompromisslose Durchsetzung der Bielefelder Beschlüsse hatte den Unmut vor allem der betroffenen nordrhein-westfälischen Gruppen geschürt. Offenkundig wurde dieser dann erstmals auf der Münchner Vorstandssitzung im Frühjahr 1948, als der niedersächsische Landesvorsitzende Peter von Oertzen den Widerstand von Teilen des Verbandes gegen ein allzu großes Übergewicht der Hamburger artikulierte.[259] Damals hatte Schmidt den Hamburger Führungsanspruch noch mit dem selbstsicheren Gegenvorwurf an die Kritiker verteidigt, ihr Argwohn entspringe einem »neuen deutschen Partikularismus«, der sich in »allen Bereichen des heutigen deutschen Lebens« zeige. Er verwies auf die großzügige Unterstützung durch den Hamburger SPD-Landesverband und schlug statt einer Verlegung des Sekretariats vor, künftigen Bundesvorsitzenden lieber einen Hochschulwechsel nach Hamburg zu er-

---

257 Albrecht S. 70 sowie Bericht des Sekretariats zur Delegiertenkonferenz 1948, Anlage 5 zum Protokoll. Hartmut Soell erwähnt außerdem, dass auch Schmidts Frau Loki häufig als »Privatsekretärin« bei der Vorbereitung seiner zahlreichen Termine aushalf.

258 Rechenschaftsbericht Wittrocks zur Delegiertenkonferenz 1948, Anlage 4 zum Protokoll, a. a. O.

259 Protokoll der Bundesvorstandssitzung März 1948 in München, a. a. O.

möglichen.[260] Nachdem jedoch die wochenlangen Querelen um die Bundessekretärin Mösch die im Verband ohnehin vorhandenen Aversionen gegen die vermeintlich »opportunistische, machtbesessene und gesinnungslose Clique«[261] in Hamburg weiter angeheizt hatten, musste Schmidt schließlich einlenken. Auf der nächsten Vorstandssitzung unmittelbar vor Beginn der Delegiertenkonferenz in Eddigehausen gestand er zu, dass der künftige Sitz des Sekretariats letztlich von den Kandidaturen für den Bundesvorsitz abhänge und ein Verbleib am bisherigen Ort »ohne einen Vorsitzenden in Hamburg nicht einsehbar« sei.[262]

Bei der Wahl der neuen Bundesvorsitzenden kam es dann erstmals in der kurzen Verbandsgeschichte zu mehreren Kampfabstimmungen, in deren Verlauf dank einer sorgfältig vorbereiteten Absprache zwischen den Gruppen aus Nordrhein-Westfalen, Niedersachsen und Bayern das Ende der bisherigen Hamburger Vormachtstellung eingeleitet wurde. Zunächst unterlag der Hamburger Gruppenvorsitzende Eckbert Zylmann bei der Wahl zum Bundesvorsitzenden für die britische Zone seinem Kölner Gegenkandidaten John van Nes Ziegler – später unter anderem Oberbürgermeister der Domstadt und Landtagspräsident von Nordrhein-Westfalen – mit 12 zu 18 Stimmen. Und auch der von Helmut Schmidt als Bundesvorsitzender für die US-Zone vorgeschlagene Marburger Jochen Frels blieb gegen den Münchner Rolf Recknagel mit 8 zu 22 Stimmen chancenlos.[263] Der neugewählte Bundesvorstand beschloss noch am Tagungsort als erstes die Verlegung des Sekretariats nach München. Neuer Bundessekretär (ab Wintersemester) wurde der bisherige bayrische Landesvorsitzende Alex Tiplt, der aber wenig glücklich agierte und schon im Frühjahr 1949 wieder abgelöst wurde; anschließend wurde das Sekretariat dann nach Köln verlegt.[264] Ernst Heinsen wurde für eine Übergangszeit noch in der Funktion des Auslandssekretärs belassen; allerdings wurde auch er schon wenige Monate später unter etwas dubiosen Umständen abgesetzt.

Auslöser hierfür war zum einen sein Abstimmungsverhalten auf jenem Löwener IUSY-Kongress im August 1948 gewesen, bei dem der SDS im Ergebnis der noch unter Schmidt angebahnten Kontakte aufgenommen worden war. Heinsen hatte dort unter Berufung auf die bisherige Verbandslinie in mehreren Abstimmungen anders votiert als die deutschen Juso- und Falkenvertreter, die ihrer Verärgerung darüber in einem Brief an den neuen SDS-Bundesvorsitzenden Nes Ziegler Luft machten.[265] (...) Hinzu kamen bald darauf Klagen mehrerer Gruppen- und Landesvertreter, Heinsen habe sie bei der Beschickung eines internationalen Studententreffens im holländischen Bentveld Ende 1948 zugunsten Hamburgs benachteiligt.[266] Heinsen konnte sich indessen aus seiner Sicht in beiden Fällen auf klare Absprachen mit dem neuen Bundesvorsitzenden Nes Ziegler berufen, dessen schwankende Haltung in dieser Angelegenheit ihm daher doppelzüngig erscheinen musste. Bereits kurz nach dem IUSY-Kongress hatte Heinsen, der sich zu diesem Zeitpunkt noch zu einem Kurzbesuch

---

260 Ebd.

261 Albrecht S. 78.

262 Protokoll der Vorstandssitzung vom 22./23.7.48 in Eddigehausen, in: SDS 3301, S. 9.

263 Albrecht S. 76, vgl. auch Protokoll der Delegiertenkonferenz 1948, a. a. O.

264 Protokoll der Vorstandssitzung vom 26.7.48 in Eddigehausen (in SDS 3301). Zur Ablösung Tiplts und der Verlegung des Sekretariats nach Köln siehe Albrecht S. 79.

265 Albrecht S. 150.

266 Albrecht S. 152 f.

in England aufhielt, zudem erfahren, dass während seiner Abwesenheit »ein Rollkommando« unter dem neuen Bundessekretär Tiplt sein Büro in Hamburg durchsucht und sämtliche Akten »beschlagnahmt« habe. »Ich fuhr deshalb auf der Rückreise über Köln und beschwerte mich bei John van Nes Ziegler, der mir bestätigte, dass ich mich in Löwen an die Richtlinien des Vorstandes gehalten habe. Er entschuldigte sich für das Verhalten der Münchner und vereinbarte mit mir, dass ich bis Ende 1948 die Auslandsarbeit weitermachen solle (...).« Dennoch habe Nes Ziegler auf der folgenden Vorstandssitzung Anfang Oktober »dann ganz anders gesprochen« und Heinsen kurzerhand »fallen lassen«[267] – vermutlich auch als Konzession an die im Verband nach wie vor verbreitete Anti-Hamburg-Stimmung, der er letztlich seine Wahl zum Bundesvorsitzenden verdankte.[268] Ein noch weitergehender Antrag, Heinsen wegen verbandsschädigenden Verhaltens sogar ganz aus dem SDS auszuschließen, konnte immerhin abgewendet werden, indem zunächst ein Untersuchungsausschuss eingesetzt wurde, der allerdings nie tagte, woraufhin das Verfahren einige Monate später schließlich mit der Begründung eingestellt wurde, der Ausschuss habe nichts Belastendes ermittelt.[269] Als »Stück aus dem Tollhaus« bezeichnete Heinsen den Umstand, dass er selbst damals weder über den Ausschlussantrag und den Untersuchungsausschuss noch über die Einstellung des Verfahrens offiziell unterrichtet wurde und die ganze Geschichte erst viel später nachträglich erfahren habe.[270]

Nachfolgerin Heinsens als Auslandssekretärin wurde die Kölnerin und Vertraute Nes Zieglers, Catrin Menne-Thomé, die nach der Ablösung Tiplts im Frühjahr 1949 auch das Bundessekretariat übernahm. Die Verlagerung des regionalen Schwergewichts von Hamburg nach Köln wurde noch zusätzlich dadurch unterstrichen, dass sich John van Nes Ziegler auf der nächsten Delegiertenkonferenz im Spätsommer 1949 nach einer entsprechenden Satzungsänderung zum nunmehr alleinigen Bundesvorsitzenden wiederwählen ließ. Er behielt das Amt bis 1951, und auch sein Nachfolger Günter Bantzer kam wieder aus Köln.[271]

Zeitweiliger Niedergang der Hamburger Gruppe

Die Delegiertenkonferenz von Eddigehausen bedeutete für die Hamburger Gruppe aber noch aus einem weiteren Grund einen deutlichen Einschnitt. Schon in seinem Rechenschaftsbericht an die Konferenz hatte Schmidt vor dem drohenden »Aussterben mancher Gruppen infolge des Abgangs der älteren Semester« gewarnt, diese Bemerkung aber zunächst wohl eher auf die zwischenzeitlich »erloschenen« kleineren Gruppen gemünzt.[272] Indessen wurde dieses Problem bald auch für Hamburg virulent, als sich dort in den folgenden Monaten zahlreiche Angehörige der Gründergeneration, die bis dahin Verantwortung sowohl in der

---

267 Brief Heinsen an Albrecht, S. 3.
268 Albrecht S. 77.
269 Albrecht S. 153 f.
270 Brief Heinsen an Albrecht.
271 Albrecht S. 79 f. und 498 f.
272 Vgl. dazu den Sekretariatsbericht in Anlage 5 zum DK-Protokoll.

Gruppe als auch auf Bundesebene getragen hatten, aus der aktiven Arbeit zurückzogen, um sich wieder stärker ihrem Studium sowie der Vorbereitung des Examens zu widmen.

Helmut Schmidt beendete sein Studium im Juni 1949 mit einer Diplomarbeit über »Die Währungsreformen in Japan und Deutschland im Vergleich« und trat – »mit einem anfänglichen Monatsgehalt von 300 DM« – bereits zum 1. Juli seinen Dienst in der Hamburger Wirtschaftsbehörde an.[273] Dort arbeitete Schmidt zunächst als persönlicher Referent seines früheren akademischen Lehrers und jetzigen Wirtschaftssenators Karl Schiller, bald aber schon als Leiter der wirtschaftspolitischen Abteilung und schließlich von 1952 bis zu seiner Wahl in den Bundestag im Jahr darauf als Leiter des Amtes für Verkehr. Bei dem sieben Jahre älteren Schiller, den er rückblickend als interessanten, aber auch schwierigen Chef beschrieb, »weil er sowohl genial als auch eitel und empfindlich war«, hat Schmidt in den folgenden Jahren »vieles gelernt, auch infolge seines direkten Umgangs mit Max Brauer und anderen führenden Sozialdemokraten und ebenso wegen Schillers Teilnahme am Bundesrat in Bonn. Ich selbst brachte außer meiner Arbeitskraft nur meine im Kriege in einem höheren Luftwaffenstab erworbene Fähigkeit zum präzisen, schnellen Umgang mit Vorgängen und Akten ein und habe meinem Chef viel Kleinkram vom Halse gehalten.«[274]

An der Arbeit des SDS-Bundesverbands hat sich Helmut Schmidt fortan nicht mehr beteiligt. Als er im Herbst 1949 von seinem Nachfolger John van Nes Ziegler »als Ehrengast« zur Delegiertenkonferenz nach Ratingen eingeladen wurde, schlug er dies unter Hinweis auf seine neuen Verpflichtungen aus: »Sowohl beruflich als auch im Zusammenhang mit der bei uns demnächst stattfindenden Wahl zum Landesparlament (...) gibt es hier viel Arbeit und ich sehne mich eigentlich nach einem freien Wochenende viel mehr als nach einem Wochenende auf der Bahn.«[275]

So wie Schmidt haben im Verlauf des Jahres 1949 viele führende Angehörige der Gründergeneration ihr Studium abgeschlossen, unter anderem Berkhan, Zeidler, Tormin, Heydorn und Heinsen.[276] Auch Helga Timm hatte sich bereits unmittelbar nach der von ihr mitorganisierten Barsbütteler Tagung aus der aktiven Arbeit zurückgezogen, um ihr Studium fortzusetzen, das sie wegen familiärer Umstände allerdings erst 1952 abschließen konnte.[277] Für die Hamburger SDS-Gruppe hatte dieser Aderlass unmittelbar spürbare Folgen, zumal bereits seit einiger Zeit die Mitgliederzahl stagniert hatte und kaum noch neue Gesichter hinzustießen. Zwar hatten auch andere große Gruppen zu dieser Zeit mit ähnlichen Problemen zu kämpfen.[278] Doch die relative »Überalterung« und das beschriebene enge Zusam-

---

273 Schmidt selbst schrieb später, er habe damals das Angebot zur Promotion ausgeschlagen, weil er sich mit fast 31 Jahren zu alt dafür fühlte und »endlich Geld verdienen« wollte (Weggefährten S. 402). Dagegen berichtet Soell S. 225, Schmidt habe sich nach dem Examen durchaus noch längere Zeit mit dem Gedanken an eine Promotion getragen und diese Pläne erst Anfang 1952, als er die Leitung des Amtes für Verkehr übernahm, endgültig aufgegeben.

274 Weggefährten S. 403.

275 Ähnlich hatte schon vor ihm sein früherer Mitvorsitzender Wittrock auf die Einladung von Nes Ziegler reagiert. Er schrieb Schmidt, dass er es für überflüssig halte, sich »als ›Ehrengast‹ an irgendeine Honoratiorentafel zu plazieren.« (beide Briefe sowie dazugehörige Einladung in HS 5003).

276 Oldenburg S. 64 sowie Interview Heinsen.

277 Interview Timm.

278 Albrecht S. 131.

mengehörigkeitsgefühl der Gründergeneration untereinander erschwerte die Gewinnung jüngerer Neumitglieder in Hamburg offenbar zusätzlich. Zudem war nach Schmidts Wahl zum Bundesvorsitzenden ein Großteil der aktiven Mitglieder auf Bundesebene eingebunden gewesen, so dass die konsequente Pflege des Gruppennachwuchses mehr oder weniger zwangsläufig auf der Strecke blieb.[279]

Gegen die daraus resultierende und nun zunehmend auch offen kritisierte »Vergreisung«[280] der Gruppe konnten selbst offensive Formen der Mitgliederwerbung – so sollten etwa verstärkt gesellige Veranstaltungen dazu genutzt werden, um »neue Freunde einzuführen« und den »für unsere Arbeit nötige(n) persönliche(n) Kontakt« herzustellen[281] – allem Anschein nach nur wenig ausrichten. Versuchte man anfangs noch, die »scheinbare Auswegslosigkeit« der wirtschaftlichen und politischen Lage für das Desinteresse des studentischen Nachwuchses verantwortlich zu machen, so hatte sich zum Ende des Jahres die lapidare Erkenntnis durchgesetzt, »dass unsere Gruppe langsam bedeutungslos werden wird, wenn es uns auch im kommenden Semester nicht gelingen sollte, in der Studentenschaft festeren Fuß zu fassen und dort neue Mitglieder zu werben«.[282] Die scheinbar optimistischeren Töne des damaligen Gruppenvorsitzenden Otto Sprenger im letzten überlieferten Gruppenrundbrief aus dem Frühjahr 1949 lesen sich vor diesem Hintergrund eher wie das sprichwörtliche Pfeifen im Walde: »Die Kriegsgeneration, die sich augenblicklich noch auf den Universitäten befindet, wird in Kürze mehr und mehr einer jüngeren Generation weichen. Es hat den Anschein und ist durchaus zu hoffen, dass diese Generation politischen Fragen weit offener gegenübersteht.«[283] Denn schon kurz darauf ist das Gruppenleben allem Anschein nach ganz zum Erliegen gekommen.[284]

Die »Alten« reagierten auf den Zusammenbruch zunächst mit Sarkasmus. Walter Tormin erinnert sich, sie seien damals davon überzeugt gewesen, »nach uns kommt nichts mehr«, und hätten gemeinsam »scherzhaft den SDS beerdigt und die Kasse versoffen«.[285] Anfang März 1950 unternahm Helmut Schmidt dann aber doch noch einen Vorstoß, die Gruppe wieder zu beleben. In einem Brief lud er eine Reihe früherer SDS-Genossen und Freunde, »nachdem wir alle so lange Zeit von einander nichts gehört haben«, zu einem »harmlosen kleinen Stammtischabend« ein. Bei der Gelegenheit erwähnte er, es hätten sich auch »zwei von uns allen geschätzte Freunde gefunden, die es übernehmen wollen, auch offiziell die Gruppe wieder zu aktivieren«. Man solle sie daher anlässlich des geplanten Treffens »kurzerhand in das Vorstandsamt (einsetzen), damit dieser Akt ohne großen formalen Aufwand möglichst schnell vonstatten geht und die beiden Mutigen das offizielle Placet für einen abermaligen neuen Anfang (...) erhalten mögen«.[286]

---

279 So Gruppenvorstandsmitglied Gesa Wagner im Gruppen-Rundbrief November, S. 2.

280 Jürgen Maschmann im Gruppen-Rundbrief November 1948, S. 4.

281 »Liebe Freunde«, Vorstands-Editorial im Gruppen-Rundbrief Mai 1948, S. 1.

282 Vgl. unter anderem Gruppen-Rundbriefe Mai 1948 und November 1948, jeweils S. 1 f.

283 Ein Rückblick. Rundbrief März/April 1949, in: HS 5006, S. 1.

284 Oldenburg S. 65.

285 Interview Walter Tormin.

286 Rundschreiben Helmut Schmidts vom 17.3.1950, in: HS 5006. Um welche zwei Genossen es sich dabei handelte, ist nicht mehr eindeutig feststellbar; Oldenburg (S. 199) nennt als Vorstand für das

Offenbar war dieser Reaktivierungsversuch auch von Erfolg gekrönt; zumindest fanden ab dem Sommersemester 1950 wieder regelmäßige Versammlungen statt, an denen jeweils zwischen 15 und 35 Mitglieder teilnahmen. Gemessen an den Zahlen früherer Jahre war dies zwar eine bescheidene Größe, aber immerhin. Erst ab 1951 gelang es der Hamburger SDS-Gruppe allmählich, ihre Stagnation zu überwinden und wieder mehr jüngere Mitglieder zu gewinnen. Beflügelnd wirkten hierbei öffentlichkeitswirksame Aktionen zum Beispiel gegen das Wiederaufleben farbentragender und schlagender Studentenverbindungen oder auch die alsbald einsetzende Diskussion um die deutsche Wiederbewaffnung. Im Sommersemester 1953 verzeichnete der Hamburger SDS schließlich wieder 124 Mitglieder, also ungefähr soviel wie zum Beginn der »Ära Schmidt« im Frühjahr 1947.[287] Etwa seit dieser Zeit gelang es den Hamburgern auch, mit Ulrich Lohmar, Claus Arndt und Peter Schulz erneut führende Positionen im Bundesverband zu besetzen.[288]

Schmidts späteres Verhältnis zum SDS

Unterdessen hatte sich aus dem erwähnten »harmlosen kleinen Stammtischabend« der Alt-SDSler dank Helmut Schmidts beharrlicher Initiative eine kleine Institution entwickelt. Ende 1951 hatte er seine ehemaligen Mitstreiter - »nebst den SDS-assimilierten und -assoziierten Ehefrauen, Verlobten, Freundinnen oder entsprechenden Männern, so vorhanden« - erstmals zu einem gemütlichen Wochenendtreffen »irgendwo draußen« vor den Toren der Stadt eingeladen. Ähnlich wie bei ihren früheren gemeinsamen Fahrten wolle man die »die faule Zeit zwischen Weihnachten und Neujahr zu einem ordentlichen abendlichen Klöhn« sowie zu Tanz, Gesang und gemeinsamen Waldspaziergängen nutzen. Da man inzwischen »zum Teil ein wenig bürgerlicher geworden« sei, sollte es freilich weniger »strapaziös« zugehen als bei früheren Unternehmungen, man würde »sogar in ein Dorfgasthaus gehen«. Allerdings werde man »für einen Plattenspieler sorgen«, und wer »ein paar brauchbare Platten zu Hause hat, wird herzlich gebeten, diese mitzubringen«.[289] Diese Tradition der jährlichen Treffen - seit einiger Zeit nicht mehr zum Jahreswechsel, sondern im Frühjahr - wurde später von anderen Alt-SDSlern fortgeführt und besteht bis auf den heutigen Tag. Helmut Schmidt hat nicht nur einige dieser Treffen selbst organisiert, sondern an seiner Teilnahme auch dann noch festgehalten, als er in höchste politische Ämter aufgestiegen war.[290] Wenngleich dies einmal mehr die emotionale Verbundenheit der einstigen Nachkriegsgeneration unterstreicht,

---

Sommersemester 1950 die Namen Karl Kühne (1. Vors.), Fritz Appermann (2. Vors.) sowie Albrecht Kaden und Ricardo Meyer-Labastille als Beisitzer.

287 Vgl. Oldenburg S. 66-73.

288 Lohmar war von 1952-55 Bundesvorsitzender; Arndt gehörte im gleichen Zeitraum - allerdings für verschiedene Hochschulgruppen, da er zunächst in München studierte und später über Bonn nach Hamburg wechselte - mehreren Bundesvorständen als stellvertretender bzw. 2. Bundesvorsitzender an. Schulz war 1954-55 Bundessekretär. Vgl. Albrecht S. 499.

289 Vgl. Schmidts Rundschreiben vom 29.11.1951 sowie die entsprechende Einladung zum »Wiederholungstreffen« im Dezember 1952 (beide in HS 5006).

290 Soell S. 216; Interview Hans-Erich Schult.

blieb diese auch hier wieder weitgehend unter sich. Ein Kontakt mit späteren Aktiven-generationen kam kaum zustande, und nur sehr vereinzelt gelang es, auch jüngere Ehemali-ge wie beispielsweise Claus Arndt oder Peter Schulz, die beide erst Anfang der fünfziger Jah-re im Hamburger SDS und auch auf Bundesebene aktiv gewesen waren, in diesen Kreis zu integrieren.[291] Ein Vorschlag des früheren Schulsenators Landahl, aus dem »Freundeskreis« eine Fördereinrichtung nach Art der korporierten Altherrenverbände zu formen, scheiterte daher nicht zuletzt am gegenseitigen Desinteresse zwischen ehemaligen und aktiven SDSlern.[292]

Wohl aus ähnlichen Gründen blieb auch die 1953 auf Initiative des damaligen SDS-Bun-desvorsitzenden Ulrich Lohmar als bundesweiter Förderverein ins Leben gerufene »Soziali-stische Hochschulgemeinschaft« (SHG) letztlich in ihrer Wirkung begrenzt. Diese sollte wie schon der von Helmut Schmidt 1947 in Hamburg gegründete lokale Fördererkreis Sympa-thisanten aus Wissenschaft, Wirtschaft und Politik vereinen, um so »im hochschulpoliti-schen Raum die Ziele der sozialistischen Bewegung Wirklichkeit werden zu lassen«. Neben der erhofften materiellen Unterstützung für den SDS sollte die SHG nach Lohmars Vorstel-lungen aber auch einen »wesentlichen« Beitrag zur Weiterentwicklung der sozialistischen Theorie leisten.[293] Dem Vorstand der SHG gehörte seit ihrer Gründung auch Helmut Schmidt an, seit 1954 sogar als zweiter Vorsitzender.[294] Doch trotz dieser institutionellen Verbunden-heit einerseits und der emotionalen Anhänglichkeit zu seinem früheren Hamburger Kreis andererseits kühlte Schmidts Verhältnis zum SDS insgesamt in den folgenden Jahren merk-lich ab. Als der Studentenbund in den späten fünfziger Jahren politisch mehr und mehr nach links rückte und auch den offenen Konflikt mit der Mutterpartei nicht scheute, gehör-te der inzwischen in die engere Parteiführung aufgerückte Schmidt frühzeitig zu den Ver-fechtern eines strikten Abgrenzungskurses. So verweigerte er Anfang 1960, als sich der rech-te Flügel aus dem SDS abgespalten und einen neuen, parteitreuen Sozialdemokratischen Hochschulbund (SHB) gegründet hatte, als einziger seine Unterschrift unter eine Erklärung, mit der sieben ehemalige SDS-Bundesvorsitzende die Spaltung »aufs Tiefste« bedauerten und den Parteivorstand aufforderten, alles zu ihrer Überwindung zu unternehmen.[295] Und als der SPD-Parteivorstand eineinhalb Jahre später über den berüchtigten Unvereinbarkeits-beschluss debattierte, setzte sich Schmidt vehement dafür ein, diesen auch auf die För-dergesellschaft des SDS, in der neben prominenten marxistischen Hochschullehrern wie Wolfgang Abendroth oder Ossip K. Flechtheim auch zahlreiche ehemalige SDSler, darunter Schmidts Vorgänger Heydorn, engagiert waren, auszudehnen. Sie alle wurden in der Folge-

---

291 Interviews Heinsen und Tormin. Arndt (Jg. 1927) war allerdings ungefähr gleich alt wie viele Angehö-rige der ersten SDS-Generation, z.B. Heinsen oder Tormin; er hatte lediglich aufgrund seiner späten Entlassung aus sowjetischer Kriegsgefangenschaft sein Studium erst 1950 aufnehmen können. Bei Peter Schulz (Jg. 1930) dürfte sein besonderes Schicksal als SBZ-Flüchtling eine größere Nähe zur Kriegsgeneration bewirkt haben. Vgl. auch die Kurzbiografien von Arndt und Schulz im Anhang.

292 Interview Schult.

293 Albrecht S. 172.

294 Albrecht S. 173 ff.

295 Der von Lohmar initiierte Brief war neben ihm von Wittrock, Nes Ziegler, Günter Bantzer, Otto Fichtner, Johannes Reinhold und Wolfgang Büsch unterschrieben. Laut Lohmars Begleitschreiben hatte Schmidt sich als einziger ausdrücklich geweigert, weil er eine andere Auffassung vertrete. Die

zeit aus der Partei ausgeschlossen, sofern sie dem Ausschluss nicht durch ihren eigenen Austritt zuvorkamen.[296]

Inwieweit für Schmidt in diesem Konflikt die Erinnerung an die geschilderten Auseinandersetzungen während seiner eigenen Amtszeit als SDS-Bundesvorsitzender eine Rolle gespielt hat, ließ sich aus den bisher zugänglichen Unterlagen nicht ermitteln. Nach Meinung der befragten Zeitzeugen waren die beiden Konflikte allerdings kaum miteinander zu vergleichen, da es nach dem Kriege eine echte – nicht vom Osten »gesteuerte« – Einheitsbewegung anfangs durchaus auch im Westen gegeben habe, während es sich 1958/59 tatsächlich – wie man nach Öffnung der einschlägigen Archive inzwischen auch gesichert weiß – um eine gezielte und massive Unterwanderung von Teilen des SDS durch Agenten der DDR-Staatssicherheit handelte.[297] Allerdings reichte bekanntlich auch 1947/48 schon der Verdacht einer potentiellen Unterwanderung als Ausschlussgrund aus. Und es ist zumindest denkbar, dass Schmidt, der sich seinerzeit ja erst allmählich zu einer kompromisslosen Linie durchgerungen hatte, diesmal von vornherein alles richtig machen wollte. Schmidts einstige Mitstreiterin im Hamburger SDS, Helga Timm, fand jedenfalls die Art und Weise, wie Heydorn und andere über jeden Verdacht erhabene langjährige Sozialdemokraten 1961 vom Parteivorstand behandelt wurden, unangemessen: »Ich hätte sie damals nicht rausgeworfen!«[298]

Spekulationen darüber, ob eine differenziertere Behandlung des Konfliktes durch den Parteivorstand die spätere Radikalisierung des auf diese Weise in die Unabhängigkeit entlassenen SDS hätte verhindern oder zumindest mindern können, sind sicherlich im Nachhinein müßig. Zweifellos aber verlor die SPD, die an den nach wie vor mehrheitlich konservativ geprägten Hochschulen ohnehin nur eine Minderheit erreichen konnte, durch den Ausschluss zahlreicher kritischer Intellektueller zusätzliche Möglichkeiten, auf die nachwachsende und zunehmend rebellischere Jugend in irgendeiner Weise Einfluss zu nehmen. Dass sich Spannungen dieser Art auf Dauer nicht durch Unvereinbarkeitsbeschlüsse lösen lassen, beweist die spätere Entwicklung des ursprünglich parteitreuen SHB: Dieser bewegte sich im Zuge der Studentenbewegung ebenfalls stürmisch nach links und ging schließlich sogar ein Bündnis mit dem kommunistischen MSB Spartakus ein, so dass sich die SPD Anfang der siebziger Jahre erneut gezwungen sah, sich von ihrem Studentenverband zu trennen.[299] Die anhaltende Sprachlosigkeit gegenüber dem eigenen Nachwuchs wird nicht zuletzt an der Tatsache deutlich, dass sich der Parteivorstand erst 1988 – achtzehn Jahre nach der Auflösung des SDS – dazu durchringen konnte, den alten Unvereinbarkeitsbeschluss für »gegenstandslos« zu erklären. Formell aufgehoben wurde er jedoch nie, wenngleich viele der seinerzeit Ausgeschlossenen oder Ausgetretenen später wieder in die SPD zurückgekehrt sind.[300]

---

fehlenden Heydorn, Hooge und Recknagel hatte Lohmar offenbar in der Kürze der Zeit nicht erreichen können (Albrecht S. 381).

296 Albrecht S. 420.

297 Vgl. Hubertus Knabe: Die unterwanderte Republik. Stasi im Westen, Berlin 1999, S. 182 ff.

298 Interview Timm. Nach dem Ausschluss sei der Kontakt zu Heydorn jahrelang unterbrochen gewesen; auch an den Treffen des »Freundeskreises« habe er nicht mehr teilgenommen.

299 Zur Entwicklung des SHB seit 1968 vgl. Albrecht S. 470 ff.

300 Albrecht S. 442 f.

7. Zusammenfassung

Welche Bedeutung hatte der Sozialistische Deutsche Studentenbund (SDS) für Helmut Schmidts weiteren politischen Weg? Folgt man seinen eigenen Aussagen und denen seiner Biographen, so war dieses kaum dreijährige Engagement hierfür eher von nachrangiger Bedeutung. Dies ist insofern zutreffend, als Schmidts persönliche Entscheidung zum Eintritt in die Sozialdemokratie bereits in der Kriegsgefangenschaft, also vor seinem Wirken im SDS, fiel. Streng genommen war der Studentenbund in seinem Fall also nicht jenes »Eingangstor« in die Partei, als das er von seinen Gründern angesichts der Parteienskepsis vieler Jungakademiker ausdrücklich konzipiert worden war. Zudem hat sich Schmidt schon während seines Studiums nicht nur im SDS, sondern zugleich auch in anderen Parteizirkeln engagiert, in denen er auf sein politisches Talent aufmerksam machen konnte. Nach dem Examen profilierte sich Schmidt rasch vor allem als Wirtschafts- und Verkehrsfachmann, später dann als Wehrpolitiker, so dass seine SDS-Lehrzeit für seinen weiteren politischen Werdegang in der Tat kaum eine Rolle gespielt haben dürfte.

Dennoch sind die Jahre im SDS in ihrer persönlichkeitsbildenden Wirkung auf Schmidt nicht zu unterschätzen: Durch das Amt des Bundesvorsitzenden hatte er frühzeitig die Gelegenheit, über den eher kommunalpolitischen Rahmen der üblichen Parteiarbeit hinaus Erfahrungen zu sammeln. Persönliche Begegnungen mit führenden Sozialdemokraten wie zum Beispiel Kurt Schumacher hinterließen bei ihm einen tiefen Eindruck. Auch dürften die Heterogenität des SDS-Bundesverbandes und die sich daraus ergebenden Konflikte Schmidts Führungsqualitäten weitaus mehr gefordert und gefördert haben, als es die vergleichsweise überschaubare und harmonische Hamburger Gruppe jemals gekonnt hätte. Und nicht zuletzt stellten die unter Schmidts Führung geknüpften internationalen Kontakte des SDS nicht nur eine wichtige verbandspolitische Leistung, sondern zweifellos auch eine enorme Erweiterung seines eigenen geistig-politischen Horizonts dar – und dies zu einer Zeit, als für »normale« Deutsche kaum an Auslandsreisen zu denken war. Manchen seiner damaligen ausländischen Gesprächspartner ist Schmidt in lebenslanger Freundschaft verbunden geblieben, und einige traf er später auch auf internationalem Parkett wieder.

Vor allem aber waren diese Jahre für Schmidt und seine damaligen Weggefährten eine Zeit des intensiven Suchens und Lernens, eine Zeit der Klärung und Festigung des eigenen politischen Standpunktes. Denn auch wenn seine Grundentscheidung für die Sozialdemokratie bereits gefallen war, so musste diese doch in der täglichen Auseinandersetzung mit den Problemen der Zeit gewissermaßen ständig hinterfragt, konkretisiert und immer wieder aufs Neue behauptet werden. Wie ernsthaft um diese Positionen gerungen wurde, illustrieren beispielhaft die im Anhang wiedergegebenen Dokumente, die zugleich einen bislang weitgehend unbekannten Helmut Schmidt zeigen. Der SDS bot für die Formulierung von Grundpositionen sozusagen einen geschützten Bereich, weil seine Mitglieder einen gemeinsamen Erfahrungsschatz teilten und vor diesem Hintergrund gemeinsam bestrebt waren, einen

Teil ihrer »verlorenen Jugend« nachzuholen, ihren aufgestauten Bildungshunger zu stillen und sich in ungewohnt freier Diskussion ein eigenes politisches Urteil zu bilden. In diesem Milieu, in dem alle zugleich nachholten, lernten, auflebten und ihre Zukunft formten, in dem sich alle auch ein Stück weit »neu erfinden« mussten, kam Schmidt mit Gleichaltrigen und Gleichgesinnten zusammen und konnte sich entwickeln. Schmidts häufige Betonung der Selbsterziehungsfunktion des SDS unterstreicht dieses Bedürfnis auch bei ihm. Dass die »an sich selbst arbeitende« Gemeinschaft nicht nur politisch produktiv, sondern auch persönlich ausgesprochen nachhaltig wirkte, beweist Schmidts andauernde Verbundenheit zu seiner einstigen Hamburger Gruppe.[301]

Welche Bedeutung hatte im Gegenzug Helmut Schmidt für die Entwicklung des SDS? Sein Engagement fiel in eine Zeit, in der ja nicht allein der SDS, sondern die deutsche Sozialdemokratie und das gesamte politische Leben in Deutschland quasi aus dem Nichts heraus neu erstanden. Insofern ist das Klischee vom »parteifrommen« SDS für die ersten Nachkriegsjahre mehr als fragwürdig, denn was und wie »die Partei« sein würde, an der man sich orientieren sollte, stand ja keineswegs von vornherein unverrückbar fest. Manche künftige Entwicklung war seinerzeit nicht absehbar und die Verhältnisse daher in vielerlei Hinsicht noch »offen«. Der im Sommer 1946 gegründete SDS stand deshalb nicht nur vor der ohnehin schon schwierigen Aufgabe, trotz aller (nach-)kriegsbedingten Schwierigkeiten überhaupt erst einmal aus zum Teil sehr verschiedenen lokalen Gruppen zu einem handlungsfähigen Ganzen zusammenzuwachsen. Vielmehr wurde er von Anfang an in die harten Auseinandersetzungen um das künftige Verhältnis der beiden Arbeiterparteien KPD und SPD hineingezogen und zu eindeutigen Stellungnahmen gezwungen. In dieser Lage gelang es Schmidt, den Studentenbund vor der drohenden Zerreißprobe zu bewahren, indem er mit viel Geduld und Verhandlungsgeschick, aber auch mit politischem Weitblick und Führungsstärke den umstrittenen Ausschluss kommunistischer Mitglieder durchsetzte. Zugleich trug sein politisches Feingefühl auf der internationalen Konferenz von Barsbüttel im Frühjahr 1948 nachhaltig zum gegenseitigen Verständnis der Teilnehmer bei und half, die deutsche Studentenschaft auch auf europäischer Ebene wieder »anschlussfähig« zu machen. Die Bildung des Bundes aus einzelnen lokalen Gruppen, die interne Positionierung und die externe Kontaktaufnahme spiegeln insofern die »Pionierphase« des SDS wider, und Helmut Schmidt war vor allem an den beiden letztgenannten Aspekten maßgeblich und prägend beteiligt.

Die aktive Zeit Schmidts im SDS gibt im Übrigen den Blick frei auf eine besonders »gebrannte« Generation, deren Erfahrungsraum sich nicht nur von dem jüngerer Mitglieder, sondern vor allem dem späterer SDS-Generationen deutlich unterscheidet. Die elementare Erfahrung, dass es einerseits politisch Andersdenkende gab, die die eigene Meinung nicht teilten, mit denen man aber leben konnte, und dass es andererseits solche gab, die einem nach dem Leben trachteten, wenn man nicht ihrer Meinung war, prägte das Denken und Handeln der damaligen SDSler für ihr ganzes weiteres Leben. Im Gegenzug führte diese mentale und inhaltliche Geschlossenheit dazu, dass die Hamburger Gruppe – und nicht nur sie –

---

301 Diese lebenslange Verbundenheit vor den Hintergrund gemeinsam durchlittener Notzeiten ist offenbar auch außerhalb des SDS äußerst typisch für jene Nachkriegsgeneration, vgl. Waldemar Krönig / Klaus-Dieter Müller: Nachkriegs-Semester. Studium in Kriegs- und Nachkriegszeit, Stuttgart 1990.

nach dem Abgang der Gründergeneration zunächst zusammenbrach, weil es ihr – durchaus aufgrund ihrer weitgehenden Selbstbezogenheit – nicht gelungen war, eine beständige Gemeinschaft zu bilden, die auch unabhängig vom Wechsel ihrer Mitglieder existieren konnte. Die Reanimierung des SDS durch jüngere Neuzugänge ab 1950 könnte man insofern wörtlich als Neu»gründung« auffassen: Nunmehr gaben Studierende mit anderen Erfahrungen, Motiven und Zielen dem Verband neuen Halt und Boden für seine weitere Entwicklung.

Für die bisherige Interpretation der Verbandsgeschichte ergibt sich daraus der Schluss, dass der SDS jener Jahre wegen der aufgezeigten Mentalitätsunterschiede nicht vordergründig oder gar ausschließlich an späteren Entwicklungen gemessen werden darf, weil dies zwangsläufig zu »schiefen Vergleichen« und Klischeebildungen führt. Die Kriegs- und Nachkriegsgeneration hatte andere Erfahrungen hinter sich und andere Herausforderungen vor sich als die in relativer Sicherheit und zunehmendem Wohlstand aufwachsenden Studentengenerationen in Westdeutschland nach ihr. Diese erste Nachkriegsgeneration dachte in vielem anders und agierte dementsprechend anders. Ihre Haltung war keineswegs unpolitischer als die der Späteren; sie hatte vor dem Hintergrund ihrer eigenen Erfahrungen mit der NS-Diktatur jedoch einen anderen Zugang zur Politik und setzte daher zum Teil andere Prioritäten. Für sie kam es nach dem völligen physischen und moralischen Zusammenbruch vor allem darauf an, in ihrem neuen Leben wieder Fuß zu fassen. Deshalb spielten die – nur vermeintlich unpolitische – Pflege zivilisierter Gemeinschaftlichkeit und die gelebte Solidarität untereinander für sie eine größere Rolle als in späteren Jahren. In diesem Punkt mag es übrigens durchaus einige Parallelen zur geistigen Situation der ostdeutschen Jugend nach 1989 geben, auch wenn die äußeren Umstände in vielerlei Hinsicht nicht vergleichbar waren. Auch hier folgten auf den völligen Zusammenbruch der alten Ordnung zunächst einige überaus pragmatische und vorrangig mit ihrer eigenen Neuorientierung befasste Jahrgänge, denen sowohl von westdeutscher Seite, aber auch von den nachrückenden Jüngeren nicht selten »unpolitisches« Verhalten attestiert wurde, obwohl dies dem Selbstbild der Erstgenannten zuweilen deutlich widersprach.[302] Die Tatsache, dass ein beachtlicher Anteil der einstigen Nachkriegs-SDSler später erfolgreich eine politische Karriere einschlug oder sich für ein nicht minder politisches Wirken als Journalisten, Hochschullehrer oder in der Erwachsenenbildung entschied,[303] unterstreicht daher nicht nur, dass diese Generation so unpolitisch nicht gewesen sein kann, wie es ihr später gelegentlich vorgehalten wurde. Mit Blick auf die heutige Situation im wiedervereinigten Deutschland ist sie zugleich ein Beispiel dafür, dass auch eine in totalitären Strukturen aufgewachsene Jugend erfolgreich in ein demokratisches Staatswesen integriert werden kann.

---

302 Helmut Schmidt hat selbst des Öfteren auf diese Ähnlichkeiten hingewiesen und die Westdeutschen davor gewarnt, gegenüber den Ostdeutschen in die gleiche »Selbstgerechtigkeit« zu verfallen, die seiner Meinung nach bereits die Achtundsechziger-Generation gegenüber seiner eigenen Generation an den Tag gelegt habe. So zum Beispiel in Weggefährten S. 483 oder in Kindheit S. 246 ff.
303 Vgl. die biographischen Notizen im Anhang.

8. Quellen und Literatur

Unveröffentlichte Quellen

Archiv der sozialen Demokratie (AdsD), Bestand Helmut Schmidt:
HS 5001 »SDS-Bundesvorstand 1947–1949«
HS 5002 »SDS-Bundesvorstand 1947–1949 (Rundbriefe usw.)«
HS 5003 »Korrespondenz 1948–52«
HS 5004 »Internationales Sozialistisches Jugendtreffen in Barsbüttel April 1948«
HS 5005 »IUSY«
HS 5006 »SDS-Gruppe Hamburg«

Archiv der sozialen Demokratie (AdsD), Bestand SDS:
SDS 1 »Gründungsakten« (Schriftwechsel Febr.-Sept. 1946)
SDS 2 »Gründungsakten« (Schriftwechsel Sept.-Dez. 1946)
SDS 10 »Rundschreiben, Offene Briefe, Presseerklärungen etc.«
SDS 13 »Allgemeine Korrespondenz 1947/48«
SDS 36 »SDS-Hamburg« (1947–52)
SDS 3107.01 »Archiv des SDS: Bund / Rundschreiben 1946–54«
SDS 3201.01 »Archiv des SDS: Bund / Delegiertenkonferenzen 1946–52«
SDS 3301 »Archiv des SDS: Bund / Vorstandssitzungen BV« (1946–54)
SDS 3302 »Archiv des SDS: Bund / Hochschulpolitik BV« (1947–54)
(ohne Nr.) »Archiv des SDS: Gruppen / Hamburg« (1946–1954)

Interviews

Ernst Heinsen am 19. April 2005
Walter Tormin am 25. April 2005
Magda und Hans-Erich Schult am 11. Mai 2005
Helga Timm am 4. Juli 2005

Literatur

Albrecht, Willy: Der Sozialistische Deutsche Studentenbund (SDS). Vom parteikonformen Studentenverband zum Repräsentanten der Neuen Linken, Bonn 1994.
Albrecht, Willy: Europakonzeptionen der SPD in der Gründungszeit der Bundesrepublik. Einige programmatische Texte aus der Zeit der ersten Nachkriegsvorsitzenden Schumacher

und Ollenhauer, in: Oliver von Mengersen (Hrsg.): Personen, soziale Bewegungen, Parteien. Beiträge zur neuesten Geschichte (Festschrift für Hartmut Soell), Heidelberg 2004.

Angster, Julia: Konsenskapitalismus und Sozialdemokratie. Die Westernisierung von SPD und DGB, München 2003.

Briem, Jürgen: Der SDS. Die Geschichte des bedeutendsten Studentenverbandes der BRD seit 1945, Frankfurt am Main 1976.

Carr, Jonathan: Helmut Schmidt, Düsseldorf 1985. (engl. Orig.: Helmut Schmidt. Helmsman of Germany, New York 1985.)

Dahrendorf, Ralf: Über Grenzen. Lebenserinnerungen, München 2002.

Eigentlich wollte ich Städtebauer werden. Helmut Schmidt im Gespräch mit Ulrich Wickert, Stuttgart 2001.

Eppler, Erhard: Als Wahrheit verordnet wurde. Briefe an meine Enkelin, Frankfurt am Main und Leipzig 1994.

Fichter, Tilman / Lönnendonker, Siegward: Kleine Geschichte des SDS. Der Sozialistische Deutsche Studentenbund von 1946 bis zur Selbstauflösung, Berlin 1977.

Fichter, Tilman: SDS und SPD. Parteilichkeit jenseits der Partei, Opladen 1988.

Fichter, Tilman: Vom linken Offiziersbund zur Revolte. Vier SDS-Generationen, in: Jürgen Seifert u. a. (Hrsg.): Soziale oder sozialistische Demokratie? Beiträge zur Geschichte der Linken in der Bundesrepublik. Freundesgabe für Peter von Oertzen zum 65. Geburtstag, Marburg 1989, S. 11–20.

Hübner-Funk, Sibylle: Loyalität und Verblendung. Hitlers Garanten der Zukunft als Träger der zweiten deutschen Demokratie, Potsdam 1998.

Kahn, Helmut Wolfgang: Helmut Schmidt. Fallstudie über einen Populären, Hamburg 1973.

Knabe, Hubertus: Die unterwanderte Republik. Stasi im Westen, Berlin 1999.

Krause-Burger, Sibylle: Helmut Schmidt. Aus der Nähe gesehen, Düsseldorf 1980.

Krönig, Waldemar / Müller, Klaus-Dieter: Nachkriegs-Semester. Studium in Kriegs- und Nachkriegszeit, Stuttgart 1990.

Krukowska, Uta: Demokratische Initiative und reaktionärer Geist in der Hamburger Studentenschaft 1945 – 1949, unveröffentlichte Magisterarbeit, Universität Hamburg 1987.

Lange, Ralf: Hamburg – Wiederaufbau und Neuplanung 1943-1963, Königstein 1994.

Leinemann, Jürgen: Höhenrausch. Die wirklichkeitsleere Welt der Politiker, München 2004.

Nayhauss, Mainhardt Graf von: Helmut Schmidt. Mensch und Macher, Bergisch Gladbach 1988.

Neuhaus, Rolf (Hrsg.): Dokumente zur Hochschulreform, Wiesbaden 1959.

Oldenburg, Christel: Der Sozialistische Deutsche Studentenbund in Hamburg 1946–1961, unveröffentlichte Staatsexamensarbeit, Hamburg 1991.

Oppelland, Torsten (Hrsg.): Deutsche Politiker 1949–1999, 2 Bde. Darmstadt 1999.

Phieler, Miriam: Die Brücke. Aufbau und Arbeit der British Information Centres in den westlichen Besatzungszonen Deutschlands 1946-1959, unveröffentlichte Magisterarbeit Universität Hamburg 1996.

Phillips, David: Pragmatismus und Idealismus. Das ›Blaue Gutachten‹ und die britische Hochschulpolitik in Deutschland 1948, Köln 1995.

Potthoff, Heinrich/Miller, Susanne: Kleine Geschichte der SPD. 1848–2002, 8. aktualisierte und erw. Aufl. Bonn 2002.

Rupps, Martin: Helmut Schmidt. Eine politische Biographie, Stuttgart 2002.

Rupps, Martin: Helmut Schmidt. Politikverständnis und geistige Grundlagen, Bonn 1997.

Schmidt, Helmut: Beiträge, Stuttgart 1967.

Schmidt, Helmut: Die Kriegsgeneration. Mein Weg zur Sozialdemokratie, in: Die Neue Gesellschaft, Nr. 6/1968, S. 479–483.

Schmidt, Helmut: Die nüchterne Leidenschaft zur praktischen Vernunft. Die Abschiedsre-
den des Bundeskanzlers a. D., Berlin 1986.

Schmidt, Helmut (u. a.): Kindheit und Jugend unter Hitler. Mit einer Einführung von Wolf
Jobst Siedler, Berlin 1992.

Schmidt, Helmut: Politischer Rückblick auf eine unpolitische Jugend, in ders. (u. a.): Kindheit und Jugend unter Hitler, S. 188–254.

Schmidt, Helmut: Weggefährten. Erinnerungen und Reflexionen, Berlin 1996.

Schmidt, Helmut: Zum 40. Jahrestag der Gründung des Sozialistischen Deutschen Studentenbundes (SDS), Bonn 1987.

Schmidt, Helmut: Zum Denken erzogen, in: Dorothee Stöbener (Hrsg.): Meine Lehrjahre,
Berlin 2002, S. 223–226.

Schmidt, Helmut: Zur Person. Interview mit Günter Gaus am 8. Februar 1966, abgedruckt
in ders.: Beiträge, S. 621–647.

Schörken, Rolf: Die Niederlage als Generationserfahrung. Jugendliche nach dem Zusammenbruch der NS-Herrschaft, Weinheim 2004.

Schwelien, Michael: Helmut Schmidt. Ein Leben für den Frieden, Hamburg 2003.

Soell, Hartmut: Helmut Schmidt 1918–1969. Vernunft und Leidenschaft, München 2003.

SPD-Bürgerschaftsfraktion Hamburg (Hrsg.): »... immer unabhängig bleiben«. Zum 80. Geburtstag von Oswald Paulig, Hamburg 2002.

Steffahn, Harald: Helmut Schmidt. Mit Selbstzeugnissen und Bilddokumenten, Reinbek 1990.

Stephan, Klaus: Gelernte Demokraten. Helmut Schmidt und Franz Josef Strauß, Reinbek
1988.

Tormin, Walter: Die Geschichte der SPD in Hamburg 1945 bis 1950, Hamburg 1995.

Wagner Joachim: Ein Mann namens Schmidt. Der Altbundeskanzler wird 75 (Filmportrait),
Norddeutscher Rundfunk 1993.

Walter, Franz: Sozialistische Akademiker- und Intellektuellenorganisationen in der Weimarer Republik, Bonn 1990

Wendt, Joachim: Die Lichtwarkschule in Hamburg (1921–1937). Eine Stätte der Reform des
höheren Schulwesens, Hamburg 2000.

Anhang

Anlässlich der Neuwahl. Die Situation unserer Gruppe zu Beginn des Wintersemesters (1947)[304]

Im Laufe des letzten Halbjahres hat die Ausprägung des Gesichtes unserer Gruppe eine weitere Entwicklung erfahren. Die gilt sowohl für unsere politische Reife als auch für unser geistiges Niveau, für unsere Lebensform und auch für unser menschliches Verhältnis zueinander. Dabei hat sich die sorgfältige Planung unserer Arbeit vorteilhaft ausgewirkt, die auf dem Ostertreffen in Eckel ausgearbeitet worden war. Wenngleich viele der dort beschlossenen Dinge teilweise überhaupt nicht, teilweise nur in anderer Form durchgeführt werden konnten, so hat Eckel als Leitlinie doch für inneren Zusammenhalt gesorgt.

Es wird deutlich, daß man von einer eigenen oder besonderen politischen Linie der Gruppe eigentlich nicht sprechen kann, es sei denn wir betrachteten als eine solche den allgemein und fast ungeteilt vorhandenen Willen zum Aussprechen und Anhören, zur Duldung und zum gegenseitigen Abwägen der gegensätzlichen politischen Urteile, die im Rahmen des Bekenntnisses zum demokratischen Sozialismus bei uns vertreten sind. Innerhalb dieses Rahmens, könnte man sagen, steht unsere politische Arbeit unter dem Motto: »We agree to differ.«

Die individuelle Verschiedenheit unserer Auffassungen liegt schon in den verschiedenartigen Ansatzpunkten der einzelnen begründet, die gegeben sein können durch die Tradition eines sozialistischen Elternhauses, durch das Bewußtsein der eigenen proletarischen Klassenlage, durch die Einsicht in die sozialen und ökonomischen Notwendigkeiten der Situation, durch ethisches Urteil (oder, zumal bei den Jüngeren, ein allgemeines und mehr mit dem Herzen empfundenes Gerechtigkeitsideal), aus einer christlichen Lebensanschauung und schließlich auch durch die nüchterne Erkenntnis, daß Politik heute ohne die Massen des arbeitenden Volkes und damit der Sozialdemokratie nicht gemacht werden könne. Sicherlich spielt das Erlebnis des hinter uns liegenden sittlichen Zusammenbruchs eine große Rolle. Von diesen Ansatzpunkten ausgehend, geprägt durch die persönlichen Erfahrungen und das verschiedene Maß an Lebensreife und Urteilsfähigkeit, ergab sich bei allen in der Gruppe diskutierten Problemen innerhalb einer gewissen Variationsbreite eine Vielfalt von Standpunkten, die beide Flügel des demokratischen Sozialismus einschließen. Es ist aber offenbar, daß fast alle Meinungen, sowohl diejenigen, die sich rein auf pragmatische Zweckmäßigkeitserwägungen gründen, als auch solche, die auf dem ideologischen Boden des heutigen freiheitlichen Sozialismus erwachsen, als auch jene, die dem starren Marxismus herkömmlicher Auffassung entspringen, eine neuartige, von überkommener Tradition weitgehend unabhängige Gestalt aufweisen, die ihre Ursache hat in der Erkenntnis, daß die heutige Situation andere Mittel verlangt als etwa die von Weimar, und in dem Willen, solche neuen Mittel zu erarbeiten.

---

304 Helmut Schmidt im Rundbrief der SDS-Gruppe Hamburg, Oktober 1947.

Insgesamt hat sich unsere Diskussion, von einer allseitig geistig interessierten Blickrichtung kommend, einer mehr auf die Politik bezogenen genähert, um sich auch innerhalb des politischen Bereiches von dem überwiegend ideologischen Gespräch abzuwenden und einer Beschäftigung mit den realen Tatsachen der politischen, sozialen und ökonomischen Lage hinzugeben. Die bisherigen Fortschritte in dieser Entwicklung scheinen noch nicht ausreichend, und es ergibt sich für die kommende Zeit die Aufgabe, die Verbindung zur lebendigen Wirklichkeit der sozialistischen Bewegung zu fundieren. Hierzu wird neben der thematischen Betonung der sozialökonomischen Problematik insbesondere eine weitgehende Vertiefung des persönlichen und geistigen Kontakts mit dem Arbeitertum (Gewerkschaften!) notwendig sein.

Die Hauptaufgabe des Bundes wie seiner Gruppen muß in unserer Selbsterziehung gesehen werden. Die Grundlage dafür ist die enge menschliche Bindung, wie wir sie in der Gruppe oft erlebt haben, und eine weitgehende Gemeinsamkeit des Lebensstils. Diese Erfahrung verdanken wir den Fahrten, den Wochenendzusammenkünften, den Ferienlägern und mancher geselligen Stunde. In letzter Zeit hat bisweilen der eine oder andere gemeint, wir hätten diese Seite des Gruppenlebens auf Kosten der politischen Arbeit zu sehr betont; besonders wurde in diese Kritik auch die Tatsache einbezogen, daß sich innerhalb der Gruppe eine größere Zahl engerer persönlicher Freundschaftsverhältnisse gebildet hat. Mir will scheinen, daß darin keine Gefährdung, sondern vielmehr ein Zeichen für die Vitalität und Tragfähigkeit der Zusammengehörigkeit innerhalb der Gruppe gesehen werden muß. Falls sich Ansätze zur Cliquenbildung zeigen sollten, so müßten diese in aller Offenheit bewußt ausgeräumt werden; diese Gefahr hat aber bisher kaum bestanden. Die enge menschliche Beziehung zueinander ist nicht nur notwendig, um die gegenseitige Toleranz der sich widersprechenden politischen Standpunkte und der verschiedenen geistigen Interessen der einzelnen zu ermöglichen, sondern genau so auch notwendig als Voraussetzung für die für später erstrebte gemeinsame politische Aktivität.

Die Gruppe umfaßt heute über 120 Mitglieder, von denen die Hälfte zum aktiven Kern gezählt werden kann. Ein weiteres Anwachsen ist wahrscheinlich, und die bisher immer verschobene Lösung der Frage, in welcher Weise in Zukunft neben intensiver Arbeit – »innerer Kreis"! – auch extensiv gearbeitet werden soll, ist nicht mehr zu umgehen; vor der Aufstellung des Arbeitsplans für das Wintersemester wird ein Entschluß notwendig sein. Vielleicht ist ein Weg darin zu sehen, daß wir auf Grund der teilweise sehr guten Erfahrungen mit der Form der Arbeitsgemeinschaften das Schwergewicht unserer Arbeit mehr eis bisher in kleinere Arbeitsgemeinschaften verlegen und die Zusammenkünfte der Gruppe (des Plenums) anteilmäßig etwas zurücktreten lassen; diese würden dann sowohl der extensiven Arbeit als auch der Aufrechterhaltung des Gesamtzusammenhalts der Gruppe zu dienen haben. Bei diesem Vorschlag soll jedoch nicht verschwiegen werden, daß die Erfahrungen mit den Arbeitsgemeinschaften nicht restlos positiv waren und daß einige Arbeitsgemeinschaften infolge des Mangels an Stetigkeit und Energie ihre Ziele nicht erreicht haben. Es haben sich aber aus dem Kreise der Gruppe im Verlaufe der letzten drei Semester einige gute Gesprächslenker (»Diskukröten", für alle diejenigen, denen dieses Idiom immer noch fremd geblieben ist) und klare Referenten herausgeschält; wenn diese Freunde die zeitliche und arbeitsmäßige Belastung, die mit den Arbeitsgemeinschaften verbunden ist, auf sich nehmen wollen, so werden wir sicherlich gute Ergebnisse erreichen.

Im Juli hatte die Gruppe mit dem gedruckten Arbeitsplan, der gleichzeitig im Umriß auch Aufschluß über Entwicklung und Zielsetzung gab, zum erstenmal die Möglichkeit, eine größere Zahl von Kommilitonen und Freunden der Gruppe anzusprechen. Inzwischen sind zwei weitere Rundbriefe für diesen Zweck hergestellt worden, und wir streben an, nach Möglichkeit allmonatlich einen Rundbrief zu versenden. Die gleichzeitig auch durch persönliche Fühlungnahmen, darunter den kleinen offiziellen Empfang in Othmarschen angestrebte Bildung eines Fördererkreises für die Gruppe wurde inzwischen vollzogen. Nachdem uns durch den Fördererkreis bis jetzt schon erhebliche materielle Zuwendungen anläßlich unserer Ausgaben für Bielefeld und Hörnum zuteil wurden, konnte nunmehr auch ein Stipendienfonds errichtet werden, dem für die kommenden beiden Semester von Organisationen und Einzelpersonen der Arbeiterbewegung Beiträge in solcher Höhe fest zugesagt worden sind, daß einer gewissen Anzahl unserer in katastrophalen Verhältnissen steckenden Mitglieder eine sehr fühlbare finanzielle Hilfe von dieser privaten Seite gewährt werden wird. – Unabhängig davon konnten einer Reihe von Mitgliedern der Gruppe Möglichkeiten zu bezahlten Nebenbeschäftigungen eröffnet werden, die im Bereiche unseres politischen Interesses oder der jeweiligen Ausbildungsrichtung liegen. – Neben diesen materiellen Hilfen erhoffen wir von dem Fördererkreis geistige und politische Befruchtung und häufigeren Gedankenaustausch. Die Voraussetzung hierfür – Aufrechterhaltung und Pflege der Verbindung – wird die Gruppe selbst zu leisten haben.

Durch vielfältige Berührung der Gruppe mit Vertretern anderer Organisationen der sozialistischen Bewegung und des Arbeitertums, infolge persönlicher Mitarbeit vieler unserer Mitglieder (zum Teil als Funktionäre) in diesen Organisationen und auch durch die eigene politische Aktivität der Gruppe (z. B. Vorschlag: Lehrernachwuchs für Oberschulen) sind wir dabei, uns in Hamburg innerhalb der sozialistischen Bewegung einen festen Platz zu erringen. Von mancher Seite wird uns großes Vertrauen entgegengebracht, und unsere Vertreter werden zu Gesprochen und Entscheidungen zugezogen, sofern diese im Bereich unserer geistigen Kompetenz liegen.

Auch in der Öffentlichkeit der Universität hat die Gruppe inzwischen einen festen Platz eingenommen. Wenn wir vor zwei Jahren von der Masse zumindest als höchst verdächtige, wo nicht sogar sittlich minderwertige Gruppe angesehen wurden, so hat, durch unsere Beteiligung am AStA, durch unsere offenen Diskussionen mit Gästen und allgemein durch unser Auftreten bewogen, doch zumindest derjenige Teil der Studentenschaft sein Urteil gewandelt, der politisch wach ist und die Zeit zu verstehen sucht. In der Folge davon hat sich im Sommerhalbjahr eine loyale und teilweise herzliche Zusammenarbeit mit anderen studentischen Gruppen und dem AStA ergeben. (Dasselbe steht nach mehrfacher Aussprache mit ihren studentischen Sekretären auch für die nunmehr reorganisierte Auslandskommission zu erwarten.) Für das Winterhalbjahr ist eine kurze Reihe gemeinsamer Veranstaltungen aller studentischen Gruppen der Universität verabredet worden, um in der Universitätsöffentlichkeit den gemeinsamen Willen und die Möglichkeit zu sachlicher, toleranter Diskussion vorzuführen. Unser Abend mit der kommunistischen Studentengruppe sowie der Gästeabend über das »Offiziersproblem« und der Disput »Freie Wirtschaft – Planwirtschaft« haben gezeigt, daß jedenfalls wir in der Diskussion mit politischen Gegnern Mäßigung und Toleranz üben. – Wenn wir also mit unserer Stellung in der Universität angesichts der heutigen Lage der deutschen Hochschulen zufrieden sein dürfen, so ist doch andererseits Verbindungaufnahme und Pflege der Beziehung zu den Studentenschaften der übrigen Hamburger Hoch- und Fachschulen (unter ihnen die Baltic University) sehr vernachlässigt worden. Hier wird im Wintersemester etwas getan werden müssen.

Die Bielefelder Tagung hat gezeigt, daß die Hamburger Gruppe auch in diesem Jahre zu den kräftigsten und aktivsten des Sozialistischen Deutschen Studentenbundes gehört; ihr wurden innerhalb des Bundes wiederum mehrere Aufgaben übertragen, und sie wird sich daher auch in Zukunft besonders für die Entwicklung des Bundes verantwortlich fühlen müssen. Diese Aufgabe wiegt nicht leicht, denn der Gesamteindruck des Bundes war noch nicht immer ganz einheitlich; auch sind bisweilen hier und dort kleine Mängel in der politischen Reife erkennbar gewesen. Wir werden alle an uns arbeiten müssen, um aus gewissen Ressentiments herauszukommen, die in Bielefeld eine kleine Rolle gespielt haben, um zur Unterscheidungsfähigkeit hinsichtlich der Wichtigkeit politischer Probleme zu gelangen und den Blick für die zukünftigen Notwendigkeiten zu schärfen. Hierzu sollen in stärkerem Maße Ferienlager, Zusammenkünfte der Vorstände, Briefwechsel und vor allem auch, als Diskussionsinstrument, die neue Bundeszeitschrift dienen. Durch die in Bielefeld vorgenommene klare Abgrenzung des Bundes von KP und SEP ist – und zwar unter Aufrechterhaltung der eigenen politischen Unabhängigkeit – indirekt nunmehr das Verhältnis zur Sozialdemokratie so eindeutig geworden, daß eine Gefährdung des Bundes durch eine Diskussion dieses Punktes zunächst ausgeschaltet ist. – Eine besondere Verantwortlichkeit der Hamburger gilt auch für die Arbeit in der Landesgruppe Schleswig-Holstein-Hamburg, deren Hauptteil wir auf Grund der bestehenden Stärkeverhältnisse auf uns zu nehmen haben.

Zum Schluß noch ein Bericht über die besonderen Erfahrungen der Vorsitzenden. Die Pflichten und Rechte des Vorstandes der Gruppe sind in keinen Statuten festgelegt, sie haben sich quasi gewohnheitsrechtlich und durch einige ausdrückliche Beschlüsse der Gruppe (so zuletzt in Eckel und am Tage der letzten Vorstandswahl) entwickelt. Dieses System hat ein- oder zweimal zu kleineren Meinungsverschiedenheiten geführt. Trotzdem vertreten wir weiterhin die Meinung, daß es in einer so kleinen und engen Gemeinschaft möglich sein muß, aus dem lebendigen Geist der Sache heraus und nicht auf Grund von Statuten zu handeln, wenn anders wir uns durch fixierte Satzungen nicht auf den Weg des Vereins oder der »Organisation« drängen lassen wollen, zumal ja Satzungen vom Charakter allgemeiner Richtlinien die Lage nicht verändern würden und deshalb die Befürworter von Satzungen auf eingehendere Regelung der Zuständigkeiten und Verfahren dringen müßten. Wir halten demgegenüber lediglich für notwendig, daß gemäß dem Bielefelder Beschluß die politischen Richtlinien des Bundes neu formuliert werden, um Arbeitsgrundlage der Gruppen zu sein; für die organisatorische Durchführung der Arbeit reicht die vorhandene Bundessatzung aus. – Wenn in der Gruppe Schwierigkeiten auftauchen, so müssen sie in offener Aussprache geklärt und überwunden werden. Unsere Erfahrungen beweisen, daß die Gruppe dies kann. Allerdings müssen wir darauf achten, daß sich keine Zausestunde in Permanenz ergibt und dürfen, der Notwendigkeit der Einordnung bewußt, nicht jeden unwichtigen Widerspruch zum Ausdruck bringen wollen, um nicht Gefahr zu laufen, daß wir doch einmal in den parlamentarischen Kindergarten abgleiten, der oft in studentischen Körperschaften sich abspielt und der dann den klareren Köpfen die schwierige Aufgabe eines demokratischen Lämmerhütens zuweist. – Die demokratische Entwicklung der Gruppe kann nicht durch Statuten garantiert werden, sie wird erreicht durch ständigen Einsatz der geistigen und politischen Kräfte jedes einzelnen, durch das Prinzip der offenen Kritik und freien Entschlußfassung und durch die turnusmäßige Neuwahl unter Ausschluß von Wiederwahlen. Auch die Gradlinigkeit dieser Entwicklung kann sich nur auf gemeinsamer Basis aller Mitglieder sowie der scheidenden und der neugewählten Vorstände entwickeln; auch sie erfordert das Prinzip, daß jeder einzelne sich für das Gelingen des Ganzen verantwortlich fühlt.

Wenn wir das Ergebnis dieses Sommers zusammenfassen wollen, so dürfen wir sagen: Die Gruppe hat sich differenziert und gleichzeitig festere Struktur gewonnen – wir haben klarere politische Standpunkte erreicht und doch den menschlichen Zusammenhalt enger werden lassen; wir dürfen deshalb mit Berechtigung erwarten, daß die kontinuierliche Entwicklung, die vor zwei Jahren begann, sich auch durch das kommende Wintersemester hindurch fortsetzen wird.

Eine Chance für Europa (1948)[305]

Die nachfolgenden Ausführungen basieren auf dem Konzept der Dritten Macht, das seit einigen Monaten, zunächst in Frankreich geschaffen, auf dem Wege über die Labour Party in das Bewußtsein eines größeren Teils der politisch denkenden Europäer eingedrungen ist. Dabei wird nicht beabsichtigt, sich mit den teilweise weitgehend variierenden Vorstellungen auseinanderzusetzen, sondern es soll allein die Möglichkeit eines praktischen Beitrages behandelt werden, welche der deutschen Sozialdemokratie heute gegeben scheint.

Bei der großen Geschwindigkeit, mit der seit Kriegsende die Machtverhältnisse der Welt sich zu dem heutigen System der Ost-West-Polarisation zugespitzt haben und angesichts der Rasanz, mit der sie sich in dieser Richtung laufend weiter versteifen, ist es deutlich, daß die Konsolidierung Europas als eines die Dritte Macht darstellenden Gesamtkörpers nicht der geruhsamen Entwicklung von Generationen oder auch nur von Jahrzehnten überlassen werden darf, wenn immer sie noch rechtzeitig wirksam werden soll. Nur bei schnellem gemeinsamen Handeln zur Erreichung der gemeinsamen Ziele besteht die Hoffnung, daß eine starke politische und wirtschaftliche Vereinigung Resteuropas auf den Feldern der Weltwirtschaft wie der Weltpolitik rechtzeitig ein so starkes Gewicht erlangen kann, daß sie die Balance zwischen Ost und West zu halten vermag. Attlee hat diesen Sachverhalt kürzlich in einem Satz zusammengefaßt: »Sich einigen oder untergehen.«

Es kann für uns kein Zweifel bestehen, daß die Dritte Macht nur unter sozialistischer Initiative zustande kommen wird. Die augenblickliche Föderationsfreudigkeit konservativer Führer wie Churchill entspringt rein defensiven Überlegungen und wird den Aufbau eines einheitlich wirtschaftenden Körpers nicht befruchten.

Es ist klar, daß der Zusammenschluß von jedem einzelnen Lande Opfer verlangt. Die allgemeine Vertrauenskrise bewirkt aber, daß niemand zuerst etwas zugunsten des gemeinsamen Topfes aufgeben will: Weder der eine ein Stück seines hohen Lebensstandards, noch der andere sein mühsam funktionierendes Wirtschaftssystem, noch der dritte seine Ansprüche

---

305 Beitrag Helmut Schmidts im Rundbrief der SDS-Gruppe Hamburg, Juni 1948; zum zeithistorischen Hintergrund und die SPD-interne Debatte um das »Ruhrstatut« vgl. Soell S. 208 ff. sowie Willy Albrecht: Europakonzeptionen der SPD in der Gründungszeit der Bundesrepublik. Einige programmatische Texte aus der Zeit der ersten Nachkriegsvorsitzenden Schumacher und Ollenhauer, in: Oliver von Mengersen (Hrsg.): Personen, soziale Bewegungen, Parteien. Beiträge zur neuesten Geschichte, Heidelberg, 2004.

auf politische oder wirtschaftliche Souveränität. In dieser Situation ist die Ruhrfrage zum neuralgischen Punkt geworden. Weder die Londoner Sechsmächtekonferenz ist in der Lage, die Gegensätze zwischen der französischen und amerikanischen Auffassung zu einem Kompromiß zu bringen, noch konnte die Konferenz der sozialistischen Parteien der Marshall-Länder Ende April in Paris zu einer Einigung kommen. Sie verschob die Entscheidung bis zur nächsten Konferenz der sozialistischen Parteien Anfang Juni in Wien.

An diesem Punkte kann die deutsche Sozialdemokratie einen entscheidenden Beitrag leisten und den Weg für das Zustandekommen einer europäischen Planungszentrale erleichtern: Es handelt sie um nicht weniger als eine Revision unserer bisherigen Stellung in der Ruhrfrage.

Bisher haben wir einer Internationalisierung der Ruhr nur zustimmen wollen, wenn gleichzeitig auch die übrigen europäischen Schwerindustrien internationaler Lenkung unterstellt würden. Wir haben eine Sozialisierung auf nationaler Basis gefordert und haben uns dabei vielleicht auch lenken lassen von der Erinnerung an die Jahre nach 1919, in denen die Sozialdemokratie es angeblich versäumt hat, die »berechtigten deutschen Forderungen« entschieden genug zu vertreten, was die Abwanderung der Wähler nach rechts zur Folge hatte. Diese Erinnerungen haben zu einer sterilen Außenpolitik geführt, ganz zu schweigen von der Gefahr nationalistischer Infiltration, der die Anhänger unserer Partei infolge unserer scharfen und unnachgiebigen Sprache in der Ost- wie in der Ruhrfrage ausgesetzt sind.

Was die Ruhr angeht, so sollen wir uns darüber klar sein, daß, sofern die Dritte Macht Europa nicht zustande kommt, auch eine Ruhr unter pseudodeutscher Lenkung (und das wäre ja doch das höchste, was wir dem amerikanischen Kapital gegenüber erreichen könnten!) das allgemeine Siechtum und den politischen Verfall, so der übrigen europäischen wie auch der deutschen Volkswirtschaften, nicht im geringsten beeinflussen kann. Wir sollten weiter uns daran erinnern, wie außerordentlich viel unsere französischen Genossen, an der Spitze Blum und Grumbach, seit dem Kriege für uns getan haben, und daß die Sozialisten der westeuropäischen Länder bereits im März 1945 in London gemeinsam den Plan einer internationalen Kontrolle der Ruhrindustrie beschlossen – im auffälligen Gegensatz zur tatsächlichen Politik ihrer Länder, die damals noch die Reagrarisierungsidee Morgenthaus verfolgten. Wenn wir dafür den Franzosen heute entgegenkommen würden, so wird das nicht nur dem Zustandekommen einer wirtschaftlichen Koordinierung Resteuropas dienen, sondern darüber hinaus die gefährdete Position der sozialistischen Partei Frankreichs stärken und eine gute Hilfe für die Beruhigung des deutsch-französischen Problems leisten, das im Bewußtsein der öffentlichen Meinung Frankreichs verständlicherweise noch immer unter den wichtigsten Lebensfragen rangiert. Wir wissen, daß die Sozialisierungsberatungen im nordrhein-westfälischen Landtag eine Propagandaaffäre bleiben werden und daß die englische Regierung nicht in der Lage ist, die dort etwa beschlossenen Gesetze über die Ruhrindustrie zu sanktionieren. Unsere Hoffnung, daß die englische Regierung sich mit ihren bisher ausschließlich theoretischen Sozialisierungsabsichten gegenüber der amerikanischen Regierung durchsetzen kann, erscheint heute geringer denn je. Die einzige Chance, zu verhüten, daß die Ruhr wieder in kapitalistische Hände gerät, seien es deutsche oder amerikanische, ist eine »internationale Nationalisierung" (Leon Blum) im Rahmen der Marshall-Länder. Hierbei sollte die amerikanische Beteiligung nicht größer sein, als sie dem Interesse der amerikanischen Besatzungszone Westdeutschlands entspricht. Die Frage einer Beteiligung Sowjetrußlands braucht heute nicht mehr diskutiert zu werden.

Diese Überlegungen führen zu folgendem Vorschlag: Die SPD sollte bei Gelegenheit der nächsten Konferenz den sozialistischen Parteien der Marshall-Länder einen ausgearbeiteten Entwurf über eine internationale Lenkung und Kontrolle der Geschäftsführung der Kohle- und Stahlproduktion in Nordrhein-Westfalen vorlegen. Der Plan sollte bezüglich der Zusammensetzung der Lenkungs- und Kontrollbehörden von den Vorstellungen über die Durchführung einer Sozialisierung ausgehen, wie sie heute in den sozialistischen Parteien der Marshall-Länder und Westdeutschlands vorhanden sind, insbesondere sollte starkes Gewicht auf die Stellung der Gewerkschaften der beteiligten Länder und unabhängig davon auf den Einfluß der Ruhrarbeiterschaft gelegt werden. Der Plan sollte die Frage der Gewinnverteilung einer allgemeinen Regelung der Reparationen und den Modus der Festsetzung der Kohlenkontingente der zu erwartenden Planungszentrale der Marshall-Länder vorbehalten.

Bei diesem Vorschlag wird nicht übersehen, daß er nicht ohne Konsequenzen für die Stellung der Partei innerhalb der deutschen Öffentlichkeit bleiben wird. Ein solcher Schritt erfordert ausführliche und wiederholte Begründung. Aber gegenüber der Gefahr des Verlustes der nationalistischen Mitläufer steht die Möglichkeit, endlich die Periode der eigenen Forderungen an das Ausland zu überwinden und statt ihrer einen positiven Beitrag zur Konsolidierung Europas zu geben. Darüber hinaus werden wir der Zurückdrängung des kapitalistischen Einflusses aus Amerika dienen und unsere Front auch nach dieser Seite hin klären – und das scheint heute nicht weniger wichtig als der propagandistische Kampf gegen den Bolschewismus.

Vernachlässigung der Hochschulpolitik? (1948)[306]

Über das Schicksal des demokratischen Sozialismus wird unsere Erziehung entscheiden: Jugendbewegung, Schule, Hochschule, Erwachsenenbildung; immer klarer wird uns die Erkenntnis, daß eine gesellschaftliche Umgestaltung allein vom Ökonomischen her nicht geleistet werden kann. Es ist deshalb ein ermutigendes Zeichen, wenn das Problem einer allgemeinen Schulreform unter weitgehender Beteiligung innerhalb der sozialistischen Bewegung nach allen Richtungen hin durchdacht und diskutiert wird. Und es wird einen erheblichen Schritt vorwärts bedeuten, wenn wir demnächst darangehen, das so gewonnene Programm durch Gesetze der Wirklichkeit zuzuführen. In diesem Zusammenhang muß hier aber auf eine bestimmte Lücke hingewiesen werden, die noch besteht; unserem Schulprogramm fehlt bisher gleichsam die Fortsetzung: ein Hochschulprogramm.

Die vielen Hochschulskandale und -skandälchen (beinahe hätte ja kürzlich auch Hamburg den seinigen gehabt!) hätten eigentlich das Interesse der Öffentlichkeit auf das Thema Universität lenken müssen, so könnte man denken. Leider haben sich aber die von Interesse und Verantwortung getragenen Diskussionen über dieses Thema auf kleine Kreise, meist bloß auf Fachkreise beschränkt. Eine große Zahl von Genossen begnügte sich in ihrer Beschäftigung mit dieser Sache mit der einfachen Feststellung, daß die Universitäten reaktionär seien. Leider trifft dieses Urteil einen weitgehenden Tatbestand, und gerade deswegen sollte es den politisch verantwortlich Denkenden zu der Frage zwingen, was hier zu tun sei. Zur Beantwortung dieser Frage sollen im Folgenden einige Stichworte gegeben werden.

306 Beitrag Helmut Schmidts im Rundbrief der SDS-Gruppe Hamburg, August/September 1948.

Zunächst eine Bemerkung zu dem geflügelten Wort von den reaktionären Studenten, mit diesem Wort allein ist das Wesentliche nämlich nicht erfaßt. Denn vor allem sind die Studenten Masse, eine Masse von entwurzelten Intellektuellen und Halbintellektuellen, die als einzelne nicht besonders schlechter oder besser sind als der Durchschnitt der übrigen deutschen Jugend. Eigene Fundamentlosigkeit läßt viele sich an überlebte Traditionen des Bürgertums oder der Wehrmacht anklammern, die scheinbare Ausweglosigkeit des Heute läßt sie den Blick zurückwenden: »Ich bin nie Nazi gewesen, aber nun werde ich einer!« Jedoch: die Hoffnungslosigkeit der Jugend in Deutschland ist in letzter Zeit mehr als genug beschrieben worden. Es soll hier nur auf den gerade in der studentischen Jugend besonders deutlich hervortretenden Massencharakter hingewiesen sein, auf ihr Herde-sein, auf das Fehlen selbständigen Urteilens durch die einzelnen Menschen (obwohl sie »gebildet« sind) auf denjenigen Gebieten, die außerhalb ihrer eigenen Fachwissenschaft liegen, auf ihre große Bereitschaft hier als anonymes Teilchen einer psychologischen Masse zu reagieren. Der äußere Rahmen der heutigen Universitäten, auf denen Hunderte in zu kleinen Räumen zusammengepfercht sind, um ihre wissenschaftlichen Normalrationen zu erhalten, tut ein übriges. Da ist keine Atmosphäre, in der eine breitangelegte Erziehung zu gesellschaftlichem Verantwortungsbewußtsein gedeihen könnte – und so ist es also kein Wunder, daß schon allenthalben an den Universitäten, oft unter dem maßgebenden Einfluß konservativer und reaktionärer Altakademiker und unter der Duldung und auch wohl Mithilfe mancher Professoren, die Korporationen und Verbindungen alten Stiles wieder Zulauf gewinnen, in denen der junge Akademiker abermals und mühelos zum Mitläufer besitzbürgerlicher Politik gemacht werden wird.

Diese Tendenzen in der akademischen Jugend bedeuten eine ernste Erziehungsaufgabe, wenn anders sich die Gesellschaft später nicht Lehrern, Richtern und Beamten ausgeliefert sehen will, die ihren Fortschritt und Bestand gefährden. Leider wird diese Erziehungsaufgabe nur von einer Minderheit von Professoren tatkräftig angepackt, es besteht wenig Aussicht, daß ihre Wirksamkeit sich ohne Hilfe von außen erhöhen kann. So zwingt uns diese Bedrohung der Gesellschaft zur Einflußnahme von außerhalb der Universitäten; und wie dieser Eingriff eine Pflicht ist, so ist er zugleich auch ein Recht. Denn ‚die Gesellschaft – die Gesamtheit aller derjenigen, welche Steuern entrichten – schafft ja durch ihre Arbeit erst die materiellen Voraussetzungen für das Bestehen- der Universitäten. Daraus erwächst der Anspruch, daß die Universitäten nicht dem Vorteil gewisser Schichten, sondern dem Vorteil der gesamter Gesellschaft dienen sollen, indem sie die jeweils begabtesten und fähigsten Kräfte unter der Jugend für verantwortungsvolle Funktionen heranbilden. Die Gesellschaft muß deshalb wissen, was auf den Hochschulen geschieht, und diese dürfen keine abgekapselten Körper sein – wenn sie ihre gesellschaftliche Aufgabe erfüllen wollen, so müssen sie selber ein Interesse daran haben, in engster Berührung und in fruchtbarem Austausch mit all den vielfachen Erscheinungen und Gliedern des gesellschaftlichen Lebens zu stehen.

Vielleicht könnten diese Zeilen den Eindruck erwecken, als ob unsere Universitäten mehr Fehler als Leistungen aufzuweisen hätten – dieser Eindruck ist gewiß nicht beabsichtigt. Wohl aber ist hier bewusst nur von diesen Fehlern die Rede, denn sie gilt es zu beseitigen. Von manchen Vorwürfen, die den Hochschulen heute gemacht werden, besteht eine ganze Reihe zu Recht. Vorweg soll aber ein Punkt berührt werden, der in der Diskussion über die Hochschulreform ungebührlich in den Vordergrund geschoben worden ist: die Forderung nach vollständiger Autonomie (Selbstbestimmungsrecht) der Universitäten. Angesichts der berechtigten Vorwürfe, die die Gesellschaft heute der Universität zu machen hat, kehren hier einige Akademiker den Spieß gleichsam um und fordern, daß der Staat gefälligst nur das Geld zu liefern habe und daß ihn sonst die Universitäten nichts angingen. Nun hat die Autonomie der Universitäten, besonders in der Erinnerung an die Bevormundung der Wissenschaft durch den Nazistaat erhebliche Vorzüge, und es wäre nichts gegen sie einzuwenden wenn man hoffen dürfte, daß die Universitäten aus eigener Kraft ihre gegenwärtigen Schwächen überwinden könnten. Das aber ist nicht der Fall, und wir haben sicherlich keine auch nur annähernd befriedigende Hochschulreform zu erwarten, wenn wir nur abwarten würden und die Sache ausschließlich den Professoren überlassen. Die Universitätsreform muß deshalb zunächst Platz gegriffen haben, dann wird später der Autonomiebereich der erneuerten Universität in wachsendem Maße erweitert werden können.

Welche Reformen haben wir zu verlangen?

1. An der Spitze steht die alte sozialistische Forderung, daß jeder Begabte, ganz gleich, wie seine oder seiner Eltern wirtschaftliche Lage beschaffen sein möge, nicht nur das formale Recht zum Universitätsbesuch habe, sondern auch die finanzielle Möglichkeit dazu bekomme. Niemand kann leugnen, daß im heutigen Zustande die finanziellen Möglichkeiten des Arbeiterkindes gering sind. Der Grund liegt nicht nur in den Ausgaben, die für Studiengebühren, Bücher usw. nötig werden, sondern vor allem auch darin, daß die Eltern nicht in der Lage sind, für die erheblich längere Ausbildungzeit auf Oberschule und Hochschule den Lebensunterhalt ihres Kindes zu bestreiten-- im Gegenteil: sie sind doch überwiegend auf den »Mitverdiener« angewiesen. Wir brauchen deshalb nicht nur Gebührenfreiheit; sondern außerdem eine gesetzliche Regelung, die den nicht ausreichend Bemittelten für die Dauer seiner Ausbildung auf Schule und Universität wirtschaftlich sicherstellt.

2. Wenn die Schulreform sich praktisch durchgesetzt hat (und das wird eine Reihe von Jahren dauern!), und wenn die oben geforderte wirtschaftliche Sicherstellung des Schülers und Studenten gleichfalls wirksam geworden ist, dann wird wie bisher wieder die Reifeprüfung (Abitur) als bestmögliche Begabungs- und Leistungsauslese die Hauptschleuse zur Universität sein müssen. Für die Zwischenzeit aber müssen in stärkerem Maße auch andere Zugangsmöglichkeiten praktisch benutzbar gemacht werden für diejenigen, die unter den bisherigen Verhältnissen aus wirtschaftlichen Gründen keine Oberschule besuchen und kein Abitur machen konnten.

3. Der konservative, beharrende Charakter der deutschen Universitäten beruht zu einem Teil auf ihrer traditionellen Verfassung, welche die jüngeren Dozenten nur einen sehr geringen Einfluß auf die inneren Angelegenheiten ausüben läßt. Die Universitätsverfassungen müssen deshalb so umgebildet werden, daß die beharrenden Kräfte, welche bisher weithin das Feld beherrschen, auf die Rolle eines Gegengewichtes gegenüber den vorantreibenden Kräften beschränkt werden. Dies gilt besonders auch für den Modus bei Berufung neuer Lehrkräfte.

4. Der Lehrmethode nach überwiegt heute das Prinzip der Vorlesung, das für die Darstellung großer systematischer Zusammenhänge nicht zu entbehren ist. Für die Entwicklung der Urteilsfähigkeit und des selbständigen Denkens der Studenten jedoch ist das Lehrgespräch viel wichtiger, wie es etwa in den Seminaren gepflegt wird. Außerdem schafft es eine wesent-

lich engere persönliche Verbindung zwischen Studenten und Dozenten, es ermöglicht gegenseitiges Geben und Nehmen und verbreitet außerordentlich die Basis für erzieherische Arbeit an der Universität. Das Lehrgespräch sollte deswegen in Zukunft einen wesentlich größeren Raum einnehmen – und das erfordert Berufung und ausreichende Besoldung einer größeren Zahl junger Dozenten und Assistenten.

5. Genauso wichtig wie etwa die Behandlung zeitnaher Themen ist die Einrichtung von sozialwissenschaftlichen Fakultäten. Heute spielt Soziologie (Gesellschaftswissenschaft) an der deutschen Universität eine Aschenbrödelrolle, »Politik« oder »Regierung« oder »Internationale Beziehungen« gibt es als wissenschaftliche Fächer überhaupt nicht. Nicht nur die angelsächsischen Länder, sondern z. B. auch die Ostzone sind uns auf diesem Gebiet weit voraus. An amerikanischen Universitäten gibt es für eine Reihe von sozialwissenschaftlichen Fächern den ausdrücklichen Oberbegriff »political science« (Politische Wissenschaft), bei uns wird oft um alles Politische ein weiter Bogen gemacht.

6. Schließlich muß auch verlangt werden, daß der jetzigen Entwicklung Einhalt geboten wird, in der die Universitäten immer mehr zu Anstalten herabsinken, die nur dazu dienen, daß man sich dort einen Eintrittsschein für eine gehobene Berufslaufbahn erwirbt. Hierzu bedarf das System der Staatsexamen an den Universitäten der eingehenden Prüfung, auf keinen Fall darf es weiter ausgebaut werden. Gleichzeitig sollten wir auch außerhalb der Universitäten dafür sorgen, daß das Berechtigungs- und Laufbahnunwesen in den Berufen zurückgedrängt wird: es sollte nicht wie bisher derjenige vorankommen, der irgendwelche Prüfungen bestanden hat und entsprechende Scheine vorlegen kann, sondern die Gesellschaft sollte sich wieder daran gewöhnen, denjenigen zu fördern, der an Ort und Stelle in seiner beruflichen Tätigkeit etwas leistet.

Die Notwendigkeit der Universitätsreform stellt uns vor verwickelte Probleme, man muß sich in sie vertiefen, und die Lösungen bedürfen kluger Abwägung. Nichts wäre gefährlicher als leichtfertige Entscheidungen; denn was hier getan wird, hat langfristige und nicht wieder ohne weiteres korrigierbare Wirkungen. Das Bewußtsein der Schwierigkeit dieser Fragen darf aber nicht dazu führen, daß wir uns scheuen, sie anzupacken! Sie sind nicht nur Sache von Schulsenator und Universitätsdezernenten oder gar etwa Finanzfachleuten. Sondern es sollten vielmehr alle unsere Politiker beherzigen, daß eine noch so gute Erledigung der tagespolitischen Aufgaben uns unseren Zielen nicht näher bringen kann, wenn darüber diejenigen politischen Aufgaben vernachlässigt werden, die uns auf lange Sicht gestellt sind. Schule und Erziehung gehören zu den wichtigsten politischen Aufgaben auf lange Sicht: manche Dinge, die wir heute tun, werden uns in zwanzig Jahren recht belanglos erscheinen – auf keinen Fall werden aber Schul- und Hochschulreform dazu zählen, denn sie werden in zwanzig Jahren das Gesicht der Gesellschaft weitgehend verändert haben – wenn sie uns heute gelingen! Eine Schul- und Hochschulpolitik, die jedem Menschen die gleiche Lebenschance gewährt, ist notwendiges Gegenstück zur Sozialisierung von Großindustrie und Großgrundbesitz, wenn wir der Beseitigung der erblichen Klassenstruktur näher kommen wollen. Genau so, wie wir in der Sozialisierungsfrage nicht locker lassen dürfen und jede Gelegenheit ausnützen müssen voranzukommen, so dürfen auch unsere schul- und erziehungspolitischen Forderungen nicht auf die lange Bank geschoben werden; eine Teilforderung auf diesem Gebiet lautet Hochschulreform – und die Sozialdemokratie Hamburgs hat zur Zeit die Gelegenheit hierzu.

Was können wir in Hamburg tun?

Die Sozialdemokratie Hamburgs hat die Möglichkeit, und ich kann nicht einsehen, daß tagespolitische Gründe uns zwingen sollten, sie nicht auszunutzen. Hessen, unter sozialdemokratischer Führung, ist uns in der Frage der Gebührenfreiheit an Schulen und Hochschulen schon vorangegangen (und in Bayern übt heute die weiß Gott nicht sozialistische Militärregierung in dieser Richtung einen starken Druck aus, nach der Währungsreform!). In Berlin wurde vor einem Jahr ein Schulgesetz beschlossen, nach dem die Eltern einen Rechtsanspruch auf Zahlung von Erziehungsbeihilfen haben, sofern ihre wirtschaftliche Lage dies erfordert und nach dem Gutachten der Schule wegen Fähigkeit und Bildungswillen des Jugendlichen ein öffentliches Interesse an dessen Fortbildung besteht.

Trotz aller dieser Vorbilder bestehen in Hamburg finanzpolitische Bedenken. Aber werfen wir einmal einen Seitenblick auf die bisherigen Ausgaben unserer Stadt. Bei einer Gesamtausgabenhöhe von über 700 Millionen beträgt der 1948 vorgesehene Zuschußbedarf der Universität einschließlich der Stipendien usw. 3,3 Millionen, also noch nicht einmal ½ %. Dieser Anteil für eins der wichtigsten Instrumente der gesellschaftlichen Erziehung scheint nicht gerade besonders hoch zu sein. Andererseits ist aber zum Beispiel im gleichen Etat für Staatsoper und Philharmonisches Orchester ein Zuschuß (ohne den Wiederaufbau der ausgebrannten Staatoper!) von 2.5 Millionen vorgesehen. Bei aller Hochachtung vor der kulturellen Bedeutung dieser für das Kunstbedürfnis geschaffenen Einrichtungen bleibt hier ein Mißverhältnis in der Höhe der Zuschüsse offensichtlich. Wer gehört denn zu den Gästen der Staatsoper? Staatstheater und Staatsopern haben in Deutschland immer eine gewisse Bedeutung für das Ansehen eines Landes oder einer Stadt gehabt. Und so spielt also das Prestigebedürfnis der Landes- und Stadtväter hier auch eine gewisse Rolle. Es wäre aber besser, wir hätten einen guten Ruf nicht so sehr etwa wegen einer guten Staatsoper, als vielmehr wegen einer guten Universität, die allen Begabten ohne Rücksicht auf Lohntüte und Geldbeutel zugänig ist. Auch die Universität ist heute leider eine Einrichtung, von der nicht alle Schichten in gleichem Maße profitieren – eine verhältnismäßig geringe Erhöhung ihres Anteils im Etat würde uns hier aber schon erheblich voranbringen!

Beispielsweise nur die Hälfte des jährlichen Zuschusses an Staatsoper und Philharmonisches Orchester würden, wenn man sie für die Hamburgische Universität verwendete, eine Erhöhung des Prozentsatzes der gebührenfrei studierenden Studenten von heute 15 % auf 100 % ermöglichen! Es gibt aber sicherlich noch eine Reihe anderer Einsparungsmöglichkeiten im Etat zugunsten der schul- und hochschulpolitischen Aufgaben. Die Gebühren- und Schulgeldfreiheit sollte deswegen ohne Verzögerung verwirklicht werden.

Vielleicht wäre es aber noch besser, vorerst nur für die unteren Einkomrnensklassen Gebührenfreiheit einzuführen und gleichzeitig aber die Gewährung von Studienbeihilfen auf breiterer Basis zu beginnen. Dabei müßte gleichzeitig das ganze bisherige Stipendienwesen auf eine neue Grundlage gestellt werden, die das Gewicht der sozialen Gesichtspunkte den bisherigen Fleißprüfungen gegenüber viel mehr betont. Darüber hinaus muß das Verteilungssystem für öffentliche Kontrolle durchsichtig gemacht werden. Wenn wir die Verwirklichung dieser Mindestforderungen nicht zustande bringen, so bedeutet das gerade wegen der gegenwärtigen großen Verschlechterung der wirtschaftlichen Lage der Studenten, daß der Geldbeutel für die Auswahl unseres akademischen Nachwuchses entscheidend bleibt, und zwar in stärkerem Maße als zuvor.

Unabhängig von diesen finanziellen Forderungen müssen aber die übrigen Reformforderungen in Hamburg Gesetz werden, sobald wir uns über sie ganz klar geworden sind. Und zwar muß in dieser Legislaturperiode nicht nur das Hochschulgesetz selbst erlassen werden, sondern darüber hinaus auch die wichtigsten Durchführungsverordnungen. Wenn dieses Werk also bis zum Herbst nächsten Jahres geschaffen sein soll, so muß das Gesetz spätestens zu Beginn des Sommers angenommen sein. Vorher wird die Bürgerschaft das ganze Universitätsproblem ausgiebig diskutieren müssen; zu dieser Diskussion gehören dann auch wichtige Fragen, die nicht unmittelbar mit dem Gesetz zusammenhängen, so zum Beispiel die voraussichtlich nur gegenwärtig wichtige Frage des Numerus clausus (zahlenmäßige Zulassungsbeschränkung), die Möglichkeit, die Fakultäten der Universität in stärkerem Maße als bisher begutachtend bei der Lösung staatlicher und gesellschaftlicher Probleme heranzuziehen, und anderes.

Der kulturpolitische Ausschuß, die Fraktion und die Genossen in der Schuldeputation werden erhebliche Vorarbeiten zu leisten haben – auch werden Gespräche mit Fraktionen und Parteigremien in den anderen Ländern notwendig sein; alles in allem: wenn wir auf dem Felde der Hochschulpolitik außer der Erledigung von tagespolitischen Fragen und Notwendigkeiten in dieser Bürgerschaftsperiode auch einen auf die weitere Zukunft berechneten, entscheidenden Beitrag zu einer fortschrittlichen Entwicklung unserer Hamburgischen Universität und damit zu einer gesünderen Entwicklung der ganzen Gesellschaft leisten wollen, so ist keine Zeit zu verlieren.

Die Sozialdemokratie im heutigen Gesellschaftsaufbau (1948)[307]

Kürzlich versuchte ein Referent auf einer repräsentativen sozialdemokratischen Tagung in der Hinwendung mancher Menschen zum Existentialismus einen »Strukturwandel der Gesellschaft« zu sehen, welcher eine Umformung der sozialistischen Vorstellungswelt notwendig mache. Die Tatsache des nur mäßigen Widerspruches, den der Redner fand, deutete einmal mehr die Gefahr an, daß ideologische Diskussion in nebulöse Gefilde führt und die gesellschaftlichen Wirklichkeiten übersehen oder vergessen macht. Die These, daß der Gestaltwandel der Gesellschaft eine Überprüfung überkommener Vorstellungen erfordere, ist sicherlich nicht falsch – das Ergebnis solcher Überlegung aber hängt wesentlich ab von der Erkenntnis, wie denn in Wirklichkeit der heutige Aufbau unserer Gesellschaft beschaffen sei.

Der Aspekt des kommunistischen Manifestes

Für Sozialisten ist es seit Marx selbstverständlich, bei der Betrachtung der Gesellschaft von ihrer Klassenstruktur auszugehen. Wenn heute unter der Vorstellung einer Verwandlung dieser gesellschaftlichen Struktur die Frage nach der Gültigkeit des Marxschen Ansatzpunktes für unsere Zeit gestellt wird, so sei vor dem Versuch einer Antwort zunächst jenes Konzept in Erinnerung gebracht, das Marx und Engels vor hundert Jahren schufen. Dort wurde von nur zwei Klassen gesprochen: Bourgeoisie und Proletariat; das Unterscheidungsmerkmal wurde in der Stellung

---

307 Beitrag Helmut Schmidts im Rundbrief der SDS-Gruppe Hamburg, Dezember 1948.

dieser beiden Klassen zu den Produktionsmitteln gesehen; weiter: kraft seines Eigentums an den Produktionsmitteln ist das Bürgertum instandgesetzt, den Staat zu beherrschen, welcher infolgedessen gleichsam nur noch ein Ausschuß zur Verwaltung der gemeinsamen Geschäfte des Bürgertums ist. Demgegenüber findet die Arbeiterklasse ihren politischen Exponenten in der sozialistischen (damals »kommunistischen«) Partei. Marx schien es so zu sein, daß im Verlaufe des von ihm vorhergesagten Konzentrationsprozesses des Kapitals diese beiden Klassen sich immer klarer herausbilden würden, um sich am Ende allein gegenüberzustehen.

Der heutige Unterbau der sozialistischen Parteien

Nachdem seit damals inzwischen ein Jahrhundert abgelaufen ist, müssen wir feststellen, daß dieser Prozess der Zuspitzung zu einem Zwei-Klassen-System kaum irgendwo in der kapitalistischen Welt entscheidende Fortschritte gemacht hat. Andererseits sind zwar die sozialistischen Parteien weitgehend die politischen Exponenten der Arbeiterschaft geworden, sie haben auch zu einem großen Teil Elemente aus anderen Klassen in sich aufgenommen, ohne aber daß diese politisch nennenswert geschwächt oder gar als Klasse aufgehoben worden wären. So kommen in Frankreich große Teile der Wähler ständig aus dem Kleinbürger- and -bauerntum; in England verfügt die Labour-Party zwar über eine starke Arbeitergrundlage, umfaßt daneben unter ihren Anhängern aber auch viele Menschen aus fast allen andern Klassen Englands; die Partei der Arbeit in Holland ist in ähnlicher Lage (bei ihr darf als besonderes Charakteristikum das große Gewicht der ausschließlich christlich bestimmten Anhänger nicht übersehen werden – während gleichzeitig ein erheblicher Teil der Arbeiterschaft in der katholischen Partei gebunden ist!); in den Arbeiterparteien Skandinaviens spielt das Kleinbürgertum eine große Rolle. Auch in Deutschland ist das Bild der Sozialdemokratie sehr bunt: es enthält fast alle diese Züge gleichzeitig, die wir soeben einzeln zur Kennzeichnung ihrer ausländischen Bruderparteien benutzt haben; die Mitgliedschaft besteht nur knapp zur Hälfte aus Arbeitern – daneben haben die Angestellten große Anteile, weiter die Beamten, die Kleinbürger, schließlich auch die Bauern und durch Kriegsfolgen deklassiertes Bürgertum.

Der heutige Klassenaufbau entspricht nicht der Vorhersage des kommunistischen Manifestes

Wir müßten der heutigen Gesellschaft große Gewalt antun, wenn wir sie in ein Zwei-Klassen-System zwängen wollten. Schon im alltäglichen Leben ergeben sich auf den ersten Blick weitergehende Differenzierungen. Wir erkennen getrennt voneinander: erstens die alten Herrschaftsklassen des Großgrundbesitzes und der Verfügungsmacht uber Finanz- und Industriekapital; zweitens das Bauerntum: drittens das Kleinbürgertum und daneben die großen Zahlen der technischen, kaufmännischen und Verwaltungsangestellten, viertens die Arbeiterschaft. Dies ist nur eine vorläufige Unterscheidung. Auf die Frage aber, worin denn die Unterscheidungsmerkmale lägen, müssen wir antworten: Klassen lassen sich heute nicht allein nach dem Merkmal etwaigen Eigentums an Produktionsmitteln bestimmen – viel wichtiger ist das Merkmal der wirtschaftlichen und sozialen Macht, die ausgeübt wird; wichtiger ist das Merkmal der Erblichkeit der gesellschaftlichen Position; und wichtiger ist schließlich auch der dauernde durchschnittliche Lebensstandard.

Beispiele für soziale Macht: die Herren der kapitalistischen Industriekonzerne, die vielfach konzentrierteste Machtbefugnisse besitzen, ohne selbst über Eigentum an Produktionsmitteln in nennenswerter Höhe zu verfügen – während die eigentlichen Eigentümer, nämlich die Aktionäre, weitgehend machtlos geworden sind; ähnliches gilt für Großbanken und Finanzkapital. Die Tatsache des Produktionsmitteleigentums allein reicht hier offenbar zur Unterscheidung nicht aus, den Ausschlag gibt das Maß der ausgeübten sozialen Macht. Gleiches gilt für die Unterscheidung zwischen Großgrundbesitz und Bauerntum: auch hier reicht das Marxsche Unterscheidungsmerkmal nicht aus – entscheidend ist vielmehr die Größe des Besitzes und damit wiederum der Grad der sozialen Macht sowie Lebensform und -standard.

Beispiele für Erblichkeit der gesellschaftlichen Position: die Mittel zur Aufrechterhaltung der alten Herrschaftsklassen sind keineswegs beschränkt auf die juristische Vererbung etwaigen Besitzes, sondern mindestens ebenso wirkungsvoll werden die »Beziehungen« gehandhabt, die man innerhalb der Herrschaftsklassen hat, wenn man in ihnen geboren und aufgewachsen ist; jedermann weiß das: der Sohn des Magnaten wird in der Regel selbstverständlich wieder ein wirtschaftlicher Machthaber von hohen Graden sein, zumindest wird er in so vielen Aufsichtsräten sitzen, daß der ererbte Lebensstandard ungefährdet bleibt. Auf der anderen Seite wird die Erblichkeit der Klassenzugehörigkeit des Arbeiters dadurch hergestellt, daß seine schwache wirtschaftliche Position ihm von Anfang an nicht gestattet, jene Ausbildung zu erwerben, die allein ihm dien Zugang zu den in den Händen der oberen Klassen befindlichen Positionen ermöglichen könnte.

Zu unserem bisher nur vorläufig gezeichneten Bild müssen jetzt noch zwei wichtige Ergänzungen gemacht werden; sie betreffen das Kleinbürgertum und die Intellektuellen.

Ablösung des Kleinbürgertums durch eine neue Klasse

Großgrundbesitz und Kapital, Bauernschaft und schließlich auch die Arbeiterschaft haben im allgemeinen stets ein klares Bewußtsein ihrer Klasseninteressen – anders dagegen das Kleinbürgertum. Seine Angehörigen haben weitgehend keine deutlichen Vorstellungen von ihrer Lage als Klasse, daher ermangelt es ihnen oft an politischer Zielstrebigkeit und damit an politischem Urteil. Das Kleinbürgertum Deutschlands ist in den letzten Generationen geradezu eine Heimstatt politischer Indifferenz und deswegen ein ständiges Reservoir von Mitläufern, aus dem je nach augenblicklicher Lage dieser oder jener politischen Richtung Unterstützung zufließt.

Trotz dieses Mangels aber ist das Kleinbürgertum nicht zwischen den bewußt kämpfenden Klassen zerrieben worden, im Gegenteil: der Fortschritt unserer arbeitsteiligen Gesellschaftsorganisation läßt den verhältnismäßigen Anteil der Arbeiter an der Gesamtbevölkerung immer mehr absinken zugunsten des Anwachsens einer Vielzahl von verschiedenen Gruppen von Angestellten. Gleichzeitig mit diesem Prozeß erhält das Kleinbürgertum spätestens seit dem ersten Weltkrieg eine andere Prägung: nicht mehr der kleine Selbständige oder der Beamte bestimmt das Gesicht dieser Klasse, sondern der technische Zeichner, der Betriebsingenieur, der Werkmeister – die Sekretärin, der Buchhalter, der kaufmännische Angestellte, der Funktionär des Großbetriebs – weiter der Funktionär in Unternehmerverband oder Gewerkschaft, in Bank und Versicherungsgesellschaft, in Staat und Gemeinde. Mit einem Worte: es bildet sich an Stelle des alten Kleinbürgertums eine Klasse von Menschen, die alle ganz bestimmt begrenzte, abhängige Spezialfunktionen innerhalb des mehr und mehr »durchorganisierten« Apparates unserer modernen Gesellschaft ausüben. Solange es keinen prlirisercn Ausdruck gibt, wollen wir die neue Klasse, die hier in der Entstehung begriffen ist, die Klasse der Funktionäre nennen. (Wir hoffen, ein etwaiges Mißverständnis ausgeschaltet zu haben, es ist hier nicht schlechthin der ehrenamtliche »Funktionär« der politischen Parteien gemeint.)

Die Gefahr dieser Entwicklung ist uns allen unter dem Schlagwort »Bürokratie« geläufig, Bürokratie ist zwar nur eine von vielen Erscheinungsformen der modernen Funktionärsklasse. Gerade der Bürokrat aber verkörpert jenen Funktionärstyp, der zum Träger eines möglichen Machtanspruches dieser Klasse werden kann, indem er die eigene Bedeutungslosigkeit und sein Bewußtsein des ohnmächtigen Apparat-Teilchen-Seins durch eine Überbetonung seiner Funktion auszugleichen bestrebt ist, Ausweitung des an sich bescheidenen Machtgefühls, welches seine Position ihm zu gewähren vermag. Hier liegt die Bedrohung der Gesellschaft durch die neue Klasse. Diese Bedrohung kann im gleichen Maße unmittelbar Gestalt gewinnen, in dem die Funktionärsklasse ein eigenes Klassenbewußtsein entwickelt. Die aktuellen Auseinandersetzungen zwischen Industrie- und Angestelltengewerkschaften werfen ein bezeichnendes Licht auf die Verschiedenheiten des Klassenbewußtseins, die sich hier entwickeln könnten.

Die Intellektuellen stehen neben den Klassen

Ein großer Teil der Intellektuellen steht außerhalb der Klassenstruktur. Ihre politischen Anschauungen über gesellschaftliche Notwendigkeiten sind häufig losgelöst von der sozialen und wirtschaftlichen Grundlage ihrer eigenen Existenz. Ihr Bewußtsein bildet sich in einem viel geringeren Grad der Abhängigkeit von ihrem gesellschaftlichen Dasein, als dies bei der Mehrzahl aller Menscher der Fall ist. Hierin liegt als Stärke die Möglichkeit zu weitgehender Freiheit – und als Schwäche die Gefahr, infolge des Fehlens der gesellschaftlichen Verwurzelung auch im geistigen und seelischen Bereich den Boden unter den Füßen zu verlieren (zum Beispiel diejenigen, die – wie einleitend erwähnt – Sozialismus auf Existenzphilosophie gründen wollen, scheinen mir solcher Gefahr zu erliegen).

In dieser Hinsicht ist übrigens die heutige Jugend Deutschlands seinen Intellektuellen vergleichbar: nationalsozialistische Beeinflussung und Kriegserlebnis haben in der Jugend weithin (nicht etwa nur in ihrem intellektuellen Teil!) eine Lösung der gesellschaftlichen Verwurzelung bewirkt, mit der dann geistige und seelische Verwirrung Hand in Hand ging.

Bleibt die Sozialdemokratie eine Klassenpartei?

Soll sie es bleiben? Oder muß sie es nicht wieder werden?, so wird heute oft gefragt. Andere wiederum fragen entgegengesetzt: Muß nicht die Sozialdemokratie heute mehr sein als eine Klassenpartei der Arbeiter?

Die Arbeiterklasse hat die geringste soziale Macht, sie muß sich in unserer heutigen Gesellschaft mit einem unangemessenen Lebensstandard begnügen. Ihre Empörung über diesen Zustand und ihr Interesse an seiner Beseitigung wird der Arbeiterklasse vor allen anderen Klassen Kräfte des politischen Zusammenschlusses zu seiner Beseitigung verleihen. Daher wird die Arbeiterklasse trotz Aufnahme anderer Elemente und Kräfte in die sozialistischen Parteien aus natürlichen Gründen stets deren Grundlage bleiben. Abweichend vom Marxschen Konzept aber bleibt zu erkennen, daß zahlenmäßig die Arbeiterschaft keine klare Mehrheit in (der) Demokratie erzielen kann, während sich neben ihr eine in starkem Maße anwachsende Funktionärsklasse entwickelt. Nach allem, was über die Funktionärsklasse bisher gesagt wurde, ist es notwendig, sie für sozialistische Ziele zu gewinnen.

Es gilt dafür zu sorgen, daß hier kein der Arbeiterschaft feindliches Klassenbewußtsein entwickelt wird, wie es früher im Dünkel des Stehkragenproletariers, heute in den Ansprüchen der Angestelltenverbände sich abzeichnet. Hier liegt das große Feld der politischen Erziehung für die sozialistische Bewegung. Denn im gleichen Maße, in dem es gelingt, den abhängigen Funktionär des modernen Apparats von der Notwendigkeit einer verantwortlichen Kontrolle des Apparats durch die Allgemeinheit zu überzeugen, im gleichen Maße wird er auch von der Notwendigkeit einer Gesellschaftsordnung überzeugt werden, die jedermann gleiche Berechtigungen sichert, und ebenso wird er sich bewußt mit der Arbeiterschaft verbünden, die für die gleichen Ziele kämpft.

Diese Entwicklung wird erleichtert werden, wenn die engen Verbindungen bewußt gemacht werden, die zwischen beiden Klassen vielfach bestehen: viele Funktionäre stammen aus der Arbeiterschaft, Lebensstandard und Lebensform sind in Wahrheit viel ähnlicher, als manche Funktionäre gern zugeben möchten.

Daneben ist es notwendig für die Sozialdemokratie, in stärkerem Maße als bisher intellektuelle Kräfte an sich zu binden und nutzbar zu machen. In einer Epoche schnell fortschreitender Komplizierung des gesellschaftlichen Organismus kann sich die Sozialdemokratie nicht leisten, die potentiellen Kräfte der Intellektuellen der Gegenseite oder der politischen Indifferenz (und das hieße gleichfalls: der Gegenseite!) zu überlassen.

Erweiterung des Unterbaus ist notwendig und möglich!

Die Überzeugung von der Ungerechtigkeit und der Krankheit der jetzigen Gesellschaft lebt heute auch außerhalb der Arbeiterschaft in vielen Menschen; viele von ihnen hoffen, daß es möglich sein müsse, diese verfestigte Struktur zu überwinden und jedermann die gleiche Lebenschance zu geben. Der demokratische Sozialismus verfügt über das gedankliche Rüstzeug wie über die gesellschaftliche Grundlage für solche Umwälzung – auf dem Wege zu ihrer Verwirklichung ist es seine Aufgabe, all diesen Hoffenden Ziel und Wege zu zeigen und sie bei sich aufzunehmen. Sozialisierung wirtschaftlicher Machtballung und Öffnung des Zugangs zu allen Positionen für jedermann sind Ziele der Arbeiterklasse – aber über die Interessen der Arbeiterklasse (hinaus) gehen sie viele andere Menschen an. Hierin liegen Möglichkeiten der Blutzufuhr, die, wie es scheint, noch nicht überall entschlossen genug ergriffen werden.

Richtlinien des Sozialistischen Deutschen Studentenbundes (1948)[308]

I. UNSER ZIEL

Als Sozialisten erstreben wir eine Gesellschaftsordnung, in der die Freiheit von Not und Zwang allen Menschen eine harmonische Entwicklung ihrer Persönlichkeit ermöglicht. Das erfordert einen demokratisch kontro11ierten Staat und eine Wirtschaftsordnung, in der die dem Kapitalismus eigene Ausbeutung der wirtschaftlich Schwachen, die durch das Profitstreben von Einzelnen und von Gruppen bedingt ist, abgelöst wird durch eine auf Deckung der Bedürfnisse gerichtete Planung. Diese Ordnung wird vollendet durch den Zusammenschluss aller Völker. Nur so wird es möglich sein, Kriege zu verhindern und der Menschheit den Frieden zu geben.

Wer diesen Zielen nachstrebt, gehört zu uns, ungeachtet seiner wissenschaftlichen, ethischen oder religiösen Antriebskräfte.

II. GESELLSCHAFT UND HOCHSCHULE

Die Arbeit der Gesellschaft schafft die Voraussetzung für Hochschule und Studium, damit fachlich qualifizierte Kräfte für verantwortliche Funktionen herangebildet werden. Bei der Auslese zum Studium dürfen daher Begabung, Leistung und Charakter entscheiden. Voraussetzungen sind völlige Gebührenfreiheit an allen Schulen und Hochschulen und materielle Sicherstellung der Lebenshaltung für die Dauer des Studiums. Begabten die schon im Berufe stehen, muss durch Förderkurse oder andere geeignete Maßnahmen der Zugang zur Hochschule ermöglicht werden.

Die Lehrmethode der Hochschulen soll weitgehend auf dem Lehrgespräch aufgebaut werden. Das bedingt die Berufung und ausreichende Besoldung einer größeren Zahl junger Dozenten und Assistenten. Durch die enge Verbindung des Lehrers zu den Lernenden wird das selbständige Denken und Urteilen der Studenten gefördert und darüber hinaus ein gegenseitiges Geben und Nehmen ermöglicht.

Forschung und Lehre müssen frei von jeder Einmischung seitens des Staates und weltanschaulicher oder religiöser Gruppen sein. Wir erkennen deshalb die Notwendigkeit einer Selbstverwaltung der Hochschule an. Bei der Berufung der Lehrkräfte und in der Verwaltung muss jedoch der Einf1uss staatlich-parlamentarischer Organe gewahrt werden.

Wir treten für eine studentische Selbstverwaltung ein. Sie ist ein Erziehungsmitte1 zur verantwortlichen Mitarbeit an der Lösung gemeinsamer Aufgaben.

Wir Studenten sind verpflichtet, das Studium unter dem Blickpunkt des Gesamtinteresses der Gesellschaft zu betreiben. Dazu gehört, dass wir uns neben der fachlichen Ausbildung die Fähigkeit zu einem umfassenden, auf die Erfordernisse der ganzen Gesellschaft gerichteten Urteils erarbeiten.

---

308 »Eschweger Richtlinien« in der von der Delegiertenkonferenz im Juli 1948 in Eddigehausen beschlossenen Fassung, Anlage 20 zum Protokoll der Delegiertenkonferenz in: SDS 3201.01.

III. AUFGABEN UND ARBEIT DES SDS

Durch gründliche Beschäftigung mit den soziologischen, ökonomischen und geistigen Zusammenhängen wollen wir uns zu politisch denkenden Menschen erziehen, die sich ihrer persönlichen Mitverantwortung für das Ganze bewusst sind. Selbstkritik und Überwindung von persönlichem Ehrgeiz sollen zur Solidarität in unseren Gruppen führen. Wir sind zum Gedankenaustausch mit jedermann bereit. In gegenseitiger Achtung wollen wir die Auseinandersetzung mit politisch Andersdenkenden führen. Die sachliche Kenntnis des gegnerischen Standpunktes sehen wir als notwendige Voraussetzung hierfür an.

Wir fühlen uns der Aufgabe der jungen Generation in allen Ländern verpflichtet, die Politik aus der Sphäre dogmatischer Unduldsamkeit und persönlicher Gehässigkeit in den Bereich nüchterner Sachlichkeit zurückzuführen.

Wir sind überzeugt, dass wir unsere politische Aufgabe nur als tätiges Glied der großen internationalen Arbeiterbewegung erfüllen können. Sie allein hat die revolutionäre Kraft und den Willen, die gesellschaftlichen Verhältnisse umzugestalten. Diesen Kampf führen wir gemeinsam mit der sozialistischen Jugend aller Länder.

Biographische Notizen

Claus Arndt, geb. 1927 in Marburg/Lahn als Sohn des späteren »Kronjuristen« der SPD, Prof. Dr. Adolf Arndt, 1943 Kriegsabitur, danach Kriegsdienst an der Ostfront (letzter Dienstgrad: Gefreiter) und Kriegsgefangenschaft bis 1949, nach erneutem Abitur ab 1950 Jurastudium in Bonn, München und Hamburg, 1951 bis 1953 sowie 1954/55 stellvertretender Bundesvorsitzender des SDS; seit 1959 im Hamburger Staatsdienst, zuletzt als Senatsdirektor in der Justizbehörde; 1968 bis 1976 Mitglied des Deutschen Bundestags, u. a. im Innen- und Rechtsausschuss; Autor zahlreicher Bücher sowie Lehrbeauftragter an mehreren Hamburger Hochschulen.

Karl Wilhelm (»Willi«) Berkhan (1915-1994) stammte aus einer Angestelltenfamilie und trat 1929 als 14-jähriger in die SAJ ein, besuchte das Gymnasium bis zur mittleren Reife und absolvierte eine Maschinenschlosserlehre sowie eine Ingenieurausbildung an der Technischen Lehranstalt Hamburg. Wegen seiner technischen Kenntnisse im Krieg bei der Luftwaffe eingesetzt, zuletzt als Oberleutnant. 1945-47 Studium der Berufspädagogik, anschließend mehrere Jahre im Schuldienst tätig, ab 1950 Bürgerschafts- und 1957-75 Bundestagsabgeordneter, 1969-74 Parlamentarischer Staatssekretär im Bundesverteidigungsministerium, 1975-85 Wehrbeauftragter des Bundestages.

Ralf Dahrendorf, geb. 1929 in Hamburg-Barmbek als Sohn des SPD-Reichstagsabgeordneten Gustav Dahrendorf, studierte ab dem Sommersemester 1947 in Hamburg Philosophie, Klassische Philologie und Germanistik, trat mit 18 in die SPD ein und gehörte vorübergehend auch dem SDS an, wo er nach eigener Aussage zur jungen, »idealistischen« Opposition gegen die realistische Generation der älteren »Offiziere« gehörte. Später distanzierte er sich von der SPD und trat 1967 in die FDP ein.

Horst Ehmke, geb. 1927 in Danzig als Sohn eines Arztes, in der Endphase des Krieges Luft-waffenhelfer und Fallschirmjäger, studierte ab 1946 Jura und Volkswirtschaft in Göttingen, wo er sich dem SDS anschloss. Nach der Promotion 1952 unter anderem wissenschaftli-cher Assistent des SPD-»Kronjuristen« Adolf Arndt und ab 1963 Ordinarius für Öffentli-ches Recht in Freiburg. 1967 bis 1969 Staatssekretär im Bundesjustizministerium und nach der Wahl Heinemanns zum Bundespräsidenten im März 1969 selbst für einige Monate Ju-stizminister. Im ersten Kabinett Brandt 1969 bis 1972 Kanzleramtsminister, anschließend bis 1974 Bundesminister für Forschung und Technologie, Post- und Fernmeldewesen.

Ernst Heinsen, geb. 1924 in Nürnberg als Sohn eines Reichsbanner-Funktionärs und Enkel des von den Nazis abgesetzten linksliberalen Nürnberger Oberbürgermeisters Dr. Her-mann Luppe; 1934 Übersiedlung nach Hamburg, wo er nach Kriegsdienst und Gefan-genschaft ab 1946 Jura studiert; Eintritt in den SDS und von November 1947 bis Mitte April 1948 Bundessekretär »unter« Helmut Schmidt. Nach dem Studium Rechtsanwalt in Hamburg, 1966–70 und 1973/74 Senator und Bevollmächtigter der Freien und Hanse-stadt Hamburg beim Bund, 1970-72 Justizsenator.

Heinz-Joachim Heydorn (1916–1974) stammte aus einer liberalen Altonaer Akademiker-familie und begann bereits vor dem Krieg in Hamburg ein Studium der Philosophie, Sinologie und Anglistik. Er unterhielt Kontakte zur Bekennenden Kirche sowie zum so-zialdemokratischen Exil in Paris. Wegen seiner Sprachkenntnisse im Krieg zunächst als Dolmetscher im Nachrichtendienst des Heeres eingesetzt. Im Herbst 1944 zum Front-einsatz kommandiert, desertierte er und wurde in Abwesenheit zum Tode verurteilt, konnte aber bei französischen Bauern untertauchen, bis er von britischen Truppen befreit und zur Umerziehung deutscher Kriegsgefangener eingesetzt wurde. Ab Herbst 1945 Fortset-zung des Studiums und Mitbegründer des SDS in Hamburg. Nach dem Examen Pädagogik-dozent und Professor in Kiel, Jugenheim und Frankfurt. 1961 wurde er als Gegner der Trennung vom SDS und Mitbegründer der »Sozialistischen Förderergesellschaft« (SFG) aus der SPD ausgeschlossen.

Alfred Hooge (1908–1989) war in seiner Jugend zunächst in der KPD aktiv gewesen, später aber zur SAP gewechselt. 1933 wegen illegaler Tätigkeit verurteilt, konnte Hooge sein Studium der Philosophie und Erziehungswissenschaften im Dritten Reich nicht fortset-zen. Als Kriegsgefangener in den USA wurde er stark von den Erziehungsidealen der YMCA beeinflusst und setzte sich nach dem Krieg im SDS (1946/47 Bundesvorsitzender für die US-Zone) für einen christlichen Sozialismus ein.

Hans-Werner Kempa gehörte neben Heydorn und Schult zum Gründungsvorstand der Hamburger »Arbeitsgemeinschaft Sozialistischer Studenten«, wurde aber später wegen eines nicht näher bezeichneten Streits »in Unehren aus dem SDS entlassen«. Nach dem Studium war Kempa im Springer-Verlag tätig.

Helmuth Kern, geb. 1926 in Hamburg, begann 1946 ein Studium der Geschichte, Germa-nistik und Literaturwissenschaft (ohne Abschluss) und absolvierte nebenher eine kaufmännische Lehre. Nach Tätigkeiten in der Privatwirtschaft von 1966 bis 1976 Hamburger Wirtschaftssenator und 1971/72 Zweiter Bürgermeister, anschließend von 1976 bis 1991 Vorstandsvorsitzender der Hamburger Hafen- und Lagerbetriebe AG (HHLA).

John van Nes Ziegler (1921–2006) geb. in Köln, nach Abitur und Kriegsdienst Jurastudium in Berlin und Köln, Vorsitzender der SDS-Gruppe Köln, 1948–51 Bundesvorsitzender; nach dem Examen Rechtsanwalt in Köln und seit 1956 Stadtverordneter und SPD-Fraktionsvorsitzender, 1953/54 sowie 1958 bis 1985 Mitglied des Landtages von Nordrhein-Westfalen, 1966 bis 1970 und erneut von 1980 bis 1985 Landtagspräsident, dazwischen 1973 bis 1980 Oberbürgermeister von Köln.

Peter von Oertzen, geb. 1924 in Frankfurt am Main, wurde Anfang 1942 als 17jähriger zum Militär eingezogen und glaubte nach eigenen Worten »bis zuletzt an den Endsieg«. Im Wintersemester 1946/47 Studienbeginn in Göttingen und Eintritt in SPD und SDS, als niedersächsischer Landesvorsitzender 1947/48 Mitglied im Bundesvorstand Schmidt/Wittrock. 1953 Promotion, 1960 Habilitation, 1963 bis 1982 Professor für Politische Wissenschaft an der TH Hannover; 1955 bis 1959 sowie 1967 bis 1982 Landtagsabgeordneter sowie 1970 bis 1974 niedersächsischer Kultusminister; zahlreiche Parteiämter, 2005 Austritt aus der SPD und Eintritt in die »Wahlalternative Arbeit und soziale Gerechtigkeit«.

Oswald Paulig (1922–2006) geb. in Hamburg-Bergedorf als Sohn des SPD-Funktionärs Ernst Paulig; nach dem Abitur 1941 Soldat der Luftwaffe; 1945 Eintritt in SPD und Gründungsmitglied des SDS; Abschluss als Dipl.-Volkswirt 1949, danach zunächst Persönlicher Referent von Gustav Dahrendorf bei der Großeinkaufsgemeinschaft Deutscher Konsumgenossenschaften (GEG), später Direktor der Hamburgischen Wohnungsbaukasse und Präsident des Bundes deutscher Konsumgenossenschaften; seit 1953 Bürgerschaftsmitglied, 1965 bis 1970 Fraktionsvorsitzender, 1970 bis 1980 Landesvorsitzender, seit 1994 Ehrenvorsitzender der SPD Hamburg.

Hans Schmelz (1917 bis 1987) war 1936–1945 Berufssoldat (letzter Dienstgrad Major). Nach Kriegsende Studium der Rechts- und Staatswissenschaften in Hamburg; ab 1949 als Journalist tätig, unter anderem beim »Hamburger Echo« (unter dem damaligen Ressortleiter Herbert Wehner) sowie ab 1953 für den SPIEGEL, dort 1962 Mitautor der Titelgeschichte »Bedingt abwehrbereit«, die zum Auslöser der »Spiegel-Affäre« wurde und Schmelz für 81 Tage in Untersuchungshaft brachte; 1971 holte Helmut Schmidt ihn in den neu gegründeten Planungsstab des Bundesministeriums der Verteidigung, zunächst als Arbeitsbereichsleiter für Friedens- und Konfliktforschung, ab 1974 dann als stellvertretender Leiter des Planungsstabs.

Gerhard Schröder, geb. 1921, studierte in Marburg Jura und war als hessischer SDS-Landesvorsitzender Mitglied im Bundesvorstand Schmidt/Wittrock, 1949/50 schließlich stellvertretender Bundesvorsitzender. Nach dem Examen zunächst als Rundfunkreferent im niedersächsischen Kultusministerium, 1961 bis 1973 Intendant des Norddeutschen Rundfunks und 1974 bis 1985 Intendant von Radio Bremen.

Hans-Erich Schult, geb. 1917 als Sohn des sozialdemokratischen Oberschulrats Johannes Schult, der als Mitbegründer des Hamburger Arbeiterbildungswesens u. a. Max Brauer, Paul Nevermann und Gustav Dahrendorf zu seinen Schülern zählte. 1946 Mitbegründer und Mitglied im ersten Vorstand der Hamburger »Arbeitsgemeinschaft Sozialistischer Studenten«, Eröffnungsredner auf dem Gründungskongress, 1946/47 Landesvorsitzender Hamburg/Schleswig-Holstein. Nach dem Studium als Druckereibesitzer, Zeitungsverleger und Inhaber einer Werbeagentur weiterhin für die Hamburger SPD aktiv, unter anderem als Bezirks- und Bürgerschaftsabgeordneter.

Peter Schulz, geb. 1930 in Rostock als Sohn des späteren ersten Nachkriegs-Oberbürgermeisters Albert Schulz (SPD); nach dem Abitur 1950 Flucht nach Hamburg, dort Jurastudium und Eintritt in SPD und SDS, 1953/54 Mitredakteur der SDS-Bundeszeitschrift »Unser Standpunkt« und 1954/55 Bundessekretär. 1961 bis 1986 Mitglied der Hamburger Bürgerschaft, 1971 bis 1974 Erster Bürgermeister, 1978 bis 1982 sowie 1983 bis 1986 Präsident der Bürgerschaft.

Otto Stolz (1917–1962) stammte aus einer Gewerkschafterfamilie und war schon vor 1933 in der Sozialistischen Arbeiterjugend aktiv, nach 1945 SPD und Gegner der Zwangsvereinigung mit der KPD, Student der Berliner Universität, Mitglied des Studentenrates und Redakteur der freiheitlichen Studentenzeitung »colloquium«, nach seiner Relegation im April 1948 einer der Mitbegründer der Freien Universität, ab 1949 als Journalist tätig, u. a. für die DGB-Zeitung »Welt der Arbeit« und als Leitender Redakteur bei der Deutschen Welle; mehrere Buchveröffentlichungen, 1959 Ausschluss aus der SPD wegen seiner Beteiligung an der Gründung des CDU-nahen Vereins »Rettet die Freiheit«.

Helga Timm, geb. 1924 in Hamburg als Tochter eines Tischlermeisters, studierte von 1946 bis 1952 Geschichte, Latein und Pädagogik; 1947/48 im SDS-Bundessekretariat für Auslandsbeziehungen verantwortlich, unter anderem für die Vorbereitung des Barsbütteler Treffens 1948; Nach der Promotion (»Die deutsche Sozialpolitik und der Bruch der Großen Koalition im März 1930«) zunächst bis 1965 wissenschaftliche Referentin am UNESCO-Jugendinstitut in Gauting bei München, anschließend bis 1973 Dozentin und später Leiterin der Akademie der Arbeit in Frankfurt am Main; 1969 bis 1990 Mitglied des Bundestages, davon 1973 bis 1987 als Parlamentarische Geschäftsführerin der SPD-Fraktion.

Walter Tormin, geb. 1923 als Sohn eines »unpolitischen«, aber jugendbewegten und vor 1933 in der Sozialarbeit engagierten Beamten; nach dem Abitur 1942 (Schulfreund Oswald Pauligs) Einberufung und Kriegsdienst bis 1945, zuletzt als Leutnant; nach der Entlassung aus der Gefangenschaft Lehramtsstudium und Eintritt in den SDS; im Wintersemester 1947/48 Gruppenvorstand und Leiter des Pädagogischen Arbeitskreises. Nach dem Examen 1950 bis 1961 Lehrer, 1963 bis 1976 Leiter des Kuratoriums für staatsbürgerliche Bildung bzw. – nach deren Gründung – der Landeszentrale für Politische Bildung, außerdem 1966 bis 1976 Mitglied der Hamburgischen Bürgerschaft, ab 1976 bis zur Pensionierung 1986 Senatsdirektor und Leiter des Amtes für Berufs- und Weiterbildung in Hamburg.

Karl Wittrock (1917–2000), Sohn des Ministerialdirektors und Kasseler SPD-Funktionärs Karl W. sen., wurde 1946 als Unteroffizier a. D. aus amerikanischer Kriegsgefangenschaft entlassen und studierte anschließend Jura in Frankfurt, wo er sich der SPD und dem SDS anschloss. Nach dem Studium war er unter anderem von 1953 bis 1963 Bundestagsabgeordneter, 1963 bis 1967 Regierungspräsident in Wiesbaden, 1967 bis 1974 Staatssekretär im Bundesverkehrsministerium und schließlich von 1975 bis 1985 Präsident des Bundesrechnungshofes.

Wolfgang Zeidler (1924–1987) geb. in Hamburg als Sohn des sozialdemokratischen Oberschulrates Curt Zeidler, 1942 bis 1945 Kriegsdienst, danach Jurastudium in Hamburg; Gründungsmitglied und im Wintersemester 1946/47 Vorstand der SDS-Gruppe Hamburg, von Ende 1946 bis Oktober 1947 erster Bundessekretär. Nach der Promotion 1950 zunächst Richter in Hamburg, ab 1967 am Bundesverfassungsgericht, 1970 bis 1975 Präsident des Bundesverwaltungsgerichts, 1975 Vizepräsident und von 1983 bis kurz vor seinem Unfalltod 1987 Präsident des Bundesverfassungsgerichts.

Bilddokumente

Internationales Treffen des SDS im Frühjahr 1948 in Barsbüttel. Die Aufnahme vermittelt einen Eindruck, wie locker die ausländischen Gäste und die deutschen Veranstalter miteinander umgingen. Unter ihnen immerhin ein späterer norwegischer Finanzminister (Per Kleppe), ein späterer niederländischer Außenminister (Max van der Stool), ein späterer deutscher Bundeskanzler etc.

Dieses Bild zeigt neun deutsche Mitglieder des SDS. Sie wurden nach ärztlicher Untersuchung als besonders »ausgehungert« befunden und von der befreundeten Arbeiterwohlfahrt für zwei Wochen in deren »Nordseeklinik« in Westerland zum »Aufpäppeln« eingeladen.

Alle Aufnahmen: Sammlung Peter Schulz, Hamburg

*Einen Blick auf die äußeren Umstände, unter denen die Gruppe damals arbeitete, zeigt
diese Aufnahme: Hamburg in Trümmern. Die deutschen Gruppenmitglieder sind Helga Timm
(links) und Reinhold Postelt (2. v. r.). Neben ihnen zwei sozialistische Studenten
aus den USA, Bob und Babs.*

Auf dieser Aufnahme vom 17.7.1948 sieht man Helmut Schmidt als stolzen Vater.

Personenregister

A

Abendroth, Wolfgang 73
Appermann, Fritz 72
Arndt, Claus 72f., 98
Attlee, Clement 85

B

Bantzer, Günter 69, 73
Berkhan, Willi 12, 29, 31, 33f., 37f., 40f., 70, 98
Berry, Henry Vaughan 35
Blum, Leon 86
Bohnenkamp, Hans 26f., 30
Brandt, Willy 11, 26, 29, 55
Brauer, Max 12, 47, 70
Büsch, Wolfgang 73

C

Chesworth, Donald 40, 59
Churchill, Winston 85

D

Dahrendorf, Gustav 45
Dahrendorf, Ralf 38f., 51, 98
Dutschke, Rudi 11

E

Ecke, Siegfried 21
Ehmke, Horst 55, 99
Eichler, Willy 21, 45
Erler, Fritz 26
Everling, Henry 56

F

Fichtner, Otto 73
Flechtheim, Ossip K. 73
Frels, Jochen 68
Frey, Hans-Ludwig 37, 42, 44-46
Friedländer, Otto 59

Fuchs, Emil 21
Fuchs, Rainer 21, 51

G

Gätje, Liesgret 31
Gaus, Günter 23, 28
Gross, Emil 22
Grumbach, Salomon 86

H

Haekkerup, Per 63
Harlem, Gudmund 63
Heimann, Eduard 35
Heinsen, Ernst 15, 23, 33, 37, 46-48, 50, 52-54, 56f., 60, 63, 64, 67-70, 99
Hennig, Arno 20, 43, 51
Herzog, Roman 28
Heydorn, Heinz-Joachim 16, 21f., 31, 33, 40, 42, 52, 54, 59, 67, 70, 73f., 99
Holländer, Franz 34
Holländer, Herbert 34
Hooge, Alfred 22, 52, 56, 67, 74, 99
Hose, Irmgard 31, 41

J

Jacobsen, Erhard 59

K

Kaden, Albrecht 72
Kalbitzer, Helmut 21
Kempa, Hans-Werner 17, 31, 99
Kern, Helmuth 32f., 99
Kogon, Eugen 51
Kühne, Karl 72

L

Landahl, Heinrich 29, 73
Lemke, Lotte 54
Lichtwark, Alfred 24

Lohmann, Heribert 48f.
Lohmar, Ulrich 72f.
Löwenthal, Richard 61f.
Lukácz, Georg 51

M

Maschmann, Ingeborg 31
Maschmann, Jürgen 71
Meier, Karl-Heinz 49
Meitmann, Jack 31
Meitmann, Karl 31
Menne-Thomé, Catrin 69
Meyer-Labastille, Ricardo 72
Molenaar, Bob 63
Mösch, Waltraud 64f.

N

Nau, Alfred 20, 54f.
Naumann, Friedrich 24
Nelson, Leonard 21
Nes Ziegler, John van 65, 68-70, 73, 100

O

Oertzen, Peter von 37, 45f., 67, 100
Ollenhauer, Erich 12, 17-19, 36, 42, 45
Ortlieb, Heinz-Dietrich 34f.

P

Paulig, Oswald 31, 34, 37, 100
Pavel, Konrad 31
Peters, Heinz 47f., 55
Petersen, Carl 24

R

Reinhold, Johanness 73
Recknagel, Rolf 68, 74
Reuter, Ernst 47
Ritscher, Hans 58
Ross, Margret 31

S

Satow, Peter 34, 38f.
Scheel, Walter 27
Schickel, Joachim 31
Schiller, Karl 29, 70
Schmelz, Hans 32, 38, 40f., 100
Schmidt, Hannelore (»Loki«) 24, 28f., 67
Schönfelder, Thea 39
Schröder, Gerhard 45, 56, 100
Schult, Hans-Erich 15, 18, 20, 23, 30f., 35, 101
Schult, Johannes 30
Schultze, Lotte 31, 39
Schulz, Peter 41, 72f., 101
Schumacher, Kurt 12, 17f., 20, 36, 42, 45-47, 75
Sprenger, Otto 71
Stoel, Max van der 59
Stolz, Otto 49f., 56, 64, 101
Strauß, Franz-Joseph 27
Stresemann, Gustav 24

T

Timm, Helga 15, 23, 31-34, 39, 46, 50, 52, 60-62, 70, 74, 101
Tiplt, Alexander 68f.
Tormin, Walter 15, 23, 32, 34, 37, 40, 70f., 73, 101

W

Wagner, Gesa 39, 71
Wehner, Herbert 12f., 45, 100
Weisser, Gerhard 34f.
Weisser, Konrad 34
Weizsäcker, Richard von 27
Wilder, Thornton 36
Wittrock, Karl 36, 42, 45, 49, 53, 56f., 64, 67, 70, 73, 100, 102

Z

Zeidler, Wolfgang 31, 36, 40, 43, 45, 54, 59, 64, 67, 70, 102
Zylmann Eckbert 32, 68

Studien der Helmut und Loki
Schmidt-Stiftung, Band 1

Thomas Birkner

»Comrades for Europe?«
Die »Europarede« Helmut
Schmidts 1974
152 Seiten, 22 Abb.
ISBN 978-3-86108-084-8
14,90 €

30. November 1974, Parteitag der britischen Labour Party: Helmut Schmidt, seit ein paar Monaten Kanzler der Bundesrepublik Deutschland, versucht die Genossen der »Schwesterpartei« für
Europa zu begeistern. Ein heikles Unterfangen, hatten doch Delegierte gedroht, den Parteitag
zu verlassen, sollte Schmidt das Wort »Europa« in den Mund nehmen.

Schmidts begeisternde Rede für Europa ist mittlerweile Teil der europäischen Unions-
Geschichte. In offenen und dennoch diplomatischen Worten versuchte der deutsche Sozial-
demokrat, den mehrheitlich antieuropäisch gestimmten Comrades aus Großbritannien die Idee
»Europa« nahe zu bringen. Einen Tag nach einem anti-europäischen Parteitagsbeschluss ...

Rund um diese Rede und den Parteitag analysiert Thomas Birkner die lange Tradition des
britischen »Euroscepticism«, vor allem dessen Ausprägung in der Labour Party. Woher rührt
die Skepsis gegenüber der europäischen Einigung? Woher das überzeugte Einstehen dafür?
Welche Motive, welche Traditionen stehen hinter diesen Haltungen?

Zahlreiche Dokumente aus Helmut Schmidts Privatarchiv und dem Kanzleramt sowie zwei
Interviews mit dem ehemaligen Bundeskanzler bilden die Grundlage für Birkners aufschluss-
reiche Untersuchung.

Der Autor
Thomas Birkner, geb. 1977, Studium Geschichte, Journalismus, Spanisch in Gießen, Salamanca
und Hamburg. Redaktionelle Mitarbeit beim Kölner Stadtanzeiger, bei der Deutschen Welle
und dem ZDF-Auslandsstudio in Brüssel sowie der dpa in Hamburg. Seit 2004 Wissenschaftl-
icher Mitarbeiter am Institut für Journalistik und Kommunikationswissenschaft der Universität
Hamburg. Forschungsschwerpunkt: Europäische Integration.

Robert Klaßen

Adobe Photoshop CC

Der professionelle Einstieg

(5. Aufl.

Rheinwerk

Design

Liebe Leserin, lieber Leser,

wer Bilder bearbeiten möchte, hat mit Photoshop CC das beste Werkzeug zur Hand. Doch gerade für Einsteiger ist der immense Funktionsumfang dieses Bildbearbeitungsriesen nicht leicht zu überschauen. Damit Sie sich schnell im Programm zurechtfinden, wurde dieses Buch geschrieben. Unser Autor Robert Klaßen weiht Sie auf unterhaltsame und kompetente Weise in die Geheimnisse von Photoshop ein: Angefangen bei den Werkzeugen über die verschiedenen Ebenentechniken bis hin zur kreativen Fotomontage erfahren Sie in diesem Buch, wie Sie die vielen Funktionen von Photoshop CC nutzen.

Dabei erwartet Sie ein gelungener Mix aus Theorie und Praxis: In mehr als 60 Workshops lernen Sie die Möglichkeiten der digitalen Bildbearbeitung in Photoshop kennen. Sie wollen wissen, wie man Naturaufnahmen in Schwarzweiß umwandelt? Dann schlagen Sie doch einfach im gleichnamigen Workshop nach. Aha-Erlebnisse lassen hier nicht lange auf sich warten. Das benötigte Beispielmaterial zum Mitarbeiten finden Sie auf der Website zum Buch unter *www.rheinwerk-verlag.de/4985*. So können Sie jeden einzelnen Schritt nachvollziehen und profitieren direkt von den zahlreichen Tipps aus der Praxis.

Nun bleibt mir nur noch, Ihnen viel Spaß mit Photoshop CC und diesem Buch zu wünschen! Sollten Sie Anregungen oder Kritik haben, freue ich mich, wenn Sie sich mit mir in Verbindung setzen.

Ihre Ariane Podacker
Lektorat Rheinwerk Design
ariane.podacker@rheinwerk-verlag.de

www.rheinwerk-verlag.de
Rheinwerk Verlag • Rheinwerkallee 4 • 53227 Bonn

Auf einen Blick

1   Die Arbeitsumgebung 23

2   Dateiverwaltung mit Bridge 63

3   Photoshop-Basiswissen: Malen, auswählen, freistellen 85

4   Ebenen 159

5   Licht und Schatten korrigieren 199

6   Farbkorrekturen 233

7   Retusche und Reparatur 255

8   Montage 305

9   Camera Raw 347

10 Text, Formen und Pfade 391

11 Dateien ausgeben – für Web und Druck 425

12 Fachkunde 449

Wir hoffen, dass Sie Freude an diesem Buch haben und sich Ihre Erwartungen erfüllen. Ihre Anregungen und Kommentare sind uns jederzeit willkommen. Bitte bewerten Sie doch das Buch auf unserer Website unter **www.rheinwerk-verlag.de/feedback**.

An diesem Buch haben viele mitgewirkt, insbesondere:

Lektorat Ruth Lahres, Ariane Podacker
Korrektorat Petra Bromand, Düsseldorf
Herstellung Norbert Englert
Typografie und Layout Vera Brauner
Einbandgestaltung Bastian Illerhaus
Coverfotos Shutterstock: 328648784 © LILAWA.COM; Unsplash: Maarten Deckers
Satz Markus Miller, München
Druck mediaprint solutions, Paderborn

Kapiteleinstiegsbilder Fotolia: 14834000 © Patrick_Poendl, 258252798 © ezthaiphoto, 28970464 © monropic, 3562093 © cdrcom, 75456512 © Romolo Tavani, 89764881 © fotografci; Shutterstock: 177362138 © lightofchairat, 90154762 © DreamLand_Media, 210874453 © Johnny Adolphson; iStock: 529662792 © yanikap, 888995042 © KenanOlgun, 21638362 © instamatics
Fotos im Buch © 2019 Robert Klaßen und Lizenzgeber. Alle Rechte vorbehalten.
Alle in diesem Buch und online zur Verfügung gestellten Bilddateien sind ausschließlich zu Übungszwecken in Verbindung mit diesem Buch bestimmt. Jegliche sonstige Verwendung bedarf der vorherigen, ausschließlich schriftlichen Genehmigung des Urhebers.

Dieses Buch wurde gesetzt aus der TheAntiquaB (9,5 pt/13,75 pt) in Adobe InDesign CC. Gedruckt wurde es auf matt gestrichenem Bilderdruckpapier (115 g/m²). Hergestellt in Deutschland.

Bibliografische Information der Deutschen Nationalbibliothek:
Die Deutsche Nationalbibliothek verzeichnet diese Publikation in der Deutschen Nationalbibliografie; detaillierte bibliografische Daten sind im Internet über *http://dnb.d-nb.de* abrufbar.

ISBN 978-3-8362-7297-1

5., aktualisierte und überarbeitete Auflage 2020
© Rheinwerk Verlag, Bonn 2020

Informationen zu unserem Verlag und Kontaktmöglichkeiten finden Sie auf unserer Verlagswebsite **www.rheinwerk-verlag.de**. Dort können Sie sich auch umfassend über unser aktuelles Programm informieren und unsere Bücher und E-Books bestellen.

Inhalt

Vorwort 19

1   Die Arbeitsumgebung

1.1	**Vollgas-Einstieg**	24
	Photoshop-Version ablesen	25
	Der Startbildschirm	25
	Ein Beispielfoto in Photoshop öffnen	26
	Training benutzen	30
	Mit eigenen Fotos üben	32
1.2	**Die Arbeitsoberfläche**	33
	Helligkeit der Oberfläche	33
	Dokumente als Registerkarten	34
	Die Werkzeugleiste	36
	Symbolleiste bearbeiten	37
	Die Optionsleiste	38
	Die Bedienfelder	39
	Das Bedienfeldmenü	40
	Bedienfelder automatisch verbergen	40
	Bedienfelder neu anordnen	41
	Höhe der Bedienfelder anpassen	42
	Reiter im Bedienfeld sortieren	43
	Bedienfeldpositionen wiederherstellen	43
	Arbeitsbereiche	43
	Eigene Arbeitsbereiche einrichten	44
	Das Menü »Fenster«	45
1.3	**Öffnen, speichern, schließen**	45
	Dateien öffnen	46
	Neue Datei erstellen	47
	Dateien speichern	48
	Wiederherstellungsinformationen speichern	48
	Im Hintergrund speichern	49
	Bilder teilen	49
	Dateien schließen	50

1.4	**Navigation, Zoom und Ansichten**	51
	Das Navigator-Bedienfeld	51
	Navigation mit der Lupe	52
	Pixelraster	53
	Vorübergehend auszoomen	53
	Unterschiedliche Ansichtsmodi wählen	53
	Lineale aktivieren	55
1.5	**Das Protokoll**	56
	Protokollliste	57
	Schnappschuss erstellen	58
	Protokollobjekte löschen	58
	Datei duplizieren	58
1.6	**Die Creative-Cloud-Arbeitsumgebung**	58
	Bibliotheken	59

2 Dateiverwaltung mit Bridge

2.1	**Bridge – was Sie vorab wissen sollten**	64
2.2	**Bridge – Übersicht**	65
	Was ist Bridge?	65
	Von Photoshop zu Bridge	65
	Adobe Stock	65
	Ansichtsoptionen	66
	Darstellung ändern	67
	Fotos drehen	68
	Betrachtungsmodus/Überprüfungsmodus	68
	Präsentation/Diashow	70
	Sammlungen erstellen	70
	Favoriten	71
2.3	**Dateien sortieren und filtern**	72
	Dateien sortieren	72
	Dateien filtern	73
2.4	**Dateien suchen**	74
2.5	**Fotos kennzeichnen und bewerten**	78
	Fotos bewerten	81
	Fotos markieren	81

2.6   Fotos stapeln 82

Stapel erzeugen 82

Stapel öffnen, schließen und auflösen 82

Fotos weiterleiten 83

3   Photoshop-Basiswissen: Malen, auswählen, freistellen

3.1   Malwerkzeuge und Pinselspitzen 86

Werkzeugspitzen aktivieren 86

Werkzeugspitzen einstellen 88

Pinsel schnell einstellen 89

Wie wird gemalt und gezeichnet? 90

Der Misch-Pinsel 90

Pinselspitzen speichern und laden 91

Pinsel abrufen 91

Pinsel-Bedienfeld 92

Farbauftrag einstellen 94

3.2   Farben einstellen 96

Vorder- und Hintergrundfarbe 96

Farbwähler 97

Das Farbe-Bedienfeld 98

Farben aus dem Bild aufnehmen 99

3.3   Farbverläufe 100

Farbunterbrechungen 101

Deckkraftunterbrechungen 102

Verläufe erstellen 102

3.4   Bilder freistellen 103

Weitere wichtige Freistellungsfunktionen 110

Zoomen und Verschieben während der Freistellung 111

Nach Drittelregel freistellen 111

Überlagerungsoption ändern 112

Auf feste Seitenverhältnisse freistellen 113

3.5   Arbeitsfläche verändern 117

Arbeitsfläche per Freistellung vergrößern 118

Arbeitsfläche per Dialog vergrößern 119

3.6   Bilder drehen und Größe ändern 125
       Korrekt skalieren 131

3.7   Auswahltechniken im Überblick 132
       Geometrische Auswahlen 132
       Das Auswahlwerkzeug einstellen 133
       Auswahlen aufziehen 134
       Flächen und Konturen füllen 138
       Weiche Auswahlkanten 139

3.8   Bildbereiche auswählen 139
       Lasso-Auswahlen 139
       Motive auswählen 143
       Farbbereich und Fokus auswählen 144
       Zauberstab-Auswahlen 144
       Das Schnellauswahlwerkzeug 145

3.9   Auswahlen nachträglich ändern 145
       Auswahl manuell skalieren 147
       Der Dialog »Auswählen und maskieren« 148
       Auswahlkante vorübergehend ausblenden 157
       Auswahlen speichern 157

4   Ebenen

4.1   Wie funktionieren Ebenen? 160
       Das Ebenen-Bedienfeld im Detail 161
       Ebenenbasierte Dateien speichern 162

4.2   Mit Ebenen arbeiten 162
       Ebenen filtern 163
       Ebenen markieren 163
       Ebenenreihenfolge verändern 164
       Ebenen schnell auswählen 165
       Ebenen isolieren 166
       Ebenensichtbarkeit 166
       Ebenen löschen 167
       Hintergrund umwandeln 167
       Neue Ebenen erstellen 167
       Ebenen benennen 168
       Ebenen aus anderen Bildern einfügen 168

Bilder in Ebenenrahmen einfügen 169
Auswahl aus Ebeneninhalt erzeugen 172
Ebenen gruppieren 173
Ebenen zusammenfügen 174
Ebenen fixieren 174

4.3   **Mit Ebenenmasken arbeiten** 175
Ebenenmasken anlegen 176
Ebenenmasken bearbeiten 176
Das Eigenschaften-Bedienfeld 178
Doppelklick-Auswahl 179
Maskendichte und Kantenschärfe ändern 179
Maskierungsmodus 185

4.4   **Ebenenstile** 186
Ebenenstile hinzufügen 186
Ebenenstile nachträglich ändern 189

4.5   **Mischmodi** 189
Das Mischmodus-Prinzip 189
Mischmodus: Multiplizieren 190
Mischmodus: Negativ multiplizieren 191
Mischmodus: Ineinanderkopieren 191
Wozu Mischmodi? 191
Weitere Mischmodi im Überblick 192

4.6   **Smartobjekt-Ebenen** 192
Smartobjekt erzeugen 193
Ebenen in Smartobjekte konvertieren 193
Smartfilter 193
Smartobjekte umwandeln 198

5   Licht und Schatten korrigieren

5.1   **Klassische Korrekturen** 200
Fotos mit Mischmodi aufhellen 200
Fotos individuell aufhellen (Tiefen/Lichter) 204
Tiefen/Lichter im Detail 207
Professionell abwedeln und nachbelichten 209
Die klassische Tonwertkorrektur 211

5.2   **Mit Einstellungsebenen arbeiten** 217

Einstellungsebenen statt Direktkorrektur 217

Noch eine Tonwertkorrektur – diesmal mit Ein-

stellungsebenen 219

Tipp: Bedienfeldoptionen ändern 221

Einstellungsebene »Belichtung« 222

Funktion »Belichtung« im Überblick 224

Einstellungsebenen maskieren 224

Schnittmasken – Korrekturen auf eine Ebene

begrenzen 224

Gradationskurven 225

Gradation manuell anheben 228

Einstellungsebene »Helligkeit/Kontrast« 231

6   Farbkorrekturen

6.1   **Flaue Farben kräftigen** 234

Sättigung und Dynamik verändern 234

Sättigung und Dynamik im Vergleich 236

6.2   **Farben verändern** 237

Bildbereiche umfärben 237

Farben mit der Farbbalance einstellen 242

6.3   **Schwarzweißbilder** 245

Herkömmliche Methoden der Farbentfernung 245

Der Dialog »Schwarzweiß« 246

Naturaufnahmen in Schwarzweiß 246

Schwarzweiß-Direktkorrektur benutzen 249

Schwarzweißvorgaben speichern 250

Porträts in Schwarzweiß 250

7   Retusche und Reparatur

7.1   **Bildbereiche entfernen, klonen und verschieben** 256

Der Bereichsreparatur-Pinsel 256

Inhaltsbasierte Retusche 259

Bildbereiche inhaltsbasiert verschieben 259

Tool-Optimierungen 263
Bildbereiche duplizieren 264
Das Bedienfeld »Kopierquelle« 270

7.2 **Porträtretusche** 271
Hautkorrekturen 271
Augen korrigieren 275
Porträt finalisieren 279
Gesichter optimieren 282

7.3 **Fotos schärfen** 285
Verwacklung reduzieren 286
Hochpass-Schärfen 289
Unscharf maskieren 291

7.4 **Weichzeichnen** 292
Weichzeichner-Infos 300

7.5 **Rauschen hinzufügen und entfernen** 301
Rauschen entfernen 301
Rauschen hinzufügen 303

8   Montage

8.1 **Objektivkorrekturen** 306
Perspektive manuell korrigieren 306
Perspektive automatisch korrigieren 313

8.2 **Verformen** 318
Formgitter 319
Formgitter in der Übersicht 329
Verflüssigen 330

8.3 **Fotos miteinander kombinieren** 337
Ebenen automatisch ausrichten 338

8.4 **Photomerge: Panoramafotos erzeugen** 341
Aufnahmebedingungen 341
Inhaltsbasierte Füllung 345
Die Photomerge-Layouts 346
Die Photomerge-Quelldatei-Optionen 346

9 Camera Raw

9.1	**Raw und DNG**	348
	Was ist Raw?	348
	Vorteile von Raw	349
	Nachteile von Raw	350
	Raw-Version ermitteln	351
	Das DNG-Format	352
9.2	**Der Raw-Workflow**	353
	Fotos in Camera Raw öffnen	353
	Camera-Raw-Voreinstellungen	355
	Nicht-Raw-Fotos in Raw öffnen	356
	Raw-Fotos weiterverarbeiten	356
	Als DNG speichern	358
	Einstellungen der Raw-Bilder speichern	363
9.3	**Fotos im Raw-Dialog einstellen**	364
	Profile verwenden	365
	Grundeinstellungen vornehmen	366
	Einzelne Bildbereiche bearbeiten	367
	Farben optimieren	371
	Änderungen an Raw-Dateien verwerfen	381
9.4	**Fortgeschrittene Raw-Techniken**	381
	Objektivkorrekturen vornehmen	381
	Vignette hinzufügen	384
	Details verbessern	385
	Sofortreparaturen vornehmen	388
	Korrekturpinsel verwenden	389

10 Text, Formen und Pfade

10.1	**Text-Werkzeuge und Textoptionen**	392
	Platzhaltertext benutzen	393
	Schrift und Schriftschnitt festlegen	394
	Schriftgrad	395
	Glätten	395
	Ausrichtung	396
	Weitere Funktionen	396

Das Glyphen-Bedienfeld 397

Alternative Glyphen 397

10.2 **Zeichen- und Absatz-Bedienfeld** 398

Zeichen- und Absatzformate definieren 399

Zeichen- und Absatzformate integrieren 400

Zeichen- und Absatzformate speichern 401

Zeichen- und Absatzformate ersetzen oder weiter-
geben 401

Schriften finden 402

Adobe Fonts 403

10.3 **Texteffekte und Texturen** 404

Text verformen 404

Texteffekte mit Ebenenstilen und Texturen 408

Effekte auf andere Dateien anwenden 413

10.4 **Formen** 413

Eine Form erstellen 413

Formen bearbeiten 414

Live-Formen 415

10.5 **Pfade** 415

Pfadrichtung festlegen 417

Pfade korrigieren 417

Punkte umwandeln 418

Punkte verschieben 418

Auswahl aus einem Pfad erzeugen 422

Der Rundungszeichenstift 424

12 Fachkunde

12.1 **Voreinstellungen – die Schaltzentrale
in der Bildbearbeitung** 450

Allgemeine Voreinstellungen 450

Dokument-Dialog einstellen 451

Warndialoge zurücksetzen 452

Verlaufsprotokolle 453

Schnellexport 454

Leistung 454

Zeigerdarstellungen 455

Maßeinheiten & Lineale 455

12.2 **Farbe** 456

Das additive Farbsystem und RGB 456

Das subtraktive Farbsystem und CMYK 457

RGB-Dateien in CMYK umwandeln 459

Volltonfarben 459

Die Farbseparation 461

Der Lab-Farbraum 462

12.3 **Auflösung** 462

dpi und ppi 462

Neuberechnung 463

Interpolation 466

12.4 **Pixel vs. Vektoren** 466

12.5 **Dateiformate** 468

Index 471

Workshops

Die Arbeitsumgebung

Einen Beauty-Effekt erzeugen 27

Dateiverwaltung mit Bridge

Bilder suchen 74
Personenaufnahmen mit Stichwörtern kennzeichnen 78

Photoshop-Basiswissen: Malen, auswählen, freistellen

Bild freistellen und gleichzeitig Horizont begradigen 103
Bild inhaltsbasiert freistellen und Horizont begradigen 109
Freistellung mit Mustermaß 114
Ein einfacher Bilderrahmen – Arbeitsfläche durch Frei-
stellung vergrößern 118
Arbeitsfläche exakt erweitern 120
Arbeitsfläche drehen und erweitern 125
Bildgröße ändern 128
Eine Auswahlkombination aus Kreis und Rechteck erstellen ... 135
Hintergrundfarbe ändern (Lasso-Methode) 140
Haare freistellen 151

Ebenen

Ebenen maskieren – eine einfache Montage 180
Plastische Wirkung erzielen 187
Einen Blendenfleck hinzufügen 194

Licht und Schatten korrigieren

Dunkle Fotos schnell aufhellen 201
Tiefen aufhellen 206
Belichtung punktuell verbessern 209
Eine einfache Tonwertkorrektur 212
Eine Tonwertkorrektur mit Pipetten 214
Mit Einstellungsebenen korrigieren 219
Belichtung korrigieren 222
Automatische Gradationskurven-Korrektur 226
Manuelle Gradationskurven-Korrektur 228

Farbkorrekturen

Farben sättigen per Einstellungsebene 234
Ein Auto umfärben 238
Farben realistischer wirken lassen 242
Beeindruckende Naturaufnahmen in Schwarzweiß 246
Beeindruckende Porträts in Schwarzweiß 250

Retusche und Reparatur

Objekte aus Bildern entfernen 257
Ein Auto im Bild verschieben 260
Bildbereiche duplizieren (Verschieben-Methode) 264
Bildbereiche duplizieren (Kopierstempel-Methode) 268
Die Haut retuschieren 271
Augen zum Leuchten bringen 276
Porträt weicher und heller machen 279
Gesichtskonturen optimieren 283
Fotos schärfen 286
Kanten schärfen 290
Haut schnell weichzeichnen (mit dem Weichzeichner) 293
Haut professionell weichzeichnen (mit der Frequenz-
trennung) 295

Montage

Gebäude zurechtrücken 307
Linien im Raw-Dialog korrigieren 313
Objektivkorrektur im Raw-Dialog durchführen 317
Einen Körper verbiegen I (Vorbereitungen) 319
Einen Körper verbiegen II 324
Am Anfang war das Feuer – brennende Buchstaben 331
Gesichter austauschen 338
Ein Landschaftspanorama erstellen 342

Camera Raw

Foto korrigieren und als digitales Negativ speichern 358
Tiefen und Lichter mit Camera Raw punktuell verändern 368
Farben mit Camera Raw optimieren 371
Ein Porträt korrigieren 376
Linien im Raw-Dialog korrigieren 383

Text, Formen und Pfade

Textaussage visualisieren 404

Einen Chromeffekt erzeugen 409

Einen einfachen Pfad zeichnen 416

Ein Herz für Vektoren 419

Pfad und Kontur mit Farbe füllen 422

Dateien ausgeben – für Web und Druck

Dateien mit Photoshop-Dialog drucken 427

Professionelle Druckvorbereitung 433

Ein Bild für den Internet-Einsatz vorbereiten 439

Namen mit der Stapelverarbeitung einfügen 442

Eine Frequenztrennung automatisieren 446

Fachkunde

Die Druckauflösung für ein Digitalfoto einstellen 464

Vorwort

Jeder Weg – und sei er auch noch so weit – beginnt mit dem ersten Schritt. Bemerkenswert ist, dass wir den ersten Schritt oft nur machen, weil wir noch gar nicht wissen, was so alles auf uns zukommt. Klar – das viel zitierte »Licht am Ende des Tunnels« könnte auch ein entgegenkommender Zug sein; es sollte uns aber letztendlich nicht davon abhalten, den Tunnel systematisch zu ergründen.

So ähnlich ist das auch mit der Bildbearbeitung. Wir verschaffen uns zunächst einen Überblick – bringen Licht ins Dunkel, sehen uns um und ergründen die Zusammenhänge. Wenn wir das hinbekommen, kann uns auch im dunkelsten Tunnel nichts mehr erschrecken. »Photoshop lernen« ist die eine Sache – »Photoshop verstehen« eine andere. In diesem Buch geht es eindeutig um Letzteres. Denn erst wenn die Zusammenhänge von Ebenen, Mischmodi & Co. ergründet worden sind, lassen sich die zahllosen Möglichkeiten und Funktionen effektiv und zielgerichtet einsetzen.

Wenn Sie bereit sind, Photoshop zu erleben, statt nur die Oberfläche anzukratzen, wird Ihnen dieses Buch nicht nur viel Freude bereiten, sondern auch ordentliche Strategien an die Hand geben. Wir werden uns durchgängig an praktischen Beispielen aus dem fotografischen Alltag orientieren. Deshalb liefert dieses Buch auch alles mit, was dazugehört – inklusive Beispielmaterialien.

Der Mensch im Mittelpunkt

Ich denke, Menschen sind das Faszinierendste, Interessanteste und Vielfältigste, was das Leben zu bieten hat. Auch in der Fotografie haben mich Gesichter immer weitaus mehr interessiert als beispielsweise Gebäude oder Stillleben. Das werden Sie bei der Durchsicht der Beispielfotos zu diesem Buch feststellen. Sie finden das Bildmaterial auf der Webseite zum Buch unter *www.rheinwerk-verlag.de/4985*. Scrollen Sie zum Kasten Materialien zum Buch, und klicken Sie darauf. Da das Bildmaterial vollumfänglich verwertungsrechtlich geschützt ist und wir es aus lizenzrechtlichen Gründen nicht öffentlich zugänglich machen

▲ **Abbildung 1**
Die downloadbaren Beispielmaterialien sind im Buch mit diesem Icon gekennzeichnet.

dürfen, sondern ausschließlich Ihnen als Käufer des Buches zu Übungszwecken zur Verfügung stellen, müssen Sie sich für den Download freischalten. Bitte halten Sie dazu Ihr Buchexemplar bereit.

Abbildung 2 ▶
Sie werden sehen: Es macht Spaß, mit diesen Fotos zu arbeiten.

So, es geht los!

Gestatten Sie mir noch zwei kurze Hinweise: Das Buch ist sowohl für Windows- als auch für Mac-User geschrieben worden. Daher sind Tastaturkürzel auch für beide Plattformen ausgelegt. Vor dem Schrägstrich steht jeweils die Windows-Taste, dahinter die Mac-Taste. Beispiel gefällig? Bitte schön: Drücken Sie Strg/cmd+X. Das bedeutet für Windows Strg+X und für Mac cmd+X. Total einfach, oder?

Kästen

Ich bin ein Kasten
Ich habe wichtige Hinweise für Sie, die im direkten Bezug zum Thema stehen. Sie sollten mich also nach Möglichkeit nicht übersehen.

Und dann wären da noch diese unscheinbaren Kästen am Rand. Darin enthalten sind … aber lesen Sie selbst.

Nützliche Hinweise

Zudem möchte ich noch kurz auf die technischen Erklärungen in Kapitel 12 hinweisen. Wenn im Buch beispielsweise vom RGB-Farbraum oder von anderem technischem Schnickschnack die Rede ist, finden Sie an relevanter Stelle ein entsprechendes Symbol und können die Hintergründe im Fachkunde-Kapitel nachschlagen. Cool, oder?

▲ **Abbildung 3**
Dieses Symbol deutet auf technische Erklärungen hin, die im letzten Kapitel zu finden sind.

Neuerungen

Adobe Photoshop wartet immer wieder mit neuen Features auf. Damit Sie gleich sehen, wo jene Dinge stehen, die im Vergleich zur Vorauflage ein Novum darstellen, gibt es auch dafür ein Icon.

▲ **Abbildung 4**
Dieses Zeichen weist auf Neuerungen hin.

Fertig?

Ist Photoshop zwischenzeitlich geöffnet? Das trifft sich gut. Ich bin nämlich auch gerade fertig mit dem Vorwort. Nur eines noch: Sollten Sie Schwierigkeiten mit der Ausführung eines Workshops haben, freue ich mich über ein Feedback von Ihnen. Das Gleiche gilt für den Fall, dass sich irgendwo ein Fehler eingeschlichen haben sollte. Und jetzt wünsche ich Ihnen viel Spaß und einen nachhaltigen Lernerfolg mit Photoshop und diesem Buch.

Robert Klaßen
info@dtpx.de
www.dtpx.de

1 Die Arbeitsumgebung

Blitzeinstieg und Programmübersicht

- ▶ Wie wird ein Foto eindrucksvoll optimiert?
- ▶ Wie funktionieren Arbeitsfläche, Werkzeuge und Bedienfelder?
- ▶ Wie werden Fotos geöffnet und gespeichert?
- ▶ Welche Zoom- und Navigationsfunktionen gibt es?
- ▶ Was hat es mit dem Protokoll auf sich?
- ▶ Was bringt die Creative-Cloud-Umgebung?

1 Die Arbeitsumgebung

Wer einen neuen Job antritt, sollte sich zunächst einmal mit seinem Arbeitsplatz und der unmittelbaren Umgebung vertraut machen. Woher soll man ansonsten wissen, wo die Kaffeemaschine steht – und wo die Kollegen diese leckeren Joghurts horten. Genauso sollten Sie das auch mit Photoshop handhaben. Erst mal umschauen – arbeiten können Sie ja immer noch. Oder wollen Sie lieber gleich etwas zu tun bekommen? Okay, ganz wie Sie wünschen. Dann werden Sie zunächst einen tollen Bildeffekt erzeugen und erst danach Bedienfelder, Toolbox und Navigatoren kennenlernen. Sie können ja schon mal den Joghurt holen – als Belohnung fürs Bestehen der ersten Aufgabe.

1.1 Vollgas-Einstieg

Es geht also gleich los. Sie stehen kurz davor, ins eiskalte Wasser der digitalen Bildbearbeitung zu springen. Sie werden auch gleich etwas vollkommen Neues kennenlernen. Die Rede ist vom sogenannten Arbeitsbereich »Einstieg«. Das passt doch prima. Sie wollen doch ohnehin gerade einsteigen, oder?

Abbildung 1.1 ►
Auf geht's! Photoshop CC will entdeckt werden.

Photoshop-Version ablesen

Früher wurden Anwendungen wie Photoshop von Zeit zu Zeit komplett neu aufgelegt. Danach erschien ein Buch dazu, und alles war gut. Das ist heute leider anders, denn Photoshop wird fortlaufend aktualisiert. Daher ist es leider unvermeidlich, dass es irgendwann zu Abweichungen mit den in diesem Buch vorgestellten Funktionen kommen kann. Dieses Buch wurde zur Version 20.0.6 erstellt. Wenn Sie wissen wollen, mit welcher Version Sie arbeiten, klicken Sie bitte auf Hilfe • Über Photoshop CC. Lesen Sie die Versionsinfo oben links ab, und schließen Sie die Hinweistafel, indem Sie darauf klicken.

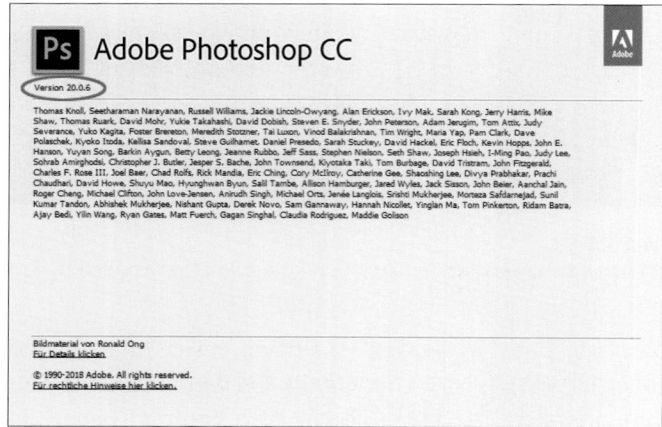

◀ **Abbildung 1.2**
Oben links finden Sie den Versionshinweis.

Der Startbildschirm

Unmittelbar nach dem Start der Anwendung erscheint die sogenannte *Startseite*, die Miniaturen der zuletzt verwendeten Dateien zeigt. Mittels Klick auf das jeweilige Vorschaubild in der Bildschirmmitte wird die Datei erneut in Photoshop geöffnet. Weiter unten warten Schaltflächen mit Zusatzangeboten (z. B. Trainings) darauf, vom Benutzer entdeckt zu werden.

Wer sich für diese neue Ansicht so gar nicht begeistern kann, hat die Möglichkeit, diese Funktion in den Voreinstellungen zu deaktivieren. Dazu drücken Sie entweder Strg/cmd+K oder klicken auf Bearbeiten/Photoshop • Voreinstellungen • Allgemein. Im Bereich Optionen aktivieren Sie das Häkchen vor Startbildschirm deaktivieren und drücken auf OK.

Arbeitsbereich schließen
Sobald Sie ein Foto öffnen, verschwindet der Startbildschirm. Schließen Sie alle geöffneten Fotos, kommt dieser ebenso automatisch wieder zum Vorschein – sofern er nicht, wie nebenstehend beschrieben, in den Voreinstellungen deaktiviert worden ist.

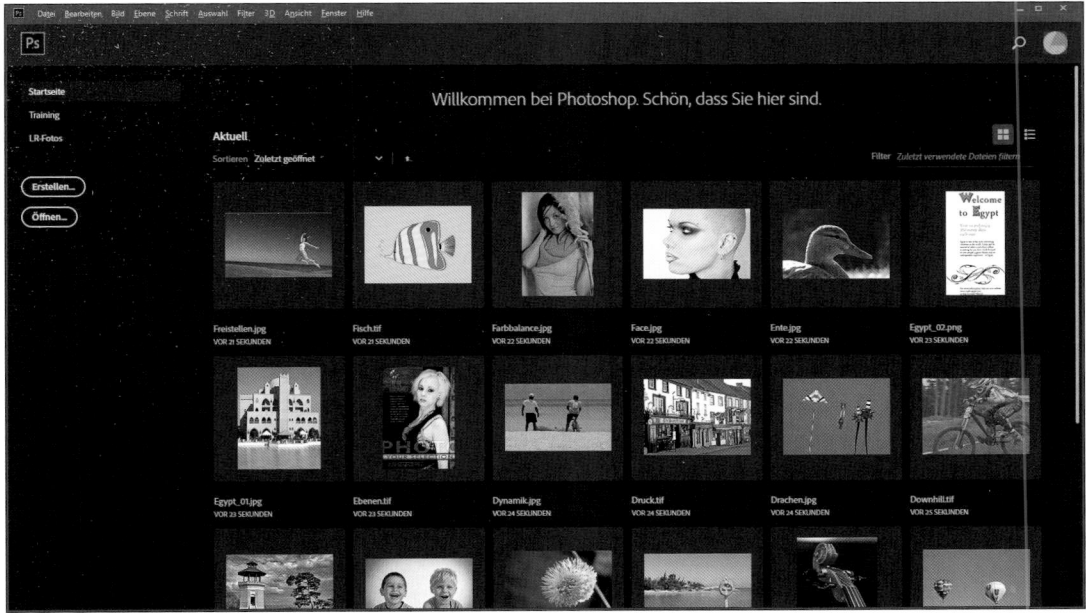

▲ **Abbildung 1.3**
Dieser Arbeitsbereich gestattet den Zugriff auf die zuletzt verwendeten
Dateien.

Tipp: Möglicherweise werden Sie erneut auf den Startbildschirm
zurückgreifen wollen, nachdem Sie ein Foto geöffnet haben. In
diesem Fall gehen Sie in das Menü HILFE und betätigen darin
START. Zuvor bereits geöffnete Fotos bleiben weiterhin geöffnet.
Wollen Sie den Startbildschirm schließen, ohne eine weitere Datei
zu öffnen, klicken Sie im Menü HILFE einfach erneut auf START.

Ein Beispielfoto in Photoshop öffnen

Wenn Sie ein Foto öffnen wollen, das nie zuvor in Ihrer Photoshop-
Umgebung geöffnet gewesen ist, gehen Sie anders vor: Klicken
Sie in der linken Spalte des Arbeitsbereichs »Einstieg« auf ÖFFNEN.
Betätigen Sie alternativ [Strg]/[cmd]+[O] (O wie Open), oder wählen Sie im Menü DATEI • ÖFFNEN. Anschließend navigieren Sie zu
der Bilddatei »Start.jpg«, die sich im Ordner BILDER der Beispieldateien befindet. (Weiterführende Infos zum Öffnen von Fotos
erhalten Sie in Abschnitt 1.3, »Öffnen, speichern, schließen«.)

Schritt für Schritt
Einen Beauty-Effekt erzeugen

Bevor es losgeht, zeige ich Ihnen schon mal das Ergebnis, das wir erreichen wollen – und zwar verglichen mit dem Original.

Bilder/Start.jpg

© Robert Klaßen

◄ **Abbildung 1.4**
Das Original (links) ist viel zu dunkel und arm an Details. Mit wenigen Handgriffen werden Sie jedoch ein vollkommen anderes Resultat erzielen (rechts).

1 Menü bedienen

Ganz oben befindet sich die sogenannte Menüleiste. Ein Klick auf den dort gelisteten Eintrag BILD ❶ öffnet das dazugehörige Menüfeld. Zeigen Sie anschließend mit der Maus auf KORREKTUREN ❷, gefolgt von einem Klick auf TONWERTKORREKTUR ❸.

◄ **Abbildung 1.5**
Klicken – draufzeigen – klicken, und schon wird der erste Arbeitsgang eingeleitet.

2 Tonwerte korrigieren

Bitte keine Panik. Es ist nichts kaputtgegangen. Vielmehr hat sich ein Dialogfeld geöffnet. Damit führen Sie jetzt eine sogenannte Tonwertkorrektur durch. Was das ist? Nun, das besprechen wir im Abschnitt »Die klassische Tonwertkorrektur« ab Seite 211. Sie

werden aber gleich sehen, wie sich eine derartige Bildmanipulation auf das Foto auswirkt.

Abbildung 1.6 ▶
Auf diese Regler und Anzeigen müssen Sie achten.

Abbildung 1.7 ▶▶
So soll es aussehen, ehe Sie die OK-Schaltfläche betätigen.

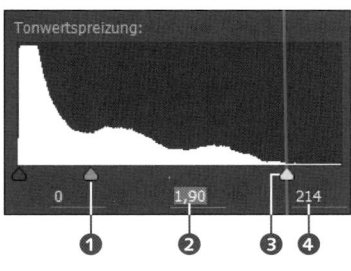

Klicken Sie auf die kleine Ecke ❸ (dabei handelt es sich um einen Schieberegler). Halten Sie die Maustaste gedrückt, und ziehen Sie sie so weit nach links, bis gleich unterhalb ein Wert von etwa 214 angezeigt wird ❹. Den Regler ❶ ziehen Sie danach auf die gleiche Weise nach links, bis im Anzeigefeld ❷ ein Wert von ca. 1,90 erscheint. (Stören Sie sich bitte nicht daran, dass das Foto jetzt etwas zu hell wirkt. Am Ende werden Sie zufrieden sein.) Zuletzt bestätigen Sie die Bildänderung mit einem Klick auf OK.

3 Dynamik anheben

Gehen Sie noch einmal in das Menü BILD, und zeigen Sie auf KOR-REKTUREN. Entscheiden Sie sich dort jedoch diesmal für DYNAMIK. Schwups – schon wieder ein Dialog. Ziehen Sie den Regler DYNA-MIK auf etwa +33, und lassen Sie auch hier eine OK-Bestätigung folgen. Easy, oder?

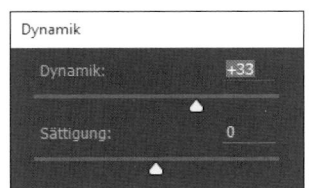

▲ **Abbildung 1.8**
Mit einer Erhöhung der Dynamik werden Farben gekräftigt.

4 Ebene duplizieren

Jetzt aufgepasst: Um eine weiche Wirkung zu erzeugen, wie sie von Beauty-Fotos her bekannt ist, müssen Sie zunächst Folgendes tun: Betätigen Sie ⌈Strg⌉/⌈cmd⌉+⌈J⌉. Das hat keine sichtbaren Auswirkungen auf das Foto, erzeugt jedoch im Hintergrund ein deckungsgleiches Duplikat des Bildes (mehr dazu in Kapitel 4, »Ebenen«).

5 Weichzeichnung hinzufügen

Gehen Sie nun abermals ins Menü, und entscheiden Sie sich für FILTER • WEICHZEICHNUNGSFILTER • GAUSSSCHER WEICHZEICHNER.

Erzeugen Sie einen RADIUS von 9,5 Pixel. (0,1 Pixel mehr oder weniger spielen keine Rolle.) Sie können den Wert übrigens auch direkt via Tastatur eingeben. Bestätigen Sie erneut mit OK.

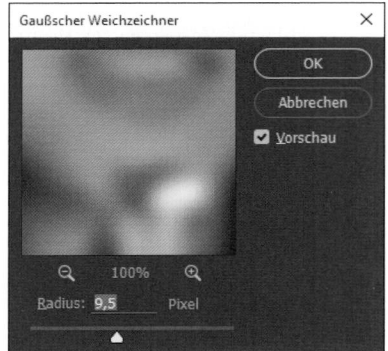

◄ **Abbildung 1.9**
Das Gesicht ist derart unscharf, dass es kaum noch zu erkennen ist. Aber genau so soll es sein.

6 Mischmodus ändern

Damit beide Bildebenen ineinanderwirken können (mehr dazu in Abschnitt 4.5, »Mischmodi«), müssen Sie den Mischmodus ändern. Dazu gehen Sie in das Ebenen-Bedienfeld, das sich rechts im Bedienfeldbereich befindet (sollte es nicht sichtbar sein, betätigen Sie FENSTER • EBENEN) und klicken auf das Pulldown-Menü, in dem NORMAL steht ❺. Im ausklappenden Menü wählen Sie den Eintrag INEINANDERKOPIEREN.

Tipp: Fahren Sie einmal langsam über die einzelnen Befehle des geöffneten Menüs, und beobachten Sie dabei das Foto. Die Auswirkungen der jeweiligen Einstellungen können Sie nämlich direkt im Bild beobachten.

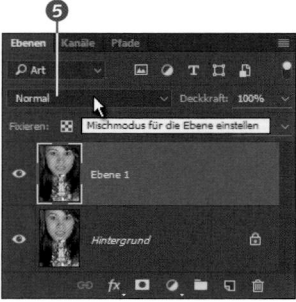

▲ **Abbildung 1.10**
Das bloße Verharren mit dem Mauszeiger auf diesem Steuerelement bewirkt, dass eine Quickinfo erscheint (hier: MISCHMODUS FÜR DIE EBENE EINSTELLEN). Setzen Sie einen Mausklick darauf.

7 Datei speichern

Zuletzt gehen Sie noch in das Menü DATEI und betätigen dort SPEICHERN oder SPEICHERN UNTER. Welches Format Sie hier einstellen, ist an dieser Stelle nicht so wichtig. (Standardmäßig verwendet Photoshop das hauseigene Format PSD. Und das ist absolut okay.) Nachdem Sie auf SPEICHERN geklickt haben, schiebt Photoshop noch eine Kontrollabfrage hinterher. Lassen Sie das Häkchen KOMPATIBILITÄT MAXIMIEREN aktiv (damit auch ältere Photoshop-Versionen die Datei verarbeiten können), und schließen Sie die Aktion mit OK ab. – Glückwunsch. Die Bedienung der Arbeitsoberfläche scheint Ihnen ja keinerlei Probleme zu bereiten.

Bilder/Ergebnisse/
Start_bearbeitet.psd

Die fertige Datei finden Sie übrigens unter »Start_bearbeitet.psd« im Ordner ERGEBNISSE.

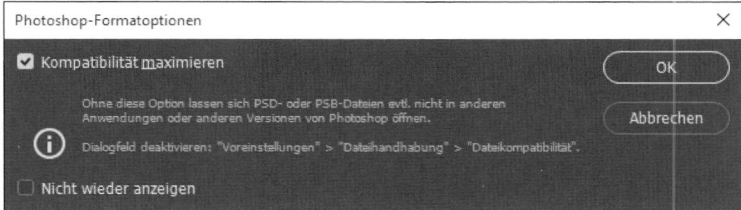

Abbildung 1.11 ▶
Photoshop fragt nach.

Training benutzen

Wer es bereits jetzt nicht mehr abwarten kann, Fotos zu bearbeiten, jedoch insgesamt noch nicht so firm in Sachen Photoshop ist, wird sich mit den Trainings anfreunden, die mittlerweile in Photoshop CC integriert sind. Üblicherweise finden Sie das gleichnamige Bedienfeld oben rechts. Sollte es nicht angezeigt werden, aktivieren Sie das TRAINING mit Hilfe des Menüs FENSTER. Zunächst einmal werden vier unterschiedliche Kategorien angeboten. Die nach rechts weisenden Pfeilspitzen bedeuten: Der Inhalt der Themen ist noch verborgen. Das ändert sich, sobald Sie ein Thema anklicken.

Abbildung 1.12 ▶
Die Trainings sind für Einsteiger Gold wert.

Versuchen Sie es. Klicken Sie beispielsweise zunächst auf MALEN und anschließend auf eines der untergeordneten Themen, wie z. B. MALEN MIT DEM PINSEL. Die Folge: Es wird ein Beispielbild zur Verfügung gestellt. Das allein ist aber noch kein Grund zur Überschwänglichkeit. Interessant wird es erst, wenn Sie die Infos innerhalb des Bedienfelds TRAINING lesen. Klicken Sie auf NÄCHSTE, wenn Sie damit fertig sind.

▼ **Abbildung 1.13**
Photoshop wird mehr und mehr einsteigergerecht.

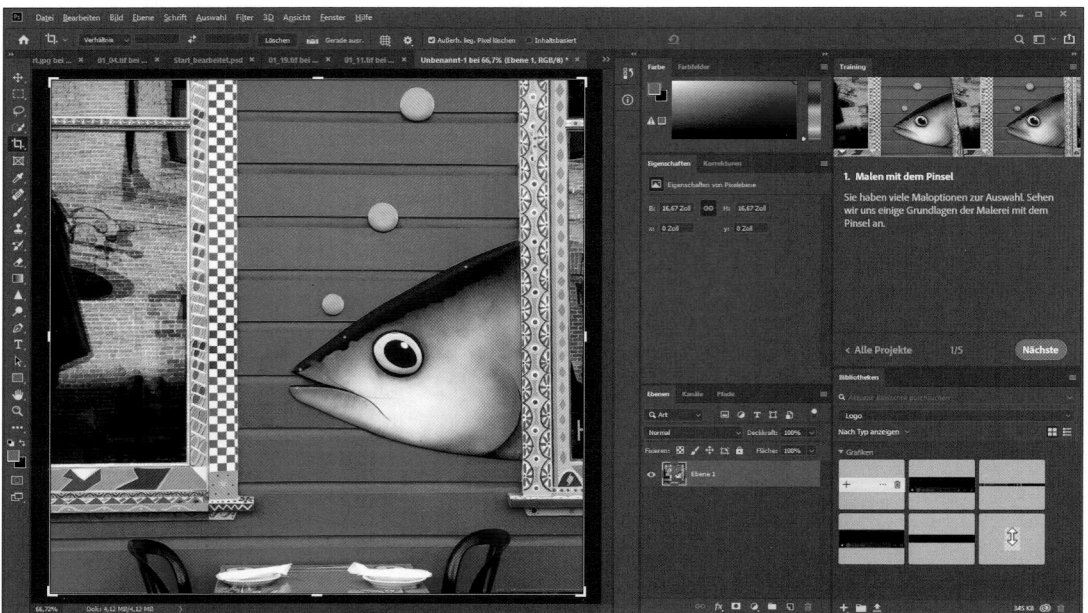

Bitte behalten Sie die gesamte Arbeitsoberfläche im Auge, denn es ist durchaus üblich, dass irgendwo einmal eine Info auftaucht, die das weitere Vorgehen noch ausführlicher erklärt. Den dort ausgegebenen Empfehlungen sollten Sie nachkommen. Doppelter Lerneffekt: Sie wissen nicht nur, was zu tun ist, sondern erfahren zudem, wo sich die nötigen Steuerelemente befinden.

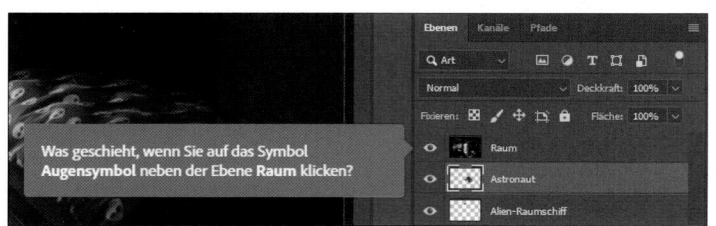

◄ **Abbildung 1.14**
Zielgerichtete Info-Fenster sorgen dafür, dass der Mausklick an der richtigen Stelle ausgeführt wird.

Mit Klick auf ALLE PROJEKTE gelangen Sie zurück in die Trainings-auswahl. Hierbei muss allerdings berücksichtigt werden, dass die zuletzt angewählte Kategorie geöffnet bleibt. Sie erkennen das an der nach unten weisenden Pfeilspitze ganz rechts. Ein erneuter Klick auf das geöffnete Thema schließt dieses wieder, worauf Sie sich einer anderen Kategorie widmen dürfen.

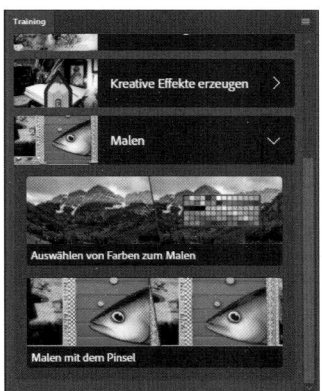

Abbildung 1.15 ▶
Die zuletzt gewählte Kategorie (hier: MALEN) bleibt vorerst noch geöffnet.

Mit eigenen Fotos üben

Es ist schön, dass Photoshop Übungsmaterial mitliefert. Aber mal ehrlich: Interessanter wäre es, wenn man die Tutorials auch mal mit dem eigenen Bildmaterial nachvollziehen könnte, oder? Das geht – zumindest am Ende eines regulären Tutorials, denn im Anschluss an den letzten Arbeitsschritt gibt's (neben einem kleinen Lob) die Option MIT EIGENEN BILDERN AUSPROBIEREN. Ein Klick darauf ruft den Öffnen-Dialog aufs Parkett. Öffnen Sie eine beliebige Bilddatei, und wiederholen Sie das letzte Training mit dem eigenen Foto.

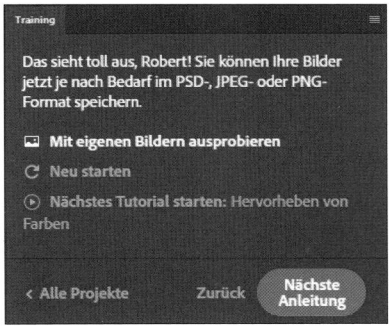

Abbildung 1.16 ▶
Benutzen Sie Ihr eigenes Bildmaterial zur Übung.

1.2 Die Arbeitsoberfläche

Nach diesen kleinen Ausflügen in die Welt der Bildkorrektur und der Individualtrainings können Sie sich nun genüsslich zurücklehnen und die Arbeitsoberfläche von Photoshop kennenlernen. Es ist nämlich wichtig, dass Sie sich mit den allgegenwärtigen »kleinen Helferlein« vertraut machen. Sie werden dadurch in die Lage versetzt, Ihr Bildbearbeitungsprogramm wirklich optimal zu bedienen.

❶ Menüleiste
❷ Optionsleiste oder Steuerungsbedienfeld
❸ Montagerahmen oder Arbeitsoberfläche
❹ Werkzeugleiste oder Werkzeugbedienfeld
❺ Bedienfelder
❻ Registerkarten oder Reiter
❼ Bedienfeldbereich

▼ **Abbildung 1.17**
Die Arbeitsoberfläche von Adobe Photoshop CC

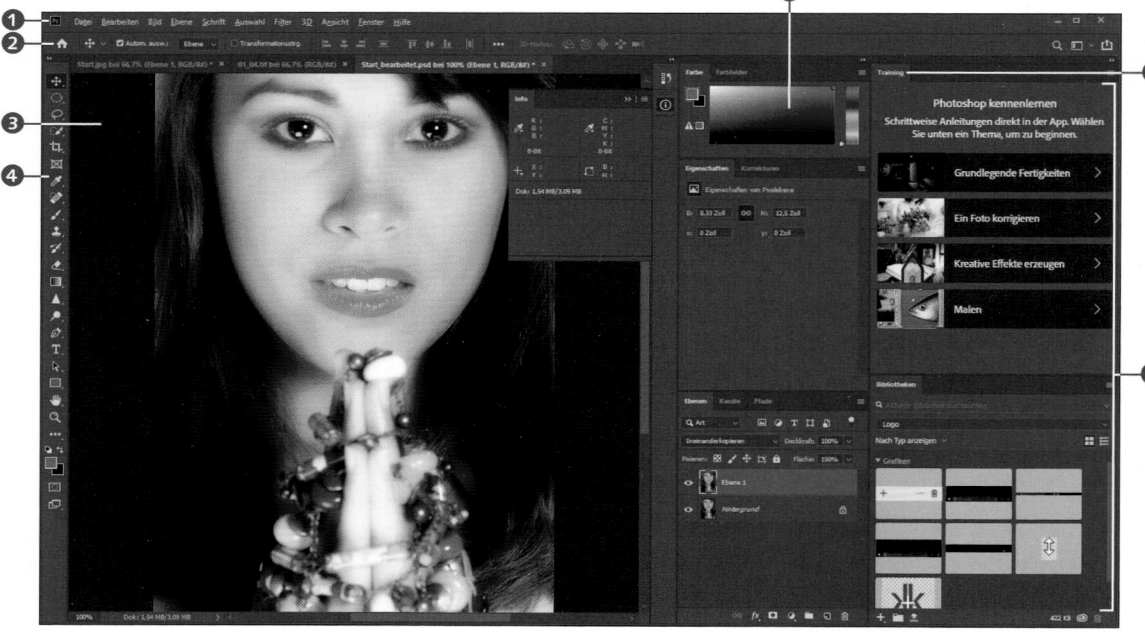

Helligkeit der Oberfläche

Die Arbeitsoberfläche von Photoshop ist dunkel gehalten. Was die Bildkorrektur betrifft, ist dies von Vorteil. Vor dunklem Hintergrund können die Resultate besser eingeschätzt werden. Wer

**Arbeitsoberfläche
anpassen**
Wer sich mit dem dunklen Grau so gar nicht abfinden will, der kann über BEARBEITEN/PHOTOSHOP • VOREINSTELLUNGEN • BENUTZEROBERFLÄCHE einen anderen Ton einstellen. Noch schneller geht es mit einem Rechtsklick auf die Hintergrundfläche. Im daraufhin erscheinenden Kontextmenü lässt sich ebenfalls ein anderes Grau wählen. Voraussetzung ist allerdings, dass ein Foto geöffnet ist. Anderenfalls poppt das Kontextmenü nicht auf.

jedoch eine hellere (oder vielleicht sogar noch dunklere) Oberfläche bevorzugt, kann diese über BEARBEITEN/PHOTOSHOP • VOREINSTELLUNGEN • BENUTZEROBERFLÄCHE anpassen. Klicken Sie dazu auf eines der vier Quadrate neben der Bezeichnung FARBPALETTE.

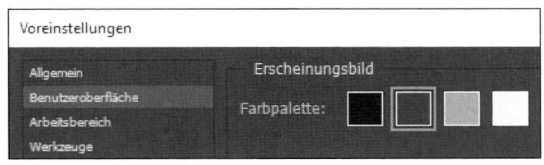

▲ **Abbildung 1.18**
Wählen Sie einen der vier Grautöne aus.

Dokumente als Registerkarten

Wenn Sie mehr als ein Foto öffnen, werden Sie feststellen, dass Photoshop für jedes Ihrer Fotos (diese werden übrigens auch Dokumente genannt) eine eigene Registerkarte anlegt. Das bedeutet, dass immer nur ein Foto sichtbar ist. Die anderen liegen dahinter und müssen über einen Klick auf das jeweilige Register oben links aktiviert werden.

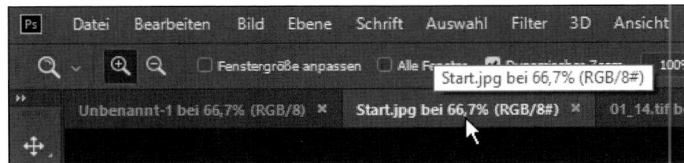

▲ **Abbildung 1.19**
Klicken Sie auf das Register, dessen Foto Sie im Vordergrund sehen wollen.

**Geöffnete Register
auflösen**
Wenn Sie vorhandene Register auflösen wollen, müssen Sie die Registerkarte des Fotos per Drag & Drop herausziehen und ein Stück unterhalb wieder fallen lassen.

Das trägt dazu bei, dass die Übersicht auf der Arbeitsoberfläche erhalten bleibt. Allerdings ist es mitunter sinnvoll, die Darstellung zu verändern, beispielsweise wenn Sie eine Übersicht über alle geöffneten Fotos haben möchten. Dazu gehen Sie über FENSTER • ANORDNEN und entscheiden sich für eine der dort angebotenen Optionen (in Abbildung 1.20 ist es die Option »4«). Und wenn Sie anschließend erneut FENSTER • ANORDNEN wählen und ALLE IN REGISTERKARTEN ZUSAMMENLEGEN selektieren, werden die Fotos wieder in Registern hintereinander einsortiert.

▲ **Abbildung 1.20**
Durch Veränderung der Anordnung können alle Fotos gleichzeitig
dargestellt werden – wenn auch zum Teil nur ausschnittsweise.

Sie wollen dauerhaft auf feste Registerkarten verzichten? Kein
Problem. Wenn Sie nämlich BEARBEITEN/PHOTOSHOP • VOREIN-
STELLUNGEN • ARBEITSBEREICH selektieren, finden Sie die Checkbox DOKUMENTE ALS REGISTERKARTEN ÖFFNEN. Deaktivieren Sie
das vorangestellte Häkchen, erscheint jedes Dokument fortan in
einem frei schwebenden Rahmen. (Dies gilt aber erst ab dem Zeitpunkt der Umstellung. Bereits geöffnete Dokumente bleiben von
dieser Aktion verschont.)

Anwählbarkeit der Buttons
Photoshop erkennt, wie
viele Bilder aktuell geöffnet sind, und graut
Schaltflächen, die ohne-
hin keine Wirkung haben
würden, automatisch aus.
Sie sind dann nicht mehr
anwählbar. Haben Sie nur
zwei Fotos geöffnet,
müssten Sie ein drittes
Bild öffnen, um auch
3 ÜBEREINANDER anklick-
bar zu machen.

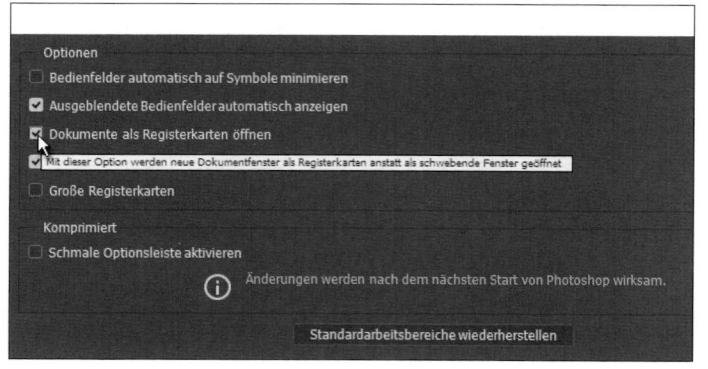

◄ **Abbildung 1.21**
Schalten Sie die Register-
Option ganz einfach aus.

Die Werkzeugleiste

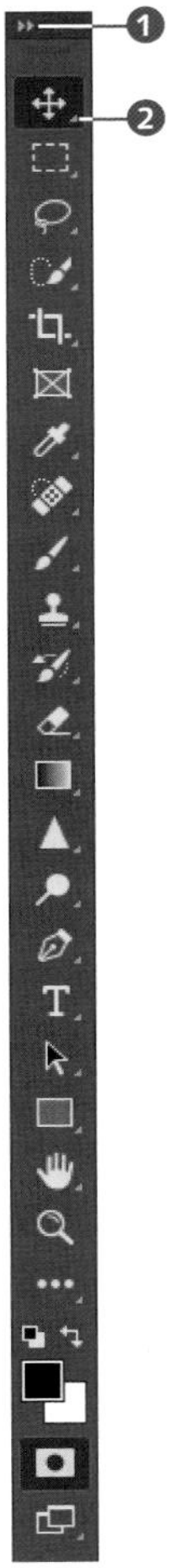

Am linken Rand der Oberfläche befindet sich die Werkzeugleiste (auch *Symbolleiste*, *Werkzeugpalette*, *Werkzeugbedienfeld* oder *Toolbox* genannt). Benötigen Sie grundlegende Informationen zu einem bestimmten Tool, parken Sie die Maus kurz darauf. Eine kleine Animation hilft zumeist dabei, eine erste Übersicht zu bekommen. Wer jedoch weiterführende Infos benötigt (davon ist auszugehen), klickt (sofern vorhanden) auf So FUNKTIONIERT'S. Das ruft die zuvor bereits angesprochenen Erklärungen im Bedienfeld TRAINING aufs Parkett. Darüber hinaus gilt: Bevor Sie damit irgendwelche Arbeiten an Ihrem Bild durchführen können, müssen Sie das Werkzeug zunächst per Mausklick aktivieren.

Machen Sie sich zum gegenwärtigen Zeitpunkt bitte noch keine Gedanken über die weiterführenden Funktionen der Werkzeuge. Ihnen werden wir uns später innerhalb der Workshops widmen. Falls Sie die Werkzeugleiste zweispaltig darstellen wollen, klicken Sie auf den Doppelpfeil ❶, der oben links im Kopf der Werkzeugleiste angebracht ist. Ein erneuter Klick bringt Sie zurück zur einspaltigen Ansicht.

◀ **Abbildung 1.22**
Ehe Sie Veränderungen an Ihren Bildern vornehmen können, müssen Sie das korrekte Werkzeug auswählen.

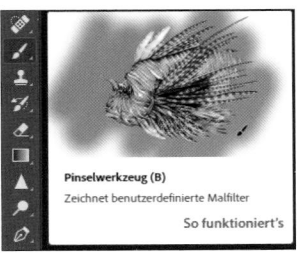

Pinselwerkzeug (B)
Zeichnet benutzerdefinierte Malfilter
So funktioniert's

▲ **Abbildung 1.23**
Wenn es ein Training dazu gibt, wird unten rechts ein »anklickbarer« Schriftzug bereitgehalten.

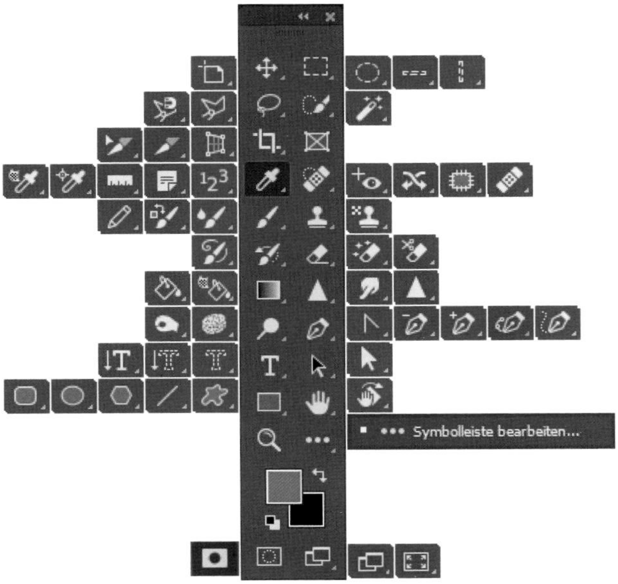

■ ••• Symbolleiste bearbeiten…

Abbildung 1.24 ▲
Die zweispaltige Ansicht eignet sich vor allem dann, wenn Sie mit kleinen Bildschirmen arbeiten.

Hinter einigen Werkzeugen verbergen sich noch weitere, ähnliche Werkzeuge *(Tools)*, die aktuell jedoch nicht sichtbar sind. Existieren verborgene Tools, wird das durch ein kleines Dreieck ❷ unten rechts auf der Schaltfläche verdeutlicht. Um nun an die untergeordneten Werkzeuge heranzukommen, klicken Sie die Schaltfläche an und halten die Maustaste einen Moment lang gedrückt. Ein Flyout-Menü fördert die versteckten Werkzeuge dann zutage.

◀ **Abbildung 1.25**
Hinter dem Lasso-Tool befinden sich weitere Werkzeuge, die bei gehaltener Maustaste sichtbar werden.

Sobald das Flyout-Menü geöffnet ist, können Sie die Maustaste loslassen und das gewünschte Tool mit erneutem Klick auswählen. Sie müssen dabei aber bedenken, dass nun nicht mehr das ursprüngliche, sondern das neu selektierte Tool in der Werkzeugleiste sichtbar ist (wie bei den Dokument-Registern). Um wieder zum ursprünglichen Werkzeug zu wechseln, müssten Sie also erneut das Flyout-Menü aufrufen.

Dem Einsteiger verraten die Symbole der einzelnen Tools mitunter noch nicht allzu viel. Lassen Sie sich über eine *Quickinfo* den Namen anzeigen, indem Sie mit dem Mauszeiger einen kurzen Moment auf der gewünschten Schaltfläche verweilen.

Symbolleiste bearbeiten

Ziemlich weit unten in der Werkzeugleiste (bzw. Symbolleiste) finden Sie eine Schaltfläche, die mit drei horizontal angebrachten Punkten ausgezeichnet ist. Wenn Sie darauf klicken und die Maustaste eine Weile gedrückt halten, zeigt sich der Eintrag Symbolleiste bearbeiten. Ziehen Sie die Maus dorthin, und lassen Sie erst im Anschluss die Maustaste los. Daraufhin öffnet sich der Dialog Symbolleiste bearbeiten.

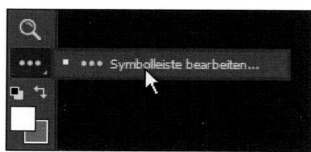

◀ **Abbildung 1.27**
Passen Sie die Werkzeugleiste individuell an.

Ausgewähltes Werkzeug
Das ausgewählte Tool ist mit einem vorangestellten weißen Quadrat ❸ markiert. Wechseln Sie das Werkzeug, verschiebt sich das Quadrat an die Stelle des aktiven Werkzeugs.

▲ **Abbildung 1.26**
Eine Info verrät mehr über das Tool, auf dem der Mauszeiger steht.

Werkzeugwechsel für Shortcut-Fans
Wenn Sie den Workshop von Seite 27 gemeistert haben, wissen Sie es schon: Sie können die versteckten Tools auch ohne Maus erreichen. Drücken Sie einfach die Taste, die in der jeweiligen Quickinfo in Klammern ❹ angezeigt wird. Wenn Sie innerhalb der Gruppe wechseln wollen, halten Sie ⇧ gedrückt und betätigen die jeweilige Taste erneut.

Jetzt können Sie Werkzeuge ganz individuell per Drag & Drop zu verschieben (links innerhalb des Felds SYMBOLLEISTE). So könnten Sie z. B. ein Tool in eine ganz andere Gruppe ziehen und dort fallen lassen. Die Folge wäre, dass das verschobene Werkzeug nun nicht mehr an seinem ursprünglichen Platz auftaucht, sondern innerhalb der neuen Gruppe. Auf die gleiche Weise ließe sich auch die Reihenfolge der Tools innerhalb einer Gruppe anpassen.

Wer bestimmte Werkzeuge nicht oder nur selten braucht, der kann diese auch in das rechte Feld des Dialogs (ZUSÄTZLICHE WERKZEUGE) ziehen und dort fallen lassen. Diese Tools werden dann von ihrem angestammten Platz verbannt und in die Liste SYMBOLLEISTE ANPASSEN integriert (also die Schaltfläche mit den drei Punkten). Die Auswirkungen werden sogleich in der Werkzeugleiste sichtbar. Nach Klick auf FERTIG schließt sich der Dialog wieder.

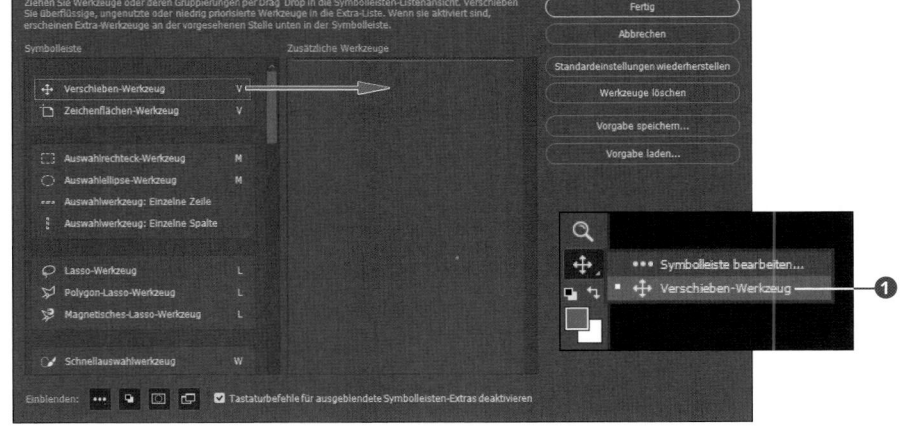

Abbildung 1.28 ▶
Hier wird beispielhaft das Verschieben-Werkzeug entnommen. Das Verschieben-Werkzeug ❶ erscheint jetzt in der Liste.

Experimentieren Sie mit diesen Funktionen. Wenn Sie zurück zur Grundeinstellung wollen, öffnen Sie den Dialog SYMBOLLEISTE ANPASSEN erneut, klicken darin auf STANDARDEINSTELLUNGEN WIEDERHERSTELLEN und bestätigen das Ganze mit Klick auf FERTIG. Daraufhin erstrahlt die Leiste wieder in ursprünglichem Glanz.

Die Optionsleiste

Wichtig im Zusammenhang mit den Werkzeugen ist die Optionsleiste (oft auch *Werkzeugmenüleiste*, *Steuerungsbedienfeld* oder

Steuerelementleiste genannt). Wählen Sie doch einmal verschiedene Werkzeuge an, und beobachten Sie dabei, wie sich der Inhalt dieser Leiste individuell verändert. Sie sehen, dass jedes Tool hier gewissermaßen seine eigenen Steuerelemente mitbringt. Mit ihnen stellen Sie Ihr Werkzeug auf die individuellen Anforderungen ein.

◀ **Abbildung 1.29**
Die Optionsleiste des Lasso-Werkzeugs

Die Bedienfelder

An der rechten Seite befinden sich die unterschiedlichsten Paletten, die sogenannten Bedienfelder. Auch hier gilt, dass sie mit einem Klick auf die Doppelpfeile ❹ (bzw. einem Doppelklick auf die Kopfleiste ❺) ein- und wieder ausgeklappt werden können. Links im Bedienfeldbereich befinden sich zusätzliche Buttons ❸. Dahinter verbergen sich zusätzliche Bedienfelder.

Tastaturkürzel
Übrigens können Sie sich eine Übersicht über die gängigen Shortcuts unter *www.rheinwerk-verlag. de/4985* herunterladen.

◀◀ **Abbildung 1.30**
Die Bedienfelder lassen sich in der Darstellung verändern.

◀ **Abbildung 1.31**
So erscheinen die Felder bereits abgespeckt.

Um das Bedienfeld in eingeklapptem Zustand wieder zugänglich zu machen, müssen Sie lediglich die Bezeichnung anklicken. Ein erneuter Klick darauf verbirgt das Bedienfeld dann wieder. Sie können aber noch mehr Platz sparen, indem Sie auch noch die Bezeichnungen ausblenden – übrig bleiben dann nur noch kleine Symbole. Dazu ziehen Sie den linken Rand ❷ (Abbildung 1.30) mit gedrückter Maustaste nach rechts und lassen die Maustaste los, wenn die Darstellung automatisch auf die kleinere Größe umspringt. Das Öffnen und Schließen der Bedienfelder erfolgt dann, wie gehabt, mit einem Klick auf das entsprechende Symbol.

Das Bedienfeldmenü

Wichtig ist noch das sogenannte Bedienfeldmenü, das sich hinter der Schaltfläche ❻ verbirgt. Ein Klick darauf offenbart ein individuelles Untermenü mit zahlreichen Befehlen und Optionen. Inhaltlich unterscheiden sich die Bedienfeldmenüs voneinander.

Bedienfelder automatisch verbergen

Zwar schließt sich ein geöffnetes Bedienfeld wieder, sobald Sie ein anderes markieren, allerdings bleibt immer ein Bedienfeld geöffnet und beeinträchtigt somit den Blick auf das Bild. Und das bedeutet: Die gewonnene Platzersparnis ist leider nur von kurzer Dauer. Aber mal ehrlich: Ist es nicht recht unkomfortabel, das Bedienfeld jedes Mal von Hand schließen zu müssen? Photoshop müsste das selbsttätig machen. Sie ahnen es: Das geht auch – Sie müssen es der Anwendung nur sagen! Klicken Sie doch einmal mit rechts auf die dunkelgraue Kopfleiste ❷ (siehe Abbildung 1.30) der geöffneten Bedienfeldgruppe, und entscheiden Sie sich im Kontextmenü für den Eintrag BEDIENFELDER AUTOMATISCH AUF SYMBOLE MINIMIEREN.

Nun werden Sie bemängeln, dass das letzte Bedienfeld immer noch geöffnet bleibt. Stimmt, aber das ist nur so lange der Fall, bis Sie das aktive Werkzeug anwenden, also auf Ihr Bild klicken oder ein anderes Werkzeug auswählen.

Noch besser wird es, wenn Sie einmal kurz 🔄 auf Ihrer Tastatur betätigen. Nun ist alles ausgeblendet – auch die Bedienfeldminiaturen und die Werkzeugleiste. Wenn Sie diese bedienen wollen, fahren Sie an den rechten oder linken Rand der Anwendung

Werkzeugleiste erhalten
Oftmals ist es erwünscht, dass die Werkzeugleiste permanent erhalten bleibt, während nur die Bedienfelder ausgeblendet werden sollen. Diese Darstellungsform aktivieren bzw. deaktivieren Sie über ⌂+🔄.

und verweilen dort kurz. Kurz darauf zeigen sich die Bedienfelder von ganz alleine wieder. Um die ausgeblendeten Elemente dauerhaft wieder einzublenden, drücken Sie abermals ⌨.

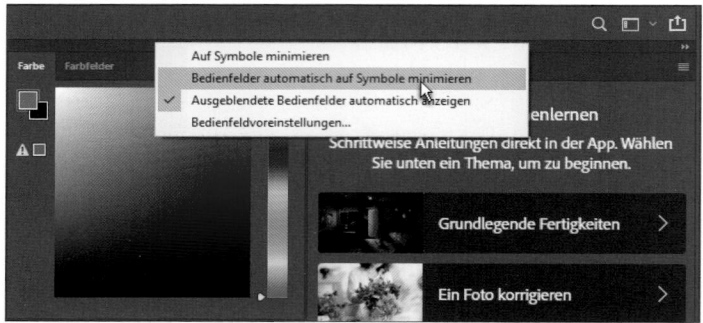

◄ **Abbildung 1.32**
Das Aktivieren dieses Eintrags führt dazu, dass sich Bedienfelder automatisch schließen, sobald Sie das zu bearbeitende Foto anklicken.

Bedienfelder neu anordnen

Unterhalb der Kopfleiste eines Bedienfelds befinden sich sogenannte *Reiter*. Klicken Sie einen der Reiter an, um die dazugehörige Registerkarte in den Vordergrund zu stellen. Im Beispiel in Abbildung 1.33 ist die Registerkarte FARBE im Vordergrund, während die Karte FARBFELDER verborgen dahinterliegt. Sie ließe sich mit einem Mausklick nach vorne stellen.

Nun wäre aber Photoshop nicht Photoshop, wenn nicht auch diese Bereiche individuell anzupassen wären. Klicken Sie eine Registerkarte an, und ziehen Sie sie per Drag & Drop aus dem Bedienfeld heraus. Im folgenden Beispiel soll der Reiter FARBE herausgelöst werden. Solange Sie die Maustaste nicht loslassen, wird der bewegte Reiter noch dargestellt.

▲ **Abbildung 1.33**
Die linke der beiden Registerkarten ist aktiv.

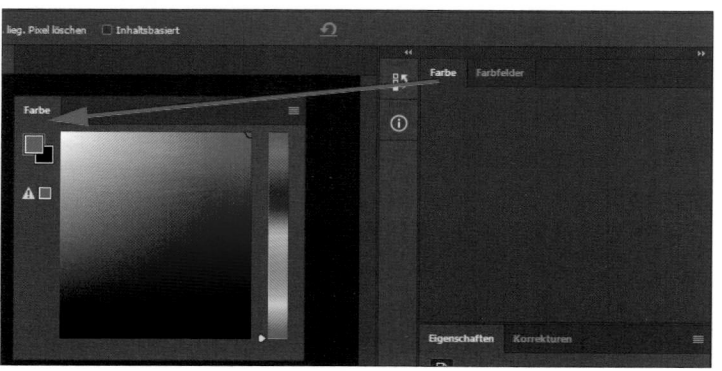

◄ **Abbildung 1.34**
Lösen Sie den Reiter FARBE doch einmal aus dem Bedienfeld heraus.

41

Wenn Sie eine geeignete Position auf Ihrer Arbeitsoberfläche gefunden haben, lassen Sie die Maustaste los. Sie sehen, dass sich aus diesem Register ein eigenes Bedienfeld gebildet hat, das sich nun individuell verschieben lässt, indem Sie auf seine Kopfleiste klicken und dann ziehen.

Abbildung 1.35 ▶
Aus dem Reiter FARBE ist ein eigenständiges Bedienfeld geworden.

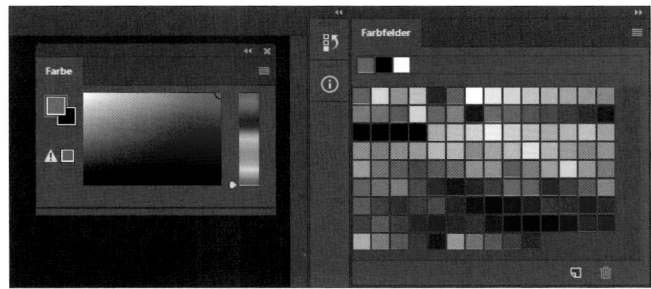

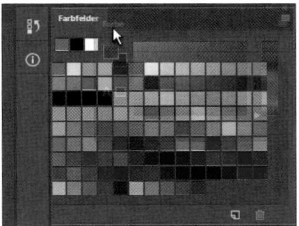

▲ **Abbildung 1.36**
Sobald der Rahmen sichtbar ist, lassen Sie die Maustaste los.

Ebenso könnten diesem neuen Bedienfeld weitere Registerkarten hinzugefügt werden. Lassen Sie diese einfach über dem neu entstandenen Bedienfeld fallen. Sobald sich die gezogene Registerkarte einfügen lässt, erscheint im Innenraum des Bedienfelds ein blaues Rechteck. Jetzt können Sie das Bedienfeld fallen lassen.

Höhe der Bedienfelder anpassen

Blaue Linie statt des blauen Rechtecks?
Wenn statt des Rechtecks eine blaue Linie angezeigt wird und Sie die Maustaste loslassen, werden die beiden Bedienfelder nicht in Registerkarten nebeneinander angeordnet, sondern übereinander. Der Vorteil: Beide Bedienfelder sind sichtbar. Der Nachteil: Es geht Platz auf der Arbeitsoberfläche verloren.

Die Höhe der Bedienfelder ist anpassbar: Wurde ein Bedienfeld aus seiner Gruppe herausgelöst, erscheint bei manchen Bedienfeldern eine Griffleiste ❶. Ziehen Sie hier mit der Maus nach unten (oder oben), verändern Sie die Höhe des Bedienfelds.

▲ **Abbildung 1.37**
Bringen Sie das Bedienfeld durch Ziehen auf die gewünschte Größe (links). Auch das Höhenverhältnis der beiden Bedienfeldgruppen lässt sich verändern (rechts).

Befindet sich das Bedienfeld noch rechts im Bedienfeldbereich, stellen Sie die Maus einfach auf die Linie zwischen zwei Bedienfeldgruppen. Der Mauszeiger verändert sich dann zum Doppelpfeil ❷. Das ist Ihr Signal für die Veränderung der Höhe. Sie müssen hier allerdings beachten: Vergrößern Sie die eine Gruppe, wird automatisch der Platz für die Gruppe darüber oder darunter kleiner.

Reiter im Bedienfeld sortieren

Photoshop gestattet übrigens auch das Umsortieren der Reiter innerhalb einer Bedienfeldgruppe. Ziehen Sie den Reiter dazu einfach mit gedrückter Maustaste herüber, und lassen Sie ihn an der gewünschten Position fallen.

Bedienfeldpositionen wiederherstellen

»Genug!«, sagen Sie? Die Oberfläche ist nur noch ein heilloses Durcheinander? Dann müssen Sie nichts weiter tun, als Grundelemente zurücks. (zurücksetzen) aus dem Menü Grundelemente ganz oben rechts auf der Benutzeroberfläche zu betätigen – und Photoshop erstrahlt wieder im alten Gewand.

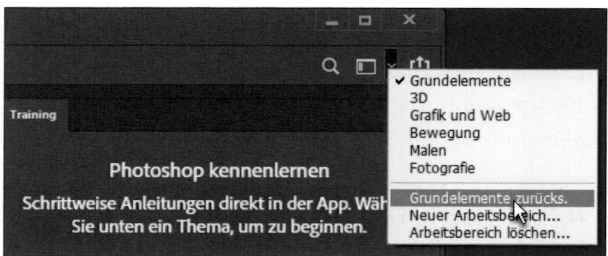

◄ **Abbildung 1.38**
Hier geht es zurück zum alten Interface.

Größe der Bedienfelder
Über das Menü wird allerdings die ursprüngliche Größe der Bedienfelder (geöffnet) nicht wieder berücksichtigt. Wenn Sie genau das aber wollen, sollten Sie aus dem Menü Fenster • Arbeitsbereich • Grundelemente zurücksetzen einstellen. Dann befindet sich alles wieder in der Ausgangsstellung.

Arbeitsbereiche

Im gleichen Fenster können auch unterschiedliche Arbeitsbereiche eingestellt werden. Was hat es damit auf sich? Sie können sich vorstellen, dass unterschiedliche Aufgaben in Photoshop auch unterschiedliche Vorgehensweisen erfordern. Zum Malen beispielsweise muss man andere Schritte unternehmen als beispielsweise zur Helligkeitskorrektur eines Urlaubsfotos. Aus diesem

Grund beherbergt Photoshop vordefinierte und an die jeweilige Aufgabe angepasste Arbeitsbereiche. Ob Sie den gewünschten Arbeitsbereich nun in zuvor genanntem Menü aussuchen oder über das Menü FENSTER, bleibt natürlich Ihnen überlassen. Wählen Sie den letzteren Weg, zeigen Sie zunächst auf ARBEITSBEREICH und wählen danach den passenden Untereintrag. Stellen Sie beispielsweise auf BEWEGUNG oder 3D um, finden Sie ganz andere Bedienfelder vor als beim Standard GRUNDELEMENTE.

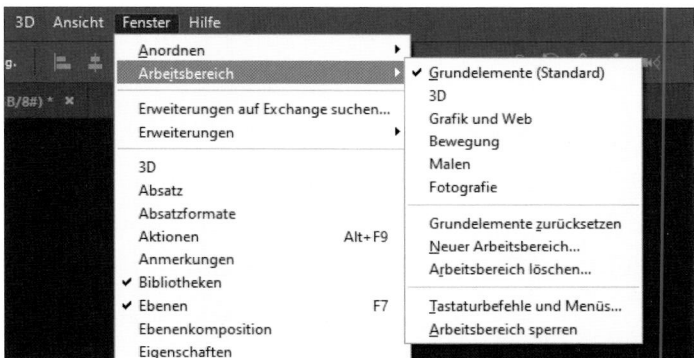

Abbildung 1.39 ▶
Wählen Sie den Arbeitsbereich, der am besten zur bevorstehenden Aufgabe passt.

Eigene Arbeitsbereiche einrichten

Nun dürfen Sie nicht nur die vordefinierten Arbeitsbereiche nutzen, sondern können sich auch eigene, ganz individuell an Ihre Vorlieben angepasste Arbeitsbereiche generieren. Der erste Schritt besteht darin, einen neuen Arbeitsbereich auf der Oberfläche anzulegen. Ordnen Sie alle Elemente und Bedienfelder so an, wie Sie das wünschen. Im nächsten Schritt gehen Sie, wie zuvor beschrieben, auf die Schaltfläche oben rechts oder in das Menü und entscheiden sich für NEUER ARBEITSBEREICH. Vergeben Sie einen nachvollziehbaren Namen, und entscheiden Sie, ob auch bereits vergebene Tastaturbefehle (dazu später mehr) oder Änderungen in Menüs mit aufgenommen werden sollen, ehe Sie auf SPEICHERN klicken. Danach gestalten Sie den Arbeitsbereich nach Ihren Vorlieben. Nehmen Sie irgendwann einmal Änderungen vor, werden sie stets übernommen. Das Speichern entfällt dann.

Gehen Sie anschließend noch einmal auf den Button ARBEITSBEREICH (in der Optionsleiste), werden Sie ganz oben in der Liste den zuvor vergebenen Namen wiederfinden. Falls Sie diese Interface-

Arbeitsbereich löschen
Um einen Arbeitsbereich zu löschen, schalten Sie zunächst auf einen anderen Arbeitsbereich um. Wählen Sie aus der Liste ARBEITSBEREICH den Eintrag ARBEITSBEREICH LÖSCHEN, stellen Sie im Folgedialog den entsprechenden Namen ein, und klicken Sie auf LÖSCHEN. Bestätigen Sie anschließend mit JA.

Ansicht benötigen, klicken Sie darauf, und die Bedienfelder werden so angeordnet, wie Sie es zuvor definiert haben.

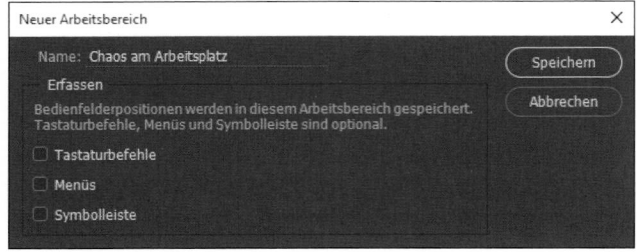

◄ **Abbildung 1.40**
Sichern Sie Ihren Arbeitsbereich.

Das Menü »Fenster«

In der Menüleiste gibt es auch einen Eintrag mit dem Namen FENSTER. Klicken Sie darauf, um Zugang zu sämtlichen Registerkarten zu erhalten, die auf der Oberfläche von Photoshop ein- bzw. ausgeschaltet werden können. Ein vorangestelltes Häkchen bedeutet, dass sich das entsprechende Register zum gegenwärtigen Zeitpunkt im Vordergrund der Anwendung befindet.

Wenn Sie einen bereits angehakten Registereintrag markieren, hat dies zur Folge, dass die gesamte Bedienfeldgruppe (inklusive der dieser Gruppe zugehörigen, aber verdeckten Register) auf der Oberfläche von Photoshop ausgeblendet wird. Umgekehrt können Sie hierüber jederzeit Bedienfelder sichtbar machen, die sich gerade nicht auf Ihrer Arbeitsoberfläche befinden. Bedenken Sie, dass die abgedeckten Register nicht mit einem Häkchen versehen sind. Wenn Sie also im FENSTER-Menü auf den Reiter PFADE klicken, hat das zur Folge, dass die gleichnamige Registerkarte innerhalb der Bedienfeldgruppe in den Vordergrund gestellt wird. Gleichzeitig bedeutet das aber auch, dass das Häkchen vor EBE-NEN (innerhalb des FENSTER-Menüs) entfernt wird.

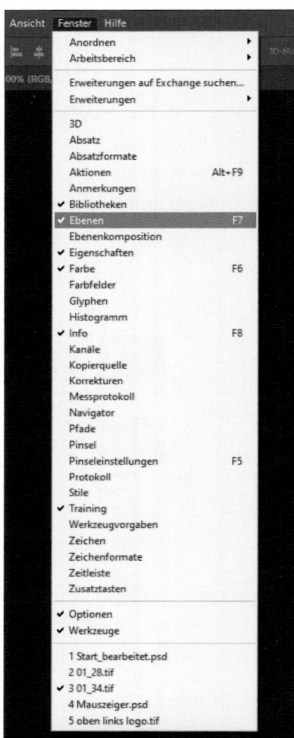

▲ **Abbildung 1.41**
Hier werden die Bedienfelder aufgeführt, die in Photoshop bereitgestellt werden können. Ein Häkchen kennzeichnet das aktivierte Ebenen-Bedienfeld.

1.3 Öffnen, speichern, schließen

Was das grundsätzliche Dateihandling betrifft, wollen wir in diesem Abschnitt kurz auf den Umgang mit Dokumenten (Fotos) zu sprechen kommen. (Beachten Sie dazu auch bitte die Hinweise in Abschnitt 12.5, »Dateiformate«.)

Dateien öffnen

Fotos zu öffnen ist auf unterschiedlichste Art und Weise möglich.
Hierzu gibt es z. B. das altbekannte DATEI • ÖFFNEN oder ⌷Strg⌷/
⌷cmd⌷+⌷0⌷. Die vielleicht zügigste Methode besteht darin, einen
Doppelklick auf einen freien Bereich der Montagefläche zu setzen.

Wie dem auch sei: Am Ende wartet ein Dialog auf Sie, über
den sich einzelne, aber auch mehrere Fotos in einem Arbeitsgang
bereitstellen lassen. Um mehrere Dateien zu selektieren, die alle
beieinanderliegen, markieren Sie zunächst die erste gewünschte
Datei und danach mit gedrückter ⌷⇧⌷-Taste die letzte. Liegen die
Dateien nicht beieinander, markieren Sie die erste und anschließend mit gedrückter Taste ⌷Strg⌷/⌷cmd⌷ die jeweils anderen.

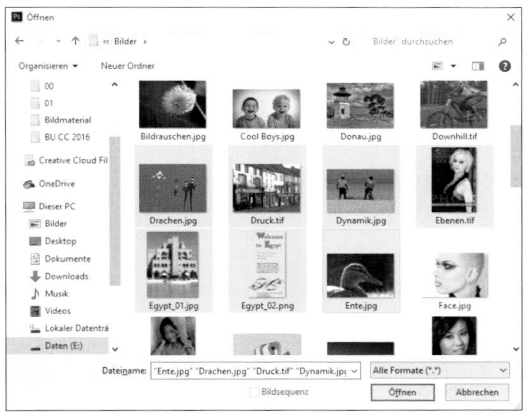

▲ **Abbildung 1.42**
Mehrere Fotos lassen sich in einem einzigen
Arbeitsgang öffnen.

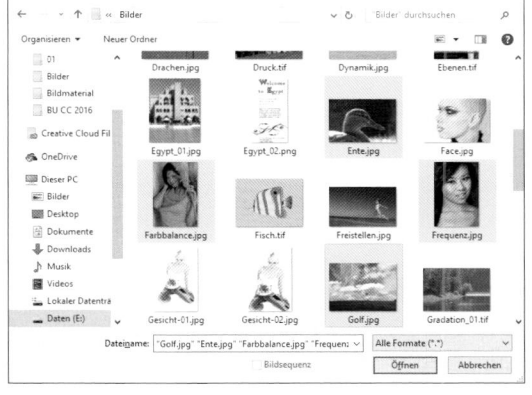

▲ **Abbildung 1.43**
Das gilt auch für Fotos, die nicht direkt
beieinanderliegen.

Eine weitere nützliche Option beim Öffnen von Bildern: Treffen
Sie eine Vorauswahl, damit nur Bilder eines bestimmten Typs
angezeigt werden. Lassen Sie sich darüber beispielsweise alle
Bilder eines Ordners anzeigen, die das Dateiformat TIFF haben.
Verwenden Sie dazu das Steuerelement FORMAT (Macintosh) bzw.
DATEITYP (Windows).

Sie haben ja bereits in Erfahrung gebracht, dass automatisch
die zuletzt benutzten Bilddateien angezeigt werden, wenn kein
Bild geöffnet ist. Wollen Sie jedoch trotz geöffneter Bilder auf
zuletzt verwendete zugreifen, ist das auch kein Problem: Über
DATEI • LETZTE DATEIEN ÖFFNEN wird die Liste der 20 zuletzt ver-

wendeten Bilddateien angezeigt. Wählen Sie das gewünschte Bild, um es abermals zu öffnen. Die Liste bleibt auch dann bestehen, wenn Photoshop zwischenzeitlich geschlossen wurde. Selbst nach einem Neustart des Rechners weiß die Anwendung noch immer, welche Bilder zuletzt in Gebrauch waren. Aber Vorsicht: Verschieben Sie eine dieser Dateien manuell, berücksichtigt Photoshop das natürlich nicht. Das Öffnen der Datei über die Liste schlägt dann fehl.

Wenn Sie die Liste nicht mehr benötigen, können Sie sie leeren, indem Sie DATEI • LETZTE DATEIEN ÖFFNEN • LETZTE DATEIEN LÖSCHEN selektieren.

Neue Datei erstellen

Klar, Photoshop ist eine Bildbearbeitungssoftware. Man könnte also davon ausgehen, dass man als Grundlage immer eine Bilddatei öffnen müsste. Doch dem ist nicht so. Sie dürfen gerne mit einem komplett leeren Dokument beginnen. Dazu gehen Sie auf DATEI • NEU oder drücken Strg/cmd+N. Jetzt lassen sich die gewünschten Abmessungen, die Auflösung, der Farbmodus und vieles mehr auf der rechten Seite des Dialogfelds einstellen. Wollen Sie eines der vielen vorgegebenen Formate verwenden, klicken Sie die entsprechende Kachel in der Mitte des Dialogs an, ehe Sie unten rechts auf ERSTELLEN gehen oder ⏎ betätigen.

Umfang der Dateiliste verändern
Standardmäßig »merkt« sich Photoshop die letzten 20 verwendeten Dateien. Wollen Sie diesen Wert verändern, erreichen Sie das, indem Sie das Eingabefeld LISTE DER LETZTEN DATEIEN UMFASST [X] DATEIEN entsprechend ändern. Dieses Steuerelement finden Sie unter BEARBEITEN/PHOTOSHOP • VOREINSTELLUNGEN • DATEIHANDHABUNG. Die Alternative zum Gang über das Menü: einmal Strg/cmd+K drücken und anschließend den Eintrag auf der linken Seite markieren.

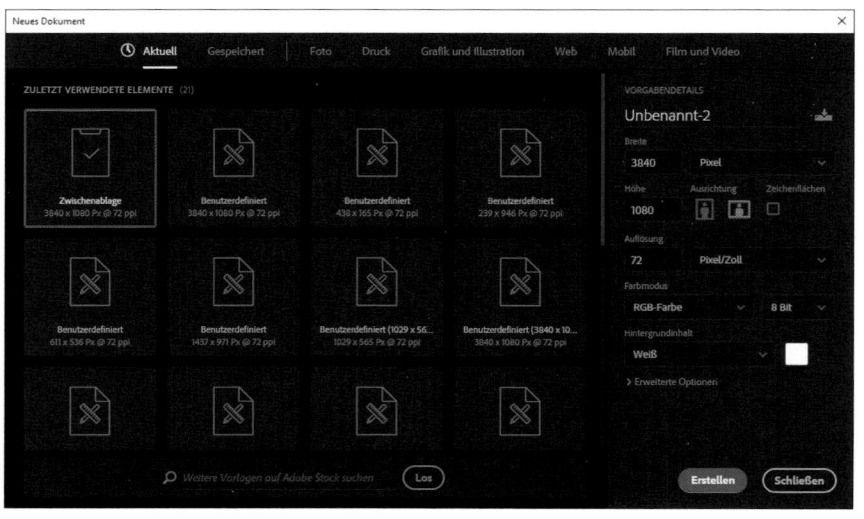

◄ **Abbildung 1.44**
Verwenden Sie bei Bedarf eine der zahlreichen Vorgaben.

Dateien speichern

Wenn Sie mit der Arbeit am Foto fertig sind, können Sie Datei • Speichern oder Strg/cmd+S betätigen. Das hat allerdings zur Folge, dass Ihr Original überschrieben wird. Das Originalfoto wäre somit verloren. Beachten Sie dazu auch bitte die Informationen aus dem folgenden Abschnitt.

Abbildung 1.45 ▶
Sie entscheiden, welches Dateiformat Photoshop verwendet – und zwar unabhängig vom Original.

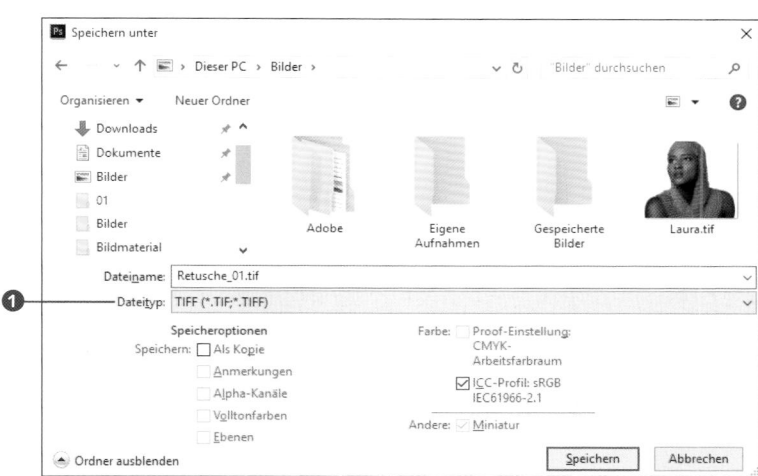

TIFF-Optionen
Wenn Sie im Format TIFF speichern, schickt Photoshop noch einen Dialog hinterher, mit dessen Hilfe Sie unter anderem Einfluss auf die Bildkomprimierung nehmen können. Hier ist zu empfehlen, die vorgewählten Einstellungen zu belassen und den Dialog mit OK zu bestätigen.

Deshalb empfiehlt es sich, den Weg über Datei • Speichern unter bzw. Strg/cmd+⇧+S zu gehen. Wenn Sie innerhalb dieses Dialogs einen anderen Namen und/oder Speicherort festlegen, bleibt das Original unangetastet. Stattdessen wird eine neue Datei erzeugt. Im unten stehenden Feld Dateityp (Win) ❶ bzw. Format (Mac) lässt sich zudem das Dateiformat aussuchen. TIFF und PSD sind hier besonders hervorzuheben, da sie Topqualitäten liefern und maximale Nachbearbeitungsmöglichkeiten offenbaren. (Mehr zu den gängigen Formaten in Abschnitt 12.5, »Dateiformate«.) Mitunter bieten sich andere Speicherformate wie z. B. JPEG an (Ausgabe für das Internet). Mehr dazu finden Sie in Abschnitt 11.3, »Dateien für das Web speichern«.

Wiederherstellungsinformationen speichern

Standardmäßig fühlt die Anwendung sich alle zehn Minuten veranlasst, Wiederherstellungsinformationen für das aktuelle Bilddokument anzulegen. Falls es einmal zum Programmabsturz kommt,

würde der zuletzt gesicherte Zustand des Bildes nach einem Neu-start der Anwendung wiederhergestellt. Wenn Sie das gut finden, müssen Sie nichts weiter tun. Wollen Sie das Intervall jedoch verändern, gehen Sie auf Bearbeiten/Photoshop • Voreinstel-lungen • Dateihandhabung. In der letzten Zeile des Bereichs Optionen zum Speichern von Daten finden Sie gleich unterhalb Automatisches Speichern von Wiederherstellungsinformati-onen alle: ❸ die Angabe 10 Minuten. Klicken Sie darauf, um ein anderes Intervall einzustellen. Zuletzt bestätigen Sie mit OK.

▼ **Abbildung 1.46**
Die Wiederherstellung kann öfter als alle zehn Minuten durchgeführt werden.

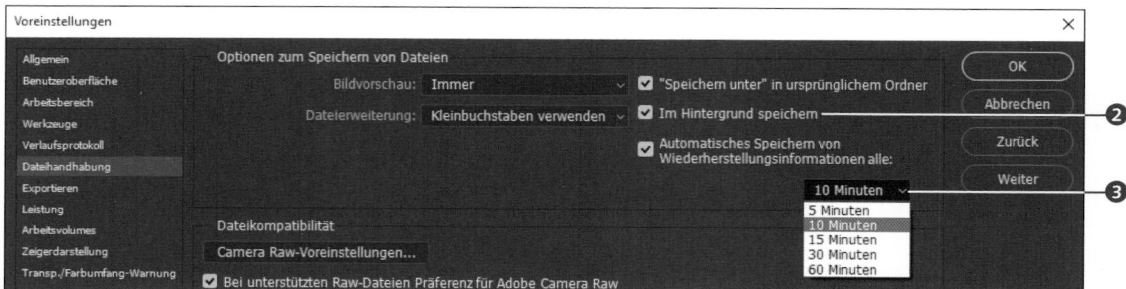

Im Hintergrund speichern

Im gleichen Bereich des erwähnten Dialogs gibt es die Checkbox Im Hintergrund speichern ❷. Sie ist standardmäßig aktiv, was prinzipiell sehr gut ist. Wenn Sie mit großen Dokumenten bzw. zahlreichen Ebenen arbeiten, dauert das Speichern stets eine Weile. Währenddessen können Sie aber in aller Ruhe weiterarbei-ten. Denn das Sichern erledigt Photoshop im Hintergrund.

Bilder teilen

Mit Photoshop CC haben Sie die Möglichkeit, Ihre Arbeiten online zu präsentieren, also mit anderen zu teilen. Was bis vor kurzem noch ausschließlich mit Behance erledigt werden konnte (dazu gleich mehr), funktioniert nun auch mittels Taster Bild teilen ❶ (Abbildung 1.47) oben rechts (gleich unter dem Schließen-Kreuz). Benutzen Sie diese Funktion erstmals, sollten Sie im Overlay-Dialog zunächst auf Wir benötigen weitere Informationen ❷ gehen. Anschließend lassen sich potenzielle Empfänger aus dem Personenverzeichnis Ihres Betriebssystems aussuchen. Mit Aus-

Änderungen speichern
Sollten Sie ein Foto schließen wollen, an dem es noch nicht gespeicher-te Änderungen gibt, wirft Photoshop automatisch eine Speichererinnerung aus. Darin lässt sich dann manuell festlegen, ob die Änderungen übernom-men werden sollen oder nicht. Die dritte Möglich-keit bricht das Schließen ab.

Keine Kontakte
Sofern auf Ihrem Rechner noch keine Kontakte hinterlegt sind, erscheint »Keine Kontakte? Kein Problem.« In diesem Fall können Sie auf diesen Link klicken und eigene Kontakte importieren.

WÄHLEN, UM DIE UMGEBUNGSFREIGABE ZU AKTIVIEREN ❸ können in der Nähe befindliche Bluetooth- oder WLAN-Geräte angesteuert werden, während ganz unten auch die Weitergabe mittels E-Mail-Software oder Social Network (z. B. Facebook) ermöglicht wird. Sollten entsprechende Apps noch nicht bereitstehen, können diese nach einem Klick auf APPS AUS DEM STORE HERUNTERLADEN ❹ hinzugefügt werden.

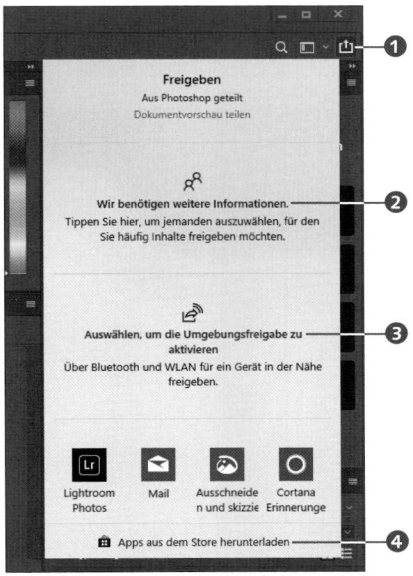

Abbildung 1.47 ▶
Teilen und Freigeben ist mittlerweile ein Kinderspiel.

Durch Integration der Funktion BILD TEILEN hat Behance ein wenig an Bedeutung verloren. Dennoch dürfen Sie diese kostenlose Online-Plattform zur Präsentation entsprechender Werke weiterhin nutzen. Wollen Sie ein Foto auf Behance übertragen, wählen Sie DATEI • AUF BEHANCE TEILEN. Weitere Informationen sowie die Möglichkeit des Software-Downloads erhalten Sie unter *www.behance.net*.

Dateien schließen

Nach getaner Arbeit kann das Bilddokument über DATEI • SCHLIES-SEN oder mit ⌷Strg⌷/⌷cmd⌷+⌷W⌷ geschlossen werden. Alternativ klicken Sie auf die kleine Kreuz-Schaltfläche, die sich auf dem Reiter des Fotos befindet. – Sie haben, sagen wir mal, 50 geöffnete Fotos

und überhaupt kein Verlangen danach, Bild für Bild manuell zu schließen? Dann betätigen Sie ⌈Strg⌉/⌈cmd⌉+⌈Alt⌉+⌈W⌉ oder entscheiden sich für DATEI • ALLE SCHLIESSEN.

1.4 Navigation, Zoom und Ansichten

Auch bei diesem wichtigen Thema kommen wir um etwas Theorie nicht herum. Allerdings sollten Sie diesen Abschnitt keinesfalls überspringen, da er Ihnen zeigt, wie Sie den Inhalt Ihrer Dokumente vergrößern und verkleinern können.

Das Navigator-Bedienfeld

Wenn Sie komfortabel durch Ihre Bilder navigieren möchten, bietet sich zunächst einmal das Register NAVIGATOR an, das sich ebenfalls über das FENSTER-Menü aktivieren lässt. In der Mitte gibt es eine kleine Vorschaufläche. Ein roter Rahmen zeigt an, welchen Bereich des Fotos Sie gerade einsehen können. Darunter befindet sich ein kleiner Schieber ❼, mit dem Sie zoomen, also einen bestimmten Ausschnitt des Bildes näher betrachten können.

Stellen Sie den Schieber per Drag & Drop nach links (zum Verkleinern) oder nach rechts (zum Vergrößern). Durch Markieren der Symbole links ❻ und rechts ❽ daneben werden Skalierungen in festen Schritten durchgeführt.

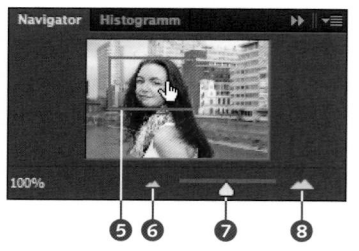

◄ **Abbildung 1.48**
Durch Verschieben des Rahmens ist die komfortable Navigation innerhalb eines stark vergrößerten Dokuments möglich.

Eingabe des Vergrößerungsfaktors
Doppelklicken Sie auf das Eingabefeld unten links, lässt sich der Faktor der Größendarstellung über die Tastatur eingeben. Hierbei sind maximale Vergrößerungen von 3 200 % möglich. Legen Sie einen Wert größer als 3 200 % fest, gibt Photoshop eine Fehlermeldung aus und vergrößert anschließend auf das Maximum.

Falls das aktive Bild aufgrund der Skalierung nicht komplett angezeigt werden kann, zeigt der rote Rahmen ❺, welcher Ausschnitt derzeit sichtbar ist. Stellen Sie den Mauszeiger in diesen Rahmen, um ihn zu verschieben. Dazu halten Sie einfach die Maustaste gedrückt und bewegen das Zeigegerät in die von Ihnen gewünschte Richtung.

Navigation mit der Lupe

Jetzt ist es an der Zeit, sich mit der Lupe 🔍 vertraut zu machen. Um es korrekt zu formulieren: mit dem *Zoom-Werkzeug*. Es befindet sich ganz unten in der Werkzeugleiste und wird durch Anklicken oder mit ⒵ auf Ihrer Tastatur aktiviert. Klicken Sie damit auf Ihr Bild, um Vergrößerungen zu erreichen. Halten Sie (Alt) gedrückt, und führen Sie anschließend einen Mausklick aus, um herauszuzoomen (sprich: zu verkleinern). Die maximale Vergrößerung beträgt 3 200 %.

Navigation auf der Bilddatei

Um Verschiebungen auf einem eingezoomten Bild zu realisieren, müssen Sie aber nicht extra auf das Navigator-Bedienfeld ausweichen. Die Maus kann auf dem Bild bleiben. Halten Sie einfach die Leertaste gedrückt. Nachdem der Mauszeiger zur Hand geworden ist, halten Sie auch die Maustaste gedrückt und verschieben den Ausschnitt mit dem Zeigegerät in die gewünschte Richtung.

Die Möglichkeit des stufenlosen Zooms direkt auf dem Bild gibt es in Photoshop seit der Version CS 5. Dabei gehen Sie folgendermaßen vor: Klicken Sie auf die Stelle des Fotos, die Sie gern vergrößert betrachten wollen, und halten Sie die Maustaste gedrückt. Sobald Sie nahe genug dran sind, lassen Sie los. Zum Auszoomen (Verkleinern) halten Sie gleichzeitig (Alt) gedrückt.

In diesem Zusammenhang ist noch zu erwähnen, dass Sie sogar nahtlos zwischen Ein- und Auszoomen umschalten können, ohne die Maustaste loslassen zu müssen. Entscheiden Sie einfach während des Zoomens, ob Sie (Alt) gedrückt halten wollen oder nicht.

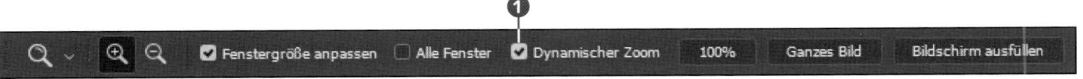

▲ **Abbildung 1.49**
Die Checkbox DYNAMISCHER ZOOM ist besonders wichtig.

Ohne dynamischen Zoom

Wenn DYNAMISCHER ZOOM deaktiviert wird und Sie wie beschrieben klicken und ziehen, wird ein gestrichelter Rahmen erzeugt. Sobald Sie die Maustaste loslassen, wird genau der Bereich, der sich innerhalb des Rahmens befindet, entsprechend vergrößert dargestellt.

Ein weiteres interessantes Feature ist die Funktion DYNAMISCHER ZOOM. Die gleichnamige Checkbox ❶ finden Sie in der Optionsleiste. Ist das Kästchen aktiviert, lässt sich der Ausschnitt vergrößern, indem Sie auf das Foto klicken und die Maus mit gedrückter linker Taste nach rechts schieben. Dabei wird die Klickstelle automatisch als Mittelpunkt beibehalten. Das Auszoomen funktioniert entsprechend, wobei Sie die Maus dann allerdings nach links bewegen müssen.

Abschließend sei in diesem Zusammenhang noch das Tastaturkürzel (Strg)/(cmd)+⓪ (Null) erwähnt, welches ganz bequem das Bild stets komplett auf der zur Verfügung stehenden Arbeitsfläche darstellt.

Pixelraster

Dank der GPU-Unterstützung ist jeder Vergrößerungsfaktor gestochen scharf. Zudem lässt sich bei starker Vergrößerung ein Pixelraster erkennen. Erhöhen Sie die Darstellung auf mehr als 500 %, damit Sie das Raster sehen können.

Vorübergehend auszoomen

Wenn Sie sich erst einmal mit den Grundlagen der Anwendung vertraut gemacht haben, werden Sie des Öfteren nach folgendem Muster vorgehen: Zur Nachbearbeitung bestimmter Bildteile müssen Sie stark einzoomen, zur Begutachtung des Resultats jedoch das gesamte Foto ansehen. Wenn Sie jetzt aber Strg/cmd+0 drücken, ist der zuvor eingestellte Ausschnitt weg, und Sie müssten ihn anschließend wieder neu einstellen. »Viel zu aufwendig!«, haben sich die Photoshop-Programmierer gedacht und H auf Ihrer Tastatur mit einer Zusatzfunktion ausgestattet.

▲ **Abbildung 1.50**
Photoshop bringt Ihre Pixel ganz groß raus!

Wenn Sie diese Taste gedrückt halten, mutiert das derzeit eingestellte Werkzeug zur Hand. So weit, so gut. Wenn Sie jetzt allerdings zusätzlich noch einen Mausklick ausführen (und die Maustaste ebenfalls gedrückt halten), können Sie das gesamte Bild sehen und gegebenenfalls einen neuen Bildausschnitt wählen. Lassen Sie die Maus und H wieder los, wird das zuletzt eingestellte Tool wieder aktiv, und Sie befinden sich genau im zuvor gewählten bzw. in dem neu gewählten Bildausschnitt. Cool, oder?

Unterschiedliche Ansichtsmodi wählen

Bei mehreren geöffneten Fotos können Sie auch bestimmen, wie sie auf Ihrer Arbeitsoberfläche angeordnet werden sollen. Gehen Sie dazu über FENSTER • ANORDNEN. Der Befehl ALLE IN REGISTERKARTEN ZUSAMMENLEGEN sorgt dafür, dass die ursprüngliche Ansicht wiederhergestellt wird.

Mit SCHWEBENDES FENSTER lösen Sie das aktuell angewählte Foto vom Hintergrund. So wird es in einem eigenständigen Fenster dargestellt und kann per Drag & Drop an der Kopfleiste nach Wunsch angeordnet werden. Mit NUR SCHWEBENDE FENSTER erscheinen alle geöffneten Fotos (nicht nur das aktive) in eigenen Fensterrahmen.

Warndialoge zurücksetzen
Die Checkbox NICHT WIEDER ANZEIGEN wird Ihnen in Warndialogen noch öfter begegnen. Durch Aktivierung des Kästchens werden diese in Zukunft nicht mehr angeboten. Was aber, wenn Sie sich irgendwann doch dafür entscheiden, die Dialoge wieder sichtbar zu machen? Dann gehen Sie in das Menü BEARBEITEN/PHOTOSHOP • VOREINSTELLUNGEN • ALLGEMEIN (oder drücken Strg/cmd+K) und klicken ganz unten auf ALLE WARNDIALOGFELDER ZURÜCKSETZEN.

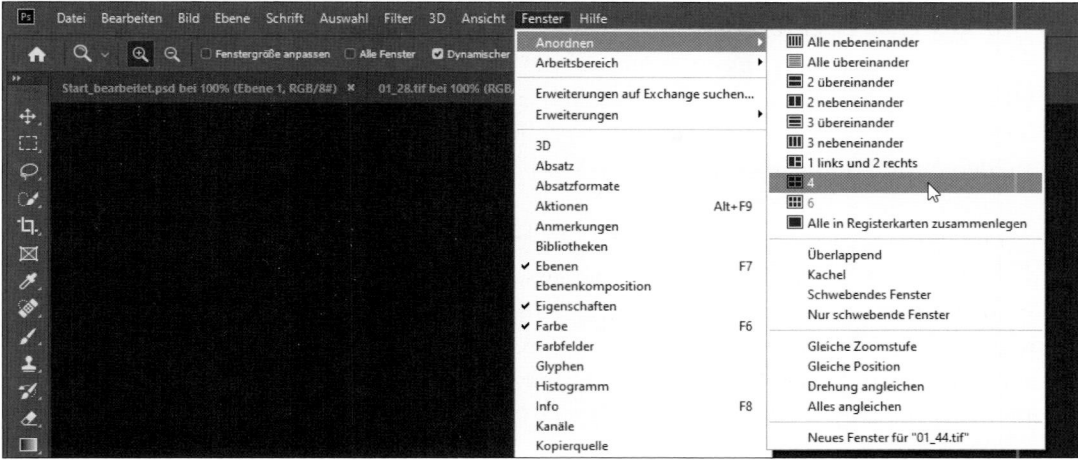

▲ **Abbildung 1.51**
Die unterschiedlichen Anzeigemodi verbergen sich im Menü.

Eine Alternative ist ☐ F. Mit dieser Taste können drei verschiedene Modi angesteuert werden. Betätigen Sie die Taste einmal, wird der gesamte zur Verfügung stehende Platz auf dem Monitor genutzt, um das aktuell gewählte Foto nebst Menüleiste, Toolbox und Bedienfeldbereich darzustellen. Betätigen Sie die Taste erneut, wird das Foto auf schwarzen Hintergrund projiziert. Werkzeuge, Leisten und Bedienfelder sind verschwunden. Glücklicherweise lassen sich durch ☐ aber wenigstens Toolbox, Optionsleiste und Bedienfeldbereich anzeigen und wieder ausschalten.

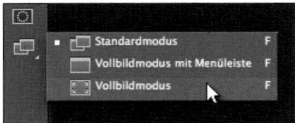

▲ **Abbildung 1.52**
Die verschiedenen Ansichtsmodi stehen auch im Fuß der Werkzeugleiste zur Verfügung.

Abbildung 1.53 ►
Die Tabulatortaste bringt die gängigen Bedienelemente zurück.

© Robert Klaßen

Und wer am Ende noch ein weiteres Mal ⎡F⎤ betätigt, gelangt zurück zum Standardmodus. All das lässt sich übrigens auch mit Hilfe des untersten Steuerelements der Toolbox realisieren (siehe Abbildung 1.52).

Doch Vorsicht bitte beim *Vollbildmodus*. Lesen Sie die Hinweise im Warndialog bitte sorgfältig durch, ehe Sie den Vollbildmodus aktivieren. Wenn Sie sich jedoch erst einmal gemerkt haben, dass Sie den Vollbildmodus mit ⎡Esc⎤ jederzeit verlassen können, dürfen Sie auch NICHT WIEDER ANZEIGEN wählen, ehe Sie auf VOLLBILD-MODUS klicken. (In Schritt 4 des Workshops »Gebäude zurechtrücken« auf Seite 307 finden Sie ein praxisnahes Beispiel zu diesem Thema.)

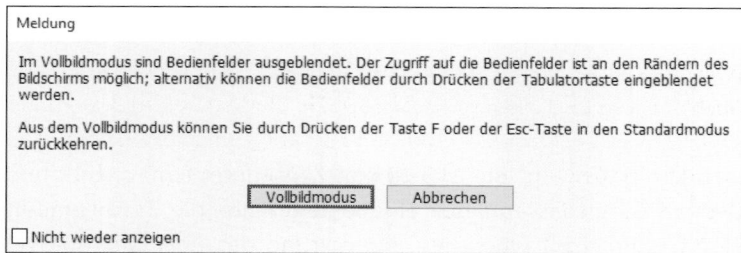

◄ **Abbildung 1.54**
Vor der Aktivierung des Voll-bildes wird gewarnt.

Ansicht	Werkzeug/Menüeintrag
Fenstergröße anzeigen	Doppelklick auf das Hand-Werk-zeug, ANSICHT • GANZES BILD oder ⎡Strg⎤/⎡cmd⎤+⎡0⎤
Darstellung 100 %	Doppelklick auf die Lupe
Standardansicht/Vollbildmodus mit und ohne Menüleiste	⎡F⎤ drücken

◄ **Tabelle 1.1**
Tastaturkürzel für Ansichten

Lineale aktivieren

Mitunter ist es sinnvoll, an den Bildrändern oben und links Lineale einblenden zu lassen. Am schnellsten erreichen Sie dies über ⎡Strg⎤/⎡cmd⎤+⎡R⎤. Über das Menü geht es allerdings auch, indem Sie ANSICHT • LINEALE einstellen. Wiederholen Sie den Vorgang, um die Lineale wieder auszublenden.

Reihenfolge beachten

Das Hinzuschalten der Lineale wirkt sich zunächst einmal nur auf das aktuelle Foto aus. Sollten weitere Fotos geöffnet sein, werden sie nicht mit Linealen ausgestattet. Anders ist das bei Fotos, die Sie erst nach der Anwahl des Befehls öffnen. Sie erhalten dann ebenfalls gleich die gewünschten Lineale.

▲ **Abbildung 1.55**
Oben und links erscheinen Lineale.

Standardmäßig wird die Maßeinheit Zentimeter (cm) angeboten. Wenn Sie stattdessen lieber eine andere Einheit (z. B. Millimeter, Punkt oder Pixel) wünschen, können Sie das über das oberste Steuerelement ❶ des Fensters BEARBEITEN/PHOTOSHOP • VOREINSTELLUNGEN • MASSEINHEITEN & LINEALE umstellen.

Abbildung 1.56 ▶
Wer lieber mit anderen Maßeinheiten arbeitet, benutzt dazu das Steuerelement LINEALE in den VOREINSTELLUNGEN.

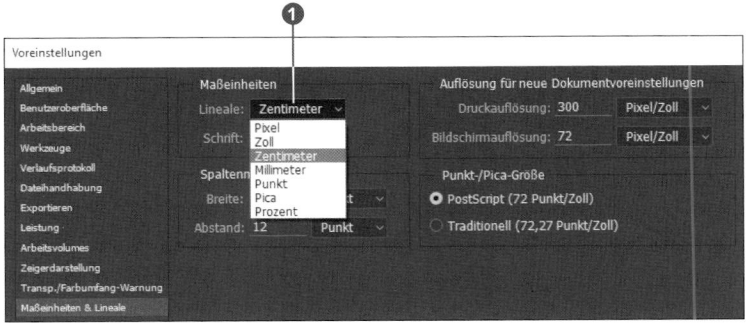

»Ein-Schritt«-Aktionen

Beim Protokoll-Listing werden bestimmte Ausführungen zu einem Schritt zusammengefasst. Wenn Sie z. B. ein Objekt mehrmals hintereinander verschieben, wird die gesamte Verschiebung lediglich als *ein* Programmschritt ausgewiesen.

1.5 Das Protokoll

Jetzt müssen Sie noch die äußerst wichtige Protokollfunktion kennenlernen, die Ihnen die Arbeit mit Photoshop beträchtlich erleichtern wird.

Protokollliste

Dass Photoshop die übertragenen Aufgaben mit erstaunlicher Zuverlässigkeit verrichtet, ist hinlänglich bekannt. Das Interessante daran ist aber, dass jeder einzelne Schritt sogar akribisch protokolliert wird. Die Anwendung registriert (fast) jede Ihrer Aktionen und listet sie im Protokoll-Bedienfeld auf. Davon ausgenommen sind lediglich programmspezifische Funktionen wie das Ändern der Farbe oder der Grundeinstellungen, Werkzeugwechsel, das Öffnen und Schließen von Bedienfeldern und Ähnliches. Funktionen, die Auswirkungen auf Ihre Bilddatei haben, werden korrekt gesammelt. Das Protokoll lässt sich über FENSTER • PROTOKOLL an die Oberfläche bringen.

Standardmäßig listet die Anwendung die letzten 20 Schritte untereinander auf. Das bedeutet: Wenn Sie den 21. Schritt durchführen, wird der erste aus dem Protokoll-Bedienfeld entfernt. Diese Vorgehensweise erlaubt es Ihnen nun, innerhalb dieser 20 Schritte zurückzuspringen. Markieren Sie dazu mit einem Mausklick einen Eintrag weiter oben ❷.

Solange sich das Protokoll so darstellt, dass die unterhalb angeordneten Schritte schwach grau ❸ sind, lässt sich auf diese Punkte noch zugreifen. In dem Moment aber, in dem Sie eine neue Aktion ausführen, werden alle darunter befindlichen Schritte unwiederbringlich gelöscht. Und diese Aktion lässt sich dann nicht mehr rückgängig machen.

> **Schritte per Tastatur rückgängig machen**
> Wer den zuletzt ausgeführten Befehl rückgängig machen möchte, kann auch `Strg`/`cmd`+`Z` betätigen. Glücklicherweise gehört der Umstand, dass Photoshop stets nur »den letzten« Schritt editieren kann, inzwischen der Vergangenheit an. Je öfter Sie den Befehl benutzen, desto mehr Schritte werden verworfen – in umgekehrter Reihenfolge ihrer Anwendung. Zum Wiederherstellen eines zuvor editierten Schritts benutzen Sie übrigens `Strg`/`cmd`+`⇧`+`Z`.

▲ **Abbildung 1.57**
Hier wurde der Zustand des Bildes bis auf die Aufhebung der Auswahl zurückgestuft.

▲ **Abbildung 1.58**
Dann wurde eine neue Aktion ausgeführt. Alle Schritte, die sich in der Liste darunter befanden, wurden somit gelöscht.

▲ **Abbildung 1.59**
Fertigen Sie einen Schnappschuss an, zu dem Sie immer wieder zurückkehren können.

Schnappschuss erstellen

Anders sieht es aus, wenn Sie von Zeit zu Zeit einen Schnappschuss erstellen. Diese Funktion kann man sich wie einen Zwischenspeicher vorstellen, der im oberen Bereich des Fensters den aktuellen Zustand des Bildes absichert (siehe Abbildung 1.59).

Fertigen Sie – falls Sie sich nicht hundertprozentig sicher sind, ob Sie auf die letzten Schritte verzichten können – zuvor einen Schnappschuss an. Führen Sie weitere Arbeiten an Ihrem Dokument aus. Wenn Sie nach einiger Zeit feststellen, dass die Schnappschussversion doch die bessere war, markieren Sie einfach den Eintrag »Schnappschuss 1«, und Sie erhalten die Version des Bildes zurück, die *vor* dem Löschen der Schritte aktuell war.

Protokollobjekte löschen

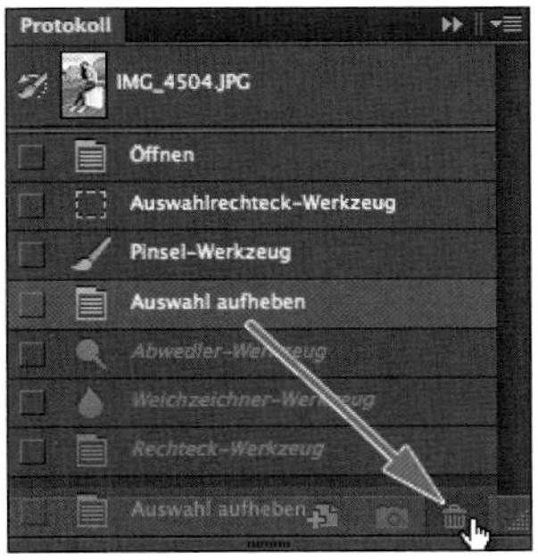

▲ **Abbildung 1.60**
So werden die letzten Arbeitsgänge komfortabel rückgängig gemacht.

Ziehen Sie den obersten Eintrag der nicht mehr benötigten Arbeitsgänge per Drag & Drop auf das Papierkorb-Symbol. Das hat zur Folge, dass dieser Eintrag und alle unterhalb befindlichen gelöscht werden. Prinzipiell ist es möglich, den zu löschenden Eintrag zu markieren und anschließend das Papierkorb-Symbol anzuklicken. Dabei fragt Photoshop aber sicherheitshalber noch einmal nach, ob der Eintrag wirklich gelöscht werden soll. Mit der Methode Drag & Drop wird die Abfrage umgangen. Diese Vorgehensweise gilt auch für alle anderen Bedienfelder.

Datei duplizieren

Eine weitere Möglichkeit, die den Erhalt des ursprünglichen Protokolls garantiert, besteht darin, eine Kopie des Bildes über das linke der drei unteren Icons zu erstellen. Dort können Sie dann weiterarbeiten, ohne das Protokoll des Originals zu verlieren.

1.6 Die Creative-Cloud-Arbeitsumgebung

Das CC in Photoshop steht, Sie ahnen es, für Creative Cloud. Damit gemeint ist eine Arbeitsumgebung, die dem Benutzer online zur Verfügung gestellt und ständig aktualisiert wird. Infos zur Creative Cloud finden Sie unter *http://www.adobe.com/de/products/crea-*

tivecloud.html. Hier haben Sie auch die Möglichkeit, zusätzliche Angebote wie Adobe Stock oder andere Software zu buchen.

Bibliotheken

Zu guter Letzt lohnt sich noch ein Abstecher zu den BIBLIOTHEKEN. Standardmäßig wartet Photoshop CC mit einem Bedienfeld gleichen Namens auf. Sollte es aktuell nicht sichtbar sein, kann es via FENSTER • BIBLIOTHEK aufgerufen werden. Die Bibliotheken sind nicht neu, jedoch hat sich das Bedienfeld ein wenig verändert.

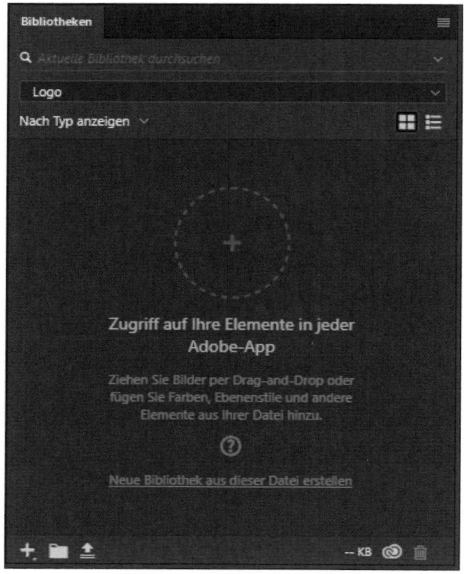

◀ **Abbildung 1.61**
Auf den ersten Blick herrscht gähnende Langeweile im Bibliotheken-Bedienfeld.

Die Bibliotheken bedienen im Prinzip zwei Bereiche Ihrer Arbeit mit Photoshop. Zum einen lassen sich eigene Arbeiten in die Bibliothek integrieren. Das bedeutet, dass häufig benutzte Elemente, aber auch Farben oder Stile archiviert werden können. Der Vorteil: Sie stehen jederzeit direkt zur Verfügung. Die Dateien müssen nicht aufwendig auf der Festplatte gesucht und dann separat in Photoshop geöffnet werden. Wer also seine Bibliothek optimal nutzen möchte, integriert häufig benutzte Objekte (wie z.B. ein Firmenlogo oder einen Copyright-Hinweis für seine Fotos, aber natürlich auch Textauszeichnungen, Ebenenstile und Farben) in die Bibliothek.

Photoshop testen
Sie wollen sich zunächst einmal einen Überblick verschaffen? Kein Problem: Dann testen Sie Photoshop oder artverwandte Software (z. B. Lightroom, Photoshop Elements, Premiere Elements) für einen begrenzten Zeitraum (zzt. sieben Tage) kostenlos und unverbindlich. Weitere Infos unter *http://www.adobe. com/de/products/photoshopfamily.html*.

Änderungen in der Cloud
Ein Buch kann mitunter nur noch eine Momentaufnahme sein. Bei einer Software, die ständig weiterentwickelt wird, ist zu befürchten, dass immer irgendetwas fehlen wird oder sich seit Erscheinen des Buches etwas verändert hat. Das ist aber nicht weiter schlimm, so ist dieses Buch doch vor allem auf die praktische Arbeit mit Photoshop, das Verstehen der Werkzeugtechniken ausgelegt, weniger also auf die Arbeit innerhalb der Cloud.

Der Vorteil: Wann immer ein solches Objekt benötigt wird, kann es direkt per Drag & Drop in ein geöffnetes Bilddokument integriert werden. Man muss also nicht mehr lange auf der Festplatte nach der Originaldatei suchen, sondern hat alles Wichtige stets griffbereit.

Ein weiterer Vorteil: Die Objekte können mit anderen Anwendungen (z. B. Illustrator oder InDesign) ausgetauscht werden. Wenn Sie ein Objekt auf ein Foto ziehen, wird dieses automatisch in ein Smartobjekt konvertiert. Wollen Sie es als normale Ebene erhalten, müssen Sie während des Ziehens nur [Alt] gedrückt halten.

Das zweite große Segment, das durch die Verwendung der Bibliothek abgedeckt wird, ist Adobe Stock. Hierbei handelt es sich um ein riesiges Archiv professioneller (kostenpflichtiger) Fotos. Suchen Sie gezielt nach Bildmaterial, indem Sie relevante Stichworte in die Zeile ADOBE STOCK DURCHSUCHEN eintippen. Wer lieber seinen Browser zur Suche benutzt, kann auch über das Menü gehen – und zwar über DATEI • ADOBE STOCK DURCHSUCHEN.

Externer Zugriff
Sie möchten von einem anderen Rechner aus oder von unterwegs auf den Inhalt Ihrer Bibliothek zugreifen? Nichts leichter als das. Besuchen Sie die Internetseite *http://stock.adobe.com/ de/Libraries*, und klicken Sie auf BIBLIOTHEKEN. Loggen Sie sich mit Ihrer Adobe-ID ein.

Objekte hinzufügen | Es gibt zahlreiche Möglichkeiten, Objekte der Bibliothek hinzuzufügen. Die einfachste: Klicken Sie in Photoshop einfach mit dem Verschieben-Werkzeug [V] auf das geöffnete Foto, und halten Sie die Maustaste so lange gedrückt, bis Sie sich auf dem Bedienfeld BIBLIOTHEKEN befinden, so wie Sie es in Abbildung 1.62 sehen. Jetzt loslassen! That's it.

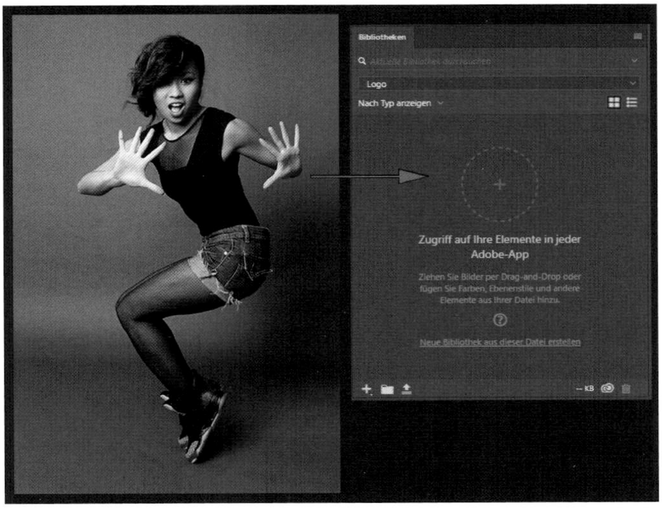

© Robert Klaßen

Abbildung 1.62 ▶
Ziehen Sie Bildelemente (hier eine Ebene) einfach in die Bibliothek.

Alternativ lässt sich auch ein geöffnetes Foto markieren und anschließend der Button NEUE BIBLIOTHEK AUS DOKUMENT ❷ betätigen. Klicken Sie auf das Plus-Symbol ❶, um Einfluss darauf zu nehmen, welche Elemente der Bibliothek hinzugefügt werden sollen. Wählen Sie sie per Checkbox aus, und betätigen Sie anschließend HINZUFÜGEN.

Am Rande sei erwähnt, dass sich auch neue Bibliotheken erzeugen lassen, indem Sie das Menü MEINE BIBLIOTHEK öffnen und darin den Eintrag NEUE BIBLIOTHEK wählen. Betätigen Sie den Pfeil-Schalter ❷, damit Photoshop eine neue Bibliothek aus dem aktuellen Dokument erzeugt. Schalten Sie von der MINIATURANSICHT ❹ auf die LISTENANSICHT ❸ um, erhalten Sie weitere Optionen. So können Sie beispielsweise sehen, in welcher Anwendung das Objekt erzeugt worden ist.

▲ **Abbildung 1.63**
Das Element erscheint anschließend als Miniatur oder Zeile im Bibliotheken-Bedienfeld (je nach gewählter Option oben rechts).

Neue Bibliothek aus Dokument | Möglicherweise erleben Sie, dass Photoshop beim Öffnen einer Datei selbstständig reagiert und einen entsprechenden Dialog bereitstellt. Die Anwendung »erkennt« nämlich, wann es sich um ein häufig genutztes Element handelt, und will beim Import behilflich sein. Wählen Sie in der Liste im unteren Drittel des Fensters aus, welche der angebotenen Elemente integriert werden sollen, und betätigen Sie NEUE BIBLIOTHEK ERSTELLEN.

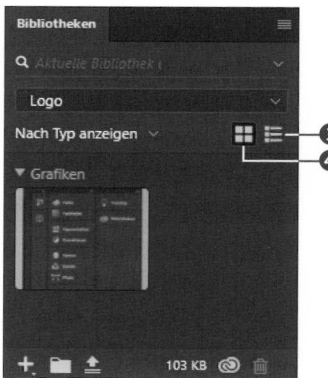

▲ **Abbildung 1.64**
Miniatur- und Listenansicht

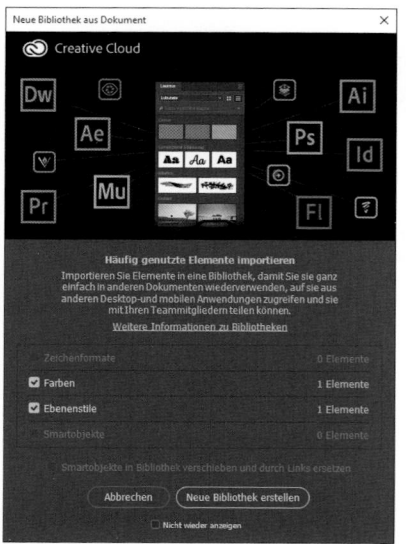

◄ **Abbildung 1.65**
Lassen Sie sich beim Einrichten einer Bibliothek von Photoshop unterstützen.

Objekte entfernen | Wird ein Objekt nicht mehr benötigt, markie-
ren Sie es im Bedienfeld BIBLIOTHEKEN und klicken anschließend
auf den Papierkorb. Alternativ ziehen Sie es mit gedrückter Maustaste auf den Papierkorb und lassen es dort fallen.

Wie bereits erwähnt, dürfen nun alle Elemente der Bibliothek
sowohl in Photoshop als auch in anderen Creative-Suite-Anwendungen benutzt werden, die über ein Bedienfeld BIBLIOTHEKEN
verfügen. So wäre es beispielsweise denkbar, dass Sie einen schicken Hintergrund in Illustrator oder in einer separaten Photoshop-
Datei zaubern und ihn dann kurzerhand in Ihre aktuelle Bildkomposition integrieren.

▲ **Abbildung 1.66**
Ein in der Bibliothek gespei-
chertes Hintergrundmuster
(oben, entsprechend mar-
kiert) …

▲ **Abbildung 1.67**
… wird in eine bestehende Bilddatei integriert.

Dateiverwaltung mit Bridge

Bilder anlegen, sortieren und suchen
mit Adobe Bridge

- ▶ Wie funktioniert Adobe Bridge?
- ▶ Wie kann ich über Adobe Bridge Dateien finden?
- ▶ Wie kann ich Fotos kennzeichnen und bewerten?
- ▶ Wie finde ich Fotos in großen Bildersammlungen?
- ▶ Wie lassen sich Fotos platzsparend stapeln?

2 Dateiverwaltung mit Bridge

Bridge läuft … und läuft … und läuft
Für den Fall, dass Sie lediglich die Testversion von Photoshop in Betrieb haben und sich im Anschluss an den Testzeitraum nicht für ein Abo entscheiden, habe ich gute Nachrichten für Sie: Adobe Bridge funktioniert weiterhin. Ob dies für immer so bleiben wird, bleibt gleichwohl zu hoffen.

Dass sich Bilddateien über Datei • Öffnen bereitstellen lassen, muss wirklich nicht feierlich verkündet werden. Falls Sie sich aber fragen, warum ein ganzes Kapitel zu Themen wie Bridge und dem Handling von Bildern geschrieben werden muss, kann die Antwort nur lauten: »Weil Sie es unbedingt wissen müssen!« Am Ende würde mich alles andere als ein »Wirklich gut zu wissen!« sehr verwundern …

2.1 Bridge – was Sie vorab wissen sollten

Über viele Jahre hinweg war Adobe Bridge fester Bestandteil einiger Creative-Suite-Anwendungen – die Software war nicht zuletzt auch in Photoshop integriert und wurde automatisch mit installiert. Das ist mittlerweile nicht mehr so. Adobe Bridge muss separat »aufgespielt« werden. Sie können aber beruhigt sein, denn dies ist nun wirklich kein Hexenwerk. Entweder laden Sie die Anwendung unter *http://creative.adobe.com/de/products/bridge* herunter und installieren sie manuell, oder Sie gehen auf das Icon der Adobe Creative Cloud auf Ihrem Desktop (alternativ: [Festplatte] • Programme bzw. Programme (x86) • Adobe • Adobe Creative Cloud • ACC, gefolgt von einem Doppelklick auf Creative Cloud). Aktivieren Sie Apps ❶, und scrollen Sie herunter, bis Sie den Bridge-Eintrag finden. Daneben betätigen Sie den Schalter Installieren ❷.

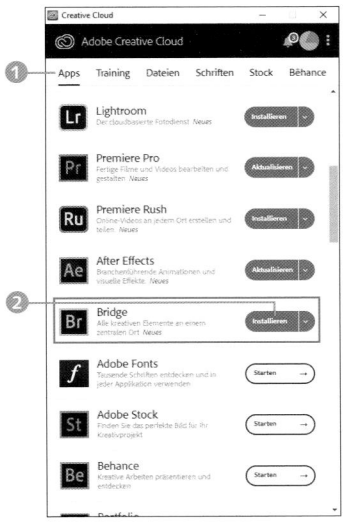

▲ **Abbildung 2.1**
Installieren Sie Bridge.

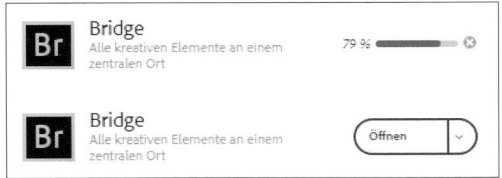

▲ **Abbildung 2.2**
Klicken Sie auf die Öffnen-Schaltfläche.

Nun gedulden Sie sich bitte einen Augenblick. Der Download der Software dauert je nach Bandbreite Ihrer Internetverbindung unterschiedlich lange. Der Fortschritt der Programmintegration wird übrigens an der Stelle angezeigt, an der sich soeben noch der Button für die Installation befunden hat. Wenn alles erledigt ist, taucht an dieser Position die Schaltfläche ÖFFNEN auf, die Sie daraufhin betätigen sollten.

2.2 Bridge – Übersicht

Sollten sich bereits Berge von Bildern auf Ihrem Rechner angehäuft haben, werden Sie Adobe Bridge zu schätzen wissen. Aber auch bei der Archivierung anderer Daten, z. B. von Musikdateien, Videos oder PDF-Dokumenten, ist Bridge behilflich. Selbst Word-Dokumente lassen sich dort anzeigen und direkt aus Bridge heraus öffnen.

Keine Mini Bridge
Wer Photoshop noch von der ursprünglichen CC-Version (2013) kennt, der wird die dort integrierte Mini Bridge vermissen, die als Bindeglied zwischen Photoshop und Bridge diente. Mini Bridge ist leider mittlerweile Geschichte.

Was ist Bridge?

Bei Adobe Bridge handelt es sich um eine eigenständige Applikation zum Verwalten von Dateien. Das Programm erweist sich als zuverlässiger Archivar, da es die Suche (nach Bildern und anderen Dokumenten) durch Miniaturansichten sowie zugehörige Bilddaten erheblich vereinfacht.

Von Photoshop zu Bridge

Wie Sie ja bereits erfahren haben, existiert in Photoshop keine Mini Bridge mehr, die den Übergang von der Bildbearbeitungssoftware zum Archiv stark vereinfacht hatte. Dennoch ist das Öffnen von Bridge auch in Photoshop CC möglich – und zwar über DATEI • IN BRIDGE SUCHEN.

Adobe Stock

Mit der Nutzung von Adobe Stock haben Sie Zugriff auf einen schier unerschöpflichen Fundus professioneller Bildmaterialien – direkt aus Bridge heraus. Adobe bietet ein Test-Abo an, bei dem

**Stock-Vorschau
speichern**
Speichern Sie die Vor-
schaudateien zum Bild in
Ihrer Photoshop-Biblio-
thek (MEINE BIBLIOTHEK),
indem Sie auf den mittle-
ren Schalter klicken. Sie
wird sichtbar, wenn Sie
die Maus auf der Bildmi-
niatur parken.

▲ **Abbildung 2.4**
Transferieren Sie die Bild-
vorschau in Ihre Photo-
shop-Bibliothek.

**Ein weiteres Bridge-
Fenster öffnen**
Haben Sie gerade einige
Fotos ausgesucht und
möchten in einen ande-
ren Ordner gehen, ohne
die aktuelle Bridge-An-
sicht zu verlieren? Kein
Problem: Drücken Sie
`Strg`/`cmd`+`N`. Dann
erzeugt die Anwendung
ein neues Fenster, wäh-
rend das alte erhalten
bleibt.

Sie bis zu 10 Stock-Fotos gratis aussuchen können. Informieren Sie
sich auf der Webseite *http://stock.adobe.com/de* über die (kosten-
pflichtigen) Abo-Optionen und Nutzungsbedingungen. Alternativ
dürfen Sie (auch ohne Abo) relevante Stichworte in das Eingabefeld oben rechts eintragen (ADOBE STOCK DURCHSUCHEN). Nach
der Betätigung mit `↵` wird das entsprechende Angebot in Ihrem
Standard-Browser präsentiert.

▲ **Abbildung 2.3**
Suchen Sie Profi-Fotos direkt aus Bridge heraus.

Zur Information: Sie können das Suchfeld auch für die Bridge-
interne Suche konfigurieren. Wie das geht, erfahren Sie in Schritt
4 des Workshops »Personenaufnahmen mit Stichwörtern kennzeichnen« auf Seite 78.

Ansichtsoptionen

Nach der Selektion der Registerkarte FAVORITEN ❶ oben links
können Sie sich auf der mittleren Arbeitsfläche durchklicken, bis
Sie den relevanten Ordner gefunden haben. Wenn Ihnen zur Vorauswahl die Explorer-Ansicht mehr liegt, entscheiden Sie sich für
ORDNER ❷.

Navigieren Sie nun zu den heruntergeladenen Beispielmaterialien zum Buch. Dazu reicht ein Klick auf das übergeordnete Verzeichnis, gefolgt von einem Doppelklick auf den betreffenden
Ordner (hier: BILDER). Daraufhin gibt es zahlreiche Bildminiaturen
zu sehen. Deren Größe können Sie über den Schieberegler ❸ im
Fuß der Anwendung verändern.

Wenn Sie ein geeignetes Foto gefunden haben, können Sie
darauf doppelklicken, woraufhin es in Photoshop zur Verfügung
gestellt wird. Aber auch ein einfacher Mausklick zur Markierung
des Bildes offenbart eine Menge über das Bild. Werfen Sie dazu
einen Blick in die rechte Spalte der Anwendung.

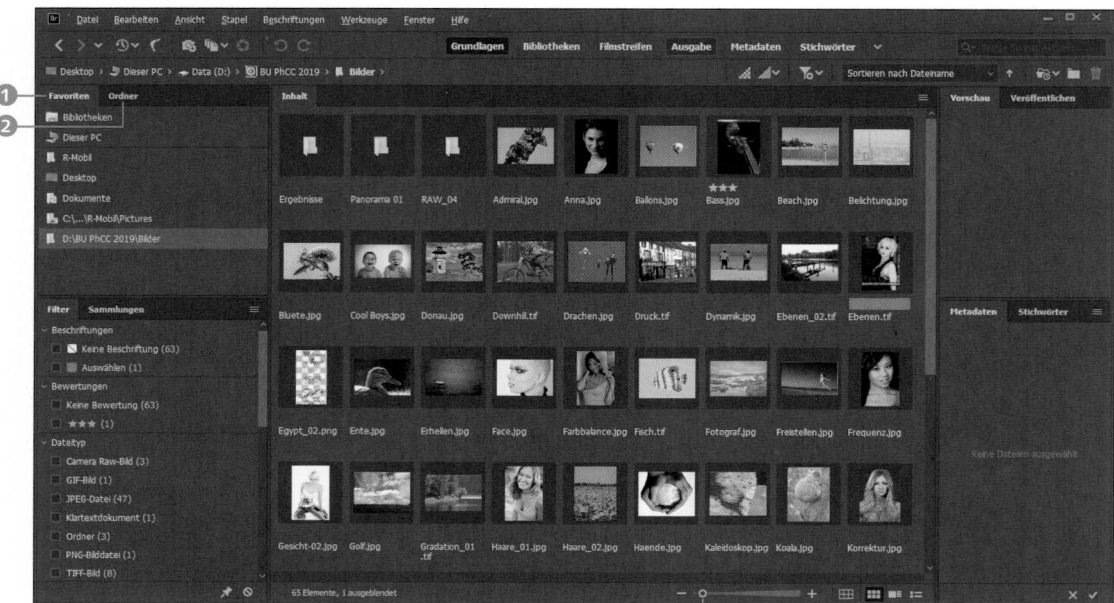

▲ **Abbildung 2.5**
Navigieren Sie zum Bildordner mit den zahlreichen Beispielfotos.

Darstellung ändern

In der Kopfleiste der Anwendung finden Sie jede Menge Einträge (GRUNDLAGEN, FILMSTREIFEN, METADATEN und noch viele mehr). Was, bei Ihnen sind die nicht zu sehen? Dann ziehen Sie den Bereich bitte an der Griffffläche ❷ (siehe Abbildung 2.7) ein ganzes Stück nach links.

Über die Anwahl der unterschiedlichen Einträge lässt sich das Erscheinungsbild der Fotos nach Wunsch ändern. Das ist vor allem dann interessant, wenn Sie Bilder beispielsweise anhand eines Erstellungsdatums oder der Dateigröße ausfindig machen wollen. Markieren Sie doch mal eines der Fotos, und klicken Sie anschließend auf METADATEN ❸ (siehe Abbildung 2.7). Die betreffende Zeile wird in der Folgeansicht ebenfalls markiert. Um wieder zur vorherigen Ansicht zu wechseln, reicht ein Klick auf GRUND-LAGEN.

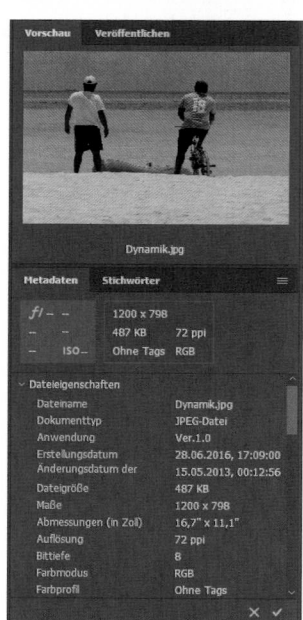

▲ **Abbildung 2.6**
Hier bleibt nichts mehr verborgen. Sie haben Zugriff auf sämtliche Bilddaten.

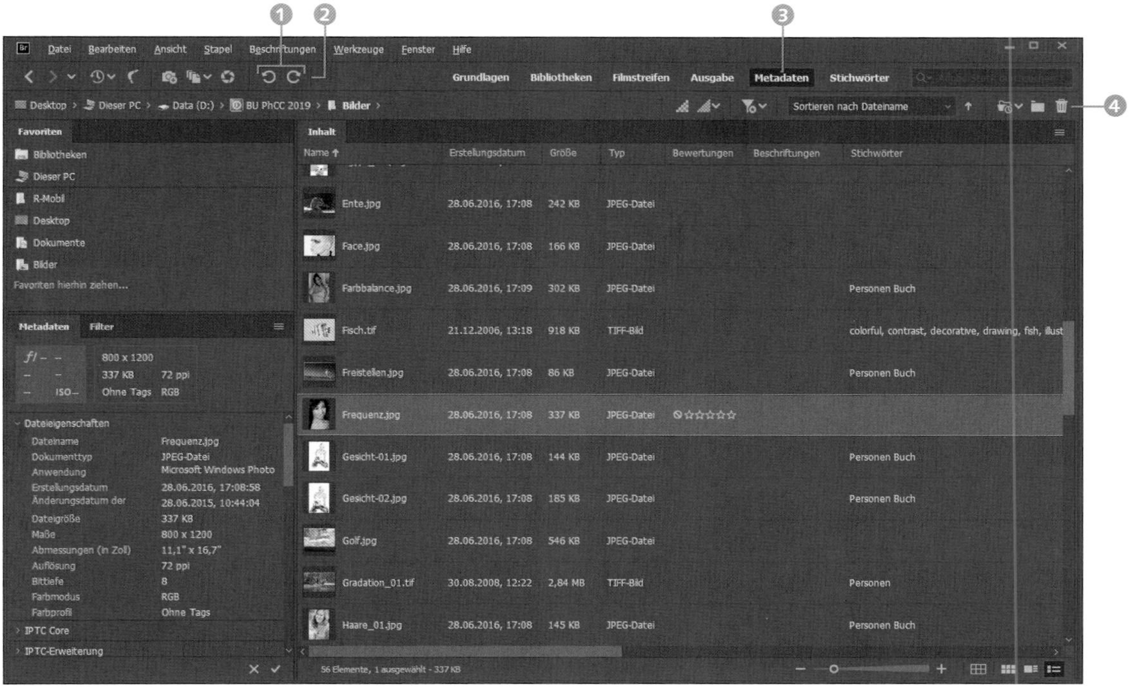

▲ **Abbildung 2.7**
Jetzt werden die Fotos in
einer Liste präsentiert.

Fotos drehen

Ihre Bilder lassen sich auch gleich hier in Bridge drehen. Wählen
Sie dazu eine der Schaltflächen ❶. Die linke bewirkt eine Drehung
um 90° entgegen dem Uhrzeigersinn, der rechte Button dreht das
Bild um 90° nach rechts. Nachdem Sie ein Bild markiert haben,
können Sie es aus dem Ordner löschen, indem Sie auf den kleinen
Papierkorb ❹ klicken.

Betrachtungsmodus/Überprüfungsmodus

Der Betrachtungsmodus erlaubt jede Menge Interaktivität und
hilft Ihnen dabei, die Qualität Ihrer Bilder genau zu beurteilen.

Aus Bridge heraus betätigen Sie [Strg]/[cmd]+[B] oder wählen
ANSICHT • ÜBERPRÜFUNGSMODUS. Wichtig in diesem Zusammenhang ist vor allem, dass Sie vorab Fotos markiert haben. Das bietet sich dann an, wenn Sie nur einzelne Bilder innerhalb des aktiven Ordners begutachten wollen. Verzichten Sie darauf, werden
alle Fotos präsentiert.

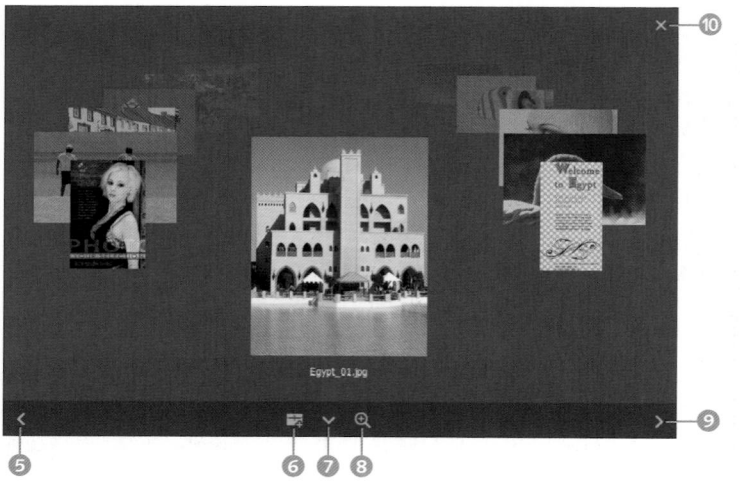

◄ **Abbildung 2.8**
Der Betrachtungs- bzw. Überprüfungsmodus ist ein ausgesprochen nützliches Feature.

Mit Hilfe der Pfeiltasten Ihrer Tastatur oder mit ❺ und ❾ können
Sie nun von Bild zu Bild springen. Gefällt Ihnen eines davon nicht,
klicken Sie auf die nach unten weisende Pfeilschaltfläche ❼ in der
Mitte der Fußleiste oder betätigen ⎡↓⎤. Diese Vorgehensweise
nennt sich übrigens *Zurückweisen*. Das Foto wird dabei aber nicht
aus Bridge entfernt, sondern nur aus der aktuellen Auswahl.

Beachten Sie zudem die Möglichkeiten, eine Lupe zur Vergrößerung einzelner Stellen im Foto zu nutzen ❽ (funktioniert auch
per Doppelklick) sowie sogenannte Sammlungen zu erstellen ❻.
Mit der kleinen Kreuz-Schaltfläche ❿ oder ⎡Esc⎤ verlassen Sie den
Modus wieder.

Wer aus dieser Routine noch mehr herausholen möchte, sollte
einmal ⎡H⎤ betätigen. Dadurch präsentiert sich ein riesiges Overlay-Bedienfeld, das weitere Tipps und Optionen bevorratet. Cool,
oder? Durch eine erneute Betätigung von ⎡H⎤ werden Sie es aber
auch wieder los.

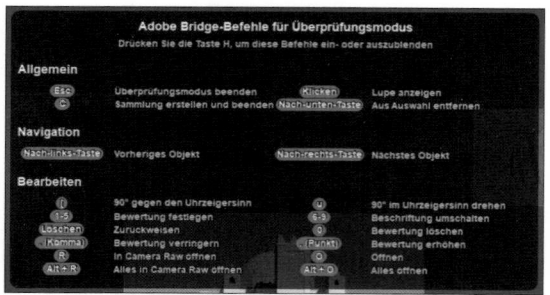

◄ **Abbildung 2.9**
Das Overlay-Bedienfeld bietet
noch mehr Optionen an.

Präsentation/Diashow

Bei der Präsentation lassen sich die Bilder des Ordners, in dem Sie sich gerade befinden, nacheinander im Vollbildmodus ansehen. Wählen Sie dazu in Bridge ANSICHT • PRÄSENTATION, oder gehen Sie über `Strg`/`cmd`+`L`.

Hier geht es dann weiter mit den allseits beliebten und geschätzten Tastaturbefehlen. Drücken Sie die Leertaste, um die Präsentation anzuhalten. Jetzt können Sie mit den Pfeiltasten manuell weiterspringen. Für das nächste Bild wählen Sie `↓` oder `→`. Mit `↑` bzw. `←` gelangen Sie jeweils ein Bild zurück. Ein erneuter Druck auf die Leertaste startet die Präsentation wieder. Auch hier funktioniert übrigens `H` (siehe vorangegangenen Abschnitt). Verlassen können Sie die Präsentation mit `Esc`.

Präsentationsoptionen festlegen
Natürlich läuft eine solche Präsentation nicht einfach nur so ab – Sie kennen doch Adobe-Software. Es wäre einfach untypisch, wenn Sie hierzu nicht auch individuelle Einstellungen festlegen könnten. Das Ganze finden Sie unter ANSICHT • PRÄSENTATIONSOPTIONEN.

Sammlungen erstellen

Der Sinn und Zweck der Arbeit im Überprüfungsmodus ist nicht zuletzt auch das Zusammenstellen von Sammlungen. So können Sie jetzt beispielsweise mit `→` Bild für Bild ansehen. Wenn Sie ein Foto nicht in der Auswahl haben wollen, drücken Sie `↓` und fahren fort. Am Ende drücken Sie `Esc` (oder benutzen den mittleren der drei Buttons ❼, siehe Abbildung 2.8), geben der Sammlung einen Namen und klicken auf SPEICHERN.

Werfen Sie auch einmal einen Blick auf die Zeile unterhalb der Kopfleiste. Hier finden Sie den Speicherort der soeben angelegten Sammlung ❶.

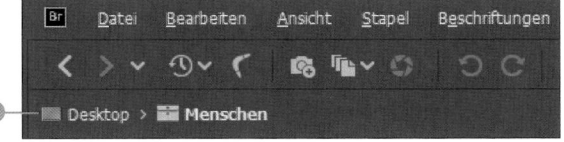

Abbildung 2.10 ▶
Erstellen Sie Ihre Sammlungen nach diesem Muster.

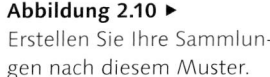

Aber wo ist denn die Sammlung später zu aktivieren oder zu überarbeiten? Dazu gehen Sie unten links im Fenster auf den Reiter SAMMLUNGEN (FENSTER • SAMMLUNGEN-FENSTER). Sollten Sie übrigens später weitere Fotos hinzufügen wollen, müssen sie zunächst markiert werden. Danach klicken Sie erneut auf eines der Fotos und ziehen das gesamte Paket auf die Sammlung.

◀ **Abbildung 2.11**
Das Paket mit den markierten Fotos wird herübergezogen und auf der Sammlung fallen gelassen.

Sammlung löschen
Und wie werde ich so eine Sammlung komplett wieder los? Indem Sie diese markieren, auf das unterhalb angeordnete Papierkorb-Symbol klicken und die Kontrollabfrage mit JA beantworten.

Und wie öffne ich eine Sammlung? Durch Klick auf den betreffenden Eintrag innerhalb des Bedienfelds SAMMLUNGEN. Wie entferne ich Fotos aus einer Sammlung? Indem Sie die betreffenden Fotos markieren und danach rechts über den Miniaturen auf AUS SAMMLUNG ENTFERNEN klicken.

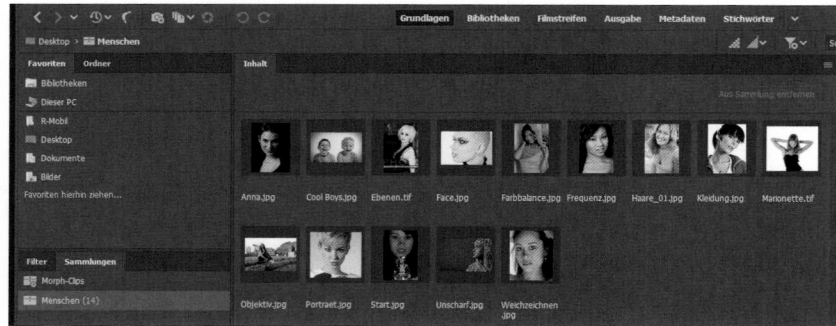

▲ **Abbildung 2.12**
Hier sehen Sie die geöffnete Sammlung »Personen« mitsamt dem Entfernen-Button für einzelne Aufnahmen. Dieser entfernt das Foto übrigens nicht komplett, sondern nur aus der Sammlung.

Favoriten

Falls Sie ein Foto oder einen der Ordner zu Ihren Favoriten erklären wollen, können Sie das tun. Ziehen Sie das Objekt einfach in das Register FAVORITEN, und lassen Sie es fallen, sobald sich eine horizontale Linie zeigt (hier gelb). Fortan ist dieses Objekt fester Bestandteil der Registerkarte FAVORITEN.

Aus Favoriten entfernen
Um den Ordner bzw. das Foto wieder aus der Favoritenliste zu verbannen, markieren Sie das Objekt mit einem Rechtsklick und wählen AUS FAVORITEN ENTFERNEN.

Abbildung 2.13 ▶
Damit ist das Foto Bestandteil der Favoriten.

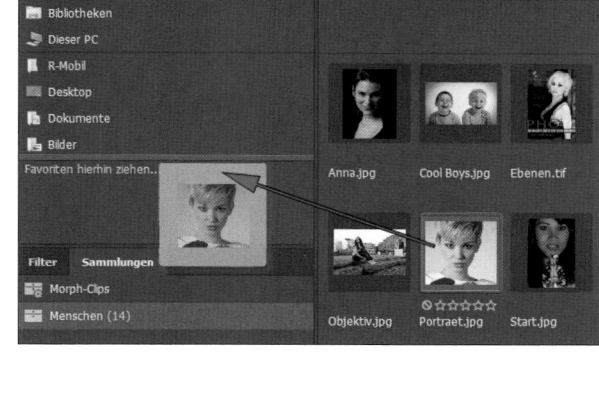

Aus Favoriten entfernen
Nicht mehr benötigte Favoriten-Elemente müssen mit rechts angeklickt werden. Der Befehl AUS FAVORITEN ENTFERNEN sorgt dann dafür, dass das Element seines Platzes verwiesen wird. Auch hier gilt: Das Objekt bleibt in Bridge erhalten, ist allerdings kein Favorit mehr.

2.3   Dateien sortieren und filtern

Es ist ja schön, dass Bridge sämtliche Inhalte auflistet und bei Bedarf den Zugang zu Ordnern und Dokumenten ermöglicht. Aber irgendwie ist das allein ja noch nicht ausreichend, um Lobgesänge auf die Software anzustimmen. Das ändert sich, wenn Sie sich die Sortierfunktionen und Filteroptionen anschauen.

Dateien sortieren

▲ **Abbildung 2.14**
Oben rechts lassen sich Dateien nach bestimmten Kriterien sortieren.

Die einfachste Art der Sortierung besteht darin, die Reihenfolge innerhalb des Ordners zu verändern oder die Fotos in andere Ordner zu verschieben. Das alles lässt sich ganz intuitiv per Drag & Drop erledigen. So, wie Sie das jüngst mit den Sammlungen gemacht haben, lassen sich Fotos auch von einem Verzeichnis in ein anderes transportieren. Sollte es dabei zu einem Laufwerkswechsel kommen (beispielsweise von einer auf die andere Festplatte), wird das Foto nicht verschoben, sondern dupliziert.

Des Weiteren stellt die Anwendung diverse Sortieroptionen zur Verfügung. Dazu gehen Sie über ANSICHT • SORTIEREN und wählen die relevante Einstellung aus der Liste aus. Noch einfacher wird die Liste zugänglich, wenn Sie rechts oben im Fenster auf die Listenschaltfläche klicken (standardmäßig steht dort SORTIEREN NACH DATEINAMEN) und die Maustaste gedrückt halten. Fahren Sie jetzt innerhalb des Overlay-Menüs auf den relevanten Eintrag, und lassen Sie die Maustaste über dem gewünschten Eintrag los.

Interessant ist hier vor allem der Eintrag MANUELL. Dadurch entsteht nämlich die Möglichkeit, die Miniaturen per Drag & Drop so anzuordnen, wie es Ihnen am besten passt.

Dateien filtern

Markieren Sie doch (während der Ordner der Beispielfotos angezeigt wird) einmal den Eintrag TIFF-BILD innerhalb des Bedienfelds FILTER (unten links). Daraufhin bekommt der Eintrag ein Häkchen vorangestellt. Außerdem werden im Fenster INHALT nur noch die Fotos angezeigt, die dem Filterkriterium entsprechen (also TIFF-Bilder). Das lässt sich prima an den Dateiendungen ablesen.

Seine wirklichen Stärken offenbart das Filterfenster aber erst, wenn es darum geht, verschiedene Filterfunktionen gemeinsam zu nutzen. Dazu müssen Sie nämlich nacheinander nur auf die Einträge klicken, die Sie in die Filterung aufnehmen wollen. Suchen Sie doch einmal nach TIFF-Bildern ❶, deren Seitenverhältnis dem Kleinbildformat 3:4 ❷ entspricht. Danach sollten Sie die Sucheinträge allerdings wieder verwerfen. Um die Filterung aufzuheben, drücken Sie auf das kleine Halt-Symbol unten rechts ❹.

Filter sperren
Damit die derzeit aktuellen Filteroptionen nicht dadurch entfernt werden, dass Sie zu einem anderen Ordner wechseln, aktivieren Sie FILTER BEIM DURCHSUCHEN BEIBEHALTEN ❸.

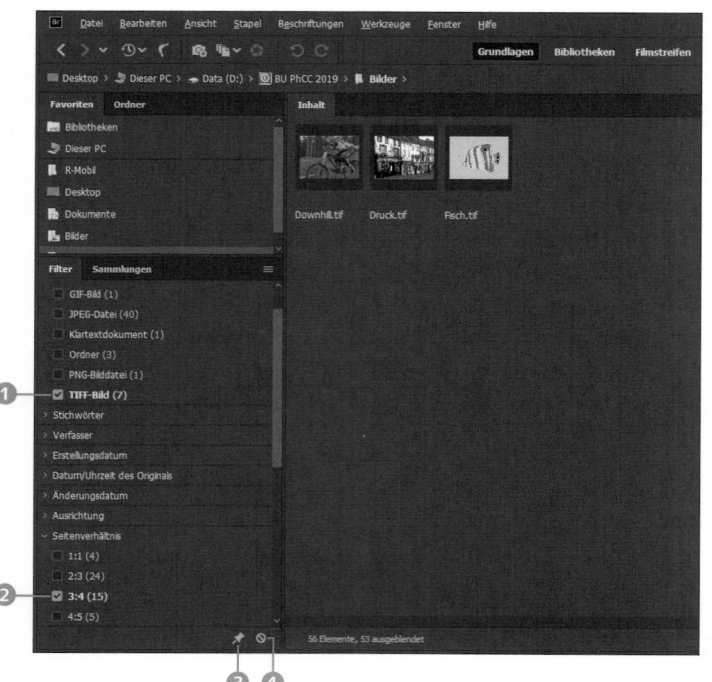

◄ **Abbildung 2.15**
Diese zwei Suchkriterien begrenzen die Auswahl der Beispielbilder beträchtlich.

2.4 Dateien suchen

Nun ist die oben erwähnte Suchmethode lediglich dazu geeignet, Fotos aus dem aktuell gewählten Verzeichnis ausfindig zu machen. Wenn Sie aber einmal in Ihrem gesamten unerschöpflichen Fundus nach bestimmten Dateien fahnden müssen (beispielsweise auf der Festplatte), hilft Adobe Bridge mit einer cleveren Suchfunktion weiter. Dazu definieren Sie Suchkriterien, um Treffer möglichst einzugrenzen.

Schritt für Schritt
Bilder suchen

Bilder/(Alle Bilder dieses Ordners)

Ich möchte die Datei »Marionette.tif« finden. Klar: Bis eben wusste ich noch, dass die Datei im heruntergeladenen BILDER-Ordner der Materialien zum Buch liegt. Plötzlich jedoch, ein lauter Knall – und die Synapsen melden: »Betriebsstörung.« Was tun? Ich habe sowohl den Speicherort als auch den Dateinamen vergessen. Shit happens…

1 Die Suchmaske starten
Glücklicherweise kann ich mich noch an das Tastaturkürzel [Strg]/[cmd]+[F] (Finden) erinnern, weil das ja in jeder Anwendung zum Starten der Suchmaske verwendet wird. (BEARBEITEN • SUCHEN hätte im Übrigen auch funktioniert.)

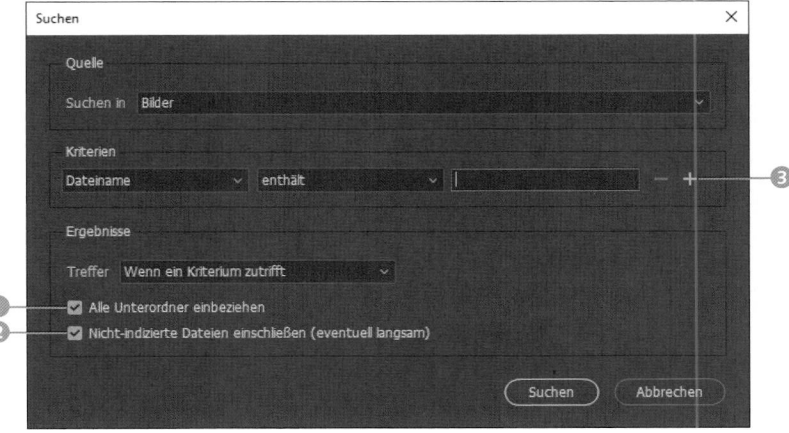

Abbildung 2.16 ▶
Der SUCHEN-Dialog hilft auch in schwierigen Situationen weiter.

2 Speicherort wählen

Für den Fall, dass ich den Speicherort vergessen habe, stelle ich ganz oben unter Suchen in die Festplatte ein, von der ich vermute, dass sie sich noch in meinem Rechner befindet. Im konkreten Beispiel belassen wir es aber beim Ordner mit den Beispieldateien zum Buch (Bilder). Anderenfalls könnte das Suchergebnis auf Ihrem Rechner ganz anders ausfallen als in diesem Beispiel gewünscht – zumindest dann, wenn Ihre eigenen Fotos den Suchfunktionen entsprechen.

3 Quelle festlegen

Vorsichtshalber wähle ich Alle Unterordner einbeziehen ❶ aus, damit wirklich jeder Ordner innerhalb des Speicherort-Verzeichnisses durchsucht wird. Nicht-indizierte Dateien einschliessen (eventuell langsam) ❷ deaktiviere ich, denn irgendwie habe ich das Gefühl, das gesuchte Foto schon einmal in Bridge aufgenommen zu haben.

4 Erstes Suchkriterium festlegen

Im Frame Kriterien kann ich nun alles das festlegen, was mich irgendwie weiterbringt – z. B. den Dateinamen. Da ich Bilder oft im Format TIFF speichere, lege ich das in der ersten Zeile nun fest, weshalb ich Dokumenttyp – ist gleich – TIFF-Bild einstelle.

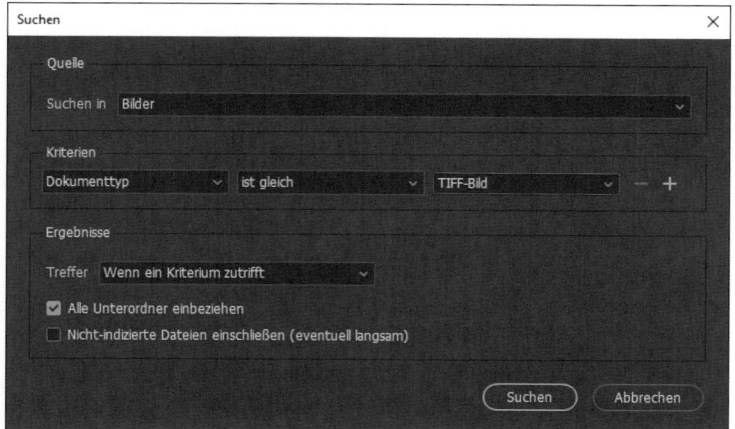

▲ **Abbildung 2.17**
Die erste Suchzeile ist formuliert. Damit ist die Aktion aber noch nicht abgeschlossen.

5 Weitere Kriterien festlegen

Nun hilft jeder Punkt weiter, der Rückschlüsse auf die Datei zulässt, denn mit dem TIFF-Kriterium allein würde ich ja nicht wirklich weit kommen. Um nun ein weiteres Kriterium hinzuzufügen, widme ich mich der zweiten Zeile (die durch einen Klick auf das Plus-Symbol ❸ (Abbildung 2.16) eingeblendet werden muss, das sich neben meinem ersten Kriterium befindet). Ich weiß noch ganz genau, dass es sich um eine recht kleine Datei gehandelt hat – kleiner als 1 MB, glaube ich. Also lege ich den zweiten Suchsatz entsprechend an: DATEIGRÖSSE – IST KLEINER ALS – 1024 KB.

Abbildung 2.18 ▶
Zwei Suchoptionen dürften das Auffinden des Fotos bereits beträchtlich vereinfachen.

Ich muss das Foto irgendwann im Jahr 2006 erstellt haben. Aber wenn ich wenigstens den Monat noch wüsste! Normalerweise frage ich in solchen Fällen ja meine Frau. Die weiß so etwas – immer. Selbst unseren Hochzeitstag hat sie spontan drauf. Bewundernswert. Aber wehe, ich vergesse mal ein Datum… Okay, das führt zu weit. Ich gebe mich mit 2006 zufrieden.

Mein dritter Satz heißt also: ERSTELLUNGSDATUM – IST GRÖSSER ALS – 31.12.2005. Natürlich muss ich zuvor wieder auf das kleine Plus am Ende der zweiten Zeile klicken.

Zuletzt eröffne ich noch einen vierten Satz, der da lautet: ERSTELLUNGSDATUM – IST KLEINER ALS – 01.01.2007. Wenn diese vier Kriterien nicht reichen, können weitere hinzugefügt werden.

6 Übereinstimmung festlegen

Am Schluss ist aber noch das Steuerelement ÜBEREINSTIMMUNG wichtig. Prüfen Sie, dass hier WENN ALLE KRITERIEN ZUTREFFEN aufgelistet ist. Anderenfalls müsste nämlich nur eine der vier Optionen erfüllt sein, und das würde wohl eine Flut von Resultaten mit sich bringen. Zum Schluss klicken Sie auf SUCHEN.

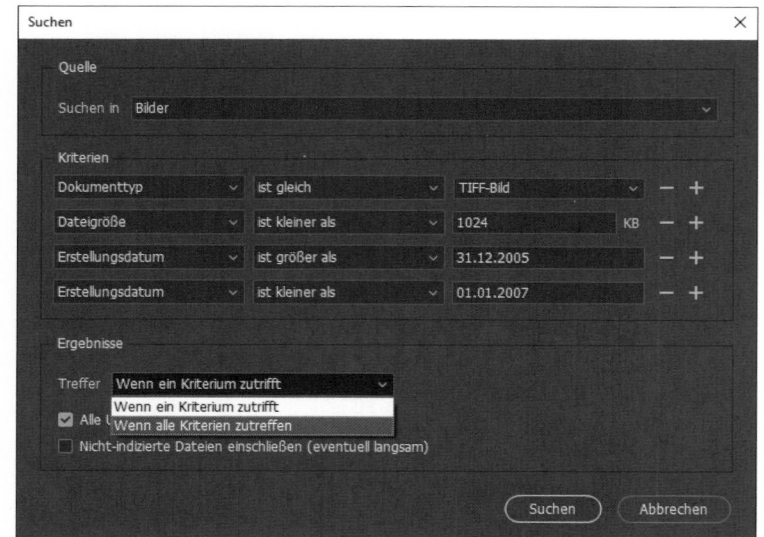

◄ **Abbildung 2.19**
Für das Suchergebnis muss
jedes der vier zuvor aufge-
stellten Kriterien erfüllt sein.

Na, bitte! Die Ansicht ist in null Komma nichts auf wenige Bilder
reduziert worden. Das gesuchte Foto ist dabei, und ich bin wirklich froh darüber. Das vergesse ich aber gleich wieder, weil sich
meine Synapsen ja noch immer in einer Art Wachkoma befinden.

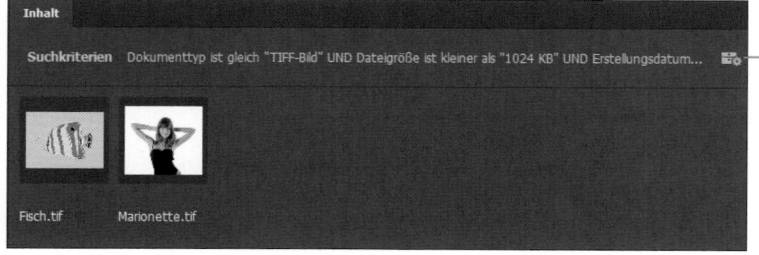

◄ **Abbildung 2.20**
Jetzt werden nur noch die
Fotos gelistet, die allen vier
Suchoptionen entsprechen.

7   Optional: Smart-Album anlegen

Also klicke ich beherzt auch das kleine Smart-Sammlungen-Sym-
bol ❶ in der Zeile der Suchkriterien an und erhalte daraufhin die
Möglichkeit, das Ergebnis zunächst zu benennen und anschließend zu speichern. Diese sogenannten Smart-Sammlungen unterscheiden sich von herkömmlichen dadurch, dass sie auf Grundlage
einer Suche erzeugt werden (so wie gerade geschehen).

Wenn Sie in der Fußleiste des Sammlungen-Bedienfelds auf
Neue Smart-Sammlung (❷ Abbildung 2.22) gehen, wird demzufolge auch das bereits bekannte Suchfenster geöffnet.

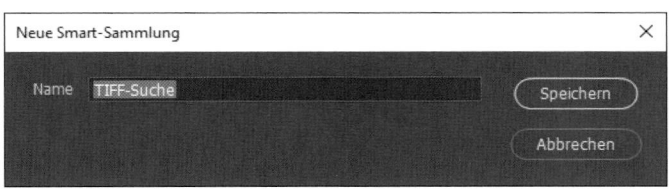

▲ **Abbildung 2.21**
Smart-Sammlungen sollten aussagekräftig benannt werden.

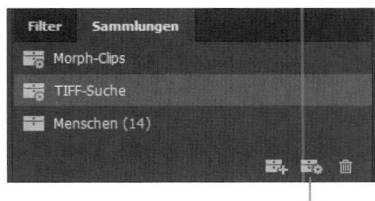

▲ **Abbildung 2.22**
Das Suchergebnis bleibt als Sammlung erhalten.

8   Suchergebnis editieren

Das Zahnrad-Symbol mutiert nach Abschluss der Bearbeitung zu einem kleinen Bleistift. Wann immer Sie ihn anklicken, können die Suchoptionen, die zur Erstellung der aktuellen Sammlung geführt haben, individuell angepasst werden.

2.5 Fotos kennzeichnen und bewerten

Selbstverständlich haben nicht alle Bilder den gleichen Stellenwert. Ein Bewertungsschema hilft hier weiter und vereinfacht eine spätere Anzeige oder Suche enorm. Außerdem können Sie die Dateien mit Schlüsselwörtern versehen, um sie später isoliert von den anderen anzuzeigen.

Bilder/(Alle Bilder dieses Ordners)

Schritt für Schritt
Personenaufnahmen mit Stichwörtern kennzeichnen

In diesem Mini-Workshop wollen wir jene Fotos des Beispielordners BILDER markieren, die eindeutig als Urlaubsfotos durchgehen.

▲ **Abbildung 2.23**
Die markierten Fotos tauchen im Bedienfeld VORSCHAU auf.

1   Bilder markieren

Klicken Sie mit gedrückter Taste [Strg]/[cmd] alle Fotos an, auf denen Sie Strände, Hotels, schöne Landschaften, interessante Gebäude oder Ähnliches ausfindig machen können. Die Miniaturen werden anschließend umrandet dargestellt und in der Vorschau oben rechts gesammelt.

2 Stichwort vergeben

Falls die Registerkarte STICHWÖRTER ❶ nicht sichtbar ist, klicken Sie in der Menüleiste auf FENSTER, gefolgt von STICHWÖRTER-FENS-TER. Markieren Sie eine Kategorie, wie z. B. ORTE ❷, und betätigen Sie danach das kleine Plus-Symbol unten rechts ❻. Danach tragen Sie das Stichwort »Urlaubsfotos« in die frei gewordene Zeile weiter oben ein ❹. Bestätigen Sie die Eingabe mit ⏎. Für den Fall, dass Sie einem bereits untergeordneten Eintrag einen weiteren unter-geordneten Begriff zuweisen wollen, benutzen Sie statt ❻ bitte ❼.

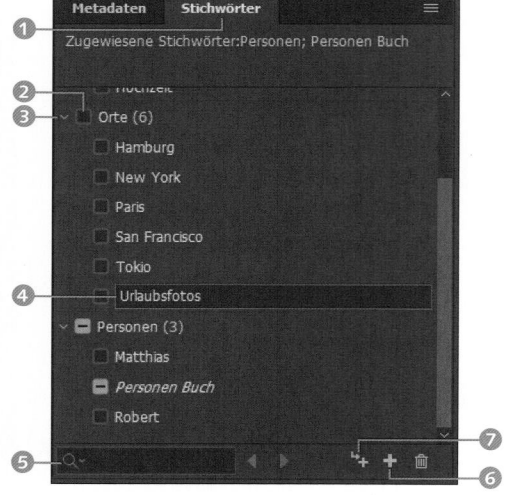

◄ **Abbildung 2.24**
So erzeugen Sie einen neuen Eintrag.

Die spätere Suche nach einem entsprechenden Stichwort kann auch mit Hilfe des Eingabefelds ❺ erfolgen – für den Fall, dass der Begriff nicht gleich im Bedienfeld STICHWÖRTER gefunden wer-den kann; denn es ist ja durchaus möglich, dass die Liste über das vorangestellte Pfeil-Symbol ❸ verschlossen wurde oder der Inhalt durch Eingabe weiterer Suchbegriffe angepasst worden ist.

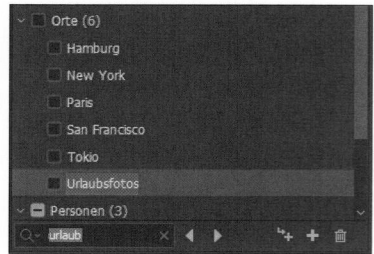

◄ **Abbildung 2.25**
Die Suchbegriffe können ruckzuck wiedergefunden werden.

3   Stichwort übergeben

Zuletzt aktivieren Sie das Häkchen vor dem Begriff »Urlaubsfotos«. Alle aktuell markierten Bilder werden daraufhin mit diesem Stichwort ausgestattet.

4   Bildersuche vorbereiten

Falls Sie irgendwann nach genau diesen Fotos Ausschau halten wollen, hilft das Suchfeld oben rechts weiter. Allerdings ist dieses standardmäßig auf die Suche von Adobe-Stock-Fotos voreingestellt. Deshalb müssen Sie zunächst einmalig eine andere Option festlegen. Klicken Sie dazu auf die Lupe, die sich ganz links im Suchfeld befindet, und entscheiden Sie sich im Menü für BRIDGE-SUCHE: AKTUELLER ORDNER.

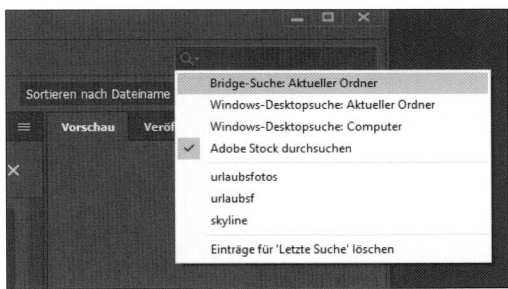

Abbildung 2.26 ▶
Stellen Sie die Suchpräferenz um.

5   Bilder suchen

Geben Sie nun das Stichwort ein (»urlaubsfotos«) ❶, wobei Sie Groß- und Kleinschreibung durchaus vernachlässigen dürfen. Schließen Sie die Eingabe mit ⏎ ab. Der Lohn: Sämtliche Motive, denen dieses Stichwort zugeordnet worden ist, werden daraufhin angezeigt.

Abbildung 2.27 ▶
Hoffentlich haben wir keines der Fotos übersehen. Wenn doch, wissen Sie ja, wie Sie diesem ebenfalls noch das Stichwort zuweisen können – markieren und das Häkchen voranstellen.

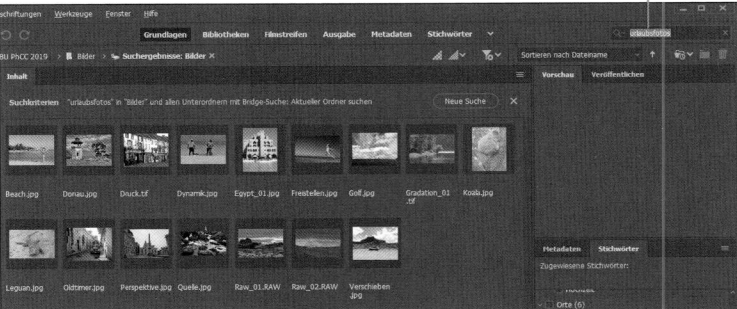

Fotos bewerten

Sie können ein markiertes Foto bewerten, indem Sie einen der Sterne unterhalb der Miniatur anklicken. Markieren Sie den linken Stern, gibt's »einen« für das Foto, während der mittlere beispielsweise für die Kategorie »drei Sterne« sorgt. Entscheiden Sie sich für das Halt-Symbol ganz links, werden zuvor vergebene Sterne wieder entfernt. Die Vergabe der Sterne kann übrigens auch im Menü BESCHRIFTUNGEN oder direkt mit Hilfe der Tastatur vorgenommen werden. Dazu halten Sie [Strg]/[cmd] gedrückt und tippen zusätzlich [1]–[5] (für die Anzahl der Sterne). [Strg]/[cmd]+[0] würde vorhandene Sterne wieder komplett entfernen. Es kann hilfreich sein, Fotos der Schwiegermama oder des Chefs nur dann zu bewerten, wenn sie nicht in der Nähe sind.

Tipp: Wählen Sie mehrere Fotos gemeinsam aus, ehe Sie Sterne vergeben, um allen markierten Bildern in einem Arbeitsgang die gleiche Anzahl an Sternen zukommen zu lassen.

▲ **Abbildung 2.28**
Ein Klick auf den mittleren der kleinen Punkte (links) hat die Platzierung von drei Sternen zur Folge.

Fotos markieren

Nicht zuletzt lassen sich Bilder auch noch farbig auszeichnen. Das ist vor allem dann sinnvoll, wenn Sie eine Fülle von Bildern durchsehen müssen und das eine oder andere später weiterverarbeiten wollen. Sie können ein Foto beispielsweise rot markieren, indem Sie [Strg]/[cmd]+[6] drücken. Die gleiche Markierung erreichen Sie, indem Sie BESCHRIFTUNG • ERSTE WAHL einstellen.

▲ **Abbildung 2.29**
Die rote Markierung könnte beispielsweise Indiz dafür sein, dass das Foto noch nachbearbeitet werden muss.

2.6 Fotos stapeln

Mit der Zeit wird das Archiv aus allen Nähten platzen. Dann kann es der Übersicht dienen, wenn sämtliche zusammengehörigen Bilder gestapelt werden. Sie sehen dann in Bridge nur eine einzige Miniatur, wobei sich alle anderen Fotos darunter befinden. Sie können den Stapel aber auch in die Hand nehmen und die Fotos nebeneinanderlegen – und wieder zusammenschieben. Und genau wie im richtigen Leben geht das auch in Bridge. Nur natürlich viel schneller.

Stapel erzeugen

Oberstes Stapelfoto ändern
Sie möchten ein anderes Foto zuoberst haben, das den geschlossenen Stapel repräsentiert? Dann öffnen Sie den Stapel, wählen das gewünschte Bild an, öffnen das Kontextmenü (per Rechtsklick) und wählen STAPEL • ANS OBERE STAPELENDE.

Markieren Sie alle Fotos, die Sie zu stapeln gedenken. Klicken Sie mit der rechten Maustaste auf eines der markierten Bilder, und entscheiden Sie sich im Kontextmenü für STAPEL • ALS STAPEL GRUPPIEREN. Alternativ erledigen Sie das über den gleichlautenden Menübefehl oder indem Sie Strg/cmd+G drücken.

Was übrig bleibt, ist ein etwas veränderter Miniaturrahmen mit einem Hinweis auf die Anzahl der im Stapel befindlichen Fotos an der oberen linken Ecke der Miniatur ❶. Dabei wird das Foto, das Sie zuerst markiert haben, den Stapel als oberstes Bild repräsentieren.

Stapel öffnen, schließen und auflösen

Wollen Sie einen Stapel öffnen? Dann klicken Sie auf die Ziffer ❶, die sich oben links befindet. Sie verrät außerdem, wie viele Fotos gestapelt sind. Ein erneuter Mausklick auf die Ziffer schließt den Stapel wieder.

Sobald Sie sich mit der Maus auf einem Stapel befinden, erhalten Sie ganz oben auf der Miniatur einen kleinen Balken, mit dessen Hilfe Sie durch den geschlossenen Stapel scrollen können. Dazu ziehen Sie den schwarzen Punkt ❸ nach rechts. Wer sich hingegen eine recht zügige Diashow ansehen möchte, der betätigt die Play-Schaltfläche ❷. Bitte beachten Sie, dass sowohl der Balken als auch die Play-Schaltfläche nicht zu sehen sind, wenn die Miniaturgröße für die Vorschaubilder zu klein gewählt ist. Sollten die Elemente also nicht sichtbar sein, ziehen Sie den Regler ❹

für die Miniaturgröße in der Fußleiste der Anwendung etwas nach rechts.

◄ **Abbildung 2.30**
Vier Fotos sind zu einem Stapel zusammengewachsen.

Möchten Sie einen Stapel auflösen? Dann markieren Sie ihn mit der rechten Maustaste und gehen über STAPEL • AUS STAPELGRUPPIERUNG LÖSEN. Entsprechendes funktioniert zudem über das Kontextmenü. Danach stehen alle enthaltenen Dateien wieder als einzelne Bilder zur Verfügung.

Fotos weiterleiten

Sobald Sie einen Doppelklick auf eine der Miniaturen setzen, wird das entsprechende Foto in Photoshop bereitgestellt. Sollte es sich dabei um eine Raw-Datei handeln, wird das Bild konsequenterweise auch in der Camera-Raw-Umgebung geöffnet. Wer ein herkömmliches Foto (z. B. TIFF oder JPEG) im Raw-Converter nachbearbeiten möchte, betätigt $\boxed{\text{Strg}}$/$\boxed{\text{cmd}}$+$\boxed{\text{R}}$. Außerdem lassen sich (nach Anwahl mehrerer Miniaturen) über WERKZEUGE • PHOTOSHOP und die gewünschte Anschlussaktion direkt aus Bridge heraus Automatisierungsfunktionen von Photoshop anwenden. Diese Funktion ist äußerst zeitsparend

Photoshop-Basiswissen:
Malen, auswählen, freistellen
Photoshop-Techniken verstehen und umsetzen

- ▶ Wie funktionieren Malwerkzeuge und Pinselspitzen?
- ▶ Wie werden Farben ausgewählt?
- ▶ Wie erzeuge ich einen Verlauf?
- ▶ Wie werden Ränder bei Fotos abgeschnitten?
- ▶ Wie können Fotos gedreht und in der Größe geändert werden?
- ▶ Wie kann ich auch komplizierte Elemente, z. B. Haare, auswählen und freistellen?

3   Photoshop-Basiswissen: Malen, auswählen, freistellen

Schnelles und effizientes Arbeiten mit Photoshop setzt auch den gewandten Umgang mit Werkzeugen, Pinselspitzen und Farben voraus. Das ist gewissermaßen das Rüstzeug, auf das Sie immer wieder zurückgreifen werden. Wenn Sie die damit verbundenen Kniffe kennen (und dazu ist dieses mächtige Kapitel schließlich da), wird jede Aufgabenstellung zu einer Herausforderung, die sich mit Bravour meistern lässt. Mit Hilfe dieser Techniken können Sie aus einem Foto im wahrsten Sinne des Wortes machen, was Sie wollen. Sie werden sehen …

3.1   Malwerkzeuge und Pinselspitzen

Pinsel-Werkzeug ist Standard
Sollten Sie im Pinsel-Menü der Werkzeugleiste noch keine Einstellungen vorgenommen haben, wird automatisch das Pinsel-Werkzeug angeboten. Da es das obere ist, gilt es auch als Standard.

Machen wir uns an die Arbeit. Zuerst einmal sollten Sie die Malwerkzeuge und die damit auch zum Einsatz kommenden Pinselspitzen kennenlernen. Wer an dieser Stelle sagt: »Ich will nicht malen, sondern Fotos korrigieren«, tappt in eine Falle. Denn gerade der Einsatz von Malwerkzeugen ist unerlässlich bei der anspruchsvollen Bildkorrektur.

Werkzeugspitzen aktivieren

Zunächst einmal müssen Sie wissen, dass Sie viele Werkzeuge innerhalb der Werkzeugleiste mit einer Spitze nach Wahl ausstatten können. Denken Sie an normale Malpinsel. Auch dort gibt es unterschiedliche Größen. Einige Pinsel sind weich, andere hart. In Photoshop ist ein schier unerschöpfliches Sortiment mit an Bord. Aktivieren Sie doch, um die nachfolgenden Schritte exakt nachvollziehen zu können, das Pinsel-Werkzeug B. Die Auswahl des Werkzeugs ist ja, wie Sie längst wissen, *immer* der erste Schritt. Achten Sie aber darauf, dass wirklich der Pinsel ausgewählt ist und nicht beispielsweise der Buntstift. Wenn Sie unsicher sind, über-

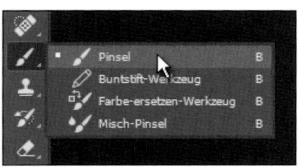

▲ **Abbildung 3.1**
Das oberste Pinsel-Werkzeug soll jetzt aktiv sein. Das verrät auch das vorangestellte helle Quadrat im Flyout-Menü.

prüfen Sie das mit Hilfe des Flyout-Menüs. Hier muss der oberste Eintrag aktiv sein.

Als Nächstes muss das Werkzeug angepasst werden. Öffnen Sie dazu das Flyout-Menü PINSELVORGABEN in der Optionsleiste über die kleine Dreieck-Schaltfläche ❶. Hier gilt es, eine Pinselform zu wählen ❹. Sofern Sie in dieser Liste fündig werden, reicht ein einzelner Mausklick auf eine der angebotenen Spitzen (hier RUND WEICH). Die selektierte Spitze bekommt daraufhin einen kleinen Rahmen.

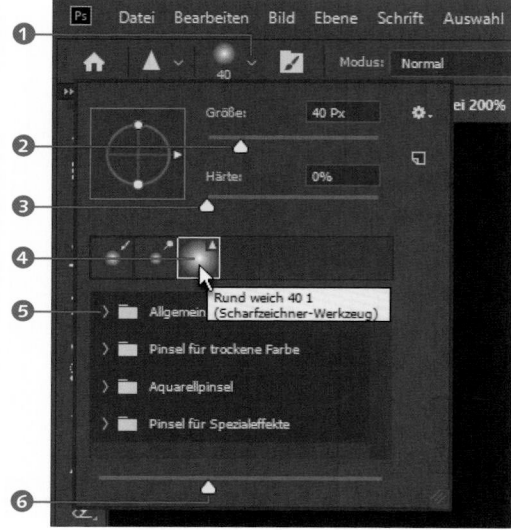

▲ **Abbildung 3.2**
In der ersten Zeile finden Sie einige Spitzen.

Wer hier noch nicht das Richtige gefunden hat, sollte sich um die Ordner kümmern, die weiter unten abgebildet sind. Klicken Sie beispielsweise auf die Pfeilspitze vor ALLGEMEINE PINSEL ❺, werden weitere vordefinierte Spitzen angeboten. Es empfiehlt sich, das Fenster am Anfasser unten rechts ein bisschen größer aufzuziehen, damit Sie den Inhalt des Ordners besser sehen können. Achten Sie auch einmal auf den Schieberegler ❻ ganz unten in der Palette. Damit kann die Größendarstellung der Ordnerinhalte individuell angepasst werden.

Abbildung 3.3 ▶
Die Ordner verfügen über
weitere Spitzen.

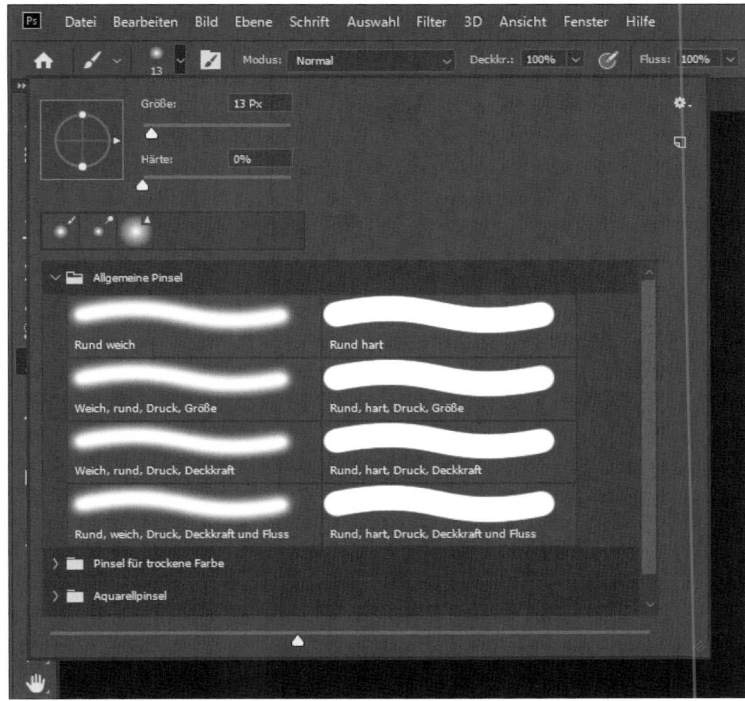

Werkzeugspitzen einstellen

Nachdem die Vorauswahl einer Pinselspitze erfolgt ist, wird diese
an die Bedürfnisse angepasst. Ganz oben finden Sie Einstelloptionen für GRÖSSE ❷ (also den Durchmesser) und HÄRTE ❸. Letzteres
ist nicht bei allen Pinselspitzen optional. Sollte die Härte nicht einstellbar sein, erscheint das Steuerelement ausgegraut. Die Härte
regelt, ob die Ränder des Pinsels für einen harten (scharfkantigen)
oder weichen Kantenübergang sorgen.

Abbildung 3.4 ▶
Der Punkt links wurde mit
einer Härte von 100 %
erzeugt, der rechte mit 0 %.
Bei beiden Werkzeugspitzen
ist der Durchmesser gleich.

Es liegt auf der Hand, dass Größe und Härte einer Pinselspitze während des Malens immer wieder angepasst werden müssen. Zu diesem Zweck lässt sich der angesprochene Dialog jederzeit über einen Rechtsklick auf dem Foto darstellen (allerdings nur, wenn auch einer der Pinsel gewählt ist). Zur schrittweisen Größenänderung ist der Dialog jedoch gar nicht erforderlich. Drücken Sie ⌗ auf Ihrer Tastatur, um den Durchmesser zu erhöhen. Das Verringern des Durchmessers gelingt auf Windows-Rechnern mit ⟨Ö⟩, während Sie auf dem Mac ⟨⇧⟩+⟨⌗⟩ wählen müssen.

Pinsel schnell einstellen

Achtung – es wird noch besser. Wenn Sie nämlich auf dem Foto am Windows-Rechner ⟨Alt⟩ bzw. am Mac ⟨ctrl⟩+⟨alt⟩ gedrückt halten und am PC einen Rechtsklick bzw. am Mac einen normalen Mausklick auf das Foto setzen (bitte die Maustaste ebenfalls gedrückt halten), lassen sich Größe und Härte sogar stufenlos einstellen. Na, ist das komfortabel? Im Einzelnen sieht das so aus:

▶ Maus nach links schieben: Die Pinselspitze wird kleiner.

▶ Maus nach rechts schieben: Die Pinselspitze wird größer.

▶ Maus nach oben schieben: Die Pinselspitze wird weicher.

▶ Maus nach unten schieben: Die Pinselspitze wird härter.

Auch die kleine Hinweistafel mit Informationen zum Pinseldurchmesser, zur Härte sowie zur Deckkraft des Werkzeugs ist sehr interessant. Sie soll für mehr Komfort bei der Einstellung der Spitze sorgen.

Weiter geht es mit den Einstellungen innerhalb der Optionsleiste: Ändern Sie gegebenenfalls den MODUS ❶ Ihrer Pinselspitze. Er sagt etwas über die Kombination mit der darunter befindlichen Ebene aus. Nähere Hinweise dazu finden Sie in Abschnitt 4.5, »Mischmodi«. In den allermeisten Fällen werden Sie den Modus aber auf NORMAL stehen lassen – zumindest sofern Farben aufgetragen werden sollen.

Dialog zuerst schließen
Veränderungen via Tastatur funktionieren nur, wenn der Pinsel-Dialog nicht geöffnet ist. Sollte dieser jedoch angezeigt werden, klicken Sie zunächst auf einen freien Bereich Ihrer Arbeitsfläche.

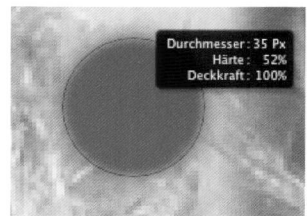

▲ **Abbildung 3.5**
Das kleine Overlay-Bedienfeld neben dem Pinsel verrät, welche Einstellungen gerade Gültigkeit haben.

▲ **Abbildung 3.6**
Die Optionsleiste ist auch bei den Pinseln außerordentlich wichtig.

Wie wird gemalt und gezeichnet?

Die einfachste Form des Malens ist folgende: Ziehen Sie eine freie Form, indem Sie die Maustaste gedrückt halten. Lassen Sie die Taste los, wenn die gewünschte Figur erzeugt ist.

Abbildung 3.7 ▶
Freies Malen (links), einzelne Geraden (Mitte) und verbundene Geraden (rechts)

Wenn Sie die Umschalttaste zum Zeichnen verwenden, erzeugen Sie gerade Linien. Und das geht so: Klicken Sie zunächst auf die Arbeitsfläche, halten Sie dann die Maustaste gedrückt, ohne jedoch eine Bewegung auszuführen. Nun halten Sie ⬙ gedrückt und bewegen die Maus. Damit erreichen Sie exakt horizontal oder vertikal angeordnete gerade *Linien*.

Halten Sie ⬙ während des gesamten Zeichenvorgangs gedrückt, und klicken Sie dann mehrmals kurz auf unterschiedliche Stellen der Arbeitsfläche, um Verbindungen zwischen den Zeichenpunkten zu erzeugen.

Hot-Text-Steuerelemente

Viele der Steuerelemente (nicht nur innerhalb der Optionsleiste) sind sogenannte Hot-Text-Steuerelemente. Bei ihnen reicht es, auf den Namen zu klicken (Maustaste gedrückt halten) und durch Verschieben der Maus nach links bzw. rechts die Werte zu verändern (siehe Deckkraft und Fluss in der Optionsleiste).

Der Misch-Pinsel

Photoshop besitzt auch einen sogenannten Misch-Pinsel. Er befindet sich in einer Gruppe mit den bereits erwähnten Pinseln und hat die Besonderheit, dass sich mit ihm verschiedene Muster zusammenfügen lassen. Sie müssen sich das vorstellen wie bei einem Stempel. Zunächst einmal müssen Sie die Farbe (aus dem Stempelkissen) aufnehmen. Wenn Sie jetzt noch ein weiteres Stempelkissen hätten (mit einer anderen Farbe), könnten Sie auch daraus eine Aufnahme folgen lassen. So würde sich eine Mischstruktur aus beiden Quellen ergeben.

Und wie funktioniert das nun in Photoshop? Halten Sie ⎇Alt gedrückt, und klicken Sie anschließend auf einen Bereich des Bildes, den Sie aufnehmen möchten. Danach lassen Sie ⎇Alt los. Nun klicken Sie mit der Maus dorthin, wo Sie sich das neue Muster wünschen. Weitere Infos zu dieser Technik entnehmen Sie bitte Abschnitt 7.1, »Bildbereiche entfernen, klonen und verschieben«.

Pinselspitzen speichern und laden

Sie haben ja bereits erfahren, dass die zuletzt eingestellten Pinsel-spitzen in einer speziellen Zeile des Pinsel-Dialogs gelistet werden. In dieser Zeile werden allerdings nicht unentwegt Spitzen abgelegt. Vielmehr wird die älteste verworfen, sobald die Reihe voll ist und eine weitere Spitze definiert wird. Also ist es sehr wahrscheinlich, dass die seinerzeit benutzte Spitze irgendwann nicht mehr abrufbar ist. Aus diesem Grund empfiehlt es sich, häufig zum Einsatz kommende Spitzen zu speichern. Klicken Sie auf den Button NEUE VORGABE AUS DIESEM PINSEL ERSTELLEN ❷. Im nachfolgenden Dialog kann die Spitze entsprechend benannt werden.

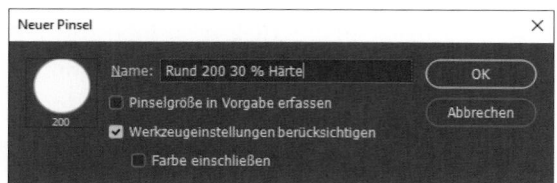

◀ **Abbildung 3.8**
Die richtige Benennung macht das spätere Auffinden zum Kinderspiel.

Pinsel abrufen

Das Sortiment an Pinseln ist ja nicht zu verachten. Wem das aber nicht reicht, der findet im Bedienfeldmenü (kleines Zahnrad) ❶ noch jede Menge weiterer Sätze, die sich online herunterladen lassen. Gehen Sie dazu auf WEITERE PINSEL ABRUFEN ❸.

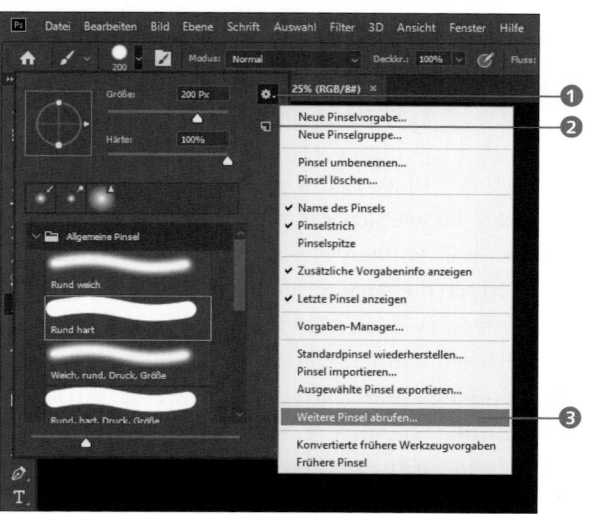

◀ **Abbildung 3.9**
Freie Auswahl für freie Künstler – die Sortimente der mitgelieferten Spitzen

Pinsel-Bedienfeld

In diesem Zusammenhang wird es Sie interessieren, wie Sie Ihrer Pinselspitze zahllose weitere Attribute zuordnen können – und zwar über das Pinsel-Bedienfeld. Verwenden Sie zum Öffnen die Taste ⌊F5⌋, oder wählen Sie PINSEL aus dem Menü FENSTER.

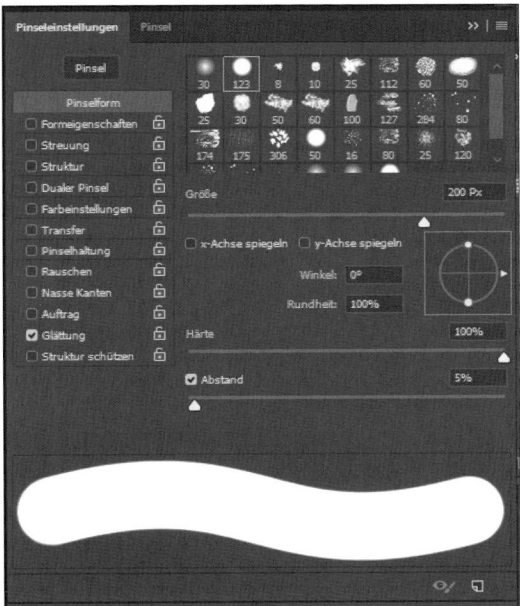

▲ **Abbildung 3.10**
So stellt sich das Bedienfeld dar, wenn der oberste Eintrag, PINSELFORM, eingestellt ist.

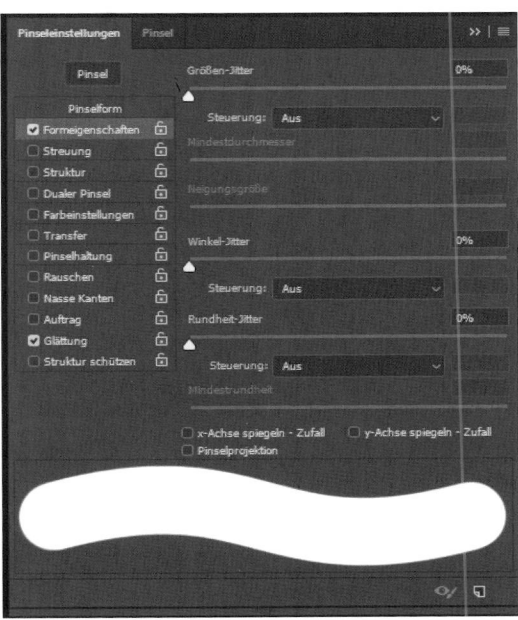

▲ **Abbildung 3.11**
Ein Klick auf den Namen einer Pinselvorgabe (nicht auf die Checkbox!) innerhalb der linken Spalte bringt rechts daneben die entsprechende Steuerelement-gruppe zur Anzeige. Hier ist beispielsweise FORM-EIGENSCHAFTEN ausgesucht.

Im Bereich PINSELFORM lassen sich zahlreiche Parametergruppen anwählen, indem Sie die jeweilige Checkbox vor dem Listenein-trag aktivieren. Um jedoch die zugehörigen Steuerelemente rechts daneben anzeigen zu lassen, klicken Sie bitte nicht auf die Check-box, sondern immer direkt auf den Namen der Gruppe.

Tipp: Sie sollten die Register PINSEL und PINSELEINSTELLUNGEN grundsätzlich im Kontext benutzen. Praktischerweise werden beide Register nebeneinander geöffnet, so dass Sie mit PINSEL zunächst die gewünschte Spitze auswählen können (hier KYLES

Konzeptpinsel Allzweckfüllung) und danach die Pinseleinstellungen vornehmen. Hier lässt sich auch viel besser beurteilen, wie der Pinsel strukturell aufgebaut ist. Achten Sie auf die Grafik ganz unten (im Bedienfeld Pinseleinstellungen). Sie reagiert kontextsensitiv, das bedeutet, wenn Änderungen vorgenommen werden, verändert sich auch die Vorschaugrafik entsprechend.

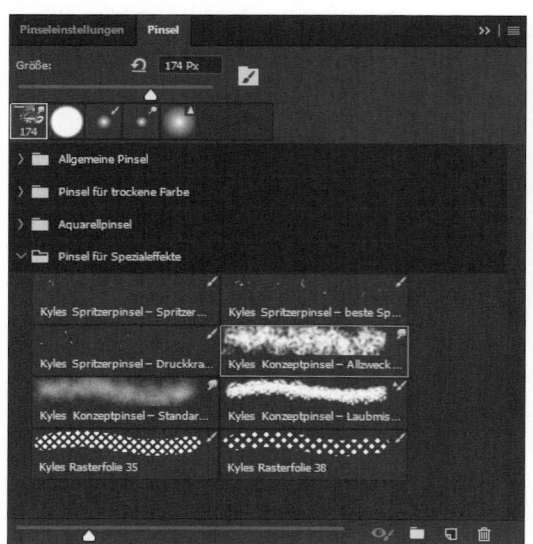

▲ **Abbildung 3.12**
Pinsel und Pinseleinstellungen bilden eine gemeinsame Bedienfeldgruppe.

▲ **Abbildung 3.13**
Unten in der Grafik sehen Sie die Auswirkungen Ihrer Einstellungen.

Nun können Sie den Pinsel mit Hilfe der Steuerelemente, die sich auf den Bedienfeldern befinden, nach Wunsch einstellen. Während Sie das tun, verändert sich die Pinselspitze synchron. Die Änderung der Größe gelingt überdies mit der ⌐Alt⌐-Taste zusammen mit der rechten Maustaste. Das konnten Sie ja bereits im Abschnitt »Pinsel schnell einstellen« auf Seite 89 in Erfahrung bringen.

Aber es kommt noch besser. Wollen Sie eine Pinselfarbe direkt aus dem Bild aufnehmen? (Wir greifen hier bereits ein wenig vor.) Halten Sie ⌐Alt⌐ gedrückt, und klicken Sie dann auf das Bild. Lassen Sie weder ⌐Alt⌐ noch die linke Maustaste los. Bewegen Sie die

Alte Pinsel aktivieren

 Wer bereits seit langer Zeit mit Photoshop zugange ist, wird einige (vielleicht liebgewonnene) Pinsel vermissen. Der »alte« Pinselsatz ist nicht mehr vorhanden. Das können Sie jedoch ändern, indem Sie das Bedienfeldmenü des Pinsel-Bedienfelds öffnen und darin den Eintrag FRÜHE-RE PINSEL auswählen. Nach Bestätigung einer Kontrollabfrage werden die »alten Bekannten« wieder gelistet – und zwar in einem Ordner, der mit FRÜHERE PINSEL betitelt ist.

Maus über das Bild. Stoppen Sie, wenn die gewünschte Farbe in der oberen Hälfte des Farbkreises angezeigt wird, und lassen Sie zunächst die Maustaste wieder los – erst danach die [Alt]-Taste. Der Pinsel hat jetzt die gewünschte Farbe. (Weitere Infos zu diesem Thema finden Sie im Abschnitt »Farben aus dem Bild aufnehmen« auf Seite 99.)

▲ **Abbildung 3.14**
Die Farbe kann direkt im Bild aufgenommen werden.

Farbauftrag einstellen

 Mit der Einstellung des Pinsels ist längst noch nicht alles zum Thema Pinsel gesagt. Werfen Sie einmal einen Blick auf die Optionsleiste des Pinsels. Dort kann nämlich neben der Deckkraft auch der Fluss bestimmt werden. Oder wollen Sie lieber »airbrushen«?

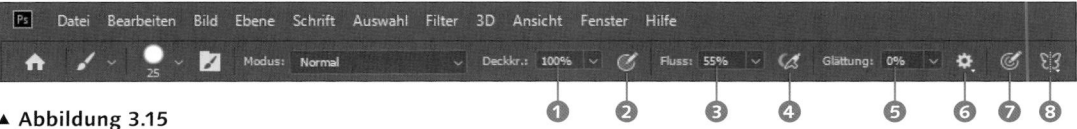

▲ **Abbildung 3.15**
Die Optionsleiste gestattet weitere Feineinstellungen.

▸ DECKKR. (**❶**): Bestimmen Sie, mit welcher Intensität die Farbe aufgetragen werden soll. Bei 100 % Deckkraft wird die Farbe mit maximaler Intensität aufgetragen. Verringern Sie die Deck-

kraft, ist entsprechend auch die Intensität der Farbe geringer – darunter befindliche Objekte bleiben sichtbar.

► DRUCK (❷): Wenn die Taste eingedrückt ist, wird der Druck z. B. mit dem eingesetzten Zeichenstift reguliert. Bei inaktiver Funktion wird der Druck über die Einstellungen im Bedienfeld PINSELVORGABE reguliert.

► FLUSS (❸): Hier legen Sie fest, mit welcher Geschwindigkeit die Farbe auf das Bild gebracht wird. Bei verringertem Fluss-Wert tritt die Farbe langsamer aus.

◄ **Abbildung 3.16**
Zeichnen mit 100 % (links) und 25 % Fluss

► AIRBRUSH (❹): Aktivieren Sie AIRBRUSH, um die gleichen Funktionen zu nutzen, die auch mit einer Sprühpistole erreicht werden. Je länger Sie die Maustaste gedrückt halten, desto mehr Farbe wird aufgetragen. Falls die Funktion deaktiviert ist, hat die Dauer, wie lange die Maustaste gedrückt bleibt, keine Auswirkung auf das Ergebnis.

◄ **Abbildung 3.17**
Je länger die Maustaste gedrückt wird, desto mehr Farbe tritt aus.

► GLÄTTUNG (❺): Das Glätten sorgt für eine ordentlichere Pinselführung. Das bedeutet: Erhöhen Sie den Wert, wirkt das Verwacklungen entgegen. Wünschen Sie sich während des Malens eine kleine Linie, welche die Richtung des Glättens anzeigt? Dann gehen Sie bitte auf BEARBEITEN • VOREINSTELLUNG • ZEIGERDARSTELLUNG und aktivieren PINSELLEINE BEI GLÄTTUNG ANZEIGEN.

► GLÄTTUNGSOPTIONEN (❻): Hinter dem Zahnrad verbergen sich noch einige Checkboxen, mit denen festgelegt wird, auf welche Weise die Glättung vorgenommen werden soll.

► DRUCK FÜR DIE GRÖSSE (❼): Dieses Steuerelement funktioniert wie DRUCK (❷), wobei hier nicht die Intensität des Farbauftrags, sondern die Größe der Pinselspitze berücksichtigt wird. Ist die Funktion aktiv, wird der Durchmesser des Pinsels bei stärkerem Druck (z. B. mit dem Zeichenstift) ebenfalls größer.

▶ SYMMETRIE-OPTIONEN (**8**): Diese neuartige Funktion müssen Sie unbedingt selbst einmal ausprobieren. Hier sagt sprichwörtlich ein Bild mehr als 1000 Worte. Öffnen Sie das Menü, das sich hinter diesem Schalter verbirgt, und entscheiden Sie sich für VERTIKAL. Sie finden dann auf dem Bild zunächst einmal nur eine vertikale Hilfslinie vor. Wenn Sie anschließend mit dem Pinsel neben der Linie malen, wird auf der anderen Seite der Linie ein gespiegeltes Abbild erzeugt. Nach Anwahl einiger Optionen (wie z. B. RADIAL oder MANDALA) können Sie sogar noch die Anzahl der Segmente festlegen (im folgenden Beispiel rechts sind es acht). Denken Sie aber bitte daran, dass der Pinsel im Anschluss an diese Justage in der Regel zunächst erneut aktiviert werden muss, ehe Sie malen können.

Abbildung 3.18 ▶
Mit Hilfe der Symmetrie gelingen mehr oder weniger eindrucksvolle Objekte.

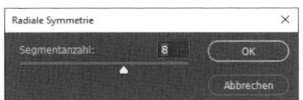

▲ **Abbildung 3.19**
Für die radiale Symmetrie (rechts) wurden acht Segmente verwendet.

3.2 Farben einstellen

Glücklicherweise sind Ihnen in Bezug auf die Farbwahl fast keine Grenzen gesetzt. Bei über 16,7 Millionen Möglichkeiten (im 8-Bit-RGB-Modell) sollte die Selektion der gewünschten Farbe nun wirklich keine Schwierigkeiten bereiten. Zunächst schauen wir uns an, wie das grundsätzliche Handling in Bezug auf Vorder- und Hintergrundfarben funktioniert. Auf Seite 99 zeige ich Ihnen dann noch, wie Sie Farben direkt aus dem Bild aufnehmen können.

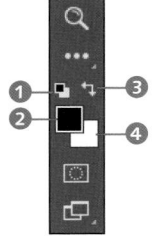

▲ **Abbildung 3.20**
Vorder- und Hintergrundfarbe werden im Fuß der Werkzeugleiste eingestellt.

Vorder- und Hintergrundfarbe

Die Werkzeugleiste gibt Auskunft über die aktuell eingestellten Farben. Dabei wird grundsätzlich zwischen Vorder- und Hintergrundfarbe unterschieden.

▸ VORDERGRUNDFARBE EINSTELLEN ❷: Stellen Sie hier die aktuell gewünschte Mal- und Füllfarbe ein.

▸ STANDARDFARBEN FÜR VORDERGRUND UND HINTERGRUND ❶: Setzt die Vordergrundfarbe auf Schwarz und die Hintergrundfarbe auf Weiß. Diese Funktion hat den Shortcut ⌨D.

▸ VORDER- UND HINTERGRUNDFARBE VERTAUSCHEN ❸: Macht die aktuell eingestellte Vorder- zur Hintergrundfarbe und umgekehrt. Dieser Funktion ist der Shortcut ⌨X zugewiesen.

▸ HINTERGRUNDFARBE EINSTELLEN ❹: Stellen Sie die aktuelle Hintergrundfarbe ein.

Farbwähler

Um die Vorder- oder Hintergrundfarbe zu verändern, reicht ein Klick auf das entsprechende Farbfeld. Im Farbwähler kann dann der Ton selektiert werden. Dazu gibt es, wie sollte es anders sein, mehrere Möglichkeiten.

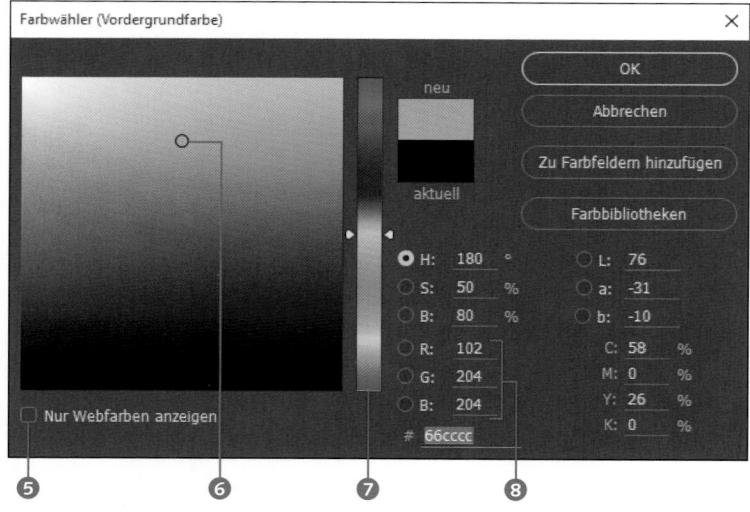

▲ **Abbildung 3.21**
Mit dem Farbwähler lassen sich Hintergrund- und (wie hier) Vordergrundfarbe einstellen.

Zunächst die einfachste Möglichkeit: Geben Sie über die RGB-Eingabefelder ❽ die gewünschten Werte ein. Dabei erstreckt sich

Nur Webfarben anzeigen
Falls Sie Dateien für einen Internetauftritt anfertigen, markieren Sie vor der Farbwahl die Checkbox NUR WEBFARBEN ANZEIGEN ❺. Dadurch ist gewährleistet, dass Sie immer eine Farbe wählen, die in Standardbrowsern korrekt angezeigt wird. Legen Sie jetzt die Farben aber nicht über die RGB-Werte, sondern per Mausklick fest. Bedenken Sie, dass damit die Anzahl der zur Verfügung stehenden Farben drastisch reduziert ist.

das Spektrum auf Werte zwischen 0 und 255 (0 = Farbe nicht vorhanden, 255 = Farbe in voller Güte vorhanden). Für reines Rot geben Sie unter R demnach 255 ein, wobei G (= Grün) und B (= Blau) jeweils 0 sein sollten. Der Vorteil dieser Methode: Sie ist die genaueste! Außerdem lässt sie sich durch die Tatsache, dass das erste Eingabefeld beim Öffnen des Dialogs schon vorselektiert ist (die Einfügemarke blinkt dort), ruck, zuck mit der Tastatur anwenden. Mit 🔄 können Sie übrigens komfortabel von Eingabefeld zu Eingabefeld springen.

Die zweite Möglichkeit: Treffen Sie per Mausklick eine Vorauswahl im kleinen Farbfeld ❼ (siehe Abbildung 3.21), um dann im großen ❻ die Feinjustierung vorzunehmen. In beiden Fällen verlassen Sie den Dialog anschließend mit OK.

Das Farbe-Bedienfeld

Ebenso komfortabel ist das Bedienfeld Farbe (FENSTER • FARBE oder F6). Hierüber lassen sich ebenfalls Farben einstellen, wobei Sie den Grundton zunächst aus dem rechten Balken herausnehmen und die Feinabstimmung im großen Rechteck erledigen. Bei dieser Vorgehensweise wird übrigens die Vordergrundfarbe in der Werkzeugleiste angepasst.

Mit Hilfe des Bedienfeldmenüs (die drei horizontalen Striche oben rechts im Dialog) lassen sich hier zudem noch andere Ansichten einstellen. Wählen Sie beispielsweise statt des erwähnten FARBTONWÜRFELS einmal den FARBKREIS an.

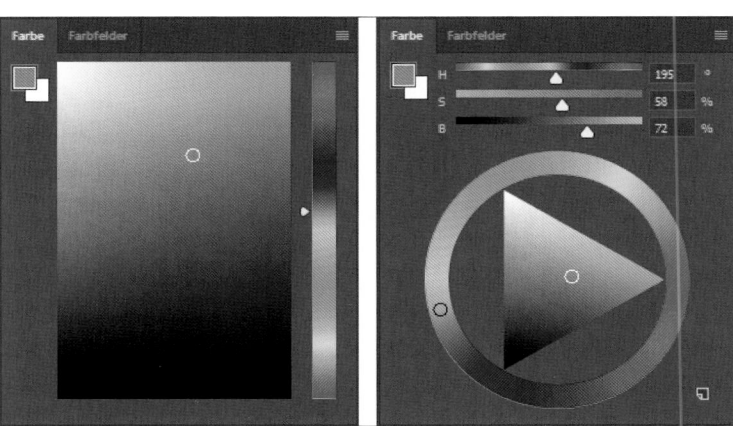

Abbildung 3.22 ▶
Welche Ansicht liegt Ihnen mehr?

Farben aus dem Bild aufnehmen

Sie werden des Öfteren eine Farbe aus einem vorhandenen Bild verwenden wollen. Diese Vorgehensweise eignet sich immer dann, wenn ein Pinsel aktiv ist. In anderen Fällen, wenn Sie z. B. eine Ebene oder Auswahl mit Farbe füllen wollen (siehe »Eine Auswahlkombination aus Kreis und Rechteck erstellen« ab Seite 135), bietet sich ein spezielles Werkzeug an.

Stellen Sie das Pipette-Werkzeug ⎡I⎤ ein (wenn Sie das mittels Shortcut machen, kann die Maus auf dem Bild bleiben), und klicken Sie auf den Bereich, der als Farbe definiert werden soll. Drücken Sie danach ⎡B⎤, um den Pinsel wieder zu aktivieren.

Bei derartigen Farbaufnahmen müssen Sie allerdings einiges beachten: Stellen Sie auch hier zunächst das Werkzeug über die Optionsleiste ein. Mit AUFN.-BEREICH ❶ (für »Aufnahmebereich«) definieren Sie, ob einzelne oder mehrere nebeneinander befindliche Pixel den Farbton ergeben sollen. Falls Sie sich für einen der anderen Einträge entscheiden, werden Durchschnittswerte des Aufnahmebereichs ermittelt.

Die Anwendung wartet außer mit 1 Pixel auch mit 3 × 3 Pixeln, aber auch noch mit größeren Durchschnittswerten auf, die es auf komfortable Weise ermöglichen, neutrale Mischfarben zu finden und so die Stimmung innerhalb einer Bildkomposition zu verbessern. Der größte Aufnahmebereich liegt bei 101 × 101 Pixeln.

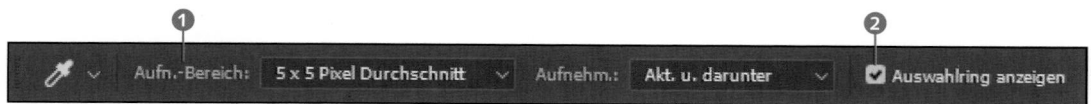

▲ **Abbildung 3.23**
Vergrößern Sie den Aufnahmebereich der Pipette.

Ein größerer Auswahlbereich als 1 Pixel wird in den meisten Fällen die bessere Wahl sein, da das Ergebnis immer einen Durchschnittswert des Aufnahmebereichs liefert. Schauen Sie sich die folgenden Abbildungen an. Wenn Sie Pixel beispielsweise genau am Übergang zwischen weißer und roter Fläche aufnehmen, werden Sie im 1-Pixel-Modus entweder die weiße oder die rote Farbe ❸ (Abbildung 3.24) erwischen. Stellen Sie aber auf 3 × 3 oder 5 × 5 Pixel um, liefert Photoshop einen Durchschnittswert aus Weiß und Rot als Ergebnis ❹ (Abbildung 3.25).

Bilder/Pipette.gif

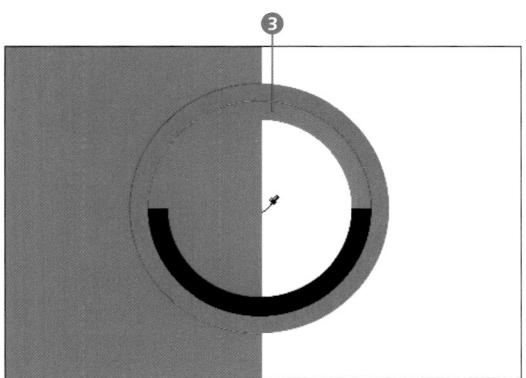

▲ **Abbildung 3.24**
Wenn Sie mit der Vorwahl 1 PIXEL genau auf den Übergang klicken, wird entweder Rot oder Weiß aufgenommen.

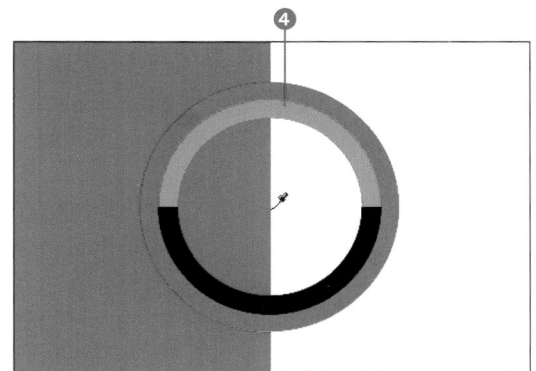

▲ **Abbildung 3.25**
Mit einem Aufnahmebereich von 5 × 5 PIXEL DURCHSCHNITT wird das Resultat eine Mischfarbe aus Rot und Weiß sein.

Ring deaktivieren
Sollte der Ring stören, deaktivieren Sie ihn ganz einfach über die Checkbox AUSWAHLRING ANZEIGEN in der Optionsleiste. Durch erneute Anwahl des Häkchens schalten Sie ihn wieder ein.

Welche Farbe Sie getroffen haben, verrät Ihnen der Farbring. Die Pipette wird zum Zeitpunkt des Mausklicks nämlich von einem mehrfarbigen Ring umgeben – zumindest dann, wenn AUSWAHLRING ANZEIGEN ❷ (Abbildung 3.23) in der Optionsleiste aktiv ist. Von Bedeutung ist der innere zweifarbige Kreis. Darin lässt sich stets der Vergleich zwischen zuletzt aufgenommener Farbe bzw. aktueller Vordergrundfarbe (unten) und neu selektierter Farbe ziehen (oben). Falls Sie sich also noch Gedanken über den aufzunehmenden Farbton machen wollen, behalten Sie den oberen Halbkreis im Auge, lassen Sie die Maustaste nach dem Klick noch nicht los, und verschieben Sie das Zeigegerät ein wenig. Dabei wird der obere Halbkreis permanent aktualisiert. Erst wenn die gewünschte Farbe auftaucht, lassen Sie los.

Auch noch gut zu wissen: Bei der Farbaufnahme sind Sie keinesfalls an das aktive Bild gebunden. Sie können durchaus auch Farben eines anderen Bildes aufnehmen und danach auf das gerade aktive Bild übertragen. Schließlich arbeiten Sie ja mit Photoshop.

3.3 Farbverläufe

▲ **Abbildung 3.26**
Das Verlaufswerkzeug ist in dieser Gruppe das Standard-Tool.

Den Abschluss im Segment Farbe bilden Verläufe. Wie heißt es doch so schön: »Hat der Gestalter grad nix drauf, macht er erst mal 'nen Verlauf.« Wie auch bei allen anderen Tools gilt: Zuerst das Werkzeug einstellen! Wählen Sie daher das Verlaufswerkzeug [G].

Danach lässt sich der Verlauf individuell einstellen, indem Sie auf das Verlaufsfeld ❶ der Optionsleiste klicken. Falls Sie sich mit den Verläufen begnügen möchten, die standardmäßig in Photoshop beigelegt sind, reicht auch ein Klick auf die nebenstehende Drei-eck-Schaltfläche ❷.

▼ **Abbildung 3.27**
Auch die Verläufe werden über die Optionsleiste ein gestellt.

Farbunterbrechungen

Stellen Sie die Maus doch einmal unter den Spektralbalken im unteren Drittel des Dialogfensters (siehe Abbildung 3.28). Füh-ren Sie dort einen Mausklick aus, wird ein Farbsymbol platziert, das die Verlaufsfarbe an dieser Position entsprechend ändert. Sie haben damit eine sogenannte *Farbunterbrechung* ❹ eingefügt. Doppelklicken Sie auf dieses Symbol, können Sie die gewünschte Farbe über den Farbwähler ändern.

Verschieben Sie das Symbol, um die Farbe im Spektralbereich des Verlaufs anzuordnen. In der Mitte zwischen diesen Symbo-len befinden sich die sogenannten *Farbmittelpunkte* ❸. Sie wer-den nach der Platzierung einer Unterbrechung automatisch hin-zugefügt. Je mehr Sie sie an eine Farbunterbrechung heranführen, desto härter wird der Übergang. Der Verlauf wird außerdem zur gegenüberliegenden Seite weicher.

Verläufe sichern
Sichern Sie interessante Verläufe, indem Sie auf SPEICHERN klicken. Fortan wird Ihr Verlauf in der Auswahlliste aufgeführt.

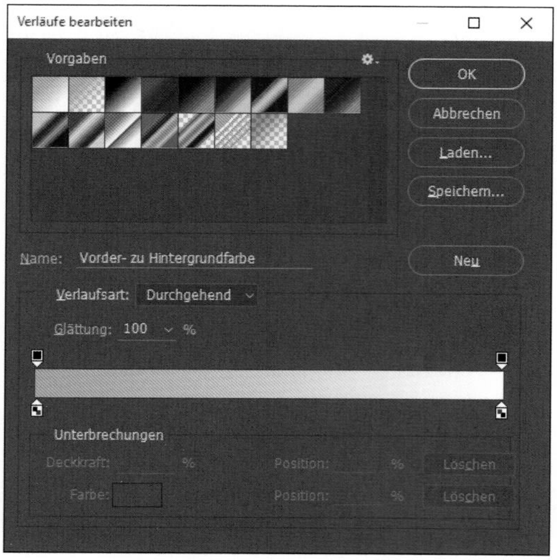

◄ **Abbildung 3.28**
Dieser Dialog ermöglicht die individuelle Gestaltung eines Verlaufs.

▼ **Abbildung 3.29**
Unterhalb des Balkens lassen sich die Farbunter-brechungen und deren Übergänge beeinflussen.

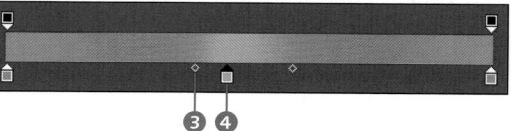

Deckkraftunterbrechungen

Farben aus dem Verlauf entfernen
Wenn Sie eine Farbe aus dem Verlauf entfernen möchten, ziehen Sie das Symbol einfach per Drag & Drop nach oben bzw. unten. Bedenken Sie, dass die Symbole ganz links und ganz rechts nicht entfernt werden können, da Start und Ende des Verlaufs natürlich generiert sein müssen.

Während Sie unterhalb des Spektralbalkens Farben hinzufügen, ändern und verschieben können, lassen sich oberhalb des Spektralbalkens Deckkraftunterbrechungen einsetzen, die den Verlauf in dessen Deckkraft punktuell beeinflussen. Das ist vor allem dann interessant, wenn Bildbereiche unterhalb eines Verlaufs weiterhin sichtbar bleiben sollen.

Nachdem Sie also einen Mausklick oberhalb des Farbbalkens platziert haben, erscheint dort ebenfalls ein »Häuschen« ❶, das sich anschließend noch verschieben lässt. Außerdem sind auch hier zwei kleine Rauten auszumachen ❷, welche die Funktion haben, die Übergänge zwischen den unterschiedlichen Deckkräften härter oder weicher zu gestalten. Auch hier reicht das bloße Verschieben.

Und wie wird nun die eigentliche Deckkraft eingestellt? Indem Sie zunächst den kleinen Dreieck-Button ❸ betätigen, um den Schieberegler ❹ zugänglich zu machen. Durch Bewegen dieses Reglers nach links kann die Sichtbarkeit der Farbe verringert werden. Es erscheint zudem ein Schachbrettmuster, das stets auf Transparenzen hindeutet (siehe dazu auch Kapitel 4, »Ebenen«).

Auch hier Hot-Text
Wie vorab bereits erwähnt, wartet Photoshop allerorts mit Hot-Text-Steuerelementen auf. Die Regler DECKKRAFT und POSITION beispielsweise lassen sich ebenfalls durch Verschieben der Maus nach links und rechts verstellen, nachdem Sie (bei gehaltener linker Maustaste) auf den Steuerelement-Titel geklickt haben. Es ist also nicht zwingend erforderlich, den Regler ❹ dafür zu bedienen. Wieder ein Mausklick gespart.

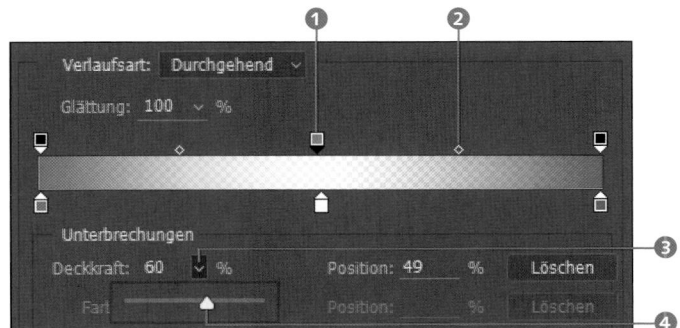

▲ **Abbildung 3.30**
Oberhalb des Balkens wird die Deckkraft des Verlaufs angepasst.

Verläufe erstellen

Die Übertragung eines eingestellten Verlaufs funktioniert, indem Sie mit dem Verlaufswerkzeug eine Linie über den gewünschten Bereich ziehen. Bevor Sie das tun, wählen Sie in der Menüleiste noch, welcher Verlaufstyp angewandt werden soll.

◀ **Abbildung 3.31**
Oben (von links nach rechts):
linearer Verlauf, Radialverlauf,
Verlaufswinkel – unten (von
links nach rechts): reflektierter
Verlauf, Rauteverlauf

3.4 Bilder freistellen

Wie groß war doch einst das gemeinsame Glück! Seit der bitteren
Trennung jedoch wird die verflossene, ehemals bessere Hälfte mit
Konsequenz und Schere des Bildes verwiesen. Sicher mögen Sie
es kaum glauben, aber selbst in solch schwierigen Lebenssituatio-
nen hilft Photoshop weiter: *Freistellen* heißt die Methode, die aus
ganzen Bildern halbe Bilder und aus glücklosen Paaren fröhliche
Singles macht. Das Freistellen ist aber auch unabhängig von Bezie-
hungsdramen eine nützliche Technik, wie Ihnen nun der folgende
Workshop zeigt.

Schritt für Schritt
Bild freistellen und gleichzeitig Horizont begradigen

Das Beispielfoto hinterlässt einen starken Eindruck. Es repräsentiert Wohlbefinden, Reinheit, Ruhe. Dieser positive Eindruck wird
durch das Zusammenspiel zwischen der Frau und der Landschaft
erreicht. Dennoch gibt es etwas zu bemängeln. Das Panorama
befindet sich nämlich leider in Schieflage – und das trübt den
ansonsten perfekten Gesamteindruck. Gleichen wir den Mangel
also aus.

Bilder/Freistellen.jpg

103

1   Datei bereitstellen

Lassen Sie das Foto in der maximal darstellbaren Gesamtansicht anzeigen. Sie erreichen das bekanntermaßen mit $\boxed{\text{Strg}}$/$\boxed{\text{cmd}}$+$\boxed{0}$.

Abbildung 3.32 ▶
Der schiefe Horizont muss begradigt werden.

2   Bild duplizieren

Wenn Sie das Original erhalten wollen, fertigen Sie zunächst eine Kopie des Fotos an. Das geht ganz einfach, indem Sie BILD • DUPLIZIEREN auswählen. Die Anwendung meldet sich daraufhin mit einem Abfragedialog. Hier haben Sie die Möglichkeit, einen anderen Namen einzugeben. Für unsere Arbeit ist das jedoch nicht erheblich, so dass Sie den Dialog mit OK verlassen können. Das Originalfoto (»Freistellen.jpg«) benötigen wir zu einem späteren Zeitpunkt noch, da ich Ihnen noch eine interessante Funktion präsentieren möchte. Zunächst einmal arbeiten wir aber mit der Kopie.

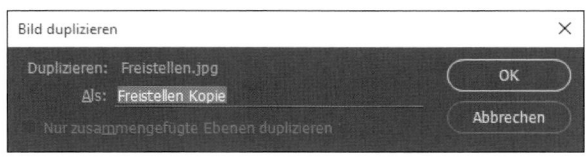

▲ **Abbildung 3.33**
Erstellen Sie eine Kopie des Bildes.

Automatische Namensvergabe

Wenn Sie von der Option der manuellen Namensvergabe keinen Gebrauch machen, nummeriert Photoshop die Dateien automatisch durch. Die erste Datei heißt dann »Freistellen Kopie.tif«, die zweite »Freistellen Kopie 2.tif« usw.

3   Freistellungsrahmen aktivieren

Aktivieren Sie das Freistellungswerkzeug, indem Sie es in der Werkzeugleiste markieren oder (was wesentlich komfortabler ist) $\boxed{\text{c}}$ auf Ihrer Tastatur drücken. Mittlerweile ist es übrigens nicht mehr notwendig, einen Freistellungsrahmen aufzuziehen. Er wird

nämlich ganz automatisch erzeugt und erstreckt sich jetzt über das gesamte Foto. Dazu später mehr.

4 Begradigung aktivieren

Eine ebenfalls interessante Funktion sorgt dafür, dass sich Fotos anhand einer Linie im Bild ausrichten lassen. Im konkreten Fall ist das die Horizontlinie, die begradigt werden soll. Bevor Sie diese Funktion jedoch nutzen können, müssen Sie zunächst einmal auf GERADE AUSR. innerhalb der Optionsleiste klicken.

▼ **Abbildung 3.34**
Aktivieren Sie diese Schaltfläche, bevor Sie ein Foto begradigen.

5 Foto begradigen

Stellen Sie die Maus jetzt ziemlich weit links auf den Horizont des Fotos. Bitte sorgen Sie dafür, dass sich das kleine Fadenkreuz des Tools tatsächlich »auf« der Horizontlinie befindet ❶. Wenn Sie genau drauf sind, platzieren Sie einen Mausklick, wobei Sie die Maustaste unbedingt gedrückt halten müssen. Ziehen Sie nach rechts herüber. Lassen Sie die Maustaste bitte erst wieder los, wenn sich das Fadenkreuz des Mauszeigers ziemlich weit rechts auf dem Horizont befindet ❷.

▼ **Abbildung 3.35**
Das Gerade-ausrichten-Werkzeug ermöglicht die exakte horizontale Positionierung des Horizonts.

6 Zwischenergebnis begutachten

Ebenfalls praktisch ist, dass das Foto in der Ansicht gedreht werden kann. Das sorgt für zusätzlichen Komfort bei der Beurteilung des Ergebnisses.

Kein Rand sichtbar?
Für den Fall, dass Ihre Fotos in eigenständigen Fenstern dargestellt werden (in BEARBEITEN/PHOTOSHOP • VOREINSTELLUNGEN • ARBEITSBEREICH ist das Häkchen vor DOKUMENTE ALS REGISTERKARTEN ÖFFNEN bereits vor dem Öffnen des Fotos inaktiv gewesen), müssen Sie das Fenster, in dem das Bild angezeigt wird, an der unteren rechten Ecke ein wenig aufziehen.

▲ **Abbildung 3.36**
Der Freistellungsrahmen bleibt immer exakt waagerecht, während das Foto gedreht wird.

7 Freistellungsrahmen einstellen

Der Freistellungsrahmen ist immer noch aktiv, also die Freistellung selbst noch gar nicht erfolgt. (Bisher ist ja lediglich der Horizont begradigt worden.) Nun dürfen Sie einen der Anfasser betätigen. Das sind die kleinen Winkel in den Ecken des Rahmens sowie die Striche jeweils in der Mitte der vier Seitenränder. Wenn Sie darauf klicken und die Maustaste gedrückt halten, ziehen Sie den Rahmen nach Wunsch in Form. Im Beispiel ist es sinnvoll, den Anfasser ❶ etwas in Richtung Bildmitte zu verschieben. Orientieren Sie sich an der Abbildung.

Abbildung 3.37 ▶
Dieser Bildausschnitt ist zweifellos besser.

8 Rahmen optimieren

Zu bemängeln wäre nun noch, dass die Frau sehr weit rechts am Bildrand angeordnet ist. Nun können wir die Dame trotz ihrer gewaltigen Sprungkraft nicht einfach neu positionieren. Aber wir können den Rahmen noch ein wenig anpassen. Mein Vorschlag: Ziehen Sie doch den Anfasser ❷ etwas weiter nach unten und ❸ mehr nach oben, so dass das Bild in der Höhe reduziert wird.

▲ **Abbildung 3.38**
Die Bildfläche wird in der Höhe verringert.

9 Rahmen verschieben

Da wir oben und unten Platz gewonnen haben, kann nun das Foto noch ein wenig verschoben werden. Das gelingt, indem Sie in den Rahmen hineinklicken, die Maustaste gedrückt halten und die Maus nach links bewegen, bis sich die obere rechte Ecke des Freistellungsrahmens mit der rechten Kante des Fotos deckt.

10 Nach Drittelregel freistellen

Danach korrigieren Sie den zuerst betätigten Anfasser (Mitte des linken Bildrandes ❹). Schieben Sie ihn so weit nach rechts, bis sich die rechte Vertikallinie innerhalb des Rahmens ❺ mittig auf der Person befindet. Bildwichtige Inhalte sind dort nämlich bestens aufgehoben, wie Sie im Abschnitt »Nach Drittelregel freistellen« auf Seite 111 noch erfahren werden.

Rahmen drehen
Sie möchten den Rahmen von Hand drehen? Kein Problem. In diesem Fall müssen Sie die Maus außerhalb des Freistellungsrahmens ansetzen, dort klicken und wie üblich die Maustaste gedrückt halten. Fahren Sie nun nach oben oder unten, um das Foto um den Mittelpunkt des Rahmens rotieren zu lassen.

▲ Abbildung 3.40
Am Ende wird die Freistellung bestätigt.

Abbildung 3.41 ▼
Gönnen Sie sich einen Vorher-Nachher-Vergleich. Das Resultat (das Sie übrigens im ERGEBNISSE-Ordner unter »Freistellen-bearbeitet.jpg« finden) sieht wesentlich geordneter und dynamischer aus.

11 Freistellung bestätigen

Zuletzt muss die Freistellung (genauer gesagt, der richtige Sitz des Freistellungsrahmens) noch an das Foto übergeben werden. Das gelingt auf zweierlei Art: Entweder klicken Sie ganz rechts in der Optionsleiste auf das kleine Häkchen ❼, oder Sie drücken ⏎ auf Ihrer Tastatur.

12 Optional: Freistellung verwerfen

Wollen Sie anstelle einer Bestätigung den Freistellungsvorgang verwerfen und lieber noch einmal von vorne anfangen, betätigen Sie das Stopp-Symbol ❻ in der Optionsleiste (links neben dem Häkchen) oder drücken Esc. Wenn Sie sich aber an die Schritte gehalten haben, wird das natürlich nicht nötig sein.

Schritt für Schritt
Bild inhaltsbasiert freistellen und Horizont begradigen

Ich möchte Ihnen gerne präsentieren, wie sich Fotos inhaltsbasiert begradigen lassen. Doch zuvor müssen wir klären, was eine inhaltsbasierte Freistellung überhaupt ist. Wie Sie im vorangegangenen Workshop gesehen haben, entsteht beim Freistellen immer ein Rand, der abgeschnitten werden muss. Ansonsten könnte ja kein neuer rechter Winkel zur Bildbegrenzung entstehen. Genau hier greift die inhaltsbasierte Freistellung. Diese analysiert nämlich das Foto und versucht selbstständig, die fehlenden Bildinformationen zu ergänzen. Das Ergebnis: Das freigestellte und gedrehte Foto bleibt an den Rändern in der ursprünglichen Größe erhalten, muss also nicht beschnitten werden.

Bilder/Freistellen.jpg

1 Beispieldatei öffnen
Sie hatten ja zu Beginn des letzten Workshops ein Duplikat des Beispielfotos erzeugt. Greifen Sie nun auf das Original zurück – also auf das, dessen Horizont noch immer erschreckend schief ist.

2 Optionen einstellen
Aktivieren Sie zunächst wieder das Freistellungswerkzeug in der Toolbox. Alternativ drücken Sie [C]. Danach widmen Sie sich der Optionsleiste. Wählen Sie die Checkbox INHALTSBASIERT ❷ an, und selektieren Sie zuletzt die Funktion GERADE AUSRICHTEN ❶.

▼ **Abbildung 3.42**
Wenn inhaltsbasiert freigestellt werden soll, muss die Funktion zunächst aktiviert werden.

3 Freistellen und ausrichten
Zunächst gehen Sie so vor, wie im vorangegangenen Workshop beschrieben. Ziehen Sie erneut eine Linie über den Horizont. Schauen Sie, was passiert, wenn Sie die Maustaste anschließend loslassen. Zunächst einmal hat es den Anschein, als entstünden auch hier inhaltslose Ecken. Wenn Sie jedoch anschließend [↵] betätigen, um die Freistellung zu bestätigen, werden die Ecken gefüllt – oben wird der Himmel ergänzt, unten das Gras. Perfekt, oder? Im ERGEBNISSE-Ordner finden Sie zum Vergleich eine Datei namens »Freistellen_inhaltsbasiert.jpg«.

Abbildung 3.43 ▶
Die inhaltsbasierte Freistellung sorgt für ausgefüllte Ecken.

Nun wird die Ergänzung von Bildinformationen durch die Software nicht immer so reibungslos vonstattengehen wie in diesem Beispiel, bei dem die Strukturen am Bildrand sehr gleichmäßig sind. Sollte sich dort beispielsweise eine weit weniger harmonische Gesteinsformation zeigen, müssen Sie eventuell Abstriche machen. In diesem Fall empfiehlt es sich, den Hintergrund vor Anwendung der inhaltsbasierten Freistellung in eine Ebene zu konvertieren. (Keine Sorge, dieses Thema vertiefen wir im folgenden Kapitel.) Danach können Sie die Ecken mit den Retusche-Werkzeugen nacharbeiten, indem Sie Unregelmäßigkeiten am Rand z. B. mit dem Kopierstempel ausgleichen (siehe Kapitel 7, »Retusche und Reparatur«). In Kapitel 8, »Montage«, werden Sie übrigens ein Panoramafoto mit inhaltsbasierter Füllung bearbeiten.

Weitere wichtige Freistellungsfunktionen

Bevor Sie mit diesem schönen Tool weiterarbeiten, noch einige wichtige Infos dazu. Die tief in Photoshop verbaute *Mercury Graphics Engine* verdient eine Erwähnung. Sie ermöglicht nämlich eine flüssige Darstellung des Fotos z. B. während der Bewegung des Rahmens.

Außerhalb liegende Pixel löschen
Das vorherige Deaktivieren der Checkbox AUSSERH. LIEG. PIXEL LÖSCHEN ❷ in der Optionsleiste sorgt dafür, dass das Foto auch nach der Freistellung komplett erhalten bleibt. Sie sehen zwar nur noch den Bildbereich, der zuvor innerhalb des Freistellungsrahmens gelegen hat, haben aber real nichts vom ursprünglichen Bildbereich verloren. Sie können das prüfen, indem Sie nach der Freistellung BILD • ALLES EINBLENDEN wählen. Wenn Sie diese Bereiche beim Freistellen lieber entfernen wollen, müssen Sie AUSSERH. LIEG. PIXEL LÖSCHEN aktiv lassen.

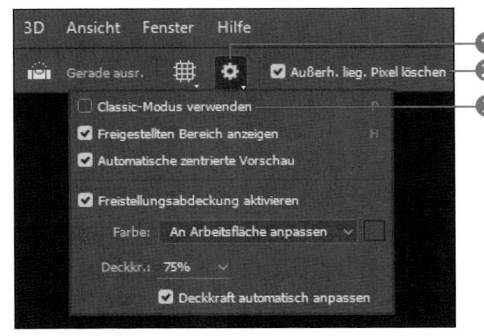

◀ **Abbildung 3.44**
Im klassischen Freistellungsmodus bewegt sich das Bild beim Verschieben des Rahmens nicht mit.

Wer die dabei in Erscheinung tretende Bewegung des Fotos statt des Freistellungsrahmens nicht haben möchte, der kann selbstverständlich auf die klassische Variante umstellen. In diesem Fall betätigen Sie bei aktiviertem Freistellungswerkzeug das Zahnrad ❶ in der Optionsleiste und aktivieren dort CLASSIC-MODUS VERWENDEN ❸. In diesem kleinen Menü gibt es zahlreiche Darstellungsoptionen, die sich per Checkbox ein- oder ausschalten lassen.

Zoomen und Verschieben während der Freistellung

Falls Sie in einem Freistellungsvorgang einmal etwas genauer hinsehen oder den Bildausschnitt skalieren oder gar verschieben wollen, ist das leider auf die herkömmliche Art nicht von Erfolg gekrönt. Solange Sie die Freistellung noch nicht bestätigt haben, können Sie nämlich nicht auf ein anderes Werkzeug (beispielsweise die Lupe oder die Hand) umschalten. Sie können allerdings mit der Tastatur zoomen: Strg/cmd + + vergrößert die Ansicht. Zum Auszoomen wird Strg/cmd + - benutzt. Verschieben können Sie das Bild, indem Sie die Leertaste gedrückt halten und mit ebenfalls gedrückter Maustaste die Bildfläche nach Ihren Wünschen verschieben. Na also – geht doch!

Nach Drittelregel freistellen

Oftmals erreichen Sie eine besonders ansprechende Bildaufteilung, wenn Sie die sogenannte Drittelregel in Anwendung bringen. Sie sagt aus, dass sich der bildrelevante Inhalt nicht, wie man vielleicht vermuten sollte, genau in der Mitte, sondern eher auf einer Drittelteilung des Fotos befinden soll. Zu diesem Zweck ist der Freistellungsrahmen auch mit den bereits erwähnten zusätzlichen Linien ausgestattet. Bei den Linien handelt es sich um eine reine Überlagerungsoption. Wie diese geändert werden kann, erfahren Sie gleich. Die besagten Linien teilen das Bild in je drei Drittel horizontal und vertikal. Wie diese positioniert werden, haben Sie ja bereits im vorangegangenen Workshop in Erfahrung gebracht. Dort haben Sie dafür gesorgt, dass der Körper der Frau mit der rechten Vertikalen in Einklang war.

Aber warum rechts? Das liegt daran, dass die Frau von rechts nach links springt – also ins Bild hinein. Es ist nämlich so: Grund-

Freistellungsvorschau
Solange der Freistellungsrahmen aktiv ist, zeigt sich im Ebenen-Bedienfeld temporär eine neue Ebene, die sogenannte FREISTELLUNGSVORSCHAU. Sie verschwindet, sobald Sie den Freistellungsvorgang bestätigen. (Übrigens erscheint die FREISTELLUNGSVORSCHAU auch, wenn Sie nach Aktivierung des Werkzeugs einen Mausklick auf das Bild setzen.)

Andere Bildaufteilungen
Wohl gemerkt: Die Drittelregel ist kein Dogma! Aber in den meisten Fällen erreicht man damit eine wesentlich interessantere Bildaufteilung als mit mittig platzierten Objekten.

sätzlich sollte in Blick- oder Bewegungsrichtung mehr Platz sein als hinter einem derart wichtigen Bildobjekt wie der Person. Prinzipiell kann man sagen: Wir lassen die Frau in den freien Raum des Fotos springen und nicht in Richtung Bildrand. Das öffnet das Bild und irritiert den Betrachter nicht.

Abbildung 3.45 ►
Hier ist die Drittelregel gut umgesetzt worden.

Hätte es sich hier um eine personenfreie Aufnahme gehandelt, wäre es durchaus zuträglich gewesen, den Horizont auf eine der beiden horizontalen Linien zu legen. Aber auf welche? Die obere oder die untere? Der Horizont auf der oberen Linie sorgt dafür, dass das Land, die Rasenfläche, der Strand, das Meer (oder was auch immer sich dort gerade befinden mag) in den Vordergrund tritt. Der Himmel wird zur Nebensache. Haben Sie es allerdings mit einem markanten Himmel zu tun (z. B. einer dramatischen Wolkenstruktur oder aufziehendem Unwetter), wäre der Horizont auf der unteren Linie wesentlich besser aufgehoben. Zurück zu unserem Beispielfoto. Durch die Tatsache, dass sich der Kopf der jungen Dame nicht nur auf der rechten Vertikalen, sondern zudem noch auf der oberen Horizontalen befindet, ergibt sich eine perfekte Bildaufteilung. Denn der Kopf ist ja nun einmal das Wichtigste – wenngleich er beim Beispielmotiv aufgrund des dynamischen Sprungs ein wenig in den Hintergrund tritt.

Überlagerungsoption ändern

Erwähnenswert ist auch der Button ÜBERLAGERUNGSOPTIONEN. Sie finden ihn links neben dem bereits erwähnten Zahnrad. Ein Klick

darauf eröffnet den Zugang auf unterschiedliche Optionen. So ist es beispielsweise möglich, statt der voreingestellten Drittelregel auf den viel gerühmten Goldenen Schnitt umzustellen.

Selbst Diagonale und Dreiecksformen sind möglich. (Zwar lässt sich ein Foto generell nur rechteckig oder quadratisch freistellen, doch kann man sich während der Freistellung und der damit verbundenen Positionierung der Bildelemente ruhig an einer Diagonalen orientieren.) Beachten Sie, dass die neue Überlagerungsoption erst angezeigt wird, wenn ein Freistellungsrahmen aktiv ist.

Goldener Schnitt
Der Goldene Schnitt ist eine besonders ästhetisch wirkende Aufteilung einer Fläche. Im Verhältnis zur Drittelregel rücken die beiden inneren Linien (sowohl horizontal als auch vertikal) etwas mehr in Richtung Bildmitte.

◀ **Abbildung 3.46**
Die Umstellung der Anzeige ist sogar während des aktiven Freistellungsvorgangs möglich.

Auf feste Seitenverhältnisse freistellen

Die zuvor beschriebene Technik ist immer dann interessant, wenn Sie sich nicht an einheitliche Maße halten müssen. Was aber, wenn all Ihre Fotos identische Seitenverhältnisse aufweisen sollen? Möglicherweise benötigen Sie eine derartige Übereinstimmung ja, um einen Bildband oder eine Webseite zu produzieren. Dann müssen Sie einen Schritt weitergehen.

Mit ⬚C aktivieren Sie ja nicht nur das Freistellungswerkzeug, sondern können auch die Steuerelemente innerhalb der Optionsleiste ändern. Damit lässt sich das Tool an die individuellen Bedürfnisse anpassen. Dafür öffnen Sie das erste Pulldown-Menü Verhältnis ❶ (siehe Abbildung 3.47). Daraufhin öffnet sich ein Menü, in dem populäre Seitenverhältnisse gelistet sind.

Proportionale Freistellung von Hand
Halten Sie während des Ziehens am Freistellungsrahmen ⬚⇧ gedrückt, wenn Sie erreichen wollen, dass sich die eingestellten Proportionen (Verhältnis von Breite zu Höhe) nicht mehr verändern.

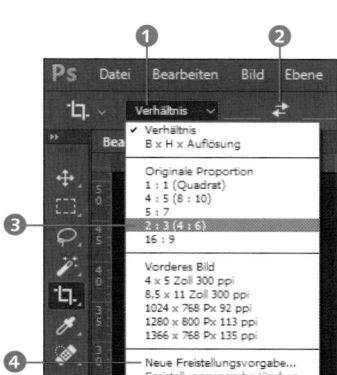

▲ **Abbildung 3.47**
Im Menü befinden sich
zahlreiche Vorgaben.

Entscheiden Sie sich für 2:3 (4:6) ❸, erhalten Sie das populäre Kleinbild-Seitenformat. Da es jedoch im Hochformat angeboten wird, müssen Sie, sofern Sie eher am Querformat (3:2) interessiert sind, anschließend noch beide Werte miteinander tauschen. Dazu betätigen Sie den kleinen Doppelpfeil ❷.

Wer gerne das Seitenverhältnis des Originalfotos beibehalten möchte, der wählt die Option ORIGINALE PROPORTION. Mehr Freiheit gibt B × H × AUFLÖSUNG. Nach Anwahl dieses Eintrags legen Sie Breite, Höhe und Auflösung manuell mit Hilfe der Eingabefelder in der Optionsleiste fest. Doch Vorsicht: Wenn Sie keine Maßeinheit hinzufügen, geht die Anwendung immer von Zentimetern aus. Anders ist das, wenn Sie VERHÄLTNIS aktiviert lassen. Dann nämlich lassen sich durch bloße Zifferneingabe lediglich Seitenverhältnisse eintragen. Geben Sie also beispielsweise 12 × 9 ein, wird das Foto nicht etwa auf 12 × 9 cm zugeschnitten, sondern im Seitenverhältnis 12:9 (was 4:3 entspräche).

Haben Sie ein individuelles Maß verwendet, das immer wieder benötigt wird, empfiehlt es sich, über NEUE FREISTELLUNGSVORGABE ❹ dieses Maß zu sichern. Vergeben Sie einen entsprechenden Namen. Wenn Sie das Steuerelement später erneut öffnen, werden Sie den erstellten Eintrag in der Liste finden.

Schritt für Schritt
Freistellung mit Mustermaß

Bilder/Cool Boys.jpg

Möglicherweise ist das tatsächliche Maß gar nicht so interessant für Sie, oder? Immerhin wollen Sie doch lediglich erreichen, dass alle Bilder die gleichen Abmessungen bekommen. Ob das nun 5 cm oder 700 Px sind, ist doch dann unerheblich, finden Sie nicht auch?

1 Duplikate anlegen
Schließen Sie alle Bilder, und öffnen Sie stattdessen »Cool Boys.jpg«. Schauen Sie sich das Foto an. Sollen wir die beiden trennen? Nein, niemals! Dennoch wollen wir von jedem dieser echt coolen Jungs zusätzlich noch ein Einzelfoto anfertigen. Außerdem soll erreicht werden, dass beide neuen Fotos am Ende gleich groß sind und darüber hinaus exakt dasselbe Seitenverhältnis aufweisen.

© White 77 / pixabay.com

◀ **Abbildung 3.48**
Diese zwei Gesichter sollen
einzeln freigestellt werden.

2   Datei duplizieren

Zunächst einmal müssen Sie dafür sorgen, dass zwei neue Fotos
entstehen. Das Original muss demzufolge über BILD • DUPLIZIE-
REN zweimal geklont werden. Bestätigen Sie die jeweils folgende
Kontrollabfrage mit OK. (Es ist nicht erforderlich, einen anderen
Namen als den vorgeschlagenen zu vergeben.)

3   Optional: Eingaben löschen

Lassen Sie uns mit dem letzten Duplikat beginnen, da es ohnehin
an vorderster Stelle positioniert ist. Wir entscheiden uns für den
bildrechten Jungen. Aktivieren Sie das Freistellungswerkzeug, und
löschen Sie, falls erforderlich, alle in den Eingabefeldern befindlichen Werte, indem Sie auf LÖSCHEN gehen.

> **Kippen des Rahmens
> möglich**
> Je nachdem, wie Sie den
> Rahmen verziehen, kann
> es passieren, dass die Ab-
> messungen plötzlich mit-
> einander vertauscht wer-
> den – dass der Rahmen
> also auf einmal querfor-
> matig wird. Wenn Ihnen
> das passiert, ziehen Sie
> den Rahmen horizontal
> schmaler – dann springt
> er automatisch zurück ins
> Hochformat.

▲ **Abbildung 3.49**
Die Eingabefelder müssen leer sein.

4   Erste Freistellung durchführen

Klicken Sie zunächst auf das Foto. Danach bringen Sie den vorhandenen Freistellungsrahmen so in Form, dass er das Gesicht des
Jungen großzügig umschließt. Alternativ ziehen Sie mit gedrückter
Maustaste einen Rahmen auf, welcher der folgenden Abbildung in
etwa entspricht. Bestätigen Sie mit [↵].

Abbildung 3.50 ▶
So oder zumindest so ähnlich
sollte der Rahmen vor Bestätigung der Freistellung aussehen.

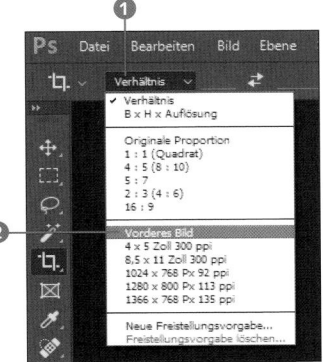

▲ **Abbildung 3.51**
Wählen Sie im Pulldown-
Menü VERHÄLTNIS den Eintrag
VORDERES BILD.

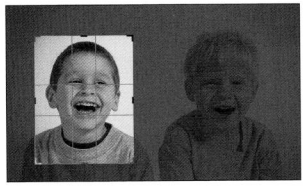

▲ **Abbildung 3.52**
So sollte der zweite Rahmen
sitzen, ehe die Freistellung
bestätigt wird.

5 Abmessungen übernehmen

Dieses war der erste Streich. Jetzt sollten Sie die Abmessungen
dieses Bildes in die Optionsleiste übernehmen. Dazu öffnen Sie
das Pulldown-Menü VERHÄLTNIS ❶ und entscheiden sich dort für
VORDERES BILD ❷.

6 Zweites Foto freistellen

Aktivieren Sie jetzt das zweite, duplizierte Foto, und bringen Sie
den dortigen Rahmen so in Form, dass der Junge links in etwa
den gleichen Ausschnitt bekommt wie der bildrechte. Dazu müssen Sie jedoch zum einen den Rahmen verkleinern, zum anderen
aber auch den Bildausschnitt mit gedrückter Maustaste in Form
bringen. Sicher haben Sie sofort festgestellt, dass sich der Rahmen
nur noch proportional verschieben lässt. Recht so, denn am Ende
müssen ja beide Fotos nicht nur gleich groß sein, sondern auch
ein identisches Seitenverhältnis aufweisen. Bestätigen Sie zuletzt
mit ⏎.

7 Ergebnisse vergleichen

Stellen Sie doch einmal beide Ergebnisse nebeneinander, indem
Sie zunächst das Original schließen und anschließend FENSTER •
ANORDNEN • 2 NEBENEINANDER einstellen. Vergleichen Sie die
Größen. Zur Kontrolle ist auch der jeweilige Zoomfaktor ❸ inter-
essant, der unten links im Register des Bildes aufgeführt ist. Dort
sollten jetzt alle Zoomwerte gleich groß sein (im Beispiel 100%).

◀ **Abbildung 3.53**
So passt es – beide Porträts
sind exakt gleich groß. Die
Ergebnisse (siehe gleichnamigen Ordner) finden Sie unter
den Bezeichnungen »Boy-left.
jpg« und »Boy-right.jpg«.

8   Werte löschen

Schauen Sie sich noch einmal das Pulldown-Menü in der Optionsleiste an. Dort sind die Abmessungen noch immer vermerkt
❹ – genauso wie in den daneben befindlichen Eingabefeldern ❺.
Mit diesen Parametern könnten Sie also nun unentwegt weitere
Bilder mit den gleichen Abmessungen freistellen – allerdings nie
wieder andere Maße verwenden. Äußerst ungünstig! Glücklicherweise existiert aber, wie Sie ja bereits wissen, eine Schaltfläche
zum Zurücksetzen der Werte ❻. Ein Klick darauf bereinigt sämtliche Steuerelemente – und Sie können wieder bei null anfangen.
Alternativ dazu stellen Sie das vordere Pulldown-Menü wieder auf
VERHÄLTNIS um.

**Seitenverhältnis auf
dem Bild wählen**
Solange der Freistellungsrahmen noch aktiv ist,
lässt sich auch prima mit
dem Kontextmenü arbei-
ten. (So ersparen Sie sich
den Gang über die Opti-
onsleiste.) Klicken Sie
einfach mit rechts in den
geöffneten Freistellungs-
rahmen, und selektieren
Sie das gewünschte Sei-
tenverhältnis. Dort steht
neben den gängigen Sei-
tenverhältnissen auch der
Eintrag VORDERES BILD
zur Disposition.

▼ **Abbildung 3.54**
Die Maße müssen weg!

3.5   Arbeitsfläche verändern

Mitunter müssen Sie die Arbeitsfläche eines Fotos vergrößern –
beispielsweise um Elemente hinzuzufügen oder einen Rand zu
erstellen. Dabei wird das eigentliche Foto in der Größe gar nicht
verändert, wohl aber die Fläche, auf der es sich befindet. Die Auflösung ist von derartigen Veränderungen ausgenommen; Sie sorgen mit einer solchen Aktion lediglich für mehr Raum.

Arbeitsfläche per Freistellung vergrößern

Es gibt eine sehr einfache Lösung, eine farbige Fläche um ein Foto herum zu konstruieren – und zwar mit dem Freistellungswerkzeug. Damit haben Sie ja bereits Erfahrungen gemacht. Was Sie aber vielleicht noch nicht wissen: Sie können diesen Rahmen auch nach außen ziehen.

Schritt für Schritt
Ein einfacher Bilderrahmen – Arbeitsfläche durch Freistellung vergrößern

Bilder/Beach.jpg

Dieser Workshop zeigt, wie Sie ein Foto ganz schnell mit einem Rahmen versehen können. Ach, übrigens: Habe ich Sie eigentlich schon für Tastaturkürzel begeistern können? Falls nicht, sehe ich große Chancen, dass sich das in den nächsten Minuten ändern wird. Dieser Workshop ist nämlich eine nicht zu verachtende Übung für angehende Tasten-Freaks – ich freue mich schon. Öffnen Sie die Datei »Beach.jpg«, und trocknen Sie Ihre Tränen (falls auch Sie in absehbarer Zeit keinen Urlaub haben).

© Renate Klaßen

▲ **Abbildung 3.55**
Das Foto soll mit einem Rahmen ausgestattet werden.

1   Ansichtsgröße verändern
Stellen Sie das Foto so dar, dass jenseits noch etwas von der Montagefläche von Photoshop zu sehen ist. Falls erforderlich, verkleinern Sie die Darstellungsgröße etwas. Möglicherweise reicht ein Druck auf F, was das Foto mit einem dunkelgrauen Montagerand umgibt. (Um wieder zur ursprünglichen Ansicht zu wechseln, betätigen Sie die Taste noch zweimal.)

2   Hintergrundfarbe einstellen
Unser Bild soll einen weißen Rand bekommen. Daher stellen Sie nun die Hintergrundfarbe ein. Ohne großen Schnickschnack geht das über D (setzt die Farben in der Werkzeugleiste auf Schwarz als Vordergrundfarbe und Weiß für den Hintergrund). Kontrollieren Sie doch eben, ob die Farbeinstellungen mit Ihren übereinstimmen. Falls Weiß oben steht, drücken Sie X (das vertauscht Vorder- und Hintergrundfarbe miteinander).

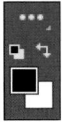

▲ **Abbildung 3.56**
Kontrollieren Sie unten in der Werkzeugleiste die Vorder- und Hintergrundfarbe.

3 Freistellungsrahmen ausdehnen

Lassen Sie souverän einen Finger auf ⒞ niedergleiten (aktiviert das Freistellungswerkzeug). Halten Sie jetzt ⒜⒧⒯+⒮ gedrückt, ehe Sie auf eine der vier Ecken klicken und sie nach außen ziehen. Wenn Sie mit der Position des Rahmens zufrieden sind, lassen Sie zunächst die Maustaste wieder los und erst im Anschluss die Tasten Ihres Keyboards.

Durch das Halten von ⒜⒧⒯ erreichen Sie übrigens, dass sich der Rahmen auch zur gegenüberliegenden Seite ausdehnt. ⒮ hingegen sorgt dafür, dass das Bildseitenverhältnis eingehalten wird. (Dies wäre zwar im Beispiel nicht unbedingt erforderlich gewesen, aber wo hätte ich Ihnen diese Funktion sonst vorstellen können?)

◄ **Abbildung 3.57**
Der Rahmen sorgt für eine Vergrößerung der Bildfläche, obwohl die ursprüngliche Fotofläche beibehalten wird.

Das ging ja schnell. Prima Sache, das mit dem Freistellen. Aber wir stoßen dabei auf zwei Probleme. 1. Die Farbe des Rahmens hängt von der aktuell eingestellten Hintergrundfarbe ab. 2. Die Erweiterungen fallen womöglich unterschiedlich groß aus. Beides wäre zwar einstellbar gewesen (Definition einer neuen Hintergrundfarbe sowie Festlegung einer bestimmten Abmessung für die Freistellung), allerdings nicht mit dem nötigen Komfort. Deshalb wollen wir uns eine andere Möglichkeit ansehen.

Arbeitsfläche per Dialog vergrößern

Photoshop bringt einen Dialog mit, der die individuelle Gestaltung einer solchen Fläche unterstützt – und zwar sowohl was die

zu verwendende Farbe als auch exakte Größenangaben betrifft. Sogar die Ausdehnungsrichtung lässt sich hier festlegen.

Schritt für Schritt
Arbeitsfläche exakt erweitern

Bilder/Egypt_01.jpg,
Egypt_02.png

Wir werden eine erste Bildmontage anfertigen. Dabei steht die Veränderung der Arbeitsfläche natürlich im Vordergrund. Sie werden aber noch zwei weitere interessante Funktionen kennenlernen, nämlich das exakte parallele Verschieben von Bildteilen und das Verbinden zweier Fotos über die Zwischenablage. Sie werden garantiert Spaß daran haben. Hier sehen Sie schon mal, wie das Foto am Ende dieses Workshops aussehen wird:

Abbildung 3.58 ▶
So soll das Foto am Ende dieses Workshops aussehen.

1 Dialog öffnen
Nehmen Sie sich zunächst »Egypt_01.jpg« vor. Wählen Sie über die Menüleiste BILD • ARBEITSFLÄCHE aus. Zuallererst können hier die Maße des Bildes abgelesen werden. Doch das ist nicht alles, denn das Dialogfenster enthält zwei Frames. Der obere Frame ist mit AKTUELLE GRÖSSE, der untere mit NEUE GRÖSSE betitelt – ein Indiz dafür, dass sich die Arbeitsfläche hier auch verändern lässt.

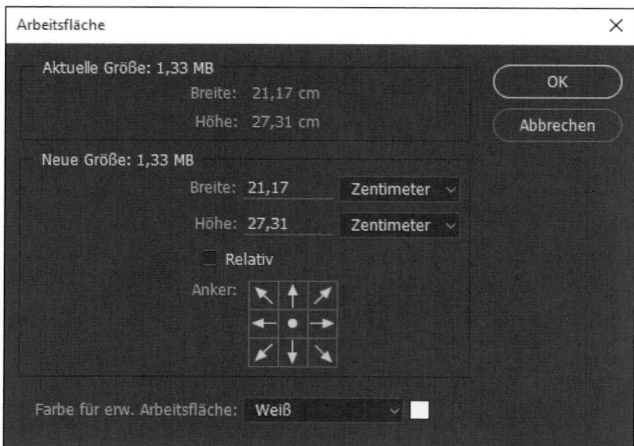

◄ **Abbildung 3.59**
Der Dialog ARBEITSFLÄCHE
präsentiert die aktuell gültigen Bildabmessungen.

2 Erweiterung eingeben

Wir wollen erreichen, dass das Foto sowohl horizontal als auch
vertikal um jeweils 2 cm erweitert wird. Nun könnten Sie die beiden angezeigten Werte entsprechend erhöhen, aber das ist gar
nicht nötig. Wenn Sie nämlich die Checkbox RELATIV ❸ mit Häkchen versehen, springen beide Werte auf »0«, und Sie können
anschließend die Maße für die reine Erweiterung festlegen. Sollte
der erste Wert ❶ nicht bereits markiert sein (blau hinterlegt), setzen Sie einen Doppelklick in das Eingabefeld und tragen »2« ein.
Betätigen Sie anschließend ⇥, um ins nächste Eingabefeld ❷ zu
springen. Auch hier geben Sie »2« ein. Bitte jetzt noch *nicht* mit
OK bestätigen.

> **Mathematische Eingabe**
> Photoshop ist in der
> Lage, kleinere Grundre-
> chenaufgaben zu lösen.
> Lassen Sie die Checkbox
> RELATIV abgewählt und
> geben hinter einem Wert
> beispielsweise +2 oder /2
> (für dividiert durch 2) ein,
> wird dies von Photoshop
> angenommen und ent-
> sprechend umgesetzt.

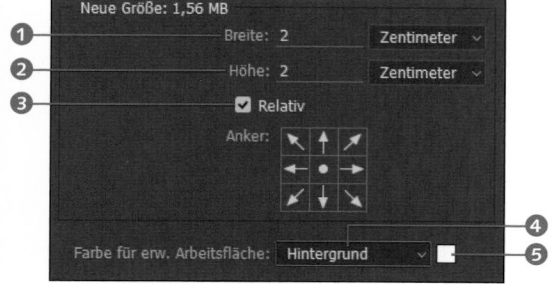

◄ **Abbildung 3.60**
Relative Werte werden immer
von der aktuell gültigen
Arbeitsfläche ausgehend
genommen.

3 Farbwähler öffnen

Schieben Sie den Dialog ein wenig zur Seite. Dazu ziehen Sie
ihn an der Kopfleiste so weit herüber, dass Sie das gesamte Foto

noch einsehen können. Schauen Sie einmal in die unterste Zeile des Dialogs. Dort kann nun noch eine andere Farbe angegeben werden. Dazu klicken Sie entweder auf das Pulldown-Menü ❹ und stellen dort ANDERE ein, oder Sie setzen einen Klick auf das nebenstehende Farbfeld ❺. Wie auch immer Sie sich entscheiden: Am Ende erscheint der bereits bekannte Farbwähler.

4   Farbe einstellen

Falls der Dialog jetzt über dem Foto erscheint, ziehen Sie auch ihn zur Seite. Das Schöne am Farbdialog ist: Es lassen sich auch Farben aus dem Foto aufnehmen. (Deswegen war das vorherige Verschieben der Fenster erforderlich.) Sobald Sie nämlich aus dem Dialog herausfahren, mutiert der Mauszeiger zur Pipette. Klicken Sie mit ihrer Spitze auf die Fassade, und bestätigen Sie mit OK. Danach dürfen Sie auch das Fenster ARBEITSFLÄCHE mit OK verlassen.

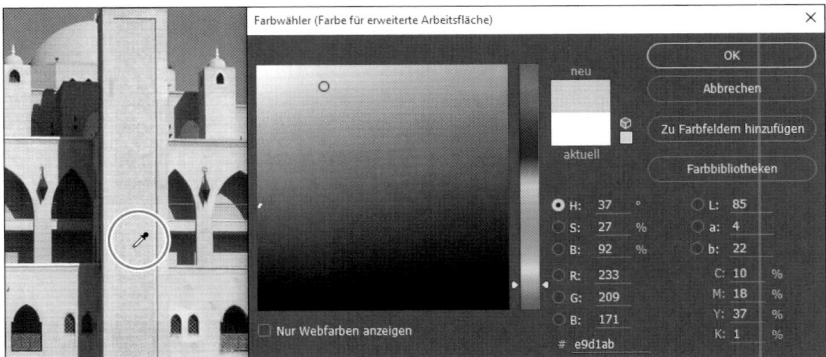

Abbildung 3.61 ▶
Hier wird eine passende Farbe aus dem Bild aufgenommen.

5   Ausdehnung in Prozent festlegen

Wenn Sie unser Endergebnis betrachten, werden Sie feststellen, dass die Fläche rechts sehr viel weiter ausgedehnt werden muss als alle anderen, um Platz für den Text zu machen. Dazu ist ein zweiter Arbeitsgang erforderlich, weshalb Sie jetzt abermals BILD • ARBEITSFLÄCHE betätigen sollten. Diesmal wollen wir aber nicht mit Zentimetern arbeiten. Vielmehr soll die Arbeitsfläche in der Breite um 50 % zunehmen. Stellen Sie daher das danebenbefindliche Menü zunächst auf PROZENT um, und tragen Sie anschließend im Feld BREITE den Wert »50« ein. Auch hier bitte zunächst noch nicht auf OK klicken!

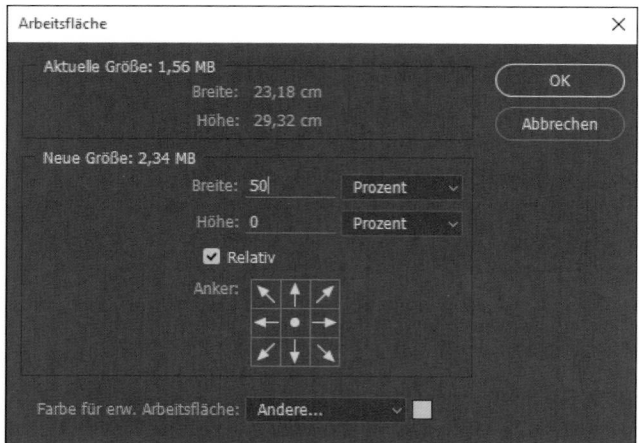

◄ Abbildung 3.62
Somit wird die Arbeitsfläche um die Hälfte seiner aktuellen Größe erweitert.

6 Ausdehnungsrichtung festlegen

Das grafische Steuerelement ANKER spielt jetzt eine wesentliche Rolle. Es zeigt einen schwarzen Punkt, umgeben von acht Pfeilschaltflächen. Jetzt kommt etwas ganz Wichtiges: Dieser Punkt spiegelt die Position Ihres ursprünglichen Bildes auf der neuen (erweiterten) Arbeitsfläche wider. Standardmäßig ist diese Position immer mittig angeordnet. Das heißt: Vergrößerungen der Arbeitsfläche würden sich zu allen Seiten hin gleichmäßig auswirken – wie bisher.

▲ Abbildung 3.63
Die Arbeitsfläche kann sich zu allen Seiten hin ausdehnen.

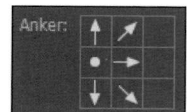

▲ Abbildung 3.64
»Verankern« Sie die Position des Bildinhalts. Die Arbeitsfläche soll nur nach rechts erweitert werden.

◄ Abbildung 3.65
Nun fehlt nur noch der Text.

Erweiterung nach oben
Rein theoretisch könnte sich die Arbeitsfläche bei dieser Einstellung auch nach oben und unten ausdehnen. Da Sie jedoch das Eingabefeld Höhe nicht verändert haben, fällt eine Expansion in diese Richtungen aus.

Schachbrettmuster
Das grau-weiße Karomuster ist nichts weiter als die grafische Darstellung einer Transparenz – Inhaltslosigkeit also. Das bedeutet: Wo in Photoshop solche Karos auftauchen, ist in Wirklichkeit nichts. Das Muster wird demzufolge auch nicht mit ausgedruckt.

Jetzt bestimmen Sie allerdings selbst, in welche Richtung sich die Änderung auswirken soll. Ließen Sie das Steuerelement unverändert, würden links und rechts neben dem Bild jeweils 25 % der aktuellen Breite eingefügt. Wir wollen dies jedoch nur rechts vom Bild zulassen. Welchen Pfeil müssen Sie markieren? Genau, den linken in der mittleren Zeile. Nach dem Klick auf diesen Button wird nämlich der Punkt dorthin verschoben. Eine Ausdehnung ist nur noch nach rechts möglich. Im Anschluss klicken Sie auf OK.

7 Text kopieren

Damit die Erweiterung der Arbeitsfläche auch sinnvoll ist, muss noch der Text eingefügt werden. Dazu stellen Sie zunächst »Egypt_02.png« nach vorne und drücken Strg/cmd+A (alternativ AUSWAHL • ALLES AUSWÄHLEN), gefolgt von Strg/cmd+C (BEARBEITEN • KOPIEREN).

Die erste Tastenkombination sorgt dafür, dass die gesamte Bildfläche ausgewählt wird, während der zweite Befehl alles zuvor Ausgewählte in die Zwischenablage des Betriebssystems kopiert.

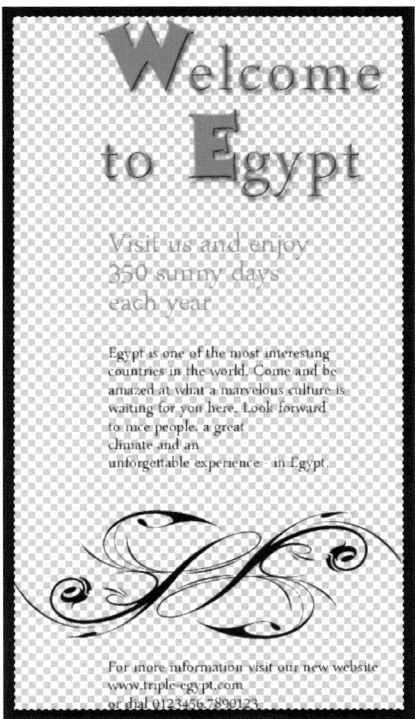

Abbildung 3.66 ▶
Der gesamte Text befindet sich in einer fertigen Datei.

8 Text einfügen

Zuletzt müssen Sie nichts weiter tun, als wieder auf das andere Bild zu gehen und dort ⌂Strg⌂/⌂cmd⌂+⌂V⌂ zu betätigen. Alternativ ginge auch BEARBEITEN • EINFÜGEN, um den Inhalt der Zwischenablage auf das Foto zu packen.

9 Text verschieben

Dummerweise liegt der Text nun mitten auf der Datei. Der Höhe kommt das zugute (immerhin passt er oben und unten zum Foto), jedoch muss er in der Breite noch verschoben werden. Dazu aktivieren Sie das Verschieben-Werkzeug ⌂V⌂. Auch hier gibt es nun wieder mehrere Möglichkeiten: Entweder Sie klicken auf den Text (am besten auf einen der großen Buchstaben) und ziehen ihn mit gedrückter Maustaste sowie ⌂⇧⌂ nach rechts. ⌂⇧⌂ sorgt dafür, dass sich die Bewegungsrichtung nur zu einer Seite hin ändern kann (in diesem Fall horizontal, nicht jedoch vertikal).

Die zweite Möglichkeit: Halten Sie ⌂⇧⌂ gedrückt, und betätigen Sie ⌂→⌂. Stoppen Sie, wenn Sie mit der Position zufrieden sind. In letzterem Fall hat es mit der Umschalttaste die Bewandtnis, dass Sie mit den Pfeiltasten schneller am Ziel sind.

> **Bilder spiegeln**
> Auf *www.rheinwerk-verlag.de/4985* finden Sie den Workshop »Ein Kaleidoskop erzeugen – Bilder spiegeln«, der im Zusammenhang mit Arbeitsflächenerweiterungen auch das Thema Spiegeln behandelt.

3.6 Bilder drehen und Größe ändern

Die richtige Größe zum richtigen Bild – was dahintersteckt, ist umfangreicher, als es auf den ersten Blick scheinen mag. Neben zahlreichen Optionen, die bei Bildgrößen für die jeweilige Verwendung zu beachten sind (z. B. Druck oder Internet), ist häufig aber nur die Ausgabegröße entscheidend. Im Workshop kümmern wir uns um elegante Bilddrehungen. Anschließend wird die Bildgröße thematisiert.

Schritt für Schritt
Arbeitsfläche drehen und erweitern

Das Bild »Drachen.jpg« ist zwar nett anzuschauen, hat aber zwei nicht unerhebliche Makel: Zum einen verläuft die Drachenschnur quer durchs Bild. Das ist an sich nichts Schlimmes, beeinträchtigt

Bilder/Drachen.jpg

jedoch die Bildwirkung. Aktuell gleicht sie eher einer Wäsche-leine. Das macht das Bild uninteressant und wenig dynamisch. Die Information, dass sich das Szenario in großer Höhe abspielt, wird komplett untergraben. Zudem wird auch die Weite des Himmels nicht deutlich. Dazu ist der Bildausschnitt zu eng gewählt. Lassen Sie uns Abhilfe schaffen.

1 Arbeitsfläche drehen

Machen Sie aus der Wäscheleine zunächst eine Drachenschnur. Das erreichen Sie durch eine Drehung des Fotos. Über BILD • BILDDREHUNG werden verschiedene Optionen angeboten. Unser Foto muss um 90° IM UZS (Uhrzeigersinn) gedreht werden. Drü-cken Sie anschließend Strg/cmd+0 (Null), damit sich das Foto in der größtmöglichen vollständigen Darstellung präsentiert.

Abbildung 3.67 ▶
Dieses schöne Foto ist Aus-gangsbasis für unseren Work-shop.

© Steppinstars / pixabay.com

▲ **Abbildung 3.68**
Das Foto ist um 90° im Uhr-zeigersinn gedreht worden.

2 Datei speichern

Damit wäre der erste Schritt getan. Speichern Sie das Ergebnis, wenn Sie es denn wünschen, unter einem eindeutigen Namen ab. Damit das Original nicht überschrieben wird, nehmen Sie den Befehl DATEI • SPEICHERN UNTER. Vergeben Sie den gewünschten Namen, und legen Sie den Speicherort fest. So bleibt das Original unangetastet.

3 Hintergrund umwandeln

Nun ist das zweite Problem an der Reihe – die Veränderung des engen Bildschnitts. Dazu müssen Sie zunächst einmal den Hinter-grund in eine Ebene umwandeln. Das haben Sie ja im vorange-

gangenen Workshop ebenfalls gemacht (EBENE • NEU • EBENE AUS
HINTERGRUND, gefolgt von OK). Diese Umwandlung ist zwingend
erforderlich, da der nächste Schritt ansonsten nicht funktioniert.

4 Inhaltsbasiert skalieren

Mit BEARBEITEN • INHALTSBASIERT SKALIEREN können Sie das Bild
nun strecken, ohne dass der relevante Bildinhalt mit gestreckt
wird. (Das wäre übrigens bei BEARBEITEN • TRANSFORMIEREN •
SKALIEREN anders: Hier würde alles gestreckt, auch der Drachen.)
Greifen Sie also den mittleren Anfasser auf der linken Begren-
zungslinie, und ziehen Sie ihn weit nach außen. Wiederholen Sie
diesen Schritt auch auf der gegenüberliegenden Seite.

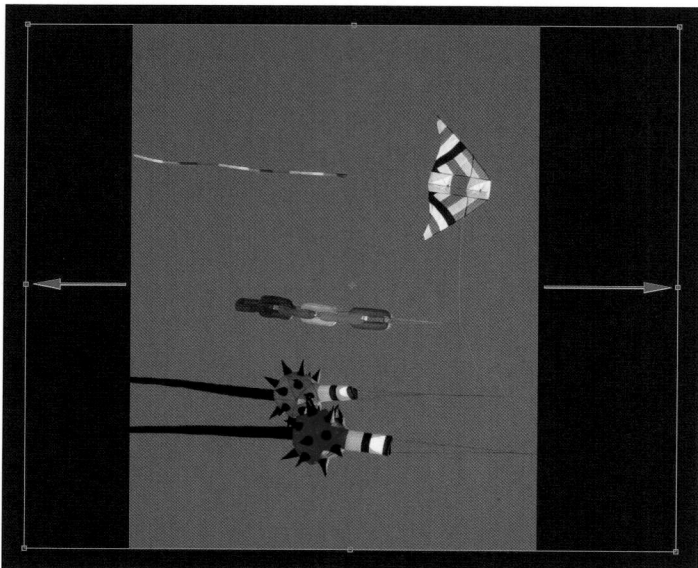

◄ **Abbildung 3.69**
Schon beim Ziehen sehen Sie,
dass sich die relevanten Bildinhalte kaum verändern.

5 Alles einblenden

Am Schluss bestätigen Sie mit ⏎. So weit, so gut, aber wo ist
nun der gestreckte Inhalt? Den sehen Sie, wenn Sie BILD • ALLES
EINBLENDEN wählen (siehe Abbildung 3.70 rechts). Das ist wirklich
interessant, oder?

6 Ergebnis analysieren

Was war da los? – Nun, Sie können sich denken, dass sich nicht
jedes Foto für derartige Arbeitsflächenerweiterungen eignet.

Vielmehr benötigen Sie ein Foto mit einheitlichem Hintergrund. Vereinfacht gesagt, sucht Photoshop nämlich nach sich gleichenden Bildinformationen am Bildrand und benutzt sie zur Streckung des Bildes. Jene Bereiche, die sich stark davon abheben (wie der Drachen), bleiben weitgehend außen vor.

Unser Ergebnis wäre besser ausgefallen, wenn auch am linken Bildrand noch etwas vom Himmel zu sehen gewesen wäre. Da aber die Drachenschweife bis zum Rand ragen, sind diese nun ebenfalls skaliert worden. Damit können wir jedoch gut leben, wie ich meine.

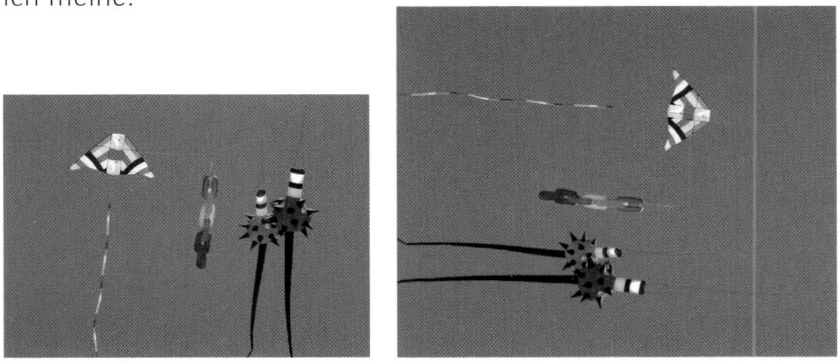

Abbildung 3.70 ►
Vergleichen Sie das Original mit »Drachen-bearbeitet.jpg« aus dem ERGEBNISSE-Ordner.

Schritt für Schritt
Bildgröße ändern

Bilder/Bluete.jpg

Neben der zuvor beschriebenen Änderung der Arbeitsfläche wird es auch häufig vonnöten sein, die Gesamtgröße eines Fotos zu verändern. Zur Präsentation im Internet ist ein Foto, das einer zeitgemäßen Kamera entstammt, viel zu groß.

© Maarten Deckers / unsplash.com

Abbildung 3.71 ►
Das Foto hat monströse Abmessungen, wie Sie gleich sehen werden.

1 Bilddaten einsehen

Öffnen Sie die Beispieldatei. Wählen Sie BILD • BILDGRÖSSE. Sie werden feststellen, dass das Foto riesig ist. Lesen Sie die Breite und Höhe im Dialogfenster ab. Die Breite liegt bei 4 500, die Höhe bei 3 000 Pixeln. Lassen Sie den Dialog noch geöffnet.

Details erhalten
BIKUBISCH GLATTER und DETAILS ERHALTEN kommen immer dann zum Einsatz, wenn es um Vergrößerungen geht. Besonders die Funktion DETAILS ERHALTEN schärft Bereiche mit stärkeren Kontrasten nach, so dass Bilder beim Vergrößern ordentlich scharf bleiben.

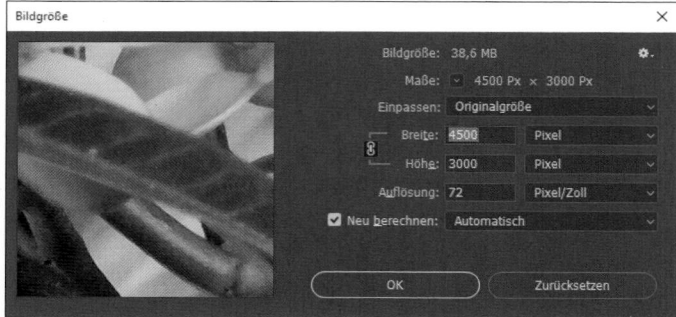

◄ **Abbildung 3.72**
Das Foto ist riesengroß.

2 Berechnungsmethode ändern

Um eine Datei zu verkleinern, kontrollieren Sie zunächst, dass NEU BERECHNEN ❶ aktiv ist. Das macht eine Größenänderung im Verhältnis zur Auflösung überhaupt erst möglich. Prinzipiell müssen Sie gleich daneben nichts mehr einstellen, da Photoshop anhand Ihrer Veranlassung automatisch »weiß«, welche Art der Interpolation die richtige ist. Natürlich dürfen Sie das gerne umstellen, doch verlassen Sie sich ruhig auf AUTOMATISCH ❷.

▼ **Abbildung 3.73**
Der Bildgröße-Dialog bietet zahlreiche Optionen. Wenn Sie nicht sicher sind, was Sie einstellen sollen, wählen Sie die Berechnungsmethoden AUTOMATISCH.

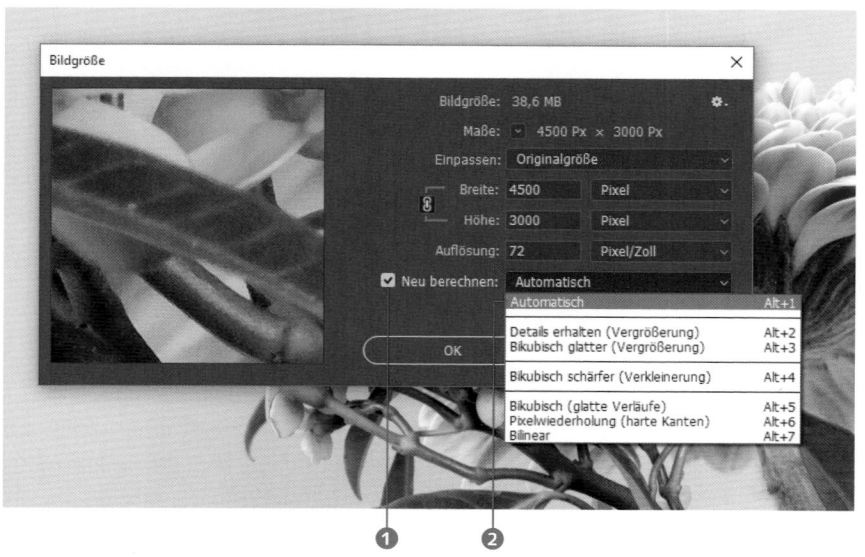

3 Optional: Feste Maße benutzen

Kümmern Sie sich jetzt um die eigentliche Verkleinerung. Dazu lässt sich ein vorgefertigtes Maß benutzen. Um es auszuwählen, müssen Sie lediglich das Menü EINPASSEN öffnen und einen dort gelisteten Untereintrag aussuchen (hier: 1024 × 768 Px 72 PPI). Das ist jedoch nur ein Beispiel. Lassen Sie bitte ORIGINALGRÖSSE stehen.

4 Größe eingeben

In den Feldern BREITE und HÖHE lässt sich zudem die aktuelle Größe des Bilddokuments ablesen. Welchen der beiden Werte Sie beeinflussen, ist unerheblich, da sich beide Werte bei einer Neueingabe proportional zueinander verhalten, solange das vorangestellte Verkettungssymbol aktiviert ist (siehe Kasten). Im Beispiel wollen wir das Foto auf eine Breite von 30 Zentimeter bringen (das entspricht 850 Pixel bei einer Auflösung von 72 Pixel/Zoll). Grundsätzlich muss zunächst die Maßeinheit auf ZENTIMETER gestellt werden. Im Anschluss daran geben Sie die BREITE mit 30 an. Klicken Sie dazu doppelt in das gleichnamige Eingabefeld, und tragen Sie die neue Abmessung ein. Noch nicht auf OK klicken!

Automatische Neuberechnung

Die Option AUTOMATISCH ❷ nimmt Ihnen die Entscheidung über die am besten geeignete Methode ab. Je nach gewünschtem Resultat und Dateibeschaffenheit wird die Methode angewendet, die Photoshop am geeignetsten erscheint.

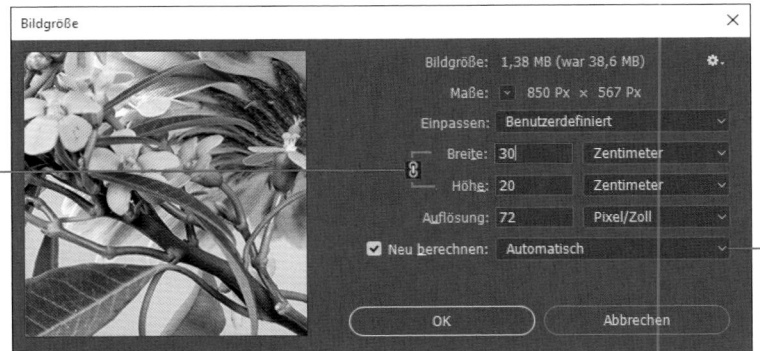

▲ **Abbildung 3.74**
Sobald Sie einen Wert verändern, erscheint im Bereich EINPASSEN: BENUTZERDEFINIERT.

Unproportional verkleinern

Wollten Sie das Bild verzerren (z. B. nur die Höhe ändern, dabei aber die Breite beibehalten), müssten Sie vor der Eingabe das kleine Kettensymbol ❶ neben den Eingabefeldern für Breite und Höhe deaktivieren.

5 Bilder proportional verkleinern

Bevor Sie den Dialog verlassen, sollten Sie noch einen Blick auf weitere Steuerelemente dieses Fensters werfen. Sie sehen nämlich, dass sich der Wert im Eingabefeld BREITE ebenfalls verändert

hat, obwohl Sie dort gar keine Änderungen vorgenommen haben. Das macht Photoshop automatisch. Diese Maßnahme soll sicherstellen, dass sich das Bild stets proportional (also im korrekten Seitenverhältnis) verändert. Jetzt dürfen Sie gerne auf OK klicken.

Korrekt skalieren

Sie müssen wissen, dass sich bei jeder Skalierung (prinzipiell sogar beim Verkleinern) Qualitätseinbußen ergeben. Wenn Sie die Abmessungen geringfügig verändern, sind die Verschlechterungen meist nicht wirklich dramatisch, da optisch kaum wahrnehmbar. Wenn Sie jedoch eine Briefmarke auf Postergröße hochrechnen wollen, werden Unschärfe und Farbverfälschungen die Folgen sein. Um diese unschönen Begleiterscheinungen zu minimieren, sind seinerzeit neue Algorithmen in Photoshop integriert worden. Hier ist jedoch ausdrücklich zu erwähnen, dass auch sie nicht zaubern können. Aber besser als zuvor klappt's allemal.

Um eine Vergrößerung in die Wege zu leiten, wählen Sie zunächst BILD • BILDGRÖSSE und geben anschließend die gewünschte Vergrößerung mit Hilfe der Steuerelemente BREITE oder HÖHE an, wobei die Checkbox NEU BERECHNEN ❸ angewählt sein muss. Anderenfalls würde auch die Auflösung korrigiert. Und das hätte im Endeffekt keine reelle Veränderung der Größe zur Folge.

◄ **Abbildung 3.75**
In der Standardansicht des Dialogs ist die Qualität noch nicht gut abzuschätzen.

Eine klitzekleine, aber unglaublich effektive Funktion besteht darin, dass der Dialog durch Ziehen an den Rändern skaliert werden kann. Angenehmer Nebeneffekt: Dadurch vergrößert sich auch die Vorschauminiatur.

Abbildung 3.76 ▶
So sieht das schon besser aus.

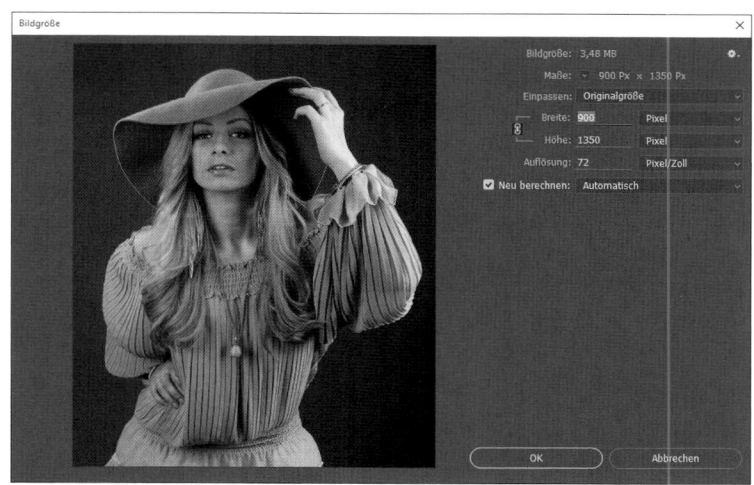

Ausschnitt vergrößern oder verkleinern
Solange Sie sich mit der Maus auf der Vorschauminiatur befinden, wird ein Overlay-Bedienfeld eingeblendet, mit dem sich der Ausschnitt vergrößern oder verkleinern lässt. Verschieben Sie den Ausschnitt zudem, falls gewünscht, per Drag & Drop. ❶

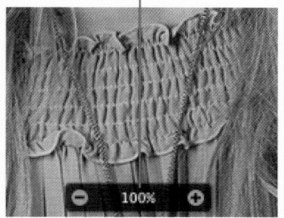

▲ **Abbildung 3.77**
Der Ausschnitt im Vorschaubereich lässt sich vergrößern und verkleinern.

Um Ihre Einstellungen zu testen, stellen Sie den Zoom-Faktor ❶ der Miniatur auf 100 %, und wählen Sie einen bildrelevanten Ausschnitt (z. B. das Gesicht des Models, die Haare). Öffnen Sie die Liste neben Neu berechnen. Schalten Sie auf Bikubisch glatter um, danach auf Details erhalten und zuletzt wieder auf Automatisch. Letztere Option sorgt in der Regel für gute Ergebnisse. Sollten Sie jedoch mit einer der beiden zuvor genannten Einstellungen zufriedener sein, dürfen Sie das Steuerelement ruhigen Gewissens entsprechend umstellen, ehe Sie mit OK bestätigen.

3.7 Auswahltechniken im Überblick

Bislang haben Sie stets das gesamte Foto bearbeitet. Nun gibt es aber zahllose Fälle, in denen nur ein bestimmter Bereich des Bildes eine Veränderung erfahren soll, während andere unangetastet bleiben. Hier hilft eine Auswahl weiter.

Geometrische Auswahlen

Die zweite Schaltfläche der Werkzeugleiste (bei zweispaltiger Ansicht der Toolbox ist es die erste) stellt vier Auswahlwerkzeuge zur Verfügung. Mit ihnen fertigen Sie sogenannte Standardauswahlen bzw. geometrische Auswahlen an. Die Namen der einzel-

nen Tools sind Programm, denn sie beschreiben schon recht gut, wozu sich das jeweilige Tool einsetzen lässt.

▸ AUSWAHLRECHTECK-WERKZEUG: Ziehen Sie rechteckige oder quadratische Rahmen auf.

▸ AUSWAHLELLIPSE-WERKZEUG: Erzeugen Sie Ovale oder exakte Kreise.

▸ AUSWAHLWERKZEUG: EINZELNE ZEILE: Klicken Sie auf Ihr Bilddokument, um eine einzelne Pixelreihe horizontal auszuwählen.

▸ AUSWAHLWERKZEUG: EINZELNE SPALTE: Ein Mausklick auf das Bild reicht, um eine Reihe einzelner senkrechter Pixel zu markieren.

Neben diesen geometrischen Auswahlwerkzeugen gibt es noch weitere Werkzeuge, die Ihnen vor allem beim Auswählen komplizierterer Bildbereiche mit unregelmäßigen Kanten helfen sollen: das Lasso, das Schnellauswahlwerkzeug und der Zauberstab. Sie werden weiter unten, in Abschnitt 3.8, »Bildbereiche auswählen«, vorgestellt. Lesen Sie hier zunächst, wie Sie die Auswahlwerkzeuge generell einstellen und nutzen.

Das Auswahlwerkzeug einstellen

Nun wissen Sie aber bereits, dass es mit der bloßen Selektion eines Tools lange noch nicht getan ist. Einmal mehr ist auch hier die Optionsleiste von großer Bedeutung, mit der Sie letztendlich das Werkzeug an Ihre individuellen Bedürfnisse anpassen. Je nach gewähltem Werkzeug werden unterschiedliche Steuerelemente zur Verfügung gestellt. Grundsätzlich gleich sind aber die Elemente, die Auswahlkombinationen zulassen.

▼ **Abbildung 3.78**
In der Optionsleiste passen Sie das Auswahlwerkzeug Ihren Bedürfnissen an.

❷ NEUE AUSWAHL: Es kann nur eine einzelne Auswahl erzeugt werden. Ziehen Sie einen zweiten Rahmen auf, wird der erste gelöscht.

❸ DER AUSWAHL HINZUFÜGEN: Erzeugen Sie mehrere Auswahlen durch Kombination verschiedener Auswahlbereiche.

❹ VON AUSWAHL SUBTRAHIEREN: Entfernen Sie einzelne Bereiche einer bereits vorhandenen Auswahl.

❺ SCHNITTMENGE MIT AUSWAHL BILDEN: Erzeugen Sie durch eine zweite Auswahl einen Bereich, der nur aus dem Überlappungsbereich der beiden Auswahlen besteht.

❻ WEICHE KANTE (nicht Zauberstab): Erzeugen Sie eine Auswahl, die zum Rand hin zunehmend transparent wird.

❼ GLÄTTEN: Diese Option glättet den Übergang zwischen zwei Kanten, so dass er weicher erscheint.

❽ ART (nicht Lasso und nicht Zauberstab): Stellen Sie eine feste Größe (Höhe × Breite) oder ein festes Seitenverhältnis (z. B. 4:3) ein.

❾ AUSWÄHLEN UND MASKIEREN: Hier wird ein Dialog nachgeschaltet, der die individuelle Verfeinerung der Auswahl unterstützt. Weitere Erklärungen dazu finden Sie in diesem Kapitel auf Seite 148. Zudem können Sie das Werkzeug in Kapitel 8, »Montage«, auf Seite 321 in der Praxis testen.

❿ TOLERANZ (nur Zauberstab): Legen Sie fest, wie groß der Farbunterschied zwischen markierten Pixeln und angrenzenden Farbwerten sein darf.

Abbildung 3.79 ▶
Die Einstellung der Toleranz
beim Zauberstab

Auswahlen aufziehen

Für alle Auswahlformen gilt: Ohne Zuhilfenahme der Tastatur werden die Formen nicht geometrisch exakt aufgezogen. Für ein Rechteck oder eine Ellipse ist das auch nicht unbedingt erforderlich. Sie halten die Maustaste gedrückt – so wie Sie das schon vom Freistellungsrahmen her kennen. Möchten Sie jedoch exakte Kreise oder Quadrate erzeugen, führt kein Weg an der Tastatur vorbei.

Taste	Bewirkt
ohne Tasten	Erzeugen Sie geometrisch nicht exakte Formen, wobei alle Elemente von einer Ecke aus erzeugt werden.
⇧	Erzeugen Sie mit dem Auswahlrechteck-Werkzeug ein geometrisch exaktes Quadrat und mit dem Auswahlellipse-Werkzeug einen exakten Kreis.

Tabelle 3.1 ▶
Tasten für die spezielle
Auswahlerzeugung

Taste	Bewirkt
⎡Alt⎤	Erzeugen Sie geometrisch nicht exakte Figuren aus ihrer Mitte heraus.
⎡Alt⎤+⎡⇧⎤	Erzeugen Sie geometrisch exakte Figuren aus ihrer Mitte heraus.
⎡↑⎤, ⎡↓⎤, ⎡←⎤, ⎡→⎤	Bewegen Sie die Auswahl nach Fertigstellung mit den Pfeiltasten in die gewünschte Richtung.
⎡↑⎤, ⎡↓⎤, ⎡←⎤, ⎡→⎤+⎡⇧⎤	Bewegen Sie die Auswahl nach Fertigstellung in großen Schritten in die gewünschte Richtung.

◀ **Tabelle 3.1**
Tasten für die spezielle
Auswahlerzeugung (Forts.)

Schritt für Schritt
Eine Auswahlkombination aus Kreis und Rechteck erstellen

Bevor Sie sich an komplizierte Auswahlen machen, sollten Sie die einfachen geometrischen Auswahlen beherrschen, denn sie werden Ihnen später oft die Arbeit an Ihren Bildern vereinfachen. So erproben Sie auch den generellen Umgang mit den Auswahlwerkzeugen.

1 Neue Datei erstellen

Erzeugen Sie über ⎡Strg⎤/⎡cmd⎤+⎡N⎤ bzw. über DATEI • NEU eine neue leere Bilddatei. Entnehmen Sie die Parameter bitte der folgenden Abbildung (rechte Spalte). Zuletzt klicken Sie auf ERSTELLEN.

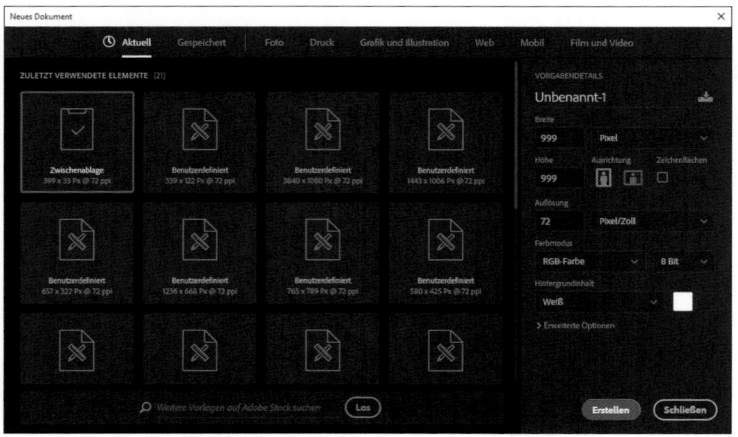

◀ **Abbildung 3.80**
Vergeben Sie die angegebene
Größe.

135

Wenn Sie häufig wieder-
kehrende Bildformate
nutzen möchten, ist es
sinnvoll, sich der Funktion VORGABE SPEICHERN zu
bedienen. Nach einem
Klick auf den gleichnami-
gen Button lässt sich die
Vorgabe logisch benen-
nen. Wenn Sie künftig
den NEU-Dialog öffnen,
steht das gesicherte For-
mat im Flyout-Menü
VORGABE zur Verfügung.

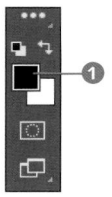

▲ **Abbildung 3.82**
Zunächst betätigen Sie das
Vordergrund-Farbfeld.

Abbildung 3.83 ▶
Anschließend stellen Sie die
gewünschte Farbe ein.

Sehen Sie sich die folgende Grafik an, und versuchen Sie, sie zu
erzeugen. Überlegen Sie, mit welchen geometrischen Figuren die
Erstellung gelingen wird. Falls Sie sich noch keine Gedanken darüber machen wollen, wenden Sie folgende Schritte an.

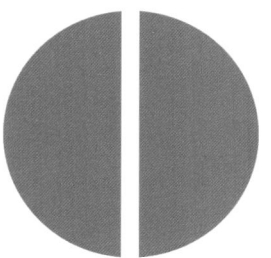

◀ **Abbildung 3.81**
So soll das Objekt am Ende
des Workshops aussehen.

2 Vordergrundfarbe einstellen

Und jetzt zur Auflösung: Klicken Sie in der Werkzeugleiste auf den
Button VORDERGRUNDFARBE EINSTELLEN ❶. Im Farbwähler stellen
Sie ein sattes Rot ein, indem Sie in das Eingabefeld R ❷ einen
Wert von »255« und in G und B jeweils »0« eintragen. Bestätigen
Sie mit OK.

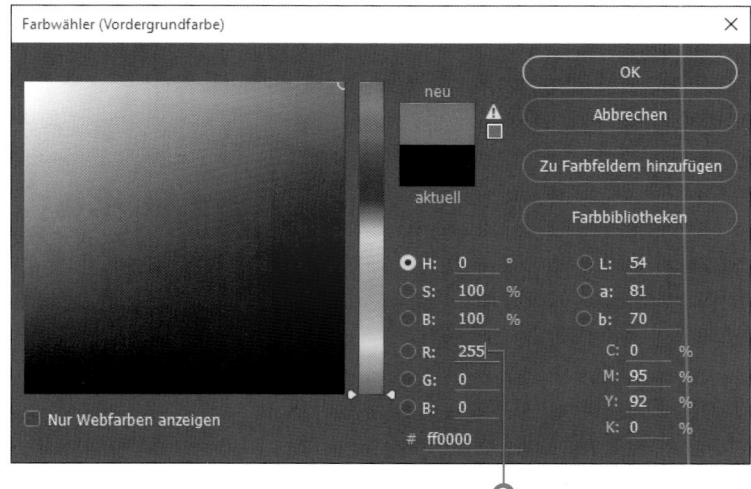

3 Werkzeug einstellen

Aktivieren Sie nun das Auswahlellipse-Werkzeug, und kontrollie-
ren Sie, dass in der Optionsleiste der Button NEUE AUSWAHL ❸ oder
DER AUSWAHL HINZUFÜGEN ❹ aktiv ist. WEICHE KANTE ❺ sollte auf 0
Px stehen, da eine glatte, saubere Außenkante erzeugt werden soll.

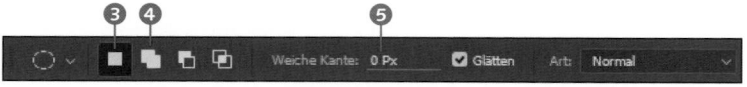

◄ **Abbildung 3.84**
So sollten die Optionen
eingestellt sein.

4   Kreis aufziehen

Stellen Sie das Fadenkreuz des Mauszeigers auf die Bildmitte.
Klicken Sie einmal, und halten Sie die Maustaste anschließend
gedrückt. Halten Sie zusätzlich noch ⎣Alt⎦ und ⎣⇧⎦ gedrückt, ehe
Sie die Maus Richtung Bildrand bewegen. Lassen Sie die Maus-
taste los, wenn der Kreis groß genug ist (siehe Abbildung 3.85).
Erst im Anschluss dürfen Sie die Tasten des Keyboards loslassen.

5   Rechteck von der Auswahl entfernen

Aktivieren Sie jetzt das Auswahlrechteck-Werkzeug, und markieren Sie anschließend den Button VON AUSWAHL SUBTRAHIEREN in
der Optionsleiste. Ziehen Sie (diesmal ohne die Tastatur zu Hilfe
zu nehmen) ein schmales Rechteck vertikal durch den gesamten
Kreis, wobei Sie unbedingt außerhalb des Kreises ansetzen sollten. Beachten Sie, dass das Fadenkreuz nun mit einem kleinen
Minuszeichen versehen ist. Wählen Sie ❻ als Start- und ❼ als
Endpunkt.

◄◄ **Abbildung 3.85**
So ziehen Sie in Schritt 4 den
Kreis auf.

◄ **Abbildung 3.86**
So wird das Rechteck aus
Schritt 5 aufgezogen (Abbil-
dung rechts).

6   Auswahl einfärben

Das war es eigentlich schon. Damit die Auswahl nun auch farbig
wird, wählen Sie lediglich BEARBEITEN • FLÄCHE FÜLLEN oder drücken ⎣⇧⎦+⎣F5⎦. Unter VERWENDEN stellen Sie VORDERGRUNDFARBE
ein und belassen den MODUS auf NORMAL sowie die DECKKRAFT
auf 100 %. (Alternativ ließe sich eine Fläche übrigens auch mit
dem Füllwerkzeug ⎣G⎦ einfärben.)

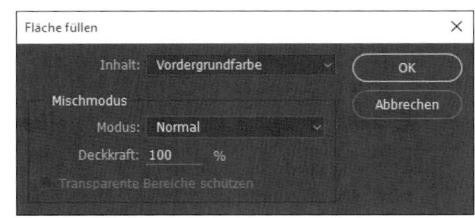

Abbildung 3.87 ►
Zuletzt wird die ausgewählte
Fläche mit Farbe gefüllt.

7 Auswahl aufheben

Nun möchten Sie auch bestimmt diese blinkenden Auswahllinien wieder loswerden, oder? Nichts leichter als das: Mit `Strg`/
`cmd`+`D` bzw. über Auswahl • Auswahl aufheben gehören die
Striche der Vergangenheit an.

Flächen und Konturen füllen

**Neue Auswahl ohne
Umstellung erzeugen**
Solange keine Auswahl
aufgezogen ist, kann sie
immer erzeugt werden –
egal, welche Aktion in
der Optionsleiste gewählt
ist. Das bedeutet, dass
Sie auch dann eine neue
Auswahl aufziehen kön-
nen, wenn beispielsweise
Von Auswahl subtrahie-
ren aktiv ist. Erst wenn
Sie eine zweite Auswahl
erstellen, wäre Von Aus-
wahl subtrahieren rele-
vant.

Sie haben gesehen, dass sich Auswahlen mit Hilfe des Befehls Fläche füllen mit Farbe versehen lassen. Hätten Sie vorab keine Auswahl aufgezogen, wäre die gesamte Bildfläche mit der Farbe gefüllt
worden. Erzeugen Sie doch einmal eine Auswahl, und wenden Sie
anstelle von Fläche füllen die Option Bearbeiten • Kontur füllen an. Auf diese Weise sollte Ihnen dann auch die Konstruktion
aus Abbildung 3.89 keinerlei Schwierigkeiten bereiten, oder?

Und so geht's: Erzeugen Sie zunächst eine Rechteckauswahl.
Mit der Funktion Von Auswahl subtrahieren entfernen Sie
anschließend die untere rechte Ecke und füllen die verbliebene
Fläche mit der eingestellten Vordergrundfarbe. Heben Sie die
Auswahl danach auf, und erzeugen Sie das kleine Rechteck, des-
sen Auswahllinien Sie nun füllen (Bearbeiten • Kontur füllen).

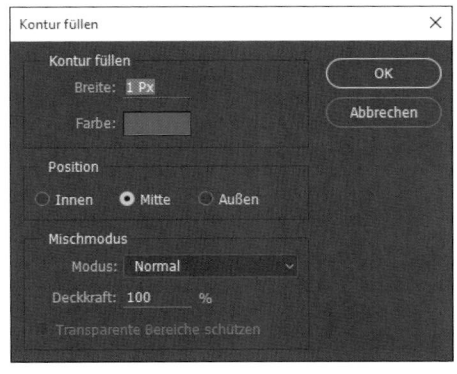

Abbildung 3.88 ►
Wie stark die Kontur sein soll,
legen Sie im Feld Breite fest.

Achten Sie bei diesem Dialog darauf, dass Sie entscheiden können, ob die Mitte der gestrichelten Auswahllinie als Kontur dienen soll oder ob die Farbe außerhalb bzw. innerhalb der Auswahl aufgetragen wird. Legen Sie im Frame POSITION als Option INNEN, MITTE oder AUSSEN fest.

Weiche Auswahlkanten

Sie wünschen sich eine weiche Auswahlkante, in der Vorder- und Hintergrund weich ineinander übergehen? Nichts leichter als das: Dazu ist lediglich zu bedenken, dass das Steuerelement WEICHE KANTE *vor* der Erzeugung der Auswahl eingestellt werden muss.

▲ **Abbildung 3.89**
Erzeugen Sie eine Kombination aus gefüllter Fläche und gefüllter Kontur.

▲ **Abbildung 3.90**
Stellen Sie die Größe des weichen Übergangs ein (hier 20 Px).

3.8 Bildbereiche auswählen

Photoshop ist eine Bildbearbeitungssoftware. Und als solche soll sie natürlich auch genutzt werden – und nicht, um irgendwelche Rechtecke oder Kreise mit Farbe zu füllen. Gehen wir also in die Praxis und sehen uns an, wann Auswahlen real zum Tragen kommen.

> **Verfügbarkeit der Befehle**
> Die Optionen FLÄCHE FÜLLEN und KONTUR FÜLLEN stehen auch zur Verfügung, wenn keine Auswahl aktiv ist. In diesem Fall wird Photoshop die aktive Ebene (FLÄCHE FÜLLEN) oder deren Randbegrenzung (KONTUR FÜLLEN) mit Farbe versehen.

Lasso-Auswahlen

Nachdem Sie geometrisch vordefinierte Formen angewendet haben, kommen wir nun zu freien Formen, die das individuelle Markieren eines bestimmten Bildbereichs unterstützen. Und da sind die Lasso-Auswahlen ganz nah.

- ▶ LASSO-WERKZEUG: Kreisen Sie mit diesem Tool Objekte ein, die keine einheitliche Struktur aufweisen.
- ▶ POLYGON-LASSO-WERKZEUG: Erzeugen Sie Auswahlpunkte, die durch Geraden miteinander verbunden werden.
- ▶ MAGNETISCHES-LASSO-WERKZEUG: Dieses wirklich interessante Tool orientiert sich an kontrastierenden Kanten innerhalb des Bildes.

Bilder/Schneckenhaus.jpg

Kontrast einstellen
Mit KONTRAST wird festgelegt, wie groß die Farbunterschiede zwischen benachbarten Pixeln sein dürfen. Daraus lässt sich ableiten: Je höher der Wert eingestellt ist, desto größer ist auch der Bereich, der als »ähnliche Farbe« mit in die Auswahl aufgenommen wird.

Motivauswahl
Photoshop verfügt über eine recht neue und sehr interessante Funktion – die Motivauswahl (dazu gleich mehr). Leider funktioniert dieser Befehl beim aktuellen Beispielbild nicht zufriedenstellend, weshalb die »Handarbeit« mittels Lasso erforderlich ist.

Schritt für Schritt
Hintergrundfarbe ändern (Lasso-Methode)

Sie kennen diese Technik aus jedem Produktkatalog. Der Hintergrund des Objekts ist dort meist entfernt bzw. stark kontrastierend eingefärbt. Wenn Sie die Datei »Schneckenhaus.jpg« betrachten, werden Sie schnell feststellen, dass zur Erzeugung einer Auswahl mit den klassischen Rechteck- bzw. Ellipsenformen nicht viel zu machen ist. Hier müssen andere Tools die Arbeit übernehmen.

© Leszek Schluter

▲ **Abbildung 3.91**
Hier wird es nicht so leicht sein, die Kanten zu finden.

1 Lasso einstellen
Aktivieren Sie das Magnetische-Lasso-Werkzeug. Auch hier gilt wieder: Nach der Selektion des Tools muss es eingestellt werden. Entnehmen Sie die Werte der Abbildung. Falls Sie seit der Installation der Anwendung noch keine Änderungen vorgenommen haben, sollten die Werte bereits übereinstimmen.

➊

▲ **Abbildung 3.92**
Die ursprünglichen Werte sind optimal, um im Folgenden eine Auswahl zu erstellen.

Setzen Sie nun das Tool auf das Bild, wobei Sie eine Kante zwischen Objekt und Hintergrund wählen. Ich habe mich bei dieser Übung für ➋ entschieden. Setzen Sie dort einen Mausklick, und fahren Sie anschließend die Kontur des Schneckenhauses ab (die Maustaste ist dabei nicht gedrückt). Lassen Sie sich Zeit dabei,

und fahren Sie das Objekt langsam ab. Wenn Sie merken, dass sich die Linie von der Kontur wegbewegt (❸ ist ein kritischer Bereich), gehen Sie mit dem Lasso ein Stück zurück, bis Sie sich wieder auf der Kontur befinden. Platzieren Sie anschließend dort einen Mausklick.

Frequenzwert
Die Frequenz (FREQ. ❶) regelt, mit welcher Häufigkeit automatisch Zwischenpunkte in die Lassolinie eingefügt werden. Je höher die Frequenz ist, desto mehr Punkte (Quadratflächen auf der Auswahllinie) werden platziert. Demnach gilt auch: Je größer der Frequenzwert ist, desto öfter stellt Photoshop eine Prüfung der kontrastierenden Kanten an.

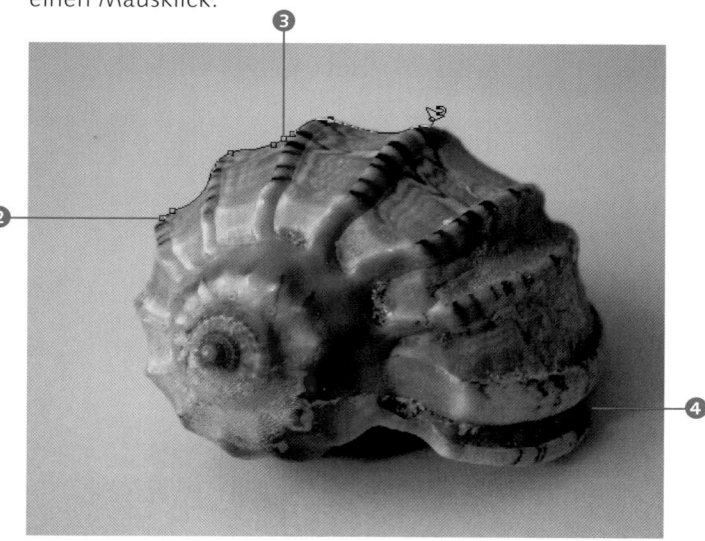

◄ **Abbildung 3.93**
Fahren Sie die Kontur des Schneckenhauses ab.

2 Lasso-Auswahl schließen

Die Auswahl können Sie nicht verlassen. (Würden Sie sich vom Schneckenhaus wegbewegen, würde auch die Kontur mitlaufen.) Sie müssen nämlich den Kreis zunächst schließen. Achten Sie darauf, dass Sie in schwach kontrastierenden Bereichen (❹ ist problematisch) möglichst viele Zwischenpunkte setzen. Falls die Auswahl nicht hundertprozentig gelingt, ist das kein Beinbruch. Sie muss dann im Anschluss korrigiert werden. Sobald Sie wieder am ersten Punkt der Lasso-Auswahl angelangt sind, klicken Sie erneut, um die Auswahl zu schließen.

3 Optional: Auswahl nachträglich korrigieren

Möglicherweise müssen Sie jetzt die Auswahl noch bereinigen, da Sie zu viel oder zu wenig mit eingeschlossen haben. Schalten Sie auf das Polygon-Lasso oder das Freihand-Lasso um. Des Weiteren aktivieren Sie, falls Bereiche des Schneckenhauses fehlen, in der Optionsleiste DER AUSWAHL HINZUFÜGEN ❺ und grenzen den fehlenden Bereich zusätzlich ein.

▲ **Abbildung 3.94**
Das Werkzeug steht auf VON DER AUSWAHL SUBTRAHIEREN.

Kurzzeitig zum Polygon-Lasso wechseln
Halten Sie Alt gedrückt. Danach lassen Sie die Maustaste los, wodurch das POLYGON-LASSO aktiv wird. Zurück auf das Lasso schalten Sie so: Klicken Sie abermals, halten Sie nun die Maustaste gedrückt, und lassen Sie Alt los.

Sollten Sie teilweise den Hintergrund mit eingefangen haben, müssen Sie entsprechend VON AUSWAHL SUBTRAHIEREN ⑥ aktivieren und eine Lasso-Auswahl um alle Bereiche legen, die nicht zum Schneckenhaus gehören und entfernt werden müssen.

Beachten Sie aber in beiden Fällen, dass Sie unbedingt einen in sich geschlossenen Auswahlkreis erzeugen müssen, ehe der zuletzt definierte Bereich hinzugefügt bzw. subtrahiert werden kann.

Abbildung 3.95 ►
So soll die Auswahl am Schluss aussehen.

4 Auswahl umkehren
Da wir aber nicht das Schneckenhaus, sondern den Hintergrund färben wollen, muss die Auswahl zunächst umgekehrt werden. Drücken Sie dazu Strg/cmd+⇧+I, oder wählen Sie AUSWAHL • AUSWAHL UMKEHREN aus dem Menü. Die Folge: Alle Bildbereiche mit Ausnahme der Schnecke sind nun ausgewählt.

5 Hintergrund einfärben
Entscheiden Sie sich nun für BEARBEITEN • FLÄCHE FÜLLEN (alternativ drücken Sie ⇧+F5), und füllen Sie die Auswahl mit der Vordergrundfarbe. Rot dürfte ja noch eingestellt sein, sofern Sie den letzten Workshop durchgeführt haben. Zuletzt heben Sie die Auswahl auf (Strg/cmd+D bzw. AUSWAHL • AUSWAHL AUFHEBEN). Hier sehen Sie das Ergebnis in der Vorher-Nachher-Ansicht.

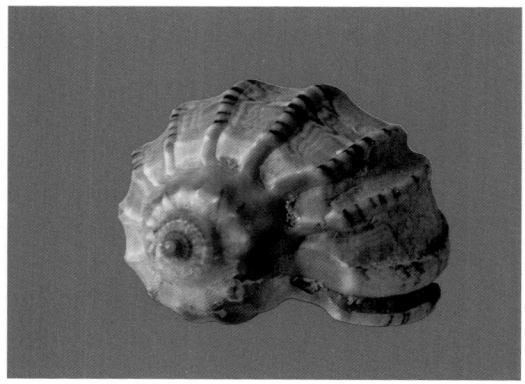

▲ **Abbildung 3.96**
Im Schneckentempo zum
roten Hintergrund

Motive auswählen

Bildobjekte können (sofern sie sich gut vom Hintergrund abheben)
ganz einfach mit einer Auswahl versehen werden. Dazu gehen Sie
in das Menü Auswahl und entscheiden sich für Motiv. Die Anwendung »sucht« anschließend selbstständig nach einem potenziellen
Bildobjekt. Wie jedoch bereits im Kasten auf Seite 140 erwähnt,
lässt sich das Beispielfoto nicht zufriedenstellend mit der Motivauswahl einfangen. Versuchen Sie es dennoch (bitte nehmen Sie
das Originalfoto), wird es unten rechts ziemlich ungenau.

◄ **Abbildung 3.97**
Die Schattenbereiche können
nur sehr schlecht vom Objekt
getrennt werden.

Zwar ließen sich anschließend Auswahlbereiche mit dem Lasso
wieder abziehen, doch das ist gerade für Einsteiger nicht sonderlich komfortabel. In einem solchen Fall ist das Magnetlasso eher

geeignet. Ich möchte Ihnen aber ein Beispiel präsentieren, bei dem es wirklich toll funktioniert, was daran liegt, dass der Hintergrund gleichmäßig ist und am Objekt selbst keine störenden Schatten auszumachen sind. Öffnen Sie die Datei Ballons.jpg, und wählen Sie AUSWAHL • MOTIV. Wenn Sie die Auswahl anschließend umkehren (siehe Schritt 4 des vorangegangenen Workshops) und dann eine andere Farbe für den Himmel einstellen, überzeugt die Sache schon eher, oder? Schatten und Farbverläufe sind stets problematisch. Begutachten Sie ein Foto also zunächst immer dahingehend, ob sich die Motivauswahl eignen könnte oder nicht. Im Zweifel probieren Sie es aus.

Abbildung 3.98 ▶
Hier klappt die Trennung von Objekten und Hintergrund ganz hervorragend.

Farbbereich und Fokus auswählen

Sicher ist Ihnen aufgefallen, dass im Menü AUSWAHL neben dem MOTIV auch noch FARBBEREICH und FOKUS existieren. Letztere Funktion ist ziemlich neu in Photoshop und eignet sich immer dann, wenn ein Objekt scharf abgebildet ist, während der Hintergrund eher unscharf ist. Die Funktion kommt allerdings an ihre Grenzen, wenn beide Bereiche ähnliche Farben aufweisen. Ebenso verhält es sich beim FARBBEREICH. Hier werden auch fortgeschrittene Kenntnisse in Sachen Maskierung vorausgesetzt. Die besser geeignete Methode nennt sich AUSWÄHLEN UND MASKIEREN und wird in diesem Kapitel ab Seite 148 erläutert.

Zauberstab-Auswahlen

Eine Alternative zu Auswahlen mit dem Lasso stellt der Zauberstab dar. Er befindet sich in einer Gruppe mit dem Schnellaus-

wahlwerkzeug. Damit erzeugen Sie eine Auswahl in Abhängigkeit von der Pixelfarbe. Anders als mit einem Lasso, mit dem Sie das Auswahlobjekt umkreisen, werden mit dem Zauberstab Farbbereiche markiert.

Das Schnellauswahlwerkzeug

Das Schnellauswahlwerkzeug hilft beim Finden von Kanten. Zeichnen Sie mit gedrückter Maustaste über den auszuwählenden Bereich, werden Sie sehen, dass sich die Auswahl fast wie von selbst an Farbwerten und geeigneten Kanten orientiert. Nun sollten Sie sich jedoch noch mit der nachträglichen Korrektur einer einmal erstellten Auswahl beschäftigen.

3.9 Auswahlen nachträglich ändern

Sollten Sie bereits eine Auswahl aufgezogen haben und erst im Anschluss den Wert WEICHE KANTE in der Optionsleiste ändern, hat dies keinerlei Einfluss mehr auf die Auswahl. Dennoch besteht die Möglichkeit, bestehende Auswahlen nachträglich zu verändern und sogar eine weiche Kante zu vergeben.

- ▶ AUSWAHL • ALLES AUSWÄHLEN: Erzeugen Sie aus der kompletten Bildfläche eine Auswahl.
- ▶ AUSWAHL • AUSWAHL UMKEHREN (Strg/cmd+⇧+I): Ausgewählte und nicht ausgewählte Bereiche werden miteinander vertauscht. Wenn Sie eine Auswahl erzeugen und anschließend diese Option benutzen, sind alle Bereiche mit Ausnahme des zuvor selektierten Bereichs ausgewählt.
- ▶ AUSWAHL • AUSWAHL VERÄNDERN • RAND: Außerhalb der erzeugten Auswahl wird ein Rahmen (ähnlich der Kontur) erzeugt, der als neue Auswahlfläche definiert ist. Die Bereiche innerhalb der ursprünglichen Auswahl sind nun abgewählt.

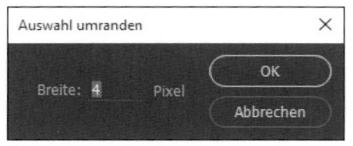

◀ **Abbildung 3.99**
Die Auswahl erhält einen farbigen Rand.

▶ AUSWAHL • AUSWAHL VERÄNDERN • ABRUNDEN: Die Ecken der Auswahl werden abgerundet. Dabei ändert sich der Wert der weichen Kante nicht.

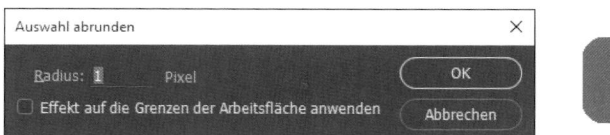 

▲ **Abbildung 3.100**
Runde Ecken für die Auswahl

▶ AUSWAHL • AUSWAHL VERÄNDERN • ERWEITERN: Die bestehende Auswahl kann entsprechend der Eingabe vergrößert werden. Der Maximalwert ist dabei auf 100 Px beschränkt.

▶ AUSWAHL • AUSWAHL VERÄNDERN • VERKLEINERN: Die bestehende Auswahl kann entsprechend der Eingabe verkleinert werden. Sollte der angegebene Wert größer sein als die eigentliche Auswahl, erscheint eine Fehlermeldung.

Abbildung 3.101 ▶
Photoshop konnte den Befehl
nicht ausführen.

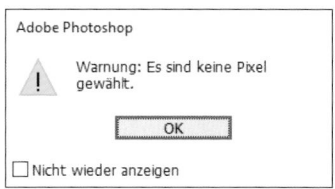

▶ AUSWAHL • AUSWAHL VERÄNDERN • WEICHE KANTE ([Strg]/ [cmd]+[⇧]+[D]): Mit diesem Befehl vergeben Sie nachträglich noch eine weiche Auswahlkante. Stellen Sie im Dialog die entsprechende Größe ein.

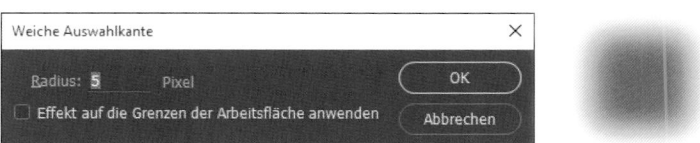

▲ **Abbildung 3.102**
So wirkt sich eine weiche Auswahlkante aus.

▶ AUSWAHL • AUSWAHL VERGRÖSSERN: Ähnliche (angrenzende) Farbwerte werden in die bestehende Auswahl aufgenommen.

▶ AUSWAHL • AUSWAHL TRANSFORMIEREN: Die vorhandene Auswahl wird um einen Skalierrahmen erweitert und kann an den Anfassern nun nach Wunsch skaliert werden.

Auswahl manuell skalieren

Zuletzt darf ein wichtiger Hinweis nicht fehlen: Photoshop erlaubt es nämlich auch, eine aktive Auswahl ganz individuell per Drag & Drop zu verändern. Dazu müssen Sie lediglich erneut in das Menü AUSWAHL gehen und dort AUSWAHL TRANSFORMIEREN einstellen. Die Auswahlkante wird daraufhin mit einer zusätzlichen Umrandung versehen, die mit den bereits bekannten quadratischen Anfassern ausgestattet ist. Wenn Sie die Maus dort hineinstellen, lässt sich das gute Stück prima hin und her schieben. Ja, und wenn Sie daran ziehen, können Sie die Auswahl nach Wunsch strecken, ziehen, stauchen, ja sogar drehen!

Da fragt man sich doch, wo denn wohl die Grenzen der Anwendung erreicht sein mögen, was? Gut, neigen bzw. kippen kann man die Auswahl nicht. Oder doch? Verziehen Sie doch einmal einen der Anfasser (am besten einen Eckpunkt), während Sie `Strg`/`cmd` gedrückt halten.

Auswahl gleichmäßig verziehen

Im Transformationsstatus lässt sich eine Auswahl auch gleichmäßig verziehen. Halten Sie `⇧` gedrückt, bleiben die Proportionen (Breite zu Höhe) beim Ziehen erhalten. Bei der Verwendung von `Alt` erreichen Sie, dass sich die Auswahl gleichmäßig zu allen Seiten ausdehnt, sofern Sie einen der Eckanfasser betätigen. Ergreifen Sie stattdessen nur einen Seitenanfasser, wird lediglich die gegenüberliegende Seite mit skaliert. Denken Sie daran, dass Sie zuerst die Maustaste und erst danach die Taste Ihrer Tastatur loslassen.

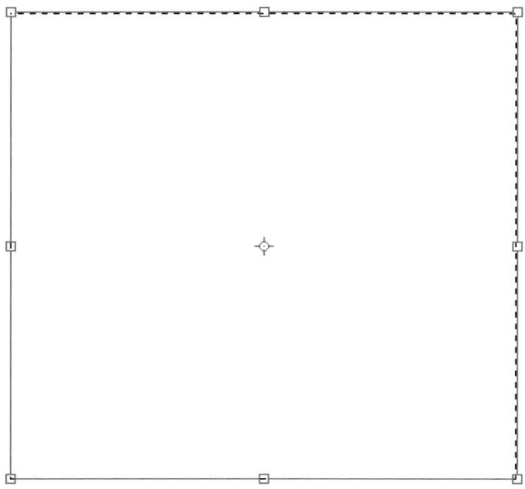

▲ **Abbildung 3.103**
Der Auswahlrahmen wird um einen Transformationsrahmen erweitert.

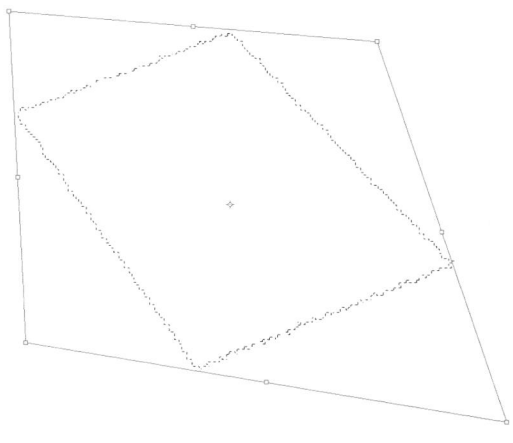

▲ **Abbildung 3.104**
Diese Auswahl wurde im ersten Arbeitsgang gedreht und im zweiten transformiert.

Auswählen und maskieren...

▲ **Abbildung 3.105**
Hier können Sie die Auswahl
weiter verfeinern.

Der Dialog »Auswählen und maskieren«

Auswahlbereiche lassen sich jederzeit noch individuell anpassen.
Das ist vor allem dann interessant, wenn sich der Übergang zwischen ausgewähltem und nicht ausgewähltem Objekt schwierig
gestaltet. Um die Funktion nutzen zu können, müssen zwei Bedingungen erfüllt sein:

1. Es muss eine Auswahl bestehen, und
2. innerhalb der Werkzeugleiste muss eines der Auswahlwerkzeuge aktiv sein.

Im Anschluss daran betätigen Sie die Schaltfläche AUSWÄHLEN
UND MASKIEREN innerhalb der Optionsleiste. Nun stehen Ihnen
folgende Optionen (siehe Abbildung 3.106 auf Seite 150) zur Verfügung.

❶ ANSICHTSMODUS: Lassen Sie die ausgewählten und nicht ausgewählten Bereiche des Fotos in unterschiedlichen Darstellungen
erscheinen, um die Trennung beider Bereiche besser beurteilen
zu können. Wenn Sie zudem KANTE ANZEIGEN einschalten, wird
der Bildbereich entlang der Auswahl sichtbar. ORIGINAL ANZEIGEN präsentiert den ausgewählten Bereich wieder als geschlossene Form. QUALITATIV HOCHWERTIGE VORSCHAU sorgt während
der Bearbeitung für ein detailreicheres Bild. Sollten Sie mit
einem Rechner arbeiten, dessen Leistung stark begrenzt ist,
könnten Verzögerungen beim Bildaufbau in Erscheinung treten. Deaktivieren Sie die Funktion in diesem Fall.

❷ Mit TRANSPARENZ (nur sichtbar, wenn ZWIEBELSCHICHT im Menü
ANSICHT aktiv ist) legen Sie fest, wie stark die zu bearbeitende
Ebene sichtbar sein soll. Freistellungen werden oftmals passend zum Hintergrund erzeugt. Durch die teilweise Transparenz der zu bearbeitenden Ebene halten Sie den Hintergrund
immer im Blick. Beachten Sie jedoch, dass dieser Schieberegler nicht mit der Deckkraft gleichzusetzen ist. Gehen Sie ganz
nach rechts, auf 100% Transparenz, ist das Objekt komplett
unsichtbar. Bei 0% Transparenz deckt die obere Ebene die
darunter befindliche folgerichtig komplett ab. (Sofern Sie im
Menü ANSICHT entweder ÜBERLAGERUNG, AUF SCHWARZ oder
AUF WEISS eingestellt haben, erhalten Sie an dieser Stelle einen
Deckkraftregler, mit dessen Hilfe Sie festlegen, wie stark der
maskierte Bereich deckend angezeigt werden soll.)

❸ Sollte das Feld Kantenerkennung geschlossen sein, öffnen Sie es durch einen Klick auf die vorangestellte Pfeilspitze. Anderenfalls können Sie die darunter befindlichen Steuerelemente nicht bedienen. Schalten Sie Smartradius ein, wenn die gesuchten Kanten nicht einheitlich scharf oder weich gezeichnet sind. Dies ist insbesondere bei Bildobjekten der Fall, die geneigt oder gekippt zur Kamera stehen, also deren Kanten in unterschiedlicher Entfernung zum Objektiv stehen. Nähere Kanten sind in der Regel schärfer abgebildet als weiter entfernte. Der Smartradius versucht, das auszugleichen.

Die Rubrik Globale Verbesserungen hilft beim Anpassen der Kanten. Dabei bewirken die Schieberegler Folgendes:

❹ Abrunden: Die Auswahl wird an eckigen, ausgefransten Stellen rundlicher und erscheint damit geglätteter.

❺ Weiche Kante: Der Übergang zwischen ausgewähltem und nicht ausgewähltem Bereich wird weicher dargestellt.

❻ Kontrast: Die Auswahlkante wird schärfer, und auftretende Störungen werden entfernt (insbesondere wenn Sie mit größeren Radien arbeiten).

❼ Kante verschieben: Wenn Sie den Schieber nach links bewegen, verschiebt sich die Auswahlkante nach innen, und der ausgewählte Bereich wird kleiner. Nach rechts hin wird der Auswahlbereich mehr und mehr ausgedehnt. Im Bereich von »0« ist die Auswahl unverändert.

❽ Mit Auswahl löschen verwerfen Sie die Auswahl und beginnen noch einmal von vorn. Mit umkehren vertauschen Sie ausgewählte und nicht ausgewählte Bildbereiche miteinander. Stellen Sie sich vor, Sie wollen einen bunten Schmetterling vor einer grünen Wiese ausschneiden. Dann ist es einfacher, zunächst die Wiese aufzunehmen und anschließend die Auswahl umzukehren.

Mit den Ausgabeeinstellungen regeln Sie, wie die Auswahl letztendlich auf die Bildebene wirken soll. Die verschiedenen Optionen bewirken Folgendes:

❾ Farben dekontaminieren: Diese Checkbox sorgt dafür, dass Farbveränderungen (ausgefranste Farbbereiche) entlang der Auswahlkante durch jene Farben ersetzt werden, die sich

etwas weiter innerhalb der Auswahl befinden. So wird Farb-
verfälschungen entlang der Kante entgegengewirkt. Nach der
Anwahl der Checkbox kann der Grad der Beeinflussung mit
Hilfe des unterhalb befindlichen Reglers eingestellt werden.

🔟 AUSGABE IN: Bestimmen Sie, was nach dem Klick auf OK mit
dem ausgewählten Bereich geschehen soll. Er lässt sich beispielsweise als eigene Ebene, als Maskenebene oder sogar als
neues Bilddokument ausgeben. (Beachten Sie zum Thema Ebenen auch Kapitel 4.)

⓫ EINSTELLUNGEN SPEICHERN: Wenn Sie AUSWÄHLEN UND MAS-
KIEREN zu einem anderen Zeitpunkt erneut ausführen, befinden sich sämtliche Schieberegler wieder in Ausgangsposition.
Wenn Sie jedoch die aktuellen Werte beibehalten wollen, aktivieren Sie diese Checkbox, ehe Sie den Dialog verlassen.

Abbildung 3.106 ▼
Der Dialog AUSWÄHLEN UND
MASKIEREN

Auf der linken Seite des Dialogs finden Sie eine kleine Werkzeugleiste mit folgenden Funktionen:

▶ SCHNELLAUSWAHLWERKZEUG: Hiermit nehmen Sie schnell
große Bildbereiche in die Auswahl auf (mit gedrückter Maus-

taste wischen oder einzelne Mausklicks ausführen). Photoshop »hilft« bei der Kantenfindung erstaunlich gut mit.

▶ Kante-verbessern-Pinselwerkzeug: Verbessert den Übergang besonders im Bereich feiner Linien, z. B. Haare.

▶ Pinsel-Werkzeug: Mit diesem Tool lässt sich lediglich eine grobe Auswahl erzeugen, da eine Kantensuche nicht stattfindet. Wenn es auf Feinarbeit ankommt, ist der Pinsel außen vor.

▶ Lasso-Werkzeug: Dieses Tool hilft, wenn Sie ohne Hilfe von Photoshop auskommen wollen. In der Regel werden Sie das Werkzeug nur dann einsetzen, wenn die anderen Tools eine Kante erkennen, die nicht Ihren Vorstellungen entspricht.

▶ Hand- und Zoom-Werkzeug: Sie funktionieren wie in der Standardumgebung und helfen, den richtigen Bildausschnitt einzustellen.

▶ Alle Auswahlwerkzeuge verfügen innerhalb der Optionsleiste über einen Plus- und einen Minus-Schalter. Hier legen Sie fest, ob Auswahlbereiche hinzugefügt oder bereits ausgewählte Bereiche wieder entfernt werden sollen. In der Praxis werden Sie sich die manuelle Umschaltung ersparen, da der Wechsel auch mit gedrückter [Alt]-Taste möglich ist. Halten Sie [Alt] gedrückt, während Der Auswahl hinzufügen aktiv ist, wird automatisch auf Von Auswahl subtrahieren umgeschaltet – und zwar so lange, bis Sie [Alt] wieder loslassen.

Schritt für Schritt
Haare freistellen

Als Königsdisziplin in Sachen Freistellung gelten zweifellos Haare. Im Detail hilft nämlich keines der bekannten Auswahlwerkzeuge weiter. Der Dialog Auswählen und maskieren hingegen schon. In diesem Workshop wollen wir versuchen, das Model vom ursprünglichen Hintergrund zu lösen, um es anschließend auf das Blumen-Foto zu montieren. Die wehenden Haare sind dabei in der Tat das größte Problem.

Bilder/Haare_01.jpg,
Haare_02.jpg

1   Dialog öffnen
Aktivieren Sie das Model-Foto. Jetzt sorgen Sie dafür, dass innerhalb der Werkzeugleiste ein Auswahlwerkzeug aktiv ist. Welches

das ist, spielt keine Rolle. Betätigen Sie den Schalter AUSWÄHLEN UND MASKIEREN innnerhalb der Optionsleiste.

Abbildung 3.107 ▶
Der Hintergrund des Model-Fotos soll verschwinden. Im nächsten Schritt wird das Model auf das Sonnenblumen-Foto montiert.

2   Grobe Auswahl erstellen

Aktivieren Sie das oberste Tool in der Werkzeugleiste des Folge-dialogs, und fahren Sie mit gedrückter Maustaste über Gesicht, Haare und Körper des Models. Sie dürfen das gerne in mehreren Schritten machen, indem Sie die Maustaste zwischendurch loslassen und wieder neu ansetzen. Dass dabei auch der Hintergrund mit aufgenommen wird, lässt sich kaum vermeiden. Entfernen Sie diese Teile, indem Sie Alt gedrückt halten und sie noch einmal überpinseln. Dabei wird wahrscheinlich der rechte Arm der Dame wieder abgewählt. Diesen müssen Sie dann abermals hinzufü-gen (ohne Alt). Am Ende sollte Ihnen eine recht grobe Auswahl gelungen sein (siehe Abbildung 3.108).

▲ Abbildung 3.108
Die freundliche Lady ist im wahrsten Sinne des Wortes umgarnt worden – und zwar mit einer Art Schachbrettmus-ter, das auf Transparenzen hindeutet.

3   Ansichtsmodus verändern

Gehen Sie nun in die EIGENSCHAFTEN, also in die rechte Spalte des Dialogs. Öffnen Sie das Pulldown-Menü ANSICHT ❶, indem Sie auf die Bildminiatur oder die rechts daneben befindliche Pfeilspitze klicken. Entscheiden Sie sich für SCHWARZWEISS. Alternativ betäti-gen Sie K. Das hat den Vorteil, dass Sie direkt innerhalb des Bildes sehen, welche Bereiche noch nicht in die Auswahl gelangt sind. Sollten sich innerhalb des weißen Bereichs nun noch schwarze Bildelemente befinden, übermalen Sie diese anschließend.

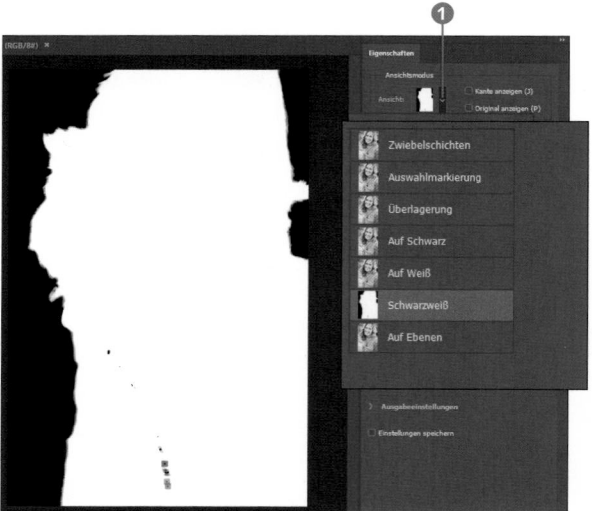

◄ **Abbildung 3.109**
Hier sehen Sie buchstäblich
schwarz auf weiß, welche
Bereiche aufgenommen wor-
den sind und welche noch
nicht.

4 Optional: Von Auswahl subtrahieren

Für den Fall, dass Bildbereiche des Hintergrunds aufgenommen
worden sind, die nicht mit in die Auswahl gehören, halten Sie
[Alt] gedrückt und wischen abermals über diese Bereiche. Sie
sollten dann schwarz werden.

5 Ansicht ändern

Am Schluss schalten Sie im Menü ANSICHT erneut um. Wählen Sie
diesmal den Eintrag ÜBERLAGERUNG. Dieser zeigt nicht zur Auswahl gehörende Bereiche mit einer rot gefärbten Abdeckung.

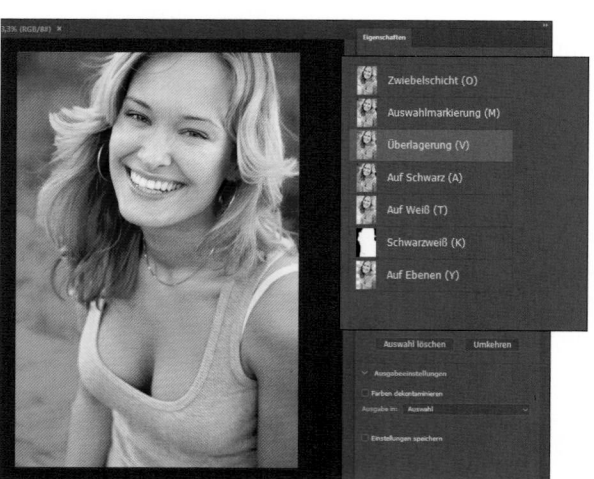

◄ **Abbildung 3.110**
Nicht ausgewählte Bildbereiche sind rot überlagert.

153

6 Pinselgröße korrigieren

Schalten Sie jetzt um auf das Kante-verbessern-Pinselwerkzeug, und stellen Sie in der Optionsleiste eine Pinselgröße von etwa 13 bis 15 Px ein. Letzteres erledigen Sie mit Hilfe des Steuerelements GRÖSSE.

Abbildung 3.111 ▶
Die Spitze sollte auch jetzt noch 20 Px betragen.

7 Auswahl bearbeiten

Konzentrieren Sie sich auf das Foto, und fahren Sie mit dem Werkzeug bei gedrückter Maustaste langsam über die Bereiche, an denen sich die Haare des Models befinden sollten. Sobald Sie die Maustaste loslassen, »sucht« Photoshop nach den Haaren und entfernt jene Bereiche, die offenbar nicht dazugehören. Zoomen Sie zur Feinarbeit stark in das Foto ein. Wenn Sie dazu nicht extra das Werkzeug wechseln wollen, drücken Sie (gegebenenfalls mehrfach) ⌜Strg⌟/⌜cmd⌟+⌜+⌟. Anschließend halten Sie die Leertaste gedrückt und verschieben den Bildausschnitt mit gedrückter Maustaste. Wischen Sie über die Haaransätze und die feinen Strähnen. Sie werden erstaunt sein, wie diffizil das Werkzeug – auch bei der Suche nach einzelnen Haaren – zu Werke geht.

Abbildung 3.112 ▶
Photoshop versucht, die Haare selbstständig freizustellen.

8 Auswahl verfeinern

Übermalen Sie auf diese Weise sämtliche Ränder entlang der Haare und des Körpers. Sollten Bereiche entfernt worden sein, die zur Person gehören, schalten Sie das Werkzeug durch Halten von [Alt] temporär um und übermalen die Stelle abermals (beim bildlinken Arm könnte das nötig sein).

9 Letzte Einstellungen vornehmen

Aktivieren Sie FARBEN DEKONTAMINIEREN ❶, das reduziert die Grünfärbung in den Haarspitzen. Bevor Sie mit OK bestätigen, stellen Sie AUSGABE IN ❷ noch auf NEUE EBENE MIT EBENENMASKE. Zuletzt klicken Sie auf OK.

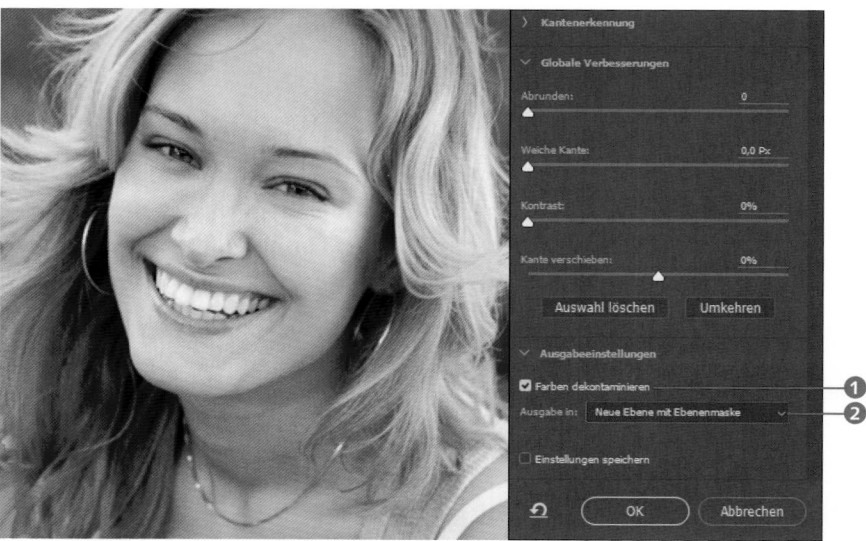

▲ **Abbildung 3.113**
Nachdem Sie diese Einstellungen gewählt haben, können Sie den Dialog mit OK verlassen.

10 Hintergrund weichzeichnen

Damit ist das Model-Foto fertig. Stellen Sie beide Fotos nebeneinander. Zunächt sollten Sie dafür sorgen, dass der Hintergrund von »Haare_02.jpg« ein wenig weicher wird. Aktivieren Sie dieses Bild, und betätigen Sie FILTER • WEICHZEICHNUNGSFILTER • GAUSSSCHER WEICHZEICHNER. Legen Sie einen RADIUS von ca. 1,8 Px fest. Danach fällt die Wahl erneut auf den OK-Schalter.

11 Bilder zusammenfügen

Im Anschluss daran kann das Model-Foto (»Haare_01.jpg«) auf den neuen Hintergrund übertragen werden. Aktivieren Sie das Bild, und schalten Sie anschließend das Verschieben-Werkzeug ein. Klicken Sie damit auf das Model-Foto – und zwar innerhalb eines Bereichs, auf dem sich Bildinhalte befinden. Halten Sie die Maustaste gedrückt, und ziehen Sie das Bild bis zum rechten Bildrand der Datei »Haare_02.jpg« herüber. Dort angelangt lassen Sie los.

Abbildung 3.115 ▼
Tatsächlich. Die Haare sind
wunschgemäß freigestellt.

Das Ergebnis kann sich sehen lassen. Aber Sie können sich vorstellen: Je detailreicher der Hintergrund ist und vor allem je mehr
er farblich den Haaren gleicht, desto schwieriger wird die Freistellung. Erwarten Sie also bitte keine Wunder. Aber der Einsatz
lohnt sich – selbst wenn man das eine oder andere Mal vielleicht
auf eine Strähne verzichten muss. Noch ein Tipp zum Schluss: Falls
möglich, verwenden Sie Hintergründe, die sich farblich nicht allzu
dramatisch vom Originalhintergrund unterscheiden.

Auswahlkante vorübergehend ausblenden

Mitunter ist es wirklich störend, wenn die Auswahlkanten fröhlich
vor sich hin blinken. Sie können dann nämlich nicht zweifelsfrei
erkennen, ob die Auswahl auch einen sauberen Übergang zum
Hintergrund bildet. In diesem Fall empfiehlt es sich, die Auswahlkante vorübergehend unsichtbar zu machen, indem Sie [Strg]/
[cmd]+[H] drücken. Bedenken Sie dabei aber unbedingt, dass die
Auswahl immer noch aktiv ist – sie ist derzeit lediglich unsichtbar.
Am Schluss Ihrer Arbeit sollten Sie die Tastenkombination erneut
betätigen, um die Auswahl wieder sichtbar zu machen.

Auswahlen speichern

Falls Sie eine aufwendige Auswahl erzeugt haben, ist es immer
ratsam, diese über AUSWAHL • AUSWAHL SPEICHERN zu sichern.
Wenn sich später herausstellt, dass Sie doch noch Änderungen
vornehmen müssen, ist die ursprüngliche Form gleich verfügbar,
indem Sie AUSWAHL • AUSWAHL LADEN anwählen.

Darüber hinaus lassen sich viele Auswahlformate auf weitere
Bilddateien anwenden. Die Auswahl selbst kann per Drag & Drop
auf eine andere Datei übertragen werden. (Dabei muss NEUE AUS-
WAHL in der Optionsleiste aktiv sein.) Wichtig ist, dass Sie Dateien,
die Auswahlen enthalten, immer als PSD- oder TIFF-Dokument
sichern. Andere Formate (wie JPEG oder BMP) unterstützen diese
Funktion nämlich nicht.

Auswahl verschwunden
Noch ein Tipp zum
Schluss: Die Auswahl hat
sich wie von selbst aufgelöst? Das passiert viel-
leicht unbeabsichtigt,
nachdem Sie einen fal-
schen Befehl ausgeführt
haben. Öffnen Sie einfach
das Menü AUSWAHL, und
klicken Sie auf ERNEUT
AUSWÄHLEN.

Ebenen

Das Fundament aller Bildmontagen

- ▸ Was sind Ebenen, und wie wird mit Ebenen gearbeitet?
- ▸ Wie funktionieren Ebenenmasken?
- ▸ Wie werden Ebenenstile hinzugefügt und eingestellt?
- ▸ Was sind Mischmodi?
- ▸ Wie arbeite ich mit Smartobjekt-Ebenen?

4   Ebenen

Ohne Ebenen geht gar nichts! Kaum eine andere Technik hat die elektronische Bildbearbeitung seinerzeit derart revolutioniert. Mit nur wenigen Mausklicks waren plötzlich effektvolle Arrangements möglich, die zuvor kaum denkbar gewesen waren. Im Laufe der Jahre wurde dieses Instrumentarium immer mehr erweitert. Ebenenmasken, Ebenenstile und Mischmodi sorgen heute für grenzenlose Vielfalt in der Pixelwelt.

4.1   Wie funktionieren Ebenen?

Masken

Besonders Einsteiger haben großen Respekt vor der Masken-Thematik. Das ist aber eigentlich unbegründet, da das Handling im Prinzip sehr einfach ist. Es wird in diesem Kapitel noch genauer erläutert. Bedenken Sie, dass Maskierungen für die effektvolle Bildbearbeitung elementar sind. Sie sollten nicht darauf verzichten!

Zuallererst müssen zwei Begriffe näher erläutert werden: *Ebenen* und *Masken*. Was hat es damit auf sich? Stellen Sie sich Ebenen wie übereinander angeordnete transparente Folien vor. Auf jede einzelne Folie lassen sich nun verschiedene Objekte aufkleben, mit einem Stift bemalen, beschreiben oder Ähnliches. Danach legen Sie alle Folien in einer bestimmten Reihenfolge übereinander. Wenn Sie jetzt von oben durchschauen, ergibt sich aus allen einzelnen Folien heraus ein Gesamtbild.

Abbildung 4.1 ▶
Die übereinander angeordneten Folien ergeben das Gesamtbild.

Außerdem ist es möglich, die einzelnen Folien zu bearbeiten. So lassen sich beispielsweise Bereiche einer bestimmten Folie ganz einfach verdecken, was Auswirkungen auf das Gesamtergebnis

hätte. Das sind dann die sogenannten Maskierungen. Doch das Beste ist: Sie bestimmen selbst, mit welcher Intensität die jeweilige Folie dargestellt wird, das heißt, wie stark sie sichtbar wird und an welcher Stelle die einzelnen Elemente platziert werden sollen.

Bilder/Ebenen.tif

Das Ebenen-Bedienfeld im Detail

Es ist an der Zeit, sich etwas intensiver mit dem Ebenen-Bedienfeld zu beschäftigen. Dazu haben wir es hier einmal aus der Bedienfeldgruppe herausgelöst.

◀ **Abbildung 4.2**
Die Beispieldatei besteht aus zahlreichen einzelnen Folien – den sogenannten Ebenen.

① Registerkarte der Ebene

② Filtertyp (Suchfunktionen – siehe auch nebenstehende Buttons)

③ Mischmodus der Ebene

④ Fixiermöglichkeiten (Sperren und vor unbeabsichtigter Bearbeitung schützen)

⑤ Bedienfeldmenü

⑥ Ebenendeckkraft

⑦ Flächendeckkraft der Ebene

⑧ Sichtbarkeit der Ebene (Ein- und Ausblenden)

⑨ Ebenenstile ein- und ausklappen

⑩ Zugewiesener Ebenenstil

⑪ Ebenenminiatur

⑫ Aktivierte Ebene (farbig hinterlegt)

⑬ Scrollbalken

⑭ Maskenminiatur

⑮ Fußleiste des Ebenen-Bedienfelds

Öffnen Sie die Beispieldatei »Ebenen.tif«, und skalieren Sie das Bedienfeld, indem Sie am Anfasser der unteren rechten Ecke ziehen. Egal, wie groß Ihr Monitor auch sein mag – es ist unwahrscheinlich, dass Sie alle im Foto befindlichen Ebenen sehen können. Scrollen Sie bis ganz nach unten.

Jede einzelne Zeile, die dort zu sehen ist, ist eine eigenständige Folie (sprich: Ebene) innerhalb der Gesamtkomposition. Auf dem Foto selbst stellen sich die einzelnen Ebenen auch als einzelne Elemente dar (z. B. das Logo, die Überschrift, der Fließtext – sogar die beiden dünnen roten Linien sind eigenständige Ebenen).

Ebenenbasierte Dateien speichern

Sie können selbstverständlich Fotos speichern, die aus mehreren Ebenen bestehen. Damit die Ebenen jedoch auch in Zukunft editierbar bleiben, müssen Sie das Ganze als TIFF oder PSD sichern. Andere Formate, z. B. JPEG oder BMP, unterstützen keine Ebenentechnologien. Da sich jedoch bei solchen Fotos die Dateigröße erhöht, gibt Photoshop vorsichtshalber beim Speichern eine Warnmeldung aus – und zwar jedes Mal! Das nervt! Deswegen sollten Sie NICHT WIEDER ANZEIGEN mit einem Häkchen versehen, ehe Sie mit OK bestätigen.

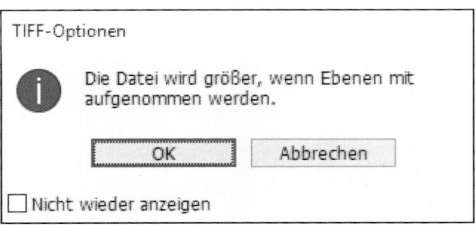

Abbildung 4.3 ▶
Wenn Sie hier kein Häkchen setzen, werden Sie immer wieder auf die erhöhten Dateigrößen aufmerksam gemacht.

4.2 Mit Ebenen arbeiten

Die vorangegangene Kompaktübersicht macht noch nicht wirklich Mut, sich auf Ebenen einzulassen, oder? Es existieren viele ungeklärte Begriffe, und die Bedienbarkeit dieses monströsen Bedienfelds ist auch noch nicht nachvollziehbar, oder? Schauen Sie also etwas genauer hin.

Ebenen filtern

Die in Photoshop integrierte Such- und Filteroption ❶ ist sehr hilfreich. Umfangreiche Bilddokumente, die nicht selten aus 100 und mehr Ebenen bestehen, können so systematisch durchsucht oder deren Darstellung auf bestimmte Ebenenarten (z. B. Effekte, Mischmodi, bestimmte Attribute usw.) beschränkt werden. Wollen Sie z. B. nur die Einstellungsebenen sehen, markieren Sie zunächst die entsprechende Schaltfläche ❷. Auch mehrere Optionen sind möglich, z. B. neben den Einstellungsebenen noch die Formebenen ❸. Um das Suchergebnis anschließend zu löschen, reicht ein Klick auf ❹. In diesem Zusammenhang ist auch noch wichtig, zu erwähnen, dass sich nach zuvor benannten Ebenen suchen lässt. Stellen Sie dazu unter ❶ Name ein. Das hat zur Folge, dass rechts daneben ein kleines Eingabefeld erscheint, mit dessen Hilfe nun der Name (oder Teile dessen) eingegeben werden kann. Starten Sie die Suche mit ↵. Weitere Infos dazu finden Sie im Abschnitt »Ebenen benennen« auf Seite 168.

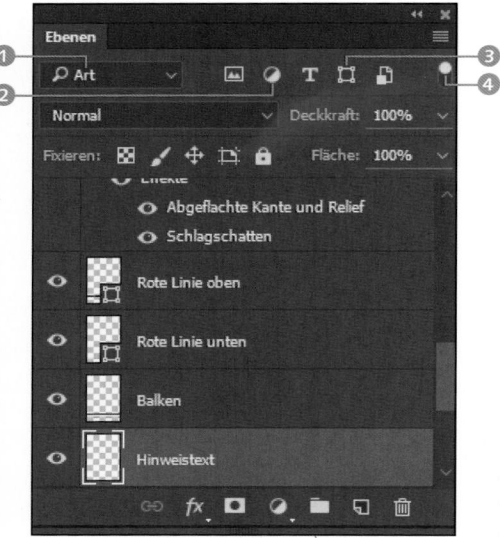

◄ **Abbildung 4.4**
Jetzt werden nur die zuvor ausgewählten Ebenenarten angezeigt.

Ebenen markieren

Grundsätzlich muss die Ebene, mit der Sie arbeiten wollen, innerhalb des Ebenen-Bedienfelds markiert sein. Dazu klicken Sie sie einfach an. Sie wird daraufhin grau hinterlegt. (Je nach verwen-

▲ **Abbildung 4.5**
Die Ebene HINWEISTEXT
wurde per Mausklick ausgewählt.

deten Einstellungen kann auch ein anderer Farbton zum Tragen kommen.)

Wenn Sie das Verschieben-Werkzeug aktiviert und in der Optionsleiste zudem AUTOM. AUSW. ❶ angewählt haben, können Sie die Ebene auch auswählen, indem Sie deren Inhalt direkt im Foto markieren. Bei wenigen Ebenen ist das kein Problem. Im Beispielfoto könnte das jedoch schwierig werden, und Sie sollten grundsätzlich prüfen, ob die Ebene auch im Ebenen-Bedienfeld in einer anderen Farbe (hier: helleres Grau) angezeigt wird.

▲ **Abbildung 4.6**
Danach lassen sich Ebenen auch direkt im Bild anwählen.

Bei aktivierter TRANSFORMATIONSSTRG. ❷ werden um den Ebeneninhalt herum Rahmenlinien sowie Anfasser abgebildet. Hierüber ließe sich der Inhalt der Ebene dann direkt im Bild skalieren, wobei der Vorgang am Ende mit Klick auf das Häkchen in der Optionsleiste oder ⏎ bestätigt werden muss.

Ebenenreihenfolge verändern

Falls Sie einmal mehrere Ebenen markieren wollen (beispielsweise um diese gemeinsam auf der Bildfläche zu verschieben), klicken Sie die erste wie gewohnt mit der Maus an. Halten Sie jetzt Strg/cmd gedrückt, und klicken Sie damit auf weitere Ebenen. Dadurch lassen sich zahlreiche Ebenen markieren, die nicht direkt übereinander angeordnet sind (Abbildung 4.7, links). Möchten Sie mehrere übereinanderliegende Ebenen markieren, reicht es, wenn Sie zunächst die oberste anklicken, dann ⇧ gedrückt halten und jetzt die unterste Ebene per Mausklick selektieren. In diesem Fall werden alle dazwischenliegenden Ebenen ebenfalls selektiert (Abbildung 4.7, rechts).

Sie müssen wissen, dass das Auswählen mehrerer Ebenen in der Regel nur zum Verschieben innerhalb der Ebenenhierarchie verwendet wird. Zur gemeinsamen Bearbeitung ist diese Funktion nicht vorgesehen. So ist es beispielsweise nicht möglich, mehrere Ebenen zu markieren und dann gleichzeitig zu bemalen.

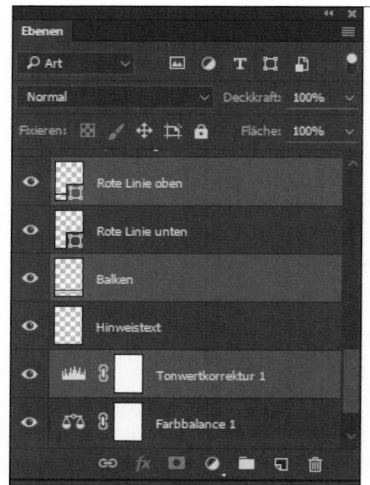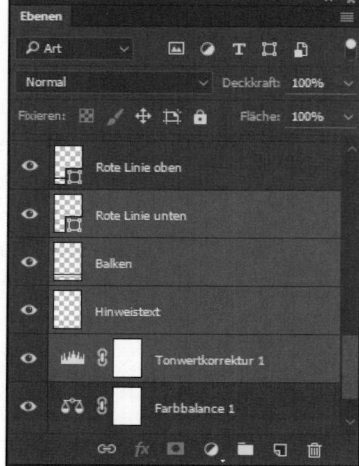

▲ Abbildung 4.7
Sie dürfen auch durchaus mehrere Ebenen auswählen.

Viele Ebenen ein- und ausblenden
Wenn Sie es mit zahlreichen Ebenen zu tun haben, ist es recht mühsam, sämtliche Augen-Symbole anzuklicken. Hier können Sie aber die Maustaste nach dem Markieren des ersten Auges gedrückt halten und dann über die anderen fahren. So deaktivieren Sie zahlreiche Ebenen »mit einem Wisch«. Das Wiedereinschalten funktioniert genauso.

Ebenen schnell auswählen

Bei der Arbeit mit Photoshop steht der Komfort immer im Vordergrund – so auch in Sachen Ebenen. Klar, bevor Sie eine Ebene bearbeiten können, muss diese natürlich im Ebenen-Bedienfeld angewählt werden. Für Einstellungsebenen gilt dies gleichermaßen. Wer dazu das Bild nicht extra verlassen möchte, wählt die Ebene einfach nach einem Rechtsklick bei aktiviertem Auswahlwerkzeug aus – direkt auf dem Foto. Allerdings ist zu berücksichtigen: Bei älteren Dateien, die erzeugt worden sind, bevor diese nützliche Funktion in Photoshop integriert wurde (wie z. B. »Ebenen.tif«), funktioniert es leider nicht – wohl aber beim Beispielfoto »Ebenen_02.tif«.

◄ Abbildung 4.8
Wählen Sie die Ebene einfach auf dem Bild aus.

Ebenen isolieren

Ebenen isolieren ist vor allem dann interessant, wenn Sie mit zahlreichen Ebenen arbeiten und nur einzelne im Ebenen-Bedienfeld anzeigen lassen wollen. Beispiel: Die Datei besteht aus 100 Ebenen, Sie wollen jedoch temporär nur die Ebenen 3, 55 und 92 bearbeiten. Stellen Sie sich einmal vor, wie viel Sie jedes Mal scrollen müssten, um an die betreffenden Einträge im Ebenen-Bedienfeld zu gelangen. Für derart gelagerte Fälle wurde die Möglichkeit der Isolation geschaffen. Wählen Sie nach einem Rechtsklick auf dem Foto (mit aktiviertem Auswahlwerkzeug) eine der relevanten Ebenen an. Danach öffnen Sie das Kontextmenü erneut und entscheiden sich für EBENEN ISOLIEREN. Im nächsten Schritt wählen Sie nach erneutem Rechtsklick auf dem Foto die nächste Ebene an, die in die Isolation soll. Schauen Sie sich das Ebenen-Bedienfeld an. Sie werden feststellen, dass dort am Ende nur die isolierten Ebenen angezeigt werden.

Abbildung 4.9 ►
Wählen Sie die Ebenen aus, die angezeigt werden sollen.

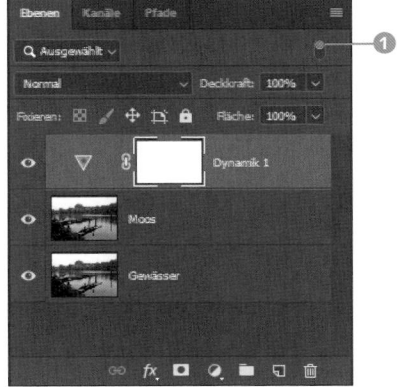

▲ Abbildung 4.10
Die Ebenen können auch deaktiviert werden.

Nun sind die anderen Ebenen natürlich nicht verloren. Oben rechts finden Sie einen kleinen, roten Schalter ❶, mit dessen Hilfe Sie nach getaner Arbeit wieder zur Ursprungsansicht zurückkehren können. Entsprechendes wird erreicht, wenn Sie erneut einen Klick auf EBENEN ISOLIEREN im Kontextmenü setzen.

Ebenensichtbarkeit

Sind Ihnen schon die Augen-Symbole vor jeder Ebene aufgefallen? Hier können Sie eine Ebene sichtbar oder unsichtbar machen,

ohne sie entfernen zu müssen. Vereinfacht gesagt: Auge = sichtbar; kein Auge = unsichtbar. Ein Mausklick auf das Symbol genügt.

Ebenen löschen

Natürlich können Sie sich auch von nicht benötigten Ebenen trennen. Markieren Sie sie, und klicken Sie anschließend auf das Papierkorb-Symbol. Gründlich, wie Photoshop nun einmal ist, startet die Anwendung gleich eine Kontrollabfrage. Bestätigen Sie die, wird die Ebene entfernt. Die Ebene HINTERGRUND ist allerdings von der Löschoption ausgenommen. Um sich von ihr zu trennen, müssen Sie sie vorab in eine Ebene umwandeln.

Hintergrund umwandeln

Ein kleines Schloss-Symbol kennzeichnet Hintergrundebenen. Aus gutem Grund, denn sie können nur bedingt bearbeitet werden. Doppelklicken Sie auf die Ebene im Ebenen-Bedienfeld (nicht auf den Namen klicken!), um aus dem Hintergrund eine voll bearbeitbare Ebene zu machen.

Kontrollabfrage umgehen
Möchten Sie auf die Kontrollabfrage verzichten, halten Sie während des Löschvorgangs [Alt] gedrückt. Alternativ ziehen Sie die Ebene auf den Papierkorb.

Neue Ebenen erstellen

Links neben dem Papierkorb findet sich die Schaltfläche NEUE EBENE ERSTELLEN, mit deren Hilfe es möglich ist, dem Bild eine neue Ebene mit transparentem Inhalt hinzuzufügen. Dabei ist zu beachten, dass die neue Ebene stets oberhalb der markierten eingefügt wird (im Beispiel oberhalb der Ebene BALKEN).

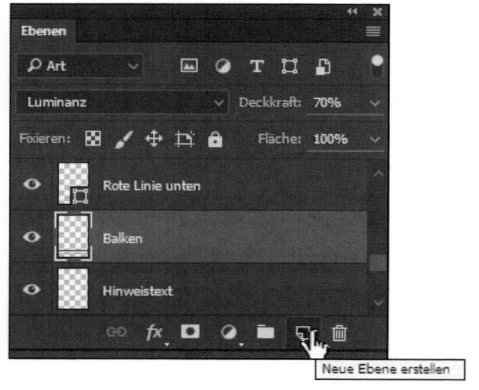

◀ **Abbildung 4.11**
Die neue Ebene wird oberhalb der Ebene BALKEN erscheinen.

Ebenen benennen

Benennen Sie die Ebene gleich neu, sobald Sie sie erstellt haben. Ansonsten verlieren Sie schnell den Überblick. Dazu reicht ein Doppelklick auf den Namenszug. Beenden Sie die Eingabe mit ⏎.

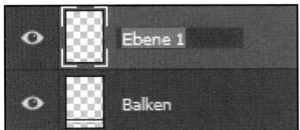

▲ **Abbildung 4.12**
Nach dem Doppelklick wird der Name via Tastatur eingegeben.

Prinzipiell ist auch gegen einen ellenlangen Namen nichts einzuwenden. Sie können sich jedoch vorstellen, dass in diesem Fall nicht die komplette Bezeichnung angezeigt werden kann. Scrollen Sie im Ebenen-Bedienfeld der Beispieldatei »Ebenen.tif« einmal nach unten, finden Sie eine entsprechende Ebene; sie beginnt mit HINWEISTEXT. Die drei Punkte in der Mitte des Titels lassen erahnen, dass aktuell nur ein Teil der Bezeichnung sichtbar ist. Parken Sie jedoch die Maus auf dem Namen, erscheint eine Quickinfo – und diese präsentiert die komplette Beschriftung.

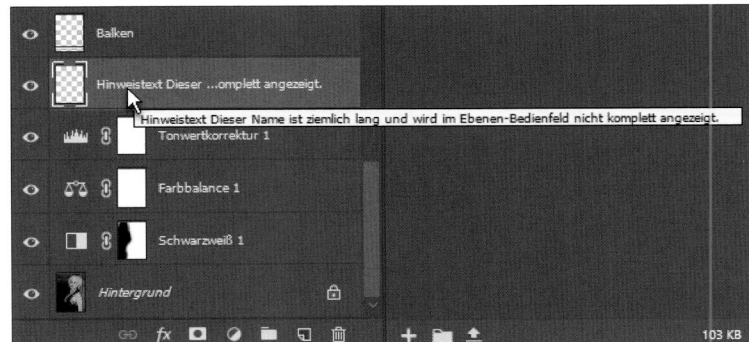

Abbildung 4.13 ▶
Auch lange Bezeichnungen sind kein Problem.

Ebenen aus anderen Bildern einfügen

Wenn Sie dem aktuellen Bilddokument eine Ebene aus einem anderen Foto hinzufügen wollen, können Sie das ganz fix per Drag & Drop erledigen. Stellen Sie dazu beide Fotos nebeneinander. Aktivieren Sie das VERSCHIEBEN-Werkzeug, und klicken Sie damit im Quellfoto auf jene Ebene, die Sie in das Zielfoto integrieren wollen. Bevor Sie nun auf das Quellbild klicken und mit dem Ziehen beginnen, können Sie noch eine Ebene im Zielfoto markieren. Das bewirkt dann, dass die neu zu integrierende Ebene oberhalb der markierten eingefügt wird.

Auf diesem Weg lassen sich sogar Fotos als Ebene integrieren, die aktuell in Photoshop gar nicht geöffnet sind. Auch das funktio-

niert simpel per Drag & Drop, und zwar sowohl aus einem Ordner heraus als auch direkt vom Desktop/Schreibtisch. Ziehen Sie die Bilddatei mit gedrückter Maustaste auf das in Photoshop geöffnete Bild, und lassen Sie sie dort fallen. Schwups, haben Sie das Foto als eigenständige Ebene integriert – und zwar als sogenannte Smartobjekt-Ebene. Was es damit auf sich hat, erfahren Sie in diesem Kapitel in Abschnitt 4.6.

© Robert Klaßen

◀ **Abbildung 4.14**
Hier wurde eine Bilddatei (hier: »IMG_4803« ❶) vom Desktop aus auf ein in Photoshop geöffnetes Dokument gezogen. Das Erfreuliche: Übergeordnete Bildebenen bleiben erhalten.

Bilder in Ebenenrahmen einfügen

Eine weitere Möglichkeit, Bilder in bereits vorhandene Dateien einzufügen, ist der sogenannte Ebenenrahmen. Das dazu benötigte Rahmen-Werkzeug ❶ (Abbildung 4.15) lässt sich in der Toolbox oder mit Hilfe von K aktivieren. Nachdem das geschehen ist, müssen Sie die Rahmenform in der Optionsleiste anwählen. Zur Disposition stehen RECHTECK ❷ und ELLIPSE ❸.

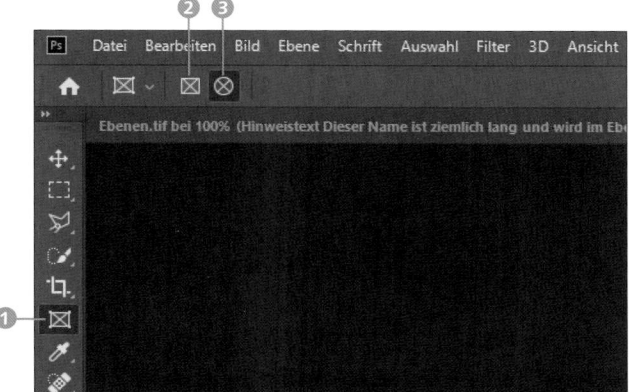

Abbildung 4.15 ▶
Zunächst muss das Rahmen-
Tool eingestellt werden.

Ziehen Sie anschließend mit gedrückter Maustaste einen Rahmen auf dem geöffneten Foto auf. Im Anschluss daran bestimmen Sie, welches Foto eingefügt werden soll. Für den Fall, dass sich Dateien im Bedienfeld BIBLIOTHEK befinden, können diese direkt per Drag & Drop in den Rahmen transportiert werden. Wollen Sie hingegen auf ein Bild zurückgreifen, das sich auf der Festplatte befindet, wählen Sie DATEI • PLATZIEREN UND EINBETTEN. Wer an dem zu importierenden Original später noch Veränderungen vornehmen möchte, die sich synchron auch auf das Zielbild auswirken sollen, wählt hingegen PLATZIEREN UND VERKNÜPFEN.

▲ **Abbildung 4.16**
Im zuvor festgelegten Rahmenformat erscheint ein neues Foto.

Wählen Sie das eingefügte Bild anschließend ab, indem Sie einen Mausklick jenseits der soeben hinzugefügten Bilddatei vornehmen. Nun gibt es sowohl für das Verschieben als auch fürs Skalieren zwei Möglichkeiten: Wollen Sie das Bild mitsamt Rahmen verschieben, klicken Sie es an und ziehen es mit gedrückter Maustaste an die gewünschte Stelle. Es ist jedoch auch denkbar, dass Sie den Rahmen an Ort und Stelle belassen wollen, während lediglich der Inhalt verschoben werden soll, beispielsweise um den Ausschnitt zu optimieren. Dazu müssen Sie einen Doppelklick auf der Datei ausführen. Anstelle des üblichen blauen Rahmens erscheint nun ein brauner Rahmen. Klicken Sie anschließend erneut auf das Foto im Rahmen, und verschieben Sie den Inhalt daraufhin nach Wunsch.

Und skalieren? Auch hier existieren zwei Möglichkeiten: Markieren Sie den Rahmen mittels einfachem Mausklick. Danach drücken Sie ⌈Strg⌉+⌈T⌉. Ziehen Sie den Rahmen an den Eckanfassern in Form. Die Änderungen wirken sich sowohl auf den Rahmen als auch auf das darin befindliche Foto aus. Führen Sie jedoch vor Betätigung des erwähnten Tastaturbefehls einen Doppelklick auf dem Rahmen-Foto aus, bleibt der Rahmen beim Skalieren unangetastet. Sie skalieren anschließend also nur den Inhalt, während der Rahmen unverändert bleibt. Eine letzte Info noch: Rahmenebenen unterscheiden sich innerhalb des Ebenen-Bedienfelds auch optisch von herkömmlichen Ebenen. Zudem werden die Bilder als Smartobjekte hinzugefügt. Was es damit auf sich hat, erfahren Sie ab Seite 192.

◄ **Abbildung 4.17**
Doppelklick = brauner Rahmen = Skalierung des Fotos ohne den dazugehörigen Rahmen. Einzelner Mausklick = blauer Rahmen = Skalierung von Foto und Rahmen gemeinsam.

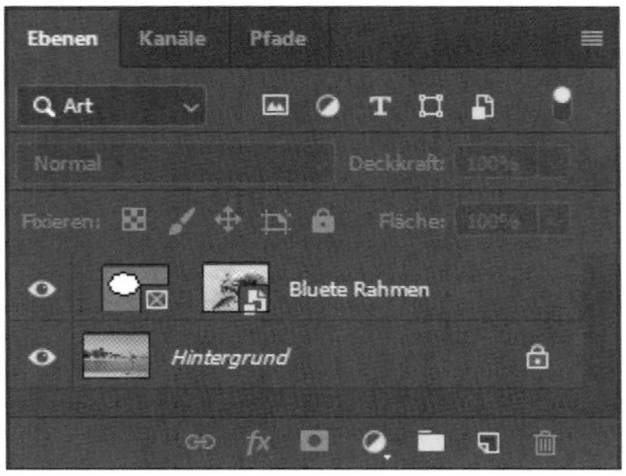

Abbildung 4.18 ▶
Das Rahmen-Bild wurde als
Smartobjekt eingefügt.

Auswahl aus Ebeneninhalt erzeugen

Klicken Sie einmal, während Sie $\boxed{\text{Strg}}$/$\boxed{\text{cmd}}$ gedrückt halten, auf
die Miniatur einer Ebene. Achten Sie darauf, dass Sie unbedingt
die Miniatur erwischen – also weder den Namen noch die graue
Fläche daneben. Wenn Sie die richtige Position erreicht haben,
erweitert sich der Mauszeiger (Hand) um ein kleines Rechteck.
Mit einem Klick auf die Ebenenminiatur bei gedrückter Taste
$\boxed{\text{Strg}}$/$\boxed{\text{cmd}}$ werden daraufhin nämlich alle Pixel der Ebene, die
nicht transparent sind, als Auswahl geladen.

So können Sie schnell komplexe Auswahlen aus Ebeneninhal-
ten erzeugen. Nützlich, oder? Eine solche Auswahl heben Sie übri-
gens wieder auf, indem Sie $\boxed{\text{Strg}}$/$\boxed{\text{cmd}}$+$\boxed{\text{D}}$ drücken.

Abbildung 4.19 ▶
Ein Klick auf die Ebenen-
miniatur mit $\boxed{\text{Strg}}$/$\boxed{\text{cmd}}$
bewirkt, ...

Abbildung 4.20 ▶▶
... dass die Inhalte der betreffenden Ebene als Auswahl
geladen werden.

Ebenen verbinden

Nun kann es sein, dass Sie mehrere Ebenen generell miteinander verbinden möchten. Denkbar ist z. B., dass ab sofort nur noch
beide Ebenen gemeinsam verschoben werden dürfen – auch dann,
wenn nur eine der beiden Ebenen markiert wird. Dazu wählen Sie

zunächst eine der gewünschten Ebenen aus. Halten Sie anschließend ⌈Strg⌋/⌈cmd⌋ bzw. ⌈⇧⌋ gedrückt (je nachdem, ob die Ebenen
zusammenliegen oder nicht), und klicken Sie auf die Ebenen, die
mit der zuerst ausgewählten verbunden werden sollen. Danach
betätigen Sie die Kettensymbol-Schaltfläche unten links in der
Fußleiste.

**Auf Hintergrund
reduzieren**
Dateien, die aus mehre-
ren Ebenen bestehen, be-
anspruchen mehr Spei-
cherplatz. Daher ist es
mitunter sinnvoll, Bilder
zu reduzieren. Im Fens-
termenü schlummert die
Funktion Auf Hinter-
grundebene reduzieren.
Beachten Sie aber, dass
Transparenzen der un-
tersten Ebene dann zu-
gunsten der aktuell ein-
gestellten Hintergrundfarbe geschluckt werden.
Außerdem sind die Ebe-
nen dann miteinander
verschmolzen und lassen
sich nicht mehr separat
bearbeiten.

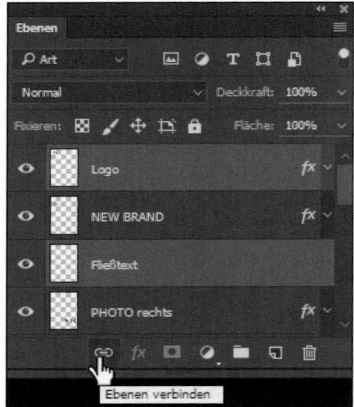

▲ **Abbildung 4.21**
Zuerst markieren, dann verbinden

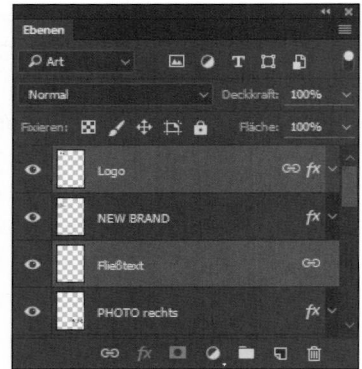

▲ **Abbildung 4.22**
Die Verbindung wird durch Ketten-
Symbole kenntlich gemacht.

Um derartige Verbindungen wieder aufzuheben, markieren Sie
eine der verbundenen Ebenen und klicken im Anschluss erneut
auf das Ketten-Symbol in der Fußleiste.

Ebenen gruppieren

Ebenen, so weit das Auge reicht. Irgendwann verliert auch der
gewandteste Bildgestalter die Übersicht. Ordnen Sie daher Ihre
Ebenen in Gruppen ein. Über Neue Gruppe erstellen (das Ordner-Symbol in der Fußleiste) ❶ erzeugen Sie einen Ordner, den
Sie dann mit Ebenen füllen können, indem Sie sie einfach auf den
neuen Ordner ziehen.

Über das kleine vorangestellte Dreieck kann der Ordner geöffnet bzw. geschlossen werden. Alternativ können Sie eine Ebenengruppe auch über ⌈Strg⌋/⌈cmd⌋+⌈G⌋ oder Ebene • Ebenen gruppieren anlegen, nachdem sie sie markiert haben. Eine Ebenengruppe

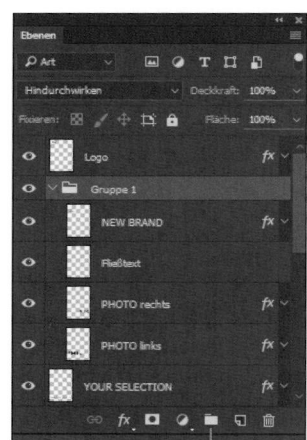

▲ **Abbildung 4.23** ❶
Durch die Einrückung wird
deutlich: Die vier Ebenen
unterhalb des Ordners gehören zur Gruppe. Die Ebenen
Logo und YOUR SELECTION
sind jedoch nicht dabei.

lässt sich übrigens auch wieder auflösen, und zwar über EBENE •
EBENENGRUPPIERUNG AUFHEBEN.

Ebenen zusammenfügen

Wenn einzelne Ebenen nicht mehr separat bearbeitet werden
müssen, bietet es sich an, Ebenen miteinander zu verbinden. Eine
»kleine« Verbindung gehen dabei Ebenen ein, die direkt übereinander angeordnet sind. Markieren Sie die obere, und entscheiden
Sie sich im Fenstermenü für MIT DARUNTER LIEGENDER AUF EINE
EBENE REDUZIEREN. [Strg]/[cmd]+[E] bewirkt das Gleiche, macht
die Sache aber wesentlich einfacher, wie ich meine.

Wollen Sie mehrere Ebenen in einem Arbeitsgang verbinden,
sollten Sie zunächst alle Ebenen unsichtbar schalten, die nicht
verbunden werden sollen. Markieren Sie anschließend eine noch
sichtbare Ebene, und entscheiden Sie sich für SICHTBARE AUF EINE
EBENE REDUZIEREN. Alternativ können Sie auch die Tasten [Strg]/
[cmd]+[⇧]+[E] betätigen.

Ebenen fixieren

Beachten Sie die Möglichkeiten, Ebenen gegen unbeabsichtigte
Bearbeitungen schützen zu können. Die Funktionen sind wirklich
sehr hilfreich und ersparen das Restaurieren unabsichtlich veränderter Bildbereiche.

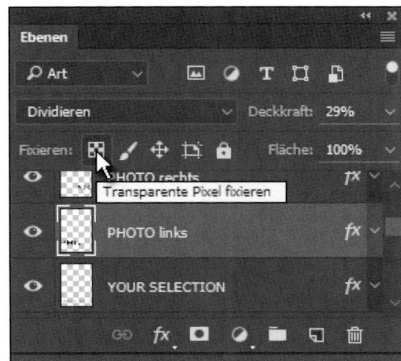

◀ Abbildung 4.24
Ein Schutzschild für Ihre Ebenen – die Fixieroptionen

▶ TRANSPARENTE PIXEL FIXIEREN: Alle transparenten Bereiche der
Ebene bleiben vor Bearbeitungen geschützt. Die Funktion ist

hilfreich, wenn Sie beispielsweise Farbe nur auf vorhandene Objekte auftragen wollen.

▶ BILDPIXEL FIXIEREN: Die Ebene ist vor der Bearbeitung mit Malwerkzeugen geschützt. Optionen wie das Verschieben der Ebene bleiben erhalten.

▶ POSITION SPERREN: In der Umkehrwirkung zu BILDPIXEL FIXIEREN kann die Ebene hier nicht bewegt, wohl aber mit Malwerkzeugen bearbeitet werden.

▶ AUTOMATISCHES VERSCHACHTELN IN UND AUS ZEICHENFLÄCHEN VERHINDERN: Beim Hinzufügen eines Zeichenflächen-Elements wird dieses automatisch der geöffneten Zeichenfläche hinzugefügt. Unterbinden Sie dies, indem Sie den Button vor dem Hinzufügen neuer Elemente aktivieren. Daraufhin können keine neuen Elemente hinzugefügt werden. Ebenso wird durch diese Funktion verhindert, dass Elemente aus der Zeichenfläche herausgezogen werden können. Das Verschieben der Elemente ist zwar weiterhin möglich – allerdings nur innerhalb der Zeichenfläche.

▶ ALLE SPERREN: Die Ebene ist gegen sämtliche Bearbeitungen geschützt. Wenn Sie versuchen, eine fixierte Ebene zu bewegen, gibt Photoshop eine Warnmeldung aus.

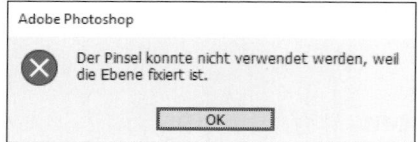

◀ **Abbildung 4.25**
Hilfsbereit wie immer – die Anwendung informiert auch gleich, warum die gewünschte Aktion nicht möglich ist.

Beachten Sie, dass die Ebenen innerhalb des Ebenen-Bedienfelds dennoch verschoben werden können – egal, welche Schutzfunktion aktiv ist. Die Stapelreihenfolge der Ebenen lässt sich also immer ändern.

4.3 Mit Ebenenmasken arbeiten

Im vorangegangenen Abschnitt haben Sie erfahren, wie sich Ebenen bedienen lassen. Allerdings sind die Möglichkeiten in Bezug auf das Gesamtergebnis aller Ebenen noch stark beschränkt. Was ist beispielsweise zu tun, wenn nur ein bestimmter Bereich einer

Ebene sichtbar sein soll? Die Antwort: Sie müssen eine Ebenen-maske erzeugen.

Ebenenmasken anlegen

Um eine Ebene teilweise sichtbar bzw. unsichtbar zu machen, bedarf es einer Maskierung. Dazu betätigen Sie nach Anwahl der betreffenden Ebene den Button EBENENMASKE HINZUFÜGEN ❶ in der Fußleiste des Ebenen-Bedienfelds. Bedenken Sie jedoch, dass die Maskierung eines Hintergrunds nicht möglich ist. Aktivieren Sie ihn dennoch und betätigen anschließend besagten Button, wan-delt Photoshop den Hintergrund zunächst in eine Ebene um ❷.

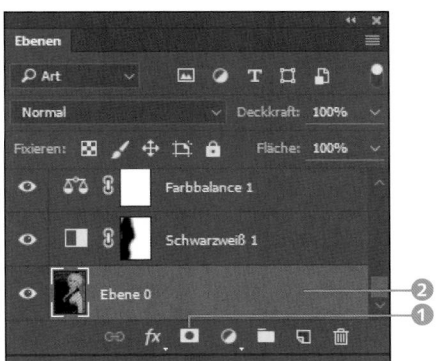

Abbildung 4.26 ▶
Der Hintergrund wird vor Erzeugung einer Ebenen-maske zunächst in eine Ebene konvertiert.

Ebenenmasken bearbeiten

Sobald Sie eine Ebenenmaske hinzufügen, erscheint neben der Ebenenminiatur eine zweite, die sogenannte Maskenminiatur. Sie ist zudem ausgewählt, was sich an der weißen Umrandung erken-nen lässt. Das bedeutet: Alles, was Sie nun machen, wird sich auf die Ebenenmaske auswirken. Sollten Sie zwischendurch eine andere Ebene aktivieren und danach weiter an der Maske arbei-ten wollen, müssen Sie diese auch mit einem Mausklick auswäh-len. Das normale Markieren der Ebene reicht nicht aus. Missach-ten Sie das, arbeiten Sie auf der Ebene – und nicht auf der Maske.

Nun zur eigentlichen Bearbeitung von Masken: Sobald Sie eine Maske aktivieren, werden die Farben innerhalb der Werk-zeugleiste auf Schwarz und Weiß eingestellt. Kontrollieren Sie das. Sollten hier andere Farben eingestellt sein, obwohl Sie eine Mas-

▲ Abbildung 4.27
Hier wird der Unterschied deutlich. Links ist die Ebene aktiv, rechts die Ebenen-maske. Achten Sie auf die weißen Eckumrandungen.

kenminiatur angewählt haben, drücken Sie ⌨D. Das macht Weiß zur Vordergrund- und Schwarz zur Hintergrundfarbe. Dabei gilt: Alles, was auf der Maske in Schwarz eingefärbt wird, ist unsichtbar, alles Weiße ist hingegen sichtbar.

Um also eine sichtbare Ebene teilweise zu maskieren, müssen Sie Schwarz in den Vordergrund holen. Das gelingt mit ⌨X. Wann immer Sie diese Taste betätigen, wechseln Vorder- und Hintergrundfarbe miteinander.

Miniaturen vergrößern
Falls Ihnen die Miniaturen zu klein sind, öffnen Sie das Bedienfeldmenü des Ebenen-Bedienfelds und selektieren BEDIENFELDOPTIONEN. Dort lassen sich verschiedene MINIATURGRÖSSEN einstellen.

Bilder/Ebenen.tif

◄ **Abbildung 4.28**
Die Ebene wird mit dem Pinsel und schwarzer Vordergrundfarbe maskiert.

Zum Maskieren eignen sich Malwerkzeuge und Verläufe. Aktivieren Sie doch einmal das Pinsel-Werkzeug ⌨B, und malen Sie mit Schwarz über die betreffende Ebene ❸ (hier den in eine Ebene umgewandelten Hintergrund der Beispieldatei »Ebenen.tif« mit anschließender Maskierung). Beachten Sie auch, wie sich die Maskenminiatur an diesen Stellen mit Schwarz füllt ❹. (Übrigens könnten Sie nach der Maskierung Weiß als Vordergrundfarbe wählen, also ⌨X drücken und dann den maskierten Bereich abermals übermalen. Dann würde dieser Bereich wieder demaskiert.)

Das Eigenschaften-Bedienfeld

**Vektormaske
hinzufügen**
Hier ❶ lassen sich Masken mit Hilfe der Pfadwerkzeuge generieren. (Weitere Informationen zu Pfaden erhalten Sie in Kapitel 10, »Text, Formen und Pfade«.)

Mit Hilfe des sogenannten Eigenschaften-Bedienfelds (FENSTER • EIGENSCHAFTEN oder Klick auf eine Maskenminiatur im Ebenen-Bedienfeld) ist es zudem noch möglich, die Maske nachträglich zu bearbeiten.

Abbildung 4.29 ▶
Hier kann z. B. die Dichte heruntergesetzt werden, was die Sichtbarkeit des zuvor maskierten Bereichs wieder erhöhen würde.

▶ AUSWÄHLEN UND MASKIEREN ❹: Hiermit lässt sich das Dialogfeld MASKE VERBESSERN öffnen. Es gestattet eine Optimierung der bisher erzeugten Maske. Die Steuerelemente sind identisch mit denen im bereits bekannten Dialog AUSWÄHLEN UND MASKIEREN (siehe Seite 148).

▶ FARBBEREICH ❺: Hierüber kann eine bestimmte Farbe oder ein Farbbereich per Pipette aus dem Bild aufgenommen und als Maske verwendet werden.

▶ UMKEHREN ❻: Eine Maske wird dahingehend umgekehrt, dass sichtbare Bereiche unsichtbar und unsichtbare Bereiche sichtbar werden. Prinzipiell werden hier Schwarz und Weiß miteinander vertauscht.

▶ AUSWAHL AUS MASKE LADEN ❼: Erzeugen Sie aus der aktuellen Maske (schwarze Bereiche) eine Auswahl.

▶ MASKE ANWENDEN ❽: Beim Klick auf diese Schaltfläche wird die Maske direkt auf die Ebene angewendet. Die Ebenenmaske selbst wird dabei aufgehoben.

- ▶ MASKE AKTIVIEREN/DEAKTIVIEREN ❾: Lassen Sie die oberste Ebene vorübergehend unmaskiert anzeigen. Ein erneuter Klick auf das Auge macht die Maske wieder sichtbar.
- ▶ MASKE LÖSCHEN ❿: MASKE LÖSCHEN verwirft die gesamte Maskierung und löscht zudem die Ebenenmaske selbst.

Doppelklick-Auswahl

Bitte achten Sie darauf, dass Sie zum Auswählen einer Ebenenmaske stets einen herkömmlichen Mausklick auf das Maskensymbol setzen. Wenn Sie nämlich stattdessen einen Doppelklick ausführen, fragt Photoshop nach, was künftig in diesem Fall geschehen soll. Sie haben dann die Wahl, mit besagtem Doppelklick ebenfalls die EIGENSCHAFTEN anzeigen zu lassen oder den Dialog AUSWÄHLEN UND MASKIEREN zu öffnen. Letzteres erscheint sinnvoller, da sich das Eigenschaften-Bedienfeld ja, wie Sie bereits wissen, auch über den herkömmlichen Mausklick aktivieren lässt.

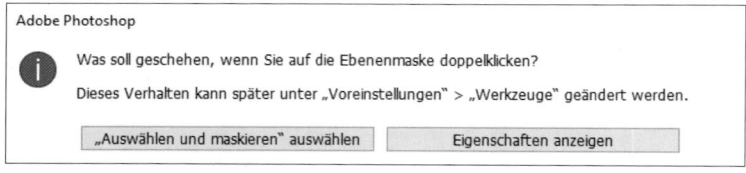

◄ **Abbildung 4.30**
Treffen Sie eine Auswahl.

Wie Sie sehen, ist auch diese Entscheidung nicht in Stein gemeißelt. Denn sollten Sie es sich irgendwann anders überlegen, können Sie jederzeit auf BEARBEITEN/PHOTOSHOP CC • VOREINSTELLUNGEN • WERKZEUGE gehen und dort die Checkbox DOPPELKLICK AUF EBENENMASKE STARTET ARBEITSBEREICH „AUSWÄHLEN UND MASKIEREN" ein- oder ausschalten, ehe Sie mit OK bestätigen.

Maskendichte und Kantenschärfe ändern

Sie können die DICHTE ❷ der Maske verändern. Das wirkt dann so, als hätten Sie die Maske mit einem deckkraftverminderten Pinsel erzeugt. So lässt sich festlegen, dass die Maske nur zum Teil sichtbar ist – und somit Teiltransparenzen erzeugt werden. Außerdem dürfen Sie jetzt auch nachträglich noch die Kanten-

schärfe der Maske ändern. Dazu ein Beispiel: Sie haben mit einer harten Pinselspitze gearbeitet und müssen jetzt feststellen, dass der Übergang eigentlich viel weicher sein müsste. Dann ziehen Sie einfach den Regler WEICHE KANTE ❸ (siehe Abbildung 4.29) nach rechts, bis Ihnen der Übergang gefällt.

Schritt für Schritt
Ebenen maskieren – eine einfache Montage

Bilder/Haende.jpg, Platine.jpg

Sie haben wieder einmal sehr viel Theorie über sich ergehen lassen müssen. Zur Entschädigung gibt es jetzt einen Workshop, der Ihnen gefallen wird. Öffnen Sie die beiden Beispielbilder. (Sollte die Datei »Ebenen.tif« noch geöffnet sein, schließen Sie das Foto – und zwar am besten, ohne die Änderungen zu speichern.) Wir werden nun mit einer interessanten Montage starten.

© S. Hofschlaeger / pixelio.de

▲ **Abbildung 4.31**
Dieses Bild dient als Grundlage.

© Margot Kessler / pixelio.de

▲ **Abbildung 4.32**
Dieses Foto wird auf das erste »montiert«.

1 Dateien verbinden

Stellen Sie das Bild »Platine.jpg« nach vorne. Betätigen Sie [Strg]/[cmd]+[A], gefolgt von [Strg]/[cmd]+[C]. Sie wissen ja: Der erste Befehl wählt alles aus, während der zweite den Inhalt der Auswahl in die Zwischenablage befördert. Stellen Sie nun »Haende.jpg« in den Vordergrund, und betätigen Sie [Strg]/[cmd]+[V]. Danach dürfen Sie das Platinen-Foto schließen.

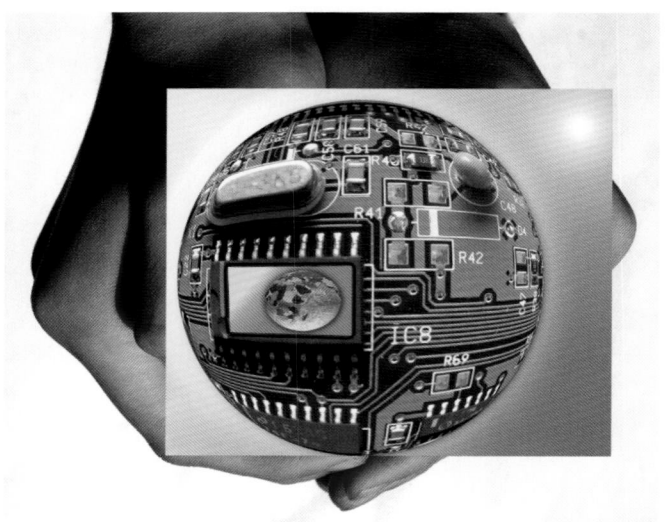

▲ **Abbildung 4.33**
Von jetzt an arbeiten Sie nur noch auf dem Grundlagen-Foto.

Ebene automatisch ausgewählt
Im nächsten Schritt ist auf der obersten Ebene zu arbeiten. Da sie aber nach einer Einfügung, wie Sie sie gerade vollzogen haben, automatisch aktiv ist, muss die separate Anwahl nicht mehr erfolgen.

2   Deckkraft verringern

Sie müssen den Durchmesser der Platinen-Kugel noch auf den der Glaskugel anpassen. Da das obere Foto das untere jedoch verdeckt, sollten Sie zunächst die Deckkraft der oberen Ebene etwas absenken. Dazu stellen Sie den Mauszeiger auf den Begriff DECK-KRAFT ❶ innerhalb des Ebenen-Bedienfelds, klicken mit der Maus darauf und schieben das Zeigegerät langsam nach links. Beobachten Sie dabei das nebenstehende Eingabefeld. Wenn es etwa 40 % zeigt, lassen Sie die Maustaste wieder los.

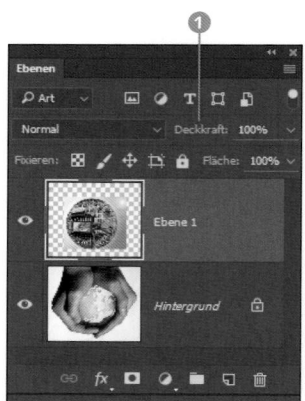

▲ **Abbildung 4.34**
Die Deckkraft der oberen Ebene wurde hier auf 42 % reduziert.

3   Obere Ebene transformieren

Damit ist der Weg frei, die eigentliche Größenanpassung vorzunehmen. Wählen Sie daher BEARBEITEN • FREI TRANSFORMIEREN aus dem Menü, oder drücken Sie [Strg]/[cmd]+[T]. Photoshop präsentiert daraufhin einen Transformationsrahmen mit den bereits bekannten quadratischen Anfassern.

Ergreifen Sie einen der Eckanfasser. Bevor Sie ihn jedoch verschieben, halten Sie zusätzlich noch [⇧] gedrückt, damit sich die Proportionen des oberen Bildes nicht verändern können. Wenn Sie fertig sind oder unterbrechen wollen, lassen Sie stets zuerst die Maustaste und erst im Anschluss [⇧] los.

Abbildung 4.35 ▶
Verkleinern Sie die obere
Bildebene, ohne dabei die
Proportionen zu verändern.

4 Ebene verschieben

Sicher müssen Sie die obere Bildebene (Platine) noch verschieben, damit sie auch wirklich mittig über der Glaskugel liegt. Das können Sie machen, indem Sie in den Transformationsrahmen hineinklicken und das Bild dann per Drag & Drop nach Wunsch bewegen.

Am Ende bestätigen Sie die Transformation mit einem Klick auf das Häkchen in der Optionsleiste oder indem Sie ⏎ betätigen. Übrigens müssen Sie nicht 100%ig exakt arbeiten, da der Rand nicht explizit bearbeitet wird. Wenn die obere Kugel also »in etwa« der unteren entspricht, haben Sie den Job optimal erledigt.

Abbildung 4.36 ▶
So ist die Transformation
durchaus in Ordnung.

5 Deckkraft erhöhen

Nachdem Sie die Transformation bestätigt haben, sollten Sie die Deckkraft der oberen Ebene wieder auf 100 % erhöhen. Setzen Sie die Maus also wieder auf die Bezeichnung DECKKRAFT im Ebenen-Bedienfeld, und ziehen Sie mit gedrückter Maustaste nach rechts. Die Platine deckt daraufhin die Glaskugel wieder vollständig ab.

6 Ebenenmaske anlegen

Jetzt müssen Sie die oberste Ebene mit einer Maske versehen. Dadurch haben Sie nämlich die Möglichkeit, bestimmte Bereiche dieser Ebene nachträglich zu entfernen. Würden Sie jetzt einfach auf das Masken-Symbol in der Fußleiste der Anwendung klicken, so entstünde eine weiße Maske. Die obere Ebene wäre voll deckend. Wir wollen jedoch mit einer schwarzen Maske beginnen, die zunächst die gesamte obere Ebene unsichtbar macht. Dazu halten Sie ⌥Alt gedrückt und betätigen EBENENMASKE HINZUFÜGEN.

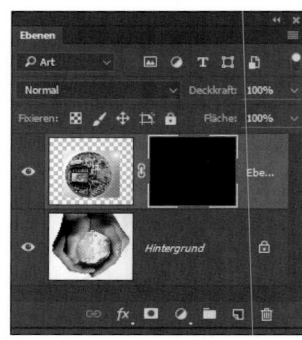

▲ **Abbildung 4.37**
Die Maskenminiatur ist pech-schwarz. Die Folge: Die Ebene ist komplett unsicht-bar.

7 Werkzeug einstellen

Jetzt müssen Sie noch das Werkzeug einstellen, mit dem Sie maskieren wollen. Wir benutzen dazu einen Pinsel. Drücken Sie ⓑ, und stellen Sie sicher, dass auch wirklich der Pinsel ausgewählt ist. Sollte ein anderes Tool gelistet sein, betätigen Sie so oft ⌂+ⓑ, bis sich das gewünschte Tool in der Werkzeugleiste zeigt.

In der Optionsleiste wählen Sie zudem eine weiche Pinselspitze mit einem Durchmesser von etwa 180 Px. Die weiteren Einstellungen innerhalb der Optionsleiste lauten: Modus NORMAL sowie DECKKR. und FLUSS jeweils 100 %.

Maske umkehren
Sollten Sie versehentlich eine weiße Maske erzeugt haben, ist das kein Beinbruch. Mit Strg/cmd+I lässt sich eine Maske nämlich jederzeit invertieren. Aus Schwarz wird Weiß – und umgekehrt.

▲ **Abbildung 4.38**
So muss der Pinsel eingestellt sein.

8 Ebene demaskieren

Sorgen Sie zudem dafür, dass Weiß als Vordergrundfarbe gelistet ist, indem Sie ⒟ betätigen. Da die Ebene ja komplett unsichtbar ist, müssen Sie »demaskieren« – und zwar mit Weiß. Wischen Sie langsam über die Glaskugel. Das bewirkt, dass sich die Platine nach und nach zeigt.

Abbildung 4.39 ▶
Durch Auftragen von weißer
Farbe wird die obere Ebene
demaskiert.

9   Maske korrigieren

Wischen Sie die Platine nach und nach frei, wobei Sie aber darauf achten sollten, dass Sie nicht zu dicht an die Hände gelangen.
Sollte das dennoch passieren, ist das kein Beinbruch. Drücken
Sie in diesem Fall einfach ⌧ auf Ihrer Tastatur (daraufhin wird
Schwarz zur Vordergrundfarbe), und übermalen Sie den Bereich,
den Sie zuvor versehentlich freigelegt hatten. Danach drücken Sie
abermals ⌧ (jetzt wird wieder Weiß als Vordergrundfarbe definiert), und legen Sie die Platine weiter frei.

Und noch eine Info: Dadurch, dass Sie zuvor eine weiche Pinselspitze eingestellt haben, werden die Übergänge zwischen den
beiden Ebenen weich ineinanderfließen.

Abbildung 4.40 ▶
Die obere Ebene liegt stellenweise frei.

10 Auf Hintergrundebene reduzieren

Gehen Sie jetzt noch einmal in das Bedienfeldmenü, und wählen Sie den Eintrag Auf Hintergrundebene reduzieren. Das hat den Vorteil, dass die Dateigröße geringer wird (je mehr Ebenen, desto größer das Dateivolumen). Einen Nachteil hat das aber auch: Die Maskierung wird dadurch aufgelöst, und Sie können sie danach nicht weiter ausgestalten. Machen Sie diesen Schritt also bitte nur dann, wenn Sie genau wissen, dass die Maskierung nicht noch einmal korrigiert werden muss.

Ich habe die Ergebnis-Datei »Haende-bearbeitet.tif«, die Sie wie gewohnt im Ordner Ergebnisse finden, nicht auf die Hintergrundebene reduziert, damit Sie auch die Maske selbst noch begutachten können.

Maskierungsmodus

An dieser Stelle möchte ich Ihnen noch kurz eine weitere Maskierungsoption vorstellen. In Photoshop ist es nämlich möglich, eine Auswahl als Maske zu nutzen. So ließe sich beispielsweise ein schwierig zu maskierender Bereich zunächst mit einer Auswahl einfangen und anschließend Q drücken. Stattdessen dürfen Sie aber auch auf den Maskierungsmodus-Button unten in der Toolbox klicken. Die Schaltfläche sieht aus wie ein Europafähnchen, gell?

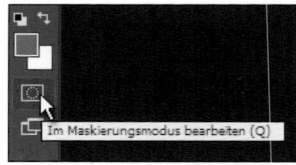

▲ **Abbildung 4.41**
Schalten Sie nach Erstellung einer Auswahl den Maskierungsmodus ein.

◄ **Abbildung 4.42**
So sieht die Auswahl der Blüte bei aktiviertem Maskierungsmodus aus.

Sie sehen jetzt sämtliche ausgewählten Bereiche in Normalfarbe, während nicht ausgewählte Bereiche teiltransparent rot überla-

gert sind. Mit Hilfe des Pinsel-Werkzeugs lassen sich nun ausgewählte Bereiche durch bloßes Malen von der Auswahl abziehen.
Voraussetzung dafür ist, dass Schwarz als Vordergrundfarbe eingestellt ist. Mit weißer Vordergrundfarbe hingegen ließen sich der
Auswahl weitere Bereiche hinzufügen. Durch erneuten Klick auf
das Eurofähnchen oder [Q] verlassen Sie den Maskierungsmodus
und kehren zurück zur Auswahl.

Und was hat diese Auswahl nun mit Ebenenmasken zu tun?
Nun, Sie wären nach der Erstellung der Auswahl imstande, durch
bloßes Klicken auf das Ebenenmasken-Symbol der Ebene eine
entsprechende Maske hinzuzufügen. Sollten Sie die Auswahl auf
einem Hintergrund erstellt haben, wird sie beim Klick auf das Ebenenmasken-Symbol automatisch eine Ebene.

▲ **Abbildung 4.43**
Aus der zuvor erzeugten Auswahl wird eine präzise Maske.

4.4 Ebenenstile

Ebenenstile (auch Ebeneneffekte genannt) werden stets auf die
gesamte Ebene angewendet. Dabei stehen dem Anwender mächtige Tools und umfangreiche Optionen zur Verfügung.

Wenden Sie z. B. einen Schlagschatten auf eine Ebene an, sieht
es so aus, als fiele der Schatten auf die unterhalb angeordneten
Ebenen. In Wahrheit ist der Schatten aber Bestandteil der Ebene,
auf die er angewendet wird.

Hintergrund umwandeln
Durch das Duplizieren
der Ebene ist eine Um-
wandlung des Hinter-
grunds nicht mehr erfor-
derlich. Um jedoch
Ebenenstile auf eine Hin-
tergrundebene anzuwen-
den, muss sie zunächst in
eine normale Ebene kon-
vertiert werden (EBENE •
NEU • EBENE AUS HINTER-
GRUND oder Doppelklick
auf die Hintergrundebene
im Ebenen-Bedienfeld).

Ebenenstile hinzufügen

Um einen Ebenenstil zuzuweisen, gibt es folgende Möglichkeiten:
Entweder Sie entscheiden sich im Menü EBENE • EBENENSTIL für
einen der folgenden Einträge, oder Sie setzen einen Doppelklick
auf die gewünschte Ebene innerhalb des Ebenen-Bedienfelds. Es
erscheint ein umfangreiches Fenster, in dem Sie den gewünschten
Effekt per Checkbox bestimmen. Prinzipiell dürfen das übrigens
auch mehrere Effekte sein.

Wie wäre es, wenn Sie dazu einen Workshop absolvieren würden? Dann können Sie sich auch direkt mit den Erfordernissen
für derartige Arbeitsschritte vertraut machen. Es ist nämlich z. B.
nicht möglich, Ebenenstile auf Hintergrundebenen zu übertragen.

Schritt für Schritt
Plastische Wirkung erzielen

Öffnen Sie die Beispieldatei »Fisch.tif«. Diese einfache Skizze sieht zwar sehr nett, aber auch ziemlich platt aus. Das soll anhand zweier Stile geändert werden. Doch zunächst sind einige Vorkehrungen zu treffen.

Bilder/Fisch.tif

1 Fisch trennen

Trennen Sie den Fisch von der Farbfläche. Dazu klicken Sie einmal kurz mit dem Zauberstab-Werkzeug [W] auf den Hintergrund. Kehren Sie die Auswahl um (AUSWAHL • AUSWAHL UMKEHREN oder [Strg]/[cmd]+[⇧]+[I]), und betätigen Sie zuletzt [Strg]/[cmd]+[J]. Alternativ entscheiden Sie sich für EBENE • NEU • EBENE DURCH KOPIEREN.

2 Ebenenstile öffnen

Nun geht es an die Zuweisung der Ebenenstile. Dazu platzieren Sie einen Doppelklick auf Ebene 1 (bitte nicht auf den Namen der Ebene klicken) oder wählen EBENE • EBENENSTIL • FÜLLOPTIONEN. Danach betätigen Sie ABGEFLACHTE KANTE UND RELIEF. Bitte klicken Sie auf die Bezeichnung ❶. Wenn Sie nur die vorangestellte Checkbox ❷ anwählen, wird der Effekt zwar ebenfalls zugewiesen, jedoch erscheinen in der Mitte des Dialogs nicht die erforderlichen Steuerelemente.

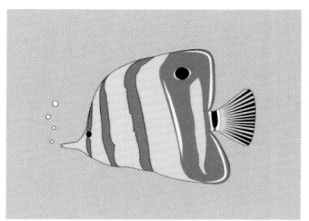

▲ **Abbildung 4.44**
Diesem Zeitgenossen wollen wir etwas mehr räumliche Struktur verleihen.

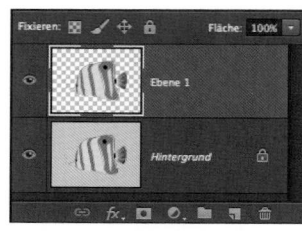

▲ **Abbildung 4.45**
Der Fisch liegt noch einmal als separate Ebene vor.

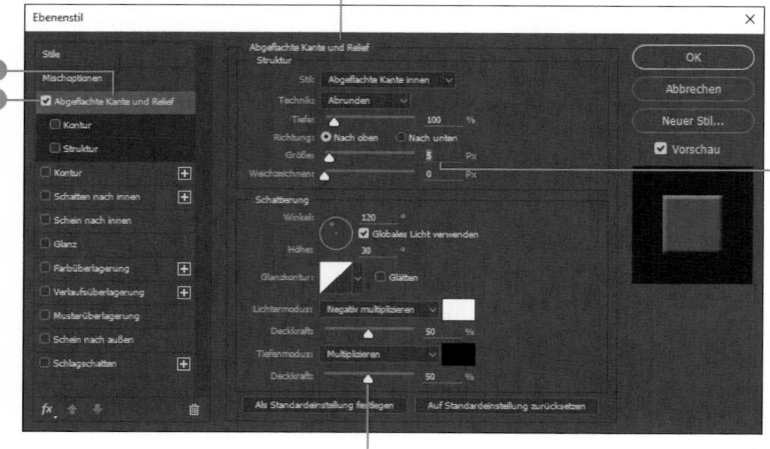

◀ **Abbildung 4.46**
Der Effekt lässt sich nur dann einstellen, wenn die Dialogmitte mit ABGEFLACHTE KANTE UND RELIEF betitelt ist ❸.

187

3   Kante und Relief einstellen

Ziehen Sie den Schieber GRÖSSE ❹ auf ca. 50 Px. Das sorgt für
eine rundliche Form am Rand der Grafik. Da sie aber noch ein
wenig zu dunkel erscheint, sollten Sie die DECKKRAFT im TIEFEN-
MODUS ❺ noch auf etwa 35 % zurückziehen. Danach betätigen Sie
die Zeile SCHLAGSCHATTEN ❻ (auch hier bitte die Bezeichnung und
nicht die Checkbox markieren).

4   Schlagschatten einstellen

Jetzt bekommt die Grafik noch einen Schatten. Damit er nicht zu
hart wird, verringern Sie die DECKKRAFT ❼ auf 50 %. Der ABSTAND
❾ soll 11 Px und die GRÖSSE ❿ 16 Px betragen. Klicken Sie zuletzt
noch auf die Linie im Steuerelement WINKEL ❽, und verschieben
Sie sie mit gedrückter Maustaste so weit, dass im nebenstehenden Eingabefeld 135° angezeigt wird. Damit verleihen Sie dem
Schatten die gewünschte Richtung. Bestätigen Sie mit OK.

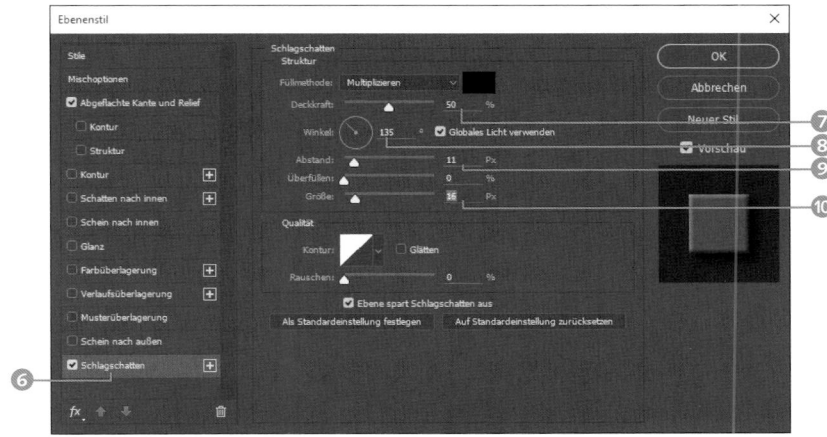

Abbildung 4.47 ▶
Zuletzt wird der Schatten
eingestellt.

Abbildung 4.48 ▶
Der Plattfisch ist zum Kugel-
fisch angewachsen – und hat
einen ganz schönen Schatten.
Na ja, auf dem Bild zumindest.

Ebenenstile nachträglich ändern

Wenn Sie mit OK bestätigt haben, ist der Effekt zugewiesen. Dennoch lässt er sich jederzeit nachjustieren – und zwar verlustfrei. Dazu reicht ein Doppelklick auf das fx-Symbol der Ebene.

Zudem lassen sich die direkt unterhalb angeordneten Augen-Symbole anklicken, wodurch einzelne Effekte oder alle (oberstes Auge) deaktiviert werden. Ein erneuter Klick auf diese Stelle macht die Ebeneneffekte wieder sichtbar. – Sie möchten die Effekte nachträglich doch wieder löschen? Nichts leichter als das. Betätigen Sie dazu den fx-Schalter mit rechts, und entscheiden Sie sich im Kontextmenü für EBENENSTIL LÖSCHEN.

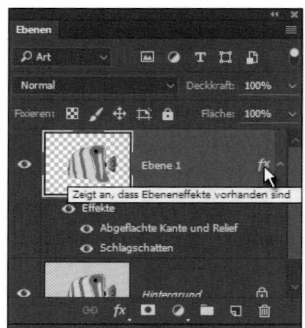

▲ **Abbildung 4.49**
Ein Doppelklick auf fx bringt Sie zurück zum Effekt-Dialog.

4.5 Mischmodi

Mischmodi (früher Füllmethoden genannt) gehören sicherlich zu den anspruchsvolleren Themen rund um die Bildbearbeitung. Bei ihrer Anwendung werden die Farb- und/oder Helligkeitsinformationen zweier oder mehrerer Ebenen miteinander verrechnet. Das hört sich kompliziert an, oder? Und leider ist es das auch – zumindest auf den ersten Blick. Einziger Trost: Ist Ihnen das System, das dahintersteckt, erst einmal in Fleisch und Blut übergegangen, werden Sie mit Mischmodi einzigartige Bildkompositionen erstellen. Dann macht das Anwenden dieser befremdlich klingenden Ebenenvarianten richtig Spaß.

Ebeneneffekte deaktivieren

Der Eintrag EBENENEFFEKTE DEAKTIVIEREN, der im Kontextmenü ganz oben steht, entfernt die Effekte nicht, wie man vielleicht annimmt. Vielmehr wird dadurch lediglich eine Ausblendung der Effekte erreicht – so als wenn Sie das Augen-Symbol betätigten.

Bilder/Ergebnisse/
Haende-bearbeitet.tif

Das Mischmodus-Prinzip

Wenn zwei Ebenen übereinanderliegen, deckt die obere die untere ab – zumindest an den Stellen, an denen die obere Ebene nicht transparent ist. Dort, wo sich zu 100 % deckende Pixel befinden, sind die Pixel der darunterliegenden Ebene im Bild nicht zu sehen. Das ist ja nicht wirklich spektakulär. Interessanter ist, dass Sie die Abdeckwirkung der oberen Ebene in dem Moment aufheben, in dem Sie sich für einen anderen Mischmodus als NORMAL entscheiden. Die obere Ebene bildet daraufhin mit der darunterliegenden eine Mischung – das Resultat ist ein »Gesamtbild« aus beiden Ebenen, so wie beispielsweise die Ebene PHOTO RECHTS im Bild »Ebenen.tif«. Sie steht auf DIVIDIEREN.

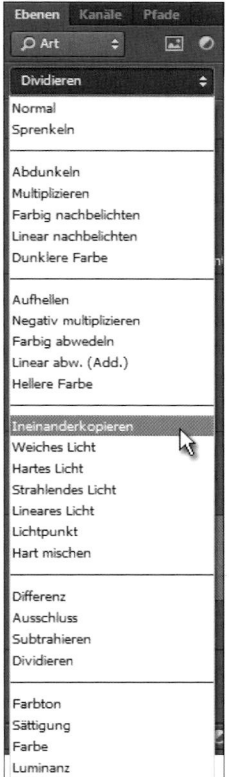

Interessant ist, dass sich die Auswirkungen einer Mischmodus-Veränderung bereits im Bild begutachten lassen, bevor Sie eine Auswahl per Mausklick treffen. Wenn Sie den Mauszeiger nämlich auf einen anderen Eintrag verschieben, sehen Sie im Bild sofort, was diese Einstellung bewirkt. Das bedeutet: Sie können in aller Ruhe aussuchen, welcher Mischmodus sich für Ihr Bild am besten eignet, indem Sie die Maus langsam nach oben und unten bewegen und den Mausklick erst ausführen, wenn Sie sicher sind, den besten Modus gefunden zu haben.

▲ **Abbildung 4.50**
Durch die Veränderung des Mischmodus verändert sich auch die Darstellung der darunter befindlichen Ebenen.

Mischmodus: Multiplizieren

Grundsätzlich können Sie zwei beliebige RGB-Dateien miteinander verbinden, indem Sie das eine Bild per Drag & Drop auf das andere ziehen (mit einer einzelnen Ebene funktioniert das im Übrigen auch). Im folgenden Beispiel sehen Sie die Datei »Haende-bearbeitet.tif« aus dem ERGEBNISSE-Ordner. Ändern Sie den Mischmodus der oberen Ebene in MULTIPLIZIEREN. Sofort ist zu erkennen, dass die untere Ebene durchschimmert.

Diese interessante Konstellation ist nur möglich, weil die Farbwerte beider Ebenen miteinander verrechnet werden. Das Resultat ist bei dieser Methode übrigens immer dunkler als das Original. Dabei gilt auch: Beim Multiplizieren einer Farbe mit Schwarz bleibt Schwarz erhalten, und beim Multiplizieren mit Weiß bleibt die Ergebnisfarbe unverändert.

▲ **Abbildung 4.51**
Beim INEINANDERKOPIEREN wirken andere Parameter als beim DIVIDIEREN.

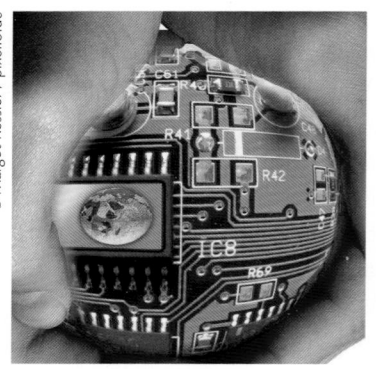

© Margot Kessler / pixelio.de

◄ **Abbildung 4.52**
Links: Mischmodus Normal,
rechts: Multiplizieren – die
Hintergrundebene schimmert
durch.

Mischmodus: Negativ multiplizieren

Die Umkehrwirkung dieser Methode wäre Negativ multiplizieren. Hier werden die Farben im Ergebnis stets heller sein. Und
wie verhält sich das hier mit Schwarz und Weiß? Wenden Sie die
umgekehrte Multiplikation auf Schwarz an, ist die Ergebnisfarbe
heller. Und was passiert nun, wenn Sie eine Farbe mit Weiß negativ multiplizieren? – Richtig, das Ergebnis ist Weiß.

**Deckkraft der Füllebene
ändern**
Nun erreichen Sie bereits
durch bloße Misch-
modus-Änderung ein Re-
sultat. Bedenken Sie aber,
dass sich in diesem Zu-
sammenhang auch die
Deckkraft der oberen
Ebene noch absenken
lässt. Dadurch kann der
Effekt gewissermaßen stu-
fenlos eingestellt werden.

Mischmodus: Ineinanderkopieren

Dieser Modus ist sehr interessant, da er in Abhängigkeit von der
Ausgangsfarbe eine Multiplikation oder Negativ-Multiplikation
durchführt. Dabei bleiben die Tiefen und Lichter der Ausgangsfarbe (untere Ebene) erhalten, während die Farben (obere Ebene)
überlagert werden.

Wozu Mischmodi?

Wenn Sie jetzt die Frage stellen, wozu Mischmodi überhaupt
benötigt werden, sollten Sie unbedingt weiterlesen. In den kommenden Workshops werden Sie sie nämlich anwenden, um interessante Kompositionen zu erzeugen. Selbst bei der Beleuchtungs-
korrektur kann diese Art der Bildmanipulation Verwendung finden.
Welcher Mischmodus für welches Ergebnis der bessere ist, kann
aber nicht pauschal gesagt werden. Das hängt nämlich immer von
den Farb- und Luminanzwerten der einzelnen Ebenen ab.

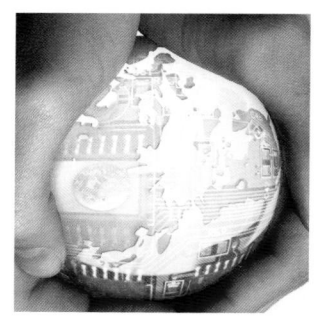

▲ **Abbildung 4.53**
Hier wird der Unterschied
besonders deutlich: Beim
negativen Multiplizieren wirken beide Ebenen gemeinsam
heller.

Weitere Mischmodi im Überblick

▸ SPRENKELN: Bei dieser Methode wird per Zufall generiert, welche Pixel der oberen Ebene erhalten bleiben. So entsteht der Eindruck, als seien die Inhalte der Ebene »aufgesprüht« worden.

▸ ABDUNKELN: Anhand der Kanalinformationen wird die jeweils dunklere Farbe zur Ergebnisfarbe. Hellere Pixel werden dabei ersetzt, dunklere bleiben unverändert erhalten.

▸ AUFHELLEN: Anhand der Kanalinformationen wird die jeweils hellere Farbe zur Ergebnisfarbe. Dunklere Pixel werden ersetzt, hellere bleiben unverändert erhalten.

▸ WEICHES LICHT: Die Farben werden je nach Farbe der oberen Ebene aufgehellt oder abgedunkelt. Bei hellen Farben der oberen Ebene ist auch das Ergebnis heller, bei dunkleren Farben ist das Ergebnis dunkler.

▸ FARBTON: Hier sorgen Luminanz und Sättigung für die Farbgebung des Ergebnisses.

▸ SÄTTIGUNG: Die Luminanz der oberen sowie der Farbton der unteren Ebene sorgen für das Ergebnis.

4.6   Smartobjekt-Ebenen

Die Technik rund um Smartobjekte ist nicht nur sehr interessant, sondern bringt auch einen unverzichtbaren Nutzen in Sachen Individualität. Bevor es jedoch ins Detail geht, fassen wir noch einmal zusammen: Was passiert, wenn Sie Änderungen an einer Ebene vornehmen? Natürlich: Die Inhalte der Ebene werden entsprechend geändert. Wenn Sie später entscheiden (sagen wir einmal, so nach hundert weiteren Bearbeitungsschritten), eine an der Ebene durchgeführte Änderung noch einmal nachzustellen, geht das nicht mehr. Sie können nicht mehr so viele Schritte rückgängig machen. Und selbst wenn – dann hätten Sie alle dahinter liegenden Bearbeitungsschritte ebenfalls wieder verloren.

Genau hier kommen Smartobjekte ins Spiel. Smartobjekte sind nämlich keine festen Bestandteile des Fotos, sondern Referenzen (auf dateiinterne oder externe Inhalte). Stellen Sie sich vor, Sie arbeiten an einem Bild, das aus fünf verschiedenen Fotos und somit aus fünf Ebenen besteht. Aber nur vier davon sind tatsächlich Bestandteil des Fotos. Beim fünften Foto verweisen Sie

lediglich auf das Original. Da Sie damit stets den Zugriff auf das unveränderte Quellmaterial aufrechterhalten, können Sie die Reihenfolge oder die Einstellungsparameter jederzeit wieder ändern. Auch Mischmodi oder Filter lassen sich einzeln ein- oder ausblenden und sogar nachbearbeiten. Ein wenig Geduld noch. Sie werden gleich damit zu tun bekommen.

Smartobjekt erzeugen

Der Unterschied zum normalen Import von Ebenen ist der, dass Sie die Ebene im Regelfall bereits zu Beginn als Smartobjekt definieren. Sie können also statt des herkömmlichen Öffnen-Dialogs den Befehl DATEI • ALS SMARTOBJEKT ÖFFNEN anwählen.

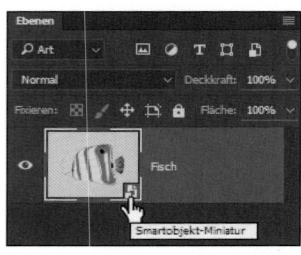

▲ **Abbildung 4.54**
Smartobjekte sind in der Ebenenminiatur entsprechend gekennzeichnet.

Danach sollten Sie einen Blick auf das Ebenen-Bedienfeld werfen. Die untere rechte Ecke der Ebenenminiatur deutet nämlich darauf hin, dass es sich dabei nicht mehr um eine herkömmliche Ebene, sondern um ein Smartobjekt handelt.

Ebenen in Smartobjekte konvertieren

Das ist aber nicht die einzige Möglichkeit, um aus einer herkömmlichen Ebene ein Smartobjekt zu machen. Auch wenn das Bild bereits auf normalem Weg geöffnet wurde, können Sie es noch entsprechend umwandeln. Das machen Sie über EBENE • SMARTOBJEKTE • IN SMARTOBJEKT KONVERTIEREN.

Smartfilter

Richtig interessant wird die Arbeit mit Smartobjekten durch das Prinzip der Smartfilter. Dazu noch einmal ein kleines bisschen Theorie: Wenn Sie einen Filter anwenden, wirkt sich das (wie bei einem Ebenenstil) direkt auf eine Ebene aus. Sie können einen zweiten Filter hinzufügen, der dann aber auf Grundlage des ersten hinzugerechnet wird. Sie wenden den zweiten Filter also auf Grundlage des ersten an. Das ist mit den Smartfiltern anders. Es lassen sich nämlich mehrere Filter anwenden, in ihrer Reihenfolge tauschen und sogar editieren (auch noch nach Hunderten von Zwischenschritten). Das wäre ohne Smartfilter nicht möglich. So, genug Theorie gepaukt – jetzt sind Sie wieder dran.

Bilder/Bass.jpg

© Günter Z. / pixelio.de

▲ **Abbildung 4.55**
Dieses Foto ist ein Fall für
Smartfilter.

**Transparente Bereiche
schützen**

Aktivieren Sie diese
Checkbox, wenn Sie er-
reichen wollen, dass nicht
die gesamte Fläche einer
Ebene mit Farbe verse-
hen wird, sondern nur
Bereiche, auf denen sich
auch Bildinhalte befin-
den. Im Beispiel muss die
Checkbox inaktiv bleiben,
da ansonsten keine Farbe
aufgetragen würde (die
Ebene ist ja komplett
transparent).

Schritt für Schritt
Einen Blendenfleck hinzufügen

Dieser Workshop soll Ihnen nicht nur zeigen, wie effektiv das Arbeiten mit Smartobjekten in Bezug auf Filter ist, sondern auch direkte Vergleiche zu herkömmlichen Techniken liefern. Sie werden deutlich sehen, warum es so sinnvoll ist, eine Bildebene in ein Smartobjekt zu konvertieren.

1 Neue Ebene erzeugen

Ziel des Workshops ist es, diesem Foto einen Blendenfleck hinzuzufügen. Sie kennen das vielleicht vom Fotografieren ins Gegenlicht. Der erste Schritt besteht darin, eine neue Ebene zu erzeugen. Erledigen Sie das doch diesmal mit einem Tastaturkürzel, nämlich (Strg)/(cmd)+(⇧)+(N).

2 Fläche füllen

Im Anschluss drücken Sie (⇧)+(F5) oder wählen BEARBEITEN • FLÄCHE FÜLLEN. Unter VERWENDEN stellen Sie SCHWARZ ein. Die übrigen Steuerelemente bleiben unangetastet (siehe Abbildung 4.56). Verlassen Sie den Dialog mit OK.

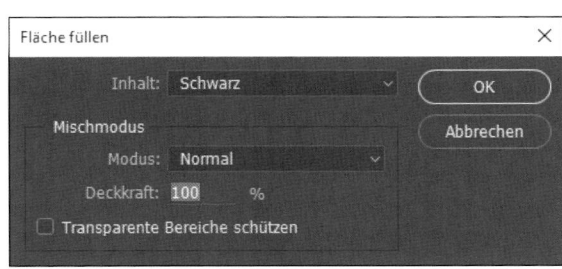

▲ **Abbildung 4.56**
Die Fläche der Ebene soll mit schwarzer Farbe versehen sein.

3 Mischmodus ändern

Zu dumm nur, dass jetzt das gesamte Foto schwarz ist. Stellen Sie daher den MISCHMODUS der obersten Ebene auf NEGATIV MULTIPLIZIEREN. Sie erinnern sich? Bei der Negativ-Multiplikation mit Schwarz ist die Ergebnisfarbe heller als die überlagernde Ebene. Und da auf der unteren Ebene so ziemlich alles heller ist als auf der oberen, wirkt sich das Schwarz nicht auf das Foto aus.

Frage: Wozu benötigen wir überhaupt eine Ebene, wenn sie doch gar nicht sichtbar ist? Antwort: Um dort einen Filter zu integrieren. Ein Filter auf transparenten Bildpixeln ist unnütz, da man ihn nicht sehen würde. Ein Filter auf einer multiplizierten Ebene ist hingegen sehr wohl sichtbar. Warten Sie bitte noch einen Moment, dann wird es deutlich.

4 Bild duplizieren

Bevor Sie nun fortfahren, sollten Sie das Foto kopieren. Immerhin hatte ich Ihnen ja versprochen, die unmittelbaren Vorteile von Smartebenen zu präsentieren. Entscheiden Sie sich für BILD • DUPLIZIEREN, und klicken Sie den Folgedialog mit OK weg.

5 Filter »Blendenflecke« direkt zuweisen

Auf der Kopie stellen Sie FILTER • RENDERFILTER • BLENDENFLECKE ein. Der Anschlussdialog interessiert uns noch nicht wirklich, weshalb Sie sich direkt für OK entscheiden können. Und schon prangt der angekündigte Blendenfleck auf unserem Foto. Das mit den Mischmodi ist eine tolle Sache. Das Problem ist, dass dieser Blendenfleck sich nun nicht mehr neu positionieren lässt.

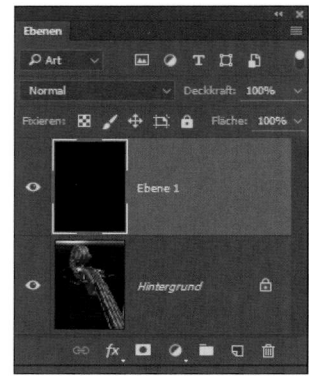

▲ **Abbildung 4.57**
Vom Schwarz der oberen Ebene ist bedingt durch die Negativ-Multiplikation nichts mehr zu sehen.

Alle Filter
Im Menü FILTER werden nicht alle Filter aufgelistet, die innerhalb von Photoshop zur Verfügung stehen. Einige lassen sich lediglich über FILTER • FILTERGALERIE aufspüren. Sofern Sie es befürworten, alle Filter auch im Menü zu sehen, gehen Sie auf BEARBEITEN/PHOTOSHOP • VOREINSTELLUNGEN • ZUSATZMODULE und aktivieren die Checkbox ALLE FILTERGALERIEGRUPPEN UND -NAMEN ANZEIGEN.

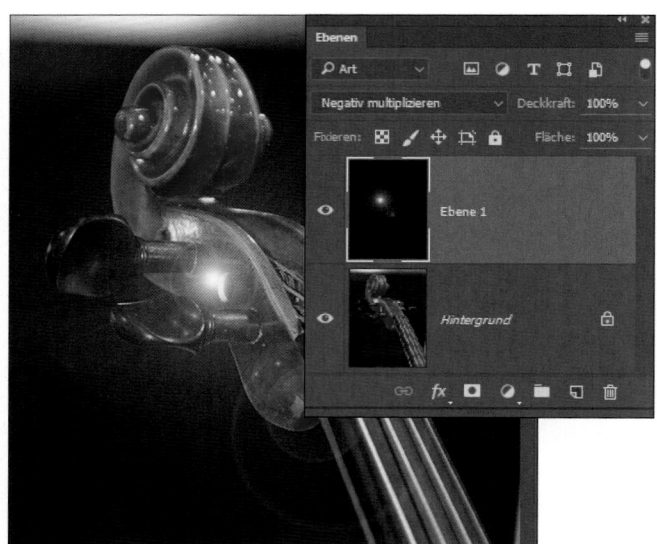

◄ **Abbildung 4.58**
Das Nachjustieren des Filters ist kaum noch möglich.

Sie könnten zwar die obere Ebene mit dem Verschieben-Werkzeug bewegen, jedoch ließe sich beispielsweise die Intensität

nicht mehr erhöhen. Warum nicht? Weil Sie den Filter nicht mehr erneut bedienen können. Schauen Sie auf die obere Ebene des Ebenen-Bedienfelds. Hier gibt es nur die Ebene – sonst nichts.

6 Ebene konvertieren

Also müssen wir einen anderen Weg gehen. Schließen Sie die Bildkopie, ohne sie zu speichern. Auf dem Originalfoto entscheiden Sie sich bitte zunächst für einen Rechtsklick auf der obersten Ebene. Im Kontextmenü wählen Sie IN SMARTOBJEKT KONVERTIEREN aus. Wer das nicht so mag, wählt den bereits bekannten Weg über EBENE • SMARTOBJEKTE • IN SMARTOBJEKT KONVERTIEREN.

7 Filter erneut anwenden

Fügen Sie abermals den vorangegangenen Filter hinzu. Da die Anwendung noch *weiß*, welches der zuletzt benutzte Filter war, dürfen Sie Strg/cmd+F betätigen. Normalerweise würde er direkt und ohne Zwischenfrage der Ebene zugewiesen. Da Sie jedoch eine Smartobjekt-Ebene benutzen, öffnet sich zeitgleich auch der Dialog BLENDENFLECKE.

Per Klick positionieren

Für schwierige Positionierungen dürfen Sie auch einfach kurz irgendwo in die Miniatur klicken. Das Kreuz wird dann automatisch dorthin verlagert.

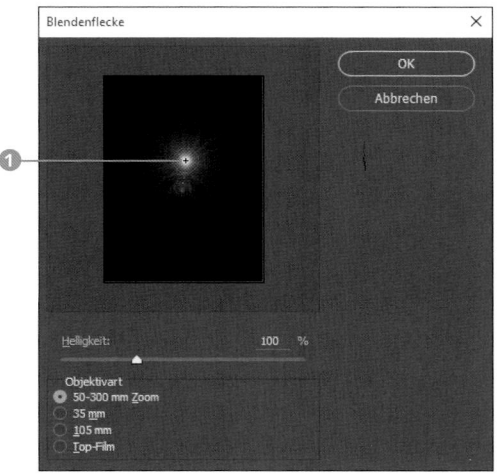

Abbildung 4.59 ▶
Der Blendenfleck lässt sich per Drag & Drop positionieren.

Sehen Sie das kleine Kreuz ❶ in der Mitte des kleinen Vorschaubildes? Klicken Sie einmal darauf, halten Sie die Maustaste gedrückt, und positionieren Sie den Fleck weiter nach rechts (siehe Abbildung 4.60). Bestätigen Sie mit OK, und schauen Sie sich das Ergebnis im Foto an.

8 Filter nachjustieren

Jetzt kommt einer der markanten Unterschiede zwischen Smartebenen und normalen Ebenen zum Tragen. Wenn Sie nämlich jetzt einen Doppelklick auf die Zeile BLENDENFLECKE ❻ setzen, öffnet sich erneut der Filterdialog. Wiederholen Sie den vorangegangenen Schritt, und versuchen Sie, mit dem Zentrum des Blendenflecks genau den oberen rechten Wirbel des Instruments ❷ zu treffen. Das passt, da sich dort ja bereits ein Lichtpunkt befindet. Es ist nicht schlimm, wenn Sie mehrere Anläufe nehmen. Den Dialog dürfen Sie ja so oft wie nötig öffnen. Probieren Sie, wenn Sie mögen, auch einmal eine andere HELLIGKEIT ❹ und OBJEKTIVART ❸ aus.

Modus und Deckkraft ändern

Falls Sie den Mischmodus der Ebene (Modus) und/oder die Deckkraft ändern wollen, setzen Sie einen Doppelklick auf ❼. Bedenken Sie jedoch, dass sich derartige Einstellungen auch im Ebenen-Bedienfeld vornehmen lassen.

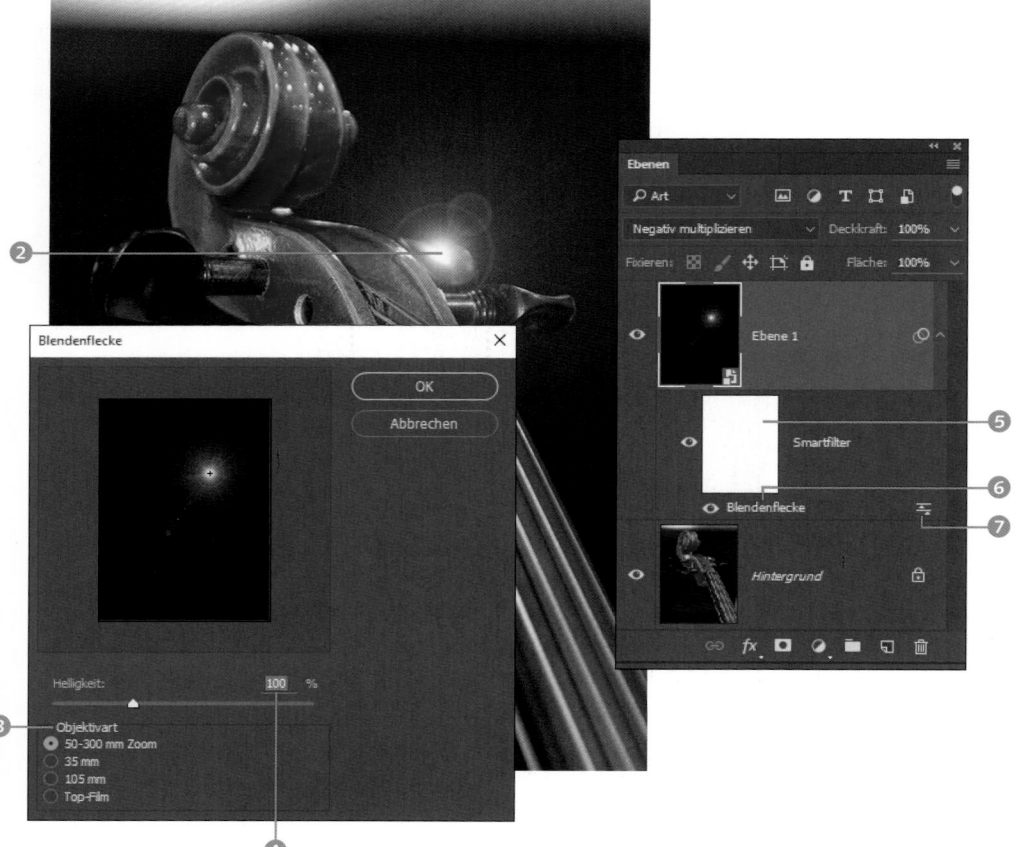

▲ **Abbildung 4.60**
Langsam passt der Blendenfleck zur Lichtstimmung.

9 Optional: Ebene maskieren

Ein weiterer Unterschied zur normalen Ebene ist, dass Sie eine Smartobjekt-Ebene noch maskieren können. Dazu müssen Sie die Maskenminiatur ❺ anwählen. Für meinen Geschmack sind die Linsenspiegelungen unten links (die kleinen Kreise) etwas zu stark. Aktivieren Sie daher einen Pinsel mit einer weichen Spitze und ca. 400 bis 450 Px Durchmesser sowie einer Deckkraft von 50%. Ernennen Sie Schwarz zur Vordergrundfarbe, und klicken Sie einmal auf die Kreise. Darüber hinaus können Sie auch die Ebenendeckkraft (im Ebenen-Bedienfeld) etwas reduzieren.

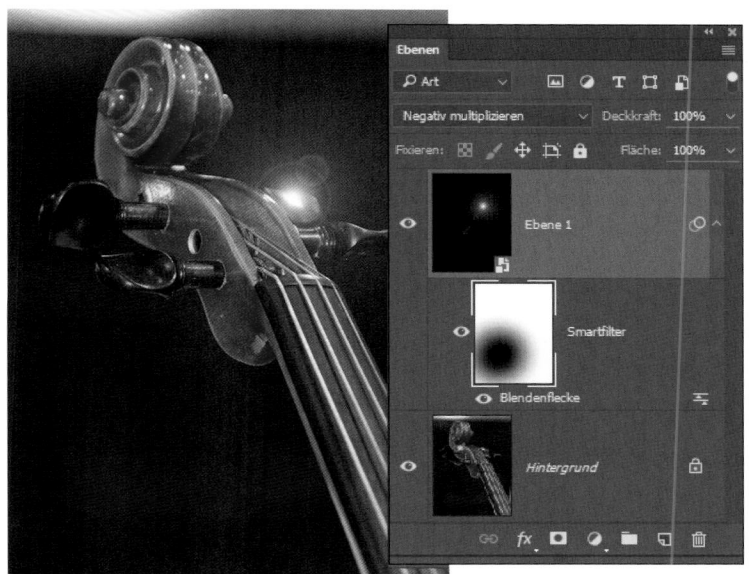

Abbildung 4.61 ►
Dieses Endergebnis ist
gewünscht.

Smartobjekte umwandeln

Warum ist nicht jede Ebene automatisch eine Smartobjekt-Ebene? Nun, das wäre schön. Nur leider können Sie eine Smartobjekt-Ebene nicht grenzenlos weiterbearbeiten. So stehen z. B. die gängigen Korrekturoptionen (BILD • KORREKTUREN) bei Smartobjekt-Ebenen gar nicht zur Disposition. Deswegen ist es mitunter nötig, Smartobjekt-Ebenen in normale Ebenen zurückzukonvertieren. Dazu stellen Sie EBENE • SMARTOBJEKTE • RASTERN oder EBENE • RASTERN • SMARTOBJEKT ein. Ein Rechtsklick auf die Ebene, gefolgt von EBENE RASTERN, funktioniert ebenso.

Licht und Schatten korrigieren

Effektive Belichtungskorrekturen

- ▶ Wie werden Fotos richtig aufgehellt?
- ▶ Was verbirgt sich hinter Abwedeln und Nachbelichten?
- ▶ Wie funktioniert die Tonwertkorrektur?
- ▶ Wie funktionieren Einstellungsebenen?
- ▶ Was sind Schnittmasken?
- ▶ Wie wird mit Gradationskurven gearbeitet?
- ▶ Wie kann der Kontrast eines Bildes verbessert werden?

5 Licht und Schatten korrigieren

Mal ehrlich – zu dunkle Bilder als Papierabzüge landen doch meist im Schuhkarton oder fristen als Datei ihr digitales Dasein im Bildordner VERSCHIEDENES. Lediglich der Bildinhalt (also das Motiv selbst) und die damit verbundene Erinnerung haben die Schnappschüsse bis heute vor dem »Tod durch Papierkorb« retten können. – Doch das Schattendasein findet nun ein jähes Ende. Geben Sie Ihren Bildern die Erleuchtung, die sie verdienen.

5.1 Klassische Korrekturen

Zum Nachlesen
Wer Genaueres über die Wirkungsweise der verschiedenen Mischmodi erfahren möchte, schlägt auf Seite 189 nach. Dort werden auch die für die Belichtungskorrektur wichtigen Mischmodi MULTIPLIZIEREN und NEGATIV MULTIPLIZIEREN vorgestellt.

Um es gleich vorwegzunehmen: Das Maß aller Dinge in Sachen Helligkeitskorrekturen sind die sogenannten Einstellungsebenen. Einsteiger sollten sich jedoch zunächst mit den klassischen Korrekturoptionen auseinandersetzen, um zu verstehen, wie sich Verbesserungen handhaben lassen.

Außerdem führen die klassischen Korrekturoptionen schneller zum Ziel. (Dass eine schnelle Korrektur nicht immer die beste ist, soll uns zunächst nicht stören.) Bringen wir als Erstes einmal (im wahrsten Sinne des Wortes) Licht ins Dunkel.

Fotos mit Mischmodi aufhellen

Bei klassischen Gegenlichtaufnahmen (z. B. von unten nach oben in Richtung Himmel fotografiert) sowie in dunklen Räumen und Ecken ist es oft so, dass der relevante Bildinhalt im Dunkel verschwindet. Trotzdem lassen sich aus diesen Fotos noch attraktive Aufnahmen machen. Mit den Mischmodi kennen Sie sich ja seit dem vorangegangenen Kapitel bestens aus. Diese lassen sich praktischerweise auch zur Hell-Dunkel-Korrektur verwenden. Schauen Sie doch mal.

Schritt für Schritt
Dunkle Fotos schnell aufhellen

»Anna.jpg« ist am Morgen in einer Burgschleuse aufgenommen worden. Obwohl die Morgensonne seitlich einfällt und das Gesicht ein wenig aufhellt, ist das Foto viel zu dunkel. Das kann so natürlich nicht bleiben. Wir wollen lieber dieses Resultat erzielen:

Bilder/Anna.jpg

© Robert Klaßen

◄ **Abbildung 5.1**
Das Original (links) ist viel zu dunkel. Das Ergebnis dieses Workshops sehen Sie rechts.

1 Ebene duplizieren

Der erste Schritt besteht darin, den Hintergrund zu duplizieren. So erhalten wir über der eigentlichen Bildebene ein Duplikat. Sie wissen ja: Das ist nötig, um zwei Ebenen ineinanderwirken zu lassen. Betätigen Sie `Strg`/`cmd`+`J`, oder gehen Sie über das Menü, indem Sie EBENE • NEU • EBENE DURCH KOPIEREN auswählen.

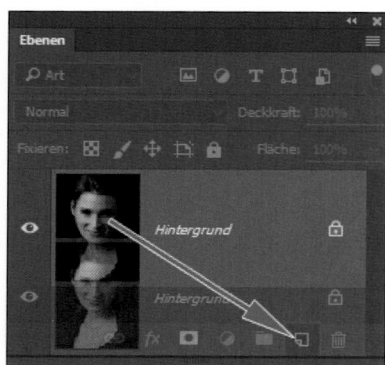

◄ **Abbildung 5.2**
Ziehen Sie den Hintergrund auf das Blatt-Symbol.

Noch eine Alternative für Drag-&-Drop-Fans: Ziehen Sie den Hintergrund im Ebenen-Bedienfeld auf den Button NEUE EBENE ERSTELLEN (das Blatt-Symbol), und lassen Sie die Maustaste los, wenn der Button eingedrückt erscheint. Je nachdem, für welche Methode Sie sich entschieden haben, heißt die übergeordnete Ebene jetzt »Hintergrund Kopie« oder »Ebene 1«, was aber für die weitere Vorgehensweise vollkommen unerheblich ist.

2   Mischmodus ändern

Ändern Sie danach den MISCHMODUS der oberen Ebene. Ihnen ist ja bereits geläufig, dass Sie dazu das Pulldown-Menü innerhalb des Ebenen-Bedienfelds öffnen und von NORMAL auf NEGATIV MULTIPLIZIEREN umschalten müssen.

Helle Fotos abdunkeln
Mitunter werden Sie es auch mit zu hellen Fotos zu tun bekommen. Die Vorgehensweise ist die gleiche, mit der Ausnahme, dass Sie MULTIPLIZIEREN anstelle von NEGATIV MULTIPLIZIEREN einstellen müssen. Dann wird das Foto im Ergebnis dunkler.

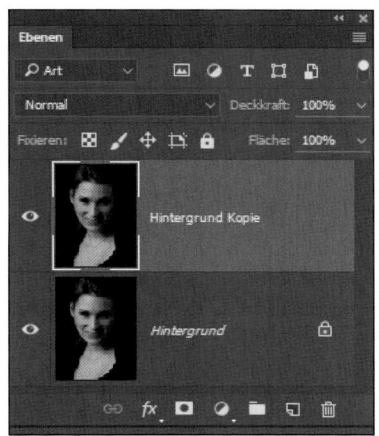

Abbildung 5.3 ▶
Schalten Sie auf NEGATIV MULTIPLIZIEREN um.

3   Pinsel vorbereiten

Sie sehen schon, dass das Foto merklich heller geworden ist. Gut, am Ziel sind wir noch nicht, aber bevor es nun noch weiter aufgehellt wird, sollten Sie sich die bildlinke Gesichtshälfte genauer ansehen. Sie ist fast schon zu hell, weshalb diese teilmaskiert werden sollte. Erzeugen Sie eine Ebenenmaske für die obere Ebene. Danach aktivieren Sie das Pinsel-Werkzeug, legen einen Durchmesser von etwa 200 Px fest und sorgen für eine weiche Pinselspitze, indem Sie die HÄRTE auf 0 % stellen. Die Deckkraft soll bei etwa 50 % liegen.

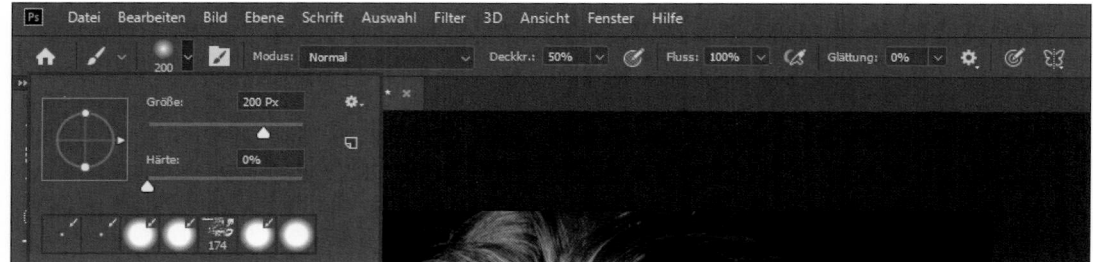

▲ **Abbildung 5.4**
Mit diesen Voreinstellungen geht es an die Maskierung.

4 Ebene maskieren

Wischen Sie jeweils einmal über die zu helle Gesichtshälfte sowie
das Dekolleté. Kleinere Korrekturen, z. B. am bildlinken Ohr, erledigen Sie mit einem entsprechend kleineren Pinsel.

◄ **Abbildung 5.5**
Die beiden Gesichtshälften
sind damit fast gleich hell.

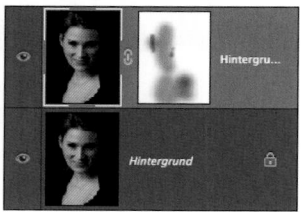

▲ **Abbildung 5.6**
Ursächlich dafür ist die
Teilmaskierung der oberen
Ebene.

5 Ebene erneut duplizieren

Eingangs hatten wir ja erschüttert festgestellt, dass das Foto noch
nicht hell genug ist. Das sollten Sie jedoch nicht tatenlos hinneh-
men. Duplizieren Sie die obere Ebene erneut, indem Sie abermals
$\boxed{\text{Strg}}$/$\boxed{\text{cmd}}$+$\boxed{\text{J}}$ drücken. Dadurch wird die negativ multiplizierte

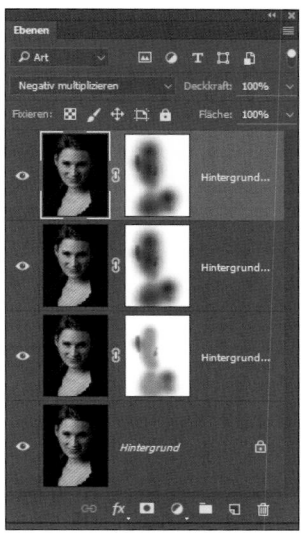

▲ Abbildung 5.7
Das zweifache Kopieren der negativ multiplizierten Ebene hat das Foto noch einmal aufgehellt.

Vorher-Nachher-Vergleich
Übrigens: Einen Vorher-Nachher-Vergleich erreichen Sie, indem Sie temporär alle Ebenen oberhalb des Hintergrunds deaktivieren.

Ebene mit all ihren Eigenschaften noch einmal kopiert – und sorgt automatisch für eine weitere Aufhellung des Fotos.

Wenn Sie mögen, dürfen Sie übrigens die helle Gesichtshälfte abermals mit dem Pinsel übermalen. Aber Vorsicht! Nach dem Duplizieren der Ebene ist sie ausgewählt. Um maskieren zu können, müssen Sie zunächst auf die Maskenminiatur im Ebenen-Bedienfeld klicken. – Reicht die bisherige Arbeit aus? Ich denke, die Ebene dürfte noch ein weiteres Mal kopiert werden.

6 Der Trick mit der halben Ebene

Vor diesem Problem werden Sie nur allzu oft stehen: Nach zwei Ebenenduplikaten ist das Bild noch immer zu dunkel, aber nach drei plötzlich zu hell. Eine halbe Ebene müsste her. Nur die gibt es in Photoshop nicht. Jedoch dürfen Sie gerne die Sichtbarkeit der obersten Ebene reduzieren. Bei 50 % Deckkraft wäre genau eine halbe Ebene erreicht. Im Beispiel ist das aber zu wenig, weshalb die oberste Ebene 60 % Deckkraft erhalten sollte.

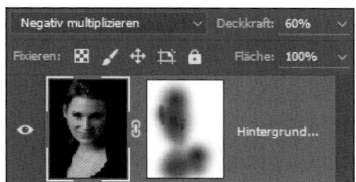

◄ Abbildung 5.8
Jetzt passt es. Die Deckkraft der obersten Ebene wurde reduziert.

7 Ebenen reduzieren

Da die Dateigröße durch das permanente Hinzufügen von Ebenen mittlerweile beträchtlich angewachsen ist, ist eine Ebenenreduktion anzuraten. Wählen Sie aus dem Bedienfeldmenü des Ebenen-Bedienfelds den Eintrag AUF HINTERGRUNDEBENE REDUZIEREN, ehe Sie die Datei speichern.

Zum besseren Nachvollziehen der einzelnen Schritte ist das Ergebnisfoto (im Ordner ERGEBNISSE dieses Workshops) ebenenbasiert geblieben.

Fotos individuell aufhellen (Tiefen/Lichter)

Der vorangegangene Workshop hat es gezeigt: Bei Anwendung der Modusänderung NEGATIV MULTIPLIZIEREN werden alle Bildinformationen aufgehellt (also auch jene, die eigentlich gar nicht so

stark angehoben werden müssen wie der Rest des Fotos). Dem mussten wir mit einer Maskierung begegnen, die aber im Foto von Anna recht simpel war. Was aber, wenn die Bereiche derart komplex sind, dass sie nicht mal eben so nachgewischt (sprich: maskiert) werden können?

Es müsste also eine Routine geben, mit der man dunkle Bildinformationen mehr aufhellen kann als helle. Und die, Sie ahnen es, gibt es natürlich. Technisch gesehen, sind nämlich oft nur die dunklen Pixel (sie nennen sich *Tiefen*) zu dunkel, während die hellen (die sogenannten *Lichter*) völlig in Ordnung sind. Würden Sie nun alle Pixel des Bildes gleichmäßig aufhellen, wären die Tiefen zufriedenstellend, die Lichter aber viel zu hell. Photoshops Antwort darauf ist die Funktion Tiefen/Lichter.

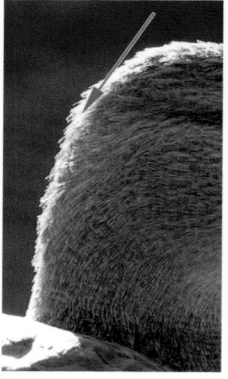

▲ **Abbildung 5.9**
Das Motiv ist etwas zu dunkel.

▲ **Abbildung 5.10**
In den hellen Bildbereichen ist keine Zeichnung mehr zu erkennen.

Schauen Sie sich aber zunächst an, wo die zuvor beschriebene Methode an ihre Grenzen stößt. Dazu öffnen Sie bitte »Ente.jpg« und erzeugen ein Ebenenduplikat, das Sie auf Negativ multiplizieren stellen. – Besser, oder? Doch schauen Sie sich den Kamm an. Dort ist nun keine *Zeichnung* mehr zu erkennen. Mit Zeichnung sind Konturen und Bilddetails gemeint. Sie sind durch das Aufhellen komplett weggebrochen.

Eine Maskierung ist hier nur schwerlich möglich. Hier haben wir es also mit einer Korrektur zu tun, die im wahrsten Sinne des Wortes »verschlimmbessert«. Mischmodi sind demzufolge hier ungeeignet.

Schritt für Schritt
Tiefen aufhellen

Bilder/Ente.jpg

Falls die Beispieldatei noch geöffnet ist und Sie die zuvor beschriebenen Schritte bereits vollzogen haben, machen Sie doch bitte alles via Protokoll rückgängig. Alternativ schließen Sie das Foto, ohne es zu speichern, und öffnen es anschließend erneut.

1 Tiefen aufhellen

Öffnen Sie den Dialog TIEFEN/LICHTER, den Sie über BILD • KOR-REKTUREN erreichen. Betrachten Sie die Auswirkungen auf das Bild, indem Sie mehrmals das Steuerelement VORSCHAU ❶ ab- und wieder anwählen. Standardmäßig bietet Photoshop nämlich eine sofortige Erhöhung der Tiefen (also der dunklen Bildbereiche) um 35 % an. Das ist jedoch zu wenig. Ziehen Sie den oberen Regler STÄRKE (im Bereich TIEFEN) bis auf etwa 90 % hoch. Bitte noch nicht mit OK bestätigen!

2 Lichter abdunkeln

Sie sehen: Das Bild hat sich merklich aufgehellt, ohne dass dabei die zuvor angesprochenen Bilddetails zerstört wurden. Ein klarer Vorteil also gegenüber den Mischmodi. Dunkeln Sie jetzt bitte noch die LICHTER ein wenig ab. Das wirkt sich vor allem auf das Grün im Hintergrund (unten rechts) aus, das merklich hervorsticht. Schließen Sie das Dialogfeld mit Klick auf OK.

Abbildung 5.11 ▶
Mit dieser Einstellung wird das Foto deutlich aufgehellt.

3 Foto begutachten

Vergleichen Sie das Foto noch einmal mit dem Original. Es ist zweifellos besser (nämlich heller) geworden. Doch leider ist das nicht ganz ohne weitere Beeinträchtigungen abgelaufen. Stimmen Sie mir zu, wenn ich sage, dass das Foto jetzt viel zu bunt ist? Das

sieht zwar generell schick aus, erinnert aber eher an eine der CSI-Miami-Folgen, bei denen man glaubt, dass jeden Moment der Fernseher explodiert, da die Farben übernatürlich grell herüberkommen. Genau das ist mit unserem Beispielbild passiert.

◄ **Abbildung 5.12**
Der Himmel ist trotz der Aufhellung blau geblieben.

Sie kennen jetzt also die grundsätzlichen Probleme, die bei der herkömmlichen Licht-Schatten-Korrektur auftreten können. Wir müssen also nach geeigneteren Methoden Ausschau halten. Bevor wir das jedoch tun, sollten Sie noch einen Blick auf den TIEFEN/LICHTER-Dialog werfen.

Tiefen/Lichter im Detail

In diesem Dialogfeld gibt es noch mehr Optionen. Photoshop offeriert jedoch freiwillig weit weniger. Wenn Sie aber bei geöffnetem Dialog die Checkbox WEITERE OPTIONEN EINBLENDEN ❺ (Abbildung 5.13) anwählen, erfährt das Dialogfenster eine umfangreiche Erweiterung. Sehen wir uns die Einstellungen im Dialog TIEFEN/LICHTER jetzt noch einmal genauer an:

▶ TON ❶: Bestimmen Sie, wie stark sich die Tonwertveränderungen auf die Tiefen auswirken sollen. Je höher der Wert ist, desto weniger werden die Veränderungen auf die wirklich dunklen Pixel beschränkt. Halten Sie den Wert also klein, wenn die Tiefen wirklich sehr dunkel sind, erhöhen Sie ihn, wenn die Tiefen nicht sehr dunkel sind.

▶ RADIUS ❷: Hier stellen Sie ein, was als dunkel betrachtet werden soll und was nicht. Je größer der Wert ist, desto mehr wird die Aufhellung auch auf hellere Bildpixel ausgedehnt.

▶ KORREKTUREN ❸: Hier ließen sich zusätzlich noch Farben im Bereich der veränderten Tiefen korrigieren. Das Problem, dass

bei einer Tiefen/Lichter-Veränderung auch die Farben variieren, kann damit ein Stück weit kompensiert werden.

▶ SCHWARZ BESCHNEIDEN und LICHTER BESCHNEIDEN ❹: Hier können Sie festlegen, wie stark die Tiefen und Lichter das durch die Korrektur neu festgesetzte reine Schwarz und reine Weiß im Bild beschneiden sollen. Je höher der Wert ist, desto mehr Kontrast gibt es; je niedriger der Wert ist, desto geringer wird der Kontrast. Achten Sie jedoch darauf, keine zu hohen Werte einzugeben, da ansonsten Details in den Tiefen oder Lichtern abgeschnitten werden.

Abbildung 5.13 ▶
Von wegen nur zwei Schieberegler. Der TIEFEN/LICHTER-Dialog hat eine Menge mehr zu bieten.

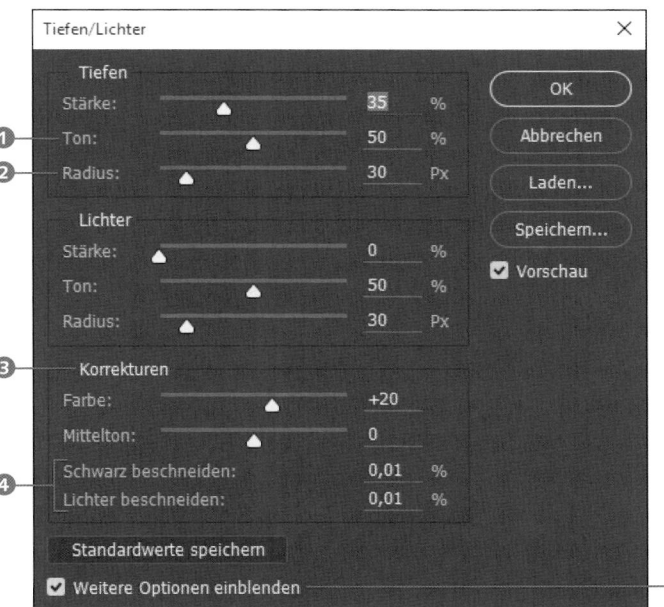

Lichter abdunkeln
Gewissermaßen als Umkehrwirkung könnten zu helle Bereiche eines ansonsten gut ausgeleuchteten Bildes beeinflusst werden. Stellen Sie dazu die Stärke für die TIEFEN vorab auf 0. Nun bleiben dunkle Bereiche unverändert, und zu helle lassen sich über die Steuerelemente im Frame LICHTER abdunkeln.

Veränderungen im Frame LICHTER wirken nach dem gleichen Prinzip, wobei sich die Werte auf die hellen Bildbereiche beziehen – und dann natürlich keine Aufhellung, sondern eine Abdunkelung entsteht.

Ein wesentlicher Nachteil bleibt jedoch beim Korrigieren von Tiefen und Lichtern. Die Farbwerte verändern sich nämlich. In vielen Fällen ist das vertretbar, jedoch leider nicht immer. Mit den unteren beiden Reglern (im Frame KORREKTUREN) kann man dem zwar ein Stück entgegenwirken, jedoch leider nicht komplett.

Professionell abwedeln und nachbelichten

Neben den klassischen Korrekturmöglichkeiten hält Photoshop auch Werkzeuge bereit, die sich direkt auf das Bild anwenden lassen. Damit können Sie die Belichtung ganz individuell steuern und geradezu auf das Bild »auftragen«. Allerdings ergibt sich daraus ein Nachteil: Wenn Sie nämlich direkt auf der Bildebene arbeiten, werden die dort befindlichen Bildpixel unmittelbar in Mitleidenschaft gezogen. Diese Vorgehensweise ist destruktiv (zerstört die Bildinformationen). Bei kleineren Korrekturen mag das vertretbar sein. Wenn das Foto jedoch höheren Korrekturbedarf hat, sollten Sie eine Extra-Ebene hinzufügen.

Schritt für Schritt
Belichtung punktuell verbessern

Das Foto »Quelle.jpg« soll jetzt punktuell bearbeitet werden – genauer gesagt, dort aufgehellt werden, wo wir uns mehr Helligkeit wünschen, und dunkler werden, wo es zu hell ist.

Bilder/Quelle.jpg

© Rainer Sturm / pixelio.de

◄ **Abbildung 5.14**
Der Bachlauf ist ganz nett anzuschauen, doch es geht noch besser.

1 Ebene erzeugen

Öffnen Sie das Beispielfoto. Nur noch einmal zum besseren Verständnis: Sie könnten diesen Schritt weglassen und direkt auf dem Foto arbeiten. Da wir jedoch eine jederzeitige »Korrektur der Korrektur« erhalten und zudem die Original-Bildpixel nicht in Mitleidenschaft ziehen wollen (nicht-destruktive Bildbearbeitung), werden wir eine neue Ebene hinzufügen. Dazu halten Sie $\boxed{\text{Alt}}$

Auf Seite 191 haben Sie erfahren, dass der Mischmodus INEINANDERKOPIEREN entweder eine Multiplikation (Verdunkelung) oder negative Multiplikation (Aufhellung) hervorruft – und zwar in Abhängigkeit von der Ausgangsfarbe. Die ist aber in unserem Fall nun neutralgrau. Das liegt jedoch genau in der Mitte – führt also zu keinerlei Veränderung. Erst durch das spätere Auftragen eines helleren oder dunkleren Grautons (bis hin zu Schwarz und Weiß) werden Änderungen sichtbar. Somit haben wir die ideale Ausgangsposition für Helligkeitsveränderungen im Bild erreicht.

gedrückt und klicken auf das Blatt-Symbol im Fuß des Ebenen-Bedienfelds.

Daraufhin öffnet sich ein Dialog, in dem Sie den MODUS zunächst von NORMAL auf INEINANDERKOPIEREN umstellen müssen. Bevor Sie mit OK bestätigen, aktivieren Sie noch die Checkbox MIT NEUTRALER FARBE FÜR DEN MODUS INEINANDERKOPIEREN FÜLLEN (50 % GRAU) ❶. Beachten Sie dazu bitte auch die Hinweise im Kasten. Schauen Sie sich auch das Ebenen-Bedienfeld an.

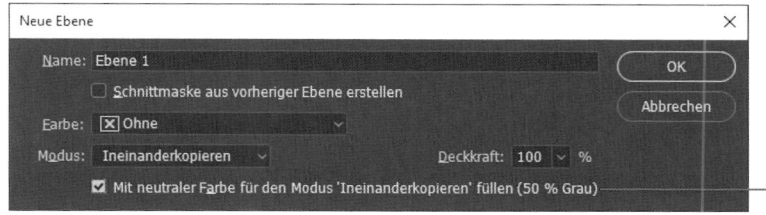

▲ **Abbildung 5.15**
Modus und Füllung der Ebene werden verändert.

2   Nachbelichter aktivieren

Stellen Sie das Foto zunächst in 100 % Größe dar, damit Sie die Details gut erkennen können. Sie erreichen das schnell über einen Doppelklick auf das Zoom-Werkzeug. Suchen Sie in der Toolbox das Nachbelichter-Werkzeug aus. Es befindet sich hinter dem Abwedler ⓪.

3   Werkzeug einstellen

Der Nachbelichter erlaubt es, Fotos stellenweise abzudunkeln. Zunächst müssen Sie das Tool aber in der Optionsleiste einstellen. Nehmen Sie eine weiche Pinselspitze von etwa 100 Px. Stellen Sie zudem die MITTELTÖNE ein, und verwenden Sie eine BELICHTUNG von 50 % (dies regelt die Intensität des Werkzeugs). Achten Sie darauf, dass TONWERTE SCHÜTZEN aktiv ist. Das sorgt dafür, dass die Beschneidung von Tiefen und Lichtern bei der anschließenden Korrektur möglichst gering gehalten wird. So bleiben die Strukturen bestehen.

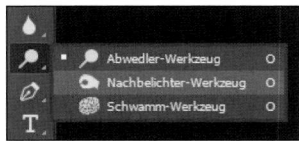

▲ **Abbildung 5.16**
Mit dem Nachbelichter geht es weiter.

▲ **Abbildung 5.17**
So sollte der Nachbelichter eingestellt sein.

4 Abwedeln und nachbelichten

Wischen Sie jetzt vorsichtig über das dunkle Moos (gerne auch mehrfach). Wenn Sie das Gewässer, das helle Moos sowie die Sträucher im Gegenzug etwas aufhellen wollen, schalten Sie vorab auf den Abwedler um und benutzen auch hier eine weiche Spitze. Allerdings sollten Sie die BELICHTUNG auf 30 % heruntersetzen. Der Abwedler reagiert ansonsten zu stark.

5 Bilder vergleichen

Einen Vorher-Nachher-Vergleich erhalten Sie, indem Sie die oberste Ebene vorübergehend ausschalten. Der direkte Vergleich:

▲ **Abbildung 5.18**
Mit Abwedler und Nachbelichter lässt sich eine sehr viel dynamischere und lebendigere Szene schaffen.

Die klassische Tonwertkorrektur

Bevor es weitergeht, greifen wir noch einmal die Begriffe *Tiefen* und *Lichter* auf. Tiefen sind ja bekanntlich die dunklen Bildbereiche, Lichter die hellen. Die neutralen Bereiche (also die dazwischen) werden als *Mitteltöne* bezeichnet. Die Spanne zwischen dem dunkelsten und dem hellsten Bereich eines Bildes stellt den *Tonwertumfang* dar. Im Idealfall ist der dunkelste Ton Schwarz, der hellste erstrahlt in reinem Weiß. Leider ist das die Theorie. Wenn der dunkelste Punkt nicht schwarz und der hellste nicht weiß ist, wirken Bilder oft flau und matt – ihnen fehlt die sogenannte *Zeichnung* (also die Kontrastbildung entlang der Konturen). Doch Photoshop wäre nicht Photoshop, gäbe es nicht auch dafür eine Lösung: die Tonwertkorrektur.

Schritt für Schritt
Eine einfache Tonwertkorrektur

Bilder/Koala.jpg

Tonwertkorrekturen können Sie auch dann vornehmen, wenn ein Foto ausgewaschen, gräulich anmutet – so wie das in der Beispieldatei der Fall ist. Dieses Bild weist die typischen Beschränkungen in der Tonwertspreizung auf – und darum soll es nun gehen. Kitzeln wir doch etwas mehr Zeichnung aus dem Bild heraus.

© Knud Ingenbrand

Abbildung 5.19 ►
Das Original (links) ist blassgrau. Mit Hilfe einer Tonwertkorrektur soll das Foto optimiert werden (rechts).

1 Dialog öffnen

Öffnen Sie den Dialog TONWERTKORREKTUR, indem Sie ⌈Strg⌉/⌈cmd⌉+⌈L⌉ drücken. Nur der Ordnung halber muss noch erwähnt werden, dass Sie rein theoretisch auch den Weg über BILD • KORREKTUREN • TONWERTKORREKTUR gehen könnten.

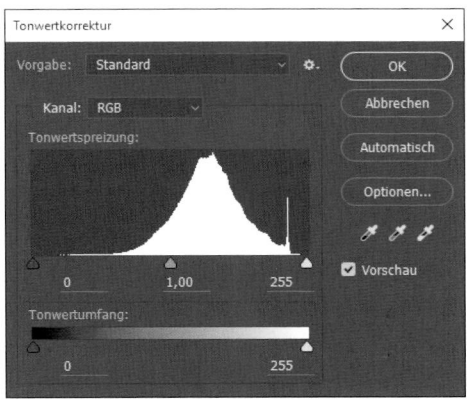

Abbildung 5.20 ►
So sieht das Histogramm des Fotos aus.

2 Histogramm interpretieren

Was da im Bereich TONWERTSPREIZUNG als schwarze Wellenlinie erscheint, ist ein Histogramm. Es zeigt, welche Tonwerte wie oft im Bild vorhanden sind. Je höher die Kurve an einer bestimmten Stelle nach oben ragt, desto öfter ist dieser Tonwert im Bild vorhanden. Die Tiefen befinden sich dabei ganz links; nach rechts hin finden sich zunehmend hellere Pixel – bis hin zu reinem Weiß ganz rechts. Damit sehen Sie nun auch grafisch, was Sie schon längst wahrgenommen haben: Es sind keine wirklichen Tiefen im Bild vorhanden, und wirkliche Lichter finden sich auch nicht.

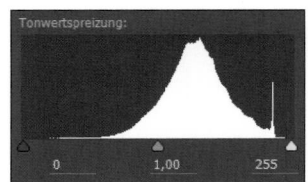

▲ **Abbildung 5.21**
Links und rechts sind keinerlei Erhebungen auszumachen.

3 Tonwertspreizung vornehmen

Im Idealfall beginnt das Histogramm ganz links und endet ganz rechts. Zudem stiege die Kurve noch von der rechten und linken Begrenzung aus langsam an. Das ist hier aber nicht so, also müssen wir selbst Hand anlegen.

Schauen Sie sich die kleinen »Häuschen« unterhalb des Histogramms an. Das sind Schieberegler. Bewegen Sie nun den linken (schwarzen) ❶ nach rechts. Stoppen Sie, wenn der Beginn der Histogrammerhebung erreicht ist. Das dürfte bei etwa 74 der Fall sein. Das linke der drei Eingabefelder unterhalb des Histogramms zeigt ja während des Verstellens permanent einen anderen Wert an, der jetzt repräsentiert, dass Sie die vorhandenen (grauen) Bildbereiche mehr und mehr in Richtung Schwarz verschieben.

Fassen Sie danach den rechten (weißen) Regler ❹ an, und ziehen Sie ihn nach links – ebenfalls bis zum Beginn der Erhebung, die bei 240 erreicht sein dürfte.

Mitteltöne anpassen
Durch das Verschieben des mittleren (grauen) Reglers haben Sie die Mitteltöne ausgerichtet. Als Faustregel sollte dabei gelten: Versuchen Sie immer, den grauen Regler so einzustellen, dass sich links und rechts von ihm eine gleich große schwarze Histogrammfläche befindet – sofern es sich um eine Aufnahme handelt, die nicht von besonderen Höhen oder Tiefen lebt. Nacht- oder Gegenlichtaufnahmen haben natürlich ihre eigenen Regeln. Verlassen Sie sich bei solchen Bildern lieber auf Ihr »Augenmaß«.

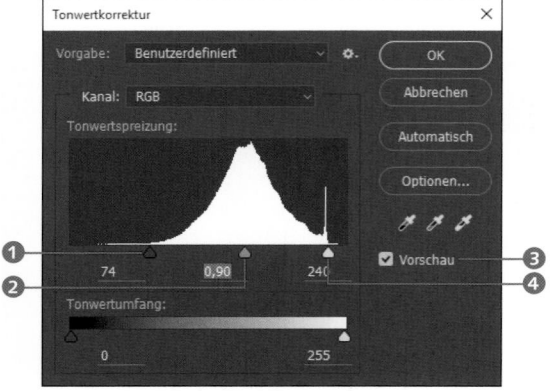

◄ **Abbildung 5.22**
Nachdem Sie die Regler so eingestellt haben, dürfen Sie den Dialog mit OK verlassen.

Den mittleren (grauen) Schieberegler ❷ (Abbildung 5.22) stellen Sie etwas nach rechts. Behalten Sie dabei das mittlere Eingabefeld im Auge, und stoppen Sie, wenn Sie bei 0,90 sind. Das hat zur Folge, dass die Mitteltöne im Bild, die durch Verstellung des schwarzen Reglers mit abgedunkelt wurden, wieder etwas aufgehellt werden. Falls die VORSCHAU ❸ rechts im Dialogfenster angewählt ist, sehen Sie die Auswirkungen direkt im Bild. Bestätigen Sie mit OK. Das sieht doch schon wesentlich besser aus, oder?

Schritt für Schritt
Eine Tonwertkorrektur mit Pipetten

Bilder/Downhill.tif

Der letzte Schritt aus der vorangegangenen Schritt-für-Schritt-Anleitung war die Arbeit »fürs Grobe«. Oft reicht eine solche Korrektur schon aus. Wenn Sie es aber ganz genau wissen wollen und vielleicht noch analysieren möchten, wo denn der dunkelste oder hellste Punkt des Fotos zu finden ist, dann gehen Sie so vor:

1   Aufnahme begutachten
Öffnen Sie »Downhill.tif«, und begutachten Sie das Bild. Zu wenig Zeichnung? Da schließe ich mich an. Die Farben leuchten nicht, das Foto hat einen Grauschleier.

© Lothar Wandtner / pixelio.de

Abbildung 5.23 ▶
Leider ist dieses Foto ziemlich grau.

2   Schwellenwert benutzen
Zunächst muss der Schwarzpunkt (dunkelster Bereich der Tiefen) gefunden werden. Denn genau diesen Bereich wollen wir als Schwarz definieren. Aber welcher Bildbereich sollte das sein? Vielleicht die Hose des Radlers? Oder die Reifen? Der Rahmen des

Rades? Schwer zu sagen. Wenn der Schwarzpunkt nicht eindeutig zu ermitteln ist, bedienen Sie sich eines einfachen Tricks. Wählen Sie Bild • Korrekturen • Schwellenwert. (Zu meiner Bestürzung muss ich Ihnen mitteilen, dass es dafür gar keine Tastenkombination gibt.)

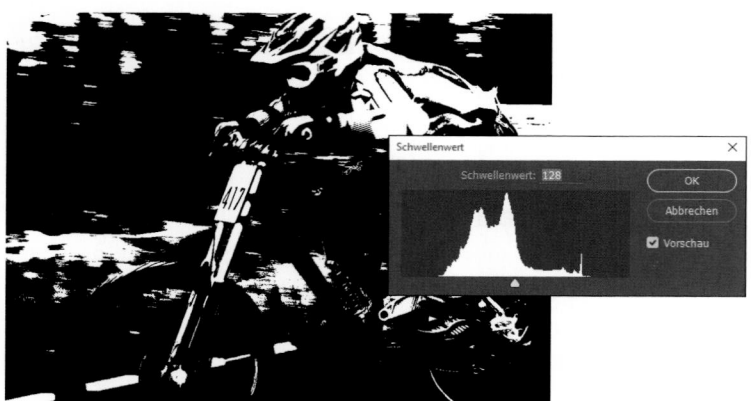

◄ **Abbildung 5.24**
Der recht überschaubare Schwellenwert-Dialog verwandelt das Foto in reales Schwarzweiß.

3 Schwarzpunkt ermitteln

Achten Sie auf das Histogramm im Schwellenwert-Dialog. Dort stellen Sie nämlich den darunter befindlichen Schieber zunächst ganz nach links. Daraufhin dürfte das Foto komplett weiß sein. Regeln Sie nun vorsichtig zurück nach rechts. Stoppen Sie, sobald die ersten Konzentrationen schwarzer Bildelemente auftauchen.

Aber welche Stelle ist das nun? Anhand der wenigen Bildinformationen kann man das ja gar nicht genau sagen. Schalten Sie deshalb Vorschau im Dialogfeld mehrmals kurzzeitig aus. Aha, es handelt sich also um den Rahmen des Bikes. Ohne temporäre Abschaltung der Vorschau hätte ich auf den Knieschoner getippt. Sie auch?

4 Weißpunkt ermitteln

Nachdem Sie nun wissen, wo der dunkelste Punkt des Bildes ist, ermitteln Sie den hellsten (den Weißpunkt). Dazu bewegen Sie den Schwellenwert-Schieber ganz nach rechts. Eine anschließende Feinjustierung (nach links zurück) fördert das Ergebnis zutage: das Trikot des Sportlers. Merken wir uns diesen Punkt also. (Die Ecke oben links im Foto dürfen Sie vernachlässigen, da es sich hierbei um den ohnehin überstrahlten Himmel handelt. Doch der bildet nicht den relevanten Inhalt des Fotos.)

Schwellenwert
Bei Anwendung der Schwellenwert-Methode werden alle im Bild befindlichen Pixel auf Schwarz und Weiß reduziert. Je mehr der Schieber unterhalb des Histogramms nun nach links verschoben wird, desto mehr Pixel werden nach Weiß umgewandelt. Eine Verstellung nach rechts bedeutet, dass zunehmend schwarze Pixel eingerechnet werden.

Reflexionen ignorieren
Bei der Aufnahme des Weißpunktes soll ja immer der hellste Punkt des Bildes ermittelt werden. Dabei gilt aber: Lassen Sie stark reflektierende oder extreme Helligkeiten heraus. Das Innere einer hell erleuchteten Glühlampe sollten Sie ebenso wenig zum Weißpunkt-Abgleich heranziehen wie Sonnenreflexionen oder die chromblitzende Stoßstange eines Autos. Anderenfalls würde das Bild zu dunkel – und solche Punkte *sollen* ja überstrahlen.

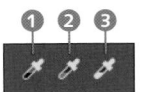

▲ **Abbildung 5.27**
Die Pipetten in der Tonwertkorrektur

▲ **Abbildung 5.25**
Hier sollten die ersten schwarzen Bildbereiche sichtbar werden.

▲ **Abbildung 5.26**
Der hellste Punkt des Fotos

5 Schwellenwert-Dialog abbrechen
So seltsam es sich anhört: Der wichtigste Schritt ist nun, auf ABBRECHEN zu klicken. Ansonsten wäre eine Rückgewinnung der Bildinformationen im weiteren Verlauf ausgeschlossen. (Von Rückgängig-Funktionen einmal abgesehen.)

6 Schwarzpunkt setzen
Öffnen Sie den Dialog TONWERTKORREKTUR über [Strg]/[cmd]+[L]. Rechts sehen Sie drei kleine Pipetten. Klicken Sie die linke (schwarz gefüllte) ❶ an, und markieren Sie den Punkt, der soeben als Schwarzpunkt definiert wurde.

7 Weißpunkt setzen
Schalten Sie anschließend im TONWERTKORREKTUR-Dialog auf die rechte (weiß gefüllte) Pipette ❸ um, und klicken Sie auf den zuvor ermittelten Weißpunkt des Bildes, also das Shirt des Fahrers.

▲ **Abbildung 5.28**
Dieser Mausklick wird das Foto enorm kräftigen.

▲ **Abbildung 5.29**
Setzen Sie einen Mausklick auf diese Stelle.

8 Graupunkt setzen

Den folgenden Schritt sollten Sie nur dann machen, wenn Sie sicher sind, dass Sie eine Stelle im Foto ausfindig machen können, die exakt neutralgrau ist. Wenn Sie nämlich hier statt eines neutralen Grautons eine Farbe erwischen, bringen Sie einen Farbstich ins Bild. Und das kann ja unmöglich Sinn und Zweck einer Korrektur sein.

▲ **Abbildung 5.30**
Jetzt wird sogar noch die Farbe korrigiert.

Aktivieren Sie die mittlere Pipette ❷, und klicken Sie damit auf den Schoner am Ellenbogen des Fahrers. Schauen Sie sich dazu die Abbildung an. Bestätigen Sie anschließend mit OK. (Sollten Sie jetzt einen Farbstich herbeigeführt haben, wiederholen Sie den Mausklick an einer leicht versetzten Stelle.)

▲ **Abbildung 5.31**
Hier sehen Sie das Ergebnis im direkten Vorher-Nachher-Vergleich.

5.2 Mit Einstellungsebenen arbeiten

Sie haben in den vorangegangenen Workshops erfahren, wie Sie Tonwerte, Tiefen und Lichter sowie Schwellenwerte direkt beeinflussen und Tonwertspreizungen vornehmen können. Das Problem ist aber, dass diese Korrekturen stets direkt auf das Bild einwirken.

Einstellungsebenen statt Direktkorrektur

Stellen Sie sich vor, Sie haben ein Foto auf herkömmlichem Weg korrigiert und wollen es später noch einmal nachkorrigieren. Viel-

Punkte korrigieren
Falls Sie versehentlich einmal einen falschen Punkt angewählt haben, klicken Sie einfach erneut auf die richtige Stelle. Möchten Sie zum ursprünglichen Zustand zurückkehren, ohne den TONWERTKORREKTUR-Dialog verlassen zu müssen, halten Sie einfach Alt gedrückt. Dadurch wird die Schaltfläche ABBRECHEN zu ZURÜCK.

leicht haben Sie etwas übersehen, oder Sie bearbeiten das Foto für einen Auftraggeber, der plötzlich einwendet, dass ihm die Korrektur doch ein wenig zu stark sei. Dann stehen Sie vor dem Problem, dass Sie eine erneute Korrektur am Foto nur noch auf Grundlage des bisherigen Ergebnisses vornehmen können – alternativ müssen Sie sich das Original abermals vornehmen und noch einmal ganz von vorne beginnen.

Bilder/Downhill.tif,
Bilder/Ergebnisse/
Downhill-bearbeitet.tif

Dazu ein Beispiel: Öffnen Sie »Downhill.tif«. Drücken Sie ⌈Strg⌉/⌈cmd⌉+⌈L⌉, um den TONWERTKORREKTUR-Dialog zu öffnen, und betrachten Sie das Histogramm. Danach machen Sie das Gleiche mit dem Histogramm von »Downhill-bearbeitet.tif« aus dem ERGEBNISSE-Ordner.

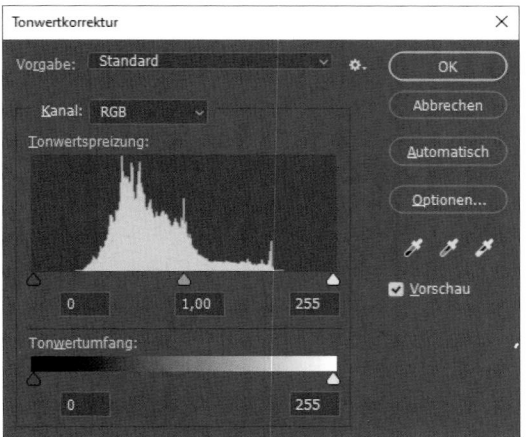
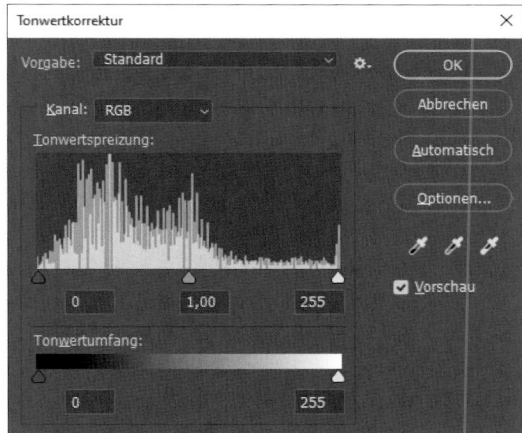

▲ **Abbildung 5.32**
Das Histogramm des Originals (links) und des nachbearbeiteten Fotos (rechts)

Nun sehen Sie im rechten Histogramm (es repräsentiert das nachbearbeitete Foto) vertikal verlaufende graue Linien. Sie sind Indiz dafür, dass es durch die Korrektur (die Tonwertspreizung) zu Bildverlusten gekommen ist. Das Histogramm ist gestreckt worden und somit auch auseinandergerissen. Bildinformationen sind verloren gegangen. Und Sie können sich denken, was passiert, wenn Sie eine erneute Korrektur vornehmen: Es kommt abermals zu Verlusten. Und außerdem korrigieren Sie auf Grundlage des bereits beschädigten Histogramms. Man spricht hier auch von einer »destruktiven« Bildkorrektur.

Genau an diesem Punkt setzen die sogenannten Einstellungsebenen an. Sie schweben gewissermaßen wie eine eigene Ebene über dem Original und verändern das Gesamtbild – nicht jedoch

die Originalebene. Hier haben Sie es dann mit der sogenannten nicht-destruktiven Bildkorrektur zu tun. Allerdings funktioniert das nur bei Dateiformaten, die auch Ebenen unterstützen, nämlich PSD und TIFF.

Sie können Folgendes daraus ableiten: Wenn Sie noch nicht genau wissen, ob Sie das Foto noch einmal nachjustieren müssen, sollten Sie auf jeden Fall eine Einstellungsebene sowie ein ebenenbasiertes Dokumentformat verwenden. Wenn Sie das Foto hingegen definitiv nicht mehr nachkorrigieren werden, ist der direkte Weg über die Menükorrekturen durchaus gestattet.

Noch eine Tonwertkorrektur – diesmal mit Einstellungsebenen

Aufgrund der Tatsache, dass die Einstelloptionen bei Verwendung von Einstellungsebenen nicht direkt an das Bild übergeben werden, sondern das Foto einfach nur überlagern, bleibt das Original unangetastet. Die Korrektur ist zudem verlustfrei.

Schritt für Schritt
Mit Einstellungsebenen korrigieren

Öffnen Sie das Beispielbild »Belichtung.jpg«, und begutachten Sie es. Problematische Witterungsbedingungen sowie eine falsch eingestellte Kamera haben ein gewisses Waschküchen-Flair hinterlassen. Das muss sich ändern! Geben Sie dem Foto die Dynamik, die es verdient.

Ebenen reduzieren
Prinzipiell lässt sich aber auch mit einer Einstellungsebene arbeiten und das Foto anschließend über das Bedienfeldmenü des Ebenen-Bedienfelds Auf Hintergrundebene reduzieren. Das löst die Einstellungsebene auf (sie geht also verloren) und übergibt die Werte direkt an das Foto.

Bilder/Belichtung.jpg

◄ **Abbildung 5.33**
Waschküchen-Atmosphäre – hier muss eine Tonwertkorrektur her.

© Roman Logov / unsplash.com

1 Einstellungsebene erstellen

Nun sind Einstellungsebenen in Photoshop ein alter Hut (aber unglaublich effektiv). Sie lassen sich einsetzen, indem das kleine Icon Neue Misch- oder Einstellungsebene erstellen in der Fußleiste des Ebenen-Bedienfelds markiert wird (das schwarzweiße Kreis-Symbol) ❶. In dem Menü könnten Sie sich nun für Tonwertkorrektur entscheiden. Ebenso steht das Bedienfeld Korrekturen (Fenster • Korrekturen) zur Verfügung. Es bietet die gleichen Optionen wie der Button in der Fußleiste. Klicken Sie doch einmal auf die zweite Schaltfläche ❷.

◄ **Abbildung 5.34**
Das Korrekturen-Bedienfeld präsentiert ebenfalls die Korrekturoptionen per Einstellungsebenen.

Werfen Sie auch mal einen Blick auf das Ebenen-Bedienfeld. Hier wurde jetzt eine neue Ebene ❸ hinzugefügt, nämlich die Einstellungsebene mit der Eigenschaft Tonwertkorrektur. Sie ist markiert, so dass Sie gleich loslegen können.

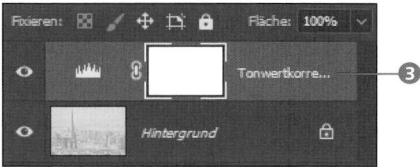

▲ **Abbildung 5.36**
Die Einstellungsebene Tonwertkorrektur wurde hinzugefügt.

2 Tonwerte einstellen

Zudem ist das Eigenschaften-Bedienfeld aktiviert worden. Hier sehen Sie ebenfalls ein Histogramm sowie die drei bereits bekannten Schieberegler (Schwarz, Weiß und Grau) unterhalb. Damit lässt sich auch hier eine Tonwertspreizung vornehmen. Schieben Sie die äußeren Regler an das Histogramm heran. Für den Schwarzpunkt wäre das bei etwa 145, während der Weißpunkt bei etwa 233 landen dürfte.

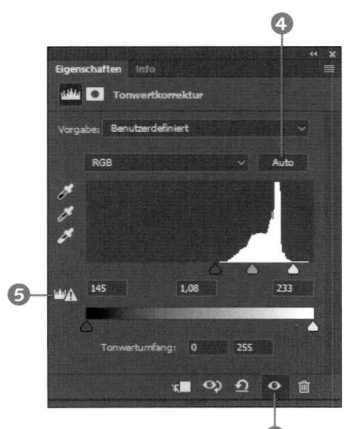

▲ **Abbildung 5.37**
Das Foto wird im Eigenschaften-Bedienfeld eingestellt.

3 Graupunkt einstellen

Jetzt bewegen Sie den Graupunkt etwas nach links. Ein Wert um 1,08 sollte ausreichen. Das war's schon. Einen Vorher-Nachher-Vergleich können Sie erhalten, indem Sie das Augen-Symbol der Einstellungsebene kurzzeitig deaktivieren. In der Fußleiste des Bedienfelds gibt es ebenfalls ein entsprechendes Symbol ❻.

▲ **Abbildung 5.38**
So soll es sein: kräftige Kontraste für eine imposante Kulisse.

4 Optional: Nachkorrigieren

Wie Sie sehen, ist das Histogramm trotz der Korrektur nicht auseinandergerissen worden. Das liegt daran, dass die Korrektur nicht direkt auf der Bildebene stattgefunden hat, sondern darüber liegt. Nachträgliches Korrigieren ist also jederzeit auf Grundlage des Originals möglich (nicht-destruktiv) – selbst wenn das Eigenschaften-Bedienfeld zwischenzeitlich geschlossen worden ist. Setzen Sie in diesem Fall einen Doppelklick auf das linke Symbol ❼ der Ebene. Das gilt im Übrigen für alle Einstellungsebenen.

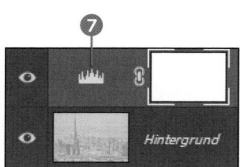

◄ **Abbildung 5.39**
Zum Nachkorrigieren klicken Sie doppelt auf das Symbol in der Einstellungsebene.

Tipp: Bedienfeldoptionen ändern

Möglicherweise werden Sie einwenden, dass die Einstellungsebene im Bedienfeld EBENEN gar nicht (wie hier im Buch) mit dem Symbol einer Krone ausgestattet ist, sondern mit dem Hell-Dunkel-Kreis, der dem Schalter in der Fußleiste gleicht. Die Ursache: Die Darstellungsoptionen sind anders eingestellt. Öffnen Sie ein-

---

Auto-Tonwertkorrektur
Im Eigenschaften-Bedienfeld finden Sie auch den Schalter AUTO ❹. Wenn Sie diese Option einsetzen, regelt Photoshop die Tonwertkorrektur automatisch. Bedenken Sie aber, dass Auto-Funktionen niemals das kritische Auge des Betrachters ersetzen können. Klicken Sie mit Alt darauf, lassen sich per Anwahl der gleichnamigen Checkbox nun auch HELLIGKEIT UND KONTRAST VERBESSERN. Früher wurde hier standardmäßig nur der Kontrast verbessert – und zwar kanalweise.

Histogramm aktualisieren
Das Histogramm repräsentiert die aktuellen Werte des Fotos. Allerdings sind diese nicht 100 % exakt. Wer es also ganz genau wissen will, betätigt vor der Tonwertspreizung ❺. Dadurch wird das Histogramm noch einmal exakt errechnet.

mal das Bedienfeldmenü des Ebenen-Bedienfelds, und entscheiden Sie sich für BEDIENFELDOPTIONEN. Hier lässt sich nämlich die Miniaturgröße einstellen. Ist das kleinste Bild eingestellt, erscheint der Kreis; wählen Sie hingegen das nächstgrößere, wird die Krone ausgegeben. Wir haben uns im Buch an den meisten Stellen für die größere Darstellung entschieden.

Abbildung 5.40 ►
Wählen Sie das nächstgrößere Bild an, um eine vergrößerte Ansicht im Bedienfeld zu erreichen.

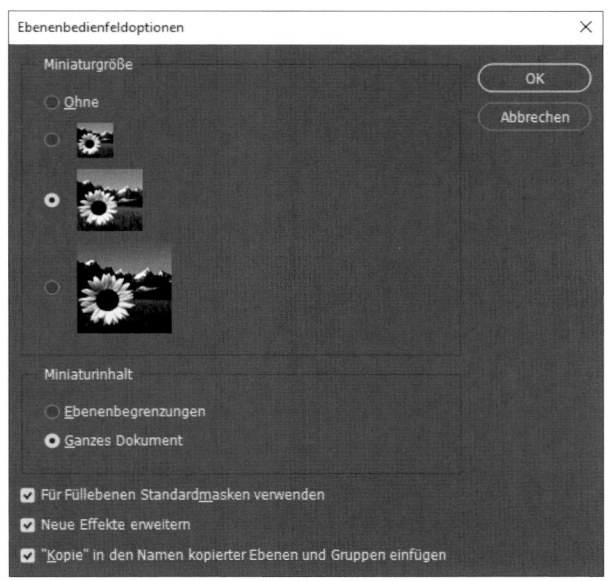

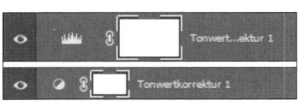

▲ **Abbildung 5.41**
Je nach gewählter Miniaturgröße ändert sich auch die Darstellung der Symbole.

Einstellungsebene »Belichtung«

In Verbindung mit dem vorangegangenen Workshop möchte ich Ihnen gerne noch eine weitere leistungsfähige Korrekturoption präsentieren. Die Rede ist von der Einstellungsebene BELICHTUNG. Genau genommen handelt es sich dabei um eine Korrektur der HDR-Belichtung.

Schritt für Schritt
Belichtung korrigieren

Im vorangegangenen Workshop ist unsere Skyline weitgehend aus ihrem gräulichen Dasein befreit worden. Mehr ist jedoch mit der Tonwertkorrektur nicht möglich. Um die Lichtwirkung im Foto zu

erhöhen, müssen wir eine zweite Korrektur anwenden. Verwenden Sie bitte das Resultat der Tonwertkorrektur. Sollten Sie den Workshop nicht durchgeführt haben, dürfen Sie gerne »Belichtung-Tonwert.psd« aus dem ERGEBNISSE-Ordner dazu verwenden.

1 Einstellungsebene hinzufügen

Nachdem Sie sich vergewissert haben, dass die Einstellungsebene TONWERTKORREKTUR innerhalb des Ebenen-Bedienfelds markiert ist, erzeugen Sie eine Einstellungsebene BELICHTUNG ❶. Ob Sie dazu über die Ebenen-Fußleiste oder das Korrekturen-Bedienfeld gehen, bleibt natürlich Ihnen überlassen.

Bilder/Ergebnisse/
Belichtung-Tonwert.psd

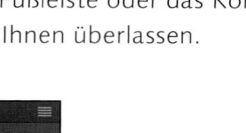

◄ **Abbildung 5.42**
Fotografen dürfte dieses Symbol bekannt vorkommen. Es regelt die Belichtung auch am Aufnahmegerät.

2 Belichtung korrigieren

Durch Verstellung des Graupunkt-Reglers während der Tonwertkorrektur ist es uns zwar gelungen, das Foto ein wenig aufzuhellen, aber leider nur in den Mitteltönen. Ziehen Sie die BELICHTUNG deshalb jetzt im Eigenschaften-Bedienfeld ein wenig nach rechts (auf etwa +0,56). Sie werden sofort sehen, dass dem Bild die nötige Helligkeit zuteilwird.

HDR-Belichtung

Normalerweise werden die Belichtungswerte im aktuell für das Foto gültigen Farbraum berechnet (meist 8-Bit-Bilder mit 256 möglichen Abstufungen). Bei der HDR-Belichtung ist das anders. Hier wird auf Grundlage von bis zu 32 Bit korrigiert, was eine sehr viel feinere Abstimmung ermöglicht. Zwar bleibt das Beispielfoto im 8-Bit-Modus, jedoch lassen sich bei der Korrektur dem HDR-Verfahren nahekommende Resultate erzielen. HDR ist übrigens eine Abkürzung für *High Dynamic Range* und steht für einen enorm hohen Kontrastumfang.

◄ **Abbildung 5.43**
Hier noch einmal das Foto nach der Belichtungskorrektur. Das Resultat heißt »Belichtung-bearbeitet.tif«.

Die Details gehen dabei nicht verloren. Leider zerrinnt dabei aber der Kontrast ein wenig. Das gleichen Sie aus, indem Sie den Regler GAMMAKORREKTUR vorsichtig nach rechts ziehen. Streben Sie einen Wert von etwa 0,90 an.

Funktion »Belichtung« im Überblick

▸ BELICHTUNG: Die Belichtung macht das Foto zunächst einmal heller oder dunkler. Die Besonderheit hierbei ist jedoch, dass die Tiefen dabei nicht verändert werden.
▸ VERSATZ: (vor Photoshop CC: SPREIZUNG) Bei einer Verschiebung nach links werden Tiefen und Mitteltöne abgedunkelt, wobei die Lichter weitgehend erhalten bleiben. Wird der Regler nach rechts gestellt, werden die Tiefen und Mitteltöne aufgehellt, wobei die Lichter bis zu einem gewissen Grad erhalten bleiben.
▸ GAMMAKORREKTUR: Optisch lässt sich durch Verstellung nach rechts erreichen, dass das Foto kontraststärker wirkt, während es bei einer Korrektur nach links an Kontrast verliert.

Einstellungsebenen maskieren

▲ **Abbildung 5.44**
Für die punktuelle Bearbeitung muss die Maske angewählt sein. Die Markierung wird durch die weißen Ecken verdeutlicht.

Mit Einstellungsebenen haben Sie noch eine weitere herausragende Möglichkeit in petto. Sie können nämlich die Einstellungen im wahrsten Sinne des Wortes maskieren. Das bedeutet: Sie bestimmen, wo die Korrektur greifen soll und wo nicht. Dazu markieren Sie zunächst die weiße Fläche auf der Einstellungsebene (Maskenminiatur).

Jetzt aktivieren Sie einen Pinsel B und malen mit schwarzer Vordergrundfarbe (zuerst D, dann X) über alle Bereiche des Fotos, die nicht mit der soeben angewendeten Korrektur versehen werden sollen. Sollten Sie einmal zu viel übermalt haben, wissen Sie ja, was zu tun ist: X drücken, die Stelle noch einmal übermalen, erneut X drücken und weiter maskieren.

▲ **Abbildung 5.45**
In weißen Bereichen wirkt die Korrektur, in schwarzen bleibt sie hingegen unsichtbar.

Schnittmasken – Korrekturen auf eine Ebene begrenzen

Wichtig ist noch zu wissen, dass sich eine Korrektur via Einstellungsebene grundsätzlich auf alle Ebenen auswirkt, die sich unter-

halb befinden. Wenn Sie das unterbinden wollen und eine Einstellungsebene nur Gültigkeit für die *eine* darunter befindliche Ebene haben soll, dann müssen Sie folgendermaßen vorgehen: Klicken Sie auf das linke Symbol ❶ in der Fußleiste des Eigenschaften-Bedienfelds. Im Ebenen-Bedienfeld wird daraufhin die Tonwertkorrektur-Ebene eingerückt – ein Indiz dafür, dass sie jetzt nur auf die direkt darunter befindliche Ebene wirken kann.

Es gibt noch eine Alternative, die ich Ihnen keinesfalls vorenthalten möchte. Sie ist besonders interessant, weil sie direkt im Ebenen-Bedienfeld zugewiesen werden kann. Stellen Sie die Maus genau auf die Begrenzung zwischen der Einstellungsebene und der darunter befindlichen. Jetzt halten Sie Alt gedrückt. Wenn Sie ein kleines Quadrat mit einem nach unten weisenden Pfeil sehen, führen Sie einen Mausklick aus. Lassen Sie erst danach den Schalter auf der Tastatur wieder los. Auch hier wird die Einstellungsebene nach rechts gerückt, das heißt eine Schnittmaske erstellt.

▲ **Abbildung 5.46**
Durch Betätigen des Buttons unten links wird die Einstellungsebene eingerückt. Sie wird zur Schnittmaske.

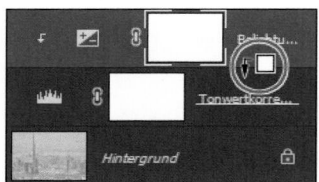

◄ **Abbildung 5.47**
So lässt sich direkt im Ebenen-Bedienfeld eine Schnittmaske erzeugen.

Gradationskurven

Bei Veränderungen in Form einer Tonwertkorrektur haben Sie Einfluss auf zwei wesentliche Punkte eines Bildes – den Schwarz- und den Weißpunkt. Falls neutrales Grau vorhanden ist, können Sie auch noch auf diesen Punkt einwirken. Das hat natürlich intern Auswirkungen auf die Farbkanäle, da unser Foto ja nicht aus einem Hell-Dunkel-Kanal, sondern aus den Farbkanälen Rot, Grün und Blau besteht. Technisch gesehen, ist also jede Belichtungskorrektur nichts anderes als eine Farbkorrektur.

Schauen Sie noch einmal in den Dialog Tonwertkorrektur; dort werden Sie ein Steuerelement vorfinden, das mit RGB betitelt ist. Hier ließen sich die Tonwerte auf einzelne Grundfarbenkanäle anwenden. Genauso verhält es sich mit der Gradation. Da die Auswirkungen auf die Farbkanäle aber bei einer Korrektur aller drei Kanäle gleichzeitig weit weniger sichtbar werden als die

Schnittmasken per Tastatur oder Shortcut erstellen
Drücken Sie alternativ zum Klick zwischen die Ebenen Strg/cmd+ Alt+G, oder wählen Sie Ebene • Schnittmaske erstellen. Zum Aufheben einer Schnittmaske ist indes Ebene • Schnittmaske zurückwandeln bzw. erneut oben erwähnte Tastenkombination vonnöten.

Veränderungen im Hell-Dunkel-Bereich, gehören auch die Gradationskurven zweifellos mit in dieses Kapitel. Erst bei der Bearbeitung eines einzelnen Kanals wird die Arbeit sichtbar zur Farbkorrektur. Dennoch wollen wir in diesem Abschnitt (genauer gesagt, im übernächsten Workshop) dem Farbkapitel ein klitzekleines Stückchen vorgreifen. Aber das bietet durchaus Vorteile. So wird nämlich deutlich, wo der thematische Übergang zwischen Licht und Schatten auf der einen Seite und Farben auf der anderen erfolgt. Das wird interessant. Lassen Sie sich überraschen.

Schritt für Schritt
Automatische Gradationskurven-Korrektur

Bilder/Aufhellen.jpg

Nun wollen wir in die entgegengesetzte Richtung arbeiten, also zu dunkle Bilder aufhellen. Auch das ließe sich mit den zuvor beschriebenen Dialogen erledigen, wobei diesmal aber eine Gradationskurven-Korrektur zur Anwendung gebracht werden soll – und zwar eine automatische.

Auto-Gradation
Im Eigenschaften-Bedienfeld finden Sie auch die Taste AUTO. Wenn Sie darauf klicken, regelt Photoshop die Gradation automatisch. Dabei wird eine S-Kurve erzeugt. (Warum die so interessant ist, erfahren Sie im folgenden Workshop.) Ebenfalls interessant: Klicken Sie auf den Button, während Sie Alt gedrückt halten. Das hat zur Folge, dass sich ein Dialog öffnet, in dem Sie jetzt auch die Funktion HELLIGKEIT UND KONTRAST VERBESSERN finden, die für sehr gute Resultate sorgt.

1 Einstellungsebene hinzufügen
Nachdem Sie das Originalfoto geöffnet haben, erzeugen Sie eine Einstellungsebene GRADATIONSKURVEN. (Auch hier haben Sie wieder die Qual der Wahl, ob Sie über die Fußleiste des Ebenen-Bedienfelds oder das Korrekturen-Bedienfeld gehen und den dritten Button in der obersten Reihe betätigen.)

2 Auto-Korrektur anwenden
Danach betätigen Sie ganz einfach AUTO ❶ und schauen sich an, was aus der weißen Diagonalen ❷ im darunter befindlichen Anzeigefeld wird.

Aus der Diagonalen ist nun eine Kurve geworden. Zusätzlich existiert auf ihr ein kleiner quadratischer Anfasser ❸. Klicken Sie darauf, halten Sie die Maustaste gedrückt, und ziehen Sie das Quadrat per Drag & Drop ein wenig nach links und nach unten. Orientieren Sie sich bitte an Abbildung 5.49. Beobachten Sie das Foto dabei. Sie werden feststellen, dass die etwas helleren Mitteltöne noch weiter aufgehellt werden, was wiederum dem Bildergebnis zugutekommt.

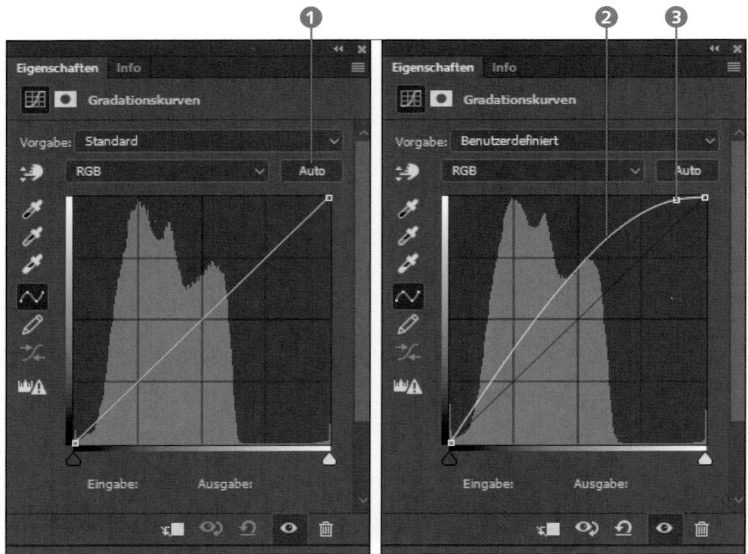

▲ **Abbildung 5.48**
Was ist denn da passiert? Die Diagonale ist ja nur noch ein Schatten ihrer selbst.

3 Kurve verändern

Noch ein Tipp zum Schluss: Achten Sie darauf, dass die Kurve immer gerundet bleibt. Wenn Sie den Punkt beispielsweise zu weit nach oben ziehen, wird die Kurve begradigt. Das hätte zur Folge, dass Lichter beschnitten werden, also Bildbereiche weiß und konturlos werden. Das sieht im Ergebnis nicht gut aus, wie die folgende Kurveneinstellung verdeutlicht.

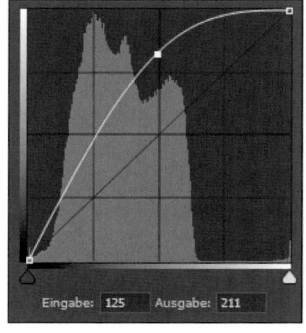

▲ **Abbildung 5.49**
Durch Verziehen des Anfassers in der Mitte werden die dunkleren Mitteltöne kräftiger.

▲ **Abbildung 5.50**
So schnell kann's gehen. Es kommen Kontraste ins Bild. Zum Vergleich liegt die Ergebnisdatei »Aufhellen_fertig.tif« bei.

Abbildung 5.51 ▶
Die Gradationskurve darf
nicht mit dem oberen Rand
kollidieren. Die hellen Stellen
des Wassers sowie die Ladung
auf dem Boot verlieren ihre
Zeichnung.

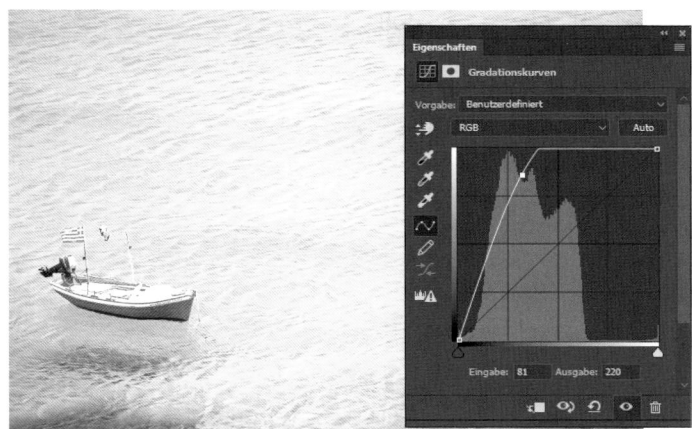

Gradation manuell anheben

Was innerhalb einer Tonwertkorrektur mittels Histogramm
gesteuert wird, lässt sich innerhalb des GRADATIONSKURVEN-Dia-
logs mit der Diagonalen machen. Um flaue Farben zu kräftigen,
gibt es eine Vorgehensweise, die durchaus als Standard in der Bildbearbeitung bezeichnet werden kann. Eine S-Kurve sorgt nämlich
meistens für richtig gute Ergebnisse.

Schritt für Schritt
Manuelle Gradationskurven-Korrektur

Bilder/Fotograf.tif

Die Beispieldatei könnte ein wenig Aufarbeitung vertragen. Die
Zeichnung fehlt, und es sieht alles ein wenig verwaschen aus.

© Andrew Ly / unsplash.com

Abbildung 5.52 ▶
Hier sind kräftige Farben
leider Fehlanzeige.

1 Einstellungsebene erzeugen

Entscheiden Sie sich deshalb für den dritten Button des Korrekturen-Bedienfelds, GRADATIONSKURVEN. Sollte das Korrekturen-Bedienfeld nicht sichtbar sein, wählen Sie aus der Menüleiste FENSTER • KORREKTUREN.

2 Kurve anlegen

Zunächst wollen wir uns Gedanken über die erwähnte Kurve machen. Sie kommt durch Hinzufügen von Anfassern zustande. Sie haben die kleinen Quadrate ja bereits kennengelernt. Bei automatischen Korrekturen werden diese selbstständig hinzugefügt, bei manuellen müssen Sie das selbst erledigen. Klicken Sie dazu etwa an Position ❶ auf die Diagonale, halten Sie die Maustaste gedrückt, und ziehen Sie die Maus nach unten (bis Sie etwa bei ❷ angelangt sind). Danach setzen Sie etwas weiter rechts erneut an (an Position ❸) und ziehen diesen Punkt nach oben (bis zur Position ❹). Na, was sagen Sie? Das Bild verändert sich drastisch, oder?

> **Raster verändern**
> Klicken Sie doch einmal, während Sie Alt gedrückt halten, in das große Feld in der Mitte (jedoch nicht auf die Diagonale). Das Raster verfeinert sich dadurch. Das ist allerdings lediglich eine Ansichtsoption, die keine Auswirkungen auf das Ergebnis hat. Führen Sie den Schritt erneut aus, um wieder zum groben Raster zu gelangen.

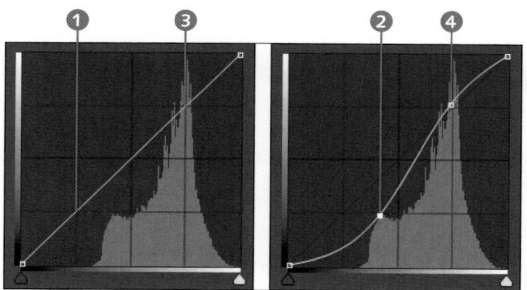

▲ **Abbildung 5.53**
Formen Sie eine S-Kurve – die klassische Methode, um Gradationen merklich anzuheben.

▲ **Abbildung 5.54**
Selbst kleinste Veränderungen sorgen für rasche Bildergebnisse.

▲ **Abbildung 5.55**
Anstelle aller drei Grundfarben wird jetzt nur der Blau-Kanal bearbeitet.

3 Blau-Kanal öffnen

Bei genauerem Hinsehen fällt auf, dass das Foto leicht blaustichig ist. Das sollte nachgebessert werden. Wie gesagt: Jetzt greifen wir dem Farbkapitel etwas vor. Betätigen Sie das Pulldown-Menü oberhalb der Kurve, und stellen Sie auf BLAU um. Alternativ betätigen Sie Alt + 5.

4 Korrektur im Bild

Abbildung 5.56 ▼
Per Knopfdruck lassen sich
Korrekturen sogar direkt im
Bild vornehmen. (Vergleichen
Sie Ihr Resultat mit »Fotograf_
fertig.tif«.)

Nun befinden wir uns zwar im Blau-Kanal, wissen aber noch nicht, welche Blauanteile überhaupt verändert werden müssen. Sind es eher die hellen oder die dunklen Anteile? Egal! Das soll Photoshop für uns herausfinden. Schalten Sie den Button ❺ ein. Er ermöglicht die Änderung der Gradation auf dem Foto.

Als Nächstes klicken Sie auf eine Stelle im Bild, die den typischen Blaustich aufweist. Ich habe mich für das Moos bzw. den Bewuchs auf einem der Felsen ❼ entschieden. Halten Sie auch hier wieder die Maustaste gedrückt, und schieben Sie das Zeigegerät langsam nach unten. Beobachten Sie gleichzeitig die Diagonale ❻. Dort ist ein Punkt hinzugefügt worden, der sich jetzt langsam nach unten bewegt. Mit dieser Aktion übernimmt der Grünanteil mehr und mehr die Bildregie.

5 Optional: Korrektur verwerfen

Nun kann es ja durchaus einmal passieren, dass sich das gewünschte Ergebnis nicht einstellt – weil Sie beispielsweise eine falsche Position im Foto markiert haben. Meist wäre ein Farbstich die Folge. In diesem Fall klicken Sie einfach auf das kleine Quadrat, das der Gradationskurve hinzugefügt wurde, halten die Maustaste gedrückt und ziehen diese Markierung einfach aus dem Gradati-

onskurven-Feld heraus. Wenn Sie die Maustaste außerhalb des Kurvenfelds loslassen, ist der Punkt verschwunden und die letzte Einstellung verworfen.

Einstellungsebene »Helligkeit/Kontrast«

Als Kontrast bezeichnet man die Spanne zwischen dem hellsten und dem dunkelsten Punkt eines Bildes. Fotos mit hohem Kontrastumfang sind natürlich wesentlich ansprechender. Allerdings war es nicht immer unproblematisch, Helligkeits- und Kontrastveränderungen an einem Bild vorzunehmen. Gerade bei der Erhöhung von Kontrasten bestand oft die Gefahr, dass Details im Bild (z. B. dünne Äste und Ähnliches) verloren gingen. Da dem Ganzen aber mittlerweile ein veränderter Umrechnungsmodus zugrunde liegt, können Sie ruhig auch einmal mit HELLIGKEIT/KONTRAST nachhelfen – aber bitte nur dann, wenn der Korrekturbedarf insgesamt eher gering ist.

Die Vorgehensweise ist auch hier dieselbe. Zunächst weisen Sie eine Einstellungsebene zu (in diesem Fall HELLIGKEIT/KONTRAST) und versuchen, sofern Sie es mit flauen Bildern zu tun haben, den Regler KONTRAST nach rechts zu verschieben. Das reicht in den meisten Fällen schon aus. Sind Sie mit dem Ergebnis nicht zufrieden, verwerfen Sie die Korrektur und versuchen es lieber über die Tonwerte oder die Gradation.

▲ **Abbildung 5.57**
Nur in Ausnahmefällen zu empfehlen: HELLIGKEIT/ KONTRAST

Alte Version verwenden
Bei Anwahl der gleichnamigen Checkbox wird ein Algorithmus verwendet, der inzwischen verbessert worden ist. Wenn Sie eine Einstellungsebene bearbeiten, die mit einer älteren Photoshop-Version erzeugt worden ist, wird die Checkbox automatisch aktiviert.

Farbkorrekturen

Von Knallbunt bis Schwarzweiß

- ▶ Wie werden Farben kräftiger?
- ▶ Wie lassen sich Farben verändern?
- ▶ Wie korrigiere ich die Farbbalance?
- ▶ Wie erzeuge ich Schwarzweißfotos?
- ▶ Worauf muss ich achten, wenn ich Porträts in Schwarzweiß umwandle?

6 Farbkorrekturen

Dynamik? Sättigung? Farbbalance? Da kann einem ja schwindelig werden! Es besteht aber überhaupt kein Grund, vor diesen Begriffen zurückzuschrecken. Sie werden sehen, dass die Bezeichnungen selbst viel befremdlicher sind als die Anwendung dieser Funktionen. Wetten, dass Sie am Ende des Kapitels genauso denken? Mit diesen seltsam klingenden Techniken holen Sie nämlich aus Ihren Bildern das Allerletzte heraus – und erreichen Ergebnisse, die sich wirklich sehen lassen können.

6.1 Flaue Farben kräftigen

Wie flaue Fotos kontrastreicher gemacht werden können, haben Sie im vorangegangenen Kapitel erfahren. Dort ist nämlich in einem Workshop gezeigt worden, wie sich die Gradation kanalweise verbessern lässt (siehe letzten Workshop von Kapitel 5 ab Seite 228). In diesem Kapitel sollen nun zwei weitere Einstellungsebenen ins Spiel kommen, die immer dann angezeigt sind, wenn Farben gekräftigt werden müssen.

Sättigung und Dynamik verändern

Eine der vielen in Photoshop zur Verfügung stehenden Einstellungsebenen ist geradezu prädestiniert, bei der Farbkräftigung schnelle Erfolge zu verzeichnen. Was dieses Thema angeht, sollten Sie am besten gleich mal in einen Workshop eintauchen.

Schritt für Schritt
Farben sättigen per Einstellungsebene

Bilder/Dynamik.jpg

Beginnen Sie das Kapitel mit einer Aufnahme aus der mexikanischen Karibik. »Dynamik.jpg« offenbart einen Traumstrand der

Halbinsel Yucatán. Nun werden Sie geneigt sein, zu sagen: »Na, wo isser denn, der Traumstrand?« Und recht haben Sie. Das sieht irgendwie gar nicht nach Caribbean Daydream aus.

© Renate Klaßen

◄ **Abbildung 6.1**
Harte Kontraste und wenig Farbe. Wer will das, wenn es um die Karibik geht?

1 Tonwerte korrigieren

Bevor Sie mit der Farbkorrektur beginnen, sollten Sie zunächst die Härte aus dem Bild nehmen. Die hoch stehende Sonne hat in diesem Foto für enorme Kontraste gesorgt. Erzeugen Sie eine Einstellungsebene TONWERTKORREKTUR, und ziehen Sie den Weißpunkt-Regler ❹ bis auf 214. Um die Mitteltöne etwas heller zu gestalten, ziehen Sie den Graupunkt-Regler ❸ nach links (auf etwa 1,20).

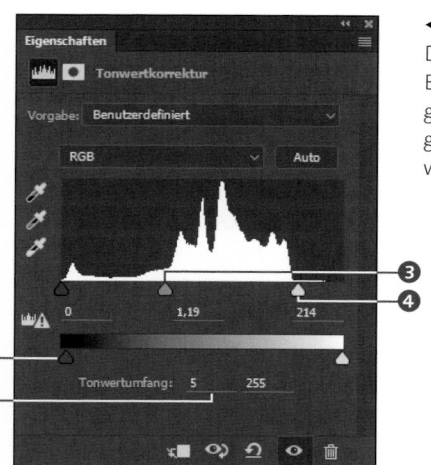

◄ **Abbildung 6.2**
Die Tonwertkorrektur macht das Bild (im Gegensatz zu den vorangegangenen Bildern, die ja stets gekräftigt worden sind) ein wenig weicher.

Zuletzt kümmern Sie sich darum, dass die extrem schwarzen Bildbereiche etwas von ihrer Intensität verlieren, indem Sie den TONWERTUMFANG SCHWARZ ❶ minimal nach rechts schieben, bis im

Feld ❷ ein Wert von 5 ausgewiesen wird. Das macht aus kräftigem Schwarz dunkles Grau. Da jedoch noch eine weitere Korrektur folgen wird, ist das absolut in Ordnung.

2   Dynamik und Sättigung einstellen

Nachdem das erledigt ist, weisen Sie eine weitere Einstellungsebene zu. Entscheiden Sie sich diesmal für DYNAMIK. Im zugehörigen Eigenschaften-Bedienfeld gibt es nur zwei Schieberegler, die beide die Farben beeinflussen. In welcher Art und Weise das geschieht, erfahren Sie gleich im Anschluss an diesen Workshop.

▲ **Abbildung 6.3**
Zwei Schieber, die die Farbe ins Bild transportieren

Abbildung 6.4 ▶
Cool, endlich Karibik-Feeling!

Ziehen Sie den Slider DYNAMIK auf +70 hoch. Ah, da kommt schon Farbe ins Spiel. Da das aber noch nicht reicht, sollten Sie auch die SÄTTIGUNG anheben, indem Sie den gleichnamigen Regler bis auf +25 ziehen. Das ist zwar ein wenig zu viel des Guten, jedoch passt die geringfügige Übersättigung zum Motiv. Das war's bereits. Vergleichen Sie Ihr Ergebnis mit »Dynamik-bearbeitet.tif«.

Sättigung und Dynamik im Vergleich

Haben Sie festgestellt, dass bei Betätigung der beiden Slider die Farben jeweils gekräftigt worden sind? Natürlich haben Sie das. Bleibt die Frage: Wozu sind zwei Schieber erforderlich, wenn beide das Gleiche machen? Nun, eigentlich machen sie lediglich etwas Ähnliches. Während die Sättigung nämlich die Leuchtkraft (also die Intensität) sämtlicher Farben zu gleichen Teilen anhebt,

---

**Erst Dynamik,
dann Sättigung**

Einige Farben sind womöglich schon von Beginn an ausreichend stark und würden bei einer gleichmäßigen Anhebung »übersättigt«. Mein Tipp also: Versuchen Sie es zunächst immer über die Dynamik. Nur wenn das nicht reicht, heben Sie die (Farb-)Sättigung vorsichtig noch etwas an.

geht die Dynamik-Operation einen Schritt weiter. Sie erhöht weniger gesättigte Farben viel stärker als jene, die bereits über ausreichende Leuchtkraft verfügen. Das ist in den meisten Fällen genau die richtige Vorgehensweise, denn nur selten müssen alle Farben zu gleichen Teilen gesättigt werden.

6.2 Farben verändern

Sie haben bisher erfahren, wie Sie Farben aufwerten und kräftigen können. Nun ist es aber nicht selten angezeigt, eine bestimmte Farbe des Fotos gezielt zu verändern. Diese sogenannte Farbverfremdung ist glücklicherweise ebenfalls eine Stärke von Photoshop.

Bildbereiche umfärben

Prinzipiell ist es keine große Sache, sämtliche Farben innerhalb eines Fotos zu verändern. Dazu verwenden Sie schlicht eine FARBTON/SÄTTIGUNG-Einstellungsebene. (Weniger galant, weil destruktiv, aber dennoch möglich wäre BILD • KORREKTUREN • FARBTON/SÄTTIGUNG.) Im Dialog ziehen Sie dann den Schieberegler FARBTON in die gewünschte Richtung (hier: auf –119 bei Verwendung des Bildes »Beach.jpg«). Ein blauer Rettungsring ist ja eine willkommene Abwechslung zum Einheitsrot. Aber mal ehrlich: Wer mag schon lila Sand?

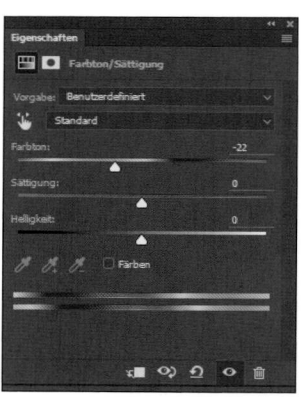

▲ **Abbildung 6.5**
Die Veränderung des Farbtons …

◄ **Abbildung 6.6**
… bewirkt spektrale Verschiebungen des gesamten Farbbereichs – keine schöne Sache.

Schritt für Schritt
Ein Auto umfärben

Bilder/Oldie.jpg

Was sagen Sie zu diesem wunderschönen, alten Fiat? Ein Träumchen, oder? Ob das Rot allerdings eine gute Wahl ist, sei dahingestellt. Wer über eine recht kostenintensive Umlackierung nachdenkt, sollte das Ergebnis vorab einmal in Photoshop visualisieren. Dort ist es nämlich kostenlos – aber keineswegs umsonst.

Abbildung 6.7 ▶
Da schlägt das Oldtimer-Herz
höher.

1 Auswahl erzeugen

Um es gleich vorwegzunehmen: Wir könnten das gesamte Foto umfärben und dann all jene Bereiche, die nicht von der Farbmanipulation betroffen sein sollen, kurzerhand wieder maskieren. Da wir uns aber gegen Ende des Workshops ohnehin noch mit Maskierungen beschäftigen und zudem grundsätzlich den leichteren Weg gehen wollen, lassen wir eine Maske von Photoshop erzeugen. Dazu benötigen wir allem voran eine Auswahl. Wir benutzen die Funktion MOTIV, die sich im Menü AUSWAHL befindet.

Abbildung 6.8 ▶
Die Auswahl sitzt nicht gerade
perfekt.

2 Auswahlmaskierung öffnen

Sie sehen schon: So richtig schick ist die Auswahl nicht geworden. Macht aber nichts – für unsere Umfärbung reicht's, da die wesentlichen Bereiche eingefangen worden sind. Allerdings sollten wir die Umrisse der Auswahl ein wenig weicher gestalten, damit später keine harten Farbübergänge zu sehen sind. Aktivieren Sie also ein beliebiges Auswahlwerkzeug, und klicken Sie in der Optionsleiste auf AUSWÄHLEN UND MASKIEREN.

3 Auswahl bearbeiten

Öffnen Sie, falls nötig, die Liste GLOBALE VERBESSERUNGEN ❶, und legen Sie eine WEICHE KANTE ❷ von ca. 4,5 Px fest. Verschieben Sie die Kante ein wenig nach außen, um die Wahrscheinlichkeit zu erhöhen, dass alle Farbbereiche inkludiert sind. Ziehen Sie dazu den Slider KANTE VERSCHIEBEN ❸ nach rechts, bis etwa +8% angezeigt wird, ehe Sie den Dialog mit OK verlassen.

▼ **Abbildung 6.9**
Die Kante wird optimiert.

4 Farbe

Erzeugen Sie eine neue Einstellungsebene, wobei Sie sich für FARBTON/SÄTTIGUNG entscheiden. Genialerweise wird die vorhan-

dene Auswahl gleich mit einbezogen. Achten Sie auf die Miniatur in der Einstellungsebene. Die zuvor ausgewählten Bereiche sind in Weiß dargestellt, während alle Bereiche jenseits des Objekts schwarz bleiben. So wollen wir das haben.

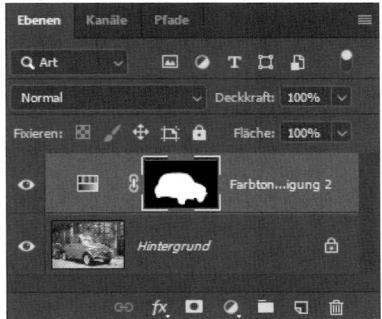

Abbildung 6.10 ▶
Die Auswahl erstreckt sich lediglich über das Fahrzeug.

5 Farbe ändern

Jetzt kümmern Sie sich bitte um das Eigenschaften-Bedienfeld. Die Farbveränderung führen Sie mittels Verstellung des Sliders FARBTON durch. Hierbei sind Ihren Vorlieben natürlich keine Grenzen gesetzt. Sollten Sie sich für ein sattes Grün entscheiden (etwa bei +120 zu finden), werden Sie allerdings feststellen, dass der Lack viel zu intensiv ausfällt. Deshalb ist zu empfehlen, den Regler SÄTTIGUNG bis auf etwa –30 nach links zu bewegen.

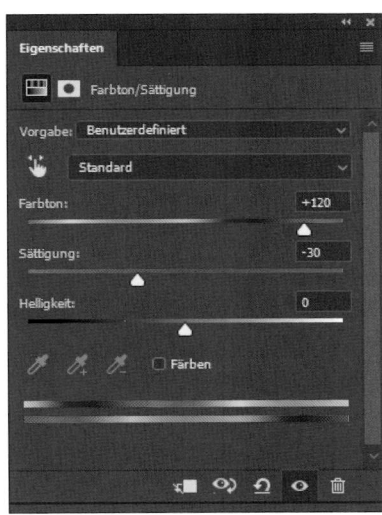

Abbildung 6.11 ▶
Die Sättigung muss verringert werden. Ansonsten über-strahlt die Farbe.

240

6 Maske komplettieren

Gönnen Sie sich doch einen Vorher-Nachher-Vergleich, indem Sie temporär das Augen-Symbol der Farbton/Sättigung-Ebene deaktivieren. Das sieht gut aus. Bei genauerem Hinsehen werden Sie allerdings noch ein paar Kleinigkeiten entdecken, die eine Nacharbeit verlangen. So ist beispielsweise der Blinker am rechten Kotflügel des Fahrzeugs grün geworden – ebenso das Fiat-Emblem ganz vorne. Da die Maske im Ebenen-Bedienfeld noch immer aktiv ist, können Sie diese Bereiche nun direkt mit einem kleinen, 100% deckenden Pinsel bei eingestellter schwarzer Vordergrundfarbe (D) bearbeiten. Das sollten Sie allerdings bei starker Vergrößerung des Bildausschnitts machen (z.B. 1600%), damit nicht versehentlich zu viel übermalt wird. Sollte das geschehen, drücken Sie kurz X, malen über die Bereiche, die jetzt wieder in Rot erscheinen, und betätigen anschließend abermals X, um zur schwarzen Vordergrundfarbe zurückzukehren.

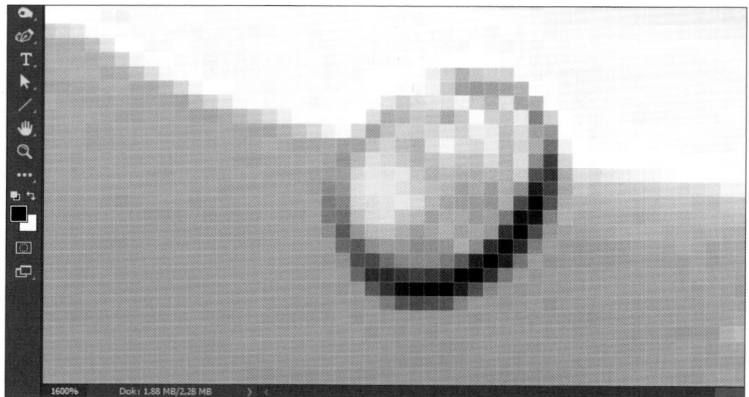

▲ **Abbildung 6.12**
Der Blinker darf natürlich nicht grün werden.

7 Farbbereiche hinzufügen

Sollten am Heck des Fiat noch rote Schlieren auszumachen sein, stellen Sie bitte zunächst Weiß als Vordergrundfarbe ein (D) und wischen vorsichtig mit einem nicht zu harten Pinsel darüber. Das hat zur Folge, dass Sie der Maske Bereiche hinzufügen können – also im Prinzip Teile der grünen Farbton/Sättigung-Ebene sichtbar machen.

Abbildung 6.13 ▲
Was meinen Sie? Grün oder
doch lieber rot?

Ich möchte Ihnen gerne noch eine weitere Technik vorstellen. Sie
bietet sich immer dann an, wenn die Auswahl des Zielfarbenbe-
reichs schwieriger ist als im vorangegangenen Abschnitt.

Farben mit der Farbbalance einstellen

Wenn es um Farbverfremdungen geht, ist die zuvor vorgestellte
Funktion optimal geeignet. Bei Korrekturen hingegen, bei denen
man nicht einfach eine Farbe austauschen kann, kommt eine
andere Arbeitsweise zum Tragen. Bei Porträtkorrekturen beispielsweise sind die Freiheiten in Sachen Farbgestaltung stark eingeschränkt. Immerhin muss die Farbe des Teints am Ende realistisch sein – und nicht schön bunt.

Schritt für Schritt
Farben realistischer wirken lassen

Bilder/Farbbalance.jpg

Das Beispielfoto ist zwar ganz nett geworden, glänzt aber vor
allem durch hohe Grünanteile und magere Belichtung. Beide Probleme machen das Bild flach. Also müssen Korrekturen her. Sie
werden auch hier wieder miteinander kombiniert.

1 Tonwerte und Belichtung korrigieren

Beginnen Sie mit einer Einstellungsebene TONWERTKORREKTUR.
Ziehen Sie den Weißpunkt-Slider auf 234. Allein dieser Schritt
bewirkt schon einiges im Foto.

Gehen Sie aber dennoch einen Schritt weiter, indem Sie auch
eine Einstellungsebene BELICHTUNG einfügen und den Schieber
BELICHTUNG auf einen Wert von rund +0,3 bis 0,4 stellen.

© Robert Klaßen

◀◀ **Abbildung 6.14**
Das Bild ist grünlich und wirkt wenig lebendig. Aber das ändert sich gleich.

◀ **Abbildung 6.15**
Bereits nach Schritt 1 besteht das Bilddokument aus drei Ebenen.

2 Grün reduzieren

Nachdem Belichtung und Tonwerte optimiert worden sind, geht es um die Farben. Dazu muss eine weitere Einstellungsebene her. Fügen Sie die FARBBALANCE hinzu. Mit Hilfe der drei Schieber lassen sich Farben zugunsten ihrer benachbarten Farbbereiche verschieben. So kann Rot beispielsweise in Richtung Cyan oder Gelb in Richtung Blau befördert werden. Da wir den hohen Grünanteil bemängelt haben, ist zunächst der mittlere Regler interessant. Schieben Sie ihn etwas nach links in Richtung MAGENTA (hier: –11).

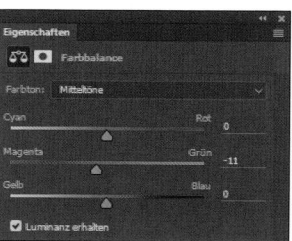

▲ **Abbildung 6.16**
Zur Reduktion des Grünanteils muss der mittlere Regler nach links gezogen werden.

3 Lichter korrigieren

Nun haben Sie diese Korrektur nur in den Mitteltönen wirken lassen. Denn ganz oben im Pulldown-Menü ist genau dieser Bereich ausgewählt. Die besonders hellen und dunklen Grünanteile sind noch vorhanden. Schalten Sie daher bitte zunächst auf die LICHTER. Dass die Slider nun wieder alle bei 0 stehen, ist korrekt, da die hellen Farbtöne ja noch nicht bearbeitet worden sind. Ziehen Sie den Magenta-Schieber auf –16. Erhöhen Sie auch ein wenig den Rotanteil, indem Sie den oberen Schieber (Cyan) auf +3 bringen.

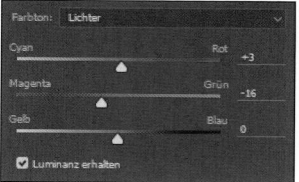

▲ **Abbildung 6.17**
Die LICHTER-Korrektur wirkt sich ebenfalls positiv auf die Farben aus.

4 Tiefen korrigieren

Zuletzt aktivieren Sie die TIEFEN und sorgen auch hier für einen Magenta-Anteil von –9. Verlegen Sie das Blau-Gelb-Verhältnis

noch ein wenig in Richtung Gelb, indem Sie den untersten Slider
auf –19 bewegen.

5 Gelbtöne bearbeiten

Zuletzt wechseln Sie wieder auf die Mitteltöne. Hier sorgen wir
jetzt ebenfalls für eine Gelb-Korrektur. Das macht das Foto noch
ein wenig lebendiger. Gehen Sie ruhigen Gewissens auf –36.

6 Tonwerte nachjustieren

Durch die Änderung der Farben verwandelt sich auch das Kont-
rastverhältnis. Die dunklen Bereiche sind genauso wie die unteren
Mitteltöne etwas zu kräftig. Das gleichen Sie aus, indem Sie nun
wieder die Ebene TONWERTKORREKTUR aktivieren. Bitte klicken Sie
dazu entweder auf den Ebenennamen oder auf das kleine Histo-
gramm-Symbol, nicht jedoch auf die Maskenminiatur, da ansonsten nicht das Histogramm, sondern nur die Ebenenmaske editierbar wäre. Ziehen Sie den Mittelton-Regler auf einen Wert von ca.
1,15 und den schwarzen Slider im Bereich Tonumfang auf 5 oder 6.

7 Alle Korrekturebenen mit einem Klick deaktivieren

Einen Vorher-Nachher-Vergleich erhalten Sie, indem Sie das
Augen-Symbol der untersten Ebene (also der Bildebene) anklicken, während Sie Alt gedrückt halten.

Abbildung 6.18 ▶
Die Korrektur hat dem Foto
sichtlich gutgetan.

Das gleichzeitige Betätigen der [Alt]-Taste bewirkt, dass nur diese Ebene sichtbar bleibt und alle anderen ausgeblendet werden. Auf die gleiche Weise lassen sich auch wieder alle anderen Ebenen hinzuschalten.

6.3 Schwarzweißbilder

Was ist, wenn Sie aus einem Farbfoto die Farbe verbannen möchten? Stimmungsvolle Graustufen-Aufnahmen haben ja nicht nur in der Porträtfotografie etwas Besonderes an sich.

Herkömmliche Methoden der Farbentfernung

Hier bieten sich folgende Möglichkeiten an:

▸ Zunächst können Sie natürlich den Modus ändern. In diesem Fall stellen Sie BILD • MODUS • GRAUSTUFEN ein. Die anschließende Kontrollabfrage bestätigen Sie mit OK.

▸ Wählen Sie BILD • KORREKTUREN • SÄTTIGUNG VERRINGERN.

▸ Über BILD • KORREKTUREN • FARBTON/SÄTTIGUNG schieben Sie den Regler für die Sättigung ganz nach links.

▸ Über BILD • KORREKTUREN • KANALMIXER aktivieren Sie die Checkbox MONOCHROM.

© Ulistx / fotolia.com

◂ **Abbildung 6.19**
Besonders bei den helleren Stiften (gelb und orange) werden die Unterschiede deutlich. – Von oben links nach unten rechts: RGB-Farbe, Modus-Umwandlung, Verringerung der Sättigung, Monochrom.

Alle Methoden differieren minimal im Ergebnis. Welche dieser Vorgehensweisen die beste ist, kann nicht pauschal gesagt werden, weil das natürlich vom gewünschten Ergebnis abhängt. Falls die Dateigröße eine entscheidende Rolle spielt, sollten Sie die Modus-Umwandlung vorziehen, da sie die Farbkanäle verwirft und somit die Dateigröße schrumpft.

Der Dialog »Schwarzweiß«

Sie ahnen es: Photoshop wäre nicht Photoshop, gäbe es nicht auch für diesen Zweck eine Einstellungsebene. Zwar können Sie auch über BILD • KORREKTUREN • SCHWARZWEISS gehen; jedoch kennen Sie die Vorzüge von Einstellungsebenen ja zur Genüge.

Naturaufnahmen in Schwarzweiß

Um es gleich vorwegzunehmen: Es gibt keine allgemeingültige Regel, wie ein Schwarzweißfoto auszusehen hat. Das ist vom individuellen Empfinden, von der Ästhetik und nicht zuletzt auch von der gewünschten Bildaussage abhängig. Was aber grundsätzlich berücksichtigt werden muss: Das Schwarzweißfoto kann nicht mehr durch seine Farbgebung überzeugen, sondern nur noch durch Tonwerte und Kontraste. Deswegen ist es interessant, für kräftige Unterschiede zwischen den unterschiedlichen Farbbereichen zu sorgen.

Schritt für Schritt
Beeindruckende Naturaufnahmen in Schwarzweiß

Bilder/Natur.jpg

Im Workshop geht es darum, der Aufnahme die Farbe zu entziehen und dabei wichtige Bildinhalte durch Hell-Dunkel-Abstufungen voneinander abzugrenzen. Die logische Konsequenz daraus: Farbenfrohe Fotos eignen sich wesentlich besser für die Schwarzweißkonvertierung als triste Knipsereien.

1 Foto aufhellen
Die Szene ist insgesamt ein wenig dunkel geraten. Deshalb sollten Sie zunächst mit einer Einstellungsebene arbeiten.

© Gaetano Cessati / unsplash.com

◀ **Abbildung 6.20**
Eine derartige Aufnahme ist
aufgrund ihrer Farben und
Kontraste auch für Schwarzweiß geeignet, auch wenn sie
etwas dunkel geraten ist.

Weisen Sie eine Einstellungsebene zu, indem Sie in der Fußleiste des
Ebenen-Bedienfelds auf den schwarzweißen Kreis klicken und TON-
WERTKORREKTUR selektieren. Ziehen Sie den Grauwert-Regler nach
links, bis Sie einen Wert von ca. 1,60 erreichen. (Möglicherweise
werden Sie hier am Ende noch einmal nachkorrigieren müssen.)

▼ **Abbildung 6.21**
Das sieht ja schon wesentlich
besser aus.

2 In Schwarzweiß umwandeln

Nun entscheiden Sie sich für die Einstellungsebene SCHWARZ-
WEISS. Allein das Aktivieren des Dialogs reicht schon, um Ihr Foto
als Graustufenbild darzustellen.

3 Vorgabe ändern

Wenn Sie sich ganz auf Photoshop verlassen wollen, gehen Sie doch einmal die Möglichkeiten des Pulldown-Menüs VORGABE durch. Vergleichen Sie vor allem GRÜNFILTER, MAXIMALES SCHWARZ und MAXIMALES WEISS miteinander. Wenn Sie zufrieden sind, ist dieser Workshop für Sie bereits erledigt. Wer mehr verlangt, stellt zuletzt wieder auf STANDARD zurück.

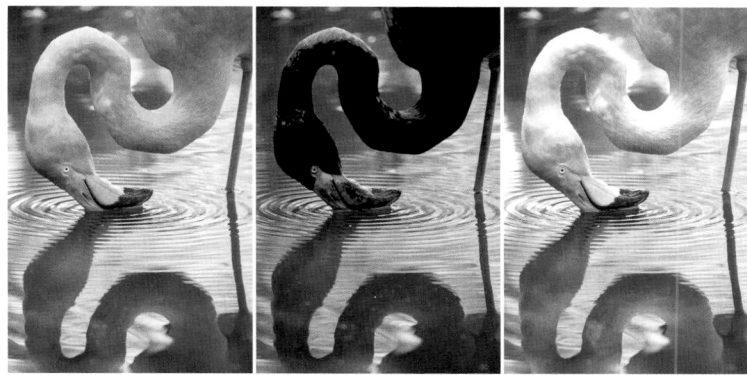

▲ **Abbildung 6.22**
Jede Vorgabe bringt ein verändertes Resultat hervor.

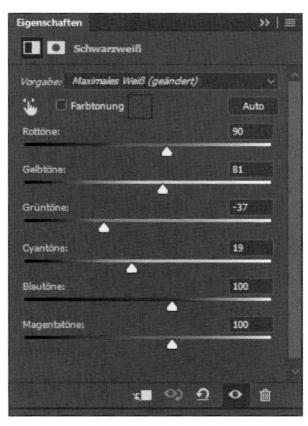

▲ **Abbildung 6.23**
Übernehmen Sie diese Werte für das Beispielfoto.

4 Rot- und Gelbtöne verbessern

Die Kanäle Rot und Gelb stehen in Abhängigkeit zueinander, da Gelb im Kern nicht ohne Rot auskommt. Sie sollten diese beiden Regler daher stets im Wechsel bedienen, bis das gewünschte Ergebnis erreicht ist. Im Beispielfoto bedeutet das: Wenn Sie die ROTTÖNE auf etwa 90 ziehen, entstehen durchgängig weiße Flächen am Hals des Flamingos. In diesen Bildbereichen gehen die Strukturen verloren. Dem können Sie entgegenwirken, indem Sie die GELBTÖNE auf etwa 81 justieren.

5 Weitere Farbtöne verbessern

Da der Flamingo nun recht hell ist, sollten Sie die Wasseroberfläche ein wenig abdunkeln. Das erreichen Sie jedoch nicht, wie man zunächst vermuten könnte, mit Blau, sondern mit den GRÜNTÖNEN, die Sie auf etwa –37 ziehen. Bewegen Sie zudem die CYANTÖNE auf etwa 19. Blau und Magenta lassen Sie komplett unangetastet.

6 Bild abdunkeln

Nun haben Sie eingangs bereits erfahren, dass die Tonwertkorrektur-Ebene noch einmal nachjustiert werden muss. Da das Bild insgesamt etwas zu hell ist (zumindest für meinen Geschmack), sollte es nun wieder ein wenig abgedunkelt werden. Aktivieren Sie die Ebene Tonwertkorrektur, und reduzieren Sie deren Deckkraft auf etwa 75 %. Das sieht gut aus, oder?

▲ **Abbildung 6.24**
Reduzieren Sie zuletzt die Deckkraft der Tonwertkorrektur-Ebene.

▲ **Abbildung 6.25**
Selbst farbenfrohe Naturaufnahmen haben ihren Reiz in Schwarzweiß.

Schwarzweiß-Direktkorrektur benutzen

Dem Einsteiger wird sich vielleicht nicht auf den ersten Blick erschließen, welche Farbbereiche manipuliert werden müssen, um das eine oder andere Resultat zu erzielen; zumal ja nach Aktivierung der Schwarzweiß-Ebene keine Farben mehr zu sehen sind. Aus diesem Grund ist die Direktkorrektur ins Leben gerufen worden, die Sie ja bereits im Zusammenhang mit den Gradationskurven kennengelernt haben. Aktivieren Sie zunächst das kleine Hand-Symbol oben links im Eigenschaften-Bedienfeld (die Ebene Schwarzweiss muss dazu im Ebenen-Bedienfeld ausgewählt sein).

Danach klicken Sie auf den Bereich des Fotos, den Sie verändern wollen, halten die Maustaste gedrückt und schieben das Zeigegerät nach links (= abdunkeln) oder rechts (= aufhellen). Photoshop wählt den entsprechenden Farbbereich selbstständig aus,

▲ **Abbildung 6.26**
Nach Aktivierung des Hand-Symbols ist die Schwarzweißkorrektur direkt im Bild möglich.

249

so dass Sie sich auf die eigentliche Korrektur konzentrieren können. Wenn der Bildbereich Ihren Vorstellungen entspricht, lassen Sie die Maustaste los. Betrachten Sie bei dieser Art der Korrektur jedoch stets das gesamte Bild. Denn es ist gut möglich, dass die Stelle, auf die Sie zuvor geklickt haben, optimal korrigiert wird, während eine andere Stelle im Bild (die im gleichen Farbbereich liegt) zu hell oder zu dunkel wird.

Schwarzweißvorgaben speichern

Vorgaben-Speicherorte
Die Vorgaben werden auf dem Windows-Rechner abgelegt unter: [LAUF-WERKSBUCHSTABE]/BENUT-ZER/[NAME DES ANWEN-DERS]/APPDATA/ROAMING/ADOBE/ADOBE PHOTO-SHOP CC [VERSIONSNUM-MER]/PRESETS. Dazu müssen die versteckten Ordner via Ordneroptionen des Betriebssystems sichtbar gemacht werden. Am Mac gehen Sie diesen Pfad: MAC/BENUTZER/LIB-RARY/APPLICATION SUP-PORT/ADOBE/ADOBE PHO-TOSHOP CC [VERSIONS-NUMMER]/PRESETS.

Wenn Sie die getroffenen Einstellungen als Vorgabe sichern wollen, öffnen Sie das Eigenschaften-Bedienfeldmenü und selektieren SCHWARZWEISSVORGABE SPEICHERN. Die Parameter werden dann in einer Datei mit der Endung ».blw« im Ordner BLACK AND WHITE der persönlichen Voreinstellungen abgelegt. Wenn Sie diese später wieder benötigen, gehen Sie abermals auf das Pulldown-Menü VORGABE, das die gespeicherte Voreinstellung fortan enthält.

Porträts in Schwarzweiß

Bei der Gestaltung von Personenaufnahmen sind Sie nicht ganz so frei wie bei Landschaften. Hier müssen Sie vor allem auf den Teint aufpassen. Er setzt sich nämlich in der Regel aus Gelb und Rot zusammen. Regeln Sie diese Bereiche zu weit auseinander, wird das Gesicht fleckig. Darüber hinaus darf der Teint natürlich weder zu hell noch zu dunkel werden.

Schritt für Schritt
Beeindruckende Porträts in Schwarzweiß

Bilder/Face.jpg

Wir wollen das Foto »Face.jpg« in Schwarzweiß konvertieren. Wie bereits angesprochen, sollten Sie dabei den Teint nicht aus den Augen verlieren.

1 Bild analysieren
Beginnen Sie mit einer Einstellungsebene SCHWARZWEISS. Bei der Vorgabe STANDARD (im obersten Pulldown-Menü) bleibt die Haut recht neutral. Sie hat noch dunkle Elemente und überstrahlt nicht.

Zudem sieht sie etwas gräulich aus. Das ist zunächst einmal nichts Ungewöhnliches bei Schwarzweißfotos, sollte jedoch optimiert werden. Es ist meist sehr interessant, die Hauttöne bewusst etwas heller darzustellen. Besonders das weibliche Geschlecht wird sich darüber freuen.

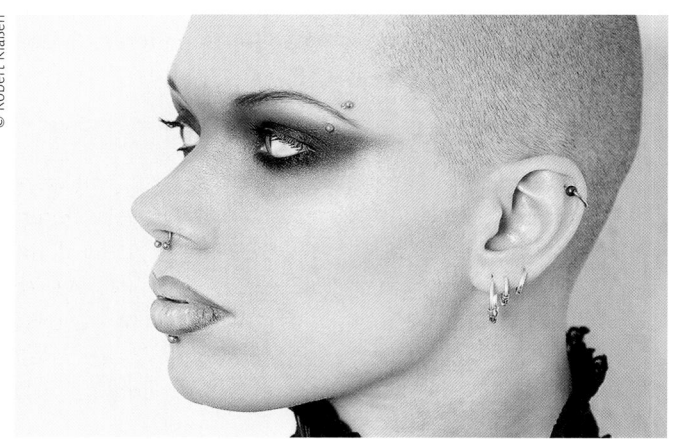

◄ **Abbildung 6.27**
Vorsicht bei Porträts! Gesichter dürfen bei der Umwandlung in Schwarzweiß nicht fleckig werden.

2 Farben einstellen

Sie können die Rottöne anheben, und/oder Sie versuchen es einmal mehr mit den Gelbtönen. Wir benutzen in diesem Beispiel wieder beide Schieber in Abstimmung zueinander. Ziehen Sie die ROTTÖNE ❶ (siehe Abbildung 6.29) hoch auf 100. Das ist zwar zu viel, macht aber zunächst einmal deutlich, wie stark Rot bei Gesichtern wirkt.

◄ **Abbildung 6.28**
Die Rottöne beeinflussen stark das Gesicht – bei zu starker Rot-Aufhellung gehen Details verloren.

251

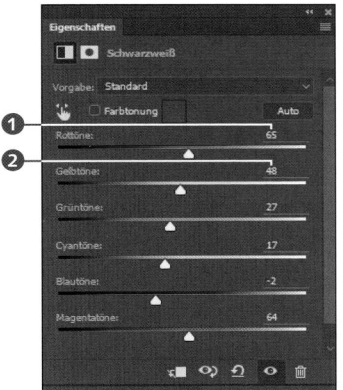

▲ Abbildung 6.29
Stellen Sie diese Werte ein.

Gehen Sie anschließend zurück auf etwa 65, während die GELB-TÖNE ❷ bei 48 liegen sollten. Damit sich Person und Hintergrund mehr voneinander abheben, senken Sie die CYANTÖNE zudem noch auf 17 und die BLAUTÖNE auf –2. Übernehmen Sie alle anderen Farbwerte aus Abbildung 6.29. Falls Sie nicht genau erkennen können, welche Farben für welche Bildbereiche zuständig sind, bewegen Sie die Slider extrem von einer Seite zur anderen. Beobachten Sie dabei die Veränderungen im Foto.

▲ Abbildung 6.30
Das Gesicht ist hell, ohne jedoch zu überstrahlen.

3   Optional: Farbe zurückholen
Wer jetzt noch einen Schritt weitergehen möchte, der verringert die DECKKRAFT ❸ der Einstellungsebene noch ein wenig. Dadurch wird nämlich wieder etwas von der Farbe der Originalebene zurückgebracht. Das macht sich bei diesem Foto ganz gut. Gehen Sie auf etwa 78 %.

4   Ebenen reduzieren
Bedenken Sie, dass Sie bei Erhalt der Einstellungsebene immer wieder nachkorrigieren können. Dazu müssen Sie die Ebene nur wieder aktivieren. Aber bitte nicht vergessen: Einstellungsebenen bleiben nicht bei jedem Dateiformat erhalten. Speichern Sie das Dokument daher als PSD oder TIFF ab. – Einstellungsebenen

haben aber leider auch zur Folge, dass die Dateigröße anschwillt. Wenn Sie mit Ihrer Arbeit definitiv fertig sind, ist deshalb zu empfehlen, die Ebenen aufzulösen. Dazu gehen Sie in das Bedienfeldmenü des Ebenen-Bedienfelds und entscheiden sich dort für den Eintrag AUF HINTERGRUNDEBENE REDUZIEREN. Alternativ selektieren Sie den gleichlautenden Eintrag über das Menü EBENE.

▼ **Abbildung 6.31**
Durch die Deckkraft-Reduktion schimmert das Originalfoto (das ja noch immer farbig ist) wieder ein wenig durch.

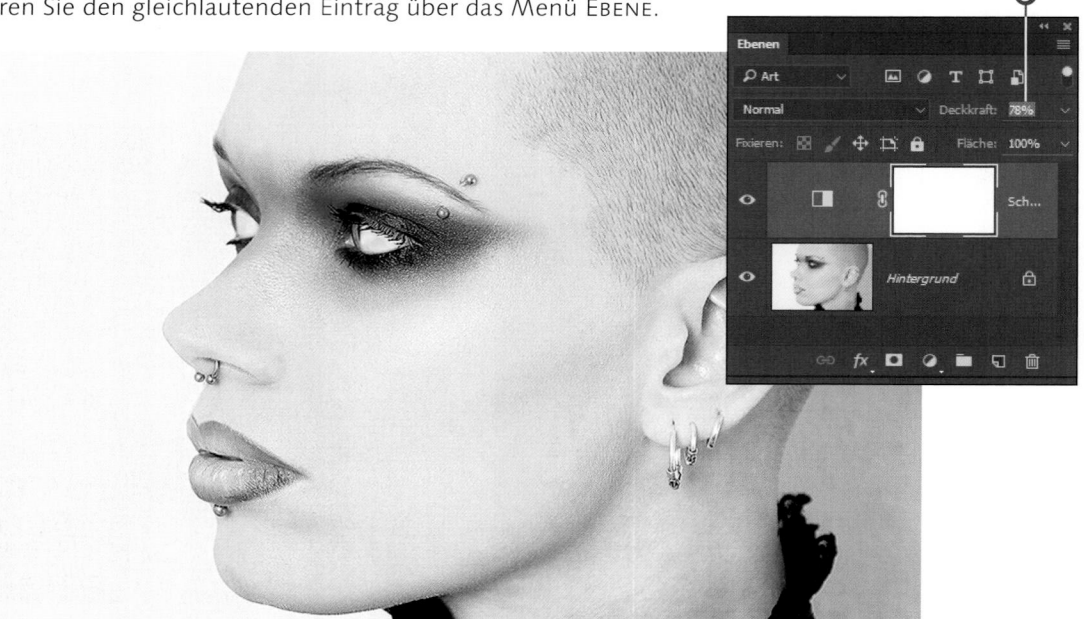

▲ **Abbildung 6.32**
So gelangt ein Minimum an Farbe ins Bild zurück.

Retusche und Reparatur

Kopieren, reparieren, restaurieren

- ▶ Wie werden Bildbereiche repariert?
- ▶ Wie werden Objekte geklont?
- ▶ Wie wird ein Porträt effektiv korrigiert?
- ▶ Wie kann ein Foto geschärft werden?
- ▶ Wie lässt sich ein verwackeltes Bild schärfen?
- ▶ Wie werden Fotos gezielt weichgezeichnet?

7 Retusche und Reparatur

Es gibt doch immer etwas zu tun! Kaum ein Bild, das auf Anhieb perfekt ist. Das niemals zufriedene Auge des Fotografen oder Designers findet ständig Verbesserungswürdiges und Stellen, die repariert oder aufgewertet werden müssen. Irgendwie nimmt das gar kein Ende. Da aber gerade für die Retusche der Grundsatz »Weniger ist mehr!« gilt, kann die Devise für eine Fehlerkorrektur nur lauten: Finden – wegmachen – fertig! Und Bereiche, die nicht korrigiert werden müssen, bleiben unangetastet. So macht die Umsetzung dann auch Spaß.

7.1 Bildbereiche entfernen, klonen und verschieben

In diesem Abschnitt lernen Sie die unterschiedlichen Korrekturarbeiten kennen. Hierbei ist zu entscheiden, ob etwas entfernt, reproduziert oder einfach nur verschoben werden soll. Bei der Reproduktion spricht man vom Klonen, in den beiden anderen Fällen von der Retusche. Der Bereichsreparatur-Pinsel wurde in Photoshop seinerzeit noch einmal optimiert, was sich vor allem in der Camera-Raw-Umgebung positiv auswirkt. Dazu später mehr (siehe Kapitel 9).

Der Bereichsreparatur-Pinsel

Photoshop bietet mit dem Bereichsreparatur-Pinsel ein leicht und effektiv anzuwendendes Tool. Benutzen Sie ihn, um Bereiche innerhalb eines Bildes ganz intuitiv zu entfernen. Die Hauptarbeit übernimmt Photoshop dabei, da die Anwendung die zu retuschierende Stelle selbstständig analysiert.

Schritt für Schritt
Objekte aus Bildern entfernen

Die Anwendung des Tools ist wirklich denkbar einfach. Kurz gesagt, wischen Sie einfach über den Bereich, der entfernt werden soll. Die Datei »Golf.jpg« zeigt ein potenzielles Motiv. Dass an diesem schönen Fleckchen Erde gegolft wird, mag ja verständlich sein. Was aber, wenn Sie die Wiese gerade für sich alleine beanspruchen? Dann muss die Dame sprichwörtlich das Feld räumen.

Bilder/Golf.jpg

◀ **Abbildung 7.1**
Auf unserem Rasen wird nicht gegolft!

1 Werkzeug einstellen

Zunächst sollten Sie stark auf die Stelle einzoomen, die Sie retuschieren wollen. Aktivieren Sie anschließend das Werkzeug Bereichsreparatur-Pinsel ⒥, und stellen Sie in der Optionsleiste eine Pinselgröße von etwa 70 Px ein ❶. Aktivieren Sie zudem INHALTSBASIERT in der Optionsleiste ❷. (Was es damit auf sich hat, erfahren Sie im folgenden Abschnitt.)

▼ **Abbildung 7.2**
Bevor Sie das Werkzeug anwenden, stellen Sie es in der Optionsleiste ein.

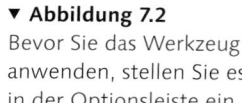

2 Werkzeug anwenden

Platzieren Sie die Pinselspitze so, dass die Person mitsamt ihrem Schläger mit einem einzigen Wisch vollständig markiert werden kann. Orientieren Sie sich an Abbildung 7.3. Achten Sie darauf, dass Sie auch ein Stück des Rasens mit eingrenzen. Damit zeigen

Sie Photoshop, welche Strukturen an der jeweiligen Bildposition zu retuschieren sind bzw. womit sie neu gefüllt werden müssen. Lassen Sie los, wenn Sie mit der Markierung zufrieden sind.

▲ **Abbildung 7.3**
So wird die Retuschestelle korrekt markiert.

Abbildung 7.4 ►
Hier wird nicht gegolft!

3 Baumkrone retuschieren

Wenn Sie mögen, dürfen Sie auch die kleine Baumkrone ❶ auf der rechten Seite noch übermalen. Wischen Sie dabei aber bitte waagerecht in Richtung Seitenrand. Versuchen Sie es vom Seitenrand aus in Richtung Bildmitte, besteht die Gefahr, dass ein gräulicher Schatten entsteht.

Abbildung 7.5 ►
Das Ergebnis ist mit »Golf-bearbeitet.jpg« betitelt.

4   Optional: Reparatur wiederholen

Wenn die Stelle gut retuschiert wurde, sind Sie bereits fertig. Falls die Übergänge jedoch unsauber geworden sind, drücken Sie `Strg`/`cmd`+`Z` und versuchen es erneut. Des Weiteren kann es interessant sein, den Mausklick ein wenig versetzt noch einmal zu wiederholen. Damit wird abermals retuschiert, und der Übergang verbessert sich meist beträchtlich. Übrigens: Der Reparatur-Pinsel, der sich mit dem Bereichsreparatur-Pinsel in einer Gruppe befindet, ist früher für die Retusche größerer Stellen verwendet worden. Durch die zunehmende Präzision des Bereichsreparatur-Pinsels verliert er jedoch an Bedeutung. Wer dennoch mit ihm arbeiten möchte, sollte wissen, dass er genauso angewendet wird wie der Kopierstempel (siehe Seite 268).

> **Werkzeuge direkt auf dem Bild einstellen**
> In Photoshop ist es möglich, das jeweilige Tool, sofern es über eine Werkzeugspitze verfügt, direkt auf dem Foto einzustellen. Dazu müssen Sie nichts weiter tun, als mit rechts auf das Bild zu klicken. Im Kontextmenü erscheinen dann die entsprechenden Einstelloptionen.

Inhaltsbasierte Retusche

Die Einstellung INHALTSBASIERT in der Optionsleiste des Bereichsreparatur-Pinsels ist in den meisten Fällen optimal, da hiermit die besten Resultate erzielt werden. Photoshop vergleicht nämlich bei dieser Einstellung Pixel, die sich in der Umgebung der markierten Stelle befinden, um sie optimal auszugleichen. Wichtige Details wie Kanten oder Schatten bleiben dabei erhalten. Aus diesem Grund war es wichtig, auch ein Stück des Rasens aufzunehmen.

Wählen Sie NÄHERUNGSWERT, werden die Ränder der zu retuschierenden Stelle zwar ebenfalls analysiert, jedoch nicht so sorgfältig wie bei der inhaltssensitiven Korrektur. Der folgende Workshop verdeutlicht das noch einmal. Kleine Retuschestellen lassen sich dennoch prima damit bearbeiten. STRUKTUR ERSTELLEN macht genau das, was der Name aussagt – eine Struktur erstellen. Mit Struktur ist jedoch ein mehr oder weniger regelmäßiges Muster gemeint. Deswegen eignet sich diese Vorgehensweise eher zur Abstraktion als zur Retusche.

Bildbereiche inhaltsbasiert verschieben

Ein uralter Wunsch der Menschheit ist es, Gegenstände mit bloßer Gedankenkraft von einem Punkt zum anderen zu befördern. Das geht natürlich nicht. Leider. Aber es kommt noch viel schlimmer. Das geht noch nicht mal mit Photoshop – zumindest nicht kraft

Ihrer Gedanken. Aber mit ein paar Mausklicks, wie der folgende Workshop beweist.

Schritt für Schritt
Ein Auto im Bild verschieben

Bilder/Verschieben.jpg

Bitte konzentrieren Sie sich. Nehmen Sie all Ihre Kraft zusammen. Die werden Sie benötigen. Denn jetzt sollen Sie einen Geländewagen verschieben. Doch, Sie schaffen das. Vertrauen Sie Ihrem Chakra. Oder nehmen Sie Photoshop und die Datei »Verschieben.jpg«.

© KAZMAT / fotolia.com

▲ **Abbildung 7.6**
Monument Valley – was für ein Anblick!

Anpassung
Mit Hilfe der ANPASSUNG wird die Reproduktion der Pixel exakt (SEHR STRENG) bis SEHR UNGE-NAU. Grundsätzlich ist zu empfehlen, es zunächst mit der Einstellung MIT-TEL zu versuchen.

1 Werkzeug einstellen

Eine tolle Aufnahme. Allerdings ist die Position des Fahrzeugs nicht so prickelnd. Immerhin haben wir doch irgendwann einmal etwas von der Drittelregel gehört. Freistellen? Nein, da verlieren wir zu viel von der schönen Aufnahme. – Zoomen Sie stark auf den Geländewagen ein. Im ersten Schritt aktivieren Sie das Inhalts-basiert-verschieben-Werkzeug (was für ein bedeutungsträchtiger Name) und stellen den Modus auf VERSCHIEBEN.

◄ **Abbildung 7.7**
Wie üblich wird zunächst das
Werkzeug aktiviert…

▼ **Abbildung 7.8**
…und danach in der Optionsleiste eingestellt.

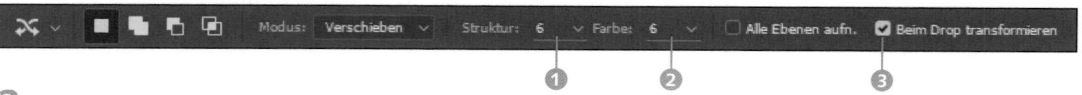

2   Auswahl erzeugen

Zunächst deaktivieren Sie bitte die Checkbox Beim Drop transformieren ❸. Stellen Sie zudem Struktur ❶ und Farbe ❷ auf
6. (Weitere Hinweise dazu erhalten Sie im Anschluss an diesen
Workshop.) Setzen Sie nun einen Mausklick in geringer Entfernung des Wagens an, halten Sie die Maustaste gedrückt, und
umfahren Sie das komplette Gefährt, wobei Sie durchaus etwas
Platz zwischen Auswahlkante und Fahrzeug lassen sollten. Vergessen Sie auch den Schatten nicht.

▲ **Abbildung 7.9**
Der SUV befindet sich mitsamt Schatten innerhalb der Auswahl.

3   Objekt verschieben

Stellen Sie das Foto komplett dar ⌈Strg⌋/⌈cmd⌋+⌈0⌋, und klicken Sie
anschließend mitten in die Auswahl hinein. Mit gehaltener Maustaste verschieben Sie das Gefährt nun nach hinten. Anschließend
lassen Sie los. Bei der Positionierung orientieren Sie sich bitte an
Abbildung 7.10.

Auswahl optimieren
Beachten Sie, dass die
Steuerelemente in der
Optionsleiste auch das
Hinzufügen oder Subtra-
hieren einer bestehenden
Auswahl ermöglichen. Sie
kennen das von den an-
deren Auswahlwerkzeu-
gen. Damit sollte es ge-
lingen, Fehler während
der Produktion der Aus-
wahl zu korrigieren. Eines
ist aber zu beachten: Sie
müssen sich einer beste-
henden Auswahl bei die-
sem Tool stets von außen
nähern. Klicken Sie in die
Auswahl hinein, werden
Sie sie verschieben.

Abbildung 7.10 ►
Aus eins mach zwei.

4 Optional: Bildbereiche ausbessern

Nun sollten Sie die Auswahl mit `Strg`/`cmd`+`D` aufheben und sich sowohl die reproduzierte als auch die ursprüngliche Stelle des Geländewagens ansehen. Falls es hier zu sichtbaren Verschiebungen gekommen ist, also Pixelanordnungen nicht zueinanderpassen, aktivieren Sie das Ausbessern-Werkzeug (es befindet sich in der gleichen Werkzeuggruppe) und wenden es wie das Inhaltsbasiert-verschieben-Werkzeug an. Also: Auswahl um die zu retuschierende Stelle ziehen, hineinklicken, Auswahl an eine andere Position ziehen, Maustaste loslassen. Das klappt prima.

Abbildung 7.11 ▼
Im konkreten Fall ist es besser, das Werkzeug auf dem Ausbessern-Modus NORMAL stehen zu lassen.

Abbildung 7.12 ►
Ziehen Sie die schadhafte Stelle an eine Position, an der Ihnen die Anordnung der Bildpixel besser gefällt.

5 Ergebnis begutachten

Bitte erwarten Sie von diesem Tool keine Wunder. Mitunter werden Sie nachbearbeiten müssen. Hier bietet sich auch der Kopierstempel an, den Sie im nächsten Abschnitt kennenlernen.

◀ **Abbildung 7.13**
Der Pkw befindet sich jetzt
viel weiter hinten.

Im Zusatzmaterial-Ordner finden Sie noch einen weiteren Workshop zu diesem Thema. Darin erfahren Sie, wie sich aus dem Geländewagen eine Stretch-Limousine »bauen« lässt.

Zusatzmaterial/
Stretch-Limo.pdf

Tool-Optimierungen

Das Inhaltsbasiert-verschieben-Werkzeug hat seit der ersten Version von Photoshop CC interessante Neuerungen erfahren. So lässt sich seitdem eine intuitivere Anpassung vornehmen:

▶ Struktur – Sie können auf einer imaginären Skala zwischen 1 und 7 festlegen, wie stark die auszubessernde bzw. zu reproduzierende Stelle den dort bereits vorhandenen Bildmustern entsprechen soll. Je höher der Wert, desto mehr wird den an der neuen Position vorhandenen Bildmustern entsprochen. Je niedriger der Wert, desto mehr Vorrang wird den Bildmustern der ursprünglichen Position entsprochen.

▶ Farbe – Je höher der Wert, desto mehr werden die Farbwerte zwischen Quell- und Zielposition aneinander angeglichen.

▶ Beim Drop transformieren – Aktivieren Sie diese Funktion, bevor die ursprüngliche Auswahl aufgezogen wird, erhalten Sie nach der Verschiebung noch die Möglichkeit, die gezogenen Bildbereiche mit Hilfe eines Rahmens zu skalieren oder zu drehen. Die Veränderung ist mit ⏎ zu bestätigen.

Bildbereiche duplizieren

Wie Sie Gegenstände (und Golfer) aus einem Foto verschwinden lassen können, haben Sie genauso erfahren wie die Möglichkeit, Objekte im Bild zu verschieben. Was aber, wenn es darum geht, Elemente zu duplizieren und sie zudem noch neu aussehen zu lassen? Dann sollte entweder der Kopierstempel zum Einsatz kommen – oder abermals das Inhaltsbasiert-verschieben-Werkzeug.

Schritt für Schritt
Bildbereiche duplizieren (Verschieben-Methode)

Bilder/Ballons.jpg

Um zu verdeutlichen, was Sie mit den zuvor genannten erweiterten Funktionen alles anstellen können, soll ein weiterer Workshop herhalten. Diesmal wird jedoch nichts einfach nur von A nach B verschoben, sondern an einer freien Bildposition zusätzlich etwas ganz Neues entstehen.

Abbildung 7.14 ▶
Diese zwei Ballons bekommen gleich Gesellschaft.

© Matahari22 / pixabay.com

1 Werkzeug einstellen
Zunächst geht es daran, das Tool (Inhaltsbasiert-verschieben-Werkzeug) einzustellen. Der Modus muss von Verschieben auf Erweitern umgestellt werden. Dies macht das Duplizieren erst möglich. Stellen Sie sowohl Struktur als auch Farbe auf 5 oder 6.

Deaktivieren Sie, falls aktiviert, ALLE EBENEN AUFNEHMEN, und aktivieren Sie BEIM DROP TRANSFORMIEREN.

▼ **Abbildung 7.15**
Übernehmen Sie diese Parameter.

2 Auswahl erzeugen

Fahren Sie nun mit gedrückter Maustaste und gehörigem Abstand um den linken Heißluftballon herum. Das sollte ohne Probleme vonstattengehen.

3 Objekt skalieren

Klicken Sie in die Auswahl hinein, und ziehen Sie den Klon nach rechts und nach unten. Die Position sollte in etwa so sein, wie es in der Abbildung zu sehen ist.

▲ **Abbildung 7.16**
Halten Sie eine Menge Abstand zum Ballon – man weiß ja nie, was die Dinger im nächsten Augenblick anstellen.

▲ **Abbildung 7.17**
Zwischen den beiden Ballons erscheint ein dritter.

Sicher ist Ihnen gleich aufgefallen, dass der Auswahlrahmen von einem weiteren, nämlich rechteckigen Rahmen umgeben ist. An den vier Ecken befinden sich kleine Quadrate. Dies sind Anfasser. Klicken Sie auf einen der Anfasser, halten Sie die Maustaste gedrückt, und schieben Sie das Quadrat vorsichtig ein Stück zur Auswahlmitte hin. Der Ballon soll etwas kleiner werden als das Original. Damit die Skalierung proportional vonstattengeht, halten Sie zusätzlich ⌥ gedrückt. Lassen Sie zunächst die Maustaste und danach erst ⌥ los.

▲ **Abbildung 7.18**
Bei gehaltener ⌥-Taste bleiben die Proportionen erhalten.

4 Ballon neu positionieren

Da die Auswahl noch aktiv ist, dürfen Sie jetzt noch einmal auf den neuen Ballon klicken und ihn mit gedrückter Maustaste so weit verschieben, dass er in etwa mittig zwischen den beiden anderen Ballons sitzt. Zuletzt bestätigen Sie mit ⏎ oder Klick auf das Häkchen in der Optionsleiste. (Im folgenden Kapitel wird diese Technik noch ausführlich besprochen.)

▲ **Abbildung 7.19**
Die Montage ist bereits beendet.

5 Ebenenbereich duplizieren

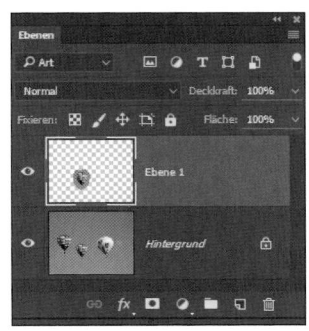

▲ **Abbildung 7.20**
Den mittleren Ballon gibt es auch auf Ebene 1.

Benutzen Sie nun das Lasso-Werkzeug, und ziehen Sie noch einmal eine Auswahl auf. Diesmal umfahren Sie den mittleren Ballon großzügig. Anschließend betätigen Sie [Strg]/[cmd]+[J]. Daraufhin wird eine neue Ebene erzeugt, deren Inhalt nur aus den Bildelementen besteht, die zuvor innerhalb der Auswahl gelegen haben. Im Bild selbst hat das keine sichtbaren Auswirkungen, wohl aber im Ebenen-Bedienfeld.

6 Schnittmaske erstellen

Dass zwei Ballons gleicher Farbe am Himmel sind, ist zwar möglich, jedoch nicht besonders glaubwürdig. Deshalb färben wir den einen um. Erzeugen Sie eine neue Einstellungsebene FARBTON/SÄTTIGUNG, und drücken Sie anschließend [Strg]/[cmd]+[Alt]+[G]. Wer lieber das Menü benutzt, kann auch EBENE • SCHNITTMASKE ERSTELLEN wählen. (Weitere Infos siehe »Schnittmasken – Korrekturen auf eine Ebene begrenzen« in Kapitel 5, Seite 224.)

7   Ballon umfärben

Begeben Sie sich in das Eigenschaften-Bedienfeld (Fenster • Eigenschaften), und ziehen Sie den Regler Farbton so weit nach links, bis er den Wert –85 erreicht hat. Da die Farben viel zu kräftig sind, muss jetzt noch die Sättigung auf –45 angepasst werden.

8   Rand entfernen

Leider wird der Ballon nun von einem unschönen grünen Rand umgeben. Um ihn zu entfernen, aktivieren Sie zunächst wieder Ebene 1 im Ebenen-Bedienfeld. Wählen Sie den Zauberstab W (er befindet sich in einer Gruppe mit dem Schnellauswahlwerkzeug), und stellen Sie die Toleranz in der Optionsleiste auf 12. Aktivieren Sie zudem Glätten sowie Benachbart. Zuletzt klicken Sie auf den grünen Rand im Foto und drücken Entf. Heben Sie die Auswahl mit Strg/cmd+D auf.

9   Ballon weichzeichnen

Im Prinzip sind Sie mit der Arbeit fertig. Gerne dürfen Sie den neuen Heißluftballon noch ein wenig aus dem Fokus der Kamera herausholen, indem Sie etwas Schärfe wegnehmen. Immerhin ist das gute Stück ja weiter entfernt und muss deshalb nicht ganz so scharf abgebildet sein wie die anderen. Ihre Wahl: Filter • Weichzeichnungsfilter • Gaussscher Weichzeichner. (Lassen Sie dazu die Ebene mit dem hinzugefügten Ballon aktiv.) Wählen Sie einen Radius von ca. 0,4 Px. Ein Klick auf OK rundet die Aktion ab.

◄ **Abbildung 7.21**
Aus zwei mach drei. Unterschiedliche Farben machen das Resultat glaubwürdiger.

Bilder/Ballons.jpg

Option: Ausgerichtet
Wenn Sie die Checkbox
AUSGER. ❹ deaktivieren,
wird während der Repro-
duktion die Aufnahme-
stelle bei jedem Maus-
klick wieder an die
ursprüngliche Aufnahme-
stelle gesetzt. Aktivieren
Sie die Option, »wan-
dert« die Aufnahmestelle
jedoch mit. Zur Repro-
duktion komplexer Ob-
jekte, die in mehreren
Schritten erzeugt werden
müssen, ist dies zwin-
gend erforderlich.

Schritt für Schritt
Bildbereiche duplizieren (Kopierstempel-Methode)

Werfen Sie einmal einen Blick auf die Original-Beispieldatei
»Ballons.jpg«. Denn was Sie auf Seite 264 mit der Verschieben-
Methode realisiert haben, funktioniert auch wunderbar mit dem
Kopierstempel.

1 Neue Ebene erzeugen
Sie benötigen zunächst eine neue Bildebene. Sie ist zwar zum
Kopieren nicht erforderlich, wohl aber, um das Objekt später noch
in der Größe und Farbe anzupassen. Klicken Sie auf das kleine
Blatt-Symbol im Fuß des Ebenen-Bedienfelds, um eine neue leere
Ebene zu erhalten.

2 Werkzeug einstellen
Wählen Sie den Kopierstempel ⑤, und stellen Sie eine weiche
Werkzeugspitze mit einem Durchmesser von etwa 200 Px im
MODUS: NORMAL ❷ bei je 100% DECKKRAFT und FLUSS ❸ ein.
Aktivieren Sie die Ausrichtungsfunktion (AUSGER.). Den Regler für
die Größe erreichen Sie über die kleine Dreieck-Schaltfläche im
Bereich PINSEL ❶. Unter AUFNEHMEN stellen Sie AKTUELLE UND
DARUNTER ❺ ein. Ansonsten ließen sich von der Original-Ebene
keine Bildinformationen gewinnen.

▲ **Abbildung 7.22**
Zunächst muss der Kopierstempel bestimmungsgemäß ausgestattet werden.

3 Kopierstempel laden
Jetzt geht es darum, den Aufnahmebereich zu definieren, also
jene Stelle, die reproduziert werden soll. Dazu ist es sinnvoll, am
Übergang zwischen bildlinkem Ballon und Himmel zu beginnen.
Positionieren Sie die Maus also bitte so, wie es in Abbildung 7.23
zu sehen ist.

Klicken Sie nun, während Sie ⟨Alt⟩ gedrückt halten, einmal auf
diese Stelle des Fotos. Damit ist der Aufnahmebereich definiert,
und der Kopierstempel ist gewissermaßen »geladen«.

4 Reproduzieren

Nun setzen Sie den Kreis des Mauszeigers nach rechts und etwas tiefer. Beginnen Sie ausreichend weit entfernt vom weißen Ballon. Dadurch, dass sich ein Overlay der geklonten Stelle zeigt, sind Sie nun imstande, die obere Begrenzung des Ballons genau an das Bild anzupassen. Mit einem Mausklick reproduzieren Sie jetzt diesen Aufnahmepunkt. Dort, wo Sie hinklicken, wird der zuvor aufgenommene Bereich eingefügt.

Da die Funktion AUSGER. aktiv ist, wird nun ein weiterer, etwas versetzter Mausklick bewirken, dass die Aufnahmestelle in derselben Richtung mitläuft.

▲ **Abbildung 7.23**
Hier entsteht die Aufnahme der Pixel.

▲ **Abbildung 7.24**
Die Grundposition des Klons wird festgelegt.

Sie können nun ganz entspannt stempeln – und gerne auch mit gedrückter Maustaste vorsichtig weitermalen, bis der zweite Ballon fertig ist.

5 Ballon verkleinern und weichzeichnen

Zuletzt können Sie auch hier den Ballon noch verkleinern, indem Sie das Verschieben-Werkzeug mit aktivierter Transformationssteuerung (Optionsleiste) benutzen (siehe Schritt 3 des letzten Workshops). Die Weichzeichnung gelingt gemäß Schritt 9 der letzten Anleitung. Zum Umfärben sowie zum Entfernen des Randes ist ebenfalls nichts Neues zu beachten. All das haben Sie ja in der vergangenen Übung bereits absolviert.

Das Bedienfeld »Kopierquelle«

Photoshop hält ein interessantes Bedienfeld bereit: das Kopier-quelle-Bedienfeld. Sie öffnen es über FENSTER • KOPIERQUELLE.

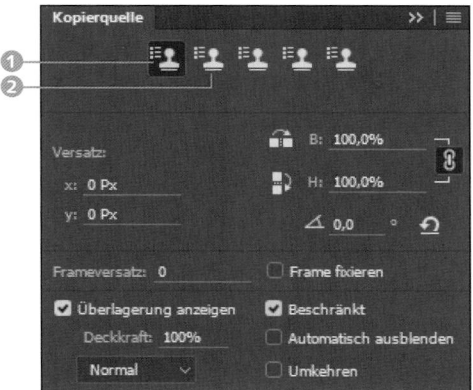

Abbildung 7.25 ▶
Ein interessantes Feature –
das Kopierquelle-Bedienfeld

Video und Animation
Das Kopierquelle-Bedien-feld kann innerhalb der Einzelbildbearbeitung sehr nützlich sein, jedoch wird das größte und ef-fektivste Einsatzgebiet wohl im Bereich der Be-arbeitung von Video- und Animationsframes liegen.

Kopierquellen auch für Reparatur-Pinsel
Die Funktionen der Ko-pierquellen sind nicht auf den eigentlichen Kopier-stempel beschränkt. Die gleichen Möglichkeiten stehen Ihnen nämlich auch bei der Nutzung des Reparatur-Pinsels zur Ver-fügung.

Zunächst einmal haben Sie die Möglichkeit, mehrere unterschied-liche Kopierquellen zu definieren und die damit verbundenen Parameter an einen der fünf Buttons in der obersten Reihe zu übergeben. Sie können also die Pixelaufnahme jetzt von unter-schiedlichen Aufnahmepositionen realisieren. Das funktioniert sogar bildübergreifend, was bedeutet, dass Sie den Aufnahmebe-reich des Kopierstempels ❶ auf Bild A legen, während der Stem-pel ❷ seine Pixel aus Bild B bezieht. Das Ganze vervielfältigen Sie dann auf Bild C.

Das Kopierquelle-Bedienfeld ist aber noch mit weiteren inter-essanten Funktionen ausgestattet:

▶ FRAMEVERSATZ: Mit den hier zur Verfügung stehenden Steuer-elementen können Sie die Aufnahmestelle horizontal und verti-kal zur Stempelstelle versetzen, skalieren oder drehen.

▶ ÜBERLAGERUNG ANZEIGEN: Bei aktivierter Funktion können Sie das Quellbild während der Reproduktion leicht transpa-rent anzeigen lassen (Overlay), wenn diese Funktion aktiviert ist. Kleiner Tipp: Auch bei inaktiver Funktion können Sie das Overlay-Bild kurzzeitig sichtbar machen, indem Sie [Alt]+[⇧] gedrückt halten.

▶ DECKKRAFT: Bestimmen Sie, mit wie viel Deckkraft das Overlay-Bild (siehe ÜBERLAGERUNG ANZEIGEN) dargestellt werden soll.

▶ BESCHRÄNKT: Die Overlays werden damit auf den aktuell ausgewählten Pinsel beschränkt.

▶ AUTOMATISCH AUSBLENDEN: Unterdrückt das Overlay-Bild,
solange der Mauszeiger auf dem Zielbild gedrückt ist und der
eigentliche Kopiervorgang stattfindet.

▶ UMKEHREN und NORMAL: Kehrt die Farben des Overlay-Bildes
um und erlaubt es, den Mischmodus für das Overlay-Bild zu
ändern.

7.2 Porträtretusche

Porträts sind so etwas wie die Königsklasse, wenn es um Nachbe-
arbeitung und Retusche geht. Bei Einsteigern ist die Besorgnis zu
Beginn oft groß, dass etwas schiefgehen könnte. Doch eigentlich
ist das unbegründet – zumindest wenn man systematisch vorgeht.
Die folgenden Abschnitte zeigen Ihnen Stück für Stück, wie Sie
People-Aufnahmen schön herausputzen können.

Hautkorrekturen

Die viel zitierte und ebenso oft beworbene Epidermis des Menschen steht im Mittelpunkt des ersten Teils unserer Porträtretusche. Glauben Sie mir, es gibt kein Foto, auf dem die Haut nicht
zumindest ein wenig optimiert werden könnte. Das gilt nicht nur
für Partner, Familie und Freunde, sondern im Besonderen für die
Topmodels dieser Welt. Bei denen ist nämlich längst nicht alles
Gold, was glänzt.

Haut weichzeichnen
Nicht selten ist im Zu-
sammenhang mit der
Hautretusche auch eine
Weichzeichnung vonnö-
ten. Diesem Thema wid-
men wir uns in Abschnitt
7.4, »Weichzeichnen«, ab
Seite 292.

Schritt für Schritt
Die Haut retuschieren

Die Datei »Portraet.jpg« soll in mehreren Schritten aufgebessert
werden. Hierbei werden meist nur Kleinigkeiten korrigiert, die
aber zu einem wesentlich ansprechenderen Gesamtergebnis führen. Los geht's.

Bilder/Portraet.jpg

© Robert Klaßen

Abbildung 7.26 ▶
Das Ausgangsfoto wird Stück
für Stück optimiert.

1 Ebene duplizieren

Duplizieren Sie zunächst die Hintergrundebene, damit Sie das Original nicht verlieren. Wenn Sie auf der Kopie arbeiten, können Sie das Resultat zwischendurch immer wieder mit dem Original vergleichen. Nennen Sie die duplizierte Ebene »Retusche« (Doppelklick auf den Namen der Ebene im Ebenen-Bedienfeld – Neueingabe – ↵). Zoomen Sie das Bild etwas auf (ca. 200 %), um die Stellen besser einsehen zu können, die bearbeitet werden sollen.

2 Male entfernen

Wischrichtung

Idealerweise wischen Sie stets von oben nach unten. Umgekehrte Wischrichtungen bringen mitunter unerwünschte Resultate hervor. In diesem Fall machen Sie den Schritt rückgängig und versuchen es erneut.

Aktivieren Sie den Bereichsreparatur-Pinsel mit weicher Pinselspitze, deren Größe Sie auf etwa 15 Px bringen, um die größten Stellen zu bereinigen. Variieren Sie mit der Pinselgröße, die stets maximal doppelt so breit sein sollte wie die als Nächstes zu retuschierende Stelle. Wenn Sie den Pinsel mit der Tastatur einstellen, müssen Sie die Maus gar nicht mehr vom Bild nehmen, was den Prozess deutlich beschleunigt. Zur Verkleinerung betätigen Sie am Windows-Rechner Ö und am Mac ⌂+# . Vergrößern Sie die Spitze mit # (Mac und PC). Klicken Sie kurz auf jene Elemente, die Sie retuschieren wollen (Pickel, Fältchen und kleine Vernarbungen). Längliche Retuschestellen überfahren Sie mit gedrückter Maustaste. Die markantesten Stellen sind in der Abbildung markiert. Bei genauerem Hinsehen werden Sie jedoch noch weitere finden.

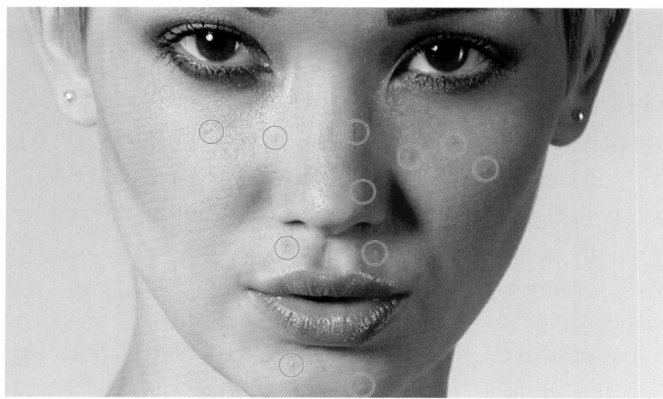

◄ **Abbildung 7.27**
Diese und weitere (weniger
auffälligere) Stellen sollten
retuschiert werden.

3 Dunkle Hautstellen aufhellen

Links und rechts oberhalb des Mundes gibt es zwei dunkle Stellen, die nicht ganz so schick aussehen (siehe Auswahlbereiche in der folgenden Abbildung). Ich möchte unserem Model Anna keinesfalls einen Damenbart andichten, aber es ist halt eine Problemstelle, die auf Fotos oftmals störend hervortritt (besonders wenn mit hochwertigen und hochauflösenden Kameras gearbeitet wird.) Die Stellen sind zu groß, als dass sie auf die beschriebene Art und Weise bereinigt werden könnten. Aufgrund dessen benutzen wir jetzt das Ausbessern-Werkzeug, das zunächst einmal genauso bedient wird wie das Lasso.

▼ **Abbildung 7.28**
So sollte das Ausbessern-
Werkzeug eingestellt sein.

❶ **❷**

| 🖵 ∨ | ■ | ▪ | ▫ | ▢ | Ausbessern: Normal ∨ | Quelle | Ziel | ☐ Transparent | Muster verwenden ∨ | Diffusion: 5 ∨ |

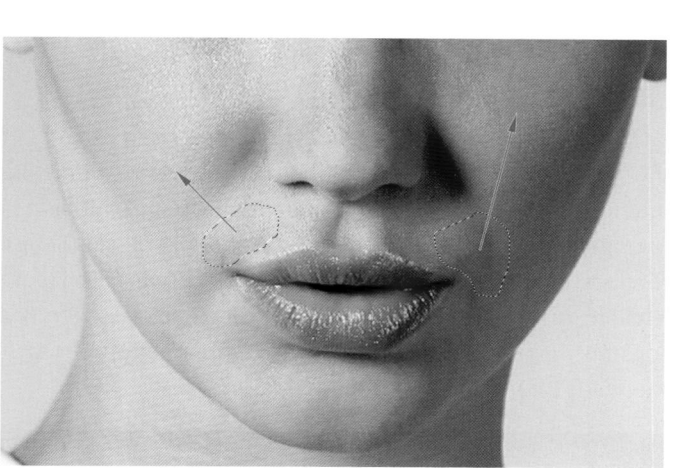

◄ **Abbildung 7.29**
Diese dunklen Stellen müssen
ausgebessert werden.

Diffusionsgrad anpassen
Das Ausbessern-Werkzeug verfügt (ebenso wie der Reparatur-Pinsel) über ein Steuerelement mit der Bezeichnung Dif-fusion, mit dessen Hilfe sich steuern lässt, wie eingefügte oder reproduzierte Bildbereiche in die einzufügende Stelle eingepasst werden sollen. Generell gilt: Höhere Werte eignen sich besser bei Fotos mit weicher Bildzeichnung, während bei scharfen oder körnigen Fotos besser mit einer geringeren Diffusion gearbeitet wird. Sofern Sie mit einem Ergebnis nicht zufrieden sind, machen Sie den Schritt rückgängig und versuchen es anschließend erneut mit einem geänderten Diffusionswert.

Bevor es weitergeht, stellen Sie Ausbessern in der Optionsleiste auf Normal ❶. Aktivieren Sie Quelle ❷ (siehe Abbildung 7.28), wobei Transparent kein Häkchen haben darf. Klicken Sie etwas außerhalb der dunklen Stelle auf das Foto, halten Sie die Maustaste gedrückt, und umfahren Sie die Abdunkelung großzügig. Wenn Sie am Ausgangspunkt angelangt sind, lassen Sie los. Danach klicken Sie in die jeweilige Auswahl hinein, halten die Maustaste gedrückt und ziehen an eine Stelle, die hellere, glatte Haut zeigt (siehe Pfeile). Sollte die Hautstelle anschließend nicht zufriedenstellend ausgebessert worden sein, ziehen Sie den Auswahlbereich einfach an eine andere Position. Wenn Sie fertig sind, heben Sie die Auswahl wieder auf. Gestatten Sie sich einen Vorher-Nachher-Vergleich, indem Sie die oberste Ebene kurz ausschalten.

▲ **Abbildung 7.30**
Eine dermatologisch nicht zu beanstandende Retusche der dunklen Hautstellen.

4   Hautstellen an der Nase aufhellen
Nun sollen die dunklen Stellen neben der Nase noch aufgehellt werden. Das wiederum würde mit dem Ausbessern-Werkzeug nicht funktionieren, da die Konturlinie der Nase in Mitleidenschaft gezogen würde. Sie können allerdings den Kopierstempel einsetzen, dessen Modus Sie auf Aufhellen bei etwa 15 % Deckkraft stellen. Aufnehmen muss auf Aktuelle Ebene stehen, da Sie ansonsten möglicherweise wieder Hautunreinheiten der Original-Ebene ins Bild bringen würden.

Abbildung 7.31 ▼
Ganz wichtig: Der Modus muss auf Aufhellen stehen.

Halten Sie ⸢Alt⸥ gedrückt, und nehmen Sie eine Stelle auf, die sehr hell ist ❸. Danach klicken Sie zwei- bis dreimal auf die dunkle Stelle ❹. Durch die verminderte Deckkraft des Stempels erfolgt die Korrektur gering dosiert. Die Aufhellen-Funktion sorgt dafür, dass an der Zielposition (also der dunklen Hautstelle) nur Pixel aufgehellt werden, die dunkler sind als die Pixel der Quellebene. Die Stelle auf der bildrechten Seite ❻ aufhellen Sie nach einer erneuten Pixelaufnahme (⸢Alt⸥+Klick) an Position ❺. Hellen Sie jedoch nicht zu viel auf. Versuchen Sie nicht, die Stelle so hell zu machen wie die Haut der Wangen. Dies sähe unnatürlich aus.

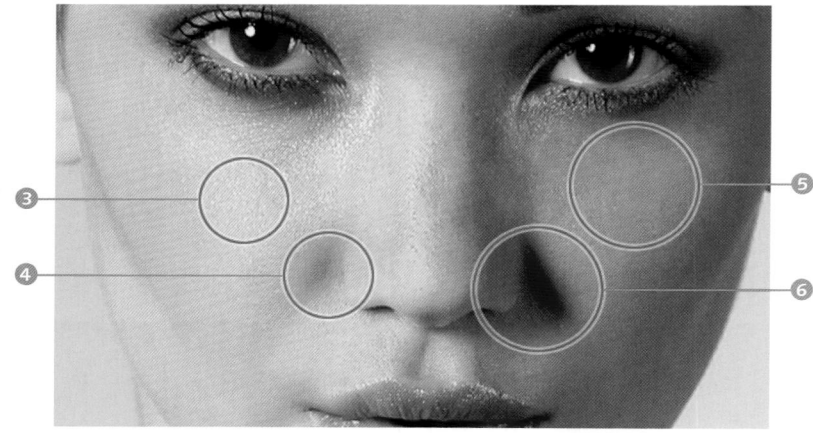

◄ **Abbildung 7.32**
Die Aufnahme- und Repro-
duktionsstellen

5 Hautstellen abdunkeln

Noch ein Hinweis zum Schluss: Sollten Sie gewillt sein, helle Hautstellen abzudunkeln (z. B. die Reflexe zwischen Augen und Nase),
könnten Sie auch das mit dem Kopierstempel lösen, den Sie
genauso einstellen wie zuvor – mit einer Ausnahme: Der MODUS
müsste auf ABDUNKELN eingestellt werden. Ach ja, als Aufnahmestelle müssen natürlich dunklere Bildelemente herhalten, da die
Retuschestelle ja ebenfalls dunkler werden soll. Im Beispielfoto
verzichten wir darauf, da die Reflexe doch recht interessant sind.

Augen korrigieren

Zu einer professionellen Porträtretusche gehört auch meist die
Korrektur der Augen. Hier geht es darum, sie zum Leuchten zu
bringen, Farben zu intensivieren und die Kontraste zu erhöhen.

Bilder/Ergebnisse/
Portraet-Teil1.tif

Schritt für Schritt
Augen zum Leuchten bringen

Nach der Hautretusche des vorangegangenen Workshops sind jetzt die Augen an der Reihe. Wer (aus welchen Gründen auch immer) die Hautretusche nicht gemacht hat (oder mit seinem eigenen Resultat noch nicht ganz zufrieden ist), der greift auf »Portraet-Teil1.tif« aus dem Ergebnisse-Ordner zurück.

1 Bildbereiche duplizieren
Prinzipiell könnten Sie die folgenden Schritte auch auf der Ebene Retusche durchführen. Wir wollen jedoch auf einer neuen Ebene arbeiten. Warum? Sollte unsere Retusche der Augen nicht gelingen, schmeißen wir einfach die oberste Ebene weg und beginnen von vorne. Ohne zusätzliche Ebene wäre bei einem Misserfolg der folgenden Schritte die gesamte bisherige Arbeit dahin. – Umkreisen Sie beide Augen mit dem Lasso-Werkzeug im Modus: Der Auswahl hinzufügen. Danach drücken Sie [Strg]+[J]. Die neue Ebene nennen Sie »Augen«.

Abbildung 7.33 ▶
Fahren Sie grob um beide
Augen, ehe Sie die Tasten-
kombination betätigen.

Abbildung 7.34 ▼
Nur mit dieser Option können mehrere Auswahlen
erzeugt werden.

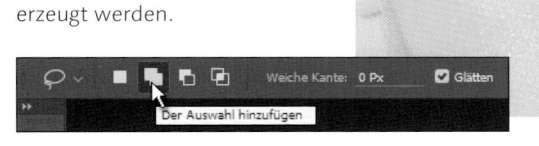

2 Reflexe entfernen
Was auffällt, sind die beiden Reflexe in den Pupillen. Daran ist zu erkennen, dass mehrere Studiolichter verwendet worden sind. Das ist zwar nur ein geringer Makel, der allerdings ausgemerzt werden sollte. Zoomen Sie bis auf 500 % auf eines der Augen ein.

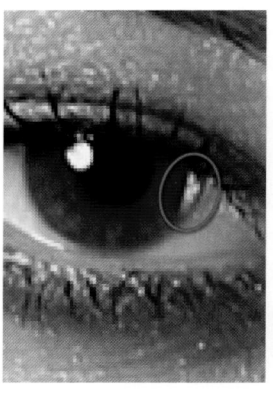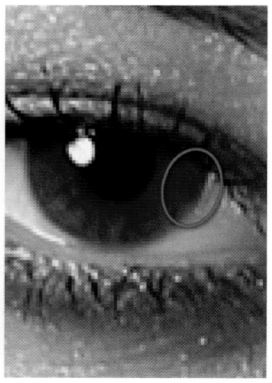

◀ **Abbildung 7.35**
Überstempeln Sie den hellen Reflex außen an der Pupille.

Wählen Sie den KOPIERSTEMPEL mit einem kleinen Durchmesser (6–8) im MODUS: NORMAL bei 100 % DECKKRAFT. Nehmen Sie zunächst braune Farbe aus der Iris auf. Wischen Sie anschließend über den Reflex. Hier müssen Sie sehr umsichtig arbeiten und nur kleine Wischer vornehmen. Versuchen Sie durch ständige Neuaufnahme von Pixeln, den bräunlichen Bereich des Auges zu reproduzieren. Machen Sie das so lange, bis der Reflex komplett verschwunden ist. Danach ist das andere Auge dran. Den großen, rundlichen Reflex lassen Sie komplett unangetastet, da ein einzelner Reflex in jedem Auge natürlich ist und es zudem betont. Da der Hauptreflex des bildrechten Auges etwas kleiner ist, dürfen Sie ihn sogar (so Sie denn mögen) mit dem Buntstift (Größe 1 bis 2 Pixel) und weißer Vordergrundfarbe noch ein wenig vergrößern.

Adern entfernen
Falls der Augapfel von feinen Äderchen durchzogen wird, lassen sie sich vorab mit einem kleinen Bereichsreparatur-Pinsel meist prima entfernen.

3 Musterbildung vermeiden

Sollte es zur unerwünschten Musterbildung kommen, müssen Sie versuchen, die Stellen abermals zu überstempeln. Dabei ist es aber vonnöten, vorab neue Pixel von einer anderen (ähnlich strukturierten) Stelle aufzunehmen. Wenn alle Stricke reißen, schalten Sie auf den WISCHFINGER um und wählen eine STÄRKE von 15–20 % im MODUS: NORMAL. Fahren Sie damit vorsichtig über die schadhafte Stelle.

4 Korrekturebene erstellen

Als Nächstes sollen die beiden Augen heller werden. Dazu benötigen wir eine Korrekturebene. Zwar könnten Sie auch direkt auf

Zähne weiß machen
Mit der hier beschriebenen Methode des Abwedelns lassen sich übrigens nicht nur Augen aufhellen, sondern auch Zähne. Sollte das Model allerdings viel rauchen, hilft hier eher der Schwamm im MODUS: SÄTTIGUNG VERRINGERN weiter.

Lipgloss auftragen
Wer möchte, kann auch die Lippen noch mehr zum Strahlen bringen. Dies funktioniert genauso wie das Aufhellen der Augen, wobei Sie jedoch eine extrem kleine Spitze (2–3 Px) benutzen sollten, mit der Sie vorsichtig über die weißen Glanzstellen der Lippen wischen. Fahren Sie nicht über rote Bereiche, da es dort ansonsten zu Farbverfälschungen kommt.

der obersten Ebene arbeiten, doch hatten wir uns ja bereits in Kapitel 5 für das nicht-destruktive Vorgehen entschieden. Klicken Sie daher, während [Alt] gehalten wird, auf das Blatt-Symbol NEUE EBENE ERSTELLEN des Ebenen-Bedienfelds. Benennen Sie die Ebene entsprechend (hier: *Abwedler*), stellen Sie den MODUS auf INEINANDERKOPIEREN, und aktivieren Sie das darunter befindliche Häkchen, ehe Sie mit OK bestätigen.

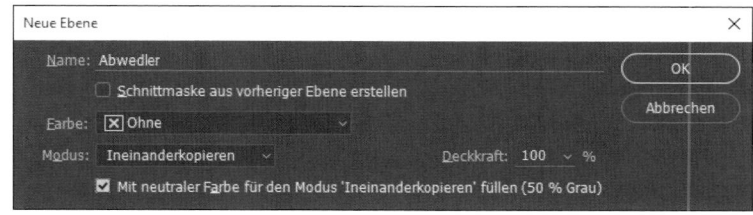

▲ **Abbildung 7.36**
So wird eine neutralgraue Korrekturebene erstellt.

5 Reflexe aufhellen

Stellen Sie auf den Abwedler [O] mit einer BELICHTUNG von 10–15 % im BEREICH: MITTELTÖNE um, wobei der Pinsel etwa 15 Px groß sein sollte. Anschließend wischen Sie mehrfach vorsichtig über die braunen Bereiche der Iris. Auch der weiße Augapfel bedarf einer Korrektur. Arbeiten Sie bitte nur auf den braunen und weißen Stellen des Auges. Sie dürfen das ruhig mehrfach machen. Aber bitte übertreiben Sie nicht. Absolut reines Weiß ist unnatürlich und wirkt schnell künstlich.

▲ **Abbildung 7.37**
Der Abwedler sollte nicht zu stark reagieren. Deshalb ist eine Verringerung der Belichtung vonnöten.

6 Optional: Deckkraft reduzieren

Wenn Sie mit beiden Augen fertig sind, gehen Sie bitte in der Ansicht so weit zurück, dass sich das gesamte Foto einsehen lässt. Schalten Sie die oberste Ebene (Abwedler) mehrfach aus und wieder ein. Beobachten Sie die Wirkung der aufgehellten Augen im Gesamtbild. Sollte die Korrektur zu schwach sein, arbeiten Sie weiter mit dem Abwedler. Ist sie zu stark, reduzieren Sie ganz einfach die Deckkraft der obersten Ebene.

◄ **Abbildung 7.38**
Der direkte Vergleich zeigt,
ob die Augen insgesamt zu
hell sind.

Porträt finalisieren

Wenn sämtliche Korrekturen vorgenommen worden sind, geht es
an den Feinschliff. Jetzt bekommt das Porträt sein finales Aussehen, indem wir ein wenig an Belichtung und Farbe herumschrau-
ben. Bei Frauenporträts ist zudem oft ein leichter Weichzeich-
nungseffekt erwünscht.

Bilder/Ergebnisse/
Portraet-Teil2.tif

Schritt für Schritt
Porträt weicher und heller machen

Auf zur letzten Etappe. Es folgen noch ein paar kleine, aber feine
Änderungen. Falls Sie die ersten beiden Workshops nicht ausgeführt haben, dürfen Sie sich nun im ERGEBNISSE-Ordner bedienen
und »Portraet-Teil2.tif« benutzen.

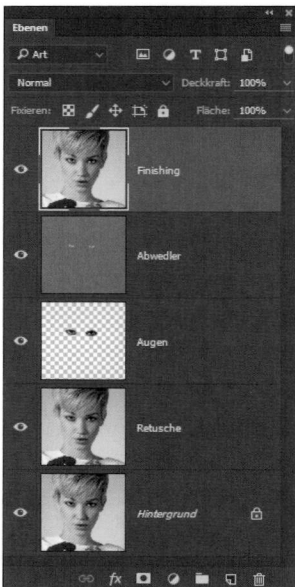

1 Ebene reduzieren

Jetzt lernen Sie einen Trick kennen, den Sie nie mehr außer Acht
lassen sollten. Er macht die Bildbearbeitung noch intuitiver. Sie
erfahren, wie sich der Inhalt mehrerer Ebenen zu einer komplett
neuen Ebene umwandeln lässt – ohne dass die anderen Ebenen
dabei verloren gehen. Eine derartige Ebene wird benötigt, damit
Sie mit dem bisherigen Gesamtergebnis (das ja in unserem Bilddokument auf dem Inhalt mehrerer Ebenen beruht) auf einer Einzel-

▲ **Abbildung 7.39**
So soll das Ebenen-Bedienfeld
nach Schritt 1 aussehen.

ebene weitermachen können. Kontrollieren Sie zunächst, ob die oberste Ebene (Abwedler) noch aktiv ist. Halten Sie ⌂ gedrückt, und klicken Sie auf die Ebene Retusche. (Die Hintergrundebene bleibt unangetastet.) Somit sind die obersten drei Ebenen selektiert. Drücken Sie anschließend Strg/cmd+Alt+E. Die Folge: Alle Inhalte der drei zuvor markierten Ebenen sind nun noch einmal auf einer einzelnen »reduzierten« Ebene enthalten – Abwedler (reduziert). Nennen Sie die Ebene »Finishing«.

2 Hintergrundfarbe einstellen

▲ Abbildung 7.40
Die Standardfarben Schwarz und Weiß

Jetzt werden Sie einen Effekt kennenlernen, der sich ausschließlich für Frauenporträts eignet. Da bei diesem Effekt die Hintergrundfarbe ausschlaggebend ist, müssen Sie zunächst kontrollieren, ob dort Weiß gelistet ist. Falls nicht, betätigen Sie D und gegebenenfalls X.

Abbildung 7.41 ▼
Das sieht zunächst etwas befremdlich aus. Der Effekt muss nämlich noch eingestellt werden.

3 Filter einstellen

Gehen Sie auf Filter • Filtergalerie. Öffnen Sie anschließend die Liste Verzerrungsfilter ❶, wozu Sie einen Mausklick auf die gleichnamige Zeile setzen. Markieren Sie die Schaltfläche Weiches Licht ❷.

4 Effekt einstellen

Ziehen Sie bitte die Regler Körnung ❸ (sorgt für Störungen im Foto) und Lichtmenge ❹ (regelt die Intensität der Weißfärbung)

ganz nach links. Den KONTRAST ❺ (was das ist, wissen Sie ja längst) stellen Sie mit etwa 10 bis 12 ein. Somit erstrahlt unser Model wieder fast wie zuvor – eine prima Ausgangssituation, um den Filter optimal einzustellen.

Mit der LICHTMENGE gehen Sie jetzt bitte wieder hoch bis auf 3. Der KONTRAST soll 10 entsprechen. Eine leichte KÖRNUNG von 1 ist ebenfalls okay. Sicher – der Effekt sieht zwar nett aus, das Foto ist jedoch viel zu hell und glatt gebügelt, um noch realistisch zu wirken. Doch wir geben hier lieber mehr als zu wenig. Gönnen Sie sich eine Vorher-Nachher-Begutachtung, indem Sie kurzzeitig das Auge ❻ deaktivieren. Zuletzt bestätigen Sie mit OK.

▼ **Abbildung 7.42**
Der Effekt ist zu stark? Macht nichts. Er wird gleich angepasst.

5 Deckkraft reduzieren

Damit sich das Ergebnis nachträglich noch gut anpassen lässt, ist es sinnvoll, zunächst etwas mehr zu machen als nötig. Auf dem dunklen Hintergrund der Photoshop-Oberfläche kann man das Resultat viel besser beurteilen als im Filter-Dialog. Außerdem lässt sich die DECKKRAFT der obersten Ebene ja generell reduzieren. Gehen Sie zunächst auf 0 % herunter, und erhöhen Sie die Deckkraft schrittweise, bis Ihnen der Effekt gefällt.

6 Farbe korrigieren

Letzter Schritt: Da die Farbe etwas in Mitleidenschaft gezogen worden ist, habe ich mich abschließend noch für eine Einstel-

Weitere Effekte
Die Filtergalerie erlaubt grundsätzlich die Kombination von mehreren Effekten. So ließe sich ein weiterer hinzufügen, indem Sie zunächst auf das Blatt-Symbol klicken. Wollen Sie den Effekt durch einen anderen ersetzen, wählen Sie ihn stattdessen einfach neu aus.

Rote Augen korrigieren
Im ZUSATZMATERIAL-Ordner zu diesem Buch finden Sie einen Workshop zum Thema »Rote Augen korrigieren«. Darin erfahren Sie, wie Sie mit dem Rote-Augen-Werkzeug von Photoshop arbeiten.

lungsebene FARBTON/SÄTTIGUNG entschieden und die SÄTTIGUNG auf +7 erhöht. Aber das ist natürlich Geschmacksache. »Portraet-Teil3.tif« zeigt das Endergebnis.

7 Komfortabler Vergleich

Wollen Sie sich einmal einen direkten Vorher-Nachher-Vergleich gönnen? Dann klicken Sie doch bitte, während [Alt] gehalten wird, mehrfach auf das Augen-Symbol der Hintergrundebene. Das hat nämlich zur Folge, dass temporär alle anderen Ebenen aus- und wieder eingeblendet werden. Aber das wissen Sie ja längst.

▲ **Abbildung 7.43**
Das Original (links) und die fertige Bearbeitung

Gesichter optimieren

In Kapitel 8 beschäftigen wir uns mit der Bildmontage. Dort werden Sie auch die Technik des Verflüssigens kennenlernen. Aus gegebenem Anlass möchte ich Sie aber bereits jetzt mit diesem Dialog konfrontieren, da der Verflüssigen-Filter zwischenzeitlich eindrucksvoll erweitert worden ist – und zwar in Sachen Porträtbearbeitung. Mit seiner Hilfe gelingt es nämlich, Gesichtskonturen zu optimieren. Ach, was sage ich: Wir schauen uns das besser gleich in einem Workshop an, gell?

Schritt für Schritt
Gesichtskonturen optimieren

Um es gleich vorwegzunehmen: Jedes Gesicht ist einzigartig und sollte niemals grundlegend verändert werden. Allerdings ist es in der professionellen Model-Fotografie gang und gäbe, Gesichter derart zu »korrigieren«, dass alles dem »ästhetischen« Mainstream entspricht. In diesem Workshop geht es mir lediglich darum, Ihnen zu präsentieren, was in Photoshop alles machbar ist. Ob Sie von diesen Optionen Gebrauch machen wollen oder doch lieber Original vor Originalität setzen, liegt bei Ihnen. Aus diesem Grund gibt es zu diesem Workshop auch ausnahmsweise kein Ergebnisfoto. Jeder soll selbst entscheiden, was schön ist und was nicht. – Schauen wir uns Claudias Gesicht an. Zweifellos ist nicht das Geringste daran auszusetzen. Folgerichtig gäbe es hier nichts zu korrigieren. Dennoch dürfen Sie ein wenig daran arbeiten – aber bitte gaaaaanz vorsichtig.

Bilder/Korrektur.jpg

1 Filter-Dialog öffnen
Zunächst öffnen Sie bitte erneut das Menü FILTER und entscheiden sich darin für den Eintrag VERFLÜSSIGEN. Bleiben Sie zunächst mit der Maus außerhalb des Bildes.

◄ **Abbildung 7.44**
Jetzt kann es losgehen.

Gesicht auswählen
Im Menü GESICHT AUS-
WÄHLEN des Felds GE-
SICHTSBEZOGENES VER-
FLÜSSIGEN lässt sich auf
Fotos mit mehreren Per-
sonen eines der Gesichter
vorab zur Bearbeitung
auswählen – vorausge-
setzt, Photoshop hat auf
dem Bild mehrere Ge-
sichter »erkannt«.

Sehen Sie zwei geschwungene Linien links und rechts neben dem Gesicht? Glückwunsch! Sie wissen, dass Photoshop ein Gesicht auf dem Foto erkannt hat. – Schauen Sie einmal auf die rechte Seite des Dialogs. Dort finden Sie das Feld GESICHTSBEZOGENES VERFLÜSSIGEN. Sollte es geschlossen sein, betätigen Sie das vorangestellte Dreieck-Symbol.

2 Korrektur mit Schiebereglern
Grundsätzlich gibt es zwei Möglichkeiten, Gesichter zu korrigieren. Entweder erledigen Sie das direkt auf dem Foto, oder Sie benutzen die Schieberegler. Zur Eingewöhnung sollten Sie den Regler NASENHÖHE mehrfach kräftig nach links und rechts verschieben. Sie bekommen dann ein Gefühl dafür, wie das Werkzeug reagiert. Beobachten Sie dabei das Foto. Experimentieren Sie auch mit den anderen Slidern.

3 Einstellungen verwerfen
Am Ende betätigen Sie doch bitte einmal den Schalter ZURÜCKSETZEN. Er verwirft alle Ihre Einstellungen und präsentiert Claudia mit ihrem ursprünglichen Charme.

4 Korrekturen im Foto
Noch intuitivere Möglichkeiten als die Slider-Methode bietet die Korrektur direkt auf dem Foto. Dies ist jedoch nur möglich, wenn das Gesichtswerkzeug (A) in der Werkzeugleiste aktiv ist. Im Wesentlichen arbeiten Sie hier mit gedrückter Maustaste. Verschieben Sie das Zeigegerät wunschgemäß, und formen Sie so die Gesichtskonturen. Wenn Sie zufrieden sind, lassen Sie los. Sollten Sie einmal nicht genau wissen, ob Sie sich mit der Maus auf der korrekten Position befinden, verweilen Sie einen Augenblick. Die Quickinfo verrät Ihnen dann, was Sie an dieser Stelle verändern können.

Folgende Hinweise sollten Sie im Zusammenhang mit der Gesichts-Verflüssigung beachten:

Gestrichelte Linien zeigen an, dass Sie sich an einer Position befinden, an der Photoshop einen relevanten Bereich des Gesichts entdeckt hat, sich also Gesichtskonturen verändern lassen.

Mutiert der Mauszeiger zum *gekreuzten Doppelpfeil*, befinden Sie sich in der Regel mittig auf einem Bereich (z. B. Auge, Nase)

und können diesen Bereich insgesamt verschieben. Sollten sich die Augen beispielsweise auf unterschiedlicher Höhe befinden, kann eines der Augen entsprechend verschoben werden.

◄ **Abbildung 7.45**
Achten Sie auf die erklären-
den Hinweise.

Der einfache *Doppelpfeil* symbolisiert, dass Sie sich am Rand eines Bereichs befinden. Ziehen Sie hier mit gedrückter Maustaste nach außen, wird der Bereich größer, ziehen Sie nach innen, also zur Objektmitte hin, wird er kleiner.

Stellen Sie die Maus etwas außerhalb eines Objekts an, wird der Mauszeiger zu einem *90°-Doppelpfeil*. Dies ist Indiz dafür, dass sich das Objekt nun drehen lässt.

7.3   Fotos schärfen

Unschärfen können auf mannigfaltige Art ins Bild gelangen. So kann es durchaus einmal passieren, dass sich das Objekt der Begierde plötzlich bewegt. Auch das sogenannte Verreißen der Kamera zum Zeitpunkt des Auslösens kommt mitunter vor – und wird mit zunehmender Länge der Verschlusszeit bzw. größerer Blendenöffnung immer wahrscheinlicher.

Verwacklung reduzieren

Beim Versionswechsel von Photoshop CS6 auf CC hat seinerzeit ein Filter Einzug gehalten, der einer Unschärfe entgegenwirken kann. Dabei wird das Bild analysiert. Photoshop versucht selbstständig, die Richtung der Verwacklung zu erkennen. Im folgenden Beispiel erfahren Sie, wie effektiv der Verwacklung-reduzieren-Filter ist.

Schritt für Schritt
Fotos schärfen

Bilder/Unscharf.jpg

Öffnen Sie die Beispieldatei, und sehen Sie sie ganz genau an. Leider sind einige Unschärfen im Bild auszumachen. Besonders auffällig wird das im Bereich der Ringe, aus denen sich der Kopfschmuck des Models zusammensetzt. Schade. Das nimmt dem Foto leider seine dynamische Wirkung.

© Robert Klaßen

Abbildung 7.46 ▶
Leider ist die Schärfe im Foto
wenig überzeugend.

1   Ebene duplizieren

Keine Frage – zum Schärfen wird keine separate Ebene benötigt. Aber Sie kennen das ja: Wer den Hintergrund bearbeitet, hat am Ende keine Vergleichsmöglichkeit mehr und kann zudem sein Resultat nicht mehr mit dem Original mischen. Deswegen ist auch jetzt wieder eine Ebenenkopie angesagt: $\boxed{\text{Strg}}$/$\boxed{\text{cmd}}$+$\boxed{\text{J}}$ bzw. EBENE • NEU • EBENE DURCH KOPIEREN.

2 Ebene konvertieren

Damit Sie den anzuwendenden Filter jederzeit auf Grundlage des Originals korrigieren können, sollten Sie aus der Ebene ein Smartobjekt machen. Wie bereits erwähnt, ist das kein Muss, sollte aber grundsätzlich vor Anwendung eines Filters erledigt werden, wenn noch nicht ganz klar ist, ob der Filter nicht doch noch einmal nachjustiert werden muss. In diesem Fall ist das immer auf Grundlage des Originals möglich. Gehen Sie daher auf FILTER • FÜR SMARTFILTER KONVERTIEREN.

3 Filter-Dialog öffnen

Begeben Sie sich abermals in das Menü FILTER, und zeigen Sie auf SCHARFZEICHNUNGSFILTER. In der Liste, die sich daraufhin öffnet, markieren Sie den Eintrag VERWACKLUNG REDUZIEREN.

▼ **Abbildung 7.47**
So richtig zufriedenstellend ist das ja nicht, was in der Vorschau zu sehen ist.

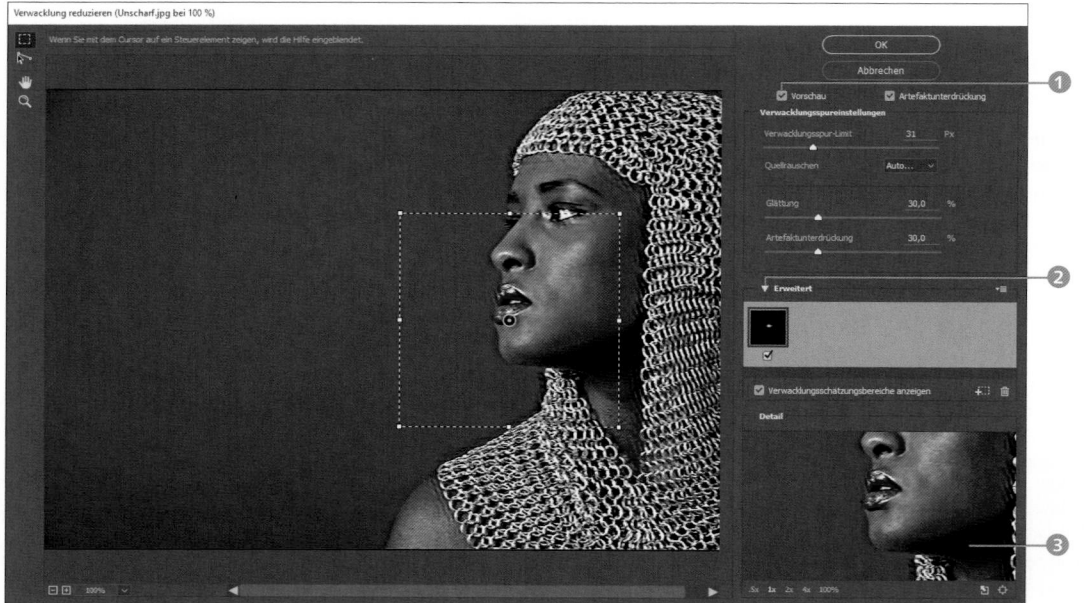

4 Voreinstellung vergleichen

Sie sehen, dass Photoshop mit voreingestellten Werten daherkommt. (Dies dürfte ja bereits vom Tiefen/Lichter-Dialog her bekannt sein.) Doch diese Einstellungen sind nicht das, was wir uns erhofft haben. Vergleichen Sie das vorläufige Ergebnis mit dem Original, indem Sie die VORSCHAU ❶ kurzzeitig deaktivieren.

5 Schätzungsbereich einstellen

Bevor wir uns an die Arbeit machen, wollen wir der Anwendung einen Bereich angeben, in dem das Bild analysiert werden soll. Dazu betätigen Sie das kleine Dreieck-Symbol ERWEITERT ❷. Sofern die obere Checkbox VERWACKLUNGSSCHÄTZUNGSBEREICHE ANZEIGEN ❻ aktiv ist, wird auf dem Foto ein Rahmen angezeigt, der den Bereich kennzeichnet, der zur Unschärfeanalyse herangezogen werden soll. Sie könnten dieses Rechteck nun an den Anfassern verziehen oder auf dessen Mittelpunkt verschieben. Doch beachten Sie: Je größer der Bereich, desto länger dauert auch die Analyse.

Markierung ausblenden
Während der Einstellung stört das im Bild befindliche Rechteck. Wenn Sie es ausblenden wollen, schließen Sie den ERWEITERT-Bereich ❷, oder deaktivieren Sie die darunter befindliche Checkbox ❹.

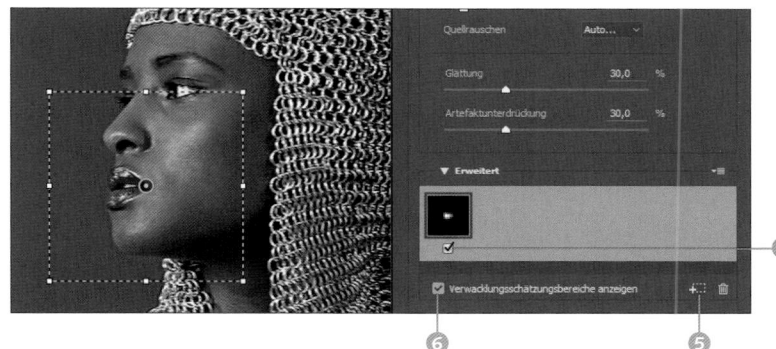

Abbildung 7.48 ▶
Ein Bereich des Bildes ist eingerahmt.

6 Optional: Analysebereiche hinzufügen

Selbst das Hinzufügen weiterer Bereiche ist möglich, indem Sie auf ❺ klicken und ein weiteres Rechteck definieren. So lassen sich unterschiedliche Bildbereiche individuell nachbearbeiten. Wir wollen es in diesem Beispiel jedoch bei diesem einen Bereich belassen. Die wichtigsten Bereiche (Gesicht und Teil der Kettenhaube) sind ohnehin einbezogen.

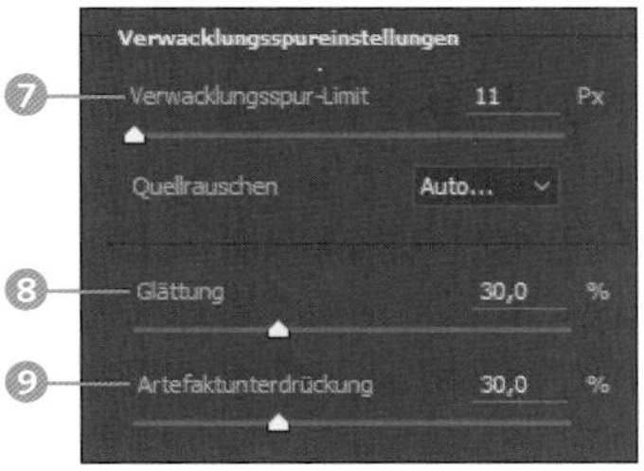

7 Werte festlegen

Ziehen Sie VERWACKLUNGSSPUR-LIMIT ❼ zunächst zurück auf 10 bis 12 Pixel, da wir es mit einem sehr kleinen Beispielfoto zu tun haben. (Größere Fotos verlangen in der Regel auch höhere Werte.) Dadurch wird die Intensität der Schärfung insgesamt zurückgefahren. Bringen Sie die GLÄTTUNG ❽ (wirkt der Rauschbildung auf glatten Flächen entgegen, die durch das Schärfen entsteht) auf ca. 30 % und die ARTEFAKTUNTERDRÜCKUNG ❾ auf etwa 33 %. Letztere verhindert, dass sich größere Störbereiche bis hin zu Arte-

▲ **Abbildung 7.49**
Diese Werte sind kein Dogma. Sie dürfen durchaus auch ein wenig danebenliegen.

fakten bilden. Allerdings muss man hier vorsichtig sein, da zu hohe Werte der Scharfzeichnung wieder entgegenwirken.

8 Optional: Ergebnis optimieren

Zuletzt sollten Sie noch einen Blick auf den Bereich DETAIL werfen, mit dessen Hilfe sich weitere Optimierungen durchführen lassen. Und das geht so: Klicken Sie in den Vorschaubereich ❸ (siehe Abbildung 7.47), und verschieben Sie den Ausschnitt per Drag & Drop. Sobald sich ein neuer Ausschnitt zeigt, der im Übrigen auch mit den Zoom-Tasten ⓫ vergrößert werden kann, erscheint unten links die Schaltfläche AN LUPENPOSITION VERBESSERN ❿. Ein Klick darauf optimiert das Foto an der Stelle noch einmal. Zuletzt bestätigen Sie mit OK. Sollte der Filter später noch einmal nachjustiert werden müssen, reicht ein Doppelklick auf die Zeile VERWACKLUNG REDUZIEREN innerhalb des Ebenen-Bedienfelds.

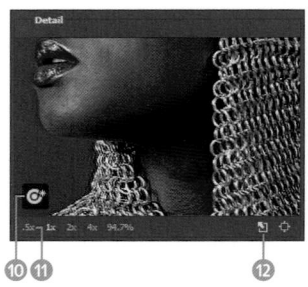

▲ **Abbildung 7.50**
Die letzten Handgriffe sorgen für eine weitere Optimierung.

▲ **Abbildung 7.51**
Das Bildergebnis überzeugt durch seine Schärfe.

Vorschaubereich lösen
Mitunter ist es sinnvoll, den Vorschaubereich aus seiner Verankerung herauszulösen. Wenn Sie DETAIL ABDOCKEN ⓬ betätigen oder ⓠ drücken, erscheint die Vorschau als überlagerndes Bedienfeld. So wird es möglich, den Detailbereich neben die Stelle im Bild zu setzen und dann die Detailkorrektur durchzuführen.

Hochpass-Schärfen

Eine sehr beliebte Methode zur Schärfung ist das sogenannte Hochpass-Schärfen. Es eignet sich prinzipiell für jedes Motiv, entfaltet aber so richtig beeindruckende Leistungen erst, wenn viele Konturen im Bild sind. Auch in der Porträtbearbeitung ist es sehr beliebt (für Haare, Augenbrauen und Wimpern).

Bilder/Portal.jpg

Schritt für Schritt
Kanten schärfen

Auf den ersten Blick werden Sie mit der Beispieldatei ganz zufrieden sein. Ich behaupte aber, dass da noch viel mehr geht. Nicht nur die gusseisernen Verzierungen lassen sich in der Schärfe optimieren, sondern auch das Mauerwerk und die Statue.

▲ **Abbildung 7.52**
Dieses Foto soll geschärft werden.

1 Ebene duplizieren

Bevor Sie weitermachen, stellen Sie das Foto in 100% Größe dar. Anschließend duplizieren Sie die Ebene und konvertieren die oberste in ein Smartobjekt (FILTER • FÜR SMARTFILTER KONVERTIEREN).

2 Filter hinzufügen

Entscheiden Sie sich jetzt für FILTER • SONSTIGE FILTER • HOCHPASS. Ziehen Sie den Schieberegler anschließend ganz nach links. Dadurch mutiert das schöne Foto zu einer einzigen grauen Fläche.

3 Filter einstellen

Das macht aber nichts, denn wenn Sie den Regler vorsichtig nach rechts bewegen, werden Sie feststellen, dass sich langsam wieder Strukturen im Bild zeigen. Stoppen Sie, wenn Sie sich bei etwa 0,8 befinden. Das ist der Punkt, an dem die Konturen klar erkennbar sind, ohne dass Farben sichtbar werden. Das sollten Sie grundsätzlich beherzigen. Sobald die ersten Farben auftauchen, gehen Sie wieder etwas zurück. Bedienen Sie die OK-Schaltfläche.

Abbildung 7.53 ▶
Die Konturen lassen sich erkennen, ohne dass Farbe sichtbar wird.

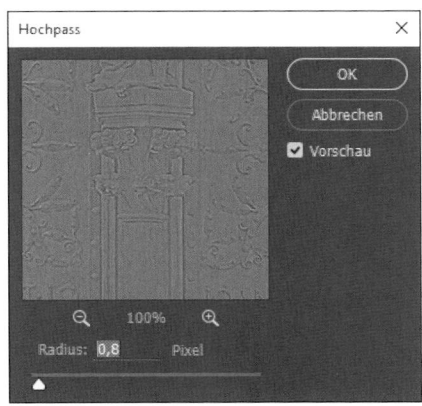

4 Mischmodus ändern

Zuletzt stellen Sie den Mischmodus der obersten Ebene auf INEINANDERKOPIEREN. Den Vorher-Nachher-Vergleich gibt's durch kurzzeitiges Ausschalten der obersten Ebene.

5 Optional: Manuell korrigieren

Falls Ihnen die Schärfung einmal zu stark sein sollte, dürfen Sie gerne die Deckkraft der oberen Ebene reduzieren. Wer hingegen mehr möchte, kann die Zeile HOCHPASS innerhalb des Ebenen-Bedienfelds mit einem Doppelklick versehen. Daraufhin öffnet sich der Hochpass-Dialog erneut. Jetzt dürfen Sie den RADIUS und damit die Schärfe erhöhen.

Falls Sie nur einzelne Stellen des Bildes schärfer abbilden wollen, aktivieren Sie die Smartfilter-Maskenebene (das weiße Rechteck) und malen mit schwarzer Vordergrundfarbe über jene Bereiche, die von der Schärfung ausgenommen sein sollen.

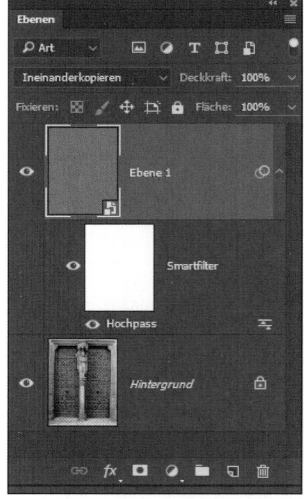

▲ **Abbildung 7.54**
Smartfilter-Ebenen ermöglichen eine jederzeitige Korrektur auf Grundlage des Original-Fotos.

◄ **Abbildung 7.55**
Werfen Sie einen Blick auf die Ausschnitte rechts. Die Schärfung (oben) im Vergleich zum Original (unten) ist deutlich.

Unscharf maskieren

Den Scharfzeichnungsfilter UNSCHARF MASKIEREN finden Sie, wenn Sie über FILTER • SCHARFZEICHNUNGSFILTER gehen. Er ist ebenfalls sehr gut zur Schärfung geeignet. Er ist zwar nicht so einsteigergerecht wie der Hochpass-Filter, dafür erlaubt er jedoch individuellere Abstimmungen.

Abbildung 7.56 ►
Unscharf maskieren ist ein
idealer Schärfe-Filter.

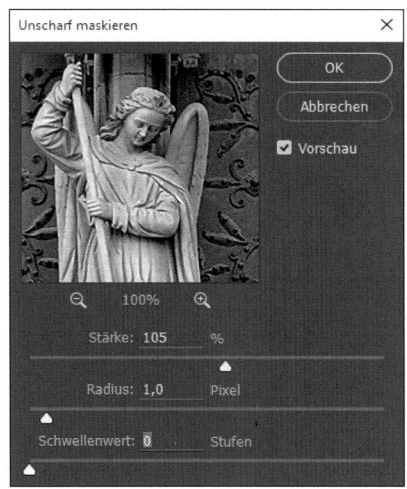

Abbildung 7.56 ►
Unscharf maskieren ist ein
idealer Schärfe-Filter.

Prinzip des Schärfens
Unschärfen fallen meist
nur an Konturen auf, also
an farbigen Übergängen.
Eine ebenmäßige Fläche
mit gleichen Farbwerten
lässt keine Unschärfen zu.
Hier gibt es ja keine Un-
terschiede (also Kanten),
an denen diese auszuma-
chen wären. Deshalb »su-
chen« Schärfe-Filter nach
diesen kontrastierenden
Kanten und erhöhen dort
die Farbunterschiede.

Bilder/Weichzeichnen.jpg

Die drei dort angebrachten Regler haben folgende Bedeutung:

► STÄRKE: Umfang (Intensität) der Schärfung.

► RADIUS: Hier wird der Bereich festgelegt, der zur Bildung der
Schärfe herangezogen wird. Je größer der Wert, desto härter
fällt die Schärfung aus.

► SCHWELLENWERT: Dieser Schieber legt fest, was überhaupt erst
als Kante zur Schärfung herangezogen wird. Sind die Unterschiede bei benachbarten Pixeln eher gering, wird das eventuell
gar nicht als Kante interpretiert – folglich auch nicht geschärft.
Hier gilt jedoch: Je höher der Wert, desto geringer die Kontrastbildung – und desto einheitlicher die ebenen Flächen.

7.4 Weichzeichnen

Was die Weichzeichnung angeht, möchte ich gerne noch einmal
auf die People-Fotografie zurückkommen, da sie dort sehr häufig
zum Einsatz kommt. In Porträts weiblicher Models ist es nämlich
nicht selten der Fall, dass eine extrem glatte Haut gerade Man-
gelware ist. Nun ist »platt gebügelt« auch keine realistische Alternative. Am schönsten ist es, wenn die Haut weich ist, die feinen
Strukturen (z. B. die Poren) jedoch noch gut zu sehen sind. Es gibt
unzählige Methoden zur Weichzeichnung der Haut. Ich möchte
Ihnen zwei davon zeigen – eine schnelle und eine professionelle.

Schritt für Schritt
Haut schnell weichzeichnen (mit dem Weichzeichner)

Öffnen Sie das Beispielfoto »Weichzeichnen.jpg«, und begutachten Sie es. Es gibt nur wenig daran auszusetzen. Dennoch lässt
sich wohl noch das eine oder andere »herauskitzeln«.

1 Filter hinzufügen
Duplizieren Sie die Hintergrundebene, und wandeln Sie die
oberste Ebene in ein Smartobjekt um (FILTER • FÜR SMARTFILTER
KONVERTIEREN). Weisen Sie einen Filter zu, indem Sie FILTER •
WEICHZEICHNUNGSFILTER • GAUSSSCHER WEICHZEICHNER einstellen.

2 Filter einstellen
Ziehen Sie den Regler zunächst ganz nach links (0,1), und gehen
Sie danach wieder vorsichtig nach rechts. Beobachten Sie nur die
Haut. Wenn Sie der Meinung sind, dass sie glatt genug ist, stop-
pen Sie. Was halten Sie von 1,0? Bestätigen Sie mit OK.

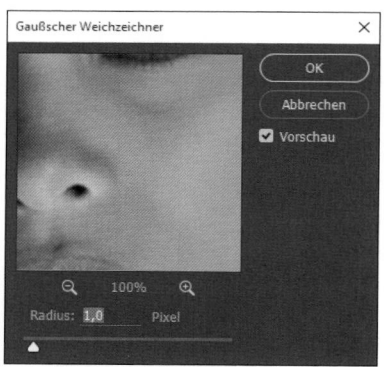

▲ **Abbildung 7.57**
Noch einmal wird die Bearbeitung von Model-Fotos
thematisiert.

Matter machen
Als Alternative zum
Gaußschen Weichzeich-
ner bietet sich in der Porträtbearbeitung auch der
Filter MATTER MACHEN an,
der in der gleichen Kate-
gorie zu finden ist. Er
sorgt für eine sehr eben-
mäßige Glättung. Probie-
ren Sie aus, welcher Filter
Ihnen mehr liegt.

◄ **Abbildung 7.58**
Bei diesem Weichzeichnungs-
radius passt die Korrektur.

3 Ebenenmaske umwandeln
Da nun alle Bereiche unscharf sind, bedarf es einer Maskierung.
Aktivieren Sie deshalb die weiße Smartfilter-Miniatur ❶ (siehe
Abbildung 7.59). Danach wandeln Sie sie komplett in Schwarz um,
indem Sie ⌨Strg/⌨cmd+⌨I betätigen.

4 Ebene maskieren
Stellen Sie einen weichen Pinsel ein (70 Px, MODUS: NORMAL,
DECKKRAFT: 100%, weiße Vordergrundfarbe), und malen Sie

Es geht nur um die Haut!
Bei der Beurteilung soll-
ten Sie ausschließlich die
Haut in Betracht ziehen.
Dass dadurch auch die
Augen, Haare, Lippen
usw. unscharf werden,
spielt keine Rolle. Das
korrigieren Sie später.

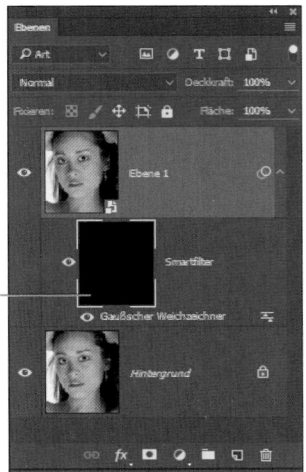

**① **

▲ **Abbildung 7.59**
Durch das Füllen der Smartfil-
ter-Maske mit Schwarz wird
die Weichzeichnung zunächst
komplett unsichtbar.

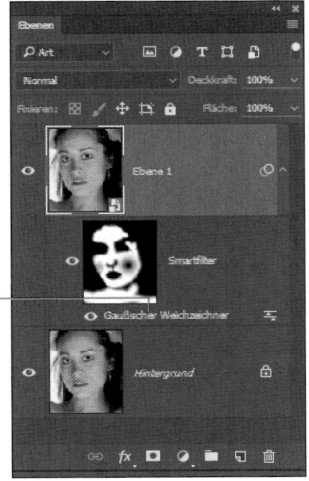

**② **

▲ **Abbildung 7.60**
So sieht das Endergebnis aus.

Abbildung 7.61 ▶
Das ist Babyhaut vom Aller-
feinsten.

damit vorsichtig über die Hautbereiche, die einer Weichzeichnung
bedürfen. Lassen Sie Augen, Augenbrauen, Haare, Mund sowie
die Übergänge zwischen Haut und Nasenflügel jedoch aus. Ebenso
sollte der Übergang zwischen Kinn und Hals geschärft bleiben.

Falls Sie dennoch einen der Bereiche überpinseln, korrigieren Sie das durch neuerliches Übermalen mit Schwarz. Um zwischen Augen und Augenbrauen sowie zwischen Nase und Mund
zu arbeiten, verkleinern Sie die Spitze vorab. Zoomen Sie gegebenenfalls stark ein.

5 Weichzeichnung verringern

Betrachten Sie das Ergebnis bei 100 %. Sind Sie zufrieden, oder
teilen Sie meine Meinung, dass die Schärfung doch ein wenig
intensiv ausgefallen ist? In diesem Falle können Sie die DECK-
KRAFT der obersten Ebene reduzieren (75 %). Galanter ist aber
zweifelsfrei das erneute Aktivieren des Gaußschen Weichzeich-
ners (Doppelklick auf ②) und die anschließende Reduktion des
Wertes RADIUS. Bedenken Sie zudem, dass sich die Hautstruktur
an gewünschten Stellen wie der Wange wieder zurückholen lässt,
indem Sie auf schwarze Vordergrundfarbe umschalten, die Pinsel-
deckkraft verringern und die Weichzeichnung stellenweise wieder
ein bisschen maskieren. Dadurch werden Teile der unteren Ebene
wieder sichtbar, und die Struktur kommt an den Stellen zurück, an
denen sie benötigt wird.

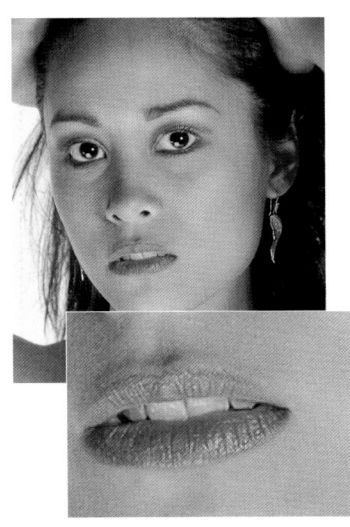
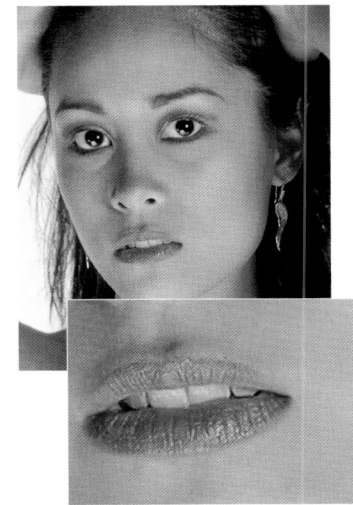

Schritt für Schritt
Haut professionell weichzeichnen
(mit der Frequenztrennung)

Dieser Abschnitt richtet sich an fortgeschrittene Bildbearbeiter, die sich mit der zuvor beschriebenen Methode der Weichzeichnung nicht mehr zufriedengeben. Die sogenannte Frequenztrennung ist das Maß aller Dinge in Sachen Porträtretusche, da mit ihr die Strukturen der Haut von den Farb- und Helligkeitsinformationen getrennt werden – und zwar *vor* der eigentlichen Retusche. Die Nachbearbeitung geht anschließend wesentlich leichter und intuitiver vonstatten. Aber der Weg dahin erfordert ein hohes Maß an Konzentration, damit nichts schiefgeht.

Bilder/Frequenz.jpg

1 Datei vorbereiten

Öffnen Sie das Beispielbild. Darf ich vorstellen? – Hanna. Begutachten Sie das Foto, wobei Sie jetzt noch nicht retuschieren sollten. Zunächst werden zwei Ebenenkopien benötigt (⌃Strg/ ⌘cmd+J+J). Die oberste nennen Sie »Struktur«, während die untere mit »Weich« betitelt wird. Deaktivieren Sie das Augen-Symbol der obersten Ebene, und wählen Sie die Ebene WEICH aus.

© Robert Klaßen

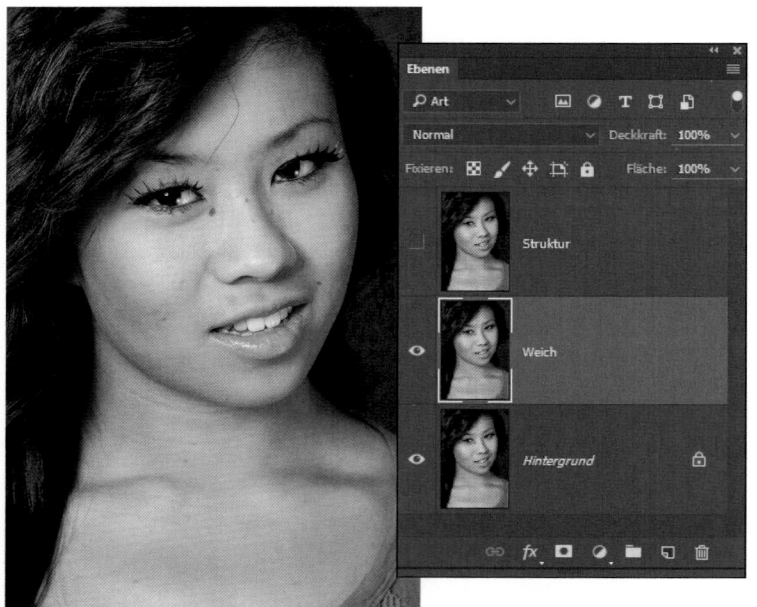

◀◀ **Abbildung 7.62**
Noch einmal wird retuschiert – diesmal mit einer professionelleren Methode.

◀ **Abbildung 7.63**
Legen Sie zunächst zwei Ebenenduplikate an.

2   Ebene weichzeichnen

Entscheiden Sie sich für FILTER • WEICHZEICHNUNGSFILTER • GAUSSSCHER WEICHZEICHNER. Stellen Sie den RADIUS der Weichzeichnung auf etwa 7,2. Grundsätzlich sollten Sie den Filter so justieren, dass Hautunreinheiten gerade eben komplett unsichtbar werden. Ein Klick auf OK schließt diesen Schritt ab.

Abbildung 7.64 ►
Der Filter ist zu stark. Doch das ist durchaus in Ordnung.

Skalieren

Sollten Sie härtere Strukturen als beim herkömmlichen Porträt gewinnen wollen, dürfen Sie SKALIEREN auch auf 1 stellen. Die Strukturierung fällt dann stärker aus. Für Porträts ist dieser Wert allerdings in der Regel ungeeignet.

3   Frequenztrennung durchführen

Wählen Sie die Ebene STRUKTUR aus, die Sie zudem wieder sichtbar machen, und entscheiden Sie sich im Menü für BILD • BILDBERECHNUNGEN. Als QUELLE dient »Frequenz.jpg«. Selektieren Sie unter EBENE den Eintrag WEICH, da stets die weichgezeichnete Ebene zur Berechnung herangezogen werden muss. Im Bereich MISCHMODUS wählen Sie grundsätzlich SUBTRAHIEREN, während SKALIEREN auf 2 und VERSATZ auf 128 stehen müssen. Verlassen Sie den Dialog mit OK.

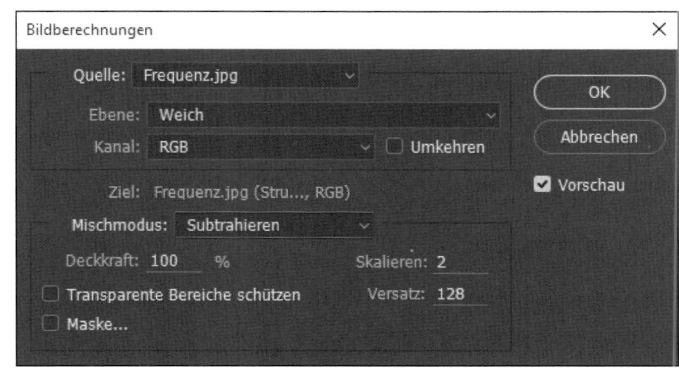

Abbildung 7.65 ►
Diese Werte sind Standard.

4 Mischmodus ändern

Setzen Sie den Mischmodus der Ebene Struktur im Ebenen-Bedienfeld auf Lineares Licht. Wenn Sie jetzt die beiden oberen Ebenen kurzzeitig ausschalten, werden Sie keinen Unterschied mehr zum Original ausmachen können. So soll es sein. Schalten Sie jedoch die beiden oberen Ebenen einzeln ein, bemerken Sie, dass auf der oberen Ebene nun die Strukturen zu sehen sind.

5 Frequenzebene säubern

Wollen Sie die Haut retuschieren, sollten Sie zunächst entweder den Mischmodus der Ebene Struktur temporär wieder auf Normal setzen oder die beiden darunter befindlichen Ebenen ausblenden. So sehen Sie die Ebeneninhalte am besten. Retuschierwürdige Stellen bearbeiten Sie ausschließlich auf der obersten Ebene – und zwar mit den üblichen Tools (z. B. Bereichsreparatur-Pinsel, Ausbessern-Werkzeug). Lassen Sie das Muttermal zwischen Nase und bildlinkem Auge unangetastet, da es einfach zu Hannas Gesicht gehört.

Letzte Kleinigkeiten lassen sich übrigens auch noch komfortabel retuschieren, nachdem alle Ebenen wieder eingeblendet worden sind. Sie werden feststellen, dass die Retusche sehr viel besser von der Hand geht als je zuvor, da die Farb- und Helligkeitswerte jetzt nicht mehr mit bearbeitet werden.

▼ **Abbildung 7.66**
So sieht die oberste Ebene vor (links) und nach der Retusche aus.

6   Färbung vorbereiten

Sorgen Sie dafür, dass alle Ebenen wieder sichtbar sind. Sollten im Ergebnis nun weitere Retuschestellen auffallen, bearbeiten Sie sie erneut auf der Struktur-Ebene. Für den Fall, dass die Haut ebenfalls noch bearbeitet werden muss (bei diesem Foto würde sich eine Beseitigung von Glanzstellen anbieten), aktivieren Sie bitte die Ebene WEICH und fügen anschließend eine neue leere Ebene ein, die Sie »Haut« nennen. Stellen Sie den *Pinsel* B folgendermaßen ein: GRÖSSE: zunächst 125, HÄRTE: 0%, MODUS: NORMAL, DECKKRAFT: maximal 20%.

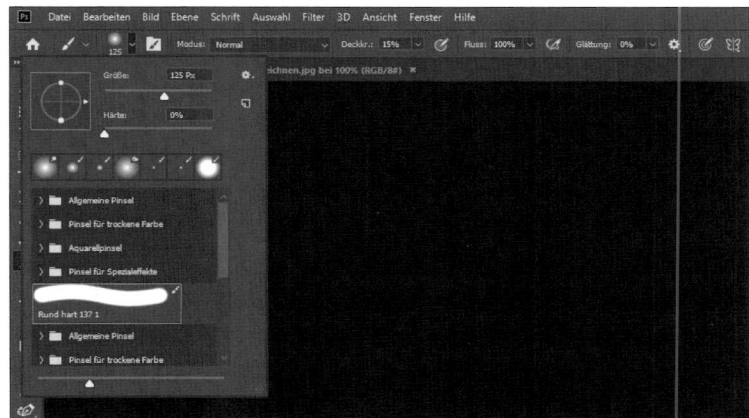

▲ **Abbildung 7.67**
Mit diesen Einstellungen geht es an die Farboptimierung.

7   Glanzstellen beseitigen

Nun positionieren Sie den Pinsel auf einer Stelle im Bild, an der der Teint so kräftig ist, wie Sie es wünschen (z. B. ❷ in Abbildung 7.68). Halten Sie Alt gedrückt (aktiviert vorübergehend das Pipetten-Werkzeug), und klicken Sie einmal auf die ausgewählte Stelle (nimmt die Farben der Haut auf – siehe Kasten »Pipette einstellen«). Danach lassen Sie Alt wieder los und klicken zwei- bis dreimal auf die helle Hautstelle ❶.

Den Glanz an der Nasenspitze ❹ beseitigen Sie mit einer kleineren Spitze. Hier empfiehlt es sich, zuvor Pixel von ❸ aufzunehmen. Bitte machen Sie insgesamt aber nicht zu viel. Ein bisschen Glanz gehört dazu.

Pipette einstellen
Die Pipette sollte grundsätzlich keine einzelnen Pixel, sondern immer einen Bereich aufnehmen. So treffen Sie die Farbe des Teints besser. Außerdem sollte die aktuelle Ebene sowie die darunter befindliche zur Aufnahme der Pixel herangezogen werden. Wenn Sie die Einstellung kontrollieren wollen, gehen Sie zwischenzeitlich einmal auf die PIPETTE I und kontrollieren die Optionsleiste entsprechend. Danach gehen Sie auf den Pinsel zurück und nehmen die Farbe wie beschrieben erneut auf.

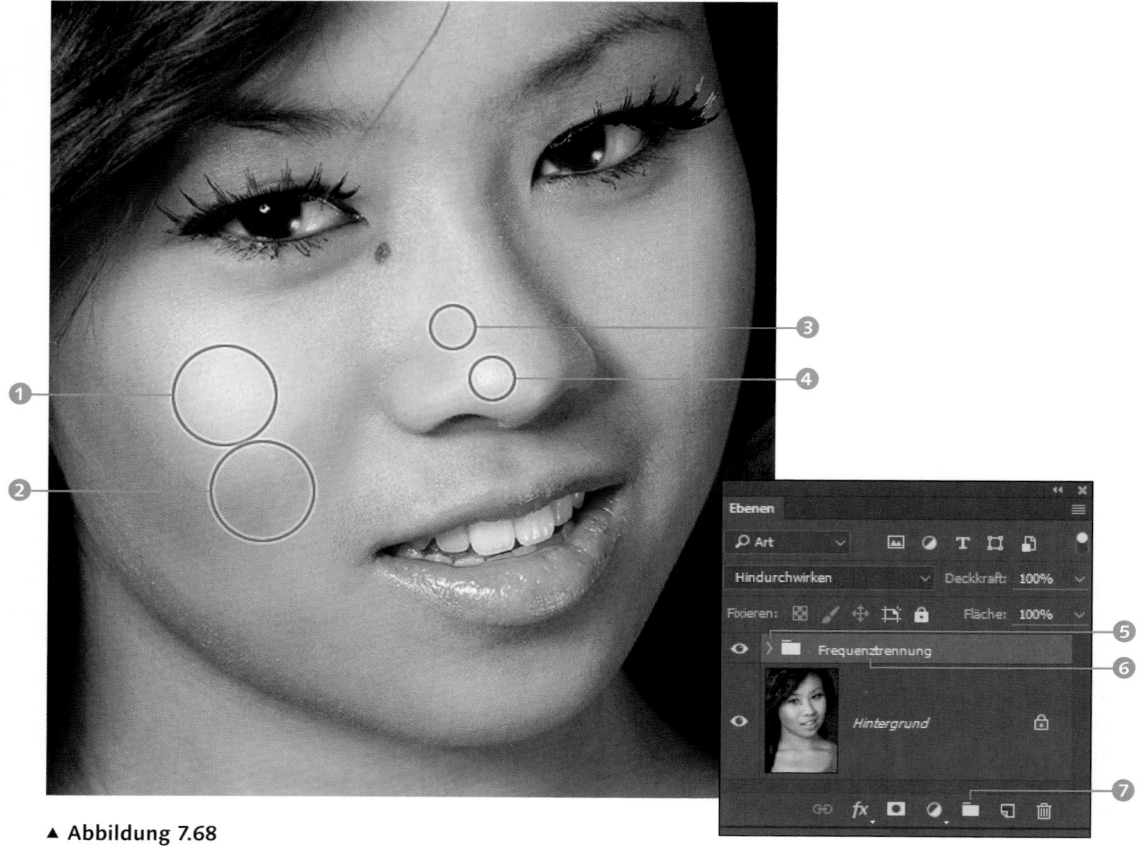

▲ **Abbildung 7.68**
Beseitigen Sie noch den Glanz auf der Haut.

8 Ordner anlegen

Zuletzt sollten Sie für mehr Übersicht im Ebenen-Bedienfeld sorgen, indem Sie alle Ebenen mit Ausnahme des Hintergrunds als Gruppe zusammenfassen. Dazu markieren Sie die Ebenen WEICH, HAUT und STRUKTUR. Klicken Sie anschließend erneut auf eine der Ebenen, und ziehen Sie sie auf das Symbol NEUE GRUPPE ERSTELLEN ❼. Sobald Sie loslassen, erscheint ganz oben im Ebenen-Bedienfeld ein Ordner-Symbol ❻. Setzen Sie einen Doppelklick auf den daneben befindlichen Namen. Bezeichnen Sie den Ordner mit FREQUENZTRENNUNG (mit ↵ bestätigen). Wann immer Sie Zugang zu einer der neuen Ebenen erhalten wollen, klicken Sie auf das Dreieck-Symbol ❺.

▲ **Abbildung 7.69**
Die Ebenengruppierung sorgt für Übersicht, da die meisten Porträtfotos noch viele weitere Arbeitsschritte erfordern und somit die Anzahl der Ebenen stetig zunimmt.

Abbildung 7.70 ▲
Die fertige Datei ist im ERGEB-
NISSE-Ordner zu finden.

Schritte automatisieren
Sie haben gesehen, wie
aufwendig es ist, die Frequenztrennung vorzube-
reiten. Die zahlreichen
Arbeitsschritte lassen sich
jedoch automatisieren.
So müssen Sie später le-
diglich eine einzige Taste
drücken, und Photoshop
erledigt alle Schritte automatisch. Anschließend
können Sie gleich mit der
Retusche beginnen. Wie
das geht, verrate ich
Ihnen in Abschnitt 11.4,
»Stapelverarbeitung und
Aktionen«, ab Seite 447.
Schauen Sie sich die Vor-
gehensweise an.

Weichzeichner-Infos

In Photoshop existieren noch zahlreiche weitere Möglichkeiten,
Bildebenen weichzuzeichnen. So ist beispielsweise das Untermenü WEICHZEICHNUNGSFILTER prall gefüllt. Sie finden es im
Menü FILTER. Den darin enthaltenen GAUSSSCHEN WEICHZEICHNER
haben Sie ja bereits kennengelernt. Ebenfalls empfehlenswert –
insbesondere, wenn es um die Weichzeichnung der Haut geht,
ist MATTER MACHEN (siehe Kasten Seite 293). Noch intuitiver sind
die Funktionen der WEICHZEICHNERGALERIE, die ebenfalls im Menü
FILTER zu finden sind.

Die IRIS-WEICHZEICHNUNG, die Sie unter FILTER • WEICHZEICH-
NERGALERIE finden, ist immer dann zu empfehlen, wenn Sie es mit
einem einzelnen Objekt zu tun haben. Immerhin lässt sich durch
die Platzierung des Kreises bzw. der Ellipse eine Unschärfe zu allen
Seiten hin erreichen. Noch ein Tipp zum Schluss: Bedenken Sie,
dass sich die unterschiedlichen Weichzeichner auch mischen lassen. Beachten Sie die entsprechenden Checkboxen auf der rechten Seite, die zusätzlich zum derzeit verwendeten Filter hinzugefügt werden können. Die Werkzeuge Pfad-Weichzeichnung und
Kreisförmige Weichzeichnung gestatten die Festlegung einer oder
mehrerer Bewegungsrichtungen.

© Leszek Schluter

▲ **Abbildung 7.71**
Beim Tilt-Shift-Filter aus der
WEICHZEICHNERGALERIE wer-
den Linien angeboten, die per
Drag & Drop verschoben werden können. So lassen sich
Schärfebereich und Über-
gangsbereich zur Weichzeichnung prima anpassen.

7.5 Rauschen hinzufügen und entfernen

Das sogenannte *Rauschen* oder auch *Bildrauschen* ist heutzutage
kaum noch ein Problem. Moderne Kameraprozessoren wissen diesen Makel zu korrigieren – insbesondere dann, wenn die
Umwandlung des Fotos in das JPEG-Format erfolgt. Und das passiert ja bereits in der Kamera. (Raw-Fotos sind oft viel verrausch-
ter.) Dennoch ist das Problem nicht ganz auszuschließen, weshalb
wir an dieser Stelle noch einmal kurz darauf eingehen wollen.

Rauschen entfernen

Was ist überhaupt Bildrauschen? Nun, beim Bildrauschen ergeben sich Kornbildungen – das Foto sieht aus, als sei es mit feinem
Sand oder Schmirgelpapier überzogen. Schauen Sie sich einmal
das Beispielfoto »Bildrauschen.jpg« an. Häufig kommt Rauschen
in dunklen Umgebungen ins Bild. Der Effekt verstärkt sich, wenn
minderwertige Aufnahmegeräte eingesetzt werden. Dem lässt
sich im Prinzip nur durch eine Weichzeichnung entgegenwirken.

Bilder/Bildrauschen.jpg

Abbildung 7.72 ▶
Das Bildrauschen soll
verschwinden.

Die einfachste Methode der Rauschentfernung ist FILTER • RAUSCH-
FILTER • RAUSCHEN ENTFERNEN. Für unser Beispielfoto reicht das
bereits. Prinzipiell dürfen Sie den Filter auch mehrfach anwenden
(zur Wiederholung des letzten Filters Strg/cmd+F drücken).
Sollte das wider Erwarten nicht zum gewünschten Resultat führen, müssen Sie härtere Bandagen anlegen.

Entscheiden Sie sich für FILTER • RAUSCHFILTER • RAUSCHEN
REDUZIEREN. Verändern Sie bei Bedarf die STÄRKE ❷ (also die Intensität der Korrektur, siehe Abbildung 7.73). Mit DETAILS ERHALTEN
❸ versucht Photoshop, die Weichzeichnung des Fotos möglichst
gering zu halten. Je höher der Wert, desto geringer die Weichzeichnung. Sollte das Bildrauschen farbig sein (bei starker Vergrößerung kann man gut beurteilen, ob die Punkte Farben aufweisen
oder gräulich sind), dürfen Sie auch gerne FARBRAUSCHEN REDU-
ZIEREN ❹ einsetzen. Durch das Weichzeichnen des Fotos werden
Details im Bild leider zunehmend schwammig. Wirken Sie dem
mit DETAILS SCHARFZEICHNEN ❺ entgegen. Ob das Foto durch die
Anwahl von JPEG-ARTEFAKT ENTFERNEN ❻ besser oder schlechter
wird, sehen Sie sofort. Probieren Sie es aus. Mit der Einstellung
ERWEITERT ❶ ließe sich Farbrauschen übrigens kanalweise (Rot,
Grün, Blau) beheben.

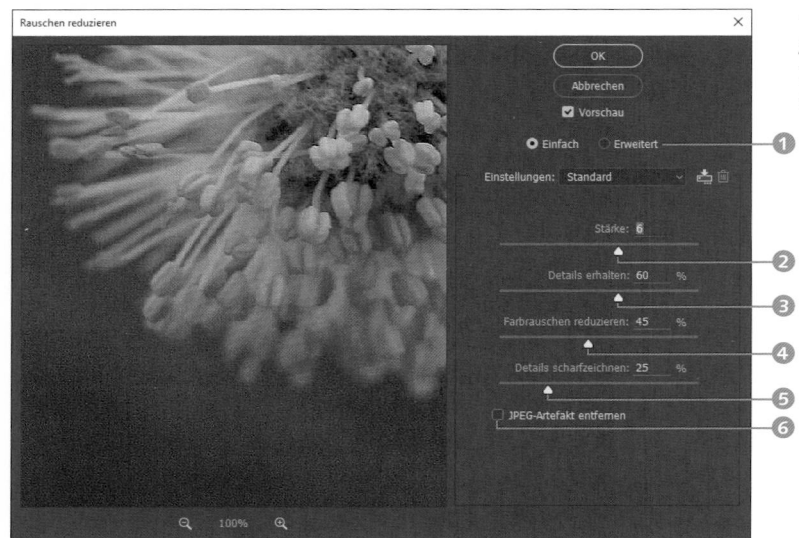

◄ **Abbildung 7.73**
Mit der Rauschreduzierung
lässt sich das eine oder andere
Bild noch retten.

Rauschen hinzufügen

Wollen Sie gern einmal Rauschen bewusst ins Bild bringen? (Man macht das gern aus dramaturgischen Gründen.) Dann sollten Sie FILTER • RAUSCHFILTER • RAUSCHEN HINZUFÜGEN in Anwendung bringen. Wählen Sie MONOCHROMATISCH an, wenn Sie kein Farbrauschen wünschen (z. B. in der Schwarzweißfotografie).

◄ **Abbildung 7.74**
Störungen können ein Foto
auch interessanter machen.

Montage

Fotos sprichwörtlich in Form bringen

- ▶ Wie wird die Perspektive korrigiert?
- ▶ Was ist eine Objektivkorrektur?
- ▶ Wie wird ein Objekt verformt?
- ▶ Wie können Ebenen automatisch ausgerichtet werden?
- ▶ Wie wird ein Panorama erzeugt?

8 Montage

Kompanie!… Richt' euch!… So leicht geht es, wenn der Hauptfeldwebel der Bundeswehr das Bedürfnis verspürt, der gesamten Kompanie in null Komma nichts eine geometrisch perfekte Aufstellung zu verpassen. Aber Schreien bringt ja bekanntlich nichts; deshalb sollten Sie zur Verzerrung, Verformung und Montage Ihrer Fotos lieber auf die zahlreichen Anwendungstools zurückgreifen, die für jedes Pixelproblem eine adäquate Lösung bieten.

8.1 Objektivkorrekturen

Weitere Verzerrungsfilter
Zu den Verzerrungsfiltern gehören auch GLAS, OZEANWELLEN und WEICHES LICHT. (Letzteren haben Sie ja bereits auf Seite 280 benutzt.) Sie sind im Filter-Menü jedoch nicht präsent. Um sie dennoch aktivieren zu können, müssen Sie über die FILTERGALERIE (Menü: FILTER) gehen.

Eine Objektivkorrektur wird immer dann erforderlich, wenn das Ergebnis verzerrt ist. Es kann beispielsweise sein, dass ein Foto »bauchig« daherkommt oder dass seine eigentlich senkrechten Linien plötzlich trapezförmig erscheinen. Im Bereich Verzerrung (FILTER • VERZERRUNGSFILTER) bietet Photoshop eine Menge interessanter Tools an. Da sie aber meist eher zur Verfremdung dienen, müssen zur Korrektur andere Wege beschritten werden.

Perspektive manuell korrigieren

Ein markanter Schwachpunkt bei der Fotografie von Gebäuden ist die Perspektive. Was das menschliche Auge gar nicht mehr bewusst registriert, wird von der Kamera gnadenlos dargestellt. Gemeint sind sogenannte stürzende Kanten, durch die die Bauwerke zu kippen scheinen.

In Photoshop gibt es zahlreiche Optionen zur Perspektivkorrektur. Wir haben uns für zwei entschieden. Zunächst werden Sie erfahren, wie Gebäude sich manuell korrigieren lassen. Dabei ziehen Sie die Bildkanten händisch in Form. Das ist zwar nicht annähernd so komfortabel wie die Methode, die ich Ihnen im Anschluss vorstelle, jedoch ein prima Einstieg für alle, die sich noch nie mit dem Thema befasst haben. Außerdem gibt es Bilder, die sich mit

Automatismen beim besten Willen nicht so gut in Form bringen lassen wie mit einer manuellen Korrektur. Ferner lernen Sie noch einige interessante Techniken kennen.

Schritt für Schritt
Gebäude zurechtrücken

Die Datei »Perspektive.jpg« zeigt ganz eindeutig, was mit stürzenden Kanten gemeint ist. In der Nähe der Kamera Befindliches ist groß und weiter Entferntes logischerweise kleiner. So auch hier. Von unten nach oben geknipst, weisen die Gebäude klare Haltungsschäden auf. Sie sind extrem zur Bildmitte hin verzerrt. Diese Schwachstellen lassen sich aber korrigieren.

Bilder/Perspektive.jpg

© Katharina Wieland Müller / pixelio.de

◀ **Abbildung 8.1**
Wie sieht das denn aus?
Da kippt gleich die gesamte
Häuserfront.

1 Ansicht optimieren

Zunächst einmal sollten Sie für eine korrekte Ansicht der Arbeitsfläche sorgen. Dazu befindet sich das Beispielfoto idealerweise direkt auf der Arbeitsfläche. Sollte es in einem schwebenden Rahmen angezeigt werden, gehen Sie in das Menü FENSTER, zeigen auf ANORDNEN und klicken anschließend auf ALLE IN REGISTERKARTEN ZUSAMMENLEGEN. Alternativ dazu ziehen Sie die Kopfleiste des schwebenden Rahmens unter die Optionsleiste. Sobald sich ein blauer Rahmen zeigt, lassen Sie los.

2 Lineale einschalten

Im nächsten Schritt geht es darum, Hilfslinien hinzuzufügen, welche die spätere Beurteilung der Ausrichtung erleichtern. Da sie sich

---

Nullpunkt ändern
Bitte klicken Sie nicht oben links auf das kleine Quadrat ❶ (siehe Abbildung 8.2), welches das horizontale und vertikale Lineal voneinander trennt. Damit lässt sich nämlich ein neuer Nullpunkt festlegen, der standardmäßig in der oberen linken Ecke des Bildes zu finden ist.

während der Ausrichtung jedoch nicht zuweisen lassen, müssen Sie sie bereits jetzt hinzufügen. Solche Hilfslinien werden übrigens nicht Bestandteil des Fotos, sondern dienen lediglich zur Ansicht. – Zunächst benötigen Sie oberhalb und links des Fotos Lineale. Sie aktivieren sie mit ⌜Strg⌟/⌜cmd⌟+⌜R⌟ oder über ANSICHT • LINEALE.

Abbildung 8.2 ▶
Oben und links des Fotos zeigen sich Lineale.

Warum kein Raster?
Anstelle von Hilfslinien könnten Sie auch ein Raster hinzufügen (ANSICHT • ANZEIGEN • RASTER). Jedoch ist dies meist sehr engmaschig und würde das Foto somit relativ stark verdecken. Man kann das Raster zwar in den Voreinstellungen definieren (BEARBEITEN/ PHOTOSHOP • VOREINSTELLUNGEN • HILFSLINIEN, RASTER UND SLICES), doch das ist in diesem Fall viel zu viel Aufwand.

3 Hilfslinien hinzufügen

Um nun eine vertikale Hilfslinie hinzuzufügen, klicken Sie irgendwo auf das linke Lineal und ziehen mit gedrückter Maustaste ins Bild hinein. Lassen Sie los, wenn Sie sich mittig über der Spitze des Obelisken befinden. Die zweite Linie positionieren Sie kurz vor dem Ende der linken Häuserreihe.

Abbildung 8.3 ▶
Um die Position der Hilfslinien besser beurteilen zu können, haben wir den Hintergrund hier ein wenig schwächer dargestellt. Das kommt im Workshop jedoch nicht zum Tragen.

4 Hintergrund umwandeln

Die Bilddatei besteht nur aus einem Hintergrund, wie das Ebenen-Bedienfeld zeigt. Ein Hintergrund kann aber nicht verzerrt werden, so dass Sie ihn zunächst in eine Ebene umwandeln müssen. Machen Sie das doch diesmal per Rechtsklick auf die Ebene im Ebenen-Bedienfeld, gefolgt von EBENE AUS HINTERGRUND, und bestätigen Sie mit OK. (Für Menü-Fans: EBENE • NEU • EBENE AUS HINTERGRUND.)

5 Arbeitsumgebung vorbereiten

Sie müssen jetzt dafür sorgen, dass sich um die Arbeitsfläche herum noch ausreichend viel Montagerahmen befindet. Das geht so: Zunächst lassen Sie das gesamte Foto anzeigen, indem Sie Strg/cmd+0 betätigen. Danach wird zweimal F auf der Tastatur gedrückt.

Alternativ dazu schalten Sie im untersten Steuerelement der Werkzeugleiste auf VOLLBILDMODUS (Maustaste zunächst gedrückt halten), gefolgt von VOLLBILDMODUS. Bestätigen Sie die Kontrollabfrage ebenfalls mit VOLLBILDMODUS.

▲ Abbildung 8.5
Jetzt sehen Sie nur noch Bild, Lineale, Hilfslinien und Montagerahmen.

Mehrere Hilfslinien
Unter ANSICHT • NEUES HILFSLINIENLAYOUT können schnell zahlreiche Hilfslinien in bestimmten Abständen eingerichtet werden – und zwar sowohl vertikal als auch horizontal.

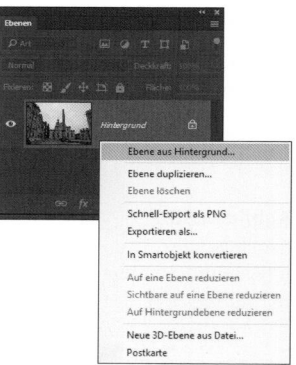

Abbildung 8.4 ▲
Der Hintergrund muss in eine Ebene konvertiert werden.

Hilfslinien verschieben
Einmal positionierte Hilfslinien können per Drag & Drop nach Wunsch verschoben werden. Das geht allerdings nur mit dem Verschieben-Werkzeug. Die richtige Position haben Sie gefunden, wenn der Mauszeiger zum Doppelpfeil mutiert.

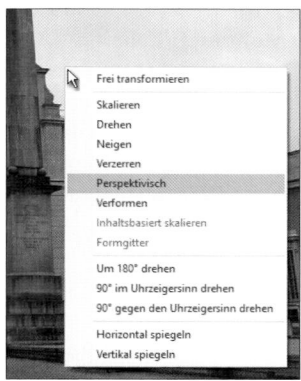

6 Transformationsart wählen

Da jetzt weder Werkzeuge noch Menüleiste sichtbar sind, geht es nur noch mit Tastaturkürzeln weiter. Dennoch sollen die Befehle nicht unerwähnt bleiben, die bei normal eingestellter Oberfläche in Anwendung gebracht würden. Außerdem ließen sich die Tools und Bedienfelder, falls gewünscht, jederzeit mit ⇆ ein- und ausblenden. Aber sei's drum. Wir machen das mit Shortcuts.

Drücken Sie [Strg]/[cmd]+[T] (BEARBEITEN • TRANSFORMIEREN), was die Anzeige eines Transformationsrahmens um das Foto zur Folge hat. Danach klicken Sie mit rechts auf das Bild und entscheiden sich für die Option PERSPEKTIVISCH (BEARBEITEN • TRANSFORMIEREN • PERSPEKTIVISCH).

7 Erste Verzerrung ausführen

Mit dieser Transformationsart werden im Gegensatz zur Transformationsart VERZERREN beide gegenüberliegenden Seiten in einem Arbeitsgang bewegt. Wenn der Auswahlrahmen sichtbar geworden ist, greifen Sie den oberen linken Anfasser des Rahmens und ziehen ihn so weit nach außen, bis Sie mit der Fassade links zufrieden sind. Hierbei unterstützt Sie ja die linke Hilfslinie.

8 Ansicht optimieren

Sollten Sie an den Bildrand gelangen, müssen Sie ein wenig auszoomen (das Bild also kleiner darstellen). Leider geht das während

eines geöffneten Verzerrungsvorgangs nicht so ohne Weiteres. Wenn Sie jedoch die Tastenkombination `Strg`/`cmd`+`-` zum Auszoomen bzw. `Strg`/`cmd`+`+` zum Einzoomen verwenden, bleibt die Verzerrung aktiv.

9 Einseitig verzerren

Auf der rechten Seite müssen Sie noch ein wenig mehr machen als links. Da Sie aber derzeit nur beide Seiten gleichzeitig ziehen können, ist ein weiterer Werkzeugwechsel erforderlich. Klicken Sie abermals mit rechts auf das Foto, und entscheiden Sie sich für Verzerren. Danach ziehen Sie die obere rechte Ecke noch minimal weiter nach rechts. (Da die Fassade links sich damit ebenfalls ein wenig neigt, müssen Sie oben links eventuell noch einmal nachkorrigieren.)

10 Verzerrung abschließen

Nun ist das Foto insgesamt gewaltig gestaucht worden. Sie sehen das gut an der Turmuhr, die mittlerweile zum Oval mutiert ist. Aus diesem Grund müssen Sie den mittleren Anfasser ganz oben noch hochziehen – und zwar beträchtlich. Stoppen Sie erst, wenn das Zifferblatt wieder schön rund ist. Dass dadurch sogar die Spitze des Obelisken verloren geht, sollte Sie aktuell nicht stören. Wenn Sie zufrieden sind, schließen Sie die Aktion mit `↵` endgültig ab.

▲ **Abbildung 8.8**
Bei dieser Aktion wird das Bild vertikal gestreckt.

11 **Optional: Ausrichtung einseitig begrenzen**

Wenn Sie einzelne Anfasser-Quadrate senkrecht verziehen, ergibt
sich möglicherweise auch eine Änderung in der Waagerechten.
Möchten Sie dies unterbinden, müssen Sie während des Verzer-
rens ⌨⇧ drücken. So lassen sich die Bilder in nur eine Richtung
ziehen.

12 **Ansicht wiederherstellen**

Klarer Fall – Sie wollen künftig nicht gänzlich auf Werkzeuge und
Menüs verzichten, oder? Betätigen Sie daher noch einmal ⌨F.
(⌨Esc geht übrigens auch.) Dann ist alles wieder wie vorher. Verkleinern Sie die Ansicht wieder, damit Sie das gesamte Foto sehen
können.

13 **Arbeitsfläche erweitern**

Durch die Verzerrung sind viele Details am Bildrand verloren gegangen. Unser letzter Schritt ist daher das Erweitern der
Arbeitsfläche. Sie wissen ja, dass auch der außerhalb des Bildes
liegende Bereich nicht verloren ist. Machen Sie ihn über BILD •
ALLES EINBLENDEN komplett sichtbar.

Abbildung 8.9 ▶
Da ist ja der Rest des Bildes.

14 **Bild freistellen**

Der Rest wäre eine normale Freistellung ⌨C, die ja mittlerweile
Routine sein dürfte. Versuchen Sie auf diese Weise, die überflüs-

sigen Ränder zu entfernen. Aus ästhetischen Gründen wäre es zudem interessant, wenn Sie den Rest des Daches auf der rechten Seite sowie ein Stück des Himmels ebenfalls abschneiden würden. Die Hilfslinien werden Sie los, indem Sie ANSICHT • HILFSLINIEN LÖSCHEN einstellen. Wer auch die Lineale anschließend nicht mehr haben möchte, betätigt abermals $\boxed{\text{Strg}}$/$\boxed{\text{cmd}}$+$\boxed{\text{R}}$.

◀ **Abbildung 8.10**
Alles wieder im Lot

Perspektive automatisch korrigieren

Photoshop kommt mit einigen interessanten Features daher, die im Zusammenhang mit der Objektivkorrektur stehen. Diese müssen Sie unbedingt kennenlernen. Sie lernen auch gleich den Camera-Raw-Dialog kennen. Außerdem erfahren Sie, wie Sie auch Nicht-Raw-Fotos dort bearbeiten können. Nein, wir wollen dem folgenden Kapitel nicht vorgreifen. Vielmehr wollen wir uns lediglich der Raw-Oberfläche bedienen. Es ist also kein Versehen, dass dieser Workshop hier gelandet ist.

Schritt für Schritt
Linien im Raw-Dialog korrigieren

Im Beispielfoto sind extreme Verzerrungen auszumachen. Deren Korrektur stellt schon eine kleine Herausforderung dar. Dabei hilft uns einmal mehr der Filter-Dialog weiter.

Bilder/Weitwinkel.jpg

Abbildung 8.11 ▶
Du liebe Zeit, was für eine
grässliche Verzerrung

© Robert Klaßen

1 Für Smartfilter vorbereiten

Zunächst sollte eine Umwandlung in eine Smartobjekt-Ebene erfolgen. Sie wissen ja längst, dass das nicht zwingend erforderlich ist, dadurch jedoch eine jederzeitige Korrektur auf Basis des Originals möglich wird. Wählen Sie also FILTER • FÜR SMARTFILTER KONVERTIEREN, und bestätigen Sie die Kontrollabfrage mit OK.

Hinweis deaktivieren
Wenn dieser Dialog fortan ausbleiben soll, dürfen Sie vor dem Klick auf OK auch die Checkbox NICHT WIEDER ANZEIGEN aktivieren.

Abbildung 8.12 ▶
Sie müssen bestätigen, dass die Konvertierung stattfinden soll.

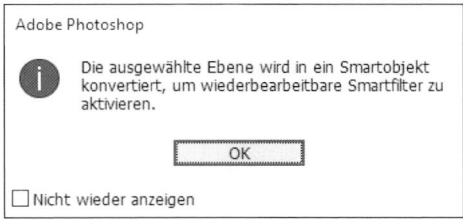

2 Automatisch korrigieren

Im Segment OBJEKTIVKORREKTUREN des Filter-Menüs finden Sie nun zwei Registerkarten (AUTO-KORREKTUR und BENUTZERDEFINIERT). Während Sie mit der Auto-Korrektur vor allem dann gute Ergebnisse erzielen, wenn Ihnen das verwendete Objektiv bekannt ist und Sie sich bei der Korrektur zudem auf Photoshop verlassen wollen, gelingt die geometrische Korrektur im Register BENUTZERDEFINIERT individuell mit Steuerelementen. Dieses Register soll jetzt aktiviert werden.

▲ **Abbildung 8.13**
Entscheiden Sie sich für die benutzerdefinierte Objektivkorrektur.

3 Verzerrung entfernen

Während Sie mit CHROMATISCHE ABERRATION und VIGNETTE vor allem auf Farb- und Helligkeitsprobleme reagieren können (siehe Kasten auf Seite 316), gelingt die geometrische Korrektur mit den Steuerelementen der Bereiche GEOMETRISCHE VERZERRUNG und TRANSFORMIEREN. Beginnen wir mit der geometrischen Verzerrung. Deren Regler ziehen Sie vorsichtig nach links bis auf etwa −3,00. Nun kann man mit dem Ergebnis schon ganz zufrieden sein, muss man aber nicht. Denn bei genauem Hinsehen wird deutlich, dass die Vertikalen keineswegs optimal sind. Am Bildrand fällt auf, dass das Foto immer noch trapezförmig zuläuft.

4 Raster einblenden

Schalten Sie einmal das Hilfsraster ein, indem Sie ganz unten in der Fußleiste des Fensters die Checkbox RASTER EINBLENDEN aktivieren. Mit dem nebenstehenden Schieberegler können Sie die Rastergröße anschließend noch verändern. Ziehen Sie diesen Regler etwas nach rechts, damit das Raster ein wenig grobmaschiger wird. Streben Sie einen Wert von etwa 70 an.

Chromatische Aberration und Vignettierung
Bei der Objektivkorrektur ist unter anderem von chromatischer Aberration die Rede. Dazu müssen Sie wissen: Das auf den Kamera-Chip fallende Licht unterschiedlicher Wellenlänge (= unterschiedlicher Farbe) wird in der Linse auch unterschiedlich stark gebrochen. Dadurch kann es zu unerwünschten Fehlinformationen kommen, die sich in Form von Unschärfen, Verzerrungen oder Farbsäumen entlang farblich voneinander kontrastierender Kanten zeigen.
Bei der Vignettierung handelt es sich um Helligkeitsunterschiede in den Bildecken (meist Abdunkelungen), die mit Anwahl der gleichnamigen Checkbox ausgeglichen werden können.

5 Bild transformieren

Um der trapezförmigen Verzerrung entgegenzuwirken, ziehen Sie nun den Regler VERTIKALE PERSPEKTIVE etwas nach links (bis ca. −23). Kurzzeitig sollten Sie auch einmal SKALIEREN auf etwa 80 % ziehen. Das ist zwar dem Ergebnis nicht gerade zuträglich, da dann die transparenten Seiten sichtbar werden, verdeutlicht jedoch ziemlich gut, was bei der Transformation passiert. Durch das Kippen des Bildes wird dessen rechter Winkel verworfen. (Wie sonst ließe sich die Verzerrung beseitigen?)

▲ **Abbildung 8.14**
Das Foto wird gekippt.

6 Bild skalieren

Am Ende ziehen Sie den zuletzt erwähnten Regler wieder auf 100 %, damit die Ränder wieder verschwinden. Klicken Sie auf OK, und beenden Sie die Aktion damit. Das Ergebnis finden Sie unter »Weitwinkel-bearbeitet.jpg«.

Abbildung 8.15 ▶
Das Mauerwerk macht einen besseren Eindruck als zuvor.

Schritt für Schritt
Objektivkorrektur im Raw-Dialog durchführen

In diesem Workshop soll das Foto nicht (wie im vorangegangenen) über die Objektivkorrektur, sondern mittels Camera-Raw-Modul korrigiert werden. Nun werden Sie einwenden, dass es sich ja beim Beispielfoto gar nicht um eine Raw-Datei handelt. »Egal«, sagen wir da, denn auch Nicht-Raw-Fotos können durchaus an den Rohdaten-Dialog weitergeleitet werden.

Bilder/Objektiv.jpg

© Robert Klaßen

▲ **Abbildung 8.16**
Das Motiv wirkt fast schon surrealistisch – so stark sind die Verzerrungen.

1 Raw-Dialog öffnen
Im Foto fällt auf, dass die Linien, die eigentlich gerade sein sollten, unnatürlich stark nach innen gebogen sind. Das soll ausgeglichen werden. Das vorherige Konvertieren in ein Smartobjekt wollen wir uns diesmal sparen. Beginnen Sie gleich mit der Übergabe des Fotos. Dazu wählen Sie CAMERA RAW-FILTER im Menü FILTER.

2 Objektivkorrekturen einschalten
Nun befinden Sie sich bereits mitten im Raw-Dialog, dessen Möglichkeiten in Kapitel 9 vertieft werden. Hier belassen wir es bei der OBJEKTIVKORREKTUR, weshalb Sie den gleichnamigen Schalter in der rechten Spalte betätigen sollten.

Verzerrungen
Wenn sich die Linien nach innen verbiegen, spricht man von einer *Kissenverzerrung* (siehe Beispielfoto). Wirkt das Motiv hingegen bauchig mit nach außen gewölbten Linien, haben Sie es mit einer *Tonnenverzerrung* zu tun.

Abbildung 8.17 ►
Objektivkorrektur
im Raw-Dialog

3   Verzerrung korrigieren

Um der kissenförmigen Verzerrung entgegenzuwirken, müssen Sie den Regler STÄRKE im Bereich VERZERRUNG ein gutes Stück nach links ziehen. Streben Sie einen Wert von etwa −32 an. Das sieht doch schon besser aus, oder? Fertig. Sie dürfen auf OK klicken.

Abbildung 8.18 ►
Die kissenförmige Verzerrung
gehört der Vergangenheit an.

8.2   Verformen

Sie haben bereits Fotos gebogen, ausgerichtet und zurechtgerückt. In Kapitel 7 haben Sie sogar bereits Gelegenheit gehabt,

ein Gesicht zu verformen. Daher kennen Sie ja den Verflüssigen-Dialog bereits. Jetzt ist es an der Zeit, mit seiner Hilfe noch individuellere Verformungen vorzunehmen.

Formgitter

Zunächst müssen Sie das Formgitter kennenlernen. Damit können Sie Ihre Fotos im wahrsten Sinne des Wortes »zurechtbiegen«. Und das haben wir doch schon immer gewollt, oder? – Aber damit noch nicht genug, werden Sie in den folgenden beiden Workshops noch eine Fülle von weiteren Informationen erhalten: Sie werden die Kante verbessern, erfahren in der Praxis, was es mit Smart-radius & Co. auf sich hat, und werden zudem noch Unschärfen korrigieren und Objekte verflüssigen. Auf geht's…

Schritt für Schritt
Einen Körper verbiegen I (Vorbereitungen)

Bevor Sie loslegen, noch ein Hinweis: Sollten Sie keine Lust auf die hier zunächst beschriebenen Vorbereitungen haben, können Sie gleich zum nächsten Workshop auf Seite 324 springen. Dort geht es dann nur um die eigentliche Verbiegung. – Wenn Sie jedoch von Anfang an mitmachen wollen, dann sind Sie hier genau richtig. Öffnen Sie die Beispieldatei »Marionette.tif«. Wir wollen der Dame auf dem Foto einige Leibesübungen zuteilwerden lassen. Das ist auch gut für den Rücken.

Bilder/Marionette.tif

Im ersten Teil werden wir dafür sorgen, dass Vorder- und Hintergrund voneinander getrennt werden. Das ermöglicht das Drehen des Körpers vor dem weißen Hintergrund. Das Formgitter funktioniert nämlich nur bei Ebenen, allerdings nicht bei Hintergründen.

1 Auswahl erzeugen

Zwar ließe sich die Auswahl auch mittels Auswahl • Motiv aufnehmen, jedoch wollen wir diesmal einen anderen Weg gehen. Da der Hintergrund ebenmäßig weiß ist, bietet es sich nämlich geradezu an, diesen aufzunehmen. Aktivieren Sie das Zauberstab-Werkzeug. Sorgen Sie dafür, dass die Toleranz auf etwa 24 und

der AUFNAHMEBEREICH bei 5 × 5 steht, und aktivieren Sie zudem BENACHBART. Jetzt klicken Sie einmal auf den weißen Hintergrund. Nun fehlen noch die Bereiche zwischen den Armen. Deshalb ist es jetzt erforderlich, auf DER AUSWAHL HINZUFÜGEN zu klicken, ehe Sie die beiden weißen Bereiche, die noch fehlen, mit jeweils einem Mausklick selektieren.

Abbildung 8.19 ▸
Die junge Dame wird sogleich
verbogen!

© Studio-54 / fotolia.com

▲ Abbildung 8.20
Vor dem zweiten Mausklick
muss das Werkzeug neu eingestellt werden.

Zuletzt drücken Sie $\boxed{\text{Strg}}$/$\boxed{\text{cmd}}$+$\boxed{\text{⇧}}$+$\boxed{\text{I}}$ oder entscheiden sich im Menü für AUSWAHL • AUSWAHL UMKEHREN, damit statt des Hintergrunds die Person gewählt ist.

Abbildung 8.21 ▸
Die Auswahllinien sitzen
schon recht gut.

2 Kante auswählen und maskieren

Betätigen Sie jetzt die Schaltfläche AUSWÄHLEN UND MASKIEREN in der Optionsleiste. Öffnen Sie doch einmal das oberste Pulldown-Menü (das mit der Bildminiatur), und entscheiden Sie sich hier für SCHWARZWEISS. Alternativ drücken Sie K.

◀ Abbildung 8.22
Im Foto sollte es jetzt nur noch Schwarzweiß geben.

▲ Abbildung 8.23
Photoshop kommt mit einer Fülle von Ansichten daher.

3 Smartradius anzeigen

Führen Sie nacheinander folgende Schritte durch: Auf einen Bereich innerhalb des Dialogs, jedoch außerhalb der soeben geöffneten Tafel klicken, J drücken oder Checkbox KANTE ANZEIGEN ❶ aktivieren – Checkbox SMARTRADIUS ❸ aktivieren (dazu muss vorab die Liste KANTENERKENNUNG geöffnet werden) – den dazugehörigen Schieberegler ❷ auf 1 ziehen.

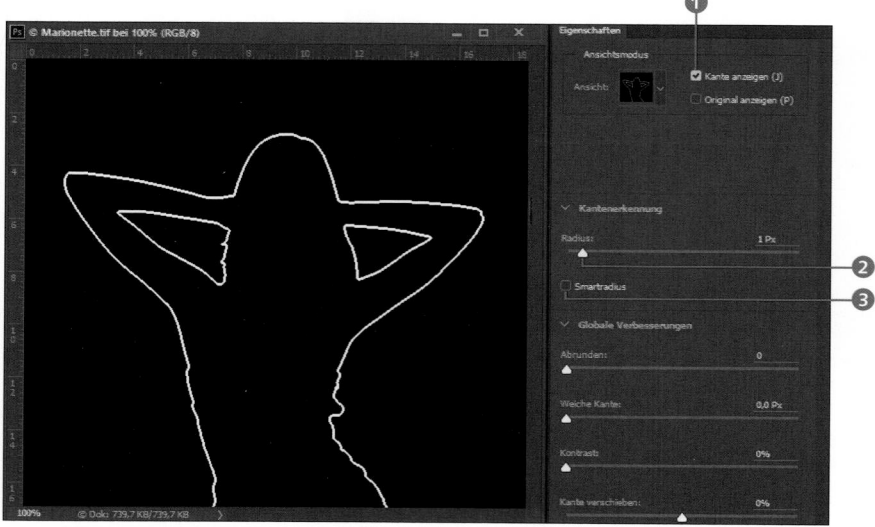

◀ Abbildung 8.24
Im Foto stellt sich der Radius als Outline dar.

321

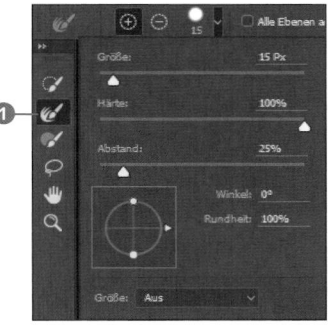

▲ **Abbildung 8.25**
Die Spitze sollte nicht zu
groß sein.

Bereiche entfernen
Feine Bereiche lassen sich
editieren, indem Sie zu-
nächst in der Optionsleiste auf das Minus-Symbol
umschalten. Wenn Sie
die Kontur jetzt erneut
übermalen, werden feine
Bereiche wieder aus der
Auswahl herausgenom-
men.

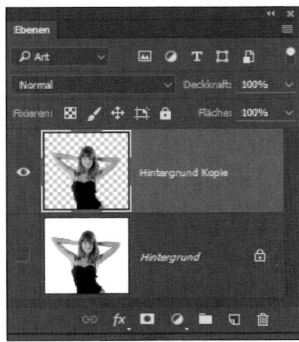

▲ **Abbildung 8.27**
Der Auswahlbereich befindet
sich auf einer eigenen Ebene.
Die darunter befindliche ist
ausgeblendet.

4 Auswahl optimieren

Damit Sie nun besser sehen können, an welchen Stellen die Maske
eventuell noch nachgearbeitet werden muss, empfiehlt es sich,
zunächst den Radius wieder auszublenden (oberste Checkbox
oder J drücken). Aktivieren Sie zudem das Kante-verbessern-
Pinselwerkzeug ❶ (was für ein Name). Damit können Sie jetzt
über den ausgewählten (weißen) Bereich wischen, wobei Sie ruhigen Gewissens auch den schwarzen Hintergrund berühren dürfen.
Dadurch werden auch feinere Details, z. B. die Haare, besser vom
Hintergrund getrennt. Entscheiden Sie sich in der Optionsleiste
zuvor für eine GRÖSSE von etwa 15.

5 Aufnahme kontrollieren

Die Aufnahmebereiche lassen sich in der Schwarzweiß-Ansicht
nicht immer zuverlässig beurteilen. Deswegen ist es vor dem
nächsten Schritt sinnvoll, den Ansichtsmodus AUF SCHWARZ B
zu wählen. Sollten Sie feststellen, dass Bereiche des Models nicht
oder nur unvollständig sichtbar sind, befolgen Sie bitte die Anwei-
sungen im Kasten.

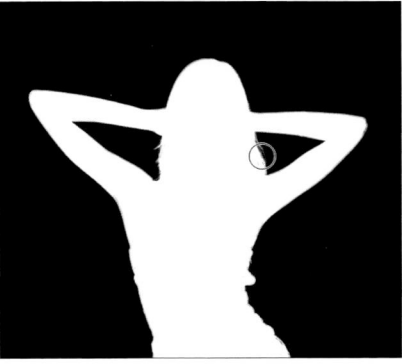

◀ **Abbildung 8.26**
Verbessern Sie die Details
im Foto.

6 Ausgabe festlegen

Bevor Sie nun mit OK bestätigen, aktivieren Sie bitte die Checkbox
FARBEN DEKONTAMINIEREN in den AUSGABEEINSTELLUNGEN. Schalten Sie zudem das darunter befindliche Pulldown-Menü AUS-
GABE IN um auf NEUE EBENE. Das sorgt dann dafür, dass sämtliche
Bereiche, die sich zuvor innerhalb der Auswahl befunden haben,
anschließend auf einer eigenen Ebene platziert werden. Zudem
wird der Hintergrund automatisch ausgeblendet. Bestätigen Sie

mit OK, und achten Sie in diesem Zusammenhang bitte auch auf das Ebenen-Bedienfeld.

◄ **Abbildung 8.28**
Der Hintergrund ist komplett verschwunden.

▼ **Abbildung 8.29**
Die Farben am Rand werden dekontaminiert.

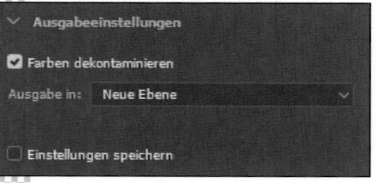

7 Hintergrund füllen

Bevor es nun an die eigentliche Verkrümmung geht, müssen wir noch einen letzten Schritt erledigen. Immerhin befindet sich die Person nicht nur auf der oberen Ebene, sondern zusätzlich immer noch auf dem Hintergrund. Würden wir die obere Ebene anschließend verbiegen, käme der Körper auf der unteren zum Vorschein. Damit das nicht passiert, deaktivieren Sie zunächst das Augen-Symbol der obersten Ebene. Aktivieren Sie anschließend das Augen-Symbol der Hintergrundebene. Klicken Sie auf die Hintergrundminiatur, damit sie ausgewählt wird. Entscheiden Sie sich im Menü für BEARBEITEN • FLÄCHE FÜLLEN, und stellen Sie im Pulldown-Menü INHALT den Listeneintrag WEISS ein, ehe Sie mit OK bestätigen. Der MISCHMODUS muss zudem auf NORMAL und die DECKKRAFT auf 100% stehen. Zuletzt wählen Sie die oberste Ebene per Mausklick aus und aktivieren auch das dazugehörige Augen-Symbol wieder.

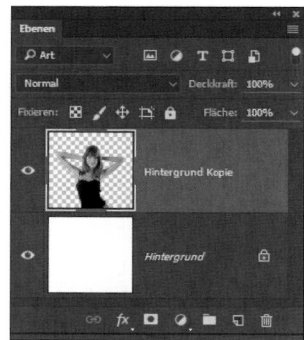

▲ **Abbildung 8.30**
Die oberste Ebene ist aktiv, während die untere komplett weiß ist.

Bilder/Ergebnisse/
Marionette-Teil1.tif

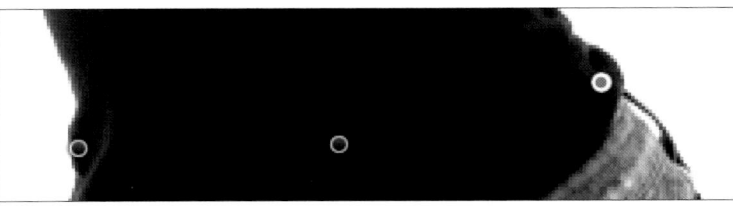

▲ **Abbildung 8.31**
Etwas seltsam sieht das schon
aus.

Abbildung 8.32 ▶
Die Punkte bilden eine
»schützende« Achse.

Schritt für Schritt
Einen Körper verbiegen II

So viel zu den Vorbereitungen. Jetzt können wir uns der Verkrümmung widmen. Wer den vorangegangenen Workshop nicht erledigt hat, kann jetzt im ERGEBNISSE-Ordner auf die Datei »Mario-
nette-Teil1.tif« zurückgreifen. Was für ein Service, gell?

1 Formgitter deaktivieren
Es ist ganz besonders wichtig, dass jetzt die oberste Ebene aktiviert ist (ansonsten funktioniert dieser Schritt nicht). Gehen Sie in
das Menü BEARBEITEN, und entscheiden Sie sich dort für FORM-
GITTER.

Wenn Sie diesen Befehl erstmals aktivieren, werden Sie ein Gitternetz vorfinden, das sich über den gesamten Inhalt der obersten Ebene erstreckt. Dieses Gitternetz ist jedoch nicht erforderlich, weshalb Sie die Checkbox FORMGITTER in der Optionsleiste
deaktivieren sollten.

2 Fixpunkte setzen
Sie müssen jetzt Gelenkpunkte hinzufügen, an denen eine Verbiegung bzw. Verkrümmung ermöglicht werden soll. Klicken Sie
deshalb zunächst einmal mit dem Werkzeug auf den Bauchnabel
der Frau. Das ist unser erster Fixpunkt. Platzieren Sie nun zwei
weitere Punkte links und rechts daneben – und zwar ziemlich weit
an der Außenkante der Kleidung. Diese drei Punkte bilden eine
Linie, die dafür sorgt, dass sich diese Achse nicht verformen kann.
Was es damit auf sich hat, wird gleich deutlicher.

3 Drehpunkt hinzufügen
Als Nächstes wird der Punkt platziert, um den sich das Objekt verbiegen soll. Setzen Sie ihn oberhalb des derzeit mittleren Punktes

an, und zwar auf den Solarplexus des Models. Keine Angst! Das
tut gar nicht weh. Orientieren Sie sich an der Abbildung.

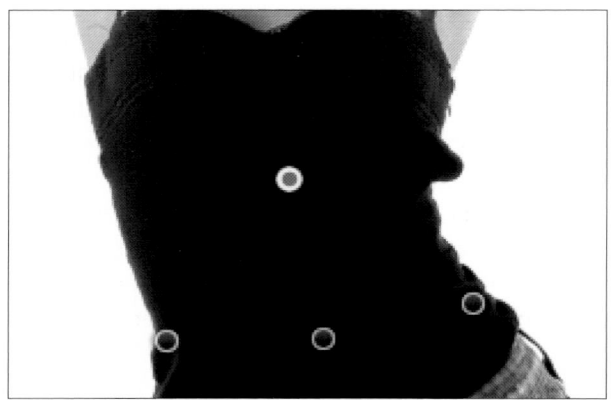

◄ **Abbildung 8.33**
Der oberste Punkt wird im
wahrsten Sinne des Wortes
Dreh- und Angelpunkt.

4 Ziehpunkt setzen
Zuletzt platzieren Sie einen Punkt auf den Hals (etwa in Höhe des
Kettchens). Achten Sie darauf, den Punkt wirklich auf die Haut zu
setzen und nicht etwa auf die Haare, die den Hals an dieser Stelle
teilweise verdecken.

◄ **Abbildung 8.34**
Alle Punkte sind gesetzt.

5 Person verkrümmen

Die Verkrümmung nehmen Sie jetzt folgendermaßen vor: Klicken Sie den zuletzt gesetzten Punkt noch einmal an, und schieben Sie diesen Punkt weit nach links sowie ein wenig nach unten.

Stoppen Sie, wenn Sie eine Position erreicht haben, die der folgenden Abbildung nahekommt. Dass der rechte Ellenbogen des Mädchens nun aus dem Bild hinausläuft, soll uns zum gegenwärtigen Zeitpunkt nicht ernsthaft belasten.

Abbildung 8.35 ▸
Neigen Sie den Körper nach links.

6 Verkrümmung korrigieren

Trotz der drei zuerst platzierten Fixpunkte ist die Hüfte ein wenig nach oben gewandert. Korrigieren Sie das, indem Sie den mittleren und den rechten Punkt vorsichtig nach unten ziehen. Wenn kein weißer Hintergrund mehr vorhanden ist, sind Sie am Ziel. Anschließend betätigen Sie ⏎ oder klicken auf das Häkchen in der Optionsleiste.

7 Alles einblenden

Da der Ellenbogen derzeit nicht sichtbar ist, gehen Sie auf BILD • ALLES EINBLENDEN. Sollte der rechte Arm des Mädchens jetzt etwas zu lang erscheinen, schieben Sie ihn ganz einfach zurück. Dazu wählen Sie abermals BEARBEITEN • FORMGITTER und platzieren zunächst zwei Punkte auf Achsel und Handgelenk. Einen dritten setzen Sie auf den Ellenbogen. Diesen schieben Sie dann etwas nach rechts.

◄ **Abbildung 8.36**
Die letzte Verformung findet
am Ellenbogen statt.

8 Foto freistellen

Am Schluss müssen Sie erneut mit ⏎ bestätigen. Da durch die
komplette Einblendung nun am unteren Rand weiße Bereiche
sichtbar geworden sind, müssen Sie das Bild freistellen und diesen Bereich abschneiden. Entfernen Sie oben und rechts ebenfalls einen Teil. Vielleicht versuchen Sie, dabei den Grundlagen der
Drittelregel zu entsprechen.

◄ **Abbildung 8.37**
So erreichen Sie eine opti-
male Bildaufteilung.

9 Ebene scharfzeichnen

Sicher hat das Foto insgesamt an Schärfe eingebüßt. Kein Wun-
der – bei diesen drastischen Verzerrungen. Dem lässt sich jedoch
entgegenwirken, indem Sie FILTER • SCHARFZEICHNUNGSFILTER •
SELEKTIVER SCHARFZEICHNER wählen. Im Folgedialog entscheiden
Sie sich für die (vorgegebene) STÄRKE von etwa 200% und einen
RADIUS von 1,0. Das Rauschen (also das Auftreten von Kornbil-

dung in ebenmäßigen Flächen) ließe sich reduzieren. Aber das kommt hier nicht zum Tragen. Belassen Sie es also bei 10 % und im Bereich VERRINGERN bei OBJEKTIVUNSCHÄRFE. Verlassen Sie den Dialog mit OK.

Abbildung 8.38 ►
Der selektive Scharfzeichner fördert schon in der Grundeinstellung eine zufriedenstellende Schärfung zutage.

10 Verflüssigen

Schauen Sie sich einmal die linke (von Ihnen aus rechte) Kontur des Mädchens an. Da stippt noch eine Stelle aus der Bekleidung, die bei der neuen Körperhaltung eigentlich unrealistisch ist. Diese Stelle soll nachbearbeitet werden. Dazu stellen Sie FILTER • VERFLÜSSIGEN ein. (Da wir sicher sein können, dass wir die Korrektur nicht noch einmal anwenden müssen, verzichten wir auch hier auf die vorherige Produktion einer Smartfilter-Ebene.)

Vergrößern Sie die Ansicht zunächst, indem Sie mit dem Zoom-Werkzeug ⃞Z⃞ mehrfach auf das Bild klicken. Danach stellen Sie auf das Mitziehen-Werkzeug ⃞W⃞ um und geben die PINSELGRÖSSE mit ca. 35 an. Schieben Sie den überstehenden Stoff schrittweise zurück ❶. Sie sollten das nicht in einem Arbeitsgang, sondern lieber in mehreren kleinen Schiebebewegungen versuchen. Auch hier bestätigen Sie am Schluss mit OK.

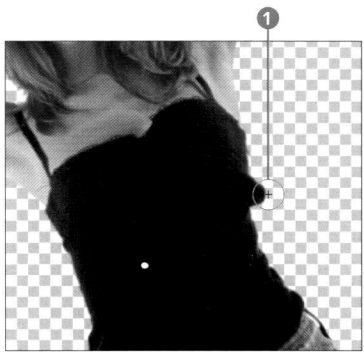

Abbildung 8.39 ►
Der überstehende Stoff (links) wird ganz einfach zurückgeschoben, bis er nicht mehr sichtbar ist (rechts).

Haben Sie eine Vorstellung davon, wie die Profis mit dem »Hüft-
gold« der Prominenz umgehen? Genauso werden nämlich kleine
bis mittlere Rettungsreifen und sonstige »Silhouetten-Unebenhei-
ten« bearbeitet. Es ist eben nichts, wie es scheint – Photoshop
sei Dank. Bevor Sie das Ergebnis speichern, sollten Sie das Foto
über das Menü EBENE noch AUF HINTERGRUNDEBENE REDUZIEREN.
Das »Beweisfoto« im ERGEBNISSE-Ordner ist zur besseren Ansicht
jedoch ebenenbasiert geblieben.

◄ **Abbildung 8.40**
Der Vorher-Nachher-Vergleich

Formgitter in der Übersicht

Nachdem Sie BEARBEITEN • FORMGITTER angewählt haben, sollten
Sie einen Blick auf die Optionsleiste werfen. Dort stehen nämlich noch einige Einstellmöglichkeiten bereit, die einer Erwähnung
wert sind.

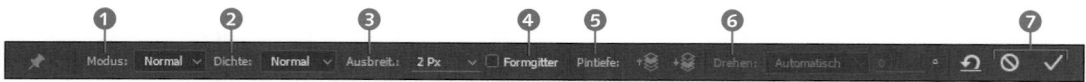

▲ **Abbildung 8.41**
Die Optionsleiste des
Formgitters

❶ MODUS: Dieses Steuerelement nimmt Einfluss auf die Art der
Biegung. Damit ist die Elastizität des Verkrümmungsgitters
(GITTER EINBL.) gemeint. STARR führt eine starre Biegung aus,
während NORMAL für eine weichere, rundlichere Kurve sorgt.
VERZERREN erzeugt eine recht freizügige Verformung. Im
Bereich der Endpunkte wird der Körper dadurch aufgebläht.

❷ DICHTE: Die Funktion ist bei eingeschaltetem Gitter sehr viel besser nachzuvollziehen. Das Formgitter wird dichter (die Abstände der Gitterpunkte kleiner), wenn Sie MEHR PUNKTE aktivieren. Die Umkehrwirkung, also größere Maschen, wird mit WENIGER PUNKTE erzielt.

❸ AUSBREIT.: Mit der Option AUSBREITUNG lassen sich die Außenkanten des Gitters zusammenziehen (kleiner Wert) oder nach außen dehnen (größerer Wert).

❹ FORMGITTER: Diese Checkbox macht das Verkrümmungsgitter sichtbar bzw. unsichtbar.

❺ PINTIEFE: Diese beiden Steuerelemente kommen generell dann zum Einsatz, wenn Gitterteile durch Verschiebung einzelner Pins übereinanderliegen. Mit dem linken Button werden verdeckte Maschen nach oben gestellt (Button mehrmals betätigen). Der rechte Button hingegen bewegt die Maschen Stück für Stück nach unten.

❻ DREHEN: Diese Steuerelemente werden interessant, wenn Sie beabsichtigen, Maschen des Gitters rund um einen Pin zu verdrehen. Sie erreichen so besonders enge Biegungen. Sie können so etwas aber auch wesentlich komfortabler direkt auf dem Foto machen. Dazu müssen Sie ⌐Alt⌐ gedrückt halten und ein wenig neben den Pin klicken. Ein Drehkreis verdeutlicht, wo Sie anfassen müssen. Doch Vorsicht: Wenn Sie während dieser Aktion versehentlich auf den Pin klicken, wird er gelöscht! Halten Sie also stets ein wenig Abstand.

❼ BESTÄTIGEN oder VERWERFEN: Die drei kleinen Steuerelemente ganz rechts sind nur dann zu sehen, wenn Sie sich in einer aktiven Verkrümmung befinden. Mit dem linken Button entfernen Sie alle zuvor platzierten Punkte, wobei der Verkrümmungsvorgang geöffnet bleibt. Betätigen Sie das Halt-Symbol oder drücken ⌐Esc⌐, wird die aktuelle Marionettenverkrümmung abgebrochen. Um den Verkrümmungsvorgang zu bestätigen, klicken Sie auf das Häkchen oder drücken ⌐↵⌐.

Verflüssigen

Im vorangegangenen Workshop haben Sie die Verflüssigen-Funktionen bereits kurz kennengelernt. Nun wollen wir darauf etwas genauer eingehen, denn damit sind Sie in der Lage, Bilder im

wahrsten Sinne des Wortes zu verformen und Pixel zu modellieren. Schieben und ziehen Sie die Bildinhalte in Form, und legen Sie in Sachen Gestaltung noch einen Schritt zu.

Schritt für Schritt
Am Anfang war das Feuer – brennende Buchstaben

In diesem Workshop setzen Sie Ihre Lettern unter Feuer! Sie benötigen keine Beispieldateien, sondern werden das Bild komplett in Photoshop erzeugen. Falls Sie mit der Erstellung von Texten lieber warten, bis das Text-Kapitel an der Reihe ist, benutzen Sie jetzt die Datei »Feuer.tif« als Ausgangsmaterial. Dort sind die ersten Schritte schon vorbereitet. Fahren Sie in diesem Fall mit Schritt 5, »Ebene duplizieren«, fort.

Bilder/Feuer.tif

1 Farben einstellen
Drücken Sie zunächst D, um die Standardfarben für Vordergrund und Hintergrund einzustellen (Schwarz und Weiß). Danach drücken Sie X, um beide Farben miteinander zu vertauschen (Schwarz im Hintergrund).

2 Datei erstellen
Erzeugen Sie eine neue Datei, und legen Sie eine BREITE von 800 und eine HÖHE von 600 Pixeln mit der AUFLÖSUNG 72 Pixel/Zoll an. Der HINTERGRUNDINHALT soll weiß sein.

> **Ebeneninhalte umkehren**
> Sollten Sie zuvor Schwarz und Weiß nicht miteinander vertauscht haben, lässt sich das mit einer Tastenkombination ruck, zuck nachholen. Mit Strg/cmd+I wandeln Sie schwarze Inhalte einer Ebene in weiße und weiße in schwarze um.

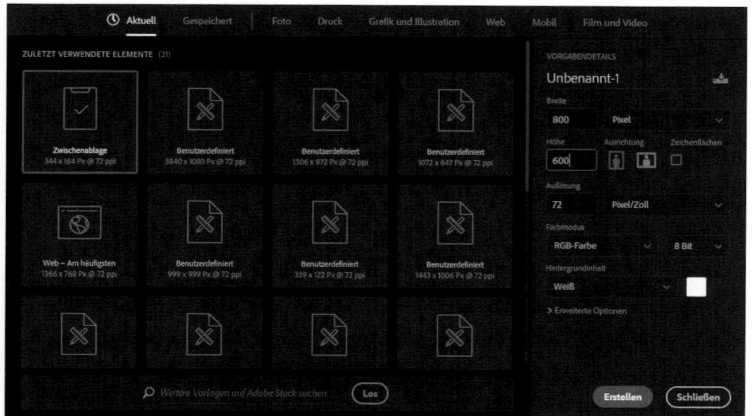

◀ **Abbildung 8.42**
Verwenden Sie diese Einstellungen, um die neue Datei anzulegen.

3 Ebene umwandeln

Wandeln Sie den Hintergrund in eine Ebene um (Doppelklick auf die Ebene im Ebenen-Bedienfeld, gefolgt von OK).

4 Text eingeben

Danach wechseln Sie auf das horizontale Text-Werkzeug ⊤, stellen Weiß als Schriftfarbe ein und schreiben »FEUER«. Wählen Sie eine Serifen-Schrift wie Times New Roman in ca. 180 pt. Drücken Sie, nachdem Sie mit ↵ bestätigt haben, auf Ihrer Tastatur ⓥ, und platzieren Sie den Text in der Bildmitte.

Abbildung 8.43 ►
So sieht die Datei »Feuer.tif« aus.

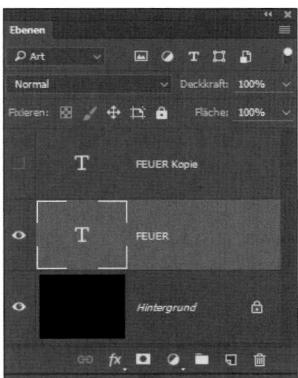

▲ **Abbildung 8.44**
Die mittlere Ebene muss markiert werden.

5 Ebene duplizieren

Anschließend duplizieren Sie die Textebene (Strg/cmd+J), schalten die oberste Ebene über das Augen-Symbol des Ebenen-Bedienfelds aus und markieren die darunter befindliche Ebene.

6 Arbeitsfläche drehen

Nun muss die Arbeitsfläche um 90° gedreht werden. Wählen Sie BILD • BILDDREHUNG • 90° IM UHRZEIGERSINN. Warum das? Sind Sie damit einverstanden, dass ich die Erklärung für diesen Schritt nachliefere?

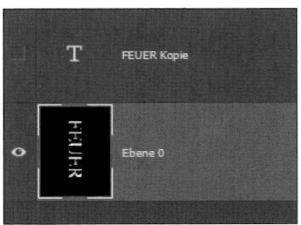

▲ **Abbildung 8.45**
Die untere Textebene ist mit dem schwarzen Hintergrund verschmolzen.

7 Ebene reduzieren

Reduzieren Sie diese Textebene, indem Sie im Bedienfeldmenü des Ebenen-Bedienfelds den Eintrag MIT DARUNTER LIEGENDER AUF EINE EBENE REDUZIEREN (alternativ: Strg/cmd+E) wählen. Damit ersparen Sie sich auch das Rastern des Textes. Was aber viel entscheidender für diesen Schritt ist: Wir benötigen auch jen-

seits der Schrift die schwarzen Pixel der untersten Ebene, um den folgenden Filter wirkungsvoll anbringen zu können.

8 Windeffekt-Filter anwenden

Ohne Sauerstoff gibt es kein Feuer! Sorgen wir also für ausreichend Luft. Stellen Sie FILTER • STILISIERUNGSFILTER • WINDEFFEKT ein. Kontrollieren Sie, ob die METHODE: WIND und die RICHTUNG mit LINKS angegeben ist. Falls nicht, ändern Sie das entsprechend.

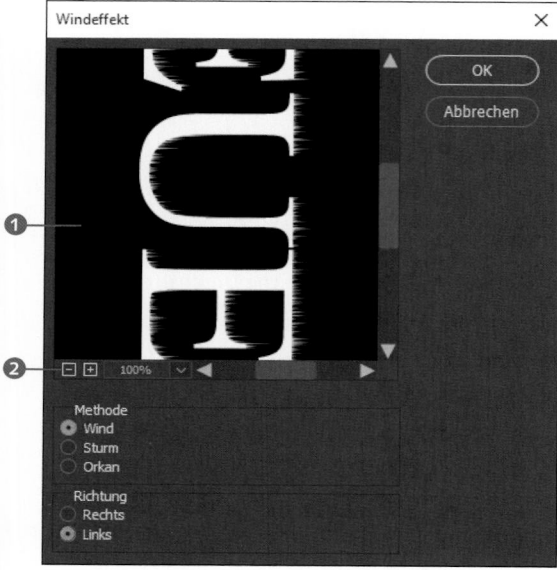

▲ **Abbildung 8.46**
Ganz schön windig – einer der zahlreichen Photoshop-Effekte

Das einmalige Zuweisen des Effekts ist aber noch nicht genug. Wiederholen Sie den Windeffekt noch dreimal. Das geht am schnellsten, indem Sie [Strg]/[cmd]+[F] betätigen – und zwar genau dreimal. Diese Tastenkombination wiederholt nämlich stets den zuletzt verwendeten Filter.

Danach wählen Sie BILD • BILDDREHUNG • 90° GEGEN UZS aus, und das Bild ist wieder korrekt eingestellt. – Ach ja: Ich schulde Ihnen ja noch die Erklärung für das Drehen der Arbeitsfläche. Aber sicher wissen Sie es schon: Der Windeffekt lässt sich ausschließlich in horizontaler Richtung anwenden. Dies machte das vorherige Drehen der Textebene erforderlich.

Alternative zur Reduzierung
Es soll nicht verschwiegen werden, dass SICHTBARE AUF EINE EBENE REDUZIEREN (bzw. [Strg]/[cmd]+[⇧]+[E]) das gleiche Ergebnis brächte, da die oberste Ebene ja ausgeblendet ist. Einziger Unterschied: Die Ebene trüge dann nicht mehr den Namen »Ebene 0«, sondern »Feuer«.

Miniatur skalieren
Oben im Dialogfenster ist eine Miniatur der Bildebene zu sehen. Dort können Sie die Wirkungsweise des Effekts begutachten. Falls gewünscht, skalieren Sie die Ansicht ❶ mit Hilfe der unterhalb befindlichen Tasten [+] und [-] ❷. Skalierte Ausschnitte lassen sich per Drag & Drop verschieben. Stellen Sie den Mauszeiger dazu auf die Miniatur.

9 Weichzeichnen

Im nächsten Schritt soll die Ebene weicher werden. Dies erreichen Sie über FILTER • WEICHZEICHNUNGSFILTER • GAUSSSCHER WEICH-ZEICHNER. Verstellen Sie den Schieber, bis ein RADIUS von etwa 5,0 Pixel angezeigt wird, und bestätigen Sie mit OK.

Filter wiederholt anwenden

Nach einmaligem An-wenden eines Filters wird er in der Liste FILTER zu-oberst gelistet. Mit die-sem Eintrag lässt sich der gleiche Filter nun erneut anwenden. Noch einfa-cher geht es über die Tas-tenkombination Strg/cmd+F. Zuvor einge-stellte Parameter werden dabei übernommen.

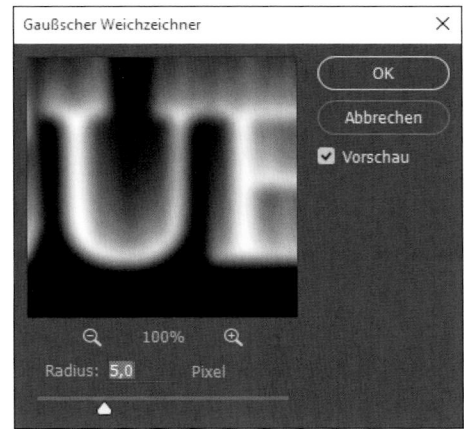

◄ **Abbildung 8.47**
Der Gaußsche Weich-zeichner sorgt für drasti-sche Unschärfen auf der Ebene.

10 Färben

Mit BILD • KORREKTUREN • FARBTON/SÄTTIGUNG aktivieren Sie zunächst das Ankreuzkästchen FÄRBEN ❸, ehe Sie den FARBTON auf 40 ❶ und die SÄTTIGUNG ❷ auf 100 stellen. Bestätigen Sie auch hier mit OK. Hier nützt uns im Übrigen eine Einstellungs-ebene nichts, da die Verfärbung direkt auf der Bildebene wirksam werden soll.

Flammenfarbe verändern

Wünschen Sie eher rötli-che Flammen, dann soll-ten Sie den Schieber FARBTON noch etwas wei-ter nach links stellen.

Abbildung 8.48 ►
Jetzt bringen Sie Farbe ins Spiel.

11 Ebene erneut duplizieren

Duplizieren Sie die Ebene ($\boxed{\text{Strg}}$/$\boxed{\text{cmd}}$+$\boxed{\text{J}}$), und stellen Sie für das Duplikat im Ebenen-Bedienfeld den Mischmodus FARBIG ABWEDELN ein.

12 Ebenen verbinden

Reduzieren Sie die Deckkraft der aktiven Ebene (Ebene 0 Kopie) über das Ebenen-Bedienfeld auf 75%, und verschmelzen Sie diese Ebene mit der darunterliegenden ($\boxed{\text{Strg}}$/$\boxed{\text{cmd}}$+$\boxed{\text{E}}$). Danach erfolgt der wirklich kreative Teil dieser Übung. Es geht darum, die Flammen zu modellieren.

13 Verflüssigen

Über FILTER • VERFLÜSSIGEN erreichen Sie das Dialogfenster. Rechts finden Sie die Werkzeugoptionen. Stellen Sie dort eine GRÖSSE ❻ von ca. 50 und einen DRUCK ❼ von etwa 80 ein.

▲ **Abbildung 8.49**
So sieht die Datei an dieser Stelle des Workshops aus.

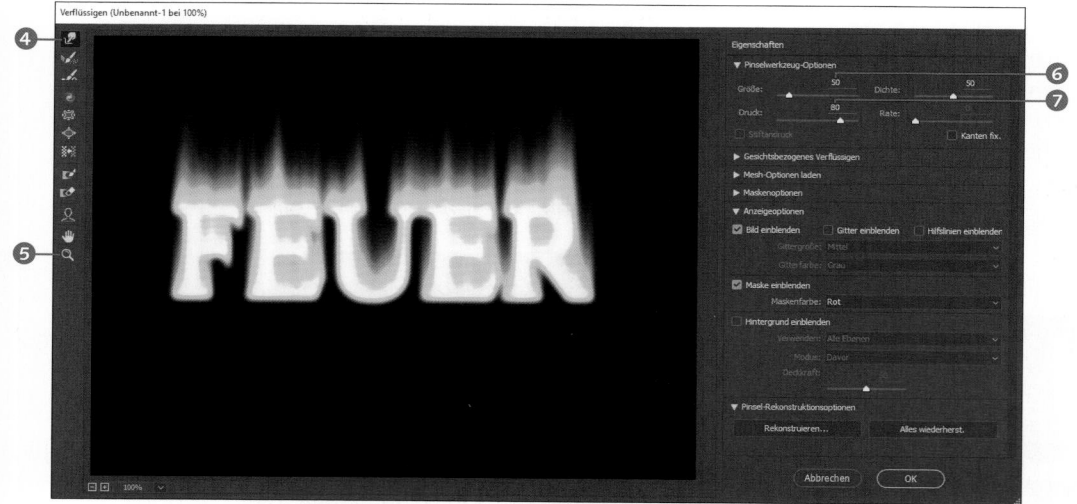

▲ **Abbildung 8.50**
Das Werkzeug wird auf der rechten Seite eingestellt.

Erforderlichenfalls aktivieren Sie in der Toolbox auf der linken Seite zunächst das Zoom-Werkzeug ❺, um damit die Schrift näher heranzuholen. Danach wechseln Sie zum obersten Tool, dem Mitziehen-Werkzeug ❹. Ziehen Sie mit gedrückter Maustaste von den Lettern aus nach oben, wobei Sie die Maus leicht hin und her bewegen. »Modellieren« Sie auf diese Weise die Flammen. Wenn Sie mit Ihrem Ergebnis zufrieden sind, klicken Sie auf OK.

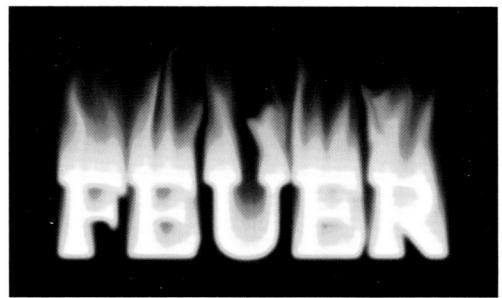

Abbildung 8.51 ▶
Die Flammen werden nach
Wunsch geformt.

Pinseldruck einstellen
Je höher der Pinseldruck
eingestellt ist, desto mehr
Auswirkungen haben die
Mausbewegungen auch
auf die Verformung der
Elemente. Wenn Sie also
nur Nuancen bearbeiten
möchten, regeln Sie den
Druck zuvor entspre-
chend herunter.

14 Textfarbe ändern

Markieren Sie die oberste Textebene innerhalb des Ebenen-
Bedienfelds, und machen Sie diese zudem sichtbar, indem Sie das
vorangestellte Auge wieder einschalten. Färben Sie die Lettern
schwarz. Und das geht so:

▶ Möglichkeit 1: Wählen Sie BEARBEITEN • FLÄCHE FÜLLEN, nachdem Sie EBENE • RASTERN • TEXT eingestellt haben. Achten Sie
aber darauf, dass Sie TRANSPARENTE BEREICHE SCHÜTZEN, da
ansonsten die komplette Ebene geschwärzt würde.

▶ Möglichkeit 2: Drücken Sie T, um das Text-Werkzeug zu aktivieren, und stellen Sie die TEXTFARBE auf Schwarz. Dazu müssen Sie lediglich auf die Farbfläche in der Optionsleiste klicken
und den Farbwähler entsprechend einstellen.

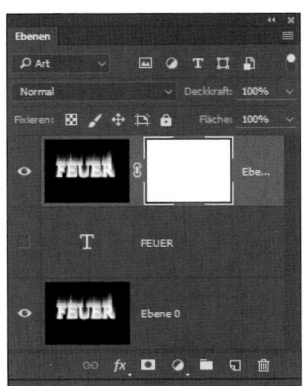

▲ **Abbildung 8.53**
In diesem Schritt wird eine
Ebenenmaske erstellt.

▲ **Abbildung 8.52**
Mittlerweile ist auch die schwarze Schrift wieder sichtbar.

Aktivieren Sie die Feuer-Ebene, und duplizieren Sie sie, indem
Sie Strg/cmd+J drücken. Stellen Sie die Kopie an die oberste
Stelle innerhalb des Ebenen-Bedienfelds. Danach erzeugen Sie
eine Ebenenmaske.

Aktivieren Sie den Pinsel B, und versehen Sie ihn mit einer weichen Spitze in der Größe von etwa 45 Px. Übermalen Sie nun den unteren Bereich der Ebene, und ziehen Sie den Pinsel an den Stegen der Buchstaben etwas nach oben. Die Textebene wird dadurch am Fuß der Schrift wieder sichtbar.

Falls Sie es wünschen, können Sie am Schluss noch auf die mittlere Textebene umschalten und sie nach Aktivierung des Verschieben-Werkzeugs mit den Pfeiltasten etwas nach unten bewegen. So verschwinden die gelben Flammen unterhalb der Buchstaben. Das sieht dann noch etwas realistischer aus. Falls Sie es wünschen, verfeinern Sie doch das Bild ein wenig. Es bringt einen zusätzlichen Effekt, wenn Sie die oberste Ebene abermals verflüssigen. Ziehen Sie die weißen Bereiche noch etwas herauf.

▲ **Abbildung 8.54**
Die Ebenenmaske sorgt für eine stellenweise Freilegung der Textebene.

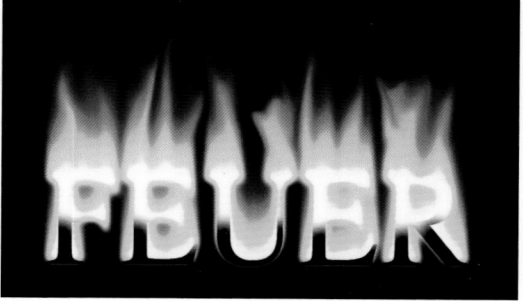

▲ **Abbildung 8.55**
Damit ist der erste Teil des Workshops beendet. Sie finden die Datei im ERGEBNISSE-Ordner.

Das war das ganze Geheimnis in Sachen Feuermachen. Wenn Sie Spaß daran gefunden haben und nun den Effekt noch etwas erweitern möchten, dann schauen Sie doch mal auf der Website zum Buch vorbei. Unter *www.rheinwerk-verlag.de/4985* finden Sie einen weiteren Workshop, der Ihnen zeigt, wie Sie die brennenden Buchstaben im Boden spiegeln können.

Zusatzmaterial/Effektvolle_
Textspiegelung.pdf

8.3 Fotos miteinander kombinieren

Wie Sie Fotos miteinander kombinieren, wissen Sie nun sicher schon, schließlich wurde die Technik bereits in vielen Workshops

angewendet (z. B. auf Seite 155 oder im Workshop auf Seite 180). Hier soll es nun aber um einen besonderen Fall gehen – nämlich das Kombinieren zweier Fotos mit demselben Motiv. So können Sie sich das Beste aus jeder Aufnahme heraussuchen.

Ebenen automatisch ausrichten

Eine interessante Form der Bildmanipulation wird mit EBENEN AUTOMATISCH AUSRICHTEN erreicht. Mit Hilfe dieser Vorgehensweise gelingt es jetzt nämlich mit wenigen Handgriffen, aus zwei Fotos eines zu machen – und dabei auch noch den interessantesten Ausschnitten aus beiden Fotos den Vorzug zu geben. Aber bevor ich ins Schwärmen gerate: Wie wäre es, wenn Sie sich das gleich einmal anhand eines Beispiels ansehen würden?

Schritt für Schritt
Gesichter austauschen

Bilder/Gesicht-01.jpg,
Gesicht-02.jpg

Jetzt wird's magisch! Öffnen Sie die beiden Beispielfotos, und stellen Sie sie nebeneinander. Das linke Foto ist, wie ich finde, etwas besser gelungen. Beim rechten ist das Knie nicht mit drauf. Dafür gefällt mir dort der direkte Blick in die Kamera besser. Außerdem ist das Gesicht schärfer abgebildet als auf dem linken Foto. Ach, man müsste beides miteinander kombinieren können. Aber wie sollen wir die Gesichter deckungsgleich übereinander bekommen? Zumal sie ja auch noch unterschiedlich groß sind. Das ist wirklich keine leichte Aufgabe – oder doch? »Schaun mer mal ...«

Abbildung 8.56 ▶
Rechts wurde das Knie »angesägt«. Dafür ist das Gesicht auf diesem Foto schöner.

© Robert Klaßen

1 Bilder verbinden

Als Grundlage soll die Datei »Gesicht-01.jpg« herhalten. Gehen Sie daher zunächst auf »Gesicht-02.jpg«. Nun ließe sich prinzipiell die gesamte Bilddatei auf das andere Foto ziehen. Da wir aber nur einen Ausschnitt benötigen, legen Sie zunächst eine großzügige Auswahl um das Gesicht des Bildes 02. Befördern Sie die Auswahl in die Zwischenablage ([Strg]/[cmd]+[C]).

Die Datei 02 kann jetzt bereits (ohne zu speichern) geschlossen werden. Gehen Sie auf Bild 01, und fügen Sie den Inhalt der Zwischenablage ein ([Strg]/[cmd]+[V]). Wo genau das überlagernde Bild liegt, ist wirklich schnurzpiepegal.

2 Ebenen markieren

Jetzt müssen Sie Photoshop mitteilen, welche Ebenen aneinander ausgerichtet werden sollen. Daher sind beide Ebenen gemeinsam auszuwählen. Aktuell ist aber nur eine Ebene markiert, weshalb Sie jetzt [⇧] gedrückt halten und auf die noch nicht markierte Ebene klicken müssen. Daraufhin werden beide Ebenen grau hinterlegt angezeigt.

3 Ebenen ausrichten

Das eigentliche Ausrichten der Ebenen, also die Suche nach identischen Strukturen, übernimmt Photoshop für Sie. Gehen Sie in das Menü BEARBEITEN, und entscheiden Sie sich dort für den Eintrag EBENEN AUTOMATISCH AUSRICHTEN. Im Folgedialog müssen Sie zunächst sicherstellen, dass AUTO aktiv ist. Schließen Sie die Aktion mit einem Klick auf OK ab.

▲ **Abbildung 8.57**
Dieser Ausschnitt reicht zur Montage.

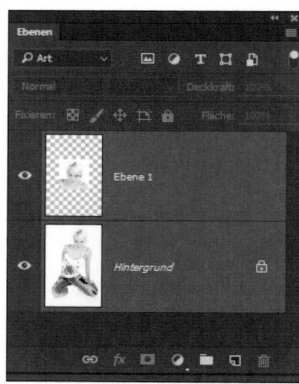

▲ **Abbildung 8.58**
Beide Ebenen sind ausgewählt.

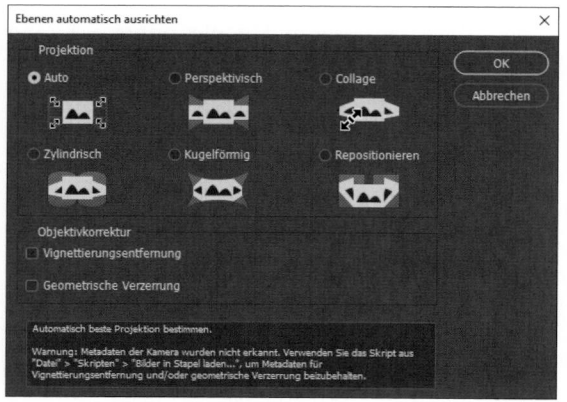

◄ **Abbildung 8.59**
Lassen Sie die angebotenen Objektivkorrekturen zu.

Grundsätzlich lässt sich
EBENEN AUTOMATISCH
AUSRICHTEN auch für Pan-
oramafotos und ähnliche
Bilder verwenden. Dabei
benötigen Sie Fotos, die
sich zum Teil überschnei-
den. Verwenden Sie PER-
SPEKTIVISCH, um eine
Wölbung nach innen zu
erzeugen, während ZY-
LINDRISCH für eine Wöl-
bung nach außen sorgt.
Und REPOSITIONIEREN
beispielsweise bringt die
verwendeten Fotos ledig-
lich zusammen, ohne
eine Verformung zu er-
zeugen.

Das »Wunder« ist vollbracht. Photoshop hat die Gemeinsamkei-
ten in beiden Ebenen erkannt und diese übereinander angeordnet. Dabei wurde auch gleich die Arbeitsfläche erweitert, was
Sie am Schachmuster ❶ (Transparenz im Hintergrund) ganz oben
erkennen können.

Falls Sie weniger weiße Fläche aus dem Quellbild aufgenommen
haben, ist das bei Ihnen eventuell nicht der Fall. Wie dem auch
sei: Durch mehrmaliges Ein- und Ausschalten der obersten Ebene
(Augen-Symbol im Ebenen-Bedienfeld) können Sie sich davon
überzeugen, dass die Gesichter tatsächlich übereinanderliegen.

▲ **Abbildung 8.60**
Die Gesichter liegen zwar exakt übereinander, aber so richtig passt es noch
nicht.

4 Ebenenmaskierung einrichten
Der Rest ist Masken-Arbeit. Markieren Sie die oberste Ebene
alleine. Danach fügen Sie der oberen Ebene eine schwarze Maske
hinzu (beim Klick auf EBENENMASKE HINZUFÜGEN in der Fußleiste
des Ebenen-Bedienfelds ⌊Alt⌋ gedrückt halten).

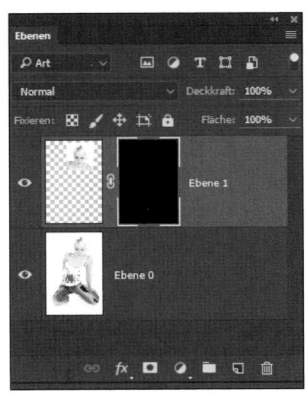

▲ **Abbildung 8.61**
Die oberste Ebene muss
maskiert werden.

5 Obere Ebene maskieren
Nehmen Sie einen Pinsel ⌊B⌋ mit weicher Spitze und einer GRÖSSE
von etwa 60 Px im MODUS: NORMAL bei 100% DECKKRAFT und
FLUSS. Malen Sie mit weißer Vordergrundfarbe über das Gesicht
des Models. Haare und Schultern lassen Sie einfach weg. Zoomen
Sie dazu stark auf das Gesicht ein.

6 Bild korrigieren

Zuletzt soll noch etwas Korrekturarbeit her. Selektieren Sie EBENE • AUF HINTERGRUNDEBENE REDUZIEREN (das ist für die folgende Korrektur erforderlich und eliminiert zugleich die Transparenzen). Fügen Sie eine Dynamik-Einstellungsebene hinzu, und stellen Sie die DYNAMIK auf +58 sowie die SÄTTIGUNG auf +7. Das kräftigt das Foto etwas.

◄ **Abbildung 8.62**
So geht der Blick direkt in die Kamera.

8.4 Photomerge: Panoramafotos erzeugen

Panoramabilder erfreuen sich schon seit Langem großer Beliebtheit. Sogar auf Webseiten hält das Panorama mehr und mehr Einzug. Um ein Breitbild zu erzeugen, werden mehrere überlappende Fotomotive nachträglich zu einem Einzelfoto verschmolzen. Photomerge heißt diese nicht mehr ganz neue, aber dennoch wirkungsvolle Technik.

Aufnahmebedingungen

Vorab muss ganz klar Folgendes gesagt werden: Wenn die Voraussetzungen nicht gegeben sind, wird es einfach nichts mit dem Panorama-Genuss. Deshalb müssen Sie schon zur Entstehungszeit

auf eine ordnungsgemäße Aufnahmetechnik achten. Beherzigen Sie unbedingt folgende Hinweise:

▸ Fotografieren Sie immer vom Stativ aus.

▸ Verändern Sie zwischen den Aufnahmen niemals die Position des Stativs.

▸ Drehen Sie den Stativkopf in horizontaler, nicht jedoch in vertikaler Richtung.

▸ Fertigen Sie die Einzelaufnahmen zügig hintereinander an. Bereits minimale Unterschiede der Lichtverhältnisse werden später sichtbar.

▸ Achten Sie darauf, dass sich die Bildbereiche um 15 bis 40 % überlappen.

▸ Verändern Sie nicht die Brennweite (Zoom).

▸ Schalten Sie automatische Belichtungsfunktionen zuvor aus.

▸ Verwenden Sie keine Verzerrungslinsen.

Schritt für Schritt
Ein Landschaftspanorama erstellen

Bilder/Panorama 01/
01.jpg – 06.jpg

Sie werden in diesem Workshop insgesamt sechs Bilder ineinandermontieren. Nach ein paar kleinen Voreinstellungen dürfen Sie genüsslich beobachten, wie Photoshop für Sie »ackert«.

1 Layout wählen

Bei der Panorama-Erzeugung müssen Sie die Bilder vorab noch nicht einmal öffnen. Schließen Sie daher alle geöffneten Fotos, und gehen Sie direkt auf den entsprechenden Menübefehl DATEI • AUTOMATISIEREN • PHOTOMERGE.

Auf der linken Seite (LAYOUT) sollte der Radiobutton AUTO aktiv sein. In diesem Fall entscheidet Photoshop nämlich selbstständig, wie das Panorama ausgerichtet wird – je nachdem, was besser passt. Beachten Sie außerdem die unterste der vier Checkboxen in der Fenstermitte. Aktivieren Sie die INHALTSBASIERTE FÜLLUNG FÜR TRANSPARENTE BEREICHE jedoch jetzt noch nicht, da ich Ihnen zunächst den herkömmlichen Weg zeigen möchte. Im Anschluss an diesen Workshop greifen wir das Thema noch einmal auf. Klicken Sie noch nicht auf OK!

2 Fotos hinzufügen

Klicken Sie jetzt auf die Schaltfläche DURCHSUCHEN, und navigieren Sie zum Ordner PANORAMA 01, den Sie in den Beispieldateien
finden. Selektieren Sie alle sechs darin enthaltenen Fotos, und
klicken Sie auf OK (Windows) bzw. den ÖFFNEN-Button (Mac).
Daraufhin sollten die Bilder »01.tif« bis »06.tif« in der Dialogmitte
aufgelistet werden.

◀ **Abbildung 8.63**
Wichtig ist, dass alle im Ordner PANORAMA 01 enthalte-
nen Fotos markiert sind.
Anschließend erzeugt Photoshop eine passende Liste.

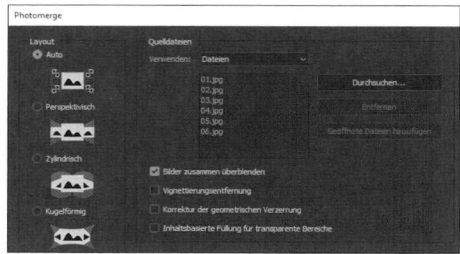

3 Weitere Optionen festlegen

Schauen Sie einmal auf die Checkboxen weiter unten. Hier sollte
auf jeden Fall BILDER ZUSAMMEN ÜBERBLENDEN angewählt sein. Die
beiden anderen Schaltflächen können Sie inaktiv lassen. (Weitere
Hinweise hierzu finden Sie im Anschluss an diesen Workshop.)
Danach bestätigen Sie mit OK. Jetzt müssen Sie die Anwendung
ein wenig rechnen lassen, ehe sich das zusammengesetzte Breit-
formatfoto präsentiert.

© Robert Klaßen

▲ **Abbildung 8.64**
Nach kurzer »Entwicklungszeit« ist das Panorama fertiggestellt. Gedulden
Sie sich einen Augenblick, während Photoshop das Bild anfertigt.

4 Foto freistellen

Im letzten Schritt wäre das Foto noch freizustellen. Immerhin sind durch die neue Anordnung der Einzelbilder transparente Bereiche am Rand entstanden. Die sollten Sie noch abschneiden. Da Sie allerdings mit dem Freistellungswerkzeug C ziemlich dicht an die Ränder heranmüssen, gibt es ein Problem: Der Freistellungsrahmen wird nämlich »magisch« an den Rahmen herangezogen – *Snapping* nennt sich diese Technik. Wenn dadurch die Erzeugung des Freistellungsrahmens schwierig wird, schalten Sie diese Funktion kurz aus, indem Sie ANSICHT • AUSRICHTEN AN • DOKUMENT-BEGRENZUNGEN wählen. Danach lässt sich der Freistellungsrahmen auch dicht am Bildrahmen noch frei positionieren.

Denken Sie nur daran, dass Sie das ansonsten sehr nützliche Snapping am Schluss wieder aktivieren. Dazu wählen Sie einfach noch einmal den zuletzt beschriebenen Menüeintrag. Die Alternative: Halten Sie während des Ziehens Strg/cmd gedrückt. Das Ergebnis nennt sich »Panorama-01-bearbeitet.jpg«.

▲ **Abbildung 8.65**
Das auf den Hintergrund reduzierte Ergebnis finden Sie im ERGEBNISSE-Ordner.

5 Optional: Bereiche füllen

Eine Alternative zur Freistellung gibt es noch. Möglicherweise gefällt sie Ihnen noch viel besser. Machen Sie dazu bitte die Freistellung rückgängig, und kontrollieren Sie, dass alle sechs Ebenen innerhalb des Ebenen-Bedienfelds markiert sind (standardmäßig ist das bereits der Fall).

Wählen Sie anschließend EBENE • AUF EINE EBENE REDUZIE-REN, und aktivieren Sie den Bereichsreparatur-Pinsel in der ART: INHALTSBASIERT. Stellen Sie eine Spitze von etwa 80 Px ein, und überfahren Sie großzügig in mehreren kleinen Etappen alle Bereiche, die mit Transparenzen versehen sind. Arbeiten Sie zunächst oben, dann unten. Zuletzt versuchen Sie es mit den Seiten. Nicht immer wird das zu 100 % gelingen, aber einen Versuch ist es allemal wert. Und selbst wenn Sie am Ende doch freistellen müssen, weil die Strukturen am Bildrand nicht richtig passen, so können

Sie insgesamt mit erheblich weniger Verschnitt rechnen als bei der direkten Freistellung. »Panorama-01-komplett.jpg« finden Sie im ERGEBNISSE-Ordner. Das Resultat ist nicht fehlerfrei, aber dennoch eine Alternative.

▲ **Abbildung 8.66**
Unten ist die Rekonstruktion nicht ganz gelungen. Entscheiden Sie selbst, ob Sie diesen Bereich lieber noch abschneiden.

Inhaltsbasierte Füllung

Sie haben soeben gesehen, was am Rand passiert, wenn Sie Photoshop nicht dazu veranlassen, eine INHALTSBASIERTE FÜLLUNG FÜR TRANSPARENTE BEREICHE ❶ vorzunehmen. Probieren Sie das Ganze noch einmal aus, wobei Sie diesmal die unterste Checkbox aktivieren. Jetzt wird der Rand des Fotos überall dort gefüllt, wo sich zuvor Transparenzen befunden haben. Sind Sie zufrieden mit dem Ergebnis? Das kann sich doch sehen lassen.

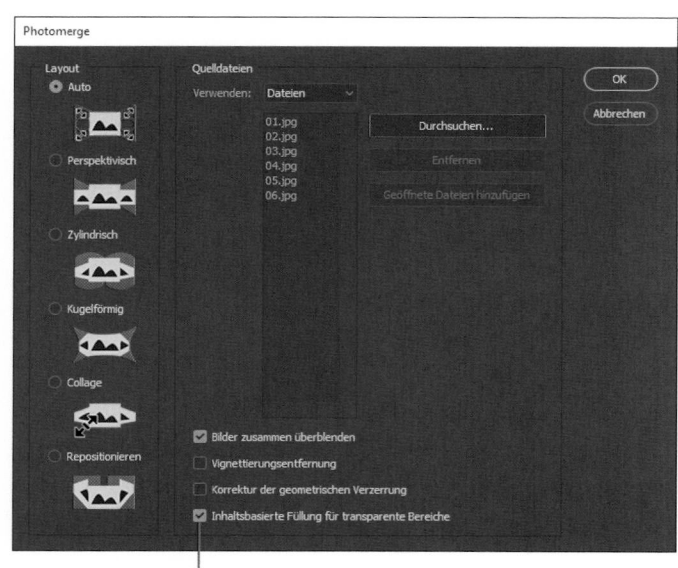

◀ **Abbildung 8.67**
Jetzt werden Transparenzen automatisch bearbeitet.

Die Photomerge-Layouts

Wie Sie gesehen haben, werden im Photomerge-Dialog verschiedene Optionen angeboten:

▶ AUTO: Hier überlassen Sie Photoshop die Entscheidung, ob ein Panorama perspektivisch, zylindrisch oder kugelförmig angeordnet wird. Maßgeblich dafür ist das bessere Kompositionsergebnis nach einer entsprechenden Analyse der Einzelbilder.

▶ PERSPEKTIVISCH: Eines der in der Mitte liegenden Einzelbilder dient als Referenzfoto. Alle anderen Fotos werden entsprechend verzerrt und positioniert.

▶ ZYLINDRISCH: Die Fotos sehen so aus, als seien sie auf einen Zylinder aufgebracht.

▶ KUGELFÖRMIG: Die Fotos wirken, als seien sie auf der Innenseite einer Kugel angebracht. Diese Methode eignet sich vor allem für 360°-Panoramen.

▶ COLLAGE: Die Einzelbilder werden aneinander ausgerichtet, wobei aber nur *eines* der Fotos als Quellbild angesehen und auch nur dieses transformiert wird.

▶ REPOSITIONIEREN: Die Fotos werden aneinander ausgerichtet, ohne dass es zu Transformationen kommt.

Die Photomerge-Quelldatei-Optionen

In Photoshop werden außerdem noch drei Quelldatei-Optionen angeboten:

▶ BILDER ZUSAMMEN ÜBERBLENDEN: Die Übergänge zwischen den Einzelfotos werden individuell anhand der Bildinformationen erzeugt (individuelle Ebenenmasken). Zudem werden die Bilder farblich aufeinander abgestimmt.

▶ VIGNETTIERUNGSENTFERNUNG: Falls die Ecken der Fotos dunkler sind (Vignettierung), wird dies bei der Panorama-Erstellung automatisch korrigiert.

▶ KORREKTUR DER GEOMETRISCHEN VERZERRUNG: Tonnen-, Kissen- und Fischaugenverzerrungen werden automatisch korrigiert.

Camera Raw

Professionelle Bildbearbeitung

- ▸ Was sind Raw und DNG?
- ▸ Wie werden Fotos in Camera Raw verarbeitet?
- ▸ Wie kann ich die Beleuchtung mit Camera Raw bearbeiten?
- ▸ Wie werden bestimmte Bereiche im Raw-Foto bearbeitet?
- ▸ Wie werden die Farben in Camera Raw optimiert?
- ▸ Wie wird eine Raw-Objektivkorrektur durchgeführt?

9 Camera Raw

In der professionellen Fotografie zählt *Raw* längst zum unverzichtbaren Standard. Bei diesem Verfahren speichert die Fotokamera Rohdaten (englisch »raw« = roh). Sie können ohne Qualitätsverluste in Camera Raw nachbearbeitet und konvertiert werden. Die Ergebnisse sind beeindruckend.

9.1 Raw und DNG

Im weiteren Verlauf dieses Kapitels werden wir es vor allem mit zwei Dateiformaten zu tun bekommen – Camera Raw und DNG. Zunächst sollen Sie ergründen, was es damit auf sich hat, warum diese Formate in der digitalen Bildbearbeitung so wichtig sind, welche Vorteile, aber auch Tücken hier vorherrschen und was es zu beachten gilt. Danach stürzen wir uns gemeinsam in die Praxis.

Was ist Raw?

Mit der Weiterentwicklung digitaler Fotokameras wächst auch der Wunsch nach immer größeren Bildern. Derzeit befinden wir uns in einem Stadium, in dem schon etliche Aufnahmegeräte die 20-Megapixel-Marke überspringen. Dabei muss man sich vergegenwärtigen, dass die Daten, die auf das Speichergerät einer Kamera geschrieben werden, ebenfalls immer üppiger werden. Aber selbst geringere Auflösungen benötigen im Prinzip riesige Speichermengen. Damit der Chip nun nicht ruck, zuck aus allen Nähten platzt, werden die Fotos von Haus aus komprimiert.

Schon vor vielen Jahren hat sich hierbei das JPEG-Verfahren als Standard durchgesetzt. Es erzeugt sehr kleine Dateimengen bei vergleichsweise guter Qualität. Eine derartige Kompression gelingt allerdings nicht verlustfrei. Im Gegenteil: Durch das »Zusammenstauchen« von Daten gehen Bildinformationen verloren. Und der zweite Nachteil: Es findet eine Art automatische Ent-

▲ **Abbildung 9.1**
Raw-Fotos sehen auf der Festplatte so (oder ähnlich) aus.

wicklung und Nachbearbeitung des Fotos bereits in der Kamera statt. So sorgt das JPEG-Format z. B. für die Farbentwicklung und die Schärfe. Hierauf haben Sie zwar auch während des Fotografierens Einfluss, nicht aber bei der Erzeugung der Datei.

Genau an diesem Punkt hat sich irgendwann der Wunsch herauskristallisiert, ein Format ins Leben zu rufen, das die Qualität an die allererste Stelle setzt. Gesagt, getan – heraus kam Raw. Der Gedanke dahinter: Als Grundlage für ein Raw-Foto wird genau das genommen, was die Kamera »sieht«. Das Foto wird allerdings beim Schreiben auf den Chip nicht automatisch geschärft oder Ähnliches. Es bleibt sogar weitgehend unbearbeitet – wie der Name Raw schon sagt, im Rohzustand. Und genau das macht es dem Fotografen möglich, die eigentliche Entwicklungsarbeit später zu Hause zu erledigen, also wie früher in der Dunkelkammer. Und das Tollste dabei ist: Die Entwicklung ist absolut verlustfrei.

Vorteile von Raw

Nun bleibt unter dem Strich festzuhalten, dass Raw das Maß aller Dinge ist. Fehler während des Fotografierens (z. B. eine falsche Belichtung, schlechter Weißabgleich, flaue Farben oder wenig Kontrast) lassen sich später am Rechner korrigieren. Und selbst im Anschluss an die Korrektur werden die Bildinformationen nicht einfach überschrieben. Denn die Daten, die Sie während der Korrektur erzeugen, werden (wie bei einer Einstellungsebene) nicht direkt an das Foto übergeben. Die Raw-Korrektur ist nämlich ebenfalls nicht-destruktiv.

Raw und JPEG
Nicht nur Profi-Kameras beherrschen das Raw-Format. Selbst Einsteigerkameras bieten diese Funktion vielfach an. Nun muss man nicht auf JPEGs verzichten, da es den meisten Aufnahmegeräten auch möglich ist, ein einzelnes Foto sowohl im Raw- als auch im JPEG-Format zu speichern. Dies setzt zwar große Speicherchips voraus, ist jedoch unbedingt zu empfehlen.

© Nancy Tubb / fotolia.com

◄ **Abbildung 9.2**
Die interessantesten Augenblicke sollten im Rohdaten-Format festgehalten werden.

Nachteile von Raw

Wo gehobelt wird, fallen bekanntlich auch Späne. So bringt das ehrenwerte Raw-Format leider auch ein paar Knackpunkte mit sich. Beispielsweise gibt es keinen einheitlichen Standard. Jeder Kamerahersteller verwendet sein eigenes Raw-Verfahren. Entsprechend sind auch die Dateiendungen unterschiedlich. So erzeugt eine Canon-Kamera beispielsweise Dateien mit den Endungen ».crw« oder ».cr2«, während Nikon ».nef« oder ».nrw« einsetzt. Fuji wiederum schreibt ».raf« und Olympus ».orf« – um nur einige zu nennen. Genau an dieser Stelle kommt der große Auftritt des DNG-Formats. (Dazu gleich mehr.)

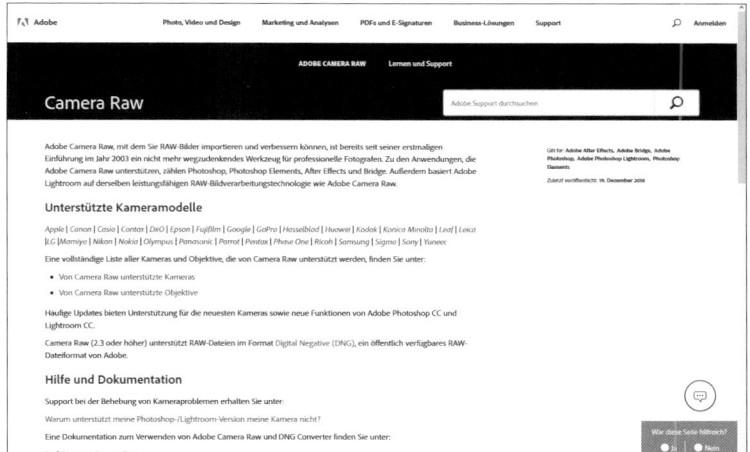

Abbildung 9.3 ▶
Finden Sie heraus, ob Ihre Kamera unterstützt wird.

Als weiteres Manko kann man die Dateigrößen nennen, da diese Daten ein Vielfaches an Speicherplatz-Mehrbedarf haben als ihre JPEG-Kollegen. Außerdem ist es mit der Kompatibilität noch nicht so weit her. Noch lange nicht jede Software kann mit diesem Format umgehen. Das Gleiche gilt im Übrigen für Drucker. Ein Raw-Foto also mal eben an den Tintenstrahler zu schicken, könnte schwierig werden. Eine Konvertierung in ein populäreres Format ist vor dem Druck somit erforderlich.

Zuletzt muss leider noch erwähnt werden, dass der in Photoshop integrierte Raw-Konverter zwar mit jeder Menge Kameraformaten zurechtkommt, jedoch leider nicht mit allen. Deswegen sollten Sie, insbesondere vor der Anschaffung eines neuen Aufnahmegeräts, entsprechende Informationen einholen. Die Seite

Bilder/Link.txt

ist unter dem Link *https://helpx.adobe.com/de/camera-raw/using/ supported-cameras.html* zu erreichen. Wer keine Lust hat, das einzutippen, kopiert einfach den Text aus der Datei »Link.txt«, die ebenfalls im Ordner BILDER zu finden ist. Alternativ geben Sie »Camera Raw unterstützte Kameras« in eine Internet-Suchmaschine ein.

Raw-Version ermitteln

Camera Raw ist eine nahezu eigenständige Software-Umgebung, die bisweilen unabhängig von Photoshop CC aktualisiert wird. Dieses Kapitel ist in Anlehnung an die Version 11.4.0.273 entstanden. Wenn Sie wissen wollen, welche Camera-Raw-Version bei Ihnen derzeit in Verwendung ist, wählen Sie das Menü HILFE, gefolgt von ÜBER ZUSATZMODULE und CAMERA RAW.

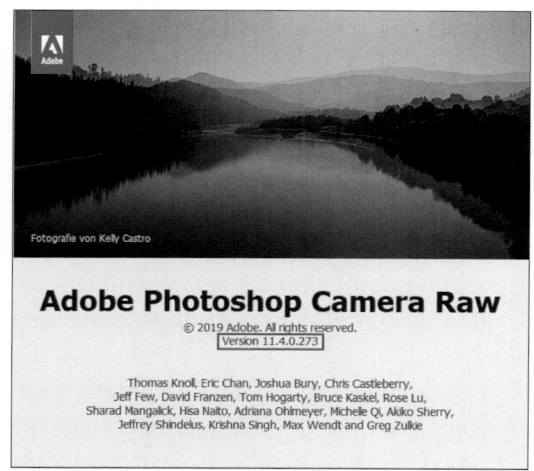

◄ **Abbildung 9.4**
Lesen Sie die Versionsnummer ab.

Adobe-Anwendungen aktualisieren sich von Zeit zu Zeit eigenständig. Wenn Sie nicht bis zum nächsten automatischen Update-Zyklus warten wollen, prüfen Sie selbst, ob ein Camera-Raw-Update in der Pipeline ist. Dazu öffnen Sie entweder die Anwendung ADOBE CREATIVE CLOUD oder wählen direkt aus Photoshop heraus HILFE • AKTUALISIERUNGEN. Schauen Sie in der Zeile CAMERA RAW CC nach, ob sich dort ein Aktualisierungs-Button befindet oder ob AKTUELL gelistet wird. Wenn eine Aktualisierung vorhanden ist, müssen Sie Photoshop temporär schließen.

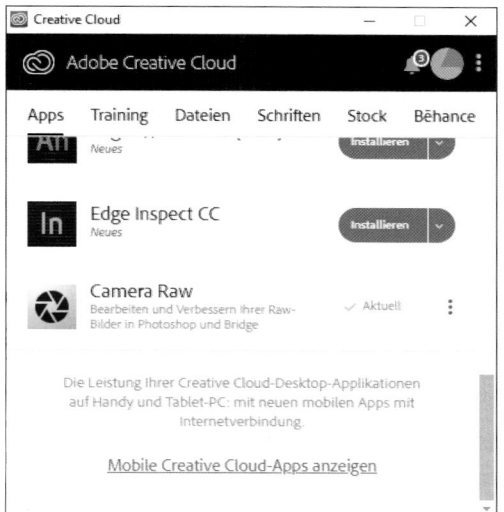

Das DNG-Format

Kommen wir zurück zu den unterschiedlichen Speicherforma-
ten der jeweiligen Hersteller: Die Antwort darauf heißt nämlich
DNG. DNG ist von der Begrifflichkeit her ein digitales Negativ und zudem ein kostenlos erhältlicher Konverter, den Adobe
bereitstellt. Er lässt sich nach einem Klick auf Downloads auf
der Website *http://helpx.adobe.com/de/photoshop/digital-negative.
html* herunterladen (dieser Link ist ebenfalls im oben genannten
Textdokument enthalten).

Sinn und Zweck dieses Konverters ist es, der Flut unterschiedlicher Raw-Formate entgegenzuwirken. Außerdem benötigen Sie
zum Bearbeiten von Raw-Fotos auch eine entsprechende Software. Und die wiederum bekommen Sie entweder separat vom
Kamerahersteller, oder Sie haben Photoshop installiert. Was tun
Sie aber, wenn Sie ein solches Foto einmal weitergeben wollen?
Dann benötigt der Empfänger lediglich noch den DNG-Konverter. Der zweite Vorteil beim Einsatz dieses Formats: Adobe verspricht, hier auf dem Laufenden zu bleiben. Wörtlich heißt es dort
zum DNG-Format:

> »Das Format gewährleistet, dass die archivierten Dateien auch
> nach mehreren Jahren noch zugänglich sind.«

Denn es ist theoretisch möglich, dass alte Raw-Formate irgendwann vom Raw-Konverter nicht mehr verarbeitet werden können, beispielsweise wenn sie vom Kamerahersteller nicht weiterentwickelt werden.

9.2 Der Raw-Workflow

Nun geht es bei der Bearbeitung von Raw-Fotos in der Regel so vonstatten, dass Sie die Datei zunächst einmal an Photoshop übergeben müssen. Die Anwendung erkennt, dass es sich um ein Rohdaten-Foto handelt, und öffnet das Raw-Plugin ganz automatisch. Im Anschluss an die Korrektur entscheiden Sie, ob Sie dem Raw-Foto die Korrekturen beilegen wollen oder nicht.

Fotos in Camera Raw öffnen

Wenn Sie das Camera-Raw-Modul erstmals nutzen, erscheint eine Art Willkommen-Screen, auf dem die Neuerungen vorgestellt werden. Klicken Sie auf eine der Überschriften, um weiterführende Informationen zu erhalten. Am Ende sollten auch Sie sagen: »Los geht's!«

DNG-Kameras
Bislang kommt das von Adobe entwickelte Format bei den Kameraherstellern noch nicht so richtig an. Schade. Denn es ist möglich, direkt in der Kamera DNGs zu erzeugen. Bisher gibt es das jedoch nur bei Samsung, Ricoh, Leica und Pentax.

◀ **Abbildung 9.6**
Camera Raw wartet mit einem Begrüßungsbildschirm auf.

Um Rohdaten-Aufnahmen zu öffnen, gibt es verschiedene Möglichkeiten. Entweder Sie klicken eine derartige Datei per Doppel-

klick oder mit rechts an und entscheiden sich anschließend für ÖFFNEN MIT, oder Sie machen das direkt aus Bridge heraus. Hier reicht ebenfalls ein Doppelklick. Da die Anwendung erkennt, um welches Format es sich handelt, wird das Rohdaten-Foto gleich an den Raw-Konverter weitergeleitet.

Auch Drag & Drop ist eine Möglichkeit. Ziehen Sie ein Raw-Foto einfach auf das Photoshop-Icon oder in die Arbeitsumgebung. Genauso gut lassen sich von Bridge aus auch mehrere Raw-Fotos auf einmal öffnen. Dazu müssen Sie nichts weiter tun, als alle Raw-Fotos nacheinander zu markieren, während [Strg]/[cmd] gehalten wird. Am Schluss setzen Sie einen Doppelklick auf eines der markierten Bilder oder betätigen [Strg]/[cmd]+[R].

Jetzt hätte ich fast noch die beiden herkömmlichen Wege aus Photoshop heraus vergessen. Mit DATEI • ÖFFNEN navigieren Sie zu einer Raw-Datei, während ein Nicht-Raw-Foto, beispielsweise ein JPEG-, Photoshop- oder TIFF-Bild, mittels FILTER • CAMERA RAW-FILTER an das Rohdaten-Plugin weitergeleitet wird (siehe auch »Nicht-Raw-Fotos in Raw öffnen« auf Seite 356).

Abbildung 9.7 ▼
Die zuvor selektierten Fotos erscheinen in der Spalte ganz links und können dort per Mausklick angewählt werden.

Damit noch nicht genug, möchte ich Ihnen auch noch die Drag-&-Drop-Methode vorstellen. Sie können nämlich ein Raw-Foto mit gehaltener Maustaste in die Photoshop-CC-Umgebung hineinziehen und dort fallenlassen. Im Gegensatz zu normalen Fotos müssen Sie noch nicht mal die Kopfleiste anvisieren. Der Hintergrund: Ziehen Sie ein herkömmliches Foto (TIFF oder JPEG) auf ein bereits in Photoshop geöffnetes Bild, wird dieses nicht separat geöffnet, sondern als Smartobjekt eingefügt. Das umgehen Sie, indem Sie die Datei auf der Kopfleiste fallenlassen. Bei Raw-Fotos ist dies nicht zwingend erforderlich, da Photoshop »erkennt«, dass jetzt der Raw-Konverter bereitgestellt werden muss.

Camera-Raw-Voreinstellungen

Sie werden im folgenden Workshop eine Möglichkeit kennenlernen, mit der sich die Camera-Raw-Voreinstellungen erreichen lassen. Jedoch lässt sich bereits vor der Arbeit mit Camera Raw bestimmen, wie das Plugin mit Rohdaten umgehen soll. An dieser Stelle wollen wir den Dialog nur kurz vorstellen. Zu den Funktionen gibt es gleich mehr. Entscheiden Sie sich für BEARBEITEN/ PHOTOSHOP • VOREINSTELLUNGEN • CAMERA RAW.

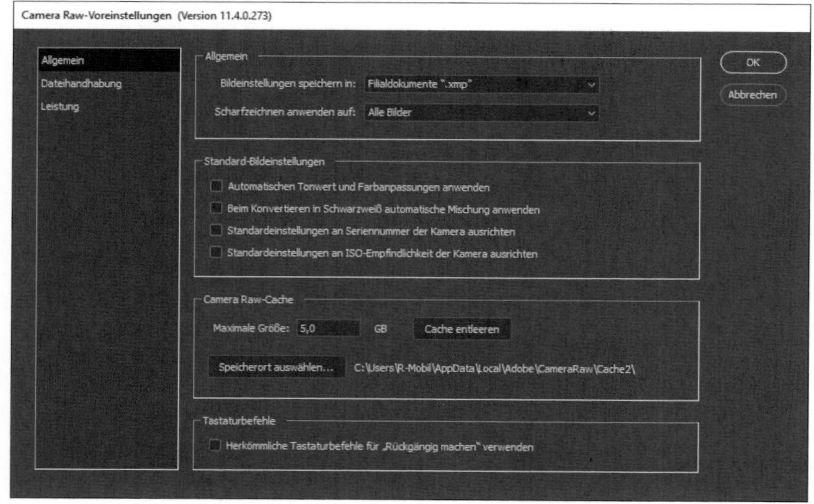

◄ **Abbildung 9.8**
Die Camera-Raw-Voreinstellungen

Beachten Sie den Frame CAMERA RAW-CACHE. Unter SPEICHERORT AUSWÄHLEN können Sie einstellen, wo der Arbeitsspeicher für

die Bearbeitung von Rohdaten-Fotos angelegt werden soll – also jener Speicher, der genutzt wird, während Sie Raw-Bilder bearbeiten. Geben Sie hier idealerweise eine schnelle Festplatte mit ausreichendem Speicherplatz an – für den Fall, dass Ihre Systemfestplatte bereits gut gefüllt ist.

Nicht-Raw-Fotos in Raw öffnen

Was ist ein Cache?
Mit Cache bezeichnet man den Speicherort, der nötig ist, um während der Korrektur von Fotos Daten zu schreiben. Besteht auf einer Festplatte nicht genügend Platz, können Sie im Raw-Dialog nicht mehr weiterarbeiten. In diesem Fall sollten Sie den Cache auf eine andere Festplatte auslagern.

Setzen Sie innerhalb von Bridge einen Doppelklick auf ein JPEG-Foto, öffnet es sich normalerweise in der direkten Arbeitsumgebung von Photoshop. Wer die Einstellungsoptionen im Raw-Konverter jedoch lieb gewonnen hat, der kann auch normale Fotos dort bearbeiten. Dazu markieren Sie das Foto in Bridge und drücken anschließend Strg/cmd+R, oder Sie entscheiden sich nach einem Rechtsklick auf die Vorschauminiatur für IN CAMERA RAW ÖFFNEN.

Noch interessanter wird das Ganze jedoch, wenn Sie das Nicht-Raw-Foto zunächst normal in Photoshop bereitstellen. Hier haben Sie nämlich die Möglichkeit, FÜR SMARTFILTER KONVERTIEREN aus dem Menü FILTER auszuwählen und das Foto so in ein Smartobjekt umzuwandeln. Das Revolutionäre ist dann das anschließende Zuweisen von CAMERA-RAW-FILTER aus dem gleichen Menü. Diese Funktion ist Ihr direkter Draht zum Raw-Dialog. In Kapitel 8, »Montage«, finden Sie einen Workshop dazu, der nicht nur Sinn und Zweck dieser Funktion erläutert, sondern auch gleich ein praktisches Beispiel liefert, wann sich eine derartige Vorgehensweise empfiehlt. Der Workshop nennt sich »Linien im Raw-Dialog korrigieren«. Sie finden ihn auf Seite 313.

Raw-Fotos weiterverarbeiten

Machen Sie sich zum gegenwärtigen Zeitpunkt bitte noch keine Gedanken über die eigentliche Nachbearbeitung. Darum kümmern wir uns gleich noch. Vorab sollten Sie jedoch wissen, dass Sie am Ende einer Raw-Nachbearbeitung die im Folgenden erläuterten Möglichkeiten haben.

Sie können unten rechts auf BILD ÖFFNEN ❶ (siehe Abbildung 9.7) klicken. Das hat zur Folge, dass die Einstellungen innerhalb der Raw-Datei gespeichert werden, was nicht-destruktiv, also ver-

lustfrei und jederzeit editierbar geschieht. Darüber hinaus wird das Foto an die Standard-Arbeitsumgebung von Photoshop übergeben. Hier stehen dann sämtliche weiteren Bearbeitungsmöglichkeiten zur Verfügung. Allerdings befinden Sie sich ab dem Zeitpunkt der Übergabe nicht mehr im Rohdaten-Modus! Demzufolge lässt sich die weitere Bearbeitung auch nicht mehr an das *Rohdaten*-Bild übergeben. Sie haben es nun mit einem normalen Foto zu tun, das Sie dann als TIFF oder PSD speichern können. Das Rohdaten-Bild bleibt von diesen Änderungen natürlich verschont.

Was in diesem Zusammenhang ebenfalls noch wichtig ist: Schauen Sie einmal auf die Beschriftung unterhalb des Fotos. Hier lesen Sie ab, wie groß das Dokument ist. Aber nicht nur das. Denn ein Klick auf diesen Link lässt Einstellungen zu Dateigröße, Auflösung sowie Farbsystem zu, die bei der Weiterleitung an die Photoshop-Umgebung gelten sollen.

Adobe RGB (1998); 8 Bit; 3456 x 5184 (17,9 MP); 300 ppi

◄ **Abbildung 9.9**
Die Info fungiert auch als Link.

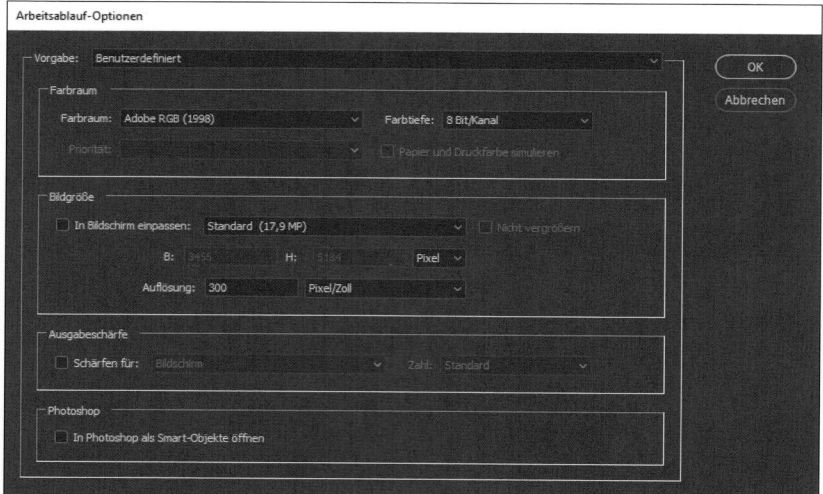

▲ **Abbildung 9.10**
Daraufhin werden die ARBEITSABLAUF-OPTIONEN präsentiert.

Wollen Sie das Foto anschließend nicht in Photoshop nachbearbeiten, die Änderungen allerdings dennoch an die Raw-Datei übergeben, klicken Sie einfach auf FERTIG ❷ (siehe Abbildung 9.7).

▲ **Abbildung 9.11**
Eine Kopie in Photoshop
öffnen

▲ **Abbildung 9.12**
Jetzt wird ein Smartobjekt in
Photoshop angelegt.

Sicher haben Sie schon geahnt, dass es auch noch eine dritte Möglichkeit gibt. Was ist nämlich, wenn Sie das Foto nach der Korrektur zwar an Photoshop übergeben, nicht jedoch die Einstellungen zum Original packen wollen? Dann halten Sie ganz einfach Alt gedrückt, was zur Folge hat, dass der Button BILD ÖFFNEN zu KOPIE ÖFFNEN wird. Und es gibt tatsächlich noch eine weitere Option. Halten Sie ⇧ gedrückt, lässt sich die Datei sogar als Smartobjekt an Photoshop übergeben. Dann nennt sich der Button nämlich OBJEKT ÖFFNEN.

Als DNG speichern

Wie das Speichern abläuft, wenn das Foto im Rohdaten-Format bleiben soll, haben Sie ja soeben erfahren. Was jedoch zu tun ist, um es in DNG zu konvertieren, wird nun erklärt.

Schritt für Schritt
Foto korrigieren und als digitales Negativ speichern

Bilder/Raw_01.RAW

In diesem Workshop sollen Sie einige wichtige Steuerelemente kennenlernen, die zur manuellen Einstellung von Raw-Fotos genutzt werden. Danach wird das Foto korrigiert. Am Schluss erfahren Sie noch, wie Sie das Bild im Austauschformat DNG (Digitales Negativ) speichern können.

1 Raw-Foto öffnen
Zunächst sollten Sie eine Raw-Datei Ihrer Digitalkamera auf den Rechner übertragen und sie, wie zuvor beschrieben, in Photoshop öffnen. Sollten Sie gerade keine Datei zur Hand haben, verwenden Sie »Raw_01.RAW« aus den Beispieldateien.

2 Bild skalieren
Die Ansicht der Datei können Sie verändern, indem Sie die Steuerelemente ⊞ und ⊟ sowie die Prozentangabe ❹ unterhalb des Bildes nutzen. Danach werden Sie nur noch einen Ausschnitt des Bildes sehen. Auch hier funktioniert übrigens der viel zitierte Doppelklick auf das Zoom-Werkzeug zur 100 %-Darstellung.

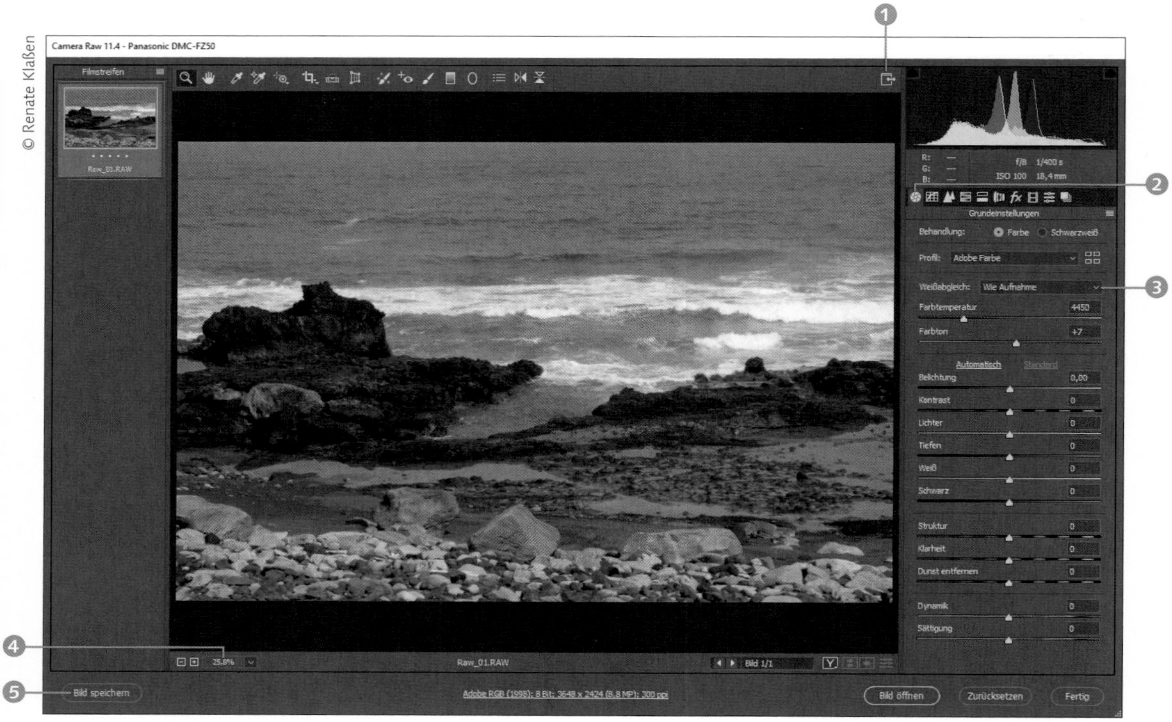

▲ Abbildung 9.13
Das Foto wird nicht in der herkömmlichen Arbeitsumgebung, sondern im
Raw-Dialog geöffnet.

3 Vollbildmodus aktivieren

Wenn Ihnen die Darstellung des Bildes im Dialogfenster zu klein
ist, können Sie über den Button ❶ die Vollbild-Darstellung des
Fotos veranlassen. Noch schneller geht es mit F.

4 Weißabgleich einstellen

Zunächst einmal ist das Steuerelement WEISSABGLEICH ❸ innerhalb der Grundeinstellungen erwähnenswert. Sollte dieser Bereich
nicht angezeigt werden, klicken Sie bitte auf das Register GRUND-
EINSTELLUNGEN ❷. Lassen Sie WIE AUFNAHME stehen, werden
die Einstellungen verwendet, die zum Zeitpunkt der Aufnahme
gültig waren – also die Originaldaten. Eine Veränderung können
Sie jedoch herbeiführen, indem Sie auf TAGESLICHT umstellen. Sie
werden dadurch erste markante Unterschiede feststellen, nämlich
dahingehend, dass die Farben viel wärmer werden.

▲ Abbildung 9.14
Schalten Sie auf TAGESLICHT
um.

Einstellungen verwerfen
Um bereits angewendete Einstellungen widerrufen zu können, halten Sie Alt gedrückt. Der Button ABBRECHEN wird dadurch zur ZURÜCKSETZEN-Schaltfläche. Wenn Sie darauf klicken, bevor Sie Alt wieder loslassen, werden alle vorgenommenen Änderungen verworfen.

Betrachten Sie dieses Steuerelement als Voreinstellung in Sachen Farbtemperatur. Schalten Sie mehrfach hin und her, und beobachten Sie, wie sich die unterhalb befindlichen Regler FARBTEMPERATUR und FARBTON dabei verändern. Die Werte sind hier übrigens in Kelvin angegeben und lassen sich unabhängig von der gewählten Einstellung beim Weißabgleich noch verstellen. Grundsätzlich werden die Farben nach rechts hin wärmer, während sie sich nach links hin abkühlen.

5 Belichtung erhöhen
Nun könnte das Foto etwas aufgehellt werden. Widmen Sie sich deshalb dem Schieberegler BELICHTUNG. Ziehen Sie ihn nach rechts auf etwa +0,65.

6 Kontrast erhöhen
Die Aufnahme zeichnet sich ja nicht gerade durch Kontrastreichtum aus. Deshalb müssen Sie hier noch ein wenig nachhelfen. Gehen Sie mit dem KONTRAST auf +36 und mit den LICHTERN auf −80. Die TIEFEN pendeln Sie auf −20 ein, und WEISS nehmen Sie zurück bis auf −34. SCHWARZ soll −41 betragen. Damit verschieben Sie dunkle Bildinformationen mehr in Richtung Schwarz. Je weiter Sie mit dem Regler nach rechts gehen, desto mehr werden auch Bildpixel, die nicht sehr dunkel sind, in Richtung Schwarz verschoben. Beim Weiß haben Sie damit erreicht, dass sich die besonders hellen Bildanteile ein wenig abdunkeln.

7 Dynamik erhöhen
Zuletzt ziehen Sie die KLARHEIT auf +36 (das macht die Konturen deutlicher) und die DYNAMIK auf +27. Schwach gesättigte Farben werden so etwas mehr gesättigt als Farben, die bereits über ausreichende Leuchtkraft verfügen. Runden Sie die Aktion ab, indem Sie die SÄTTIGUNG auf +10 hochziehen.

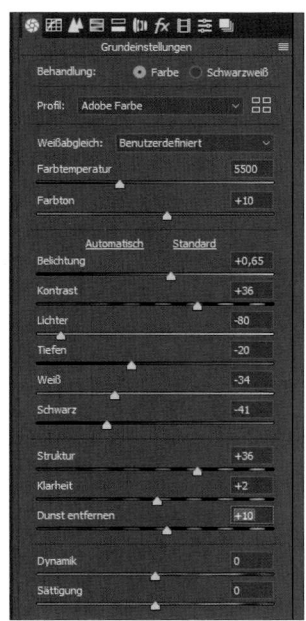

▲ **Abbildung 9.15**
Jetzt ist das Raw-Foto reif für den Urlaubskatalog.

8 Ergebnis vorab vergleichen
Unten rechts unterhalb des Bildes finden Sie vier Schalter, die Ihnen das Leben mit Raw-Dateien beträchtlich erleichtern. Klicken Sie mehrfach auf den Schalter VORHER-NACHHER-ANSICHTEN WERDEN DURCHLAUFEN ❶, erhalten Sie unterschiedliche Ansichten zum direkten Vergleich des Ergebnisses mit dem Original. Alter-

nativ betätigen Sie mehrfach ⌐Q⌐. Klicken Sie bei Bedaf auch mit aktiviertem Zoom-Werkzeug auf das Bild, um den Ausschnit zu vergrößern. Verschieben Sie den Ausschnitt mit der Maus, während Sie die Leertaste festhalten.

◄ Abbildung 9.16
Wenn Sie nur einmal auf den Schalter klicken, wird das Foto in der Vorher- und Nachher-Ansicht nebeneinander präsentiert.

Wer die Vorher- und Nachher-Ansicht gern miteinander vertauschen möchte (in obiger Abbildung wäre dann *nachher* links zu sehen), benutzt Button ❷. Mit dem dritten Button in der Reihe ❸ übertragen Sie die Nachher-Einstellungen auch auf die Vorher-Abbildung (beide Abbildungen zeigen dann also die bearbeitete Version), während Sie anschließend die ursprüngliche Vergleichsansicht (also den Vorher-Nachher-Vergleich) wieder aktivieren können.

▼ Abbildung 9.17
Hier lohnt sich der Vorher-Nachher-Vergleich. Das Foto ist kaum wiederzuerkennen.

9 Datei speichern

Ihr nächster Schritt sollte sein, die Datei zu speichern. Klicken Sie deshalb auf den Button BILD SPEICHERN ❺ unten links (siehe Abbildung 9.13). Entscheiden Sie sich für den Button ORDNER AUS- WÄHLEN ❶ (siehe Abbildung 9.18), und bestimmen Sie danach, in welchem Verzeichnis das Negativ abgelegt werden soll. Wenn Sie hingegen wollen, dass es den gleichen Speicherort wie das Raw- Original einnimmt, müssen Sie hier nichts ändern.

10 Datei benennen

Nun haben Sie die Möglichkeit, einen Namen zu vergeben. Das machen Sie über das erste Pulldown-Menü im Frame DATEIBE- NENNUNG ❷.

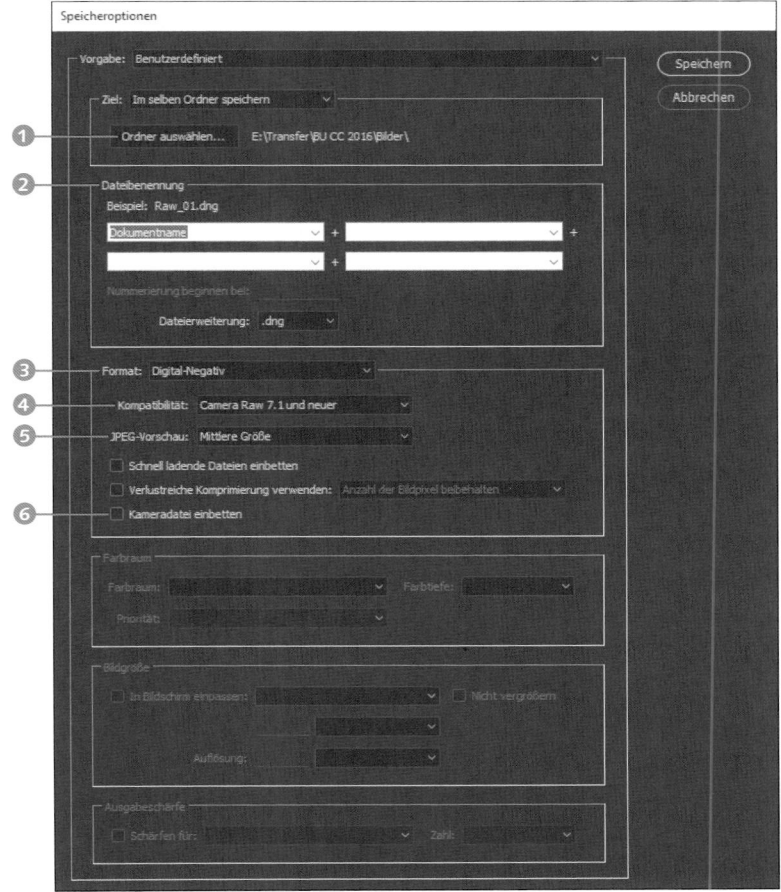

Abbildung 9.18 ►
Die Speicheroptionen des DNG-Dialogs

Wenn Sie die Liste öffnen, werden Sie feststellen, dass sich lediglich der Dokumentname, die Seriennummer, Folgebuchstaben oder das Datum festlegen lassen. Allerdings können Sie das Feld (in dem standardmäßig DOKUMENTNAME steht) auch direkt überschreiben und dann Ihre bevorzugte Bezeichnung eingeben.

11 Format festlegen

Im untersten Frame, FORMAT ❸, belassen Sie es bei DIGITAL-NEGATIV. Das war ja das erklärte Ziel. Im Pulldown-Menü KOMPATIBILITÄT ❹ kann zudem festgelegt werden, dass auch Benutzer älterer Plugin-Versionen mit der Datei noch arbeiten können. Auch hier müssen Sie in der Regel nichts ändern, es sei denn, Sie wollen das Foto an jemanden weitergeben, der noch mit einer veralteten Raw-Version unterwegs ist.

KAMERADATEI EINBETTEN ❻ sorgt dafür, dass die Ursprungsdatei (also das Raw-Bild) mit in die DNG-Datei eingebettet wird. Im konkreten Beispiel lassen wir das aber weg, da ja lediglich ein DNG ausgegeben werden soll.

12 JPEG-Vorschau erzeugen

Damit Sie auch in anderen Anwendungen sehen, um welches Bild es sich handelt, sollten Sie eine JPEG-VORSCHAU integrieren ❺. Das beeinflusst nicht die Qualität der eigentlichen Datei, sondern liefert lediglich ein Bild zur Ansicht mit. Stellen Sie hier OHNE ein, wird keine Vorschau gespeichert.

Das fertige Dokument finden Sie im Ordner ERGEBNISSE unter dem Namen »Raw_01.dng«.

▲ **Abbildung 9.19**
Die Datei wird als DNG im Zielordner abgelegt.

13 Dialog schließen

Der Raw-Dialog bleibt übrigens geöffnet. Das bedeutet: Sie könnten das Foto jetzt noch weiter bearbeiten. Für diesen Workshop klicken Sie auf ABBRECHEN, damit das Foto geschlossen wird und sich die Einstellungen des Originals nicht verändern.

Einstellungen der Raw-Bilder speichern

Wenn Sie eine Raw-Datei im Format Raw belassen wollen, klicken Sie im Anschluss an die Nachbearbeitung auf FERTIG (unten rechts im Raw-Dialog). Dann werden die geänderten Einstellun-

Abbildung 9.20 ▶
Öffnen Sie zunächst die
Voreinstellungen.

Abbildung 9.21 ▶
Danach bestimmen Sie, ob
eine XMP-Datei hinzugefügt
werden soll.

gen übernommen und separat zum Bild gesichert. Öffnen Sie das Bild später erneut, präsentiert sich das Foto mit den aktualisierten Einstellungen, wobei diese dann abermals angeglichen werden könnten – und zwar jedes Mal verlustfrei.

Dabei ist allerdings von Bedeutung, wo Sie die Einstellungen ablegen wollen. Hier gibt es nämlich zwei Möglichkeiten. Sie können dem Bild ein XMP-Dokument mitgeben oder es in der Camera-Raw-Datenbank ablegen. Um eine entsprechende Aus-wahl zu treffen, klicken Sie in der Symbolleiste des Raw-Dialogs auf VOREINSTELLUNGEN-DIALOGFELD ÖFFNEN und öffnen anschlie-ßend das Pulldown-Menü BILDEINSTELLUNGEN SPEICHERN IN. Wel-che Wahl Sie hier treffen, ist für das Ergebnis irrelevant. Ich per-sönlich bevorzuge das XMP-Dokument. Dadurch wird mein Raw-Foto zwar um eine weitere Datei ergänzt – allerdings kann ich die Einstellungen durch bloßes Entsorgen der XMP-Datei ver-werfen. Zudem habe ich die Wahl: Will ich beispielsweise das kor-rigierte Foto weitergeben, verwende ich dazu beide Dateien. Soll es lediglich das Original sein, lasse ich die XMP-Datei außen vor. Bei Verwendung der Datenbank habe ich diese Option nicht.

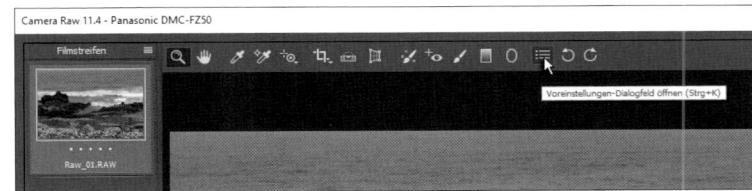

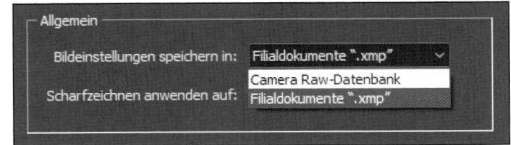

9.3 Fotos im Raw-Dialog einstellen

Natürlich ist Ihnen nicht entgangen, dass der Raw-Dialog ein mächtiges Tool ist. Jedoch haben Sie eigentlich nur einen gerin-gen Teil bedient – nämlich die Grundeinstellungen. Bevor es mit anderen Optionen weitergeht, wollen wir hier noch einmal etwas genauer hinschauen.

Profile verwenden

Sie haben eben zur Korrektur des ersten Beispielfotos unterschiedliche Schieberegler benutzt. Dieser Weg ist natürlich sehr professionell und zugleich individuell. Es gibt aber mittlerweile auch eine sehr intuitive und zugleich ausgesprochen einsteigerfreundliche Möglichkeit, schnell gute Ergebnisse zu erzielen. Dazu benutzen Sie die Profile, die sich im Menü PROFIL ❷ der GRUNDEINSTELLUNGEN ❶ verbergen. Wählen Sie auch bereits vorgefertigte Profile aus. Entscheiden Sie sich für den Listeneintrag DURCHSUCHEN, werden in der rechten Spalte zahlreiche Miniaturen angeboten. Das Gleiche erreichen Sie, wenn Sie auf PROFILE DURCHSUCHEN ❸ klicken.

◀ **Abbildung 9.22**
Die Profile unterstützen das kreative Korrigieren in Camera Raw.

Besonders interessant: Zeigen Sie auf die Miniaturen, um die Wirkungsweise dieses Profils direkt im Bild zu sehen. Erst ein Mausklick weist das Profil zu. Scrollen Sie in der Liste der Miniaturen ein wenig nach unten, finden Sie weitere Menüeinträge.

◀ **Abbildung 9.23**
Die Profile sorgen für unterschiedliche Bildstimmungen.

Die nach rechts weisende Pfeilspitze zeigt an, dass die Listen noch geschlossen sind. Öffnen Sie die gewünschte Liste mittels Mausklick, woraufhin weitere Miniaturen angeboten werden.

Sollte Ihnen ein Profil nicht zusagen, wählen Sie stattdessen einfach ein anderes. Mit Hilfe des Reglers STÄRKE können Sie zudem bestimmen, mit welcher Intensität das Profil angewendet werden soll. Werte unterhalb von 100 schwächen den Effekt ab, während höhere ihn intensivieren. Am Schluss klicken Sie bitte noch auf SCHLIESSEN, damit Sie zur ursprünglichen Ansicht zurückkehren können.

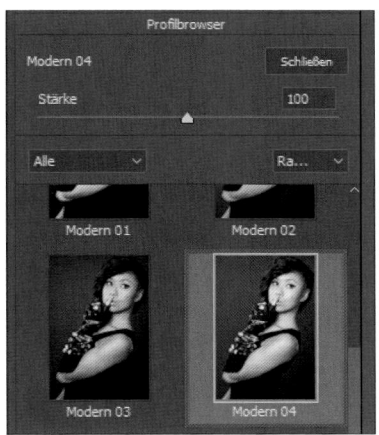

Abbildung 9.24 ▶
Passen Sie das Profil in der Intensität an.

Nun ist damit noch nicht alles in Stein gemeißelt. Denn Sie können den Effekt logischerweise noch weiter ausgestalten, indem Sie die bereits bekannten Schieberegler nutzen.

Grundeinstellungen vornehmen

Die einzelnen Slider lassen sich alle aus der Mitte heraus bewegen – also in beide Richtungen. Das vereinfacht die Korrektur beträchtlich. Hier zunächst die wichtigsten Raw-Grundeinstellungen im Überblick:

▶ BELICHTUNG: Verändert nachträglich die Blendenöffnung, um die Belichtung des Bildes anzupassen.
▶ KONTRAST: Verändert das Gefälle zwischen hellen und dunklen Bereichen des Bildes. Die Einstellungen wirken sich somit vorwiegend auf die Mitten aus.

▶ Lichter: Hiermit wird versucht, verschwindende Details in hellen Bereichen zu verändern. Um sie wiederherzustellen, müssen Sie den Regler nach links ziehen. Bevorzugen Sie hingegen ebenmäßig helle Flächen, müssen Sie nach rechts gehen.

▶ Tiefen: Hierdurch werden Details in dunklen Bereichen besser herausgestellt. Um dort mehr Zeichnung herauszuarbeiten, müssen Sie den Regler nach rechts ziehen. Nach links hin werden dunkle Segmente noch dunkler.

▶ Weiss: Hiermit legen Sie fest, welche Tonwertbereiche weiß dargestellt werden sollen. Helle Bildbereiche lassen sich weiter aufhellen, wenn Sie den Regler weiter nach rechts stellen.

▶ Schwarz: Bestimmen Sie, welche Tonwertbereiche schwarz dargestellt werden sollen. Dunkle Bildbereiche werden weiter abgedunkelt, wenn Sie den Regler weiter nach links stellen.

▶ Struktur: Die Strukturen wie Linienmuster usw. werden akzentuiert (nach rechts) oder geglättet, also weicher dargestellt, wenn Sie den Schieber nach links regeln.

▶ Klarheit: Hier werden die Kontraste in den Mitteltönen erhöht (rechts) bzw. abgesenkt, wenn Sie nach links gehen. Das Heraufsetzen der Klarheit lässt das Foto optisch schärfer wirken. Wollen Sie hingegen beispielsweise die Haut eines Models absoften, lohnt es sich, den Regler nach links zu ziehen.

▶ Dunst entfernen: Verwaschene oder neblige Fotos können mit Hilfe dieser Funktion optisch aufgewertet werden. Bewegen Sie den Slider nach rechts, damit das Foto mehr Zeichnung und Tiefe erhält. Im Gegenzug lässt sich aber auch die Nebelwirkung verstärken, indem Sie nach links schieben.

▶ Dynamik: Das Prinzip kennen Sie bereits. Schwach gesättigte Farben werden beim Verstellen des Reglers nach rechts mehr gesättigt als diejenigen, die bereits über eine ausreichende Sättigung verfügen.

▶ Sättigung: Hebt die Leuchtkraft der Farbe an (rechts) bzw. senkt sie ab (links).

▲ **Abbildung 9.25**
Das Register Grund-
einstellungen

Einzelne Bildbereiche bearbeiten

Wenn Sie das Beispielfoto »Raw_02.RAW« öffnen und speziell auf die hellen und dunklen Bildbereiche achten, wird Ihnen auffallen, dass das Meer ziemlich unspektakulär wirkt. Das soll sich

im folgenden Workshop ändern. Denn nicht immer reicht es, das gesamte Bild zu bearbeiten. Zum Glück bietet das Raw-Plugin auch hierfür die passende Lösung.

Schritt für Schritt
Tiefen und Lichter mit Camera Raw punktuell verändern

Bilder/Raw_02.RAW

Öffnen Sie das Beispielfoto. Irgendwie sieht es ziemlich flau aus. Das soll zunächst korrigiert werden. Dass es dabei neue Probleme gibt, denen wir dann aber punktuell entgegenzuwirken haben, möchte ich bereits jetzt ankündigen.

1 Kontrast erhöhen
Ziehen Sie den Schieber KONTRAST noch einmal kräftig nach rechts. Streben Sie einen Wert von +68 an. Ah, das sieht ja schon besser aus. So macht es etwas her.

▲ **Abbildung 9.26**
Diese Aufnahme ist nicht gerade ein Traum von Farben und Kontrasten.

▲ **Abbildung 9.27**
Da kommt Leben ins Bild.

© Renate Klaßen

2 Verlaufsfilter aktivieren
Was mir bei der Korrektur wahrlich nicht gefällt, ist die Tatsache, dass das Meer viel zu dunkel ist. Im Prinzip ist es nämlich so, dass Bildbereiche, die weiter entfernt liegen, heller erscheinen als nahe. Das ist hier eindeutig nicht der Fall. Aktivieren Sie aus diesem Grund den VERLAUFSFILTER ⒼG in der Toolbox.

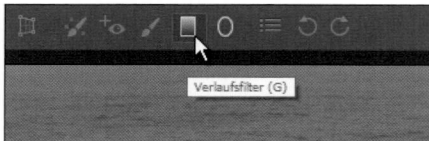

◄ **Abbildung 9.28**
Dieses unscheinbare Symbol verbirgt ein wirklich starkes Werkzeug.

3   Verlauf einzeichnen

Setzen Sie nun in der Mitte des oberen Bildrandes einen Mausklick an ❶, wobei Sie die Maustaste gedrückt halten. Ziehen Sie nach unten, bis Sie bei ❷ angelangt sind. Halten Sie währenddessen ⌂ gedrückt, so sorgen Sie dafür, dass Sie nur in eine Richtung ziehen können. So bekommen Sie einen exakt vertikalen Verlauf. Lassen Sie die Maustaste anschließend los.

▼ **Abbildung 9.29**
So erzeugen Sie einen Verlaufsfilter.

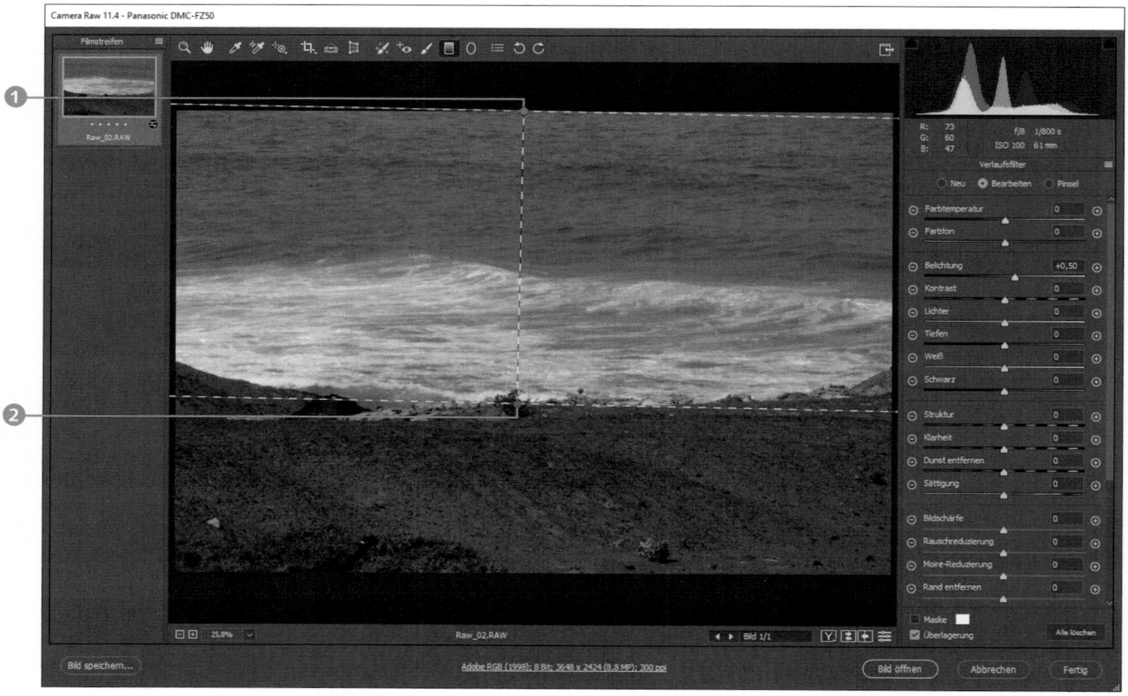

4   Tiefen-Lichter-Warnung aktivieren

Sie sollten jetzt darauf achten, dass Sie nicht Gefahr laufen, helle Bildbereiche so weit aufzuhellen, dass sie zu weißen Flächen werden. Zum einen sieht das nicht besonders schön aus, zum anderen bringt das Probleme beim Drucken mit sich. An diesen Stellen wird es nämlich nicht zum Farbauftrag kommen. Vielmehr sehen

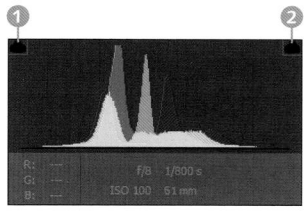

▲ **Abbildung 9.30**
Man muss schon sehr genau hinsehen, wenn man erkennen möchte, dass die Warn-Buttons eingeschaltet sind.

Lichterwarnung entgegenwirken
Bei sehr hellen Fotos passiert es leicht, dass schon geringe KONTRAST- oder LICHTER-Erhöhungen dazu führen, dass sich die Lichterwarnung meldet. Ziehen Sie in diesem Fall den Schieber WEISS nach links. Das gibt Ihnen meist die Möglichkeit, mit dem zuvor genannten Regler doch etwas weiter nach rechts zu gehen.

Verlaufsfilter löschen
Sie möchten einen Verlaufsfilter wider Erwarten doch aus dem Bild entfernen? Dann betätigen Sie ALLE LÖSCHEN unten rechts im Dialog.

Sie dort den Bedruckstoff (also das Papier, das ja nicht immer reinweiß ist). Klicken Sie daher auf ❷.

Um eine Tiefenwarnung zu aktivieren, die zeigt, wo zu viel Farbauftrag stattfinden wird (diese Stellen werden so dunkel, dass sie zu Schwarz zulaufen), betätigen Sie auch den Schalter für die Tiefenwarnung ❶ (obwohl diese im konkreten Fall wohl nicht benötigt wird). Dass die Schalter aktiv sind, ist im Übrigen nur schwer zu erkennen. Lediglich ein kleiner weißer Rahmen verdeutlicht dies.

5 Belichtung erhöhen

Damit Sie das Verhalten der Lichterwarnung kennenlernen, ziehen Sie doch den Regler BELICHTUNG einmal ganz nach rechts. Alle Stellen, die im Ergebnis weiß würden, sind jetzt rot eingefärbt. (Bei den Tiefen wäre der Bereich übrigens blau.) Da das nicht so bleiben kann, sollten Sie den Slider anschließend bis auf +1,95 zurückziehen.

▲ **Abbildung 9.31**
Was im Ergebnis weiß würde, wird rot eingefärbt. Dabei handelt es sich natürlich lediglich um eine Visualisierung.

6 Klarheit erhöhen

Kurz noch zur Information: Falls Sie auf die gleiche Weise noch andere Bereiche des Fotos bearbeiten wollten, würden Sie einfach an eine andere Stelle klicken und dort abermals einen Filterbe-

reich aufziehen. Damit die Details in diesem Bereich besser zur Geltung kommen, ziehen Sie den Regler KLARHEIT noch auf +84.

7 Foto weiterverarbeiten

Zuletzt halten Sie ⎡Alt⎤ gedrückt und klicken auf KOPIE ÖFFNEN (ohne die Taste heißt die Schaltfläche BILD ÖFFNEN). Das hat zur Folge, dass sich das Foto in der Standard-Arbeitsumgebung von Photoshop darstellt. Dort betätigen Sie nun ⎡Strg⎤/⎡cmd⎤+⎡S⎤ und sichern die Datei beispielsweise als JPEG. Im Folgedialog geben Sie die Qualität mit 10 an.

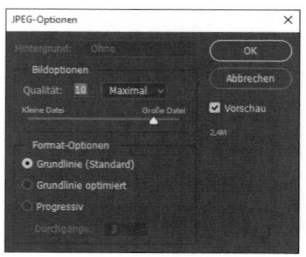

▲ **Abbildung 9.32**
Qualitätsstufe 10 reicht absolut aus.

◄ **Abbildung 9.33**
Ein schönes Resultat

Farben optimieren

Das vielleicht Beeindruckendste an der Raw-Optimierung ist das Spiel mit den Farben. Hier werden die Unterschiede zur herkömmlichen Farbkorrektur (die ja an sich auch nicht schlecht ist) besonders deutlich. Einzelne Farbtöne lassen sich hier ganz gezielt optimieren.

Schritt für Schritt
Farben mit Camera Raw optimieren

Preisfrage: Welcher Makel fällt beim Foto »Raw_03.CR2« am ehesten ins Auge? Die Bildaufteilung? Dass die Aufnahme nach

Bilder/Raw_03.CR2

▲ **Abbildung 9.34**
Das Bild hat mehrere Makel.

Schritte editieren
Wie in der normalen Arbeitsumgebung lässt sich hier der letzte Schritt mit ⌈Strg⌉/⌈cmd⌉+⌈Z⌉ zu-rücknehmen. Betätigen Sie die Kombination ein weiteres Mal, wird der Schritt wiederhergestellt. Um mehrere Schritte rückgängig zu machen, müssen Sie ⌈Strg⌉/⌈cmd⌉+⌈Alt⌉+⌈Z⌉ betätigen. Und wenn es gilt, mehrere rückgängig gemachte Schritte wieder in Anwendung zu bringen, bedarf es der Tastenkombination ⌈Strg⌉/⌈cmd⌉+⌈⇧⌉+⌈Z⌉.

Abbildung 9.36 ▶
Die Linie sollte vor dem Los-lassen noch einmal auf kor-rekten Sitz hin geprüft wer-den.

links kippt? Oder dass die Farben insgesamt zwar nicht gerade trist sind, aber dennoch verbessert werden können? Ach, wissen Sie was? Wir korrigieren einfach alles.

1 Foto ausrichten
Punkt eins ist die Schräglage der Aufnahme. Ich finde, das irri-tiert sehr. Lassen Sie uns daher das Foto gerade rücken. Das dazu benötigte Tool ist das Gerade-ausrichten-Werkzeug ⌈A⌉. Damit haben Sie ja bereits Erfahrungen. Es funktioniert genauso wie in der Standard-Oberfläche.

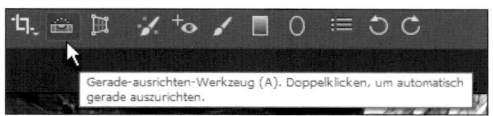

◀ **Abbildung 9.35**
Auch Raw-Fotos las-sen sich ausrichten.

Suchen Sie sich eine Horizontale aus, anhand derer Sie die Aus-richtung vornehmen möchten. Ich habe mich für den Übergang von der Front zum Dach des Zuges entschieden. Setzen Sie ganz links ❶ einen Mausklick an, halten Sie die Maustaste gedrückt, und ziehen Sie herüber nach rechts ❷. Dort angelangt, kontrol-lieren Sie noch einmal den korrekten Sitz der Linie und lassen die Maustaste anschließend los.

2 Foto freistellen
Daraufhin zeigt sich ein Freistellungsrahmen, den Sie jetzt noch in Form ziehen können. Wie wäre es, wenn Sie den mittleren Anfas-ser ganz unten ❸ noch ein wenig nach oben bewegten? Schließen Sie die Aktionen über ⌈↵⌉ ab.

◄ **Abbildung 9.37**
Wenn das Foto unten ein wenig mehr angeschnitten wird, ist das Augenmerk auf den Zug noch größer.

3 Lichter abdunkeln

Ganz wichtig ist, dass Sie jetzt die Tiefen-Lichter-Warnungen aktivieren (sofern nicht schon geschehen). Bei den Oberlichtern des alten Bahnhofs kommt es nämlich zu erheblichen Problemen. Das erledigt sich, wenn Sie die LICHTER zunächst auf –44 ziehen. Möglicherweise muss hier später noch einmal nachkorrigiert werden.

◄ **Abbildung 9.38**
Durch Verschieben des LICHTER-Reglers nach links wird die Überbelichtung ausgeglichen.

4 Weitere Korrekturen vornehmen

Ziehen Sie die BELICHTUNG jetzt auf +0,40, den KONTRAST auf +52 und SCHWARZ auf +17. Unterhalb der Bahn werden nämlich schon Tiefenwarnungen angezeigt. Derart kleine Bereiche sind nicht weiter tragisch. Es bleibt allerdings zu befürchten, dass sie sich durch die anschließende Farbkorrektur vergrößern. Deswegen sollte das bereits im Vorfeld bedacht werden. Zuletzt ziehen

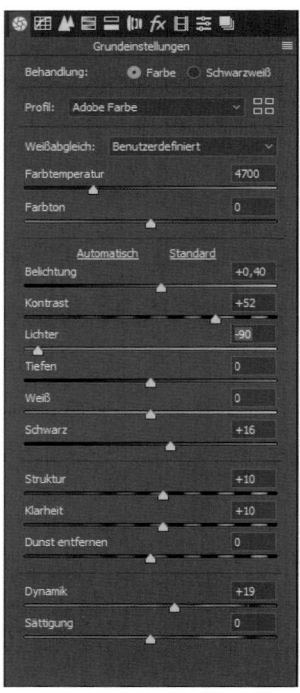

▲ **Abbildung 9.39**
Hier muss eine Menge justiert werden.

373

Sie die Regler STRUKTUR und KLARHEIT jeweils auf +10 sowie die DYNAMIK auf +19. Zu dumm, dass sich jetzt wieder rote Bereiche in den Oberlichtern zeigen. Bringen Sie die LICHTER daher auf –90.

5 Farbtöne einstellen

Betätigen Sie jetzt das Register HSL-EINSTELLUNGEN ❷. Gleich unterhalb sind drei Registerkarten auszumachen. Entscheiden Sie sich zunächst für FARBTON ❶.

Abbildung 9.40 ▶
Die Farben werden verlagert.

Werfen Sie einen Blick auf den unteren Teil des Wagens. Stimmen Sie zu? Das Rot verläuft ein wenig in Richtung Magenta. Wirken Sie dem entgegen, indem Sie den Schieberegler ROTTÖNE nach rechts verschieben. Etwa bei +13 findet sich ein sehr viel wärmeres Rot. Da das Gelb sich jedoch derzeit nicht so gut vom Rot abhebt (es ist viel Orange enthalten), stellen Sie die GELBTÖNE auf +31. Das ist natürlich alles Geschmacksache. Sie können gerne andere Werte verwenden.

6 Sättigung erhöhen

Jetzt wählen Sie das Register SÄTTIGUNG ❸ an. Auf diesem Reiter lassen sich die Intensitäten der einzelnen Farben erhöhen oder abschwächen. Zur Kräftigung müssen die Regler nach rechts geschoben werden. Machen Sie das mit den ROTTÖNEN (+22)

sowie mit den GELBTÖNEN (+7). Auch die BLAUTÖNE dürfen noch
kräftig gesättigt werden (+38).

7 Luminanz verändern

Aktivieren Sie das Register LUMINANZ ❹, um die einzelnen Farben
in ihren Helligkeiten zu verändern. Das Rot macht sich natürlich
gut, wenn es etwas abgedunkelt wird. Das erreichen Sie, wenn Sie
die ROTTÖNE auf –4 stellen. Die GELBTÖNE hingegen stellen Sie auf
+17. Wenn Sie zuletzt noch mit den BLAUTÖNEN auf +21 gehen,
verbessert sich das Ergebnis noch einmal.

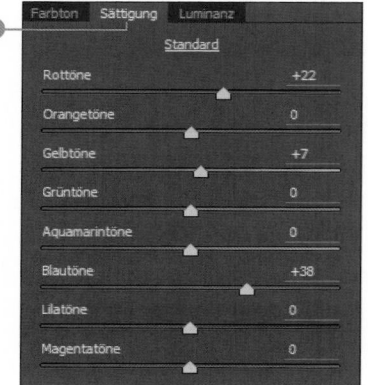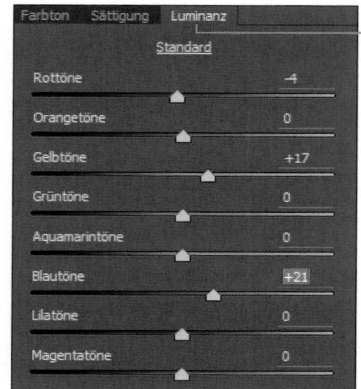

◄◄ **Abbildung 9.41**
In diesem Schritt werden
die Farben zum Leuchten
gebracht.

◄ **Abbildung 9.42**
Beeinflussen Sie die Helligkeit
der einzelnen Farben.

8 Korrektur abschließen

Zuletzt klicken Sie auf FERTIG. Schauen Sie sich das Foto einmal
an. Das Resultat finden Sie wie gewohnt im ERGEBNISSE-Ordner
als »Raw_03.jpg«.

◄ **Abbildung 9.43**
So sieht es besser aus.

Bilder/Raw_04/Raw_04.CR2

▲ **Abbildung 9.44**
Die Beleuchtung ist nicht
gerade verheißungsvoll.

Abbildung 9.45 ▶
Versuchen Sie, den Weißabgleich mit Hilfe der Automatik
korrigieren zu lassen.

Schritt für Schritt
Ein Porträt korrigieren

Das Thema Farbe erfordert einen weiteren Workshop. Wenn Sie
es nämlich mit People-Fotografien zu tun haben, sind die Möglichkeiten im Gegensatz zu einer ollen Bimmelbahn natürlich
erheblich eingeschränkt. Dieser Workshop lohnt sich nicht nur in
Sachen Farbe. Auch hier werden Sie wieder jede Menge weiterer
Funktionen und Vorgehensweisen kennenlernen.

1 Bild öffnen
Das erforderliche Foto befindet sich diesmal ausnahmsweise in
einem separaten Ordner. Und das aus gutem Grund, wie Sie gleich
noch sehen werden. Öffnen Sie das Verzeichnis Raw_04, und
stellen Sie die darin enthaltene Beispieldatei in Photoshop bereit.

2 Weißabgleich vornehmen
Der erste Schritt besteht wieder einmal darin, den Weißabgleich
zu bestimmen. Lassen Sie in diesem schwierigen Fall die Automatik ran, und stellen Sie das Pulldown-Menü auf Automatisch um.
Die Ausbeute ist gering, aber die Aufnahme hat sich dennoch ein
wenig verbessert.

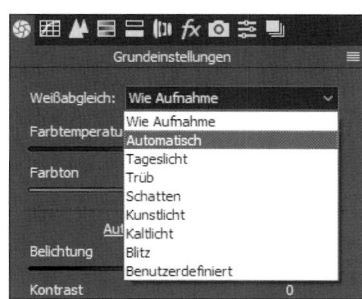

3 Weitere Korrekturen vornehmen
Es werde Licht! Bewegen Sie daher den Regler Belichtung nach
rechts (+1,10). Damit die Holzwand strukturierter und schärfer
wirkt, ziehen Sie den Slider Struktur auf +18 und Klarheit auf
+6. Den Haaren kommt das ebenfalls zugute, nicht jedoch dem
Gesicht. Es wird zu hart. Darum kümmern wir uns aber gegen
Ende des Workshops. Zuletzt wird die Dynamik erhöht (+23).

▲ **Abbildung 9.46**
Durch eine Erhöhung von Struktur und Klarheit ist auch das Gesicht markant geworden. Kleinere »Irritationen« fallen deutlich auf.

▲ **Abbildung 9.47**
Mehr gibt es hier nicht zu tun.

4 Farbton der Haut korrigieren

Gehen Sie jetzt wieder auf das Register HSL/GRAUSTUFEN, und entscheiden Sie sich zunächst für den Reiter FARBTON. Da die Gesichtsfarbe ein wenig gelblich anmutet, sollten die ORANGE-TÖNE (der größte Farbanteil bei der Haut) in Richtung Rot korrigiert werden. Machen Sie hier aber nicht zu viel. Bei −13 ist Schluss.

5 Sättigung und Luminanz korrigieren

Nun ist wieder das Register SÄTTIGUNG an der Reihe. Erhöhen Sie den Anteil der ORANGETÖNE auf +15. Recht so, wenn Sie einwenden, dass das zu viel ist. Da die Färbung aber noch erhellt wird, gleicht sich das wieder aus. Wechseln Sie aus diesem Grund auf die LUMINANZ. Hier ist, wie gesagt, dafür zu sorgen, dass die soeben gekräftigten ORANGETÖNE heller werden. Ein Wert von +32 verspricht ein gutes Resultat.

▲ **Abbildung 9.48**
Der helle Schein auf der Haut ist besonders bei Frauenporträts zu empfehlen.

6 Bild öffnen

Damit ist der erste Teil bereits erledigt. Klicken Sie auf BILD ÖFF-NEN. Das hat natürlich zur Folge, dass die Datei in der Standard-Arbeitsumgebung von Photoshop zur Verfügung steht. Dort wollen wir sie für den Moment auch belassen.

7 Ordner öffnen

Schenken Sie dem Ordner RAW_04 nun wieder Ihre volle Aufmerksamkeit. Wenn Sie ihn öffnen, werden Sie feststellen, dass das schöne Bildchen nicht mehr allein ist. Vielmehr hat es Gesellschaft von der Datei »Raw_04.xmp« bekommen. Sie ahnen es: Bei diesem Dokument handelt es sich um die Einstellungen, die Sie am Foto vorgenommen haben. Das war übrigens der Grund dafür, dass das Foto in einem separaten Ordner abgelegt worden ist. So finden Sie die XMP-Datei sofort.

Raw_04.xmp

▲ **Abbildung 9.49**
Das XMP-Dokument beinhaltet alle Einstellungen an der Raw-Datei.

8 Raw-Foto erneut öffnen

Stellen Sie abermals das Rohdaten-Foto (»Raw_04.CR2«) bereit, indem Sie einen Doppelklick darauf setzen. Nun können Sie sich denken, dass sämtliche Einstellungen, die zuvor am Bild vorge-

nommen worden sind, noch immer Gültigkeit haben. Verantwortlich dafür zeichnet das ominöse XMP-Dokument.

9 Klarheit reduzieren

Auf Grundlage dessen werden wir noch eine weitere Änderung vornehmen. Denn der Teint unseres Models soll natürlich wieder schön zart werden. Nehmen Sie daher die KLARHEIT (Register: GRUNDEINSTELLUNGEN) auf –32 zurück, und setzen Sie anschließend einen erneuten Mausklick auf BILD ÖFFNEN.

▲ **Abbildung 9.50**
Wenn das mal nicht zu viel des Guten ist.

10 Fotos verbinden

Fassen wir zusammen, was bislang erreicht worden ist: In Photoshop sind jetzt zwei unterschiedliche Fotos vorhanden – beide auf die gleiche Weise korrigiert, jedoch einmal mit weichem und einmal mit hartem Teint. – Zunächst wollen wir beide Aufnahmen miteinander verbinden.

Da das zuletzt entwickelte Foto nun oben liegt, müssen Sie nichts weiter tun, als [Strg]/[cmd]+[A] – gefolgt von [Strg]/[cmd]+[C] – zu betätigen. Mit der in der Zwischenablage des Betriebssystems befindlichen Bilddatei wechseln Sie nun auf das zuerst entwickelte Foto. Dort betätigen Sie [Strg]/[cmd]+[V]. Der Lohn

▲ **Abbildung 9.51**
Beide Entwicklungen sind zusammengefügt worden. Die weiche Ebene liegt an oberster Stelle (Ebene 1).

aller Mühen: Beide Bilder liegen nun deckungsgleich übereinander. Das Ebenen-Bedienfeld gibt Aufschluss darüber.

11 Ebene maskieren

Es ist gar keine Frage, dass Sie natürlich längst wissen, wo die Reise hingehen soll. Das haben Sie ja nun schon sehr oft gemacht:

1. Bei gedrückter ⌜Alt⌟-Taste fügen Sie eine (schwarze) Ebenenmaske hinzu. Dadurch wird die obere Ebene unsichtbar.
2. Mit weißer Vordergrundfarbe und einem weichen Pinsel wischen Sie über die Haut des Models. Das bringt die Ebene mit der reduzierten Klarheit wieder ins Bild zurück – und zwar genau dort, wo sie nötig ist.
3. Falls der Weichzeichner-Effekt des Gesichts nach Ihrem persönlichen Empfinden zu stark ist (davon ist auszugehen, da die Klarheit sicherheitshalber mehr als nötig zurückgezogen worden ist), reduzieren Sie kurzerhand die Deckkraft der obersten Ebene ein wenig.

12 Datei speichern

Um dieses Beispiel zu vollenden, gehen Sie auf BILD • BILDGRÖSSE und aktivieren zunächst die Checkbox NEU BERECHNEN. Daneben gehen Sie auf BIKUBISCH SCHÄRFER (VERKLEINERUNG). Stellen Sie zunächst die AUFLÖSUNG auf 72 Pixel pro Zoll und erst im Anschluss die BREITE auf 600 Pixel. Bestätigen Sie mit OK.

▲ **Abbildung 9.52**
Das Rohdaten-Foto wird auf ein bildschirmtaugliches Maß reduziert.

◄ **Abbildung 9.53**
Hier lohnt sich auf jeden Fall ein direkter Vorher-Nachher-Vergleich.

Änderungen an Raw-Dateien verwerfen

Zum Schluss noch ein Tipp: Es gibt mehrere Möglichkeiten, sämtliche Einstellungen eines Rohdaten-Bildes zu eliminieren. Die einfachste: Sie entsorgen kurzerhand die entsprechende XMP-Datei. Ab damit in den Papierkorb, und das Raw-Foto erstrahlt nach erneutem Öffnen in altem Glanz. Alternativ öffnen Sie das Bedienfeldmenü der Grundeinstellungen ❶ und entscheiden sich im Kontextmenü für CAMERA RAW-STANDARDS.

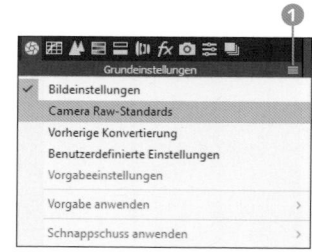

▲ **Abbildung 9.54**
Verwerfen Sie alle Einstellungen.

9.4 Fortgeschrittene Raw-Techniken

Zum Ende dieses Kapitels sollen Sie kurz noch ein paar Tipps und Tricks zum Arbeiten im Raw-Dialog an die Hand bekommen. Jetzt werden Sie nicht nur interessante Korrekturfunktionen kennenlernen, sondern auch mit einigen Techniken konfrontiert, die in erheblichem Maße zur Bildverbesserung beitragen.

Objektivkorrekturen vornehmen

Mit Objektivkorrekturen haben wir uns ja bereits im vorangegangenen Kapitel beschäftigt. Hier haben Sie zudem erfahren, dass

der Raw-Dialog auch bei Nicht-Raws verwendet werden kann (z. B. JPEGs oder TIFFs). Die hier vorgestellte Methode lässt sich indes nur auf Rohdaten anwenden. Raw-Fotos lassen sich nämlich anhand vorhandener Kamera- und Objektivprofile optimieren. Dazu gehen Sie rechts in der Spalte der Einstelloptionen auf den Reiter OBJEKTIVKORREKTUREN ❶. Falls Sie, wie bereits beschrieben, manuell korrigieren möchten, wählen Sie die rechte Registerkarte MANUELL ❷ aus. Chromatische Aberrationen werden im Bereich RAND ENTFERNEN ausgeglichen. Wer hingegen lieber anhand der gespeicherten Kameradaten korrigieren möchte, entscheidet sich für PROFIL ❸. Zunächst muss die Checkbox mit dem klangvollen Namen PROFILKORREKTUREN AKTIVIEREN ❹ eingeschaltet werden, ehe dann das verwendete OBJEKTIVPROFIL ❺ gelistet wird.

Abbildung 9.55 ▶
Verraten Sie der Anwendung, welches Objektiv Sie benutzt haben.

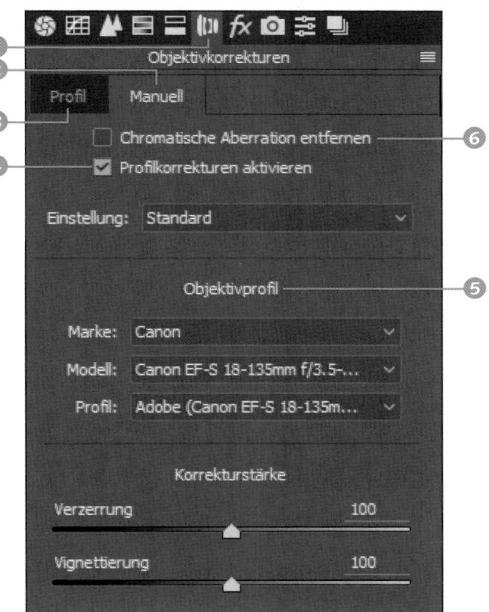

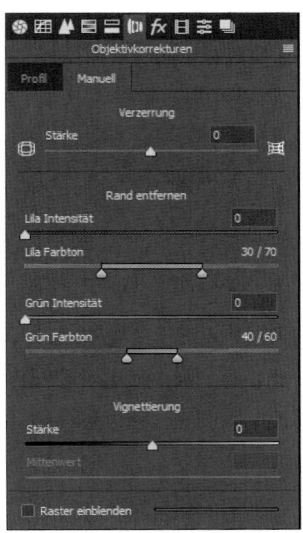

▲ **Abbildung 9.56**
Der letzte Schliff wird durch den Ausgleich der chromatischen Aberration erreicht.

Die Korrektur erfolgt im Übrigen automatisch durch Anwahl des verwendeten Objektivs. Sollte das gefundene MODELL (gemeint ist das Objektiv, nicht die Kamera) nicht korrekt sein, halten Sie in der Liste nach Ihrem Objektiv Ausschau. Wer zudem manuell noch etwas verändern möchte, verwendet die beiden Schieberegler VERZERRUNG und VIGNETTIERUNG. Gehen Sie hier aber bitte ausgesprochen vorsichtig zu Werke.

Ein letztes Wort noch zur chromatischen Aberration. Damit ist die Fehlinterpretation von Farben in den Übergängen von Hell nach Dunkel gemeint. Daran kranken die meisten Objektive.

In den Übergängen entstehen rötliche oder grünliche Farbsäume, die sich jedoch in Camera Raw durch Anwahl des Registers FARBE gut in den Griff bekommen lassen. CHROMATISCHE ABERRATION ENTFERNEN ⑥ muss im Register PROFIL allerdings vorab aktiviert werden. Meist gibt es allein dadurch schon gute Resultate. Wer mehr will, kann die verfärbten Ränder gezielt mit Hilfe der Schieberegler auf der Registerkarte MANUELL anpassen. Hier sind die Regler im Segment RAND ENTFERNEN zu benutzen.

Schritt für Schritt
Linien im Raw-Dialog korrigieren

Nehmen Sie noch einmal das Foto »Weitwinkel.jpg«, das wir ja bereits in Kapitel 8 korrigiert hatten. Hier möchte ich Ihnen nun präsentieren, wie das im Camera Raw-Dialog vonstattengeht.

Bilder/Weitwinkel.jpg

1 Raw-Filter öffnen
Gehen Sie zunächst in das Menü FILTER, und entscheiden Sie sich für CAMERA RAW-FILTER. Im Anschluss daran aktivieren Sie das neu hinzugekommene Transformieren-Werkzeug.

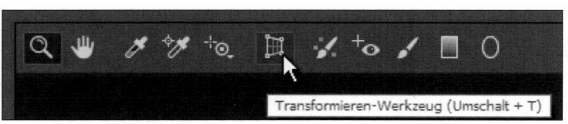

▲ **Abbildung 9.57**
Entscheiden Sie sich für dieses Werkzeug.

2 Automatisch korrigieren
Im Segment TRANSFORMIEREN in der rechten Spalte des Raw-Dialogs finden Sie nun mehrere Schalter vor. Die einzelnen Funktionsweisen werden sehr anschaulich dargelegt, wenn Sie die Maus kurz auf jedem Schalter parken. Wir lassen zunächst einmal die Automatik heran. Dazu klicken Sie auf die Schaltfläche A.

Nicht alle Werkzeuge vorhanden
Bitte beachten Sie, dass die Werkzeugleiste oben links aktuell ein wenig abgespeckt ist. Das liegt daran, dass derzeit eine JPEG-Datei geöffnet ist. Sie lässt nicht alle Bearbeitungsoptionen zu. Öffnen Sie hingegen ein Rohdaten-Format, stehen wieder sämtliche Raw-Tools zur Verfügung.

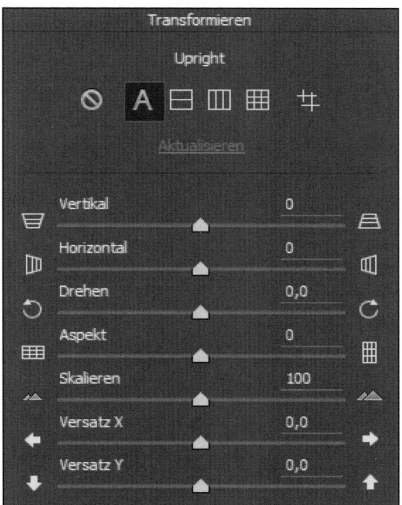

Abbildung 9.58 ▶
Aktivieren Sie die automatische Korrektur.

3 Optional: Weitere Korrekturen vornehmen

In den meisten Fällen erreichen Sie damit bereits tolle Ergebnisse. Sollte das Bild jedoch derart hartnäckig verzerrt sein wie unser Beispielfoto, müssen Sie manuell zuarbeiten. Im Beispiel bietet sich das Verschieben des Reglers VERTIKAL auf etwa –8 an. Die anschließende Verstellung des Schiebers SKALIEREN auf 103 % bewirkt, dass die transparenten Flächen an den Seiten eliminiert werden.

Vignette hinzufügen

Eine weitere coole Technik ist im Raw-Plugin enthalten. Mit ihr lassen sich sogenannte Vignettierungen (hell oder dunkel zulaufende Ecken des Bildes) korrigieren. Zudem ermöglicht die Technik auch eine bewusste Bildverfremdung. Aktivieren Sie zunächst das Radial-Filter-Tool ❷.

Lassen Sie eine Einstellung auf der rechten Seite folgen, beispielsweise die Anhebung der BELICHTUNG ❸. Letzteres sorgt für eine beträchtliche Aufhellung des Fotos. Danach klicken Sie auf den Punkt des Bildes, den Sie als Mittelpunkt der Vignettierung definieren wollen (hier: ❶), und ziehen mit gedrückter Maustaste eine Ellipse auf.

© Robert Klaßen

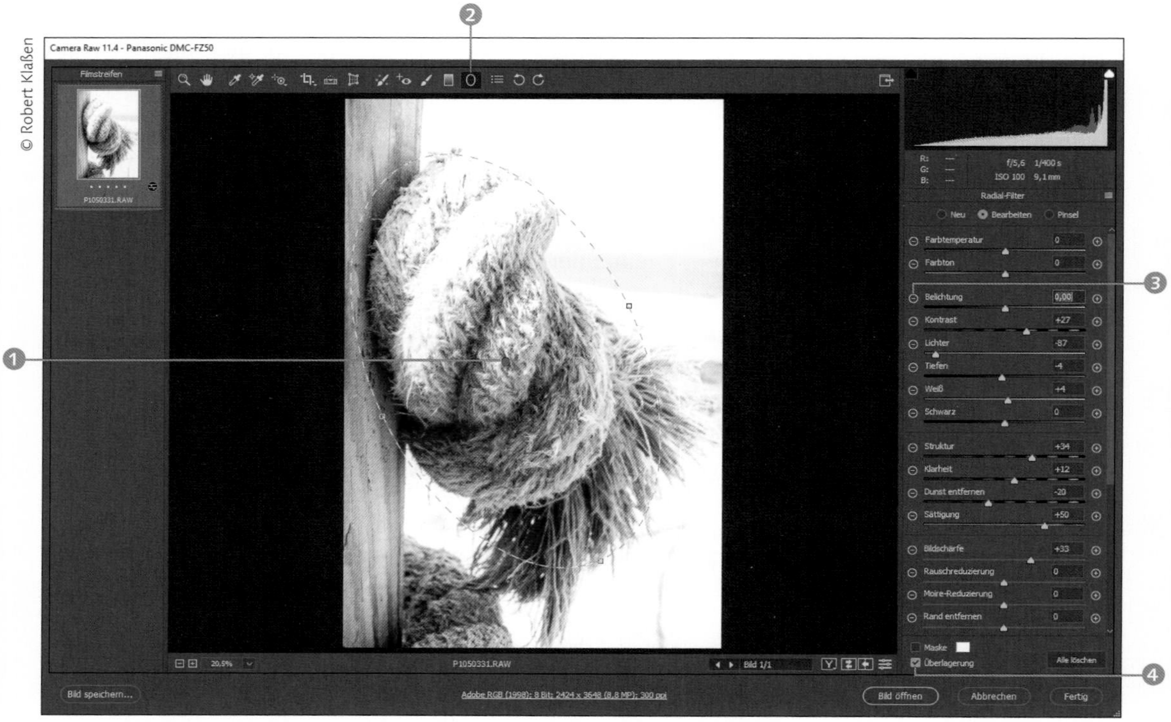

Die Ellipse lässt sich drehen, indem Sie an den Rand der grün-wei-
ßen Linie klicken und sie mit gehaltener Maustaste verschieben.
Zudem kann die Ellipse mit den vier quadratischen Anfassern nach
Wunsch skaliert werden. Halten Sie beim Aufziehen ⌂ gedrückt,
wenn Sie beabsichtigen, statt einer Ellipse einen exakten Kreis zu
erzeugen. Wer die Ellipse noch komplett verdrehen möchte, muss
den Mauszeiger in geringem Abstand zu einem der Anfasser positionieren. Sobald der Zeiger zum gebogenen Doppelpfeil mutiert,
kann mit der Drehung begonnen werden. Übrigens lassen sich
die Steuerelemente auf der rechten Seite auch nach der Produktion der Ellipse oder des Kreises weiterhin bedienen. So kann das
gewünschte Resultat blitzsauber eingestellt werden.

Details verbessern

Mit Hilfe der Klarheit lässt sich ein Foto besonders an den Konturen deutlich aufwerten. Oftmals ist der Effekt aber zu hart und
wirkt dadurch unnatürlich – zumindest dann, wenn der Korrek-

▲ **Abbildung 9.59**
Mit Photoshops Raw-Dialog
lassen sich Vignettierungen
schnell korrigieren – aber
auch bewusst hinzufügen.
Damit wird das Auge des
Betrachters auf das Wesentliche gelenkt.

Ellipse ausblenden
Die Begutachtung des Er-
gebnisses ist mitunter
schwierig, da die Ellipse
stört. Schalten Sie sie
temporär aus, indem Sie
das Häkchen vor ÜBERLA-
GERUNG ❹ wegnehmen.

Artefakt
Artefakte sind unschöne, schwammige Pixelanordnungen oder Viereckmuster, die beispielsweise bei zu starker JPEG-Kompression auftreten.

turbedarf ziemlich hoch ist. Sollten Sie mit der Klarheit nicht zurande kommen, empfehle ich, den bereits bekannten Strukturregler einzusetzen oder auf die Detailverbesserung zurückzugreifen. Letzteres bewirkt nämlich nicht nur eine Optimierung der Kanten, sondern auch eine Reduzierung sogenannter Artefakte. Das Foto erhält saubere und fein aufeinander abgestimmte Farbdetails – aneinander angrenzende Farben verlaufen nicht miteinander. Jetzt hätte ich sogar noch eine weitere gute Nachricht für Sie: DETAILS VERBESSERN muss nämlich nicht extra eingestellt werden. Jetzt müssen Sie aber in Erfahrung bringen, wie der Korrektureffekt zugewiesen wird. Dazu klicken Sie in der linken Spalte (FILMSTREIFEN) auf den Bedienfeldmenü-Schalter und selektieren DETAILS VERBESSERN ❶.

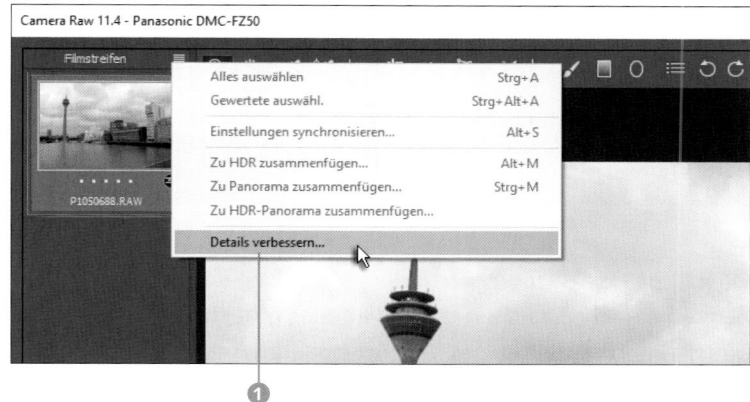

Abbildung 9.60 ▸
Die Details soll Camera Raw automatisch erledigen.

Wie Sie sehen, sehen Sie nichts – zumindest keine Einstelloptionen. Was Sie aber machen können, ist ein Vorher-Nachher-Vergleich. Denn solange die Maustaste auf dem Bildausschnitt im Dialog gedrückt ist, sehen Sie die ursprüngliche Ansicht. Lassen Sie los, wird die korrigierte Option angezeigt. Schieben Sie den Ausschnitt mit gedrückter Maustaste an die Position des Bildes, die zur Begutachtung relevant ist (viele Farben und Konturen). Wie lange die Korrektur dauern wird, lesen Sie unten rechts ab. Am Ende folgt der Klick auf VERBESSERN.

Wer sich erst einmal an diese Art der Korrektur gewöhnt hat und deren Vorteile zu schätzen weiß, wird zahlreiche Fotos auf dieselbe Weise korrigieren wollen. Der Vorteil: Aktivieren Sie links im Filmstreifen mehrere Miniaturen, bleibt der Dialog aus. Statt-

dessen macht sich Photoshop unverzüglich an die Berechnung. Gleiches erreichen Sie übrigens, wenn Sie nur *ein* Foto korrigieren wollen und während des Klicks auf DETAILS VERBESSERN [Alt] gedrückt halten.

◄ **Abbildung 9.61**
Hier gibt es nichts einzustellen.

Zuletzt ist noch zu klären, was mit den Dateien passiert, denn im Raw-Dialog selbst ist ja eigentlich nichts Spannendes mehr auszumachen. Im Hintergrund (also jenseits der Camera-Raw-Umgebung) erscheint ein Dialog, der den Fortschritt der Bearbeitung anzeigt und mit dessen Schalter ANHALTEN die Aktion jederzeit abgebrochen werden könnte. Das sollten Sie aber nicht machen, denn dann müssten Sie auf eine wunderschöne DNG-Datei verzichten, die Camera Raw eigens anfertigt und am Speicherort des Original-Raws deponiert. Dieses DNG kann ja, Sie wissen es längst, jederzeit wieder im Raw-Dialog geöffnet und bearbeitet werden.

◄ **Abbildung 9.62**
Die Berechnung erfolgt im Hintergrund. Sie können derweil an einem anderen Raw-Foto weiterarbeiten.

Abbildung 9.63 ▶
Das Original bleibt erhalten,
während das Resultat als
DNG-Datei abgelegt wird.

P1050688.RAW

P1050688-Verbessert.dng

Sofortreparaturen vornehmen

Das Bereichsreparatur-Werkzeug ❶ ist an sich nicht neu, jedoch im Laufe der Zeit optimiert worden – obgleich es nach wie vor nicht so komfortabel und vielseitig ist wie die »regulären« Reparatur-Tools. Im Gegenzug können Sie mit diesen aber auch nicht auf einem Raw-Foto arbeiten. Das Tool nennt sich in der Raw-Umgebung Makel entfernen und kann sowohl in der Werkzeugleiste als auch mit Hilfe von B aktiviert werden. Es ist sinnvoll, zunächst den Durchmesser, sprich: die Grösse ❷, einzustellen und anschließend einen Mausklick auf eine schadhafte Stelle zu setzen.

Abbildung 9.64 ▼
Das Bereichsreparatur-Tool
kann mittlerweile mehr als
nur Kreise.

Camera Raw (P1100232.JPG)

Sie dürfen auch gerne längliche Reparaturstellen korrigieren. Dazu halten Sie die Maustaste einfach gedrückt und überfahren den zu korrigierenden Bereich mit der Maus.

Grundsätzlich wird mit Hilfe einer rot-weißen Auswahl jener Bereich gekennzeichnet, der zu korrigieren ist. Der Bereich hingegen, der grün-weiß eingefasst ist, markiert die Stelle, aus der Bildpixel zur Reproduktion für die schadhafte Stelle verwendet werden. Beide Bereiche lassen sich nach ihrer Erzeugung noch verschieben. Dazu klicken Sie in einen der Kreise hinein und verziehen den Bereich mittels Drag & Drop.

Auch der Durchmesser kann noch individuell angepasst werden, indem Sie einen der Ränder (grün-weiß oder rot-weiß) verziehen – und zwar ebenfalls per Drag & Drop. Wer sich bei der Suche nach einer geeigneten Reparaturstelle Vorschläge von Photoshop einholen möchte, betätigt nach Klick auf die zu retuschierende Stelle gegebenenfalls mehrfach ⟨⇧⟩+⟨7⟩. Dadurch springt die Aufnahmestelle an verschiedene Positionen und sorgt so für differente Resultate. Zuletzt müssen Sie noch wissen, wie sich Reparaturstellen entfernen lassen – z. B. weil sie fälschlicherweise eingesetzt worden sind. Dazu klicken Sie in den Kreis hinein oder drücken ⟨Entf⟩ oder ⟨←⟩.

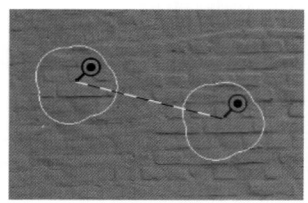

▲ **Abbildung 9.65**
Markieren Sie die schadhafte Stelle mit gedrückter Maustaste.

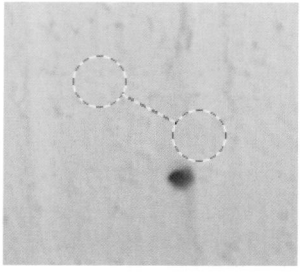

▲ **Abbildung 9.66**
Damit das Bohrloch in der Wand verschwindet, müsste der rote Kreis dorthin bewegt werden.

Korrekturpinsel verwenden

Sie haben ja bereits zuhauf feststellen können, wie schön es ist, dass man nur ganz bestimmte Bereiche eines Fotos korrigieren kann, während alle anderen Segmente ausgenommen bleiben. Dazu verwenden Sie in der Regel eine separate Ebene oder Einstellungsebene, die anschließend maskiert wird. So etwas ist auch im Raw-Dialog möglich, wenngleich hier die Individualität nicht ganz so optimal ist wie bei der herkömmlichen Maskierung. Dennoch ist es sinnvoll, sich das Tool etwas genauer anzusehen.

Zunächst aktivieren Sie den Korrekturpinsel ❶ (siehe Abbildung 9.67) innerhalb der Raw-Werkzeugleiste oder drücken ⟨K⟩. Scrollen Sie in der rechten Spalte nun ganz nach unten, und stellen Sie die GRÖSSE ❷ und WEICHE KANTE ❸ der Spitze ein. (Das kennen Sie ja von der herkömmlichen Arbeit mit Pinseln.)

▲ **Abbildung 9.67**
Auch in Raw gilt: Zunächst sollte das Werkzeug eingestellt werden.

▲ **Abbildung 9.68**
Lassen Sie sich die Maske
anzeigen, um zu beurteilen,
wo Sie bereits korrigiert
haben und wo noch nicht.
Ohne aktivierte Maske ist das
meist nicht zuverlässig einzu-
schätzen.

Wenn das erledigt ist, stellen Sie zunächst die gewünschte Veränderung in den oberhalb befindlichen Schiebereglern ein. Hier
müssen Sie sich jetzt noch keine große Mühe geben, da sich die
Veränderungen zu jeder Zeit noch optimieren lassen. Wischen
Sie anschließend über die Bereiche, die bearbeitet werden sollen.
Wenn Sie nicht sicher sind, ob Sie alle Bereiche aufgenommen
haben, aktivieren Sie das Kästchen MASKE ❹. Komplettieren Sie
den hervorgehobenen Bereich auf dem Foto.

Wer jetzt feststellt, dass Bereiche übermalt worden sind, die
eigentlich von der Korrektur verschont bleiben sollten, geht auf
RADIEREN und stellt anschließend GRÖSSE und WEICHE KANTE auch
für den Radierer ein. Übermalen Sie jene Bereiche, die von der
Korrektur subtrahiert werden sollen, und schalten Sie anschließend auf HINZUFÜGEN. (Dadurch wird der Radierer wieder deaktiviert.) Wenn Sie fertig sind, schalten Sie die Maske wieder aus und
führen noch einmal eine Feineinstellung anhand der Schieberegler
auf der rechten Seite durch.

Text, Formen und Pfade

Besonderheiten der Bildgestaltung

- ▸ Wie werden die Text-Werkzeuge angewendet?
- ▸ Wie kann ich Text verformen?
- ▸ Wie erzeuge ich einen Texteffekt?
- ▸ Wie kann ich ein Wasserzeichen in meine Bilder einfügen?
- ▸ Wie werden Pfade erzeugt und bearbeitet?

10   Text, Formen und Pfade

Solange es Schrift gibt, existiert auch der Wunsch, ausdrucksstarke Mittel zu ihrer Präsentation einzusetzen. In Gutenbergs Bibel war jedes Initial ein Kunstwerk – und auch im Zeitalter von Publishing, PostScript und PDF ist die Visualisierung von Schrift ungebrochen attraktiv. Zusätzlich zum Text finden Sie in diesem Kapitel aber noch Infos zu Formen und Pfaden. Denn eines haben alle drei gemeinsam. Sie bestehen aus Vektoren und sind somit qualitativ von allererster Güte.

10.1   Text-Werkzeuge und Textoptionen

Text-Werkzeuge bestehen, wie auch die später noch thematisierten Formen und Pfade, aus Vektoren. Sie sind produktionsbedingt beliebig und dabei verlustfrei skalierbar, da sie selbst nicht aus Pixeln bestehen (siehe Kapitel 12, »Fachkunde«). Das macht sie so außerordentlich interessant, wenn es um Gestaltung geht.

Photoshop hält verschiedene Text-Werkzeuge bereit. Mit der Anwahl eines der beiden ersten Tools verändern Sie lediglich die Anordnung der Buchstaben (horizontal oder vertikal). Diese Unterscheidung wird auch bei den Textmaskierungswerkzeugen vorgenommen, wobei hier besonders zu erwähnen ist, dass Sie anstelle von Lettern gleich eine Auswahl anlegen.

Abbildung 10.1 ▶
Die Text-Werkzeuge

Das am häufigsten verwendete Tool dürfte das Werkzeug für horizontalen Text sein. Markieren Sie es durch Anklicken in der Werkzeugleiste oder über die Taste $\boxed{\text{T}}$.

Die Optionsleiste des Text-Werkzeugs verändert sich nicht, wenn
Sie auf ein anderes Text-Werkzeug umschalten. Ganz links wird
das derzeit aktive Werkzeug ❶ präsentiert. Über die kleine Drei-
eck-Schaltfläche ❷ lassen sich zuvor definierte Textattribute aufrufen.

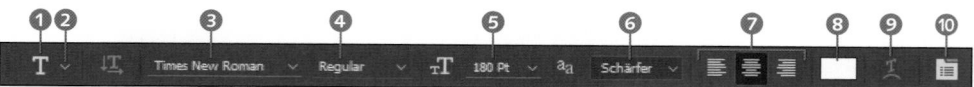

▲ **Abbildung 10.2**
Die Optionsleiste für Text-Werkzeuge

Den eigentlichen Text kreieren Sie, indem Sie mit aktiviertem
Text-Werkzeug auf das Dokument klicken und lostippen. (Dass
unmittelbar nach dem Klick »Lorem Ipsum« erscheint, muss Sie
zunächst nicht weiter verwundern. Was es damit auf sich hat,
erfahren Sie im folgenden Abschnitt.) Photoshop erzeugt automatisch eine Textebene. Schreiben Sie munter drauflos. Wenn Sie
fertig sind, setzen Sie einen Klick auf das Häkchen in der Symbolleiste. Das ansonsten übliche Betätigen von ⏎ hat hier ausnahmsweise keine Bestätigung der Eingabe zur Folge. Dadurch
würde nämlich lediglich eine Zeilenschaltung erreicht. Wenn Sie
die Bestätigung über die Tastatur dennoch bevorzugen, drücken
Sie Strg/cmd+⏎.

Platzhaltertext benutzen

Beim Schriftzug »Lorem Ipsum« handelt es sich um sogenannten
Platzhaltertext, der immer dann zum Einsatz kommt, wenn der
Originaltext noch nicht eingesetzt werden soll oder kann.

   Beispiel: Sie gestalten eine Anzeige, obwohl sich der Kunde
noch nicht für eine endgültige Überschrift entschieden hat. Später, wenn der Text vorliegt, tauschen Sie diesen einfach aus. Durch
die Verwendung eines Platzhaltertextes können Sie sich bereits
vorab um die Gestaltung kümmern. Um den angebotenen Platzhaltertext zu verwenden, müssen Sie unmittelbar nach Klick auf
das Bild (bei aktiviertem Text-Werkzeug) das Häkchen in der
Optionsleiste betätigen. Der Text wird dann mit allen eingestellten Parametern verwendet.

Abbildung 10.3 ▶
Lorem Ipsum ist Synonym für
Platzhaltertexte.

Nach Klick auf das Häkchen dürfen Sie sogar weitere Parameter einstellen – solange die Textebene im Ebenen-Bedienfeld angewählt bleibt. Selbst Ebeneneffekte, wie abgeflachte Kanten oder Schlagschatten, die Sie einer Ebene durch Doppelklick zuweisen können, dürfen bereits jetzt einbezogen werden. Sobald der zu verwendende Text vorliegt, führen Sie bei aktiviertem Text-Werkzeug einen Doppelklick auf dem Text aus (bei mehreren Wörtern muss ein Dreifachklick her) und tippen den neuen Text danach ein. Sämtliche zuvor vergebenen Text- und Ebenenparameter bleiben erhalten.

Platzhaltertext deaktivieren

So schön das ja ist mit dem Platzhaltertext – manch einer wird sich durch die Vorgabe »Lorem Ipsum« gestört fühlen, da der Text ständig angeboten wird – auch wenn man gar keinen Platzhalter benötigt. Schalten Sie die Funktion aus, indem Sie BEARBEITEN/PHOTOSHOP CC • VOREINSTELLUNGEN • SCHRIFT aufrufen und NEUE TEXTEBENEN MIT PLATZHALTERTEXT FÜLLEN deaktivieren.

▲ **Abbildung 10.4**
Gestalten Sie den Platzhaltertext nach Ihren Vorlieben.
Der spätere Austausch ist ein Kinderspiel.

Schrift und Schriftschnitt festlegen

Bevor Sie mit der Texteingabe beginnen, haben Sie noch vielfältige Möglichkeiten, das von Ihnen gewünschte Schriftbild einzustellen.

Im Folgenden werden die verschiedenen Einstellungsoptionen vorgestellt. Im Menü Schriftfamilie einstellen ❸ (Abbildung 10.2) stellen Sie die Schriftart ein. Einige Schriften bieten lediglich einen einzigen Satz an, andere wiederum erlauben den Zugriff auf abgewandelte Zeichensätze, die sich in der nächsten Dropdown-Liste Schriftschnitt einstellen ❹ bestimmen lassen. Das sind also die sogenannten *Schriftschnitte*. In der Regel sind das unter anderem *Regular* oder *Roman* für normalen Schriftschnitt, *Italic* für Kursivschrift, also Schrägschrift, oder *Bold* für fette Schriftarten. Der Schriftschnitt *Light* setzt sich aus sehr feinen Buchstaben zusammen. Bei einer *Condensed* erscheinen schließlich die Breiten der Lettern verringert.

Schriftgrad

Die Größe der Schrift ❺ wird in *Punkt* (Pt) angegeben. Dabei entspricht ein Punkt der Größe von 0,35275 mm. In Layoutprogrammen, z. B. Adobe InDesign oder QuarkXPress, werden Sie oft auf das Maß 4,233 mm stoßen. Damit ist ein Maß in der Größe von 12 Pt gemeint.

Glätten

Beim Glätten ❻ werden Übergänge in den Randbereichen der Schrift erzeugt. Wie Sie vielleicht wissen, besteht ein Bild aus Pixeln, während Schriften stets Vektorgrafiken sind (siehe auch Kapitel 12, »Fachkunde«). Diese Grafiken werden beim Konvertieren in ein Bildformat wie JPEG, TIFF oder BMP »gepixelt«. Beim Glätten werden die Kanten der Buchstaben weicher gestaltet. Je nach Verwendungszweck kann die Glättung bessere, leider aber auch schlechtere Ergebnisse bringen. Photoshop CC bietet hier verschiedene Glättungsoptionen an, die Sie in Abbildung 10.6 sehen können. Im Einzelfall kommen Sie an einer Prüfung nicht vorbei, da die Effekte bei unterschiedlichen Schriftfamilien und Schriftschnitten auch teils andere Ergebnisse zutage fördern. Meine Empfehlung: Skalieren Sie das Bilddokument zunächst auf 100 %, und schauen Sie sich anschließend die unterschiedlichen Wirkungsweisen an.

Eigenschaften-Bedienfeld

 Bitte beachten Sie, dass sich das Eigenschaften-Bedienfeld grundsätzlich öffnet, sobald ein Text produziert wird. Zwar finden Sie dort keine Steuerelemente, die nicht auch in der Optionsleiste enthalten wären, jedoch liegt vielen die Arbeit mit dem Eigenschaften-Bedienfeld mehr.

Glätten
Glätten

▲ **Abbildung 10.5**
Schrift ohne Glättung (oben) wirkt zwar »pixeliger«, ist aber in der Kontur schärfer als geglätteter Text (unten).

Glättungsoptionen
SCHARF bedeutet, dass der Text so scharf wie möglich abgebildet wird, während SCHÄRFER den Text nur etwas schärft. Im Modus STARK wird eine kleine Kontur erzeugt, während ABRUNDEN die beschriebene Glättung (also Weichzeichnung am Rand) darstellt. OHNE schaltet die Option komplett aus.

▲ **Abbildung 10.6**
Schauen Sie sich in Ruhe an, welche Auswirkungen die verschiedenen Glättungsmethoden auf die Ränder der Schrift haben. OHNE deaktiviert die Glättung.

Ausrichtung

Legen Sie fest, ob der Text linksbündig, zentriert oder rechtsbündig ausgerichtet werden soll ❼.

Abbildung 10.7 ▶
Textausrichtung linksbündig (oben), zentriert (Mitte) und rechtsbündig (unten)

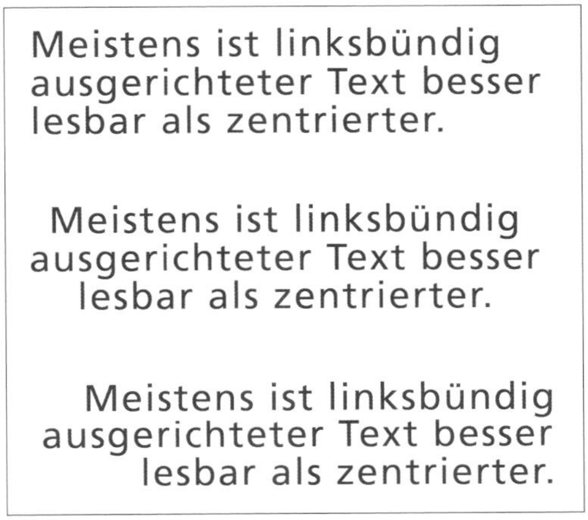

Meistens ist linksbündig ausgerichteter Text besser lesbar als zentrierter.

Meistens ist linksbündig ausgerichteter Text besser lesbar als zentrierter.

Meistens ist linksbündig ausgerichteter Text besser lesbar als zentrierter.

Allgemeine Änderungen
Wenn Sie Textattribute verändern möchten, machen Sie dies bitte entweder vor der Eingabe des Textes oder nachdem Sie diese mit dem Häkchen in der Optionsleiste bestätigt haben. Änderungen während der Texteingabe bewirken lediglich, dass sich der Text ab der aktuellen Cursorposition ändert.

Weitere Funktionen

Ändern Sie die Zeichenfarbe durch einen Klick auf das Farbfeld ❽. Hierüber wechseln Sie in den Farbwähler.

Zur Verformen-Funktion ❾ kommen wir im Folgenden. Der Button steht im Übrigen nur dann zur Verfügung, wenn bereits Text erzeugt wurde.

Das Glyphen-Bedienfeld

In Version 2015 von Photoshop CC hat ein sogenanntes Glyphen-Bedienfeld Einzug gehalten. Meine Meinung dazu: »Hurrraaa!!! Danke, danke, liebe Photoshop-Programmierer. Das war bitter nötig.« – Mit Glyphen bezeichnet man im Kern die grafische Darstellung von Schriftzeichen. Im Glyphen-Satz einer Schrift sind alle in dieser Schrift verwendbaren Zeichen integriert – also auch Sonderzeichen wie das Copyright-Symbol. Bislang war es so, dass Photoshop dieses und zahllose andere Glyphen nicht ohne Weiteres darstellen konnte. Man musste den zum Zeichen gehörenden ASCII-Code kennen (für das Copyright-Zeichen ist er: ⎡Alt⎤ (gedrückt halten) und Eingabe von ⎡1⎤+⎡8⎤+⎡4⎤). Umso beschwerlicher ist, dass jedes Zeichen einen eigenen ASCII-Code hat. Aber sei's drum. Jetzt öffnet man das entsprechende Bedienfeld (FENSTER • GLYPHEN), scrollt ein wenig nach unten ❶ und setzt einen simplen Doppelklick auf das benötigte Symbol ❷. Im Vorfeld muss natürlich die Einfügemarke des Text-Werkzeugs aktiv sein (z. B. mit dem Text-Werkzeug auf das Dokument klicken).

◄ **Abbildung 10.8**
Endlich – Glyphen in Photoshop

Alternative Glyphen

Für den Fall, dass alternative Zeichen zur Verfügung stehen, werden diese nach Markierung des entsprechenden Buchstabens direkt am Text angezeigt. (Bei Verwendung der Schriftart MINION PRO ist das beispielsweise der Fall.) Wählen Sie die Glyphe aus der Tafel aus, die Ihnen mehr liegt als die derzeit im Text befind-

Alternative Glyphen deaktivieren
Wer viel schreibt, könnte sich durch die Texttafel gestört fühlen. Deaktivieren Sie in diesem Fall die Checkbox TEXTEBENEN-GLYPHEN-ALTERNATIVEN AKTIVIEREN, die unter BEARBEITEN/PHOTOSHOP CC • VOREINSTELLUNGEN • SCHRIFT zu finden ist.

liche. Sie wird daraufhin ersetzt. Beachten Sie, dass die Tafel nur angezeigt wird, wenn Sie sich mit der Maus auf dem markierten Textbereich befinden.

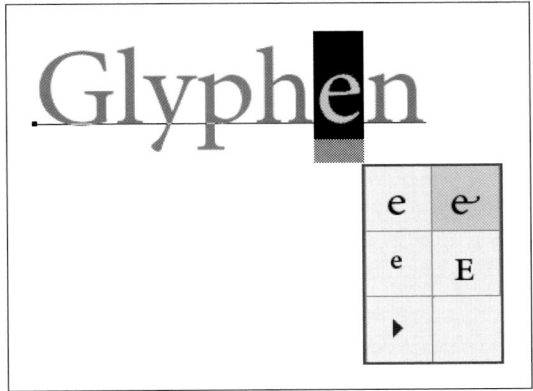

Abbildung 10.9 ►
Ersetzen Sie Glyphen bei Bedarf.

10.2 Zeichen- und Absatz-Bedienfeld

Photoshop hält ein Zeichen- und ein Absatz-Bedienfeld bereit, mit deren Hilfe Sie schnell auf die unterschiedlichsten Funktionen zugreifen können ❿ (Abbildung 10.2). Hinter dem Zeichen-Bedienfeld ist das sogenannte Absatz-Bedienfeld zu finden, mit dem sich neben den bereits erwähnten Ausrichtungen auch Einzüge definieren lassen. So kann beispielsweise die erste Zeile eines jeden Absatzes etwas nach rechts verschoben werden.

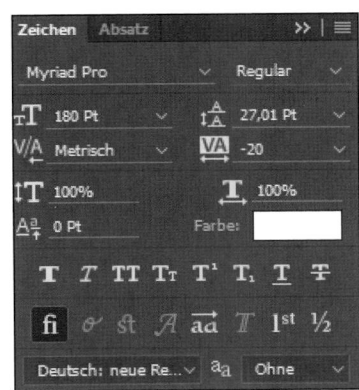

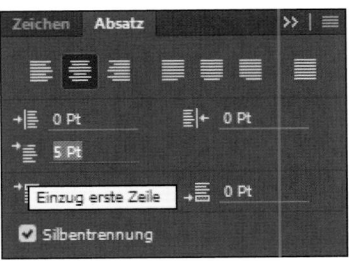

Abbildung 10.10 ►
Das Zeichen-Bedienfeld

Abbildung 10.11 ►►
Der Anfang der ersten Zeile eines Absatzes wird nach rechts verschoben.

Innerhalb des Zeichen-Bedienfelds ist auch die vorletzte Zeile interessant, durch die nun noch mehr Optionen zur Verfügung stehen. Unter anderem werden Open-Type-typische Zeichen unterstützt, z. B. die Verbindung der beiden Buchstaben »f« und »i« durch ein in diesem Schriftsatz enthaltenes einzelnes Zeichen. Dabei handelt es sich übrigens um das sogenannte Unterschneiden bzw. um Ligaturen. Aktivieren Sie für das beschriebene Schriftbild die Schaltfläche STANDARDLIGATUREN. Dadurch verschmelzen zwei Zeichen zu einem.

> Wir waren alle sehr erstaunt, als Ewald uns seine Entscheidung mitteilte. Wir hatten nicht damit gerechnet, dass er sich so schnell mit der Angelegenheit auseinandersetzen würde.

▲ **Abbildung 10.12**
Das sieht besonders beim Blocksatz gut aus (in dem normalerweise alle Zeilen mit Ausnahme der letzten gleich breit sind).

fi fi

◀ **Abbildung 10.13**
Photoshop erlaubt auch eine anspruchsvolle Zeichengestaltung wie eine Ligatur-Erzeugung (rechts: STANDARDLIGATUREN ist aktiviert).

Zeichen- und Absatzformate definieren

Das wird vor allem den Designer begeistern, der gerne mit Texten arbeitet: In Photoshop sind Zeichen- und Absatzformate definierbar. Wer intensiv mit Microsoft Word, Adobe InDesign oder QuarkXPress arbeitet, kennt diese Techniken. Häufig benutzte Schrifteinstellungen lassen sich auch in Photoshop absichern.

Nehmen wir an, Sie benötigen verschiedenartige Schriften mitsamt ihren Einstellungen (z. B. Farbe, Größe, Laufweite) immer wieder. Dann wäre es doch müßig, sie jedes Mal über die Optionsleiste oder das Zeichen-Bedienfeld neu zu definieren, oder? In Photoshop ist das nicht nötig. Hier definieren Sie die Schrift nur ein einziges Mal und legen dann ein Format davon an. Unterschieden wird hier zwischen *Zeichenformaten* (beziehen sich auf einzelne Zeichen oder Wörter innerhalb eines Absatzes) und *Absatzformaten* (beziehen sich auf einen gesamten Absatz).

Nachdem Sie die Schrift eingestellt haben, öffnen Sie das gleichnamige Bedienfeld (FENSTER • ZEICHENFORMATE oder FENSTER • ABSATZFORMATE) und betätigen anschließend das kleine Blatt-Symbol ❷ in der Fußleiste.

Open Type
Open Type gilt als Weiterentwicklung des Standard-Schriftformats *True Type*. Es zeichnet sich vor allem durch sehr viel anspruchsvollere Zeichensätze aus. Außerdem sind Open-Type-Schriften plattformübergreifend einsetzbar.

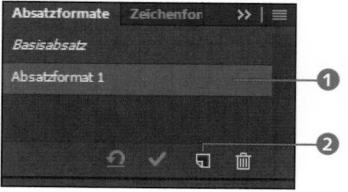

▲ **Abbildung 10.14**
Hier ist gerade ein Absatzformat erzeugt worden.

Neben den Standard-
funktionen (siehe oberste
drei Einträge links in der
Liste der Absatzformat-
optionen) lassen sich
auch Einzüge und Ab-
stände, Satz, Ausrichtung
und Silbentrennung indi-
viduell regeln. Besonders
Letzteres ist ein Segen für
denjenigen, der oft Fließ-
texte in Photoshop ver-
arbeiten muss.

Weitere Definitionen, die das Format betreffen, lassen sich nach
einem Doppelklick auf die Formatbezeichnung ① (Abbildung
10.14) vornehmen. So ist es beispielsweise sinnvoll, dem Format
einen aussagekräftigen Namen zu verpassen.

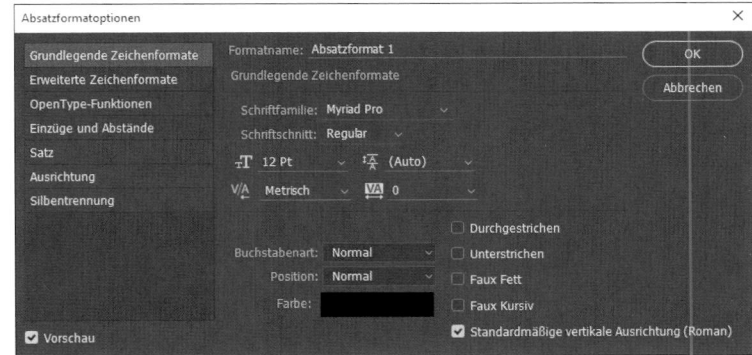

▲ **Abbildung 10.15**
Wenn Sie viele verschiedene Formate verwalten müssen, ist die Vergabe
einer eindeutigen Bezeichnung dringend zu empfehlen.

Das wirklich Tolle an der Arbeit mit Formaten ist jedoch: Falls Sie
sich irgendwann einmal überlegen, ein Format zu ändern, können
Sie das über den zuvor angesprochenen Dialog tun. Die Änderungen werden dann automatisch überall dort wirksam, wo das
jeweilige Format eingesetzt worden ist. Das bedeutet für Sie: Sie
müssen kein einziges Textfeld manuell nachbearbeiten, sondern
ändern nur die betreffende Formatoption.

Zeichen- und Absatzformate integrieren

Allerdings müssen Sie bedenken, dass Absatz- und Zeichenformate
nur für das jeweilige Dokument Gültigkeit besitzen. Schließen Sie
das Foto, sind die Formate zwar innerhalb der Datei noch enthalten
(Voraussetzung: ebenenbasiertes PSD oder TIFF), werden jedoch
in Photoshop nicht mehr angezeigt. Sie haben die Möglichkeit, die
zuvor benutzten Formate neu zu integrieren, sofern Sie das Dokument zuvor als PSD gesichert haben. Gehen Sie dazu in das Bedienfeldmenü des Zeichen- oder des Absatz-Bedienfelds, und wählen
Sie dort ZEICHENFORMATE LADEN bzw. ABSATZFORMATE LADEN ①.
Markieren Sie das PSD-Dokument, und betätigen Sie ÖFFNEN.

Zeichen- und Absatzformate speichern

Sie können noch einen Schritt weitergehen. Es ist nämlich möglich, Absatz- und Zeichenformate dauerhaft zu speichern. (Wie sehr haben wir uns das gewünscht.) Und so geht's: Legen Sie zunächst, wie beschrieben, sämtliche Formate an, und öffnen Sie danach das Bedienfeldmenü. Ob Sie das bei aktivierter Registerkarte ABSATZFORMATE oder ZEICHENFORMATE machen, spielt keine Rolle. Auch ist es unerheblich, welche Zeile dort gerade markiert ist. Klicken Sie zuletzt auf STANDARDSCHRIFTSTILE SPEICHERN ❷.

◄ **Abbildung 10.16**
Die zuvor eingerichteten Vorlagen (hier auch Standardschriften genannt) können mit Photoshop gespeichert werden.

Zeichen- und Absatzformate ersetzen oder weitergeben

Sollten Sie im Team arbeiten, können Sie die Stile problemlos auf einen neuen Rechner übertragen, indem Sie die Schriften in ein Photoshop-Dokument (*.psd oder *.psb) integrieren und die Datei an eine andere Person weitergeben. Die kann sich nun via Bedienfeldmenü für ABSATZFORMATE LADEN bzw. ZEICHENFORMATE LADEN entscheiden, die Photoshop-Datei anwählen und mit OK bestätigen. Sollte Photoshop feststellen, dass sich auf dem Zielrechner bereits eine entsprechende Vorlage befindet, wird eine Hinweistafel ausgegeben, mit der der Empfänger entscheiden kann, ob er die auf seinem Rechner vorhandene Vorlage ERSETZEN möchte oder die Aktualisierung lieber ÜBERSPRINGEN (also nicht ausführen) will. Mit ABBRECHEN findet keine Integration statt.

All das ist übrigens auch auf dem eigenen Rechner möglich. Sollte Ihr Auftraggeber Änderungswünsche an einer Schriftart

verspüren, kann er sie in besagtem Photoshop-Dokument vornehmen und Ihnen anschließend wieder zur Verfügung stellen. Ein Import auf die oben beschriebene Weise aktualisiert dann Ihre bereits integrierten Vorlagen.

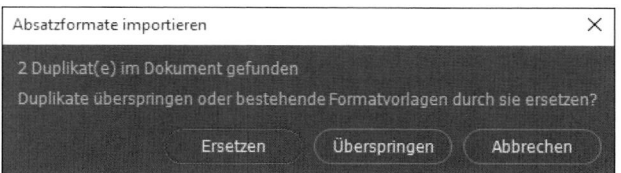

Abbildung 10.17 ►
Beim Import haben Sie die Wahl.

Schriften finden

Haben Sie sich beim Betrachten eines mit Text versehenen Fotos (oder einer Werbeanzeige) auch schon einmal gefragt, was das bloß für eine Schrift sein mag? Als stolzer Photoshop-Besitzer bleiben Ihnen derartige Interna künftig nicht mehr verborgen. Sie können die Anwendung nämlich dazu bewegen, das Schriftbild zu analysieren. Nun ist nicht generell sichergestellt, dass Photoshop stets die Originalschrift findet – und Ihnen diese auch noch zur Verfügung stellt, denn das wirft möglicherweise erhebliche rechtliche Bedenken auf, da viele Schriften gar nicht ohne Weiteres benutzt werden dürfen. Immerhin zahlen renommierte Unternehmen ihren Schrift-Designern viel Geld für die Entwicklung individueller Lettern. Dennoch schafft Photoshop es zumindest, eine dem Original möglichst nahekommende Schrift zu präsentieren.

Und so einfach geht's: Öffnen Sie das Menü SCHRIFT. Selektieren Sie den Listeneintrag PASSENDE SCHRIFT FINDEN. Auf dem Foto zeigt sich anschließend ein kleiner Rahmen, den Sie an den Eckanfassern mit gedrückter Maustaste in Form ziehen können. Klicken Sie in den Rahmen hinein, lässt dieser sich (ebenfalls mit gehaltener Maustaste) auf dem Foto verschieben. Passen Sie den Rahmen so an, dass er die Schrift umrahmt, die Sie suchen. Nun warten Sie, bis Photoshop die potenziellen Ergebnisse gefunden hat. Klicken Sie auf die Zeile, deren Schriftmuster Ihren Wünschen am ehesten entspricht, und bestätigen Sie mit OK. Zuletzt aktivieren Sie das Text-Werkzeug innerhalb der Werkzeugleiste. Die gewünschte Schriftart ist in der Optionsleiste nun bereits eingestellt.

◄ **Abbildung 10.18**
Umrahmen Sie den Bildbereich, der analysiert werden soll.

◄ **Abbildung 10.19**
Die Schrift wird automatisch übernommen.

Adobe Fonts

Hinter der Suchroutine steckt ADOBE FONTS, eine Schriften-Bibliothek mit Schriftsätzen, die Ihnen im Rahmen der Creative-Cloud-Mitgliedschaft zur Verfügung stehen (ehemals Typekit). Die Schriften finden Sie unter *https://fonts.adobe.com/fonts*. Hier können auch derzeit noch nicht auf Ihrem PC installierte Fonts per Mausklick eingefügt werden. Organisatorische Infos zu Adobe Fonts sind unter *https://fonts.adobe.com* zu finden.

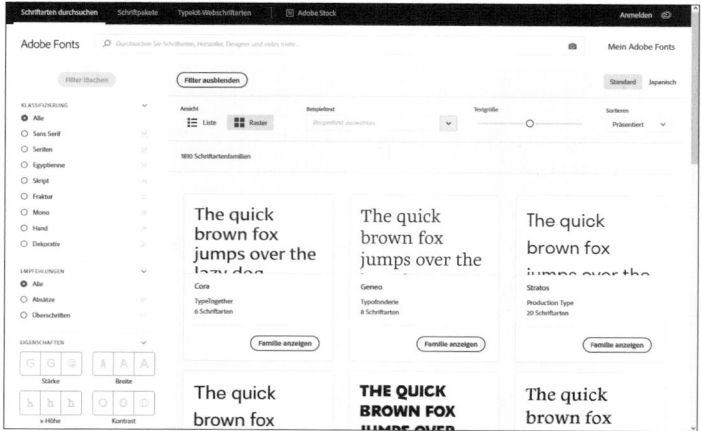

◄ **Abbildung 10.20**
Adobe Fonts ist Ihr Portal zu zahlreichen weiteren Schriften.

10.3 Texteffekte und Texturen

Photoshop bietet eine ganze Fülle von Möglichkeiten, trickreich Einfluss auf zu erstellende Texte zu nehmen. Denn mit der bloßen Texteingabe ist das Ende der Fahnenstange noch lange nicht erreicht. Nach der Erstellung und Übergabe an die Anwendung geht es meist erst richtig los.

Text verformen

Durch individuelle Gestaltung können Sie Ihren Texten das gewisse Etwas geben. Ein dynamisch gestalteter Text, dessen Form im Bestfall das widerspiegelt, was die Schrift aussagen will, weckt das Interesse des Betrachters. Um das zu illustrieren, bietet sich hier ein kleiner Workshop an.

Schritt für Schritt
Textaussage visualisieren

Verleihen Sie Ihrem Text durch Formgebung mehr Individualität. Die Lettern werden für den Betrachter interessanter, wenn Formen das wiedergeben, was die Schrift aussagen soll.

1 Dokument anlegen
Erzeugen Sie im Editor eine NEUE DATEI mit Strg/cmd+N, und übertragen Sie die folgenden Werte. Bestätigen Sie mit OK.

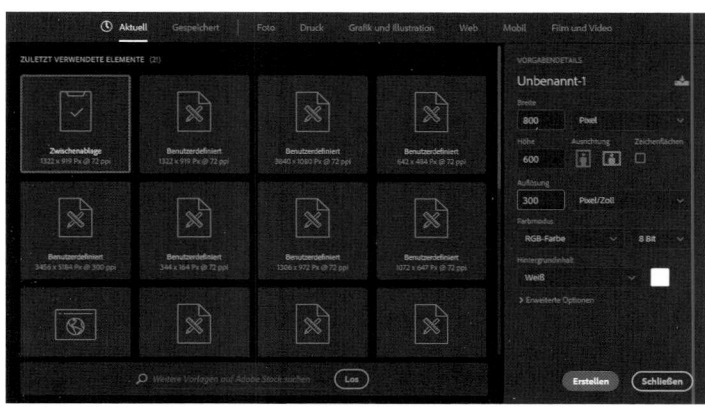

Abbildung 10.21 ▶
Diese Parameter sollten Sie an die neue Datei übergeben.

2 Schrift einstellen

Stellen Sie eine serifenlose Schrift ein (hier: ARIAL ❶). Setzen Sie dazu einen Mausklick in das erste Eingabefeld der Optionsleiste, und beginnen Sie, den Namen der gewünschten Schriftfamilie einzugeben. Wahrscheinlich wird schon nach Eingabe der ersten beiden Buchstaben eine eindrucksvolle Liste präsentiert. Entscheiden Sie sich per Klick für ARIAL REGULAR. Eigentlich benötigen wir eine Fettschrift. Wenn Sie jedoch zunächst eine Regular wählen, kann ich Ihnen im nächsten Schritt präsentieren, wie die zur Schriftfamilie passende Fettschrift eingestellt wird.

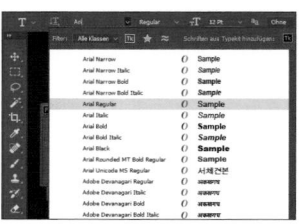

▲ **Abbildung 10.22**
Die neu integrierte Liste bringt sämtliche Schriften zum Vorschein.

Klicken Sie ins rechts daneben befindliche Feld, und drücken Sie anschließend so oft ⬇, bis der Schriftschnitt BOLD ❷ gelistet wird. Nun ist ⇄ erforderlich, gefolgt von der Eingabe »24« ❸. Das legt die Schriftgröße auf 24 Pt fest. Den Rest machen Sie mit der Maus. Betätigen Sie ZENTRIERT ❹ als Ausrichtung, und entscheiden Sie sich für eine prägnante Schriftfarbe ❺ (hier: Rot).

▼ **Abbildung 10.23**
Vergleichen Sie die Einstellungen.

3 Laufweite ändern

Blenden Sie das Zeichen-Bedienfeld über FENSTER • ZEICHEN ein, und vergeben Sie eine Laufweite von 50. Damit vergrößern sich die Abstände zwischen den einzelnen Lettern.

◀ **Abbildung 10.24**
Die 50er-Laufweite erhöht die Buchstaben-Zwischenräume.

4 Text schreiben

Klicken Sie mit dem horizontalen Text-Werkzeug in die Mitte der Arbeitsfläche, und schreiben Sie in Versalien (Großbuchstaben) das Wort »AUFWÄRTS«. Bestätigen Sie mit Strg/cmd+↵, und

richten Sie den Text mit dem Verschieben-Tool so aus, dass er im oberen Drittel des Dokuments liegt.

Abbildung 10.25 ▶
Achten Sie auf die Positionierung des Textes.

AUFWÄRTS

Sprache kontrollieren
Bei der Gelegenheit könnten Sie auch noch kontrollieren, ob im unten links angeordneten Pulldown-Menü die korrekte Sprache angewählt ist. Das ist nämlich sowohl für die Rechtschreibprüfung als auch für die Silbentrennung von großer Bedeutung. Selbst für die reformierte Rechtschreibung stehen mehrere Einträge zur Verfügung – und die schöne Schweiz ist natürlich auch mit von der Partie.

5   Ebenenkopie erstellen

Duplizieren Sie die Ebene entweder im Ebenen-Bedienfeld oder über das Menü EBENE • EBENE DUPLIZIEREN. Den Dialog bestätigen Sie einfach mit OK. Alternativ drücken Sie Strg/cmd+J. Schalten Sie in der Optionsleiste des Verschieben-Werkzeugs AUTOM. AUSW. ab. Dadurch ist gewährleistet, dass Sie zum Verschieben nicht genau den Textbereich markieren müssen. Klicken Sie auf das Dokument, und halten Sie die Maustaste gedrückt. Nun halten Sie zusätzlich noch ⇧ gedrückt und ziehen die kopierte Ebene nach unten.

Abbildung 10.26 ▶
Gleich unterhalb entsteht ein Duplikat.

AUFWÄRTS
AUFWÄRTS

Namen für Textebenen
Es ist nicht erforderlich, beim Duplizieren von Textebenen Namen zu vergeben. Wenn der Inhalt geändert wird, überträgt sich dies auch auf den Namen der Ebene.

6   Text ändern

Aktivieren Sie erneut das horizontale Text-Werkzeug, und markieren Sie mit gedrückt gehaltener Maustaste den kompletten Text.

Er ist jetzt schattiert dargestellt. Sobald Sie nun eine neue Eingabe machen, wird der alte Text gelöscht.

◄ **Abbildung 10.27**
Der untere Text ist markiert.

7 Laufweite erneut ändern

Schreiben Sie »BEWEGUNG«. Markieren Sie erneut die komplette zweite Zeile, und ändern Sie die Laufweite über das Zeichen-Bedienfeld auf »0«. Dadurch passt sich der Inhalt der zweiten Zeile optisch an die Breite der ersten an. Bestätigen Sie die Änderung.

8 Verformung aktivieren

Klicken Sie auf den Button VERFORMTEN TEXT ERSTELLEN in der Optionsleiste. Nun öffnen Sie das Flyout-Menü ART und stellen dort ANSTEIGEND ein. Verlassen Sie den Dialog noch nicht!

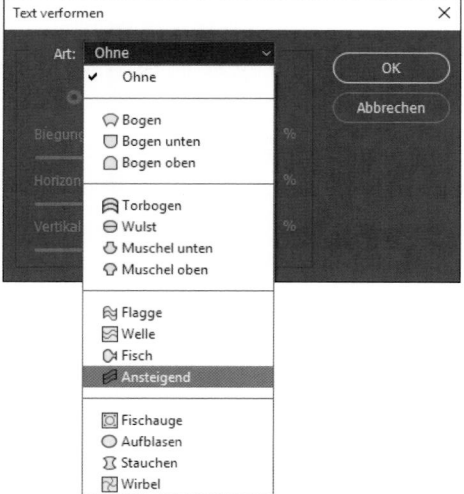

◄ **Abbildung 10.28**
Der Text soll ansteigend verformt werden.

Einstellungen widerrufen

Wenn Sie [Alt] gedrückt halten, während das Dialogfenster noch geöffnet ist, wird die ABBRECHEN-Schaltfläche zum ZURÜCK-SETZEN-Button. Klicken Sie ihn an, um die vorgenommenen Einstellungen zu widerrufen und von vorne zu beginnen, ohne das Dialogfeld verlassen zu müssen.

9 Verformung einstellen

Nun werden die Einstellparameter verändert. Die BIEGUNG steht standardmäßig auf +50% ❷. Bewegen Sie den mittleren Schieber

Verformen-Wirkungen
Testen Sie bei Gelegenheit doch einmal die verschiedenen Wirkungen des Text-verformen-Effekts. Beachten Sie auch die Symbole vor den jeweiligen Namen, die in groben Zügen die Verformung wiedergeben.

Abbildung 10.29 ▶
Legen Sie die horizontale Verzerrung fest.

mit dem Namen HORIZONTALE VERZERRUNG ❸ nach rechts, bis ein Wert um +90 % erreicht wird. Die VERTIKALE VERZERRUNG belassen Sie bei 0 % ❹. Nun können Sie beherzt auf OK ❶ klicken.

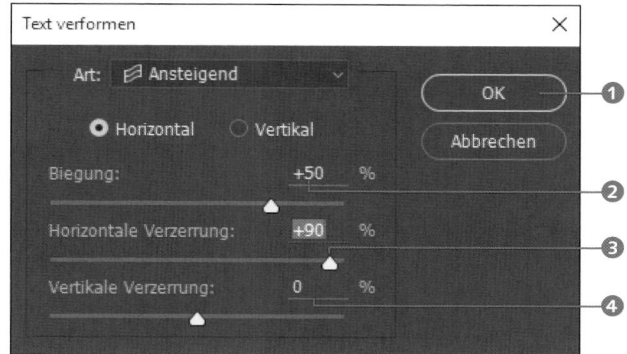

Markieren Sie nun die Ebene AUFWÄRTS im Ebenen-Bedienfeld, und öffnen Sie erneut den Dialog VERFORMTEN TEXT ERSTELLEN. Unter ART selektieren Sie erneut ANSTEIGEND. Nun müssen Sie lediglich noch die HORIZONTALE VERZERRUNG auf ca. –90 % setzen und mit OK bestätigen.

Die fertige Datei finden Sie auch auf der Buch-Website im Ordner ERGEBNISSE unter dem Titel »Bewegung.psd« zum Download.

Bilder/Ergebnisse/
Bewegung.psd

Abbildung 10.30 ▶
Am Ende soll es so aussehen.

Texteffekte mit Ebenenstilen und Texturen

Texturen und Muster machen ein Bild erst so richtig lebendig. Prinzipiell haben Sie dazu zwei Möglichkeiten: Entweder nutzen Sie eine vorhandene Textur, oder Sie erstellen sie komplett selbst. Letzteres werden wir gleich hier in einem Workshop ausprobieren.

Schritt für Schritt
Einen Chromeffekt erzeugen

Bei diesem Workshop handelt es sich um einen echten Klassiker, der deutlich macht, wie unterschiedlich eine Schattenwirkung ausfallen kann.

1 Neue Datei erzeugen

Erzeugen Sie eine neue Datei im RGB-Modus mit 220 ppi, und verwenden Sie die Abmessungen 10 cm BREITE sowie 7 cm HÖHE. (Denken Sie daran, zuerst die Maßeinheit einzustellen und erst im Anschluss die Werte einzugeben!) Der Hintergrund soll weiß sein.

◄ **Abbildung 10.31**
Eine neue Datei wird erzeugt.

2 Schrift erzeugen

Schreiben Sie den gewünschten Text (hier: CHROMA), und skalieren Sie ihn entsprechend (hier: COPPERPLATE GOTHIC (BOLD) mit einer Größe von 36 Pt). Die Farbe spielt übrigens keine Rolle.

◄ **Abbildung 10.32**
So sollte Ihr Text ungefähr aussehen.

3 Text rastern

Rastern Sie den Text, indem Sie bei aktiviertem Text-Werkzeug mit der rechten Maustaste direkt im Bild auf den Text klicken und den Eintrag TEXT RASTERN im Kontextmenü selektieren. Alternative: SCHRIFT • TEXTEBENE RASTERN.

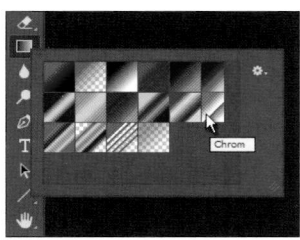

▲ **Abbildung 10.33**
So schnell kann man die vorhandenen Verläufe erreichen.

4 **Verlauf einstellen**

Aktivieren Sie das Verlaufswerkzeug, und drücken Sie ⏎. In der daraufhin präsentierten Auswahlliste an der Toolbox entscheiden Sie sich für den Button Chrom.

5 **Verlauf bearbeiten**

Der Verlauf beinhaltet bereits alle Farben, die für diesen Workshop benötigt werden. Ein Makel bleibt aber dennoch. Finden Sie nicht auch, dass der Übergang von Weiß nach Braun etwas hart ist? Öffnen Sie daher das Dialogfenster Verläufe bearbeiten (klicken Sie auf die Verlaufsfläche in der Optionsleiste), und ziehen Sie die weiße Farbunterbrechung ❷ etwas nach links. Gleich rechts daneben wird nun auch der Farbmittelpunkt ❶ sichtbar. Sie schieben ihn etwas nach rechts. Das sieht doch schon wesentlich harmonischer aus, oder? Wenn Sie möchten, speichern Sie den neuen Verlauf unter einem anderen Namen.

Abbildung 10.34 ▶
Anspruchsvolle Verläufe sollten gespeichert werden.

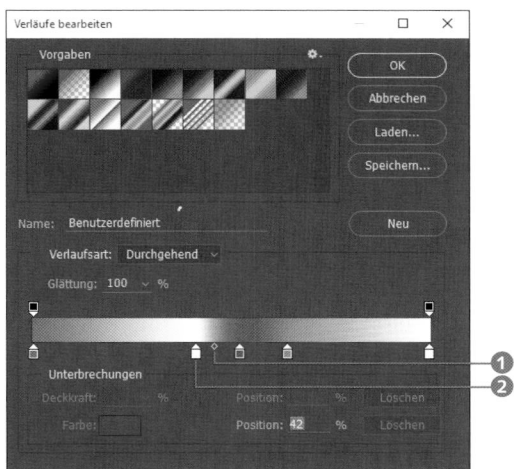

6 **Verlauf anwenden**

Bevor Sie nun den Verlauf zuweisen, aktivieren Sie im Ebenen-Bedienfeld noch die Funktion Transparente Pixel fixieren. Schließlich soll ja nur die Schrift und nicht die komplette Ebene einen Verlauf erhalten. Danach ziehen Sie mit gedrückter ⬆-Taste von oben nach unten eine Linie über das mittlere Drittel der Lettern. Sobald Sie loslassen, wird der Verlauf aufgezogen. Heben Sie Transparente Pixel fixieren anschließend wieder auf.

◀ **Abbildung 10.35**
Der Verlauf erstreckt sich jetzt
nur auf die Lettern.

7 Effekte zuweisen

Sie kennen das ja schon. Der Rest ist die Zuweisung von Effekt-
Parametern, obwohl es diesmal etwas mehr ist. Öffnen Sie
zunächst EBENE • EBENENSTIL • ABGEFLACHTE KANTE UND RELIEF,
und entnehmen Sie die Werte für den Frame STRUKTUR ❸ der
folgenden Abbildung. Danach aktivieren Sie RING im Flyout-Menü
GLANZKONTUR ❹. Bestätigen Sie Ihre Auswahl noch nicht mit OK!

▼ **Abbildung 10.36**
Diese Kontur soll es sein.

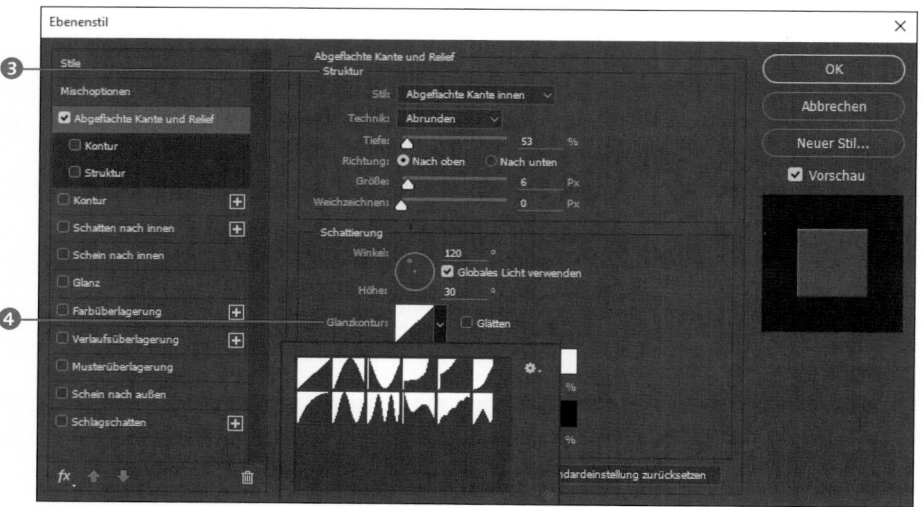

Gleich unterhalb von ABGEFLACHTE KANTE UND RELIEF (linker
Frame des Dialogs) klicken Sie nun auf den Schriftzug KONTUR.
Diese Bezeichnung kommt zweimal vor. Benutzen Sie hier die
oberste, leicht eingerückte ❺. Doch Vorsicht: Klicken Sie bitte auf
den Text! Das bloße Anwählen der Checkbox öffnet nämlich die
Kontur-Steuerelemente nicht. Öffnen Sie anschließend rechts das
Flyout-Menü KONTUR, und legen Sie RUNDE STUFEN ❻ fest. Zuletzt
klicken Sie auf den unteren Kontur-Eintrag ❼ und bestimmen die
GRÖSSE ❽ mit 3 Px. Bitte den Dialog weiterhin nicht verlassen!

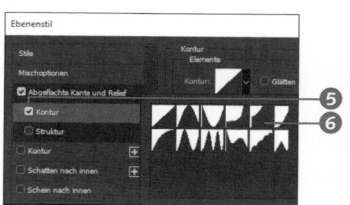

▲ **Abbildung 10.37**
Platzieren Sie den Mausklick
auf dem oberen (eingerück-
ten) KONTUR-Eintrag.

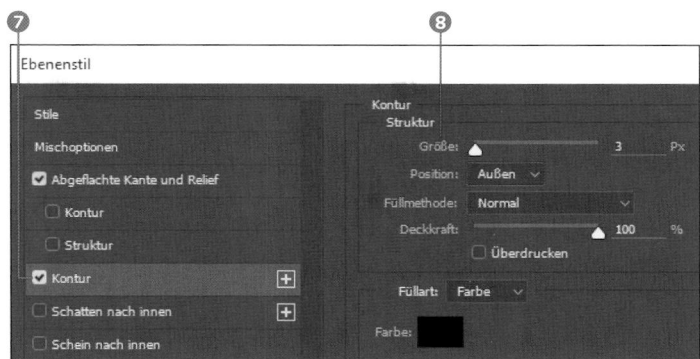

Plus-Symbole

Die Plus-Symbole in den Zeilen auf der linken Seite gestatten es Ihnen, einen weiteren Effekt gleicher Art hinzuzufügen. Sollten Sie beispielsweise bereits eine Kontur hinzugefügt haben und nun eine weitere benötigen, reicht ein Klick auf das Plus der Kontur-Zeile. So werden auf die Schnelle mehrere Konturen möglich. Löschen Sie einen vorhandenen Kontur-Eintrag durch Markieren der Zeile, gefolgt von einem Klick auf das Papierkorb-Symbol in der Fußleiste der linken Spalte.

▲ **Abbildung 10.38**
Die Größe der Struktur sollte 3 Px betragen.

Zuletzt kommt der SCHLAGSCHATTEN ❶ (Abbildung 10.39). Wie bei allen zuvor genannten Optionen müssen Sie auch hier das Wort (nicht die Checkbox!) anklicken und die Steuerelemente folgendermaßen einstellen: ABSTAND 4 Px, ÜBERFÜLLEN 40 Px, GRÖSSE ca. 13 Px. Den Schieberegler RAUSCHEN ziehen Sie zuletzt noch auf etwa 15 %. (Dieser ist übrigens für die gesprenkelte Darstellung des Schattens verantwortlich.) Bestätigen Sie mit OK. Zuletzt stellen Sie den Schriftzug frei.

Bilder/Ergebnisse/Chrom.tif

Abbildung 10.39 ▶
Damit wäre auch der letzte Schritt erledigt. Die fertige Datei wartet auf Sie im ERGEBNISSE-Ordner und heißt »Chrom.tif«.

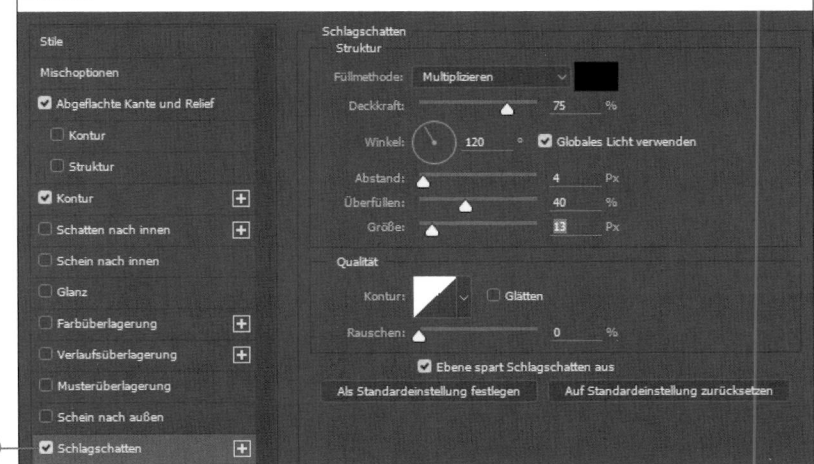

Effekte auf andere Dateien anwenden

Wenn Sie erst einmal einen aufwendigen Effekt erzeugt haben, müssen Sie ihn nicht für jedes Bild neu einstellen. Speichern Sie sowohl den Verlauf als auch die Ebenenstile auf die im Hinweiskasten beschriebene Art.

Stile lassen sich zwar auf Texte anwenden, Verläufe jedoch nicht. Daher ist das Rastern der Textebene erforderlich. So gehen Sie vor, um wiederkehrende Effekte auf andere Schriften anzuwenden:

1. Erzeugen Sie die Datei, und erstellen Sie den Text.
2. Rastern Sie die Textebene, und fixieren Sie transparente Pixel.
3. Weisen Sie den gespeicherten Verlauf durch Ziehen einer Linie mit dem Verlaufswerkzeug zu.
4. Weisen Sie den gespeicherten Stil zu, indem Sie den Button im Bedienfeld STILE markieren.

Stil speichern
Bei aufwendigen Einstellungen empfiehlt es sich, den Stil zu speichern. Klicken Sie dazu innerhalb des Ebenenstil-Dialogs auf NEUER STIL, und vergeben Sie einen aussagekräftigen Namen. Soll der Effekt erneut angewendet werden, finden sich alle Einstellungen in Form eines Buttons im Bedienfeld STILE wieder. Klicken Sie einfach diesen Button an, oder ziehen Sie ihn auf die Zielebene.

10.4 Formen

Photoshop wartet mit diversen vektorbasierten Formen auf (aufgrund dessen lassen sie sich beliebig skalieren). Das Einsetzen einer Form ist ein Kinderspiel.

Eine Form erstellen

Zunächst aktivieren Sie das Eigene-Form-Werkzeug ⊔, das sich in einer Gruppe mit dem Rechteck-Werkzeug befindet. Schauen Sie nun in die Optionsleiste. Ziemlich weit rechts gibt es ein Steuerelement namens FORM ❷. Ein Klick darauf bringt Ihnen eine Liste näher, die zahllose weitere Formen enthält. Suchen Sie sich das gewünschte Symbol aus, und markieren Sie es mittels Mausklick.

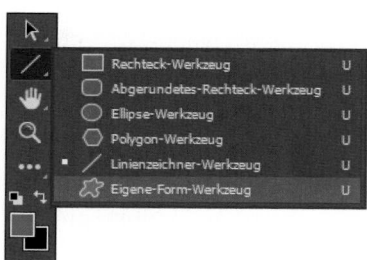

◄◄ **Abbildung 10.40**
Dieses Tool muss aktiviert werden.

◄ **Abbildung 10.41**
Suchen Sie sich ein Symbol aus (hier die bourbonische Lilie).

413

Ziehen Sie an gewünschter Stelle im Bild mit ⟨⇧⟩ einen Rahmen auf. Die ⟨⇧⟩-Taste sorgt dafür, dass das Zeichen seine Proportionen während der Erzeugung behält. Lassen Sie aber unbedingt zunächst die Maustaste und erst danach ⟨⇧⟩ wieder los. Welche Farbe Sie verwenden, spielt im Übrigen keine Rolle. Im Buchbeispiel wurde Rot verwendet. Grundsätzlich wird die Vordergrundfarbe zur Füllung einer Form verwendet. Sollten Sie die Farbe vorab nicht definiert haben, lässt sich das nachträglich noch mit Hilfe des Steuerelements FLÄCHE erledigen. Gleiches gilt für die Konturen der Form. Beide Optionen finden Sie in der Werkzeugleiste.

Hilfslinien aus Formen | Formen lassen sich auch hervorragend als Grundgerüst für Hilfslinien heranziehen. Zwar wird dabei nicht die Form selbst als Hilfslinie definiert, jedoch wird die Form mit horizontalen und vertikalen Hilfslinien umrandet. Dazu wählen Sie ANSICHT • NEUE HILFSLINIEN AUS FORM.

Abbildung 10.42 ▶
Eine solche Form ist ruck,
zuck erzeugt.

▲ Abbildung 10.43
Formen können mit Hilfe der
quadratischen Anfasser bearbeitet werden.

Formen bearbeiten

Formen können mit dem Direktauswahl-Werkzeug (weißer Pfeil, der sich in direkter Nachbarschaft mit dem Eigene-Form-Werkzeug befindet) prima nachbearbeitet werden. Dazu muss die Form (bzw. deren Ebene) aktiv sein. Wenn Sie auf einen der quadratischen Anfasser klicken (hier: ❶), lässt sich der Punkt entsprechend verschieben. So kann der Pfad des Objekts nach Wunsch angepasst werden. Weitere Ausführungen zur Pfadbearbeitung finden Sie in Abschnitt 10.5, »Pfade«, auf der nächsten Seite.

Live-Formen

Besonders interessant wird diese Technik im Zusammenhang mit dem Eigenschaften-Bedienfeld, das sich automatisch öffnet, wenn Sie eine Form beispielsweise mit dem Abgerundetes-Rechteck-Werkzeug aufziehen. Sie haben zwar generell die Möglichkeit, die Rundungen (wie schon die Halt-Form) mit dem Direktauswahl-Werkzeug zu bearbeiten, können aber genauso gut auch die Steuerelemente ❷ für die obere linke Ecke sowie ❸, ❻ oder ❺ (für unten rechts) benutzen. Besonders cool: Die Symbole fungieren als Hot-Text-Steuerelemente – können also mit gedrückter Maustaste per Drag & Drop bedient werden. Beim Verstellen der Buttons gilt aber: Wenn Sie eine der Ecken verändern, gehen die anderen automatisch mit. Wollen Sie diese unabhängig voneinander verstellen, müssen Sie zuvor das Ketten-Symbol ❹ deaktivieren.

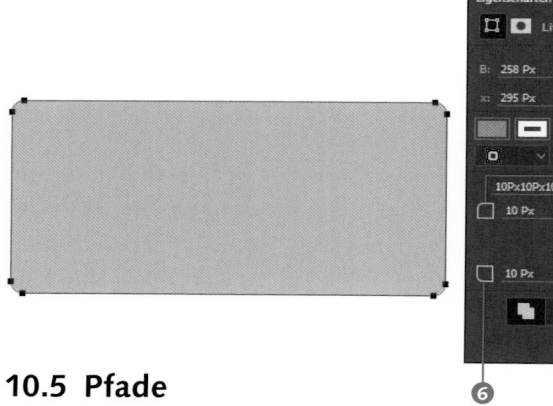

◀ **Abbildung 10.44**
Die Ecken können auch im Eigenschaften-Bedienfeld eingestellt werden.

10.5 Pfade

Pfade kommen immer dann zum Einsatz, wenn es darum geht, beliebige Objekte zu erstellen (die Form bestimmen allein Sie). Zum anderen lassen sich mit Pfaden komplizierte Auswahlbereiche erzeugen. Mitunter ist es nämlich wesentlich einfacher, zunächst einen Pfad zu erzeugen und ihn anschließend in eine Auswahl zu konvertieren.

In der Werkzeugleiste warten insgesamt fünf Zeichenstift-Tools auf ihren Einsatz. Nur die obersten beiden sind mit Shortcuts P ausgestattet; zur Aktivierung der übrigen ist der Mausklick vonnöten. Das ist auch nicht weiter schlimm, da Sie sie während Ihrer allgemeinen Photoshop-Arbeiten eher selten benutzen werden.

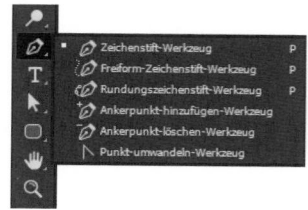

▲ **Abbildung 10.45**
Fünf leistungsfähige Zeichenstifte erlauben die Erstellung und Bearbeitung von Vektoren.

Schritt für Schritt
Einen einfachen Pfad zeichnen

Wollen wir erste Zeichenversuche wagen? Zunächst wollen wir es bei einer einfachen Kurve belassen, da der Umgang mit den Zeichenwerkzeugen doch etwas gewöhnungsbedürftig ist.

1 Neue Datei erstellen
Erstellen Sie eine neue Datei. Die Größe spielt eigentlich keine besondere Rolle. Achten Sie lediglich darauf, dass der Hintergrund weiß ist.

2 Eine Gerade erzeugen
Aktivieren Sie das Zeichenstift-Werkzeug, indem Sie P drücken. Setzen Sie irgendwo auf Ihrer Arbeitsfläche einen Punkt. Dies ist dann die erste Koordinate. Fügen Sie einen zweiten Punkt etwas weiter entfernt ein. Zwischen beiden Punkten wird eine Gerade gezogen.

3 Eine Kurve erzeugen
Wenn Sie nun etwas weiter entfernt den dritten Punkt setzen, lassen Sie die Maustaste noch nicht los, sondern ziehen das Zeigegerät etwas vom Koordinatenpunkt weg. Erst wenn Sie sich etwas vom Punkt wegbewegt haben, lassen Sie los. Sie ziehen nun eine Kurve. Wie Sie sehen, können so auch ganz einfach gerundete Formen erzeugt werden.

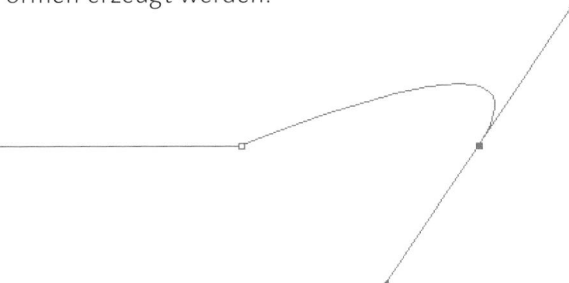

Abbildung 10.46 ▶
Die Kurve wird mit gedrückter Maustaste erzeugt.

Die beiden geraden Linien, die nun aus dem Punkt herausragen, sind die sogenannten Anfasser. Mit ihnen können Sie Form und Radius Ihrer Kurve später noch verändern. Das gesamte Gebilde, das Sie nun erzeugt haben, wird als Pfad bezeichnet.

4 Den Pfad schließen

Setzen Sie auf diese Art und Weise zusätzliche Punkte. Den letzten Mausklick führen Sie jedoch auf dem Ausgangspunkt aus (das ist der Punkt, den Sie zuerst gesetzt haben). Diese Vorgehensweise nennt sich »Pfad schließen«. Die Zeichenfeder wird, sobald Sie sich nahe genug am ersten Punkt befinden, um ein kleines Kreis-Symbol erweitert. Dadurch zeigt Photoshop an, dass der Pfad geschlossen werden kann.

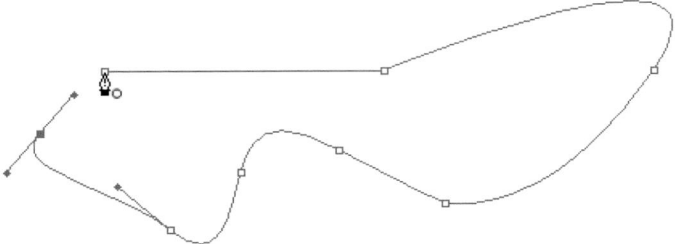

▲ **Abbildung 10.47**
Achten Sie auf die Erweiterung im Mauszeiger-Symbol.

Pfadrichtung festlegen

Bestimmt haben Sie während der ersten Zeichenversuche bereits festgestellt, dass der Anfasser in Konturrichtung *vor* dem Ankerpunkt die Richtung der gezeichneten Kontur angibt. Solange die Maustaste noch gedrückt bleibt, formen Sie ja die *dahinter* liegende Tangente. Um nun bereits die nächste Richtung vorzugeben und somit auch einen Richtungswechsel zu ermöglichen, halten Sie die Taste ⌥Alt gedrückt. Nun kann der vordere Anfasser allein bewegt werden und gibt die Richtung der nächsten Kurve vor. Dabei gilt auch: Je länger der Anfasser ist, desto größer ist der Kurvenradius. Schieben Sie ihn also bei Bedarf wieder »in den Punkt hinein«, um einen kleineren Radius zu ziehen.

Pfade korrigieren

Die gezeichneten Linien und Punkte lassen sich, solange der Pfad noch nicht geschlossen ist, prima korrigieren. Klicken Sie einfach (ohne Werkzeugwechsel) auf einen vorhandenen Punkt, um ihn zu entfernen. Die Zeichenfeder wird dabei um ein Minus-Symbol

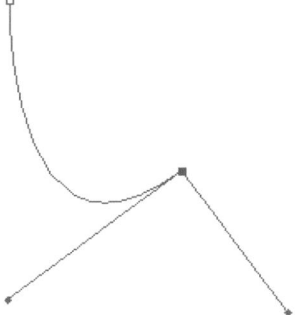

▲ **Abbildung 10.48**
Die nach unten rechts weisende Tangente gibt die Richtung für die nächste Kurve vor.

Punkte in einer Linie anordnen
Mit gedrückter ⇧-Taste lässt sich der jeweils nächste Punkt exakt auf einer Linie (horizontal, vertikal oder diagonal) zum vorangegangenen anordnen. Lassen Sie die Taste erst dann los, wenn der Punkt gesetzt wurde.

▲ **Abbildung 10.49**
Der unten befindliche Kur-
venpunkt wurde in einen
Eckpunkt umgewandelt.

Abbildung 10.50 ▶
Aus dem Eckpunkt wurde
anschließend wieder ein
Kurvenpunkt geformt.

erweitert. Das funktioniert bei allen Punkten mit Ausnahme des
zuletzt gezeichneten Punktes und des Startpunktes.

Möchten Sie Punkte hinzufügen, klicken Sie (ebenfalls ohne
das Werkzeug zu wechseln) auf eine Linie und fügen mit einem
Mausklick dort einen Punkt ein. Das Zeichenfeder-Symbol wird
auf einer Linie um ein Plus-Symbol erweitert.

Punkte umwandeln

Sie haben ja bereits erfahren, dass Sie mit gedrückter Maustaste
die Anfasser (Tangenten) aus einem Punkt herausziehen und somit
aus einer Geraden eine Kurvenlinie zeichnen können. Man spricht
in diesem Fall von einem *Kurvenpunkt*. Wenn Sie keine Anfasser
herausziehen, erzeugen Sie einen *Eckpunkt*. Nun kann es durchaus
vorkommen, dass Sie aus einem Kurven- einen Eckpunkt machen
möchten. Halten Sie dazu einfach ⌈Alt⌉ gedrückt, und klicken Sie
den Punkt anschließend an.

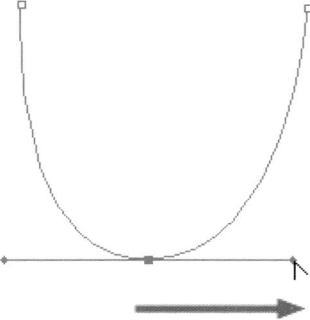

Auf diese Weise wird ein Kurvenpunkt in einen Eckpunkt umgewandelt. Wollen Sie aus einem Eckpunkt einen Kurvenpunkt
machen? Dann klicken Sie den Punkt ebenfalls an, halten die
Maustaste aber gedrückt und ziehen die Tangenten aus dem
Punkt heraus.

Punkte verschieben

Nun kann es sein, dass Sie während des Zeichnens feststellen,
dass ein Punkt nicht an der richtigen Position ist. Unterbrechen
Sie einfach Ihre Arbeit, und markieren Sie den gewünschten Punkt

mit Strg/cmd. Sofort verändert der Mauszeiger sein Aussehen und lässt das Markieren eines Punktes zu. Wenn Sie nun abermals auf den Punkt klicken, wobei Sie die Maustaste gedrückt halten, können Sie den Punkt in sämtliche Richtungen verschieben.

Sie ahnen es schon: Mit Strg/cmd und unter Zuhilfenahme von ⇧ lassen sich auch mehrere Punkte gemeinsam anwählen. Sobald verschiedene Punkte markiert sind, lassen Sie ⇧ los und klicken erneut auf einen dieser Punkte. Schon verschieben sich alle anderen (markierten) Punkte entsprechend Ihrer Mausbewegung mit.

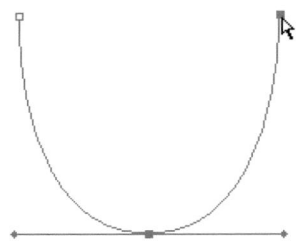

▲ **Abbildung 10.51**
Die Punkte unten und oben rechts sind markiert. Mit dem Verschieben eines Punktes wandert der andere entsprechend mit.

Schritt für Schritt
Ein Herz für Vektoren

Sie haben lange genug Theorie gepaukt, oder? Wie wäre es mit einer kleinen Übung? Wir wollen ein Herz zeichnen. Das Herz ist eine gute Einsteigerübung. Aber ich möchte Sie vorwarnen, denn die meisten Illustrationsdebütanten bewerkstelligen diese auf den ersten Blick »simple« Form nicht auf Anhieb. Lassen Sie sich daher nicht entmutigen, wenn der erste Versuch danebengeht. Oftmals erinnern die »Einsteiger-Herzen« an zertretene Cola-Dosen, und die Rückgängig-Funktionen stehen hoch im Kurs. Dennoch darf ich Ihnen aus vollem Herzen viel Spaß dabei wünschen.

▲ **Abbildung 10.52**
Eine Übung mit Herz

1 Datei vorbereiten
Wählen Sie eine nicht zu kleine Arbeitsfläche (z. B. 600 × 600 Px mit 72 ppi Auflösung), deren Hintergrund Sie mit Weiß festlegen. Aktivieren Sie das Zeichenstift-Werkzeug P. Machen Sie sich zum gegenwärtigen Zeitpunkt bitte noch keine Gedanken über die Füllung. Dazu kommen wir später. Wichtig ist zunächst, dass Sie die Kontur hinbekommen.

2 Das Herz ohne Anleitung zeichnen
Wollen Sie es vorab einmal ohne Anleitung probieren? Dazu rate ich Ihnen, denn Sie lernen so die Tücken der Pfaderstellung genau kennen. Versuchen Sie, die Kontur zu finden und die Tangenten entsprechend ihren Radien auszugestalten. Ich bin überzeugt, dass Sie Ihren Spaß daran haben werden. Lesen Sie erst dann weiter, wenn Sie glauben, dass es ohne Anleitung nicht geht.

3   Das Herz mit Anleitung zeichnen – Pfad anlegen

Es existieren zahllose Möglichkeiten, dieses Herz zu gestalten. Die einfachste ist wohl folgende: Setzen Sie im oberen linken Drittel des Bildes einen Punkt. Halten Sie ⇧ gedrückt, und setzen Sie etwa in der Bildmitte einen zweiten Punkt. Platzieren Sie noch etwas weiter rechts (mit immer noch gehaltener ⇧-Taste) den dritten. Insgesamt sollten zwischen den Punkten in etwa die gleichen Abstände bestehen. Die Punkte befinden sich (bedingt durch das Halten der Taste) alle auf einer Höhe.

▲ **Abbildung 10.53**
Es beginnt mit einer Geraden.

Lassen Sie ⇧ los, und ziehen Sie im Lot zum mittleren Punkt einen weiteren Punkt etwas tiefer.

Abbildung 10.54 ▶
Jetzt ist eine Richtungs-
änderung angesagt.

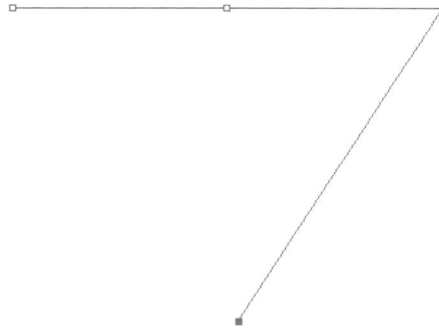

Schließen Sie den Pfad, indem Sie nun erneut auf den ersten Punkt klicken.

4   Pfad bearbeiten

Da es sich bei diesem dreieckigen Gebilde nicht im Entferntesten um ein Herz handelt, werden wir die Punkte (alle vier sind ja Eckpunkte) umwandeln und deren Tangenten entsprechend bearbeiten. Der Einfachheit halber wählen Sie zunächst das Punktumwandeln-Werkzeug aus der Werkzeugleiste.

Klicken Sie jetzt irgendwo auf den Pfad, damit alle Eckpunkte angezeigt werden. Markieren Sie den oberen, mittleren Punkt, halten Sie die Maustaste gedrückt, und ziehen Sie die Anfasser

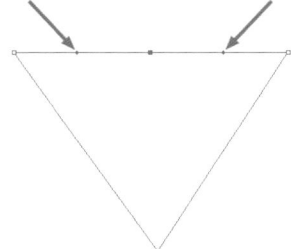

▲ **Abbildung 10.55**
Diese Anfasser sind sehr
wichtig.

zur Seite heraus. Wenn Sie zusätzlich noch ⌂ drücken, verziehen Sie auch die Anfasser nur horizontal. Stoppen Sie, wenn sich die Köpfe der Anfasser etwa in der Mitte zwischen zwei Punkten befinden.

Greifen Sie nun jeden der beiden Anfasser-Köpfe, und ziehen Sie sie senkrecht nach oben bis an den oberen Bildrand.

Die beiden seitlichen Punkte müssen nun ebenfalls durch Anklicken und Herausziehen der Tangenten in Kurvenpunkte umgewandelt werden. Sollte der Pfad eine Schleife bilden, kehren Sie die Zugrichtung (ohne die Maustaste loszulassen) um 180° um. Halten Sie dabei ebenfalls ⌂ gedrückt, damit sich die Tangenten nur in vertikaler Richtung verschieben lassen.

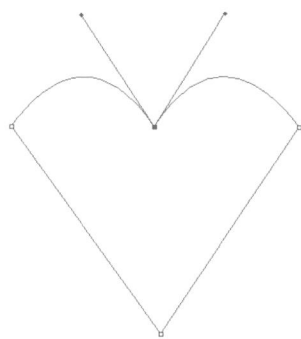

▲ **Abbildung 10.56**
Langsam ist zu erkennen, was es werden soll.

5 Punkte verschieben

Möglicherweise werden Sie den unteren Punkt noch verschieben wollen. Halten Sie Strg/cmd gedrückt, und korrigieren Sie dessen Position mit gedrückter Maustaste – fertig!

6 Gesamte Zeichnung verschieben

Möchten Sie das gesamte Herz auf die Mitte der Arbeitsfläche verschieben? Dann ziehen Sie nun mit gedrückter Maustaste einen Rahmen um das gesamte Herz. Danach klicken Sie auf den Pfad und positionieren die ganze Zeichnung neu.

◀ **Abbildung 10.57**
Wer hätte gedacht, dass diese Form zuvor eckig war?

So kann das Herz doch gut geformt werden, oder? Wenn Sie versuchen, Punkte zu setzen und gleich auch die Tangenten zu bearbeiten, werden Sie in den seltensten Fällen zum gewünschten Resultat kommen.

Auswahl aus einem Pfad erzeugen

Ein Pfad lässt sich zwar in Photoshop bearbeiten, doch zum Füllen der Fläche oder der Kontur bedarf es einer Auswahl. Für diesen Zweck stehen entsprechende Möglichkeiten zur Verfügung, um Pfade in Auswahlen umzuwandeln. Die folgenden Schritte sollen Ihnen diese grundlegende und im Prinzip immer gleiche Technik näherbringen.

Schritt für Schritt
Pfad und Kontur mit Farbe füllen

Nun wollen Sie das Herz ja sicherlich auch farbig gestalten. Das geht in Photoshop schnell und unkompliziert.

1 Füllung vorbereiten

Stellen Sie zunächst in der Werkzeugleiste als Vordergrundfarbe Rot ein. Danach gilt es, den Pfad in eine Auswahl umzuwandeln. Stellen Sie im Ebenen-Bedienfeld die Registerkarte PFADE ❶ nach vorne. Alternativ wählen Sie PFADE aus dem Menü FENSTER. Klicken Sie auf den Button PFAD ALS AUSWAHL LADEN ❷.

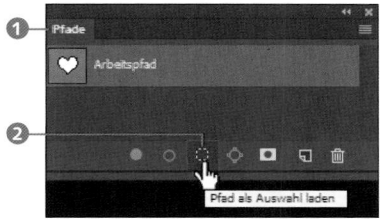

Abbildung 10.58 ▶
Aus Pfaden können Auswahlbereiche erzeugt werden.

2 Optional: Ebene erzeugen

Spätestens jetzt könnte es interessant sein, eine neue Ebene zu erzeugen. Das sollten Sie immer dann machen, wenn Sie beabsichtigen, das Objekt losgelöst vom Hintergrund editierbar zu halten. So ist es ja beispielsweise denkbar, dass Sie es auf eine andere Bilddatei ziehen wollen. Im konkreten Fall ist das jedoch nicht erforderlich, da das Herz auf dem weißen Hintergrund verbleiben wird.

3 Fläche füllen

Wählen Sie BEARBEITEN • FLÄCHE FÜLLEN, und stellen Sie im Listenfeld VERWENDEN den Wert VORDERGRUNDFARBE ein. Wählen Sie den MODUS NORMAL und eine DECKKRAFT von 100%.

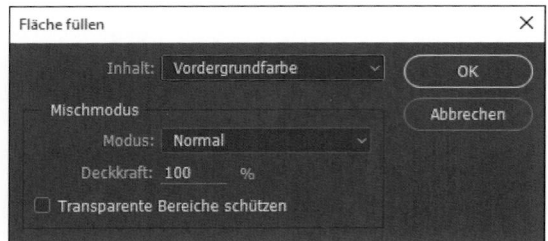

◄ **Abbildung 10.59**
Der Dialog FLÄCHE FÜLLEN sorgt in diesem Fall nur für die Füllung der Auswahl.

4 Kontur füllen

Jetzt geht es an die Kontur. Wählen Sie erneut das Menü BEARBEITEN, wobei Sie sich dort aber nun nicht für FLÄCHE FÜLLEN, sondern für KONTUR FÜLLEN entscheiden. Die BREITE soll 6 Px betragen. Klicken Sie auf das Feld FARBE, und wählen Sie im Folgedialog SCHWARZ. Die POSITION soll MITTE sein und der MODUS NORMAL bei 100% DECKKRAFT. Kontrollieren Sie, ob alle Angaben der folgenden Abbildung entsprechen. Drücken Sie dann OK oder ⏎.

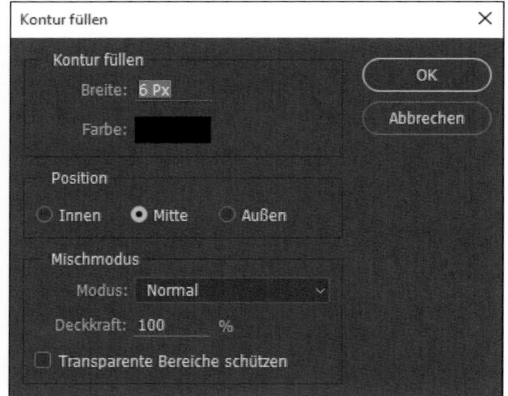

◄ **Abbildung 10.60**
Zum Schluss muss die Kontur mit Farbe versehen werden.

5 Auswahl aufheben

Heben Sie nun noch die Auswahl auf, indem Sie [Strg]/[cmd]+[D] drücken oder im Menü AUSWAHL • AUSWAHL AUFHEBEN betätigen.

▲ **Abbildung 10.61**
Das gefüllte Herz

Der Rundungszeichenstift

Dieses Werkzeug ist relativ neu in Photoshop. Ob Ihnen die Arbeit mit diesem Tool oder dem herkömmlichen Zeichenstift mehr liegt, wird sich wohl nur durch Ausprobieren herausfinden lassen. Um es vorwegzunehmen: Nichts, was mit dem Rundungszeichenstift gelingt, könnte nicht auch mit dem herkömmlichen Zeichenwerkzeug erschaffen werden. Ich denke, dass Ihnen der normale Zeichenstift sogar mehr Freiheiten gibt. Vielleicht finden Sie aber die Handhabung ein wenig intuitiver. Immerhin lässt sich mit dem Rundungs-Tool durch Markierung des Zeichenpunkts die Form der vorangegangenen und nächsten Tangente bestimmen. Klicken Sie *einmal*, werden die Tangenten gebogen, während ein Doppelklick Geraden erzeugt. Die einzelnen Punkte lassen sich zudem (ohne das Werkzeug zu wechseln) anklicken und anschließend mit gedrückter Maustaste verschieben. Die Tangenten verändern sich entsprechend. Halten Sie ⌜Alt⌟ gedrückt, kann auch hier mittels Klick ein Kurvenpunkt in einen Eckpunkt umgewandelt werden und umgekehrt.

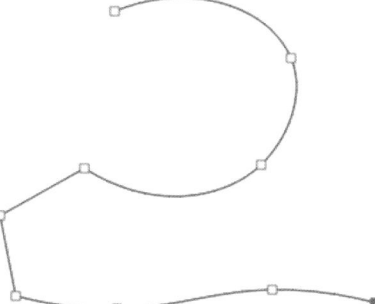

Abbildung 10.62 ▶
Sie sollten testen, ob Sie mit dem Rundungszeichenstift besser zurechtkommen.

11

Dateien ausgeben – für Web und Druck

Fotos drucken und für das Internet vorbereiten

▸ Wie werden Bilder auf dem Tintenstrahldrucker ausgegeben?

▸ Wie setze ich die Farbumfang-Warnung ein?

▸ Wie werden meine Bilder für die Verwendung im Internet vorbereitet?

▸ Was hat es mit den Formaten GIF und PNG auf sich?

▸ Wie werden Aktionen angelegt?

11 Dateien ausgeben – für Web und Druck

Raus damit! – Klar, dass Sie nach allen Strapazen der modernen Bildbearbeitung Ihr Endprodukt individuell ausgeben wollen. Wenn Sie Ihren Dateien einen Platz im World Wide Web gönnen, müssen Sie auch die Bildgröße im Auge behalten. Nach wie vor attraktiv sind aber auch die klassischen Papierabzüge. »Da hat man wenigstens etwas in der Hand«, ist man geneigt zu sagen. Damit aber am Ende Ihre Photoshop-Arbeiten würdig präsentiert werden, muss auch beim Druck alles stimmen. Alles andere hieße sonst »Endstation Papierkorb«.

11.1 Druckausgabe

CMYK-Bilder drucken
Wenn Sie Ihre Bilder bereits in Photoshop in das CMYK-Format umwandeln, ist zu erwarten, dass der Druck wesentlich schlechter wird. Natürlich gilt das nur für den Druck am heimischen Tintenstrahl- bzw. Farblaserdrucker. In der professionellen Druckvorbereitung ist die Umwandlung in CMYK ein Muss – es sei denn, Ihre Druckerei kümmert sich selbst um die Druckvorbereitung des Fotos.

Für die Ausgabe von Druckdateien mit dem heimischen Tintenstrahl- oder Farblaserdrucker sollten Sie Ihre Farbbilder grundsätzlich in RGB belassen. Zwar verwendet der Drucker das CMYK-Farbmodell (immerhin wird auch dort mit Cyan, Magenta, Gelb und Schwarz gearbeitet), doch sollten Sie das Farbmanagement lieber Ihrem Drucker überlassen. Der macht das nämlich ganz von selbst und kann das nebenbei auch noch richtig gut.

Dateien mit dem Tintenstrahldrucker ausgeben

Natürlich ist es nicht zu empfehlen, ein Foto gleich zu Papier zu bringen, denn dabei haben Sie ja keinerlei Einstellmöglichkeiten. In den meisten Fällen werden Sie eher daran interessiert sein, Qualitätsausdrucke zu erzeugen – und dann sollten Sie die Möglichkeiten nutzen, die Photoshop in seinem Druckdialog zur Verfügung stellt.

Schritt für Schritt
Dateien mit Photoshop-Dialog drucken

Falls Sie die hier erwähnten Schritte eins zu eins nachvollziehen möchten, verwenden Sie bitte die Datei »Druck.tif« aus dem Ordner BILDER. Über DATEI • DRUCKEN bzw. die Tastenkombination Strg/cmd+P öffnen Sie den Drucken-Dialog.

Bilder/Druck.tif

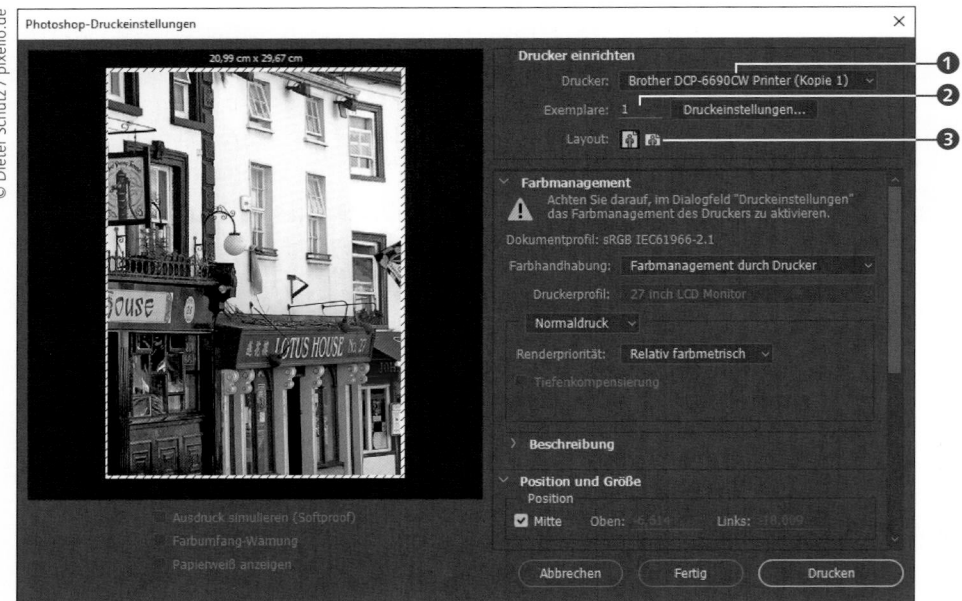

▲ Abbildung 11.1
Der Drucken-Dialog wirkt zunächst recht übersichtlich.

1 Drucker auswählen

Photoshop wird im obersten Pulldown-Menü ❶ standardmäßig den installierten Drucker anbieten. Wenn dem System aber mehrere Drucker zur Verfügung stehen, können Sie hier den geeigneten auswählen. Gleich unterhalb wird dann die Anzahl der Ausdrucke festgelegt (EXEMPLARE) ❷.

2 Seite einrichten

Möchten Sie wie in unserem Beispiel nur ein einziges Mal auf Querformat umstellen, benutzen Sie den rechten der beiden Buttons ❸, um die Anordnung des Druckmediums entsprechend zu ändern. Sobald Sie den rechten Button anklicken, ändert sich auch die Vorschau auf der linken Seite entsprechend.

▲ **Abbildung 11.2**
Die Ansicht wurde gedreht und zeigt sich nun im Querformat.

3   Drucker einstellen

Der Button DRUCKEINSTELLUNGEN ❶ ist zudem sehr wichtig. Er ermöglicht nämlich die Einstellung Ihres Druckers, ohne den Druckdialog von Photoshop verlassen zu müssen. Hier würden Sie beispielsweise den gewünschten Bedruckstoff (z. B. Fotopapier) einstellen.

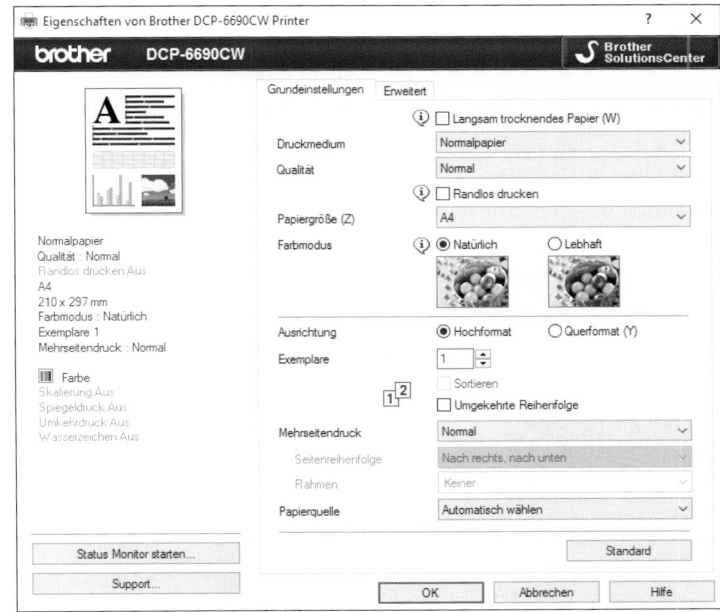

Abbildung 11.3 ▶
Je nach verwendetem Betriebssystem und angeschlossenem Drucker variieren die Dialoge natürlich. Hier der Dialog bei einem Brother-Drucker.

4 Zentrierung aufheben

Weiter unten befindet sich der Frame POSITION UND GRÖSSE. Scrollen Sie, falls erforderlich, etwas weiter nach unten, oder ziehen Sie das Dialogfeld unten rechts weiter auf.

Hier können Sie die Anwendung veranlassen, die automatische Zentrierung des Ausdrucks auf dem Druckbogen aufzuheben. Wenn Sie das Häkchen aus der Checkbox MITTE entfernen, werden die Steuerelemente daneben anwählbar. Im Anschluss daran können Sie die gewünschte Position angeben, indem Sie doppelt in das Eingabefeld OBEN klicken, den gewünschten Wert eingeben und anschließend mit [⇥] in das Feld LINKS springen. Entscheiden wir uns doch in beiden Fällen für 2 cm. Die Druckbogen-Voransicht wird dabei laufend aktualisiert. Wie das Foto angeordnet wird, sehen Sie oben links in der Vorschau.

Diagonalen

Die Diagonalen ❷ entlang des Randes zeigen den nicht druckbaren Bereich eines Blattes an. Falls Ihr Drucker in der Lage ist, randlos zu drucken, muss das über den Dialog des Druckers (Button DRUCKEINSTELLUNGEN) festgelegt werden. Alternativ dürfen Sie zudem auch negative Werte angeben.

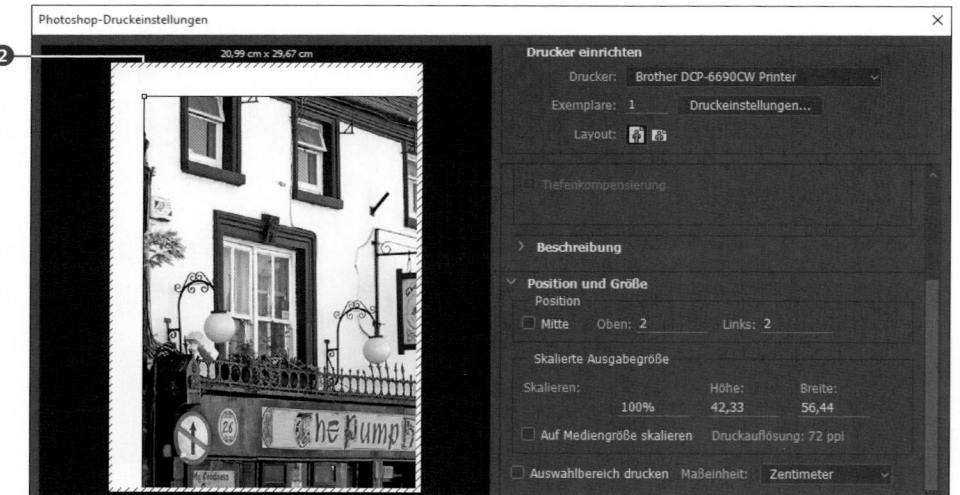

5 Auf Mediengröße skalieren

Falls Sie sich jetzt fragen, warum wir uns nicht stattdessen für die Funktion darunter, AUF MEDIENGRÖSSE SKALIEREN, entschieden haben (immerhin würde das Bild doch dann an den Druckbogen angepasst), lassen Sie mich so argumentieren: Zum einen sollten Sie das nur dann machen, wenn Sie randlos drucken wollen (Sie können nämlich dann keinen Rand mehr definieren), zum anderen würde das Bild nur mit einer Druckauflösung von etwa 150 ppi gedruckt.

▲ **Abbildung 11.4**
In diesem Fall wird das Foto jeweils 2 cm vom oberen und linken Rand entfernt gedruckt.

Abbildung 11.5 ▶
Bei der automatischen Skalierung auf Mediengröße wird das Foto in diesem Beispiel nur mit 149 ppi ausgegeben.

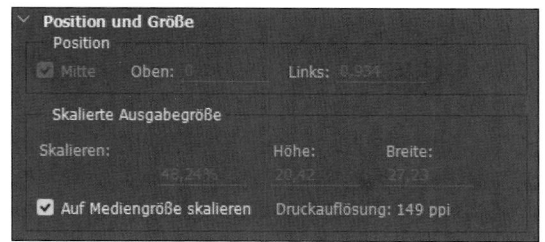

Das können Sie kontrollieren, indem Sie AUF MEDIENGRÖSSE SKALIEREN anwählen und dann unterhalb die Auflösung ablesen. Anschließend müssen Sie die Checkbox AUF MEDIENGRÖSSE SKALIEREN leider wieder abwählen und den Wert im Eingabefeld SKALIEREN ändern. Legen Sie doch hier zunächst einmal 40 % fest.

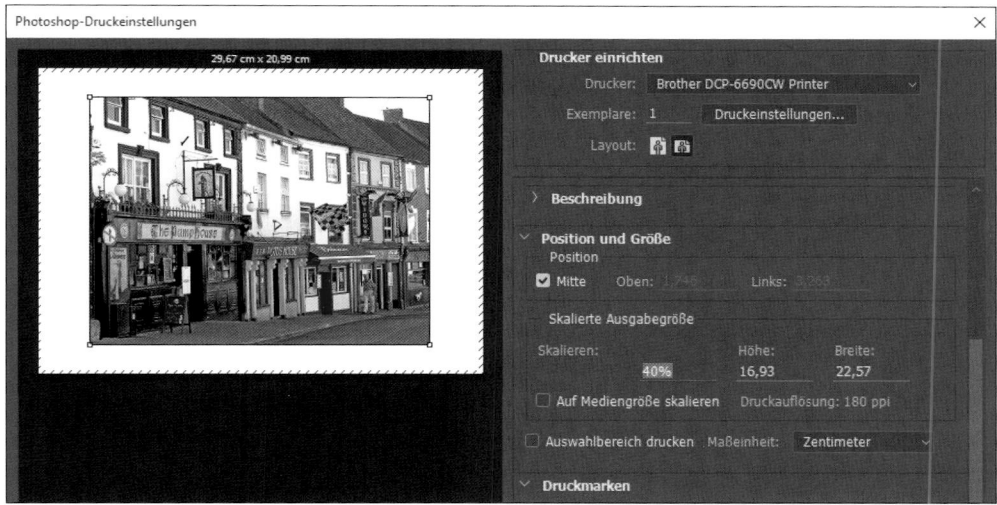

▲ **Abbildung 11.6**
Zum ersten Mal ist das Foto kleiner als der Druckbogen.

Nun ergibt sich, dass 40 % immer noch zu groß ist, um das Foto qualitativ hochwertig auszugeben. Immerhin benötigen Sie für einen anständigen Druck auf Fotopapier mindestens 220 ppi. Damit Sie das Bild an diese Anforderung anpassen können, sollten Sie einen der Eckanfasser in der Vorschauminiatur bewegen und so das Bild nach und nach von Hand skalieren, bis die Druckauflösung mit mindestens 220 ppi angegeben ist. Das dürfte bei etwa 32,6 % der Fall sein.

▲ **Abbildung 11.7**
Damit sind die Mindestanforderungen für den Fotodruck erreicht.

6   Optional: Foto umpositionieren

Sie könnten übrigens das Foto auch auf dem Druckbogen umposi-
tionieren, indem Sie die Maus auf die Bildminiatur stellen und sie
per Drag & Drop verschieben. Das geht natürlich nur, wenn zuvor
MITTE deaktiviert wurde.

7   Farbmanagement und Renderpriorität

Für den Ausdruck auf dem Tintenstrahler gilt: Lassen Sie, wie
bereits erwähnt, das Farbmanagement (etwas weiter oben) vom
Drucker erledigen! Der kann das wirklich gut. Lassen Sie im Pulldown-Menü FARBHANDHABUNG den Eintrag FARBMANAGEMENT
DURCH DRUCKER stehen. (Achten Sie aber auch später im Dialogfeld
des Druckers darauf, dass die Farbverwaltung dort aktiviert ist.)

**Druckerprofil
ausgegraut?**
Sie sehen übrigens, dass
das unterhalb befindliche
Menü DRUCKERPROFIL
ausgegraut ist. Das ist
korrekt so, denn, wie ge-
sagt, der Drucker soll ja
das richtige Profil bei-
steuern – nicht Photo-
shop. Ein eigenes
Druckerprofil könnten Sie
aussuchen, wenn Sie in
FARBHANDHABUNG auf
FARBMANAGEMENT DURCH
PHOTOSHOP gingen.

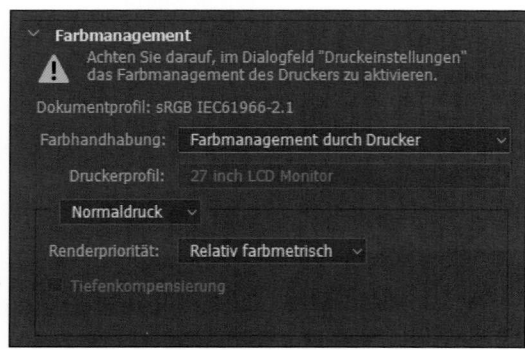

◀ **Abbildung 11.8**
Überlassen Sie das
Farbmanagement
dem Drucker.

Noch etwas zur RENDERPRIORITÄT. Wenn Sie in diesem Flyout-Menü RELATIV FARBMETRISCH stehen lassen, erfolgt ein Weißabgleich, der die Farben geringfügig verschieben kann. Damit ist die Farbverbindlichkeit zwar nicht mehr absolut gegeben, doch sind die Ergebnisse absolut zufriedenstellend. Sie sollten diese Einstellung beibehalten.

8 Optional: Schnittmarken drucken

Wenn Sie zusätzlich noch Schnittmarken, Falzmarken, Passermarken oder Ähnliches mit auf den Druckbogen bringen wollen, müssen Sie zunächst noch einmal ganz nach unten scrollen. Öffnen Sie die Liste DRUCKMARKEN, und haken Sie an, was Sie für wichtig erachten. Die Objekte, deren Checkboxen Sie aktivieren, erscheinen ebenfalls in der Druckbogenminiatur.

Abbildung 11.9 ▶
Wählen Sie aus, was mit ausgegeben werden soll.

Schnell drucken

Wenn Sie keine Einstellungen vornehmen, sondern einfach nur ruck, zuck etwas drucken wollen, entscheiden Sie sich für DATEI • EINE KOPIE DRUCKEN (alternativ: [Strg]/[cmd]+[Alt]+[⇧]+[P], gefolgt von [↵]). Dann kommt die Datei gleich zu Papier – es sei denn, das Bild ist größer als das maximal druckbare Format Ihres Druckers. In diesem Fall gibt die Anwendung einen Warnhinweis.

Abbildung 11.10 ▶
Wenn Sie jetzt fortfahren, werden Randbereiche der Datei nicht mit gedruckt.

Jetzt haben Sie zwei Möglichkeiten: Entweder Sie klicken auf ABBRECHEN und verkleinern das Bild anschließend manuell in Photoshop, oder Sie nehmen in Kauf, dass die Ränder abgeschnitten werden, wenn Sie auf FORTFAHREN drücken.

11.2 Dateien für den professionellen Druck vorbereiten

Wenn Sie Dateien erzeugen möchten, die auf einer Druckmaschine ausgegeben werden sollen, ist es sinnvoll, einige grundlegende Vorgehensweisen zu beherzigen. Nun soll und kann an dieser Stelle kein komplettes Druckvorbereitungsmanagement erläutert werden. Einige markante Eckpunkte sollen dennoch Erwähnung finden.

Schritt für Schritt
Professionelle Druckvorbereitung

Stellen Sie zunächst die Beispieldatei »Druck.tif« in Photoshop zur Verfügung. Falls der Drucken-Dialog aus dem vorangegangenen Workshop noch geöffnet ist, brechen Sie ihn bitte ab.

Bilder/Druck.tif

1 **Farbumfang prüfen**
Zunächst einmal sollten Sie sich ansehen, wo sich in Ihrem Bild mögliche Probleme beim Vierfarbdruck ergeben könnten. Es sind nämlich längst nicht alle Farben druckbar, die im RGB-Modus angezeigt werden können. Die Anzeige schalten Sie über ANSICHT • FARBUMFANG-WARNUNG oder über ⎡Strg⎤/⎡cmd⎤+⎡⇧⎤+⎡Y⎤ ein.

Jetzt werden im Zielbild alle Bereiche grau angezeigt, in denen es beim Konvertieren Farbabweichungen geben wird. Im Klartext: Sie sehen, welche Bildbereiche nach einer Umwandlung in CMYK nicht mehr so aussehen werden wie zuvor. Aber dazu später mehr.

2 **Andere Farbe einstellen**
Je nach Quellbild ist Grau als Warnfarbe möglicherweise nicht so gut geeignet. Ändern Sie in diesem Fall die Farbe für die Farbumfang-Warnung.

Abbildung 11.11 ►
Hier sind zwei Bereiche, die
bei aktivierter Farbumfang-
Warnung bemängelt werden.

Gehen Sie dazu über BEARBEITEN/PHOTOSHOP • VOREINSTELLUN-
GEN • TRANSPARENZ & FARBUMFANG-WARNUNG ❶. Klicken Sie auf
das Farbfeld ❷ im Frame FARBUMFANG-WARNUNG, und ändern Sie
die Farbe wunschgemäß über den sich öffnenden Farbwähler.

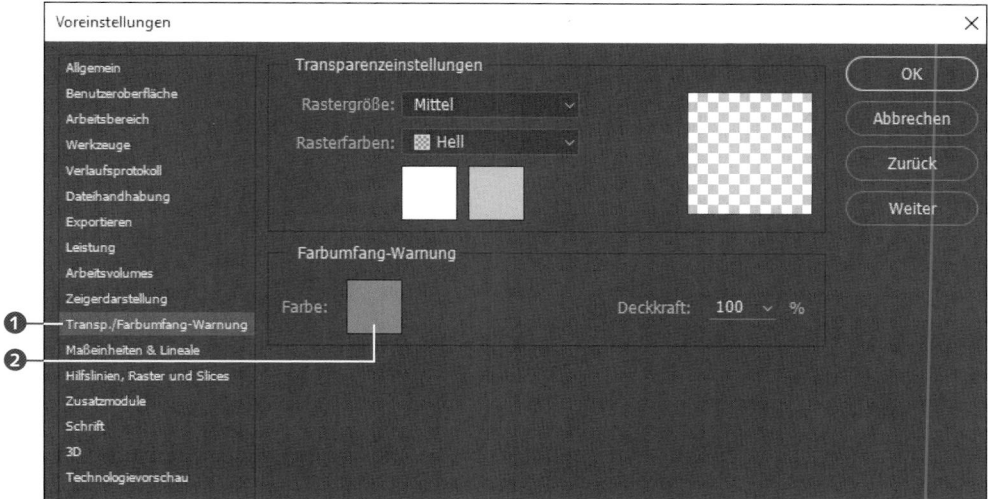

▲ **Abbildung 11.12**
Hier können Sie die Farbe einstellen, die zur Farbumfang-Warnung
angezeigt werden soll.

3 Farbeinstellungen

Spätestens jetzt sollten Sie sich um die grundsätzlichen Farbeinstellungen innerhalb von Photoshop kümmern. Nun gibt es an
dieser Stelle jedoch zwei unterschiedliche Wege. Es kommt nämlich darauf an, ob Sie Photoshop als Einzelapplikation oder zusammen mit anderen Programmen betreiben.

4 Farbeinstellungen nur in Photoshop

Wenn Sie lediglich Photoshop betreiben, gehen Sie jetzt auf
Bearbeiten • Farbeinstellungen. Öffnen Sie das oberste Pulldown-Menü, und legen Sie hier die von Ihrem Druckdienstleister gewünschten Einstellungen fest, z. B. Europa, universelle
Anwendungen 3 sowie die Arbeitsfarbräume unterhalb. Bestätigen Sie mit OK.

▼ **Abbildung 11.13**
Hier lassen sich die Photo-
shop-Farbeinstellungen
vornehmen.

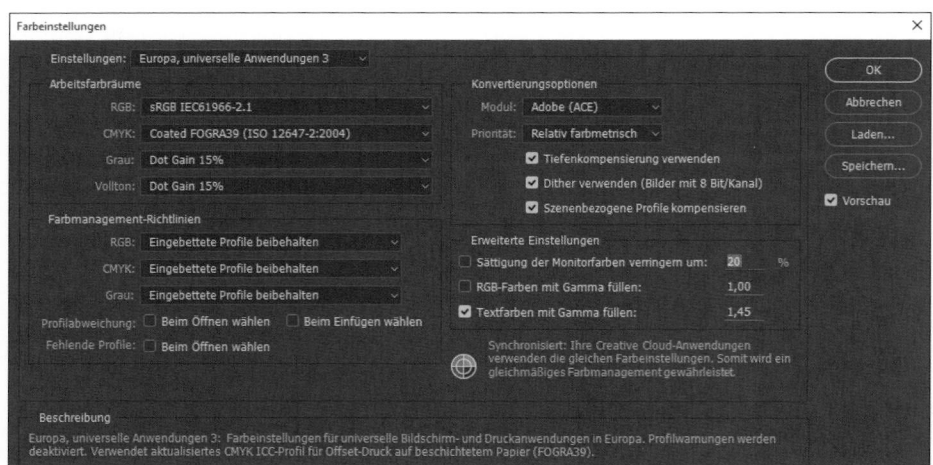

5 Programmübergreifende Farbeinstellungen

Sollten Sie Photoshop nicht als einzelne Anwendung betreiben,
finden Sie etwas weiter unten rechts innerhalb des Dialogs einen
kleinen Farbkreis. Dieser zeigt an, ob alle Adobe-Programme dasselbe Profil verwenden (der Kreis ist geschlossen) oder ob von den
Programmen auf unterschiedliche Farbeinstellungen zurückgegrif-
fen wird (ein Viertel des Kreises tritt heraus).

▲ **Abbildung 11.14**
Hier arbeiten nicht alle Pro-
gramme mit den gleichen
Farbeinstellungen.

◀ **Abbildung 11.15**
So soll es sein.

435

Nun ist es angezeigt, die Farbeinstellungen innerhalb von Bridge vorzunehmen. Auch hier geht der Weg über BEARBEITEN • FARBEINSTELLUNGEN, wobei die die dort vorgenommenen Einstellungen für sämtliche Adobe-Programme gleichermaßen wirksam werden. (Machen Sie das in Photoshop, gelten die gewählten Einstellungen auch nur dort.) Kontrollieren Sie, ob der Kreis geschlossen ist. Sollte ein Viertelkreis herausragen, wählen Sie die gewünschte Farbeinstellung (hier EUROPA, UNIVERSELLE ANWENDUNGEN 3), und bestätigen Sie mit ANWENDEN.

Abbildung 11.16 ▶
Falls die Creative Cloud nicht synchronisiert ist, sehen Sie das ganz oben im Dialog.

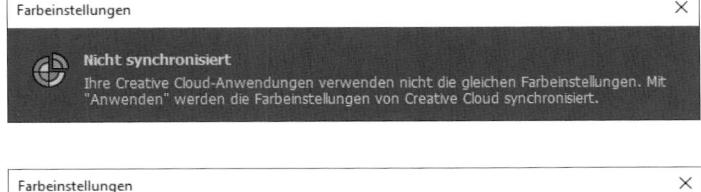

Proof zurücksetzen
Falls Sie über PROOF EINRICHTEN gegangen sind, erreichen Sie die Ansicht aller vier Kanäle, also die Rückkehr zum Normalbild, indem Sie abermals ANSICHT • PROOF EINRICHTEN selektieren und dann auf CMYK-ARBEITSFARBRAUM gehen.

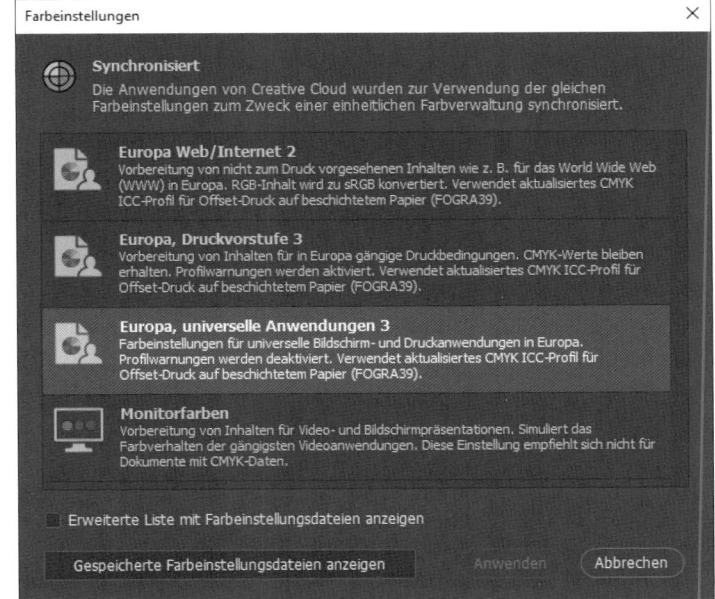

Abbildung 11.17 ▶
Nehmen Sie Farbeinstellungen für die Adobe-Programme in Bridge vor.

Wechseln Sie zu Bridge, und gehen Sie auf BEARBEITEN • FARBEINSTELLUNGEN. Wählen Sie aus der Mitte das gewünschte Farbprofil per Mausklick aus, und betätigen Sie ANWENDEN. Nach einem Neustart der Anwendungen verfügen die Programme über die gleichen Farbeinstellungen, und der Farbkreis oben links zeigt sich synchronisiert (geschlossen).

6 Bild umwandeln

Zurück zu unserem Beispielfoto: Hier muss eine Umwandlung in den CMYK-Farbraum erfolgen. Der einfache Weg über BILD • MODUS • CMYK-FARBE ist zwar möglich, jedoch unter Umständen keine gute Option. Sie können nämlich auf den zu verwendenden Farbraum keinen Einfluss mehr nehmen. Sollte Ihr Druckdienstleister den gleichen CMYK-Farbraum bevorzugen, der auch in Ihren Farbeinstellungen gelistet ist, dann dürfen Sie diesen Weg gehen. Kontrollieren Sie im folgenden Dialog auf alle Fälle, ob der Farbraum der von Ihnen gewünschte ist [im Beispiel: *Coated FOGRA39 (ISO 12647-2:2004)*]. Wenn nicht, brechen Sie den Dialog lieber ab und entscheiden sich für BEARBEITEN/PHOTOSHOP • IN PROFIL UMWANDELN.

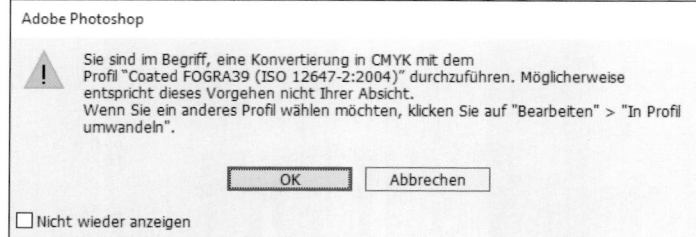

◀ **Abbildung 11.18**
Wenn Sie den Modus umwandeln, können Sie das Farbprofil nicht frei wählen.

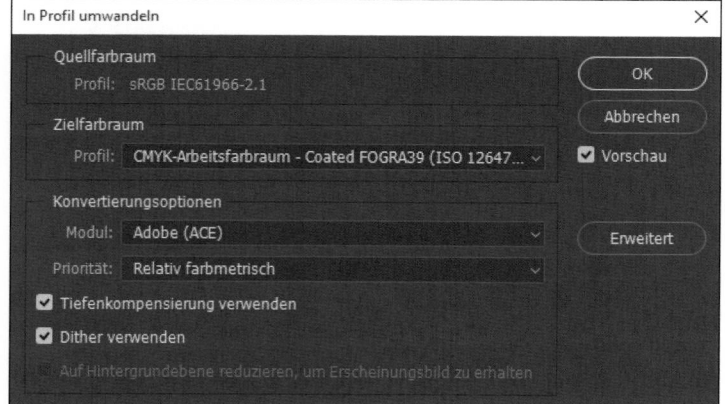

◀ **Abbildung 11.19**
Wer das CMYK-Profil selbst wählen möchte, benutzt stattdessen die Profilumwandlung.

▲ **Abbildung 11.20**
Das Foto verfügt jetzt über vier Farbkanäle.

Dass die Umwandlung in ein Vierfarbfoto gelungen ist, sehen Sie zum einen an der Kopfleiste, zum anderen am Kanäle-Bedienfeld (FENSTER • KANÄLE). Hier gibt es jetzt nämlich kein RGB mehr, sondern CMYK.

7 Platten-Vorschau anzeigen

Über ANSICHT • PROOF EINRICHTEN • [X]-PLATTE ARBEITSFARBRAUM können Sie sich nun eine Vorschau der einzelnen Druckplatten anzeigen lassen. Entsprechendes geht aber auch, wenn Sie kurzzeitig nur auf eine der vier Vorschauminiaturen im Kanäle-Bedienfeld klicken.

Abbildung 11.21 ▶
Dort, wo schwarze Bildelemente vorhanden sind, kommt es in der jeweiligen Farbe zum Farbauftrag Cyan (oben links), Magenta (oben rechts), Yellow (unten links) und Schwarz (unten rechts).

8 Farbauftrag begutachten

Für den Farbauftrag gibt es Grenzwerte, die generell nicht überschritten werden sollen. So ist es z. B. nicht sinnvoll, eine Farbe zu 100 % aufzutragen. Wie viel maximal aufgetragen werden darf, hängt nicht zuletzt auch vom Bedruckstoff ab. Gestrichenes (beschichtetes) Papier verträgt gewöhnlich viel mehr Farbe als saugstarkes Zeitungspapier. Ihre Druckerei wird Ihnen hier entsprechende Informationen geben.

Damit Sie im Vorfeld prüfen können, ob es an problematischen Bildstellen zu hohen Farbaufträgen kommt, sollten Sie das Bedienfeld INFO öffnen. Sie finden einen entsprechenden Eintrag im Menü FENSTER. Jetzt stellen Sie die Maus auf das Foto (z. B. auf das blaue Schild) und lesen die Werte ab, die das Info-Bedienfeld zeigt. In diesem Fall ist zu erwägen, ob Sie die Farben entsprechend nachbearbeiten (z. B. über die Gradationskurven).

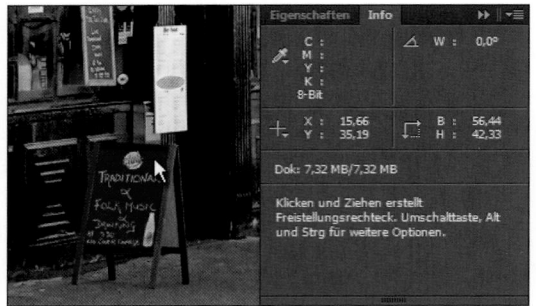

◄ **Abbildung 11.22**
Bei einer Messung auf dem
Schild kommt es im Bereich
Cyan zu 100 % Farbauftrag.

11.3 Dateien für das Web speichern

Auch im Zeitalter von DSL gilt: Webbilder müssen klein sein. Denn
je kleiner ein Bild ist, desto weniger Ladezeit benötigt es. Wenn
Ihre Website mit Inhalten überfrachtet ist, sollten Sie sie ver-
schlanken. Den Anfang machen da die Bilddateien.

Schritt für Schritt
Ein Bild für den Internet-Einsatz vorbereiten

Die JPEG-Kompression macht schon einiges möglich. Dateien
werden richtig schön klein, und der Qualitätsverlust hält sich in
Grenzen. Trotzdem ist an der Beispieldatei »Druck.tif« noch einiges zu verbessern, denn das Original ist immerhin ca. 5,5 MB groß
(im Modus RGB). Das können Sie übrigens gut im Fuß des Bild-
fensters oder im BILDGRÖSSE-Dialog ablesen. – Falls Sie den vori-
gen Workshop nachvollzogen haben, machen Sie jetzt bitte die
Konvertierung in CMYK wieder rückgängig.

Bilder/Druck.tif

1 **Format einstellen**
Wählen Sie DATEI • EXPORTIEREN • EXPORTIEREN ALS. In diesem
neuartigen Dialog wählen Sie zunächst oben rechts das Format.
Wir entscheiden uns für JPG ❶ (Abbildung 11.23). Für Grafiken
und Zeichnungen eignet sich am besten GIF, während Schaltflächen und sonstige Webseiten-Elemente gut als PNG ausgegeben werden können. Im Einzelfall sollten Sie sich ein Objekt in

unterschiedlichen Formaten ansehen und sämtliche Ergebnisse in Bezug auf Qualität und Dateigröße vergleichen.

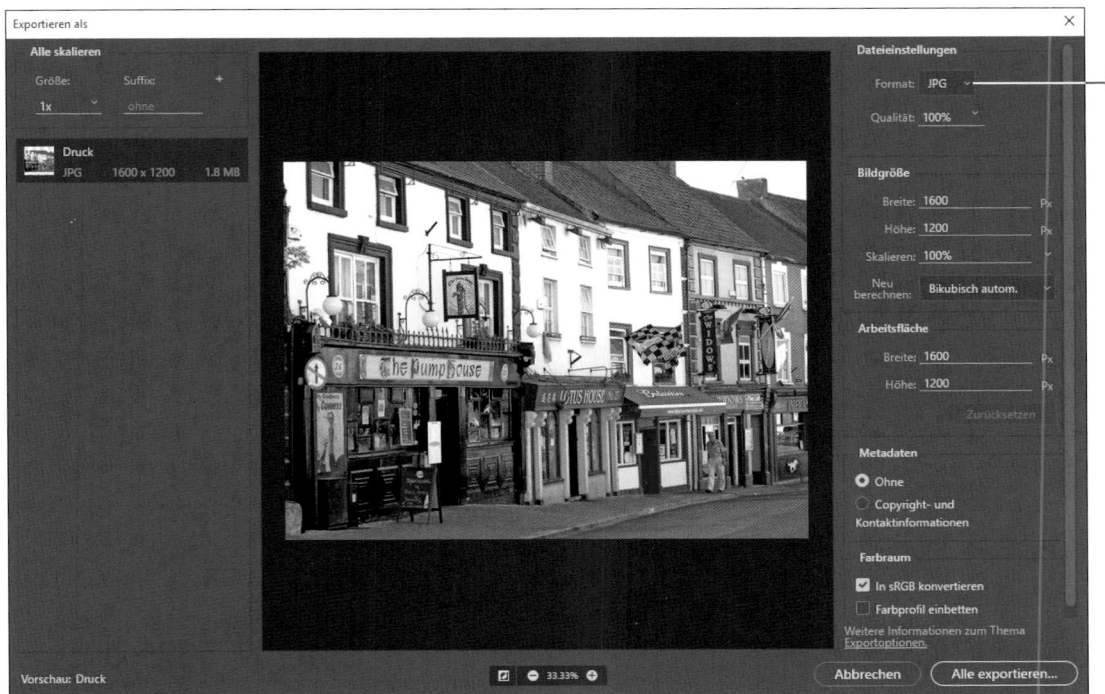

▲ **Abbildung 11.23**
Das Foto wird im Web-Dialog dargestellt.

**Abmessungen unpro-
portional verändern**

Wenn Sie ein Maß än-
dern, verändert sich das
andere Maß proportional
mit. Eine unproportionale
Veränderung könnten Sie
in diesem Dialog nicht
einstellen. Erledigen Sie
das entweder außerhalb
des Dialogs oder in der
Umgebung Für Web spei-
chern (Legacy).

2 Qualität wählen

Natürlich wollen wir stets ein Maximum an Qualität. Doch eines müssen Sie berücksichtigen: Je höher die Qualität, desto größer die Datei. Gehen Sie zunächst einmal auf ca. 80. Das ist sehr gut für das World Wide Web. Später werden wir noch einmal zu die-ser Einstellung zurückkehren.

3 Bildgröße verändern

Jetzt sollten Sie sich auf die Bildgrösse konzentrieren. Hier sollten Sie die Abmessung ändern, da das Foto ja für die Darstellung auf einer Webseite viel zu groß ist. Als Beiwerk für einen Internet-Auf-tritt wäre unser Bild mit einer Breite von 400 Px ausreichend groß. Wenn Sie dieses Maß eingeben und anschließend 🔁 drücken, verändert sich die Höhe proportional mit (im Beispiel: 300 Px). Klicken Sie jetzt im Fuß des Fensters so oft auf das Plus-Symbol ❹,

bis daneben 100 % angezeigt wird ❸. Werfen Sie auch einen Blick auf die Dateigröße ❷. (Immerhin war es in der ursprünglichen Größe noch rund 772 KB groß, so sind es jetzt nur noch rund 91.)

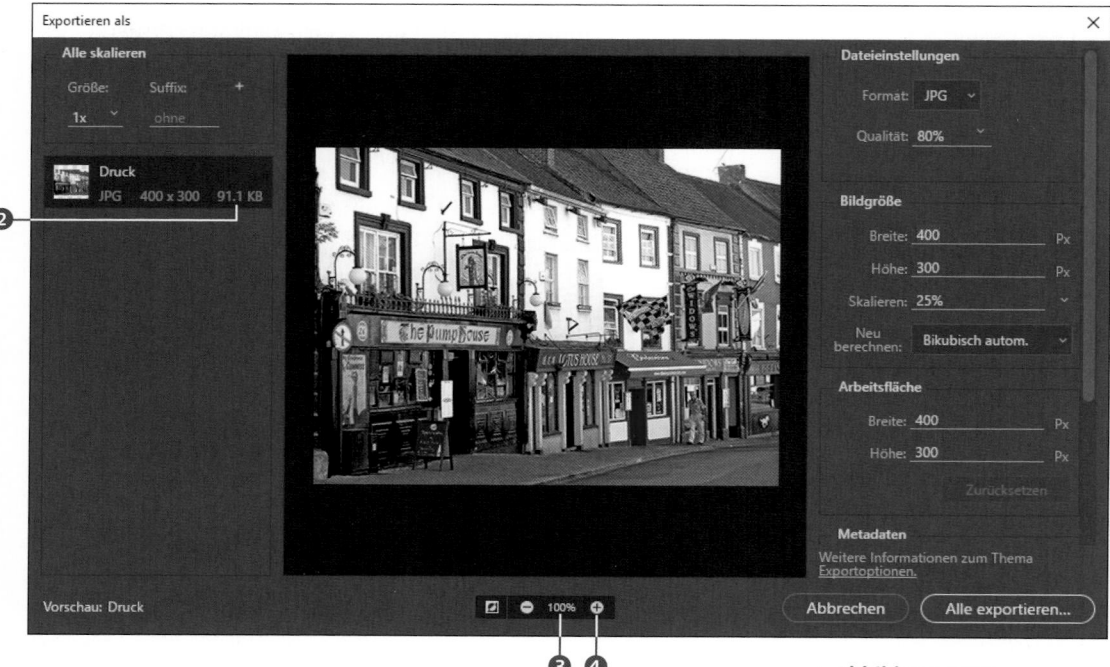

▲ **Abbildung 11.24**
Das Foto wird sofort kleiner dargestellt; die Dateigröße ist ebenfalls enorm geschrumpft.

4 Qualität reduzieren

Nun sollten Sie noch einmal versuchen, die QUALITÄT zu reduzieren. Wenn Sie auf »0« gehen, haben Sie zwar die kleinstmögliche Dateigröße erreicht, die JPEG-Artefakte werden allerdings nicht gerade ein zufriedenstellendes Ergebnis liefern. Bei 68 % etwa ist das Foto aber qualitativ in Ordnung – und hat noch nicht einmal mehr 30 KB. Betätigen Sie ALLE EXPORTIEREN. Im folgenden Speichern-Dialog ist lediglich noch ein Speicherort festzulegen. Das Resultat der Kompression heißt »Web.jpg« und befindet sich – wie sollte es anders sein – im Ordner ERGEBNISSE.

Und noch etwas: Sie haben jetzt eine komplett neue Datei aus einem TIFF-Bild erzeugt. Denken Sie daran, dass das soeben gewonnene JPEG und die Originaldatei nichts gemeinsam haben. Die Originaldatei bleibt bei dieser Vorgehensweise vollkommen ausgenommen. Gut so, denn das Original soll ja nicht verkleinert werden.

Bilder im Format PNG ausgeben

PNG-Format
Das Format PNG ist ein ähnlich leistungsstarkes Kompressionsverfahren wie JPEG oder GIF. Dabei ist PNG-8 prinzipiell vergleichbar mit GIF, während PNG-24 eine Alternative zu JPEG darstellt. Letzteres lässt sich allerdings über den zuvor genannten Dialog nicht ausgeben. Hier müssen Sie DATEI • EXPORTIEREN • FÜR WEB SPEICHERN (LEGACY) wählen.

Das Format PNG erfreut sich immer größerer Beliebtheit und ist sogar für Bilder geeignet, die weder Verläufe noch exorbitante Schatten aufweisen. Es hat gegenüber JPEG den Vorteil, dass eine verlustfreie Kompression stattfindet – also Qualitätsverluste ausgeschlossen sind. Hinzu kommt, dass Transparenzen und sogar Alphakanäle unterstützt werden. Allerdings wird der Speicherplatzbedarf mit zunehmender Anzahl unterschiedlicher Farben im Bild immer größer. Und das kann letztendlich dazu führen, dass die fertige Datei ein wesentlich größeres Dateivolumen aufweist als sein JPEG-Konkurrent.

Es existiert ein einfacher Befehl, der sogar ohne den soeben vorgestellten Dialog auskommt. Allerdings können Sie auf diese Weise die Größe des Fotos nicht mehr anpassen. Falls das ohnehin nicht erforderlich ist, da Ihr Foto bereits die korrekte Größe aufweist, gehen Sie über DATEI • EXPORTIEREN • SCHNELLEXPORT ALS PNG. Dies ist sicher der schnellste Weg, ein Foto fürs World Wide Web zu produzieren.

11.4 Stapelverarbeitung und Aktionen

Bilder/Stapelverarbeitung.jpg

Ein praxisnahes Beispiel: Sie möchten Ihre Dateien an potenzielle Kunden weitergeben. Da Sie aber auf die Anbringung Ihres Namens nicht verzichten möchten, müssen Sie alle Bilder entsprechend nachbearbeiten. Wenn Sie nun aber die einzelnen Schritte, die dazu erforderlich sind, einige hundert Mal wiederholen müssten, wären sicher etliche Stunden vergangen. In solchen Fällen sollten Sie daher auf die Stapelverarbeitung vertrauen.

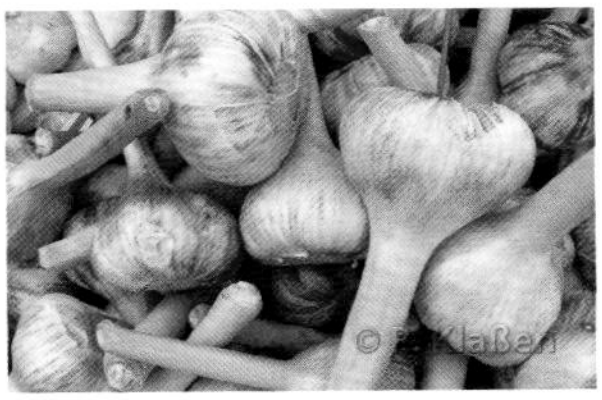

▲ **Abbildung 11.25**
So oder so ähnlich soll der Schriftzug am Ende aussehen.

Schritt für Schritt
Namen mit der Stapelverarbeitung einfügen

Ihr Name (oder was auch immer Sie für angemessen erachten) soll teiltransparent im unteren Bereich des Bildes auftauchen. Um dies etliche Male zu realisieren, müssen wir Photoshop einmal »vormachen«, wie es geht. Danach können wir eine Stapelverarbeitung einleiten.

Wenn Sie gerade keine Bilddatei zur Hand haben, nehmen Sie »Stapelverarbeitung.jpg« – aber selbstverständlich nur zur Einrichtung des Namenszuges im Zusammenhang mit dieser Übung. Derartige Anstrengungen sollten Sie nämlich grundsätzlich nur bei Ihren eigenen Fotos unternehmen.

1 Bildgröße beachten

Sie sollten grundsätzlich ein Foto verwenden, das der Größe der von Ihnen zu verarbeitenden Fotos entspricht. Schauen Sie nach, indem Sie eines Ihrer Fotos öffnen und anschließend via BILD • BILDGRÖSSE ermitteln, wie groß das gute Stück ist. Das Referenzfoto, mit dem Sie weiterarbeiten, sollte die gleiche Größe haben. Unser Beispielfoto hat eine Größe von 900 × 600 Bildpunkten. Würden Sie das für eine 20-Megapixel-Datei verwenden, würde der Schriftzug garantiert zu klein geraten.

2 Die Schritte im Überblick

Bevor wir uns an die Arbeit machen, wollen wir einmal die einzelnen Schritte auflisten, die für eine entsprechende Signierung der Bilder erforderlich sind:

1. Text einfügen
2. Auswahl vom Text erstellen
3. Textebene löschen
4. Hintergrundebene auf die Auswahl beschränkt duplizieren (Strg/cmd + ⇧ + J)
5. Ebenenstil zuweisen (ABGEFLACHTE KANTE UND RELIEF)
6. Ebenen auf Hintergrund reduzieren

Wie das im Einzelnen funktioniert, haben Sie ja im vorangegangenen Kapitel bereits erfahren.

3 Aktion vorbereiten

Um für diesen Workshop nun nicht Hunderte von Dateien berechnen zu lassen, empfiehlt es sich, einige Dateien zur Simulation zu kopieren. Erzeugen Sie einen Ordner auf dem Desktop oder einem Laufwerk Ihrer Wahl, und geben Sie ihm den Namen »Stapel«. Danach kopieren Sie einige in etwa gleich große Fotos in diesen Ordner hinein, z. B. über die Zwischenablage (Strg/cmd + C – Strg/cmd + V).

Optionale Schritte
Die nebenstehenden Schritte sind optional. Wählen Sie andere Funktionen, sofern sie Ihnen mehr zusagen. Der Zusammenstellung von Aktionen sind prinzipiell keine Grenzen gesetzt.

Aktionsdatei
Zur Aufzeichnung der Aktion ist es nicht erforderlich, eines der Bilder zu verwenden, die als Stapel verarbeitet werden sollen. Da der Vorgang nur zur Aufzeichnung der einzelnen Aktionen dient, lässt sich auch jede andere Datei dazu heranziehen.

4 Aktion einleiten

Die einzelnen Schritte müssen Photoshop nun vorgegeben werden. Dazu werden sogenannte Aktionen aufgezeichnet. Öffnen Sie das Bedienfeld AKTIONEN (FENSTER • AKTIONEN). In der Fußzeile der Anwendung verbirgt sich ein Button mit dem Namen NEUE AKTION ERSTELLEN.

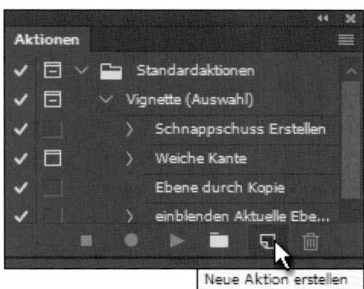

Abbildung 11.26 ►
Zunächst wird eine neue
Aktion ins Leben gerufen.

5 Aktion benennen

Im folgenden Dialogfeld sollten Sie die Aktion logisch benennen. Wie wäre es mit »Name im Bild«? Klicken Sie auf AUFZEICHNEN ❶.

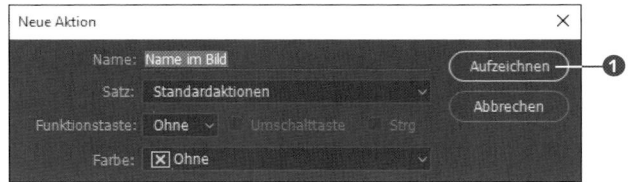

Abbildung 11.27 ►
Der Aktion wird ein Name
gegeben.

Nachdem Sie alle Schritte nacheinander ausgeführt haben, die wiederkehrend auf alle Bilder angewendet werden sollen (Text einfügen – Text verschieben – Auswahl aus Text laden – oberste Ebene entfernen – Ebene duplizieren – Ebenenstil erzeugen – auf Hintergrundebene reduzieren), klicken Sie auf AUSFÜHREN/AUFZEICHNUNG BEENDEN. Damit hat das geöffnete Bild seinen Dienst verrichtet und kann geschlossen werden. Die Abfrage, ob Sie die Änderungen am Foto übernehmen wollen, beantworten Sie mit NICHT SPEICHERN.

6 Aufzeichnung beenden

Die gewünschte Aktion ist definiert, denn Sie haben Photoshop soeben gezeigt, was zu tun ist, wenn die Stapelverarbeitung NAME

im Bild aktiviert wird. Werfen Sie einen Blick auf das Bedienfeld Aktionen. Ganz unten finden Sie die zuvor benannte Aktion mit ihren einzelnen Schritten wieder.

7 Stapelverarbeitung einleiten
Nun ist der Zeitpunkt gekommen, die einzelnen Schritte der Aktion auf die anderen Fotos zu übertragen. Mit Datei • Automatisieren • Stapelverarbeitung erreichen Sie den Dialog, der dazu nötig ist.

8 Aktion wählen
Sie sehen schon – ein mächtiges Fenster wartet auf Ihre Eingaben. Wichtig ist aber vor allem, dass im Flyout-Menü Aktion jetzt auch Name im Bild eingestellt ist ❷. Das sollte die Anwendung übrigens auch ohne Ihr Eingreifen bereits selbst erledigt haben. (Über dieses Steuerelement ließe sich übrigens auch jede andere in Photoshop integrierte Aktion aktivieren.)

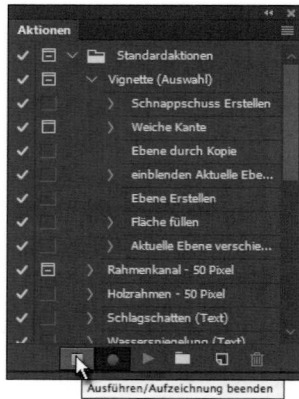

▲ **Abbildung 11.28**
Damit ist die Aufzeichnung beendet.

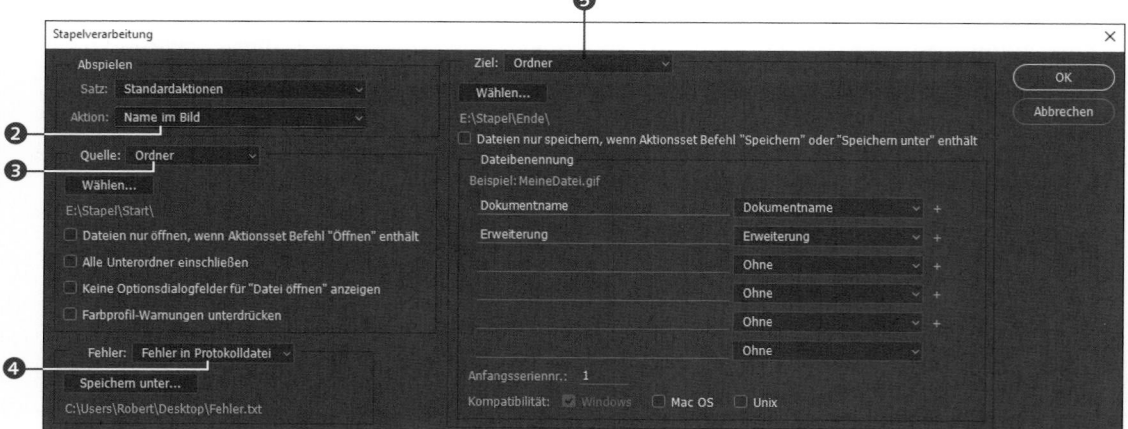

▲ **Abbildung 11.29**
Am Schluss sollte der Dialog so aussehen.

9 Quellordner festlegen
Im Frame Quelle ❸ sollte Ordner eingestellt sein, da die kopierten Dateien ja zuvor in einem Ordner abgelegt worden sind. Über den Button Wählen gelangen Sie zum Dialog Ordner für Stapelverarbeitung wählen, über den Sie den Pfad zum Quellordner (Stapel) festlegen. Bestätigen Sie mit Auswählen.

Fehler in Protokolldatei
Photoshop erzeugt im Falle eines oder mehrerer Fehler eine Textdatei (».txt«) mit der Beschreibung des Fehlers. Nun kann es passieren, dass Sie einen Quellordner erwischen, der zusätzlich noch Dateien beinhaltet, die Photoshop nicht lesen kann (z. B. Word-Dokumente oder Systemdateien). In diesem Fall sollte Sie der Fehler keineswegs beunruhigen, da er ja für die eigentliche Automation überhaupt nicht interessant ist. Sie sehen, dass es sinnvoll ist, die Automation nicht bei einem Fehler anhalten zu lassen.

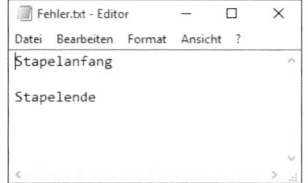

▲ **Abbildung 11.30**
Hier ist alles ohne Probleme abgelaufen.

Bilder/Frequenz.jpg

10 Zielordner festlegen

Im Frame ZIEL ❺ stellen Sie abermals ORDNER ein und klicken auch hier auf WÄHLEN. Hier erstellen Sie nun bitte einen NEUEN ORDNER, den Sie beispielsweise mit »Stapel Ende« betiteln. Danach reicht ein einfacher Klick auf AUSWÄHLEN, und der Zielordner ist bereits definiert.

11 Fehlerdatei erzeugen

Beachten Sie noch den untersten Frame, FEHLER ❹. Photoshop kann nämlich von der Stapelverarbeitung ein Protokoll anfertigen. Die ganze Aktion sollte aber bei einem Fehler keinesfalls anhalten, sondern lediglich FEHLER IN PROTOKOLLDATEI schreiben. Daher sollten Sie diese Option wählen. Klicken Sie auf SPEICHERN UNTER, und geben Sie einen logischen Namen an. Legen Sie als Speicherort ebenfalls den Desktop fest.

12 Stapelverarbeitung starten

Klicken Sie auf OK, und genießen Sie, mit welcher Geschwindigkeit und Präzision Ihr virtueller Kollege die Dateien nach und nach abarbeitet – eine Augenweide, oder?

13 Abschlusskontrollen durchführen

Öffnen Sie den Ordner STAPEL FERTIG, und kontrollieren Sie die Dateien. Anschließend können Sie auch noch die Protokolldatei ansehen. Wenn alles glattgelaufen ist, dürfte sich die Textdatei so wie in Abbildung 11.30 darstellen.

Schritt für Schritt
Eine Frequenztrennung automatisieren

Erinnern Sie sich an das Versprechen, das ich Ihnen in Kapitel 7 gegeben habe? Wenn nicht, schauen Sie doch bitte einmal auf den Workshop »Haut professionell weichzeichnen (mit der Frequenztrennung)« ab Seite 295. In dieser Anleitung mussten viele Schritte unternommen werden, oder? Viel zu viele, um sie stets zu wiederholen. Stellen Sie sich vor: Bei jedem Foto, das weichgezeichnet werden soll, müssten Sie die komplette Frequenztrennung vorbereiten. Das geht einfacher: mit einer Aktion.

1 Aktion vorbereiten

Öffnen Sie ein beliebiges Foto. Wenn Sie gerade keines zur Hand haben, benutzen Sie doch noch einmal Hannas Bild (»Frequenz. jpg«). Machen Sie sich Gedanken über den Ablauf Ihrer Aktion, denn während des Aufzeichnens dürfen keine Fehler passieren. Am besten legen Sie das Buch vor sich hin und schlagen Seite 295 auf (Beginn des Frequenztrennungs-Workshops).

2 Aktion eröffnen

Öffnen Sie das Aktionen-Bedienfeld (FENSTER • AKTIONEN), und starten Sie mit einer neuen Aktion (Button NEUE AKTION ERSTEL-LEN), die Sie idealerweise FREQUENZTRENNUNG nennen. Bestätigen Sie mit Klick auf AUFZEICHNEN.

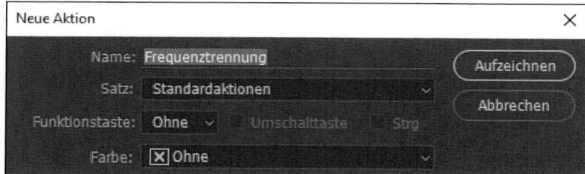

◀ **Abbildung 11.31**
Die Frequenztrennung wird automatisiert.

3 Aktion schreiben

Jetzt müssen Sie sämtliche Schritte durchlaufen, die in besagtem Workshop beschrieben sind. Die Korrekturen, also das Retuschie-ren (Schritt 5) sowie das Beseitigen der Glanzstellen (Schritt 7), lassen Sie ebenso außen vor wie das Absenken der Deckkraft (Schritt 9). Diese Arbeiten sind ja bei jedem Foto individuell und können deshalb nicht automatisiert werden. Die Weichzeichnung können Sie vornehmen, wenn Sie wollen. In diesem Fall sollten Sie aber als Ausgangsbild eines Ihrer Fotos heranziehen, um stets die richtige Dosierung der Weichzeichnung vorzunehmen (diese hängt ja letztendlich auch von der Größe des Fotos ab). Falls Sie direkt in der Aktion weichzeichnen wollen, können Sie das auch gerne machen, müssen dann aber den Weichzeichnungsfilter auf der Ebene WEICH möglicherweise später erneut anwenden – ein Arbeitsaufwand, der durchaus zu verkraften wäre.

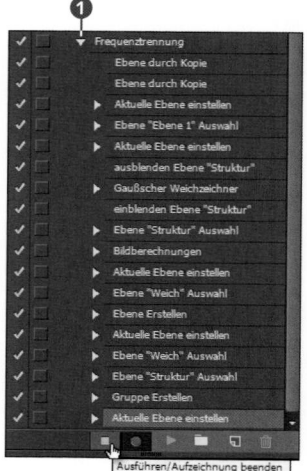

▲ **Abbildung 11.32**
Diese Schritte sind nun für die Ewigkeit gespeichert.

4 Aktion beenden

Wenn alles fertig ist, klicken Sie im Fuß des Aktionen-Bedienfelds auf AUSFÜHREN/AUFZEICHNUNG BEENDEN. Schauen Sie sich die fol-

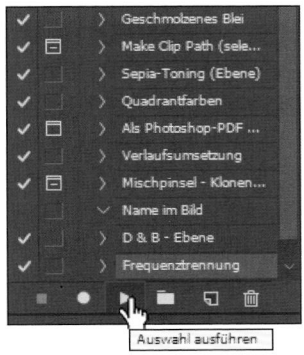

▲ **Abbildung 11.33**
Jetzt wird die Großaktion gestartet.

gende Abbildung gut an. Sie enthält noch einmal alle Schritte, die nötig waren. Am Schluss klicken Sie auf das kleine Dreieck vor FREQUENZTRENNUNG ❶ (Abbildung 11.32), um die gesamte Aktion einzuklappen. Die Schritte sind dann verborgen, und Sie erhalten mehr Übersicht im Aktionen-Bedienfeld.

5 Aktion testen

Schließen Sie das Beispielfoto, ohne es zu speichern, und öffnen Sie ein beliebiges anderes Bild. Markieren Sie die Zeile FREQUENZ-TRENNUNG innerhalb des Aktionen-Bedienfelds. Jetzt kommt der große Augenblick: Klicken Sie auf AUSWAHL AUSFÜHREN – und lehnen Sie sich entspannt zurück. Genießen Sie, wie Photoshop all die Schritte für Sie ausführt. Der Genuss währt nur kurz, denn Photoshop wird in Windeseile fertig sein. Ist das nicht schön?

▲ **Abbildung 11.34**
In weniger als einer Sekunde hat Photoshop alle nötigen Arbeitsschritte für die anschließende Frequenztrennung in die Wege geleitet. Genial!

Fachkunde

Hinter den Kulissen

▸ Welche wichtigen Voreinstellungen gibt es?

▸ Welche unterschiedlichen Farbsysteme gibt es?

▸ Was ist Farbseparation?

▸ Was bedeuten »dpi« und »ppi«?

▸ Wie werden Bilder optimal skaliert?

▸ Welche Dateiformate sind wichtig?

12 Fachkunde

Nicht nur im Bereich der Voreinstellungen ist Hintergrundwissen gefragt. Etwas Fachkunde erleichtert nämlich ebenfalls den täglichen Umgang mit Photoshop. Haben Sie keine Angst vor der Theorie – Sie werden sehen, dass auch dieser Bereich ganz interessant sein kann. Hier erfahren Sie, was es mit Farbräumen, Interpolationsmethoden & Co. auf sich hat.

12.1 Voreinstellungen – die Schaltzentrale in der Bildbearbeitung

Um die Voreinstellungen bedienbar zu machen, muss nicht, wie sonst üblich, ein Bild geöffnet sein, damit Dialogboxen erreichbar sind. Die Voreinstellungen betreffen allesamt das Programm selbst und können folglich auch direkt nach dessen Start aktiviert werden.

Wir wollen uns die wichtigsten Voreinstellungen ansehen. Während Windows-Anwender über BEARBEITEN zu den VOREINSTELLUNGEN gelangen, wählen Macintosh-Benutzer das Menü PHOTOSHOP.

Allgemeine Voreinstellungen

Wählen Sie im folgenden Dialog zunächst ALLGEMEIN. Falls Sie Tastaturbefehle bevorzugen, erreichen Sie die allgemeinen Voreinstellungen auch über Strg/cmd+K. Das ist auch die einzige Möglichkeit, per Tastatur einen der zahlreichen Voreinstellungsdialoge aufzurufen. Für alle anderen Bereiche ist Durchblättern angesagt. Dazu dienen die Buttons ZURÜCK und WEITER rechts im Dialogfenster.

Erinnern Sie sich an die Skalierung von Fotos? Sie haben dort erfahren, dass bei der flächenmäßigen Vergrößerung einer Bilddatei Pixel hinzugefügt werden. Grundsätzlich haben Sie im Dia-

log BILD • BILDGRÖSSE die Möglichkeit, eine der hier angebotenen Optionen zu wählen. Welche dieser Optionen Ihnen aber beim Öffnen des Dialogfensters standardmäßig angeboten wird, legen Sie unter INTERPOLATIONSVERFAHREN ① fest. BIKUBISCH AUTOMATISCH ist eine gute Wahl. Wenn Sie jedoch für Ihre täglichen Arbeitsanforderungen eine andere Wahl treffen wollen, nur zu.

▼ **Abbildung 12.1**
Standardmäßig ist das Interpolationsverfahren BIKUBISCH AUTOMATISCH voreingestellt.

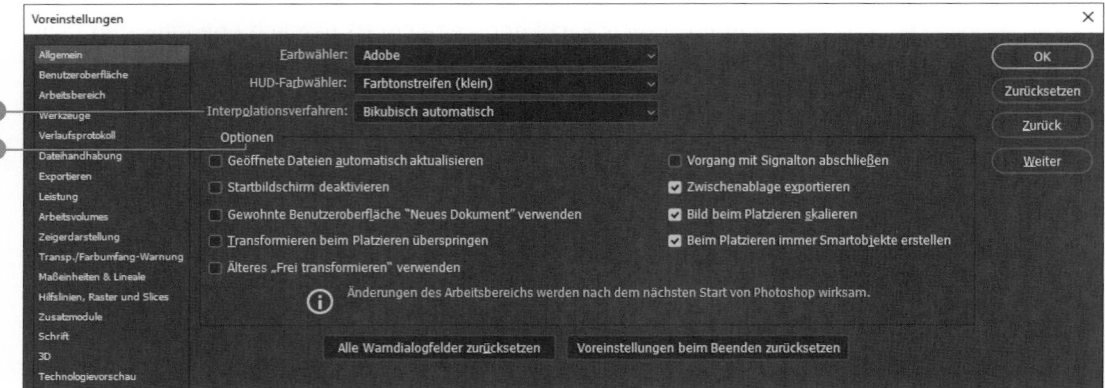

Wenn Sie nicht sicher sind, welche Funktionen sich hinter den einzelnen OPTIONEN ② verbergen, verweilen Sie kurz mit dem Mauszeiger auf einer der Checkboxen (bzw. dem nebenstehenden Text). Die daraufhin erscheinenden Quickinfos geben recht gute Funktionsbeschreibungen ab.

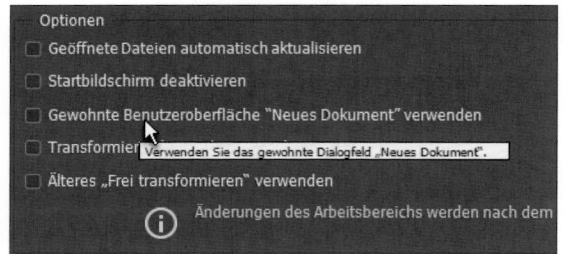

◄ **Abbildung 12.2**
Verweilen Sie kurz mit der Maus auf einem der Einträge, um eine Quickinfo anzeigen zu lassen.

Dokument-Dialog einstellen

Nach Anwahl des Befehls DATEI • NEU oder alternativ durch Betätigung von [Strg]/[cmd]+[N] erscheint ein recht umfangreicher Dialog, der die Erstellung einer neuen Bilddatei anhand zahlreicher Vorgaben ermöglicht. »Alteingesessene« Photoshopper können

sich mit diesem Bedienfeld jedoch nicht so recht anfreunden und wünschen sich den ursprünglichen Dialog zurück. Dafür aktivieren Sie in den allgemeinen Voreinstellungen ([Strg]/[cmd]+[K]) die Checkbox GEWOHNTE BENUTZEROBERFLÄCHE »NEUES DOKUMENT« VERWENDEN und bestätigen mit OK.

Abbildung 12.3 ▶
Wer den neuen Dokument-Dialog nicht benötigt, sollte sich für das »alte« Photoshop-Bedienfeld entscheiden. In diesem ursprünglichen Dialog finden Sie alles, was zur Bild-datei-Erstellung nötig ist.

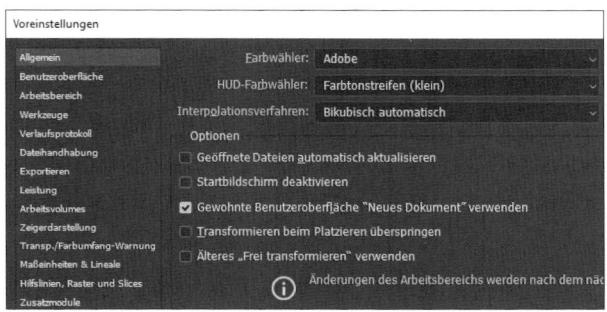

Arbeiten dokumentieren
Sie benötigen eine Dokumentation all Ihrer Arbeiten in Photoshop? Klicken Sie zunächst in der linken Spalte des Dialogs auf VERLAUFSPROTOKOLL. Aktivieren Sie die gleichnamige Checkbox ❶ weiter rechts. Wollen Sie das Protokoll als TEXTDATEI speichern, aktivieren Sie zunächst den gleichnamigen Radiobutton ❷. Dies hat zur Folge, dass ein Speichern-Dialog angeboten wird, unter dem sich die Protokolldatei später wiederfinden lässt. Vergeben Sie auf Wunsch einen anderen Namen und Speicherort, und beenden Sie die Aktion mit Klick auf SPEICHERN.

Von nun an wird nach Selektion des Neu-Befehls ein recht knapper Dialog angezeigt – und der hat alles, was das Herz des Bildbearbeiters begehrt. Versprochen!

Warndialoge zurücksetzen

Wenn Sie (um ein Beispiel zu nennen) Ihr erstes TIFF-Dokument speichern, das Ebenen enthält, gibt die Anwendung einen Hinweis aus. Sie werden darauf hingewiesen, dass die Datei größer wird, wenn Ebenen gespeichert werden. In diesem Dialogfeld ist ein Steuerelement vorhanden, das NICHT MEHR ANZEIGEN heißt. Sofern Sie es aktivieren, bleibt diese Meldung fortan aus.

Wenn Sie nun mit dem untersten Button, ALLE WARNDIALOGFELDER ZURÜCKSETZEN, die Hinweise in ihre Ausgangsposition zurückversetzen, werden sie ab sofort wieder angezeigt – zumindest so lange, bis Sie sie abermals von der Bildfläche verbannen. Diese Funktion ist dann nützlich, wenn Sie einmal »versehentlich« eine der Meldungen eliminiert haben, die eigentlich doch besser angezeigt werden sollte.

Verlaufsprotokolle

Mit BEARBEITUNGSPROTOKOLLEINTRÄGE lassen sich auch detaillierte Aktionen aufzeichnen. Es ist ja durchaus möglich, dass eine solche Liste zur Abrechnung Ihrer Leistungen beim Auftraggeber sinnvoll ist.

▼ **Abbildung 12.4**
Speichern Sie das Protokoll.

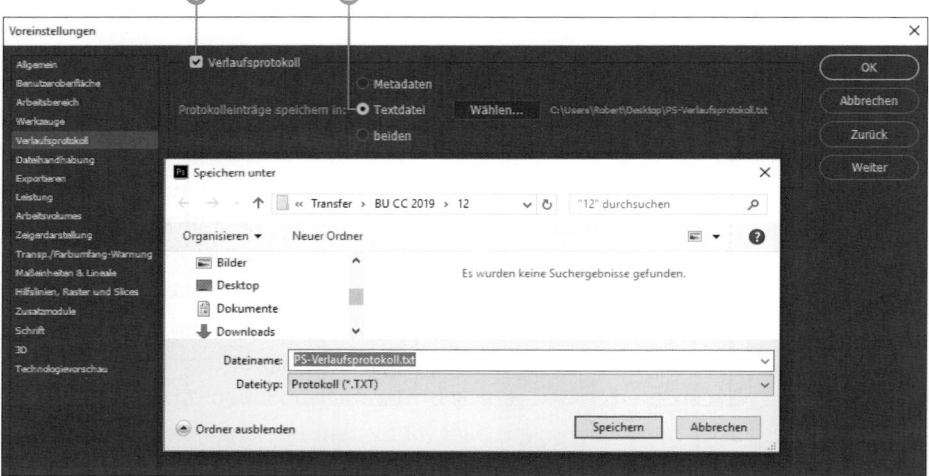

◄ **Abbildung 12.5**
Das Öffnen, Speichern und Schließen von Dateien wird mit Datum und Uhrzeit festgehalten. Zudem werden die Arbeitsschritte chronologisch aufgeführt.

453

Schnellexport

In Kapitel 11 haben Sie erfahren, wie sich Fotos schnell exportieren lassen. Standardmäßig wird im Dialog Datei • Exportieren • Exportieren als das Format PNG gelistet. Wollen Sie das
beispielsweise zugunsten des JPEG-Formats ändern, lässt sich
das mit Hilfe der Voreinstellung Exportieren bewerkstelligen. Sie
können in diesem Fall sogar eine Qualität angeben, die von der
Anwendung vorgegeben wird.

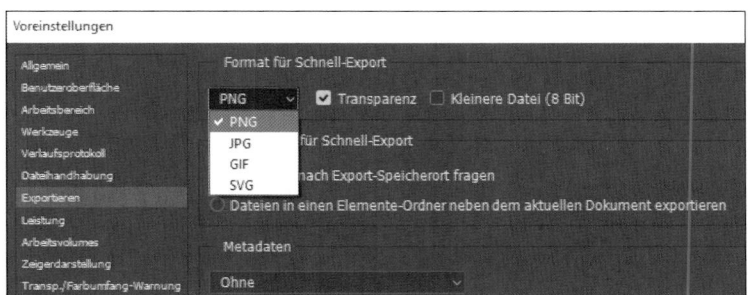

Abbildung 12.6 ▶
Wenn Sie häufiger JPEG als
PNG ausgeben, lohnt sich das
Umschalten.

Leistung

Kommen wir nun zu den Protokollobjekten auf der Seite Leistung. Photoshop gibt unter Verlauf und Cache vor, dass 20
Schritte innerhalb des Protokoll-Bedienfelds abgelegt werden.
Das bedeutet auch: Die letzten 20 Schritte lassen sich nachträglich noch editieren. Ihr Bildbearbeitungsprogramm ist prinzipiell
auch bereit, weit mehr Schritte aufzuzeichnen. Dabei sollten Sie
aber berücksichtigen, dass Ihr System bei längeren Bearbeitungs-
routinen unweigerlich in die Knie gehen wird.

**Grafikprozessor-
Einstellungen**
Wer sich eingehender für
die Grafikprozessor-Ein-
stellungen interessiert,
stellt die Maus in das
gleichnamige Feld. Unten
im Dialog gibt es darauf-
hin eine ausführliche Er-
klärung zur Wirkungswei-
se dieser Funktion. Sie
sollte nach Möglichkeit
aktiviert sein.

Abbildung 12.7 ▶
Diese Einstelloptionen können je nach Rechnerausstat-
tung mehr oder weniger
wichtig sein.

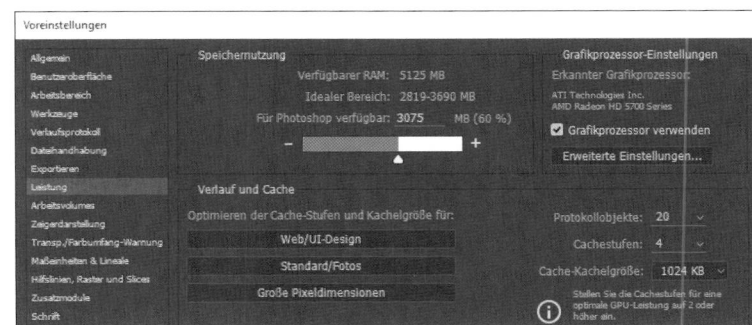

Wenn Sie jedoch einen leistungsstarken Rechner benutzen und neben Photoshop nicht gleichzeitig noch zehn weitere Programme geöffnet haben, ist gegen die Erhöhung prinzipiell nichts einzuwenden.

Zeigerdarstellungen

Standardmäßig werden von Photoshop die Pinselspitzen in Form eines Kreises dargestellt, der den Durchmesser der Pinselspitze repräsentiert. Falls Sie jedoch lieber mit einem Fadenkreuz arbeiten, können Sie das hier einstellen. Auch die Werkzeuge lassen sich hier als Fadenkreuz darstellen.

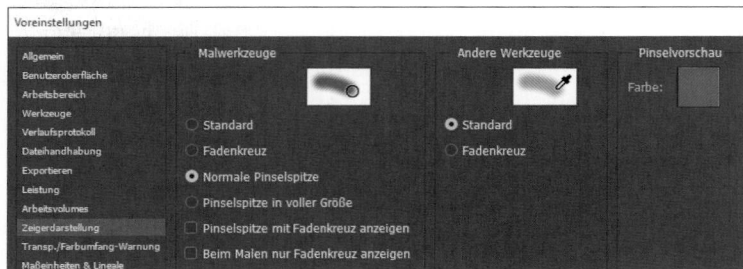

◀ **Abbildung 12.8**
Tool oder Fadenkreuz?
Hier stellen Sie es ein.

Maßeinheiten & Lineale

Besonders zu erwähnen ist, dass die Einheiten in den Dialogfenstern umgestellt werden können. Im ursprünglichen Zustand verwendet Photoshop für die Lineale ZENTIMETER. Wären Ihnen andere Maße lieber?

◀ **Abbildung 12.9**
Die Lineale zeigen Zentimeter an.

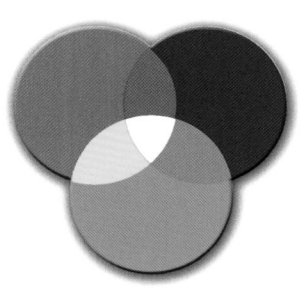

▲ **Abbildung 12.10**
Die Grundfarben Rot, Grün
und Blau bilden den additiven
Farbkreis.

Licht
Praktisch, gar wissen-
schaftlich gesehen, liegt
jede der drei Grundfar-
ben, auch *Spektralfarben*
genannt, im Bereich be-
stimmter elektromagneti-
scher Wellenlängen.
Kommen alle drei Spekt-
ralfarben in höchster In-
tensität vor, ist ein Maximum an Licht vorhanden;
die Lichtfarbe ist Weiß.
Die soeben erwähnten
elektromagnetischen
Wellen werden vom
Menschen unterschied-
lich wahrgenommen. Das
Auge erfasst dabei nur
einen verhältnismäßig ge-
ringen Teil als Farbe,
nämlich einen Bereich
von etwa 400 bis 700 nm
(nm = 1 Millionstel Millimeter). Die Vorausset-
zung für die Wahrnehm-
barkeit von Farben ist
Licht! Ohne Licht gibt es
keine Farbe.

12.2 Farbe

Allein der Bereich Farbmanagement ist derart gewaltig, dass ganze
Regale von Büchern damit gefüllt sind. Selbstverständlich kann es
hier nicht gelingen, die Materie komplett darzustellen. Dennoch
dürfte ein kleiner Exkurs in die Welt der Farben lohnend sein.

Das additive Farbsystem und RGB

Am Monitor und in der Digitalfotografie kommt stets der *RGB*-
Modus zum Tragen. Das Bild setzt sich dort aus Anteilen von Rot,
Grün und Blau zusammen. Jede einzelne dieser drei Grundfarben stellt einen *Farbkanal* dar. Nun kann wiederum jeder der drei
Kanäle mit unterschiedlicher Intensität vorhanden sein. Bei einem
Wert von 0 ist die jeweilige Farbe nicht existent. Der Maximalwert eines Kanals beträgt 255, wobei in diesem Fall die Farbe
voll vorhanden ist. Daraus ist abzuleiten, dass jeder Kanal in 256
unterschiedlichen Farbabstufungen dargestellt werden kann (255
plus Farbe nicht vorhanden = 256 Möglichkeiten).

Jetzt wird es mathematisch: Da drei Kanäle vorhanden sind
(Rot, Grün und Blau), gibt es 256 × 256 × 256 (also 16 777 216)
mögliche Werte.

Alle drei additiven Grundfarben ergeben zusammen reines
Weiß. Ist keine der drei Farben vorhanden, liegt reines Schwarz
vor.

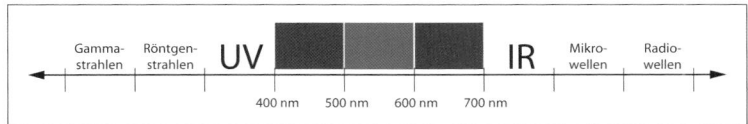

▲ **Abbildung 12.11**
Das Spektrum der Additivfarben

Am besten wird es sein, Sie öffnen den Farbwähler in Photoshop
und versuchen, die Gegebenheiten einmal nachzuvollziehen.
Markieren Sie wie gewohnt eine der Farbflächen in der Werkzeugleiste, und stellen Sie Farbwerte im Bereich RGB ein.

Geben Sie für alle drei RGB-Farben »0« ein, erhalten Sie reines Schwarz; der Maximalwert (255 bei 8-Bit-Bildern) für alle drei

Farben ergibt Weiß. Jeder nur erdenkliche Wert, bei dem alle drei Grundfarben in gleicher Intensität vorliegen, ergibt Grau. Der einzige Unterschied: Niedrige Werte sorgen für ein dunkles, hohe für ein helles Grau. Achten Sie darauf, dass die Funktion Nur Web-farben anzeigen nicht aktiv ist, da Photoshop ansonsten Ihre Eingaben selbstständig auf Farben begrenzt, deren Darstellung im Internet möglich ist.

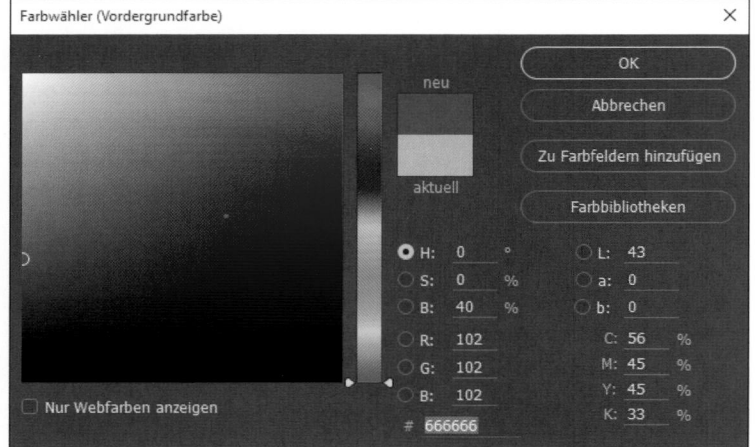

◄ **Abbildung 12.12**
Je höher der Wert ist, desto heller ist das Grau.

Das subtraktive Farbsystem und CMYK

Im Druckbereich wird das subtraktive Farbsystem verwendet. Die Farben, die mit Hilfe eines Druckkopfes oder etwas Ähnlichem auf den *Bedruckstoff* (meist Papier) aufgetragen werden, sind lasierend (durchsichtig). Je mehr Licht nun von einem Bedruckstoff zurückgegeben (reflektiert) werden kann, desto heller wird die Farbe wahrgenommen.

Was bedeutet CMYK?
Die aus dem Englischen stammende Abkürzung bezeichnet die drei subtraktiven Grundfarben C = Cyan, M = Magenta, Y = Yellow sowie Schwarz als K = Key.

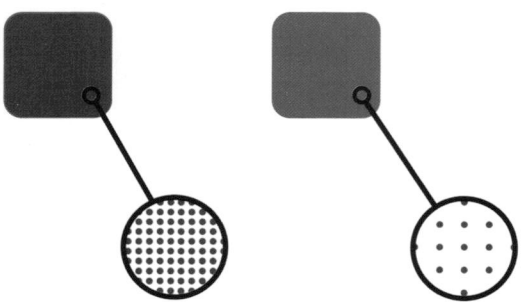

◄ **Abbildung 12.13**
Je dunkler die Farbe ist, desto dichter liegen die Punkte beieinander.

Optisch erscheint die Farbe heller, je weiter die Punkte auseinanderstehen. Die Punkte selbst haben dabei exakt die gleiche Farbe. Je konzentrierter das Punktraster auftritt, desto dunkler wirkt der Ton. Das subtraktive Farbsystem setzt sich aus den Grundfarben Cyan, Magenta und Gelb zusammen – ergänzt durch Schwarz.

Wertebereich im CMYK-Modus

Während sich die Angaben bei RGB über einen Wertebereich von 0 bis 255 ziehen, werden die Intensitäten der einzelnen Farben im CMYK-Farbkreis in Prozent von 0 bis 100 angegeben.

Als Grundfarben werden hier aber nur die drei Erstgenannten bezeichnet (ohne Schwarz). Im Gegensatz zum additiven Farbsystem ergibt sich hier reines Weiß, wenn keine Farbe aufgetragen wird. Liegen alle drei Grundfarben zu 100 % vor, ergibt sich – zumindest in der Theorie – reines Schwarz.

Weil die drei Grundfarben aber leider nur »theoretisch« Schwarz ergeben, kommt in der Praxis als vierte Farbe Schwarz hinzu. Der Fachbegriff für diese Abweichung von Theorie und Praxis lautet *Spektralmängel*. In der Praxis kommt bei allen drei Farben gemeinsam allenfalls ein schmutzig wirkendes Braun heraus.

Starten Sie doch in Photoshop einmal diesen Test, indem Sie auf eines der Farbfelder innerhalb der Werkzeugleiste doppelklicken und über die RGB-Eingabefelder Schwarz festlegen (R + G + B = 0). Bestätigen Sie mit OK, und schließen Sie den Farbwähler, ehe Sie ihn mit einem Doppelklick auf das nun schwarze Feld der Werkzeugleiste erneut öffnen. Legen Sie jetzt für C, M und Y jeweils 100 % fest, und stellen Sie den Wert K auf »0«. Betrachten Sie das Ergebnis, und vergleichen Sie es mit Schwarz.

▲ **Abbildung 12.14**
Mit Cyan, Magenta und Gelb erhalten Sie kein Schwarz.

Rein technisch ist außerdem ein Farbauftrag von jeweils 100% im Druck nicht möglich. Das subtraktive Farbsystem ist also stark eingeschränkt, und in der Praxis lässt sich nur ein verschwindend geringer Teil des RGB-Farbraums drucktechnisch wirklich darstellen.

RGB-Dateien in CMYK umwandeln

Zum Druck werden RGB-Bilder in das CMYK-Format umgewandelt. Photoshop realisiert dies über BILD • MODUS • CMYK-FARBE. Sollte die Datei aus mehreren Ebenen bestehen, wird eine Zwischenabfrage gestartet. Wenn Sie anschließend keine Änderungen an einzelnen Ebenen mehr vornehmen möchten, wählen Sie REDUZIEREN – anderenfalls NICHT REDUZIEREN. Ersteres hält die Dateigrößen merklich kleiner.

▲ **Abbildung 12.15**
Der obere Bereich entspricht (im Gegensatz zum unteren) keinem reinen Schwarz.

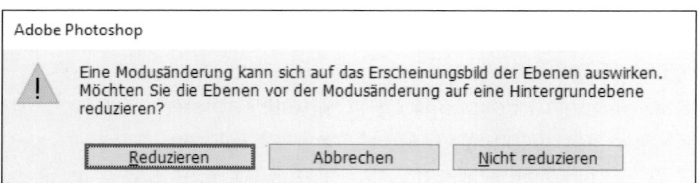

◄ **Abbildung 12.16**
Mit der Modusänderung lassen sich alle Ebenen auf eine reduzieren.

Volltonfarben

Vielleicht sind Ihnen schon die teils herben Farbverluste aufgefallen, die eine Umwandlung von RGB in CMYK nach sich zieht. Bestes Beispiel: Das satte Rot bricht glatt zusammen, und heraus kommt ein Schleier, vor dem uns die Waschmittelwerbung allzu häufig warnt. In solchen Situationen ist die Zeit gekommen, Volltonfarben einzusetzen. Im Gegensatz zu den Prozessfarben (C, M, Y) handelt es sich dabei um vordefinierte Farben, die anhand einer Farbnummer identifiziert werden.

Die Hersteller sorgen für eine gleichbleibende Qualität und geben anhand von (teils sündhaft teuren) Farbfächern und Farbmusterkarten vor, wie die Farbe aussehen wird. Auch Photoshop unterstützt natürlich die Einbindung von Volltonfarben. Klicken Sie im Farbwähler auf den Button FARBBIBLIOTHEKEN, um an die Spezialfarben heranzukommen.

Deaktivierte Ebenen
Falls Sie Ebenen über das Augen-Symbol deaktiviert haben, stellt die Anwendung die Frage, ob die verborgenen Ebenen gelöscht werden sollen. Betrachten Sie anschließend erneut das Kanäle-Bedienfeld, und schalten Sie auch hier wieder einzelne Kanäle ein und aus, um die Unterschiede erkennbar werden zu lassen.

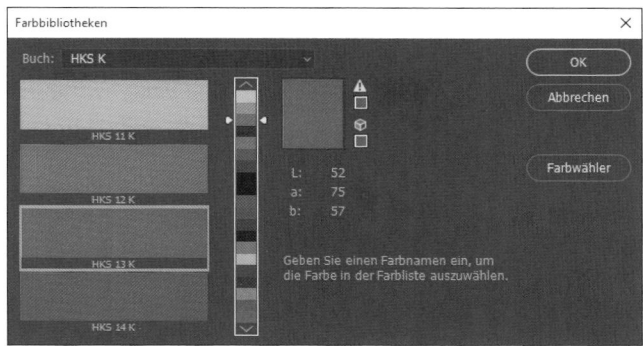

Abbildung 12.17 ▶
Hier verbergen sich
Unmengen von Farbtafeln.

Im hiesigen Raum kursieren vorwiegend *HKS* und *Pantone*. Bei der Auswahl der Farbe müssen Sie allerdings unbedingt darauf achten, dass der richtige Bedruckstoff ausgewählt ist. Je nach Papierqualität schwanken nämlich auch hier die Bezeichnungen. So sagt beispielsweise der letzte Buchstabe einer HKS-Farbe etwas über den Bedruckstoff aus:

▶ HKS E = Endlospapier
▶ HKS K = Kunstdruckpapier (gestrichene Papiere)
▶ HKS N = Normalpapier (ungestrichene Papiere)
▶ HKS Z = Zeitungspapier

Das Problem: Sie müssen vorab wissen, auf welchem Bedruckstoff Ihre Schmuckfarbe landen soll. Vielfach werden aufwendige Drucke (z. B. Lebensmittelverpackungen) über den normalen *Vierfarbdruck* hinaus noch mit einer fünften und sechsten Farbe versehen. Das soll unter anderem gewährleisten, dass die »lila Kuh« auch immer gleich lila bleibt. Sie können sich vorstellen, dass so etwas natürlich die Druckkosten beträchtlich erhöht.

Unter bestimmten Voraussetzungen können jedoch gerade wirtschaftliche Faktoren den Einsatz von Sonderfarben interessant machen. Denken Sie nur an Briefbögen. Hier kann der Druck mit Schwarz und einer Volltonfarbe durchaus günstiger sein als ein Drei- oder gar Vierfarbdruck. Bleiben wir beim Lila. Die Farbe ist (wenn überhaupt) nur mit einem Gemisch aus Cyan, Magenta und Gelb zu Papier zu bringen. Mit der vierten Farbe (Schwarz) werden die Texte gedruckt. Nehmen Sie stattdessen Schwarz und eine Volltonfarbe (beispielsweise HKS 37), wird der Geldbeutel des Auftraggebers merklich entlastet.

Die Farbseparation

Damit nun die Farben einer CMYK-Datei in den jeweiligen Druckwerken der Druckmaschine einzeln aufgetragen werden können, müssen Farben »separiert« werden. Dabei wird im Prinzip nichts anderes gemacht, als die vier Farben Cyan, Magenta, Gelb und Schwarz voneinander zu trennen. Kämen zusätzlich Volltonfarben zum Einsatz, würde auch dafür ein eigener Kanal erzeugt.

Doch bleiben wir beim Vierfarbdruck. Bei einer RGB-Vorlage werden die additiven Grundfarben Rot, Grün und Blau in Cyan, Magenta, Gelb und Schwarz aufgeteilt. Die Ergebnisse liefern dann die Vorlagen für die jeweiligen Druckplatten. Mit diesen Platten werden die Grundfarben nacheinander auf den Bedruckstoff aufgetragen, wodurch sich am Schluss wieder das farbige Gesamtbild ergibt.

◀ **Abbildung 12.18**
Das Originalbild in CMYK

▼ **Abbildung 12.19**
Die Farbkanäle Cyan (oben links), Magenta (oben rechts), Gelb (unten links) und Schwarz (unten rechts)

Keine farbigen Druckplatten?
Sie wundern sich, warum die einzelnen Kanäle nicht farbig dargestellt werden? Weil das für den Druckprozess selbst nicht mehr relevant ist. Welche Farbe mit der jeweiligen Platte aufgetragen wird, erkennt der Drucker an Zusatzinformationen, die auf der Platte vermerkt sind. Und die separierten Kanäle haben ja keine andere Aufgabe, als zu zeigen, wo eine bestimmte Farbe aufgetragen wird und wo nicht.

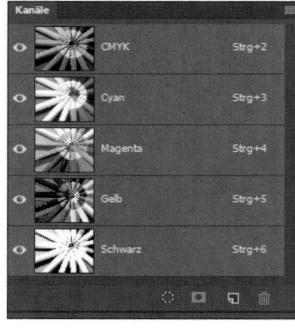

▲ **Abbildung 12.20**
Wollen Sie nur einen einzelnen Kanal begutachten, markieren Sie die entsprechende Miniatur. Alle anderen Kanäle werden dann ausgeblendet.

Jede Platte symbolisiert also: Wo Schwarz ist, kommt die jeweilige Farbe zum Einsatz; wo Weiß ist, wird keine Farbe verwendet. Vereinfacht gesagt: Die Platten sind so beschaffen, dass sie an schwarzen Stellen Farbe annehmen, während sie in weißen Bereichen »farbabweisend« wirken.

Zu den Sonderfarben: Sollte eine fünfte Farbe benutzt werden, muss natürlich auch eine fünfte Druckplatte angefertigt werden. Photoshop zeigt übrigens alle *Kanäle* im gleichnamigen Bedienfeld an.

Der Lab-Farbraum

Der Lab-Farbraum umfasst den gesamten RGB- und CMYK-Farbraum und alle existierenden Gerätefarbräume; er wird daher als *geräteunabhängiger Farbmodus* bezeichnet. Die Farben werden durch einen Kanal für die Helligkeit (L für *Lightness*) und zwei Buntheitskomponenten (Kanal a von Grün bis Magenta und Kanal b von Blau bis Gelb) dargestellt. Im Farbwähler können Werte zwischen +127 und −128 eingestellt werden. Der dritte Wert L macht diesen Farbraum besonders interessant für kanalweise Bildkorrekturen. Die Änderung erfolgt über BILD • MODUS • LAB-FARBE.

12.3 Auflösung

Die Auflösung spielt spätestens dann eine Rolle, wenn Sie Ihre Bilder ausdrucken möchten. Aber auch für die Bildbearbeitung ist die Höhe der Auflösung nicht unerheblich.

dpi und ppi

dpi? ppi? Wo ist der Unterschied? Es gibt keinen! Na, das ist natürlich nur die halbe Wahrheit. Greifen wir zunächst den Begriff ppi auf. Der in *pixel per inch* angegebene Wert bestimmt, wie viele Pixel auf einer Strecke von einem Inch angeordnet sind. Ein *Inch* wiederum entspricht 2,54 cm, also einem Zoll.

Beim Maß dpi, *dots per inch*, verhält es sich genauso. Allerdings liegt der Unterschied im ersten Wort. Bei Monitor, Scanner und Kamera setzt sich das Bild aus Pixeln zusammen, während der

── 1 inch ──

▲ **Abbildung 12.21**
Wie viele Pixel erstrecken sich über einen Bereich von 2,54 cm?

Drucker Dots ausgibt. Wenn Sie also ein Bild verwenden, das über eine Auflösung von 72 ppi verfügt, werden auch 72 Dots pro Inch ausgedruckt, sofern die Seitenverhältnisse nicht geändert werden.

Neuberechnung

Nun sind 72 ppi absolut ausreichend, wenn es um die Darstellung am Monitor geht. Der Druck würde aber in dieser Auflösung eher mäßig ausfallen. Deshalb muss das Bild für diesen Zweck neu berechnet werden. Diese Neuberechnung geht aber leider nicht verlustfrei vonstatten.

Stellen Sie sich vor, Sie verdoppeln die Auflösung (von 72 auf 144 ppi). Dann macht die Software nichts anderes, als zwischen vorhandenen Pixeln weitere einzufügen. Dazu arbeitet beispielsweise die *bilineare Wiederholung* mit einem Mittelwert, der aus beiden Pixeln errechnet wird. Bei glatten, einfarbigen Flächen bereitet das keine Probleme. Aber wie sieht das an kontrastierenden Kanten aus? Betrachten Sie zwei aneinander angrenzende Flächen.

◄ **Abbildung 12.22**
Links: die angrenzenden Flächen in der Originalauflösung. Rechts: die Kanten nach der Hinzurechnung von Pixeln.

Wenn nun an einer kontrastierenden Kante Pixel hinzugerechnet werden, verliert das Ergebnis zwangsläufig an Schärfe. Die Kante hebt sich nicht mehr so eindeutig vom Hintergrund ab.

Eine Möglichkeit ist aber, bei Erhöhung der Auflösung im gleichen Maße die Abmessungen des Bildes herunterzurechnen. Der Erfolg: Die Anzahl der Pixel bleibt gleich, und der Verlust ist nichtig.

Nehmen Sie eine qualitativ hochwertige Digitalfotografie. Hier liegt ein Seitenverhältnis von etwa 80 × 60 cm vor – mit einer Auflösung von 72 ppi. Wenn Sie nun einen professionellen Druck dieses Bildes anfertigen wollen, benötigen Sie eine Auflösung von 300 dpi. Man kann also sagen, dass die Auflösung etwa viermal so hoch sein muss wie beim Originalfoto. Wenn Sie jetzt gleichzeitig die Abmessungen des Bildes auf ein Viertel reduzieren, werden Sie ein optimales Ergebnis präsentieren können. Das Bild wäre jetzt noch 20 × 15 cm groß und ließe sich mit 300 dpi drucken.

Damit aber die neuen Werte keine Schätzergebnisse liefern, bedienen wir uns einer Formel:

$$\text{Neue Seite} = \frac{\text{Seite} \times \text{Vorhandene Auflösung}}{\text{Gewünschte Auflösung}}$$

Im vorliegenden Beispiel bedeutet das: Sie nehmen eine Seite des Bildes, multiplizieren diesen Wert mit der aktuellen Größe und dividieren anschließend durch die Zielgröße. Damit hätten Sie das neue Maß für die berechnete Seite.

Schritt für Schritt
Die Druckauflösung für ein Digitalfoto einstellen

Berechnen wir die Dateigröße eines Digitalfotos (80 × 60 cm, 72 ppi), das auf dem heimischen Tintenstrahldrucker ausgegeben werden soll. Sie wissen ja, dass hier 220 dpi absolut ausreichend sind. Wie groß kann das Bild ausgegeben werden?

1 Ausgangswerte ermitteln
Zunächst einmal müssen die Werte über BILD • BILDGRÖSSE ermittelt werden. Nehmen Sie vorzugsweise die längere Seite. Das ist das Breitenmaß von 80 cm. (Die Rundungstoleranzen sind zu vernachlässigen.)

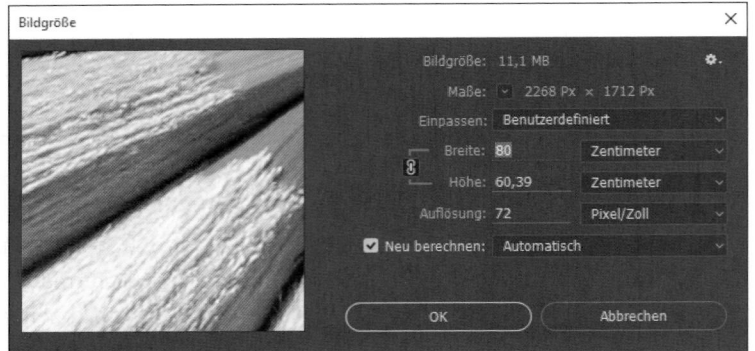

◄ **Abbildung 12.23**
Die Breite ist hier das größere
Maß.

2 Formel erstellen

$$\text{Neue Seite} = \frac{80 \times 72}{220}$$

3 Neue Werte übergeben

Demnach ergibt sich eine neue Breite von knapp 26,2 cm. Aber das müssen Sie selbst gar nicht ausrechnen, denn das erledigt Photoshop für Sie. Wir wollen lediglich kontrollieren, ob das auch zu unserer Zufriedenheit erledigt wird. Zunächst müssen Sie sicherstellen, dass NEU BERECHNEN abgewählt ist, denn nur das ermöglicht eine Erhöhung der Auflösung bei gleichzeitiger Verringerung der Bildgröße. Tragen Sie anschließend den Wert »220« in das Feld AUFLÖSUNG ein, und verlassen Sie den Dialog mit OK. Immerhin könnten Sie dieses Foto noch fast in A4-Größe ausgeben. Zudem ist der von Photoshop errechnete Wert für die Breite mit unserem identisch.

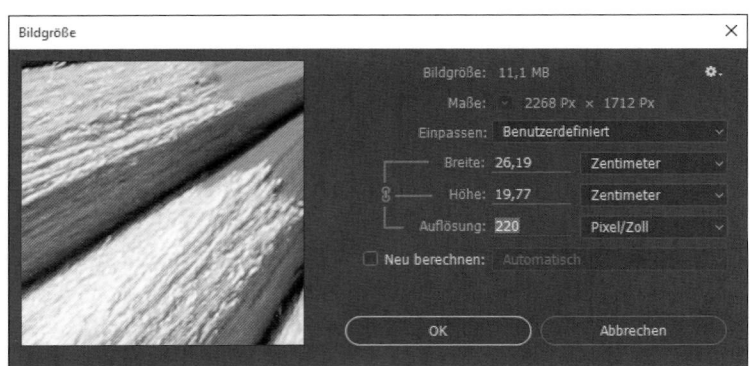

◄ **Abbildung 12.24**
Das Foto wurde in der
Auflösung erhöht.

465

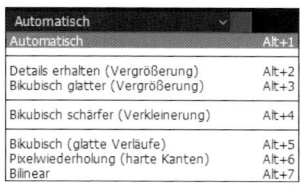

▲ **Abbildung 12.25**
Die verschiedenen Interpolationsverfahren

Rechteckige Pixel
Dass Pixel quadratisch sind, trifft auf die Bildbearbeitung zu. Sollten Sie sich im Bereich Videoschnitt betätigen, werden Sie es jedoch auch mit rechteckigen Pixeln zu tun bekommen. Wenn Sie eine neue Datei erzeugen (DATEI • NEU), kann das PIXEL-SEITENVERHÄLTNIS im Bereich ERWEITERT an die gewünschten Eigenschaften angepasst werden.

Interpolation

Und wenn dennoch eine Größenänderung unumgänglich ist? Dieses Problem stellt sich ja, wenn Sie kleine Bilder haben, die höher aufgelöst werden müssen. Dann sollten Sie sich für die jeweilige Interpolation entscheiden. Hier muss allerdings dann ein INTERPOLATIONSVERFAHREN angewählt sein. Die Königseinstellung ist AUTOMATISCH. Damit wendet Photoshop selbstständig die geeignete Methode an. Dennoch wollen wir auch einen Blick auf die anderen Verfahren werfen:

▶ AUTOMATISCH: Photoshop ermittelt anhand der eingegebenen Größe die am ehesten geeignete Methode.

▶ DETAILS ERHALTEN: Die Schärfung erfolgt an kontrastierenden Kanten mehr als an ebenmäßigen Flächen.

▶ BIKUBISCH GLATTER: Hier werden die Übergänge (kontrastierende Kanten) etwas glatter.

▶ BIKUBISCH SCHÄRFER: Diese Methode eignet sich vor allem zur Verkleinerung von Bildern, bei der zwangsläufig Pixel herausgerechnet werden müssen. Auch das Herausrechnen führt zum Schärfeverlust, der jedoch häufig durch die bikubische Schärfung kompensiert werden kann.

▶ BIKUBISCH: Die Werte benachbarter Pixel werden analysiert und mit weichen Farb- bzw. Tonwertabstufungen versehen.

▶ PIXELWIEDERHOLUNG: Die Pixel werden dupliziert. Es kommt dabei zur Treppenbildung und zu gezackten Linien. Die Methode ist nicht sehr präzise und eignet sich lediglich für Grafiken.

▶ BILINEAR: Bei der Hinzurechnung von Pixeln werden Durchschnittswerte hinzugefügt. Das Ergebnis ist mit einem Schärfeverlust behaftet.

12.4 Pixel vs. Vektoren

Photoshop ist von jeher eine pixelorientierte Anwendung. Ein *Pixel* ist der kleinste Teil einer Bilddatei und im Normalfall quadratisch. Die Einheit ppi (= pixel per inch) regelt, wie viele dieser Pixel auf einer Fläche von 2,54 × 2,54 cm (2,54 cm = 1 Inch) vorhanden sind. Man spricht hier von der *Auflösung* bzw. *Bildauflösung*. Daraus lässt sich Folgendes ableiten: Je höher die Auflösung ist (also

je mehr Pixel auf einem Inch2 vorhanden sind), desto größer ist der Detailreichtum des Bildes.

Da Pixel aber im Bereich der Bildbearbeitung normalerweise quadratisch sind, werden sie natürlich bei starker Vergrößerung sichtbar. Die in Größe rund erscheinenden Kanten offenbaren nun ein unschönes Treppenmuster – schließlich handelt es sich bei Pixeln ja wie erwähnt um Quadrate.

◄ **Abbildung 12.26**
Bei geringer Auflösung bleiben die Pixelbildungen nicht verborgen.

Um den Unterschied zwischen Pixeln und Vektoren klar herauszustellen, müssen wir noch einen Schritt weitergehen, indem wir uns Gedanken über die Art und Weise machen, mit der *Pixeldateien* gespeichert werden. Prinzipiell wird hierbei für jede dieser quadratischen Flächen eine x- und eine y-Koordinate gespeichert. Damit weiß der Rechner etwas über die Position des Pixels. Damit auch die Farbe dieses Pixels wiedergegeben werden kann, müssen noch die Kanalinformationen hinzugefügt werden. Bei einem RGB-Bild wird also zusätzlich noch der Farbwert für Rot, Grün und Blau gespeichert.

Bei *Vektoren* sieht das komplett anders aus. Hier werden bei einer normalen Kurve die Positionen von Start- und Endpunkt sowie Informationen über die Tangenten festgehalten.

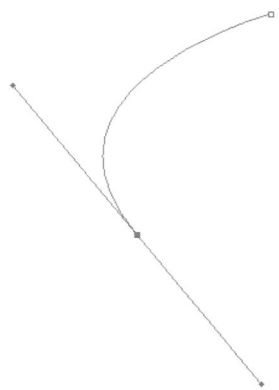

▲ **Abbildung 12.27**
Eine Vektorenlinie in Photoshop

467

Das bedeutet: Auch bei maximaler Vergrößerung einer Vektordatei wird deren Rundung immer glatt sein. Daraus ergibt sich ein klarer Vorteil zugunsten der Vektordatei: Sie kann ohne Qualitätsverlust beliebig skaliert werden. Und das heißt auch: Mit zunehmender Bildgröße bleibt die Vektordatei dennoch immer gleich groß. Bei Pixelbildern wächst hingegen mit zunehmender Bildgröße auch die Dateigröße gewaltig an.

Abbildung 12.28 ▶
Links: Pixeldatei (auf 1 600 %
vergrößert). Rechts: Vektordatei (mit einem Vergrößerungsfaktor von 6 400 %).

Noch deutlicher wird der Unterschied zwischen Pixeln und Vektoren, wenn eine Vektorkurve über die Pixeldatei gelegt wird. Während die Pixel ihre Treppen erkennen lassen, bleibt die Vektorenform stets rund.

Selbst bei maximaler Vergrößerung kommt es nicht zur Treppenbildung. Wenn Sie in einer vektororientierten Illustrationsanwendung (z. B. Adobe Illustrator) arbeiten, wird es zu keinerlei Treppenbildungen in den Vektortangenten kommen. Wenn Sie dennoch den Eindruck gewinnen, dass es bei Maximalzoom Abstufungen gibt, darf ich Sie beruhigen. Für diese Ungenauigkeiten ist einzig und allein Ihr Monitor verantwortlich. Nicht einmal der ist nämlich imstande, Vektoren mit hundertprozentiger Genauigkeit wiederzugeben. Ihre Grafik jedoch ist garantiert rund.

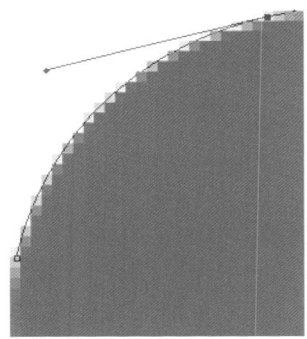

▲ **Abbildung 12.29**
Vektorkurve, angeordnet auf
einer Pixeldatei

12.5 Dateiformate

Photoshop stellt zum Speichern von Dateien eine Fülle von Formaten zur Verfügung. Weitere Dateiformate lassen sich in Form von Plugins hinzufügen. Im Folgenden finden Sie eine Übersicht über einige Formate (alphabetisch) und deren Eigenschaften:

BMP | *Bitmap*. Hierbei handelt es sich um ein Windows-Standardformat, das aber normalerweise auch unter Mac OS verarbeitet

werden kann. Dieses Format eignet sich besonders für Desktop-Bilder und dergleichen.

DNG | *Adobe Digital Negative*. DNG ist ein Dateiformat, das Roh-daten der Digitalkamera enthält. Dieses Verfahren wurde ent-wickelt, um die Kompatibilität der unterschiedlichen Camera-Raw-Formate zu erhöhen. Sie können Ihre Raw-Dateien aus dem Camera-Raw-Dialog heraus als DNG speichern.

EPS | *Encapsulated PostScript*. In diesem Format können Vektorda-ten verarbeitet werden. Es eignet sich bestens für die Weitergabe an Druckereien. Nachteil: Um PostScript-Dateien zu drucken, benötigen Sie auch ein PostScript-fähiges Ausgabegerät. Dru-cken Sie die Datei dennoch, wird eine niedrig auflösende Datei wiedergegeben.

GIF | *Graphics Interchange Format*. In diesem Format speichern Sie Grafiken für die Verwendung im World Wide Web. In GIF-Dateien können Transparenzen erhalten werden.

JPEG | *Joint Photographic Experts Group*. Dabei handelt es sich um das gängige Dateiformat zur Ansicht von Fotos im Internet. Das Verfahren zeichnet sich besonders durch seine geringen Dateigrö-ßen aus, ist jedoch verlustbehaftet.

JPEG 2000 | *JPEG 2000* bringt grundsätzlich bessere Ergeb-nisse als JPEG. Es ist zum gegenwärtigen Zeitpunkt jedoch nur mit Einschränkungen zu empfehlen, da das Plugin im Browser des Betrachters installiert sein muss, damit der Browser JPEG-2000-Dateien anzeigen kann.

PDF | *Portable Document Format*. Dieses Format zeichnet sich vor allem dadurch aus, dass es plattformunabhängig ist. Die Dateien lassen sich mit Adobe Reader anzeigen. Beim PDF-Format han-delt es sich um eine sogenannte Seitenbeschreibungssprache, die auf PostScript beruht. Schriften, Grafiken und Layouts bleiben erhalten. Der Hersteller Adobe verbessert die Interaktivität der Bedienelemente von Version zu Version auf recht umfangreiche und beeindruckende Art und Weise. Schon allein deshalb ist es zu

empfehlen, stets die neueste Version des kostenlosen Readers auf seinem Rechner bereitzuhalten.

Photoshop 2.0 | (Für Macintosh) In diesem Dateiformat werden Ebeneninformationen verworfen.

Photoshop DCS 1.0 und 2.0 | *Desktop Color Separations.* Photoshop DCS entspricht weitgehend dem EPS-Format. Es ist möglich, Farbseparationen von CMYK-Bildern zu speichern. DCS 2.0 unterstützt Kanäle mit Volltonfarben. Die Ausgabe dieser Dateien erfordert einen PostScript-Drucker.

PNG | *Portable Network Graphics.* Dieses patentfreie Format stellt eine Alternative zu GIF (PNG-8) bzw. JPEG (PNG-24) dar.

PSD | Das ist das »hauseigene« Photoshop-Format. Es unterstützt Ebenen und Transparenzen und zeigt seine Stärken hauptsächlich im Workflow mit anderen Adobe-Programmen. Photoshop-Dateien lassen sich in die Anwendungen dieses Bundles problemlos integrieren.

Ebenfalls sehr wichtig ist, dass sich die Kompatibilität über einen Dialog maximieren lässt. Damit können auch ältere Versionen von Photoshop das Dokument verwenden.

TIFF | *Tagged Image File Format.* TIFF ist ein verlustfreies Kompressionsverfahren, das im Allgemeinen auch Ebenen und Transparenzen unterstützt. Darüber hinaus eignet es sich besonders zum Austausch von Dateien zwischen unterschiedlichen Programmen und Plattformen. Bei Verwendung in bestimmten Anwendungen kann die Ebenenfunktion jedoch verloren gehen. Ansonsten ist dieses Format zur Weitergabe qualitativ hochwertiger Dateien das beste.

Index

A

Abdunkeln 200
  per Mischmodus 202
Abgeflachte Kante und
  Relief 187, 411
Abmessung unproportio-
  nal verändern 440
Absatz-Bedienfeld 398
Absatzformate 399
  ändern 400
  definieren 399
  speichern 401
Abwedeln 209
Adobe Bridge 65
  Ansichtsoptionen 66
  Betrachtungsmodus 68
  Bild drehen 68
  Bilder bewerten 81
  Bilder markieren 81
  Bilder stapeln 82
  Bild kennzeichnen 78
  Darstellung ändern 67
  Datei suchen 74
  Diashow 70
  Favoriten 71
  Favoriten entfernen 71
  Präsentation 70
  Sammlung erstellen 70
  sortieren 72
  Stichwörter 78
  Suchmaske starten 74
  Überprüfungsmodus 68
Adobe Fonts 403
Adobe Stock 59
Airbrush 95
Aktion 442
  vorbereiten 443
Anfasser 416, 417
Anpassung
  Farbe 263
  Struktur 263

Ansicht 51
  verschiedene Modi 53
Anzeige 51
Arbeitsbereich
  einrichten 44
  Einstieg 25
  löschen 44
Arbeitsbereiche 43
Arbeitsfläche 120
  drehen 126
  erweitern 312
  vergrößern 117, 119, 123
Arbeitsoberfläche 33
  alles ausblenden 40
  anpassen 34
  Helligkeit 33
Archiv 65
Art 134
Aufhellen 200, 201
  Außenaufnahmen 204
  per Mischmodus 200
Auflösung 462, 466
Augen korrigieren 275
Augen-Symbol 166
Ausbessern 262
Ausdruck nicht zentrieren ... 429
Ausgerichtet 268
Auswahl
  abrunden 146
  alles auswählen 145
  ändern 145
  Art 134
  aufheben 138
  aufziehen 134
  aus der Mitte aufziehen 135
  aus Pfad 422
  Außenkante 136
  der Auswahl hinzufügen ... 133
  einfärben 137
  erneut wählen 157
  erstellen 134

erstellen mit Tastatur-
  kürzel 134, 135
  erweitern 146
  feste Größe 134
  füllen 138
  Haare freistellen 151
  korrigieren 141
  Kreis erzeugen 135
  Lasso 139
  manuell skalieren 147
  Motiv 143
  neigen 147
  neue 133
  Rechteck erzeugen 135
  schließen 141
  Schnellauswahlwerkzeug ... 145
  Schnittmenge bilden 134
  speichern 157
  Toleranz 134
  transformieren 147
  Übergang 139
  umkehren 142, 145
  Umrandung 145
  vergrößern 146
  verkleinern 146
  verschwunden? 157
  von Auswahl subtra-
    hieren 133, 137
  Zauberstab 144
Auswahlellipse-
  Werkzeug 133, 136
Auswählen und maskieren ... 134
Auswahlkante 139
  vorübergehend ausblen-
    den 157
  weiche nachträglich
    vergeben 146
Auswahlkombination 135
Auswahlrechteck-Werkzeug ... 133
Auswahlwerkzeug 132
  einzelne Spalte 133
  einzelne Zeile 133

Auszoomen 52, 111
Automatisieren, Stapel-
    verarbeitung 445
Auto-Tonwertkorrektur 221

B

Bearbeitungsprotokoll-
    eintrag 453
Beauty-Effekt 27
Bedienfeld 39
    anordnen 41
    anpassen 41
    automatisch verbergen 40
    minimieren 40
    Position wiederherstellen   43
Bedienfeldgruppe aus-
    blenden 45
Bedienfeldmenü 40
Bedienfeldoptionen 221
Behance 50
Beim Drop transformieren ... 263
Belichtung korrigieren 222
Belichtungskorrektur 199
Benutzeroberfläche 34
Bereichsreparatur-Pinsel 256
    inhaltsbasiert 257
Bibliotheken 59
Bild 81
    Arbeitsfläche 120
    aufhellen 204
    aufhellen mit Misch-
        modus 200
    bewerten 78, 81
    drehen 125
    drehen in Bridge 68
    drucken 426
    Farben kräftigen 234
    farbig markieren 81
    in Ebenenrahmen ein-
        fügen 169
    kennzeichnen 78
    löschen in Bridge 68
    mit Stichwörtern kenn-
        zeichnen 78
    Rahmen 118
    Rahmen erstellen 118

schärfen 285, 290
suchen 74
verbinden 339
weichzeichnen 292
weiterleiten 83
zusammenfügen 338
Bildauflösung 466
Bildausschnitt
    Vergrößerungsfaktor 51
    zoomen 51
Bildbearbeitung
    destruktiv 209
    nicht-destruktiv 219
Bildbereiche bearbeiten
    (Raw) 367
Bildbereich entfernen 256
Bilddrehung 126
Bilderrahmen 118
Bildgrösse 131
Bildgröße 120, 464
    ändern 125, 129
    Berechnungsmethode
        ändern 129
    Details erhalten 129
Bildkontrast verbessern 209
Bildmaß 120
Bildpixel fixieren 175
Bildpunkt, hellster 215
Bildrauschen 301
Bildschirmmodus 54
Bild teilen 49
Bilineare Interpolation 466
Bitmap 468
Blendenfleck 195
    hinzufügen 194
BMP 468
Bridge → Adobe Bridge 65
Buchstaben, brennende 331

C

Camera Raw 347, 348
    als DNG speichern 358
    Bild freistellen 372
    Bildkorrektur 358, 364
    Bild speichern 356
    Bild weitergeben 356

Einstellungen verwerfen ... 360
Einstellung speichern 363
Farben optimieren 371
Filter 383
Grundeinstellungen 366
Objektivkorrekturen 381
Porträt korrigieren 376
Tiefen-Lichter-Warnung ... 369
Tiefen und Lichter ver-
    ändern 368
Verlaufsfilter 368
Voreinstellungen 355
Vorher-Nachher-Ansicht ... 360
Weißabgleich einstellen ... 359
Chromatische
    Aberration 316, 383
Chromeffekt 409
CMYK 457
    drucken 426
Creative Cloud 58

D

Datei
    drucken 432
    neu erstellen 47
    öffnen 26, 46
    schließen 50
    speichern 48
    suchen 74
Dateien
    filtern (Adobe Bridge) 73
    im Hintergrund speichern ... 49
    sortieren (Adobe Bridge) ... 72
    verbinden 180
Dateiformat 468
    anzeigen 46
Dateiname, automatischer   104
Deckkraft, Pinsel 94
Details erhalten 129, 466
Diashow 70
Diffusion 274
Digitales Negativ (DNG) 352
DNG 469
DNG (Digitales Negativ) 358
DNG-Format 352
DNG-Konverter 352

Dokument
als Registerkarten 34
vergrößern 51
verkleinern 51
Doppelklick-Auswahl 179
dpi 462
Drehen 125
Drittelregel 107, 111
Druck 95
Druckauflösung einstellen ... 464
Druckbereich 457
Druckeinstellungen 428
Drucken
Auflösung einstellen 464
Bildgröße 464
Bild skalieren 429
Farbeinstellungen 435, 436
professionelles 433
randloses 429
Schnittmarken 432
Seite einrichten 427
Drucker
Auflösung 464
auswählen 427
Druck für die Grösse 95
Druckmaschine 433
Druckplatte 461
Druckvorbereitung, pro-
fessionelle 433
Dunst entfernen 367
Duplizieren 104
Dynamik, einstellen 236

E

Ebene 160
aus anderen Bildern 168
ausblenden 166
aus Hintergrund 309
automatisch ausrichten ... 338
automatisch auswählen ... 164
benennen 168
demaskieren 183
erstellen 167
filtern 163
fixieren 174
gruppieren 173

in Smartobjekt konver-
tieren 193
isolieren 166
löschen 167
markieren 163
maskieren 180
mehrere markieren 164
reduzieren 174, 185
schnell auswählen 165
sichtbare reduzieren 174
Speicherplatz sparen 173
transformieren 181
verbinden 172
Verbindung 173
vor Bearbeitung schützen 174
zusammenfügen 174
Ebenen-Bedienfeld
Miniaturen vergrößern 177
Steuerelemente 161
Ebeneneffekt → Ebenenstil
Ebenengruppe
anlegen 173
aufheben 174
benennen 174
Ebeneninhalt
als Auswahl laden 172
umkehren 331
Ebenenkomposition 174
Ebenenmaske 175
anlegen 176, 183
bearbeiten 176
Dichte 179
nachträglich bearbeiten ... 178
schwarze 183
weiche Kante 180
Ebenenmaskierung
einrichten 340
Ebenenreihenfolge
verändern 164
Ebenensichtbarkeit 166
Ebenenstil 186, 408
ändern 189
löschen 189
speichern 413
zuweisen 186
Eckpunkt 418
in Kurvenpunkt umwan-
deln 418
Effekte anwenden 413

Eigenschaften-Bedien-
feld 178, 220
Einstellungsebene 217, 229
Belichtung 222
Dynamik 236
Farbbalance 242
Farbton/Sättigung 237
Gradationskurven 226
maskieren 224
Schwarzweiß 247
Tonwertkorrektur 219
Einzoomen 52
EPS 469

F

Fachkunde 449, 450
Falzmarken drucken 432
Farbaufnahme 99
Farbauftrag 94, 438
Farbbalance 242
Luminanz erhalten 244
Farbbereich auswählen 144
Farbbibliothek 459
Farbe 456
aufnehmen aus Bildern 99
auswählen 145
einstellen 96
kräftigen 234
per Einstellungsebene
kräftigen 234
realistischer wirken lassen 242
Schwarzweiß 245
verändern 237
verbessern 234, 242
Farbe-Bedienfeld 98
Farbeinstellungen 435
Färben 334
Farbfächer 459
Farbkanal 456
Farbkorrektur 233, 234
Landschaft 228
Farbkreis 98
Farbmanagement 456
durch Drucker 431
Farbmittelpunkt 410
Farbseparation 461

Farbskala drucken 432
Farbsystem
  additives 456
  subtraktives 457
Farbton/Sättigung 237
Farbumfang
  prüfen 433
  Warnung 433
Farbunterbrechung 101, 410
Farbverfremdung 237
Farbverläufe 100
Farbverlust 459
Farbwähler 97, 456
Farbwert 97
Fehlerkorrektur 256
Fensteransicht 313, 383
Fenster, schwebendes 53
Filter
  Blendenflecke 195
  Gaußscher Weichzeichner 334
  Hochpass 290
  Smartfilter 193
  Verflüssigen 282, 328, 330
  wiederholt anwenden 334
  Windeffekt 333
Filteroption 163
Fläche füllen 137, 142, 423
  transparente Bereiche
    schützen 194
Fluss 95
Fokus auswählen 144
Form 391, 392
  bearbeiten 414
  erstellen 413
Format mit Ebenen 162
Formen 413
Formgitter 319, 324
  Optionsleiste 329
Foto → Bild
Freistellen 103
  Arbeitsfläche vergrößern 118
  auf feste Größe 113
  auf Maß 114
  außerhalb liegende Pixel ... 110
  Classic-Modus 111
  festes Seitenverhältnis 113
  gerade ausrichten 105
  Haare 151
  inhaltsbasiertes 109

  nach Drittelregel 111
  quadratisches 113
  zoomen 111
Freistellungsrahmen 106
Freistellungswerkzeug 104
  Probleme am Bildrand 344
  Snapping 344
Frequenztrennung 295
  automatisieren 446
Füllwerkzeug 137

G

Gaußscher Weich-
  zeichner 293, 334
Gebäudeaufnahmen, Per-
  spektive korrigieren 307
Gegenlichtaufnahme 200
Gerade
  ausrichten 105
  erstellen 416
Gesichter
  austauschen 338
  optimieren 282
GIF-Format 442, 469
Glätten 134
  Glättungsmethoden 395
Glättung 95
Glättungsoptionen 95
Glyphen 397
Goldener Schnitt 113
Gradation
  automatisch 226
  manuell 228
Gradationskurven 225
  Raster verändern 229
  S-Kurve 228
Grafikprozessor 454
Graupunkt 217
Grauschleier entfernen 214
Graustufenbild 245
Größe
  aktuelle 120
  anpassen 125
  neue 120
Größenanpassung, pro-
  portionale 130

Grundelemente zurücksetzen 43
Grundfarbe 456
Gruppe automatisch
  wählen 406

H

Haare freistellen 151
Haut glätten 271
Hautkorrektur 271
Hilfslinien
  aus Form erzeugen 414
  hinzufügen 307
Hintergrund
  auf Hintergrund redu-
    zieren 173
  umwandeln 309
Hintergrundebene
  löschen 167
  reduzieren 185
  umwandeln 167, 332
Hintergrundfarbe 96
  ändern (Lasso-Methode) 140
  einstellen 118
Histogramm
  interpretieren 213
  Tonwertkorrektur 212
HKS-Farbe 460
Hochpass-Schärfen 289
Horizont begradigen ... 103, 109
Hot-Text-Steuer-
  elemente 90, 415

I

Inch 462
Ineinanderkopieren 191
Inhaltsbasiert 259
Inhaltsbasierte Füllung für
  transparente Bereiche 345
Inhaltsbasiert freistellen 109
Inhaltsbasiert-verschie-
  ben-Werkzeug 260
In Smartobjekt konvertieren 196

Interpolation
   automatisch 466
   bikubische 466
   bikubisch glatter 466
   bikubisch schärfer 466
   bilineare 466
Interpolationsverfahren 451
   automatisch 130

J

JPEG 469
JPEG 2000 469
JPEG-Artefakte 441
JPEG-Format, Nachteile 348
JPEG-Kompression 439

K

Kanal 462
   grau dargestellter 461
Kanalmixer 245
Kante
   schärfen 290
   weiche 136, 139
Kantenschärfe 179
Kante-verbessern-Pinsel-
   werkzeug 151
Karomuster 124
Ketten-Symbol 173
Kissenverzerrung 317
Klonen 268
Kontrast korrigieren 231
Kontur füllen 138, 423
Kopie drucken 432
Kopierquelle 270
Kopierstempel
   ausgerichtet 268
   Musterbildung vermeiden 277
Körper verbiegen 319
Korrekturen-Bedienfeld 220
Korrekturpinsel (Raw) 389
Kreis-Auswahl 134
Kurve erzeugen 416

Kurvenpunkt 418
   in Eckpunkt umwandeln ... 418
Kurvenradius 417

L

Lab-Farbraum 462
Lasso
   auf Polygon-Lasso
      wechseln 142
   Frequenz 141
   Kontrast 140
Lasso-Werkzeug 139
Laufweite 405
Letzte Datei
   Anzahl verändern 46
   öffnen 46
Licht 199, 200
Lichter 211
   abdunkeln 208
   beschneiden 208
Lineal 455
   aktivieren 55
   einblenden 307
   Maßeinheit 56
Linie zeichnen 90
Linksbündig 396
Live-Form 415
Lupe 52

M

Magnetisches-Lasso-
   Werkzeug 139, 140
Makel entfernen 388
Malen 90
   Farbauftrag 94
   Farben einstellen 96
Malwerkzeug 86
Mandala 96
Maske 160, 183, 224
Maskierungsmodus 185
Maßeinheit 455
Matter machen 293

Mediengröße, auf
   Mediengröße skalieren ... 429
Menü, Fenster 45
Mercury Graphics Engine ... 110
Mini Bridge 65
Mischmodus 189, 202
   Abdunkeln 192
   Aufhellen 192
   Effekt verstärken 192
   Farbton 192
   Ineinanderkopieren 191
   Multiplizieren 190
   Negativ multiplizieren 191
   Sättigung 192
   Sprenkeln 192
   Überblick 192
   Weiches Licht 192
Misch-Pinsel 90
Mit eigenen Bildern aus-
   probieren 32
Mitteltöne 211, 213
Modus
   ändern 459
   CMYK-Farbe 437, 459
   Graustufen 245
   umwandeln 437
Monochrom 245
Montage 305, 306
   mit Ebenenmasken 180
Motiv auswählen 143
Multiplizieren 190

N

Nachbelichten 209
Nachbelichter-Werkzeug 210
Navigation 51
Navigator 51
Negativ multiplizieren 191
   Technik 202
Neu berechnen 131
Neuberechnung 463
Neue Gruppe 173
Nicht-destruktiv 219
Nicht-Raw-Foto in Raw
   öffnen 356
Nicht wieder anzeigen 53

O

Objekt
  entfernen 257
  klonen 268
  verschieben 259
Objektivkorrektur 314, 317, 381
  in Camera Raw 381
Öffnen
  als Smartobjekt 193
  mehrerer Dateien 46
  Raw-Bilder 353
  Registerkarte 34
Open Type 399
Optionsleiste 38

P

Palette → Bedienfeld
Panoramabild 341
  Aufnahme 341
  Aufnahmebedingungen ... 341
  Ebenen ausrichten 340
  erstellen 342
Pantone 460
Passermarken drucken 432
PDF 469
Perspektive 306
  automatisch korrigieren ... 313
  manuell korrigieren 306
Pfad 391, 392
  als Auswahl laden 422
  Auswahl erzeugen 422
  bearbeiten 420
  erstellen 415
  füllen 422
  gefüllte Punkte 418
  Kontur füllen 423
  korrigieren 417
  markierte Punkte 418
  Punkte hinzufügen 418
  Punkte löschen 418
  Punkte umwandeln 418
  Punkte verschieben 418
  schließen 417
  verschieben 421
  zeichnen 416

Pfadrichtung festlegen 417
Photomerge
  Layouts 346
  Panorama 341
  Quelldatei-Optionen 346
Photoshop 2.0 470
Photoshop DCS 470
Pinsel 87
  abrufen 91
  Airbrush 95
  alte Pinsel aktivieren 94
  Deckkraft 94
  Druck 95
  Druck für die Grösse 95
  einstellen 86
  Farbauftrag 94
  Fluss 95
  Glättung 95
  Glättungsoptionen 95
  laden 91
  Modus 89
  Optionsleiste 94
  schnell einstellen 89
  speichern 91
Pinsel-Bedienfeld 92
Pinseldruck 336
Pinselform 87, 92
Pinselspitze
  einstellen 89
  Voreinstellung 455
Pipette
  Aufnahmebereich 99
  Auswahlring 100
Pixel, Form 466
Pixeldatei speichern 467
Pixelraster 53
Pixel-Seitenverhältnis 466
Pixelwiederholung 466
Platzhaltertext benutzen 393
PNG 470
PNG-Format 442
Polygon-Lasso-Werkzeug 139
Porträt in Schwarzweiß 250
Porträtretusche 271
  Augen korrigieren 275
  Hautkorrekturen 271
  Haut weichzeichnen 293
  in Camera Raw 376
  Zähne 278

Position sperren 175
ppi 462, 466
Präsentation 70
Profile Camera Raw 365
Proof einrichten 436, 438
Protokoll 56
  Datei duplizieren 58
Protokollobjekt löschen 58
Prozessfarbe 459
PSD 470

Q

Quadrat-Auswahl 134
Quickinfo 37, 451

R

Radialverlauf 103
Rahmen 118
  erstellen 118
Raster 308
Rauschen 301
  entfernen 301
  hinzufügen 303
Rauteverlauf 103
Raw-Bild 348
  bearbeiten 347, 348, 364
  Farben optimieren 371
  Nachteile 350
  öffnen 353
  Vorteile 349
  weiterverarbeiten 356
Raw-Datei 469
Raw-Formate 350
Raw-Konverter 350
Raw, Nicht-Raw-Foto
  öffnen 356
Raw-Version ermitteln 351
Raw-Workflow 353
Rechtsbündig 396
Rechtschreibprüfung 406
Registerkarte 34, 41
  zusammenlegen 53
Reiter 41

Renderfilter 195
Renderpriorität 432
Reparatur 255, 256
Reparieren 255
Restaurieren 255
Retusche 255, 256
    inhaltsbasierte 259
    Porträts 271
RGB 97, 456
    drucken 426
    in CMYK umwandeln 459
Rohdaten 348
Rote Augen korrigieren 282
Rundungszeichenstift 424

S

Sättigung
    einstellen 236
    und Dynamik 236
    verringern 245
Schachbrettmuster 124
Schärfen, Hochpass 289
Schatten 199, 200
Schlagschatten ... 186, 188, 412
Schnappschuss 58
Schnellauswahlwerkzeug 145
Schnittmarken drucken 432
Schnittmaske erzeugen 224
Schrift
    Ausrichtung 396
    Condensed 395
    finden 402
    glätten 395
    Light 395
Schriftart einstellen 395
Schriftfamilie 395
Schriftgrad 395
Schriftschnitt 394
Schwarz
    beschneiden 208
    RGB 456
Schwarzpunkt ermitteln 215
Schwarzweiß
    Landschaften 246
    Naturaufnahme 246
    Porträt 250

Schwarzweißbild 245
Schwarzweiß-Direkt-
    korrektur 249
Schwarzweissvorgabe 250
Schwebendes Fenster 53
Schwellenwert 215
Seitenverhältnis 113
Selektiver Scharfzeichner 327
Silbentrennung, Sprache
    einstellen 406
skalieren 131
Skalieren, inhaltsbasiertes ... 127
S-Kurve 228
Smart-Album 77
Smartfilter 193
Smartobjekt
    als Smartobjekt öffnen ... 193
    erzeugen 193
    umwandeln 198
Smartobjekt-Ebene 192
Sofortreparatur (Raw) 388
Sonderfarbe 460
Speichern 48
    als DNG 358
    für das Web 439
    im Hintergrund 49
    mit Ebenen 162
    unter 48
Spektralfarbe 456
Spektralmängel 458
Spiegelung, Text 337
Standardfarben 97
Stapel
    auflösen 82, 83
    erzeugen 82
    öffnen 82
    schließen 82
Stapelverarbeitung 442
    Dialog 445
    Protokolldatei 446
Stempel 264
Steuerelementleiste 39
Steuerungsbedienfeld 38
Stichwort 79
Stürzende Kanten 306
Suchen, Datei 74
Suchkriterium 75
Symbolleiste 36, 38
Symmetrie 96

T

Tangente 417
Tastaturkürzel 20
Text 391, 392
    ändern 406
    Auswahl anlegen 392
    eingeben 332, 393
    Einzüge definieren 398
    Farbe einstellen 396
    Ligatur 399
    rastern 409
    Textattribute verändern ... 396
    verformen 404
    verformten Text erstellen 407
Texteffekt 404
Textfarbe ändern 336
Textmaskierungswerkzeug ... 392
Textmuster 408
Textspiegelung 337
Texttextur 408
Text-Werkzeug 392
    horizontales 332
    vertikales 392
Tiefen 211, 214
    aufhellen 206
    Tonwertveränderung 207
Tiefen/Lichter 204
    Einstellungen 207
    Radius 207
TIFF 470
TIFF-Optionen 48
Tintenstrahldrucker 426
Tonbreite 207
Tonnenverzerrung 317
Tonwertkorrektur 211, 235
    automatische 221
    Dialog 212, 216
    einfache 212
    mit Histogramm 212
    mit Schwarz- und Weiß-
        punkt 214
    per Einstellungsebene 219
Tonwertspreizung 212, 218
    vornehmen 213
Tonwertumfang 211
Tonwertumfang Schwarz 235
Tonwert wie oft im Bild
    vorhanden? 213

Toolbox 36
Training Photoshop
   kennenlernen 30
Transformieren 310
   perspektivisches Verzerren 310
Transparente Pixel fixieren ... 174
Treppenbildung 468
Typekit 403

U

Überlagerungsoption 112
Umfärben
   Bildbereiche 238
   Farbton/Sättigung 238
   ganzes Bild 237
Unschärfen reduzieren 289
Unscharf maskieren 291

V

Vektor 466, 467
Vektordaten 469
Vektormaske hinzufügen ... 178
Verbindung zeichnen 90
Verflüssigen 328, 330, 335
Verformen 318, 396, 404
Vergrößern 52, 125
Verkleinern 52, 125
Verlauf 100
   anwenden 410
   aufziehen 102
   bearbeiten 410
   Deckkraft 102
   Deckkraftunterbrechung ... 102
   einstellen 101, 410
   erstellen 102
   Farbe entfernen 102
   Farbe hinzufügen 101
   Farbmittelpunkt 101
   Farbunterbrechung 101
   linearer 103

   radialer 103
   reflektierter 103
Verlaufswerkzeug 100, 410
Verlaufswinkel 103
Verschieben, inhalts-
   basiertes 259
Verschieben-Werkzeug 125
Verwacklung-reduzieren-
   Filter 286
Verzerren 130
   perspektivisches 310
   proportionales 130
Vierfarbdruck 460
   Probleme 433
Vignette (Raw) 384
Vignettierung 316
Vollbildmodus 55
   mit Menüleiste 309
Volltonfarbe 459
Vordergrundfarbe 96, 136
Vorder- und Hintergrund-
   farbe vertauschen 97
Voreinstellungen 450
   allgemeine 450
Vorgabe speichern 136

W

Warndialoge zurücksetzen 453
Webausgabe 439
   Qualität 441
Webfarben
   anzeigen 97
   nur Webfarben anzeigen 457
Weiche Kante 134, 136, 139
Weichzeichnen 292
   Gaußscher Weichzeichner 293
Weißpunkt
   ermitteln 215
   setzen 216
Weiß, RGB 456
Werkzeug
   ausgewähltes 37
   per Tastaturkürzel 37

   Quickinfo 37
   verstecktes öffnen 37
Werkzeugbedienfeld 36
Werkzeugleiste 36
Werkzeugmenüleiste 38
Werkzeugpalette 36
Werkzeugspitze einstellen 86
Werkzeugspitzen einstellen ... 88
Wiederherstellungs-
   informationen 48
Windeffekt 333
Wischfinger-Werkzeug 277

X

XMP-Dokument 364

Z

Zähne aufhellen 278
Zauberstab 144
Zeichen-Bedienfeld 398
Zeichenformat 399
   ändern 400
   definieren 399
   speichern 401
Zeichenstift-
   Werkzeug 415, 416, 419
Zeichnung 205
Zeigerdarstellung 455
Zentriert 396
Zoom 51
   dynamischer 52
   Pixelraster 53
   stufenloser 52
   vorübergehend auszoomen 53
Zoom Werkzeug 52
Zurückweisen 69
Zustand speichern 174

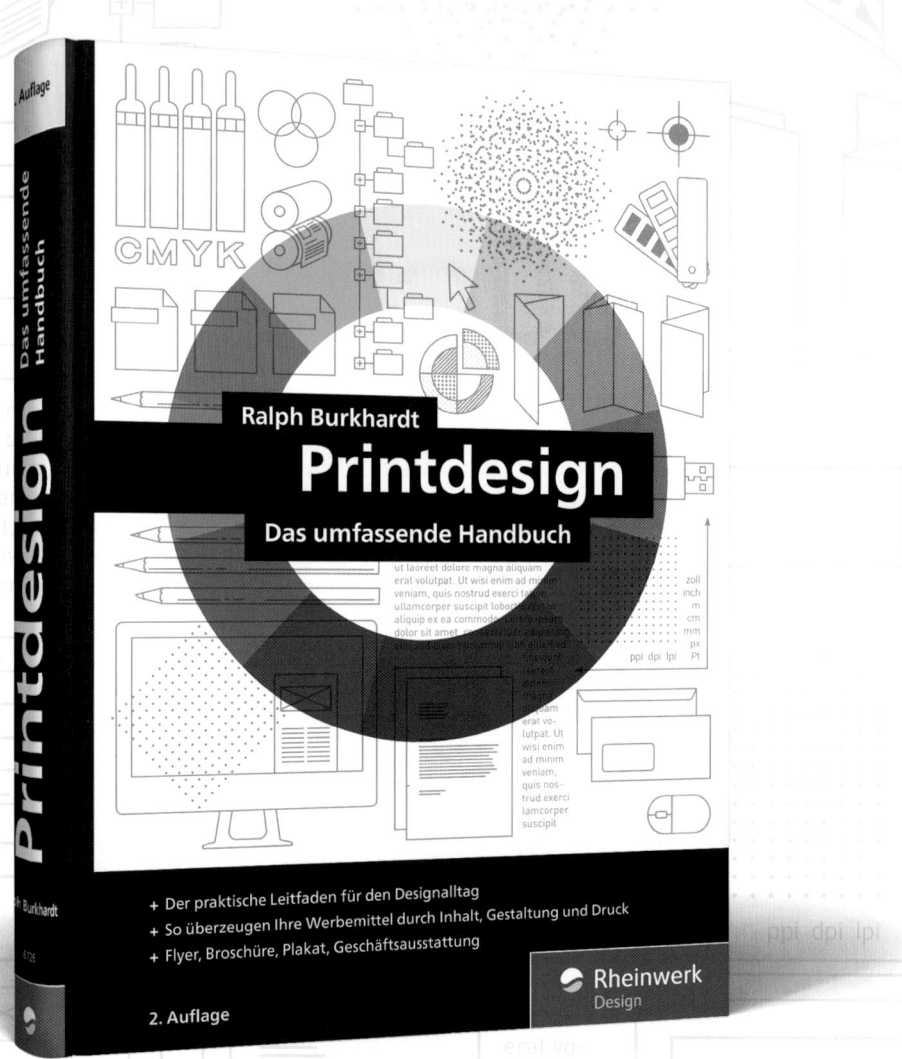